Franz Xaver
Patron der Missionen

JESUITICA

Quellen und Studien zu Geschichte, Kunst und Literatur
der Gesellschaft Jesu im deutschsprachigen Raum

Herausgegeben von
Günter Hess, Julius Oswald SJ,
Ruprecht Wimmer, Reinhard Wittmann

Band 4

Rita Haub · Julius Oswald SJ (Hg.)

Franz Xaver – Patron der Missionen

Festschrift zum 450. Todestag

SCHNELL ✝ STEINER

Abbildung auf der Vorderseite des Schutzumschlages:
Ignatius von Loyola sendet Franz Xaver in die Mission nach Indien 1540
Gemälde im Stil von Andrea Pozzo
Generalat der Gesellschaft Jesu, Rom
© Reichmann / SJ-Archiv/DiaDienst, München

Die Deutsche Bibliothek – CIP-Einheitsaufnahme

Franz Xaver : Patrom der Missionen ;
Festschrift zum 450. Todestag / Rita Haub/Julius Oswald (Hrsg.). –
1. Aufl.. – Regensburg : Schnell und Steiner, 2002
  (Jesuitica ; Bd. 4)
  ISBN 3-7954-1252-8

1. Auflage 2002
© 2002 Verlag Schnell & Steiner GmbH, Leibnizstraße 13, 93055 Regensburg
Satz: SatzWeise, Föhren
Lithos: MDP GmbH, Heidelberg und Visuelle Medientechnik GmbH, Regensburg
Druck: Erhardi Druck GmbH, Regensburg
ISBN 3-7954-1252-8

Inhalt

Grußwort

Mit Dankbarkeit und Freude widme ich der Festschrift zu Ehren von Franz Xaver, dem großen Missionspionier aus dem Jesuitenorden, ein Grußwort. Vor 450 Jahren starb er einsam auf einer kleinen Insel vor der Küste Chinas. Er blickte auf zwölf Jahre zurück, in denen er wie ein Sämann den Boden vieler fremder Kulturen in Asien betrat und die christliche Botschaft in die Herzen unzähliger Menschen hineinsäte.

Die Festschrift erinnert aber nicht in erster Linie an seinen Tod im Jahre 1552 und an sein rastloses Wirken als Missionar in Asien. Sie erinnert vor allem an die Rückwirkungen seines Engagements auf ein noch christliches Europa. Leider war es so sehr mit sich selbst beschäftigt, dass es die Aufbrüche an den Rändern seines Einflussbereiches in ihrer Tragweite kaum bemerkte. Franz Xaver wäre am liebsten nach Europa zurückgeeilt, um es wachzurütteln. Aber was er persönlich nicht konnte, erreichte er durch seine informativen und mitreißenden Briefe. Petrus Canisius fand, dass Franz Xavers Briefe geeignet waren, durch ihr Zeugnis von der Lebendigkeit der jungen Kirchen das eiskalte Europa wieder warm zu machen.

Auch noch nach 450 Jahren sollten wir uns von Franz Xaver fragen lassen, wie es in den christlichen Stammlanden um den Glauben bestellt ist. Wir werden ihm ehrlicherweise antworten müssen, dass wir Christen wiederum viel zu sehr mit uns selbst beschäftigt sind und dass wir uns zu leicht ablenken lassen durch die Verheißungen der Gegenwart, ohne an die Zukunft, auch an unsere persönliche Zukunft, zu denken. Von gläubiger Aufbruchstimmung ist nicht viel zu bemerken.

Franz Xaver würde allerdings nicht locker lassen. Er würde uns klarzumachen versuchen, wohin wir aufzubrechen hätten. Wahrscheinlich würde er uns fragen, ob wir noch wirklich am Heil der Menschen interessiert sind, an ihrem zeitlichen Heil, aber vor allem auch an ihrem ewigen Heil. Er würde wahrscheinlich den alten und als veraltet geltenden Begriff »Seeleneifer« wieder in die Diskussion einführen und uns nötigen, die gemeinte Sache neu zu bedenken. Wahrscheinlich fiele uns dabei auf, wie weitgehend gleichgültig die Menschen von heute, auch wir Christen, der Heilsfrage gegenüberstehen.

In Erinnerung an seinen eigenen Ehrgeiz und Karriereeifer während der Studienzeit würde Franz Xaver heute an uns appellieren – mit ähnlichen Worten, wie wir sie aus einem seiner Briefe kennen: Wenn ihr doch mit dem gleichen Eifer auch jene Rechenschaft bedenken würdet, die Gott, unser Herr, dereinst von euch fordern wird! Ihr seid so reich begabt, habt so viele Talente, aber was macht ihr damit? Warum fragt ihr so wenig danach, ob ihr sie auch zu eurem und der Mitmenschen Heil benutzt? Würdet ihr so fragen, dann würdet ihr euch bereitwilliger dem Willen Gottes statt euren eigenen Neigungen hingeben, dann könntet ihr sprechen: »Herr, siehe, hier bin ich. Was willst du, dass ich tun soll? Sende mich, wohin du willst, und wenn es gut ist, selbst bis nach Indien!«

In seinem Seeleneifer betrachtete Franz Xaver sich nicht als eine Ausnahme oder einen Einzelgänger. Er spürte genau, dass das ganze Volk Gottes – er und wir alle – seinem Wesen nach missionarisch ist. Er war überzeugt: Alle Menschen werden zu dem Licht der Welt, zu Christus, gerufen, denn von Ihm kommen wir alle, durch Ihn leben wir alle, und zu Ihm – bewusst oder unbewusst – streben wir alle hin (vgl. Lumen gentium 3).

Peter-Hans Kolvenbach SJ
Generaloberer der Gesellschaft Jesu, Rom

Grußwort

Franz Xaver, ein baskischer Adeliger, gehört zu den ersten Gefährten des Ignatius von Loyola. Im März 1540 ist die Gruppe der jungen Gesellschaft Jesu in Rom versammelt, um ihre Zukunft zu beraten. Einer von ihnen soll nach Indien gehen und wird krank. Da springt Franz Xaver ein und reist bereits am nächsten Tag ab. Er wird nie nach Europa zurückkehren. Am 3. Dezember 1552 stirbt er auf einer kleinen Insel vor dem Festland Chinas, das zu erreichen ihm nicht mehr vergönnt war. Zwölf Jahre sind vergangen, seit er in seinem leidenschaftlichen und unermüdlichen Interesse für die Menschen nach Indien und Japan aufgebrochen war. Nun verlassen ihn die Kräfte. Seinen Weg nachzuzeichnen lässt uns im Blick auf die Verhältnisse damals fragen, wie er all das schaffen konnte – und welche Spuren er hinterlassen hat.

Sind es Spuren, die nach 450 Jahren noch Bedeutung haben? Kann ein Mensch wie Franz Xaver für uns heute interessant sein? Sind unsere Fragen nicht grundlegend andere? Und ist die Gefahr nicht groß, in eine Art Pionierromantik zu verfallen, um dann nüchtern zu erkennen, dass daraus kaum Schritte abzuleiten sind, die heute getan werden müssen?

Ich glaube, Franz Xaver lässt sich nicht so einfach einordnen. Natürlich ist nicht unmittelbar übertragbar, was er damals gedacht und wie er gewirkt hat. Viele seiner Schritte müssen auf dem Hintergrund heutiger Erkenntnisse und theologischer Entwicklungen neu diskutiert werden. Die Koordinaten unserer Zeit sind andere – aber im Kontrast zu damals liegt auch eine Chance. Sie lässt die innere Dynamik seines Handelns hervortreten; es wird sichtbar, was ihn getragen hat; wir spüren, um was es ihm ging. Und das trifft etwas, um was es bleibend geht, wenn uns eine menschliche Welt ein Anliegen ist. Dank seiner umfangreichen Briefe bekommen wir Einblick in diese Dynamik, die ihre nachhaltige Wirkung hatte.

Franz Xaver hat sein Leben als einen Aufbruch in die Welt und zu den Menschen verstanden, gegen ein Sich-Einrichten in eine abgesicherte Gemütlichkeit. Die »ganze Welt war sein Zuhause«, in dem alle Menschen Anteil haben sollten an der heilenden und freimachenden Frohen Botschaft Jesu. Es ging ihm »um die Vielen« und nicht nur um einige wenige Privilegierte, die auch damals schon alle Mittel hatten, sich gut einzurichten. Es ging ihm »um das Heil der Seelen« – ein Ausdruck, der heute Misstrauen zu wecken vermag, aber nichts anderes meint, als den Einsatz für ein menschenwürdiges Dasein mit der Möglichkeit, in Hoffnung und Zuversicht zu leben. Und solch ein Einsatz kann nur gelingen, wenn es jenen, die in die Welt hinausziehen, nicht in erster Linie ums Geld geht – etwas, was er immer wieder anprangert. Ist das nicht aktuell bis heute? Mit dieser Leidenschaft im Herzen war Franz Xaver bereit und in der Lage, bis an die Grenzen zu gehen, im wahrsten Sinne des Wortes: Bis an die Grenzen fremder Länder, bis an die Grenzen des Machbaren, bis an die Grenzen seiner Kräfte. Die Menschen, denen er begegnete, gaben ihm immer neue Fragen auf, er erkannte, wie viel man voneinander lernen kann, und ihm wurde immer klarer, dass gerade die Versöhnung untereinander von zentralster Bedeutung ist, eine Versöhnung, die nicht im Privaten bleiben darf, sondern »öffentlich« werden, Völker erfassen muss.

Einige Schlaglichter – nicht systematisch ausgewählt. Aber vielleicht können sie ein wenig neugierig machen, neugierig nicht zuletzt auf die Beiträge dieser Festschrift. Aus verschiedenen Blickwinkeln gehen sie dem nach, was Franz Xaver zum »Patron der Missionen« macht. Möge uns Lesern deutlich werden, dass er auch heute etwas zu sagen hat, da die Rede von der Globalisierung in aller Munde ist: Es lohnt sich, hinauszuziehen, um mit Interesse und in Solidarität bei den Menschen zu sein!

Bernd Franke SJ
Provinzial der Oberdeutschen Provinz SJ, München

Vorwort

Das Gebet des Papstes mit hohen Würdenträgern anderer Religionen zu Beginn des Jahres 2002 in Assisi macht deutlich, dass Religionen heute nicht mehr gegeneinander kämpfen, sondern das gemeinsame Gespräch suchen. Nur so können sie zum Frieden beitragen. Franz Xaver, der als Missionar möglichst viele Menschen taufen wollte, um sie – wie er meinte – vor der ewigen Verdammnis zu retten, scheint unter dieser Rücksicht nicht in das heutige Konzept des interreligiösen Dialogs zu passen und daher unzeitgemäß zu sein. Dabei hat gerade dieser bedeutende Jesuit des 16. Jahrhunderts das Gespräch mit den Religionen Asiens gesucht und neue Wege der Verkündigung beschritten. Sein pionierhaftes Wirken hat bis heute eine bemerkenswerte Bedeutung auf dem Weg zur Theologie der Inkulturation. Denn Franz Xaver war stets bemüht, sich der Sprache und Kultur der Einheimischen anzupassen. In Europa weckte er mit seinen Briefen und Berichten ein lebhaftes Interesse an den großen Kulturen des Ostens und bereitete so den Weg zum besseren Verständnis der Einen Welt. Die vorliegende Festschrift erinnert anlässlich des 450. Todestages an diesen großen Missionar, der mit Ignatius von Loyola zu den Gründungsmitgliedern und Heiligen des Jesuitenordens gehört und bis heute von vielen verehrt und bewundert wird.

Unser Dank gilt den Mitarbeiterinnen und Mitarbeitern des Bandes, aber auch all denen, die uns in vielfältiger Weise unterstützt haben. Für die großzügige finanzielle Unterstützung der vorliegenden Publikation sind wir der Oberdeutschen Provinz der Jesuiten unter Leitung von Pater Provinzial Bernd Franke SJ, dem »Jesuitica e. V. – Verein zur Erforschung der Geschichte des Jesuitenordens« und Msgr. Patriz Hauser und der Pfarrei St. Vitus in Ellwangen zu Dank verpflichtet. Besonderer Dank gilt den Herausgebern der Reihe »Jesuitica. Quellen und Studien zu Geschichte, Kunst und Literatur der Gesellschaft Jesu im deutschsprachigen Raum«, die den Band wohlwollend aufgenommen haben. Auch danken wir dem Verleger Dr. Albrecht Weiland sowie seiner Lektorin Elisabet Petersen M.A. und seinem Produktionsleiter Hans-Peter Hühner für die gute Zusammenarbeit.

München, den 14. März 2002   *Rita Haub/Julius Oswald SJ*
Tag der Aussendung des Franz Xaver
in die Mission durch Ignatius von Loyola

Franz Xaver – Pionier, Organisator, Kommunikator

Rita Haub

> »Millionen von Seelen würden sich bekehren, wenn es
> viele Menschen gäbe, die die Interessen Jesu Christi
> suchen würden und nicht nur ihre eigenen.«
> *Aus den Briefen des hl. Franz Xaver*

Das Missionsideal des Jesuitenordens geht auf seinen Gründer Ignatius
von Loyola zurück und lässt sich als Missionsbereitschaft aller kennzeichnen. Jedes Ordensmitglied verpflichtet sich durch das Gehorsamsgelübde auf das dreifache apostolische Ordensziel: Glaubensvertiefung,
Glaubensverteidigung, Glaubensausbreitung. Die Glaubensausbreitung
steht gleichberechtigt neben den beiden anderen Zielen; somit ist das Gehorsamsgelübde auch Missionsgelübde und die Berufung zur Gesellschaft
Jesu auch Missionsberufung.[1]
Ignatius von Loyola (1491–1556),[2] Spross einer angesehenen baskischen
Adelsfamilie, wurde bei der Verteidigung der Festung Pamplona 1521
schwer verwundet. Während der langen Monate auf dem Krankenlager
fasste er den Entschluss, die Soldatenlaufbahn aufzugeben und sich in Zukunft nur mehr dem Dienst Gottes zu widmen. Bei seinen Studien an der
Universität Paris lernte er Franz Xaver kennen. Mit ihm und fünf weiteren
Freunden[3] entwarf er den Plan einer Ordensgründung. Um ihrem Bund
festen Halt zu geben, gelobten die sieben Freunde am 15. August 1534

---

[1] Zur Mission der Jesuiten vgl.: Joseph Albert Otto: Kirche im Wachsen. Vierhundert Jahre Jesuitenorden im Dienste der Weltmission. Freiburg im Breisgau: Herder 1940. – Alphons Väth:
   Missionen. In: Ludwig Koch: Jesuiten-Lexikon. Die Gesellschaft Jesu einst und jetzt. Paderborn: Bonifacius 1934 (Ndr. Löwen/Heverlee: Bibliothek SJ 1962), Sp. 1206–1212.

[2] Zu Ignatius von Loyola und der Gründung des Jesuitenordens vgl.: Stefan Kiechle: Ignatius
   von Loyola. Meister der Spiritualität. (Herder spektrum 5068) Freiburg im Breisgau: Herder
   2001. – Andreas Falkner/Paul Imhof (Hg.): Ignatius von Loyola und die Gesellschaft Jesu
   1491–1556. Würzburg: Echter 1990. – André Ravier: Ignatius von Loyola gründet die Gesellschaft Jesu. Würzburg: Echter 1982.
   Zu Ordensgründer und -satzungen, Signet und Leitmotiv vgl.: Rita Haub/Richard Müller:
   Jesuiten. In: Peter M. Daly/G. Richard Dimler/Rita Haub (Hg.): Emblematik und Kunst der
   Jesuiten in Bayern: Einfluss und Wirkung. (Imago Figurata Studies 3) Turnhout: Brepols 2000.

[3] Es waren dies: Peter Faber (Pierre Favre), ein Bauernsohn aus der Nähe von Genf der als
   erster der Freunde, im Jahr 1534, zum Priester geweiht wurde; Alfonso Salmerón aus Toledo,
   ein vorzüglicher Theologe; Simon Rodríguez de Azevedo aus portugiesischem Adel; Diego

13

auf dem Montmartre Armut, Ehelosigkeit und die Pilgerfahrt ins Heilige Land. Sie gelobten dies auch als Missionsfahrt, um dort unter den »Ungläubigen« zu arbeiten. Doch der Plan der Palästinafahrt zerschlug sich wegen der Türkenkriege. Am 15. April 1539 bekräftigte die kleine Gruppe in einem feierlichen Versprechen ihren Entschluss, zusammenzubleiben und legte das Fundament für den neuen Orden, dem sie den Namen »Gesellschaft Jesu« (»Societas Jesu«) gab. In den Beratungen über den Entwurf der Ordensverfassung verlangte man von allen künftigen Ordensmitgliedern die unbedingte Bereitschaft zur Mission: Alle müssen zum Gehorsam bereit sein, »ob sie zu den Türken geschickt werden oder zu anderen Heiden in Länder, die man Indien nennt.« Die päpstliche Bestätigung der Gesellschaft Jesu erfolgte am 27. September 1540. Ziel des Jesuitenordens war die Ausbreitung und Festigung des katholischen Glaubens mit den jeweils zeitgemäßen Mitteln, besonders durch Mission, Unterricht und Erziehung,[4] sowie wissenschaftliche und schriftstellerische Arbeiten.[5]

Die Missionierung des Ostens begann 1541, als Franz Xaver sich als erster Missionar nach Indien einschiffte, wo er ein Jahr später in Goa an Land ging. 1549 betrat er Japan, im selben Jahr wurde er der erste Provinzial der Indischen Ordensprovinz. Die Grenzen seines Arbeitsfeldes reichten vom Kap der Guten Hoffnung bis zum fernen China. Franz Xaver setzte Maßstäbe durch eigenes Vorbild und die Art und Weise der Verkündigung im Eingehen auf die vorgefundenen Werte. Er wurde zum Vorbild jener Missionare, die damals die Botschafter der europäischen Kultur waren. Er ist der erste in der langen Reihe der Jesuitenmissionare, die zwei Jahrhunderte lang Menschen aus den Völkern des Ostens für das Christentum gewannen. Er hat mit seinem Elan, seinem baskischen Temperament, seinem organisatorischen Talent und seinem gesunden Optimismus die Tore geöffnet zur indischen, indonesischen, japanischen und chinesischen Welt, die Wege gewiesen für die alle Erdteile umspannende neuzeitliche Mis-

---

Laínez aus Altkastilien, der der Nachfolger des Ignatius als Ordensgeneral werden sollte; und Nicolás Bobadilla (Nicolás Alfonso de Bobadilla) aus einem Dorf bei Valencia.

[4] Zur Pädagogik der Jesuiten vgl.: Rüdiger Funiok/Harald Schöndorf (Hg.): Ignatius von Loyola und die Pädagogik der Jesuiten. Ein Modell für Schule und Persönlichkeitsbildung. Donauwörth: Auer 2000 (mit weiterführender Lit.).

[5] Allgemein zum Jesuitenorden vgl.: Peter C. Hartmann: Die Jesuiten. München: C. H. Beck 2001. – Rita Haub: Jesuiten. Pädagogik – Wissenschaft – Menschenrechte. Zum Profil der Gesellschaft Jesu. Bonn: KNA 2000. – Stefan Kiechle/Clemens Maaß (Hg.): Der Jesuitenorden heute. (Topos Taschenbuch 328) Mainz: Matthias-Grünewald 2000.

sion, die von der Akkommodation, d. h. der Angleichung an die Sitten, Sprachen und Denkweisen des zu missionierenden Volkes geprägt ist.

Franz Xaver – Curriculum vitae[6]

Jugend in Europa

»Indien« war für die Menschen des 15. und 16. Jahrhunderts nicht ein bestimmtes Land, sondern der Inbegriff aller Wunder und Reichtümer in Übersee. Christoph Kolumbus entdeckte 1492 Amerika im Glauben, dies sei die Ostküste »Indiens«. In diesem Glauben starb er 1506. Die Welt nahm keine Notiz von seinem Tod. – Wenige Tage vor dem Sterben des Weltentdeckers wurde im Norden Spaniens ein Kind geboren, das all das, was Christoph Kolumbus als tiefstes Anliegen all seiner Fahrten ersehnte, vollbringen sollte: »Christophorus« zu sein, Christusträger über die Meere zu den Völkern der Erde.

Francisco de Yasu y Xavier wurde am 7. April 1506 auf dem mütterlichen Stammschloss Xavier[7] in Navarra im Nordosten Spaniens geboren und auf den Namen Francisco getauft, nach dem hl. Franz von Assisi. Franz Xaver – wie er sich später nach seinem Geburtshaus nannte – entstammte baskischem Uradel. Sein Vater, Don Juan de Yasu, war Doktor der Rechte der Universität Bologna und bekleidete als Verwalter der Finanzen und Vorsitzender der obersten Regierungsbehörde des Königreichs Navarra hohe staatliche Ämter. Die Mutter, Donna Maria Aznarez de Sada, Xavier y Azpilcueta, war die einzige Erbin eines der ältesten Adelsgeschlechter des Landes, dessen Ursprung in die Zeit Karls des Großen zurückging.

---

[6]   Das »Curriculum vitae« gibt einen Abriss des Lebens Franz Xavers. Ausführlich vgl.: Rita Haub: Franz Xaver – Aufbruch in die Welt. (Eine Topos plus Biografie 423) Limburg/Kevelaer: Lahn 2002.

[7]   Die Lage des Schlosses war einsam, aber strategisch wichtig, denn hier war der einzige Zugang von Hoch-Aragon nach Navarra. Schon die Römer hatten darum eine Brücke über den Fluss gebaut und eine Feste errichtet. In den zwanziger Jahren des 12. Jahrhunderts wurde die alte Römerfestung näher an den Fluss und die Straße herunter verlegt, und die hier erbaute Burg erhielt von den baskischen Erbauern den Namen »Etxaberri«, das »Neue Haus« (etxa = Haus + berri = neu). Später gab es verschiedene Schreibweisen: Exavierre (1217), Chavier (1516), Xabierre (1523), Chamer (1536) etc.
Das Wappen Xaver zeigt rechts oben das Wappen der Xavier, einen schwarz-weißen Halbmond im Schachbrettmuster auf rotem Feld; links oben das der Yasu (Vater), einen schreitenden Bär am Fuß einer Steineiche auf silbernem Grund; unten rechts das der Atondo (Vaters Mutter), zwei Goldbalken auf blauem Feld und zwischen ihnen zwei goldene Halbmonde; unten links jenes der Azpilcueta (Mutter Franz Xavers), ein schwarzweißes Schachbrett.

Sie hatte Don Juan de Yasu zu seinem eigenen Herrensitz, Idocin, zwei Schlösser mit in die Ehe gebracht: Azpilcueta und Xavier.

Seinen ersten Unterricht im Lesen und Schreiben erhielt Francisco von der Mutter. Neben den obligatorischen Fächern des Adels, Reiten und Fechten, wurde großer Wert auf die religiöse Erziehung gelegt. Mit 19 Jahren ging Francisco nach Paris zum Studium. Durch rasche Auffassungsgabe, Fleiß, Intelligenz und sprachliche Gewandtheit zeichnete sich der junge Adelige sowohl im Hörsaal als auch im Sport aus. Er war eitel und strebte nach Ehren und Würden. Er hielt auf seinen alten Adel und lebte standesgemäß mit Reitpferd und Diener. Das Philosophiestudium bewältigte er ohne Schwierigkeiten und erwarb 1530 den Grad eines »Magister Artium«. Sein Ziel war nun der Doktortitel, denn damit würde er eine reiche Domherrenpfründe in Pamplona erhalten und eine glänzende und sorglose Zukunft wäre gewährleistet. Um sein eitles Ziel zu erreichen, hatte er sich sogar eine notarielle Vollmacht ausstellen lassen, Kraft derer beim Königlichen Rat und Obergericht von Navarra sein Adel amtlich bezeugt werden konnte.

Francisco wohnte mit weiteren Studenten im St. Barbara-Kolleg, einem für Kollegszwecke hergerichteten Privathaus im Studentenviertel von Paris. 1529 erhielt er einen neuen Zimmergenossen, den bereits 38jährigen Basken Iñigo von Loyola. Dieser gewann das Vertrauen des jüngeren Landsmannes erst, als er ihm bei seinen chronischen Geldsorgen aushalf. Immer wieder wehrte sich Francisco gegen die frommen Reden Iñigos, bis eines Tages eine Wandlung eintrat: Dieser beantwortete seine großen Zukunftspläne – hohe Ämter, klangvolle Titel, ein sorgloses Auskommen – mit den Worten des Evangeliums: »Was nützt es dem Menschen, wenn er die ganze Welt gewinnt, aber Schaden leidet an seiner Seele?« (Mt 16,26) – Von nun an war Xavers Freundschaft mit Ignatius für alle Zeit gefestigt; aus dem hilfreichen Stubengenossen war der geistliche Führer und Lehrmeister, der Freund fürs Leben geworden.

Entsendung in die Mission

Bis in die dreißiger Jahre des 16. Jahrhunderts lag die Christianisierung Indiens in den Händen der Dominikaner, Franziskaner und Weltpriester. Jetzt beschloss König Johann III. von Portugal, den Papst um die Entsendung einiger Männer aus der eben in Gründung begriffenen Gesellschaft Jesu zu bitten, da er sich von ihnen eine größere Einsatzfreude erwartete. Ignatius bestimmte Simon Rodrígues und Nicolás Bobadilla, nach Indien

Abb. 1 Franz Xaver, Kupferstich von C. Devrist

Abb. 2 Wappen von Don Juan de Yasu und Donna Maria de Azpilcueta, Schloss Xaver, Navarra

Abb. 3 Schloss Xaver in Navarra

Abb. 4 Ignatius von Loyola und Franz Xaver, Pfarrkirche Schloss Xaver, Chor, 17. Jahrhundert

Abb. 5
Ignatius von Loyola
und Franz Xaver beim
Studium in Paris,
Kupferstich

Abb. 6
Gelübdefeier des Ignatius
von Loyola und der
ersten Gefährten auf dem
Montmartre in Paris,
15. August 1534
Konrad Baumeister, 1881

Abb. 7 Franz Xaver, Holzfigur, dt., 17. Jahrhundert

Abb. 8 Goa zur Zeit Franz Xavers

Abb. 9 Karte von Asien, Judas Hondius, um 1600

Abb. 10 Franz Xaver trägt einen Einheimischen, Jakob Potma, 1694

Abb. 11
Franz Xaver und
das Achinwunder,
Silberschrein des
hl. Franz Xaver,
Relief von
indischen
Goldschmieden,
1636/1637

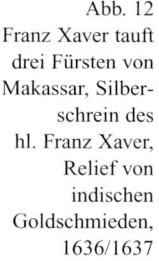

Abb. 12
Franz Xaver tauft
drei Fürsten von
Makassar, Silber-
schrein des
hl. Franz Xaver,
Relief von
indischen
Goldschmieden,
1636/1637

Abb. 13
Franz Xaver und
das Schaluppen-
wunder, Silber-
schrein des
hl. Franz Xaver,
Relief von
indischen
Goldschmieden,
1636/1637

Abb. 14
Franz Xaver und
das Wunder von
Kombuture,
Silberschrein des
hl. Franz Xaver,
Relief von
indischen
Goldschmieden,
1636/1637

zu gehen. Bobadilla aber war schwer erkrankt und konnte nicht reisen; ein anderer musste also schnell einspringen. So entschloss sich Ignatius, seinen Freund Franz Xaver zu schicken. – Eine Karriere von der »Ersatzbank« zum Weltmissionar begann.

Am 15. März 1540 verließ Franz Xaver zusammen mit Simon Rodrígues Rom. Am Tag der Abreise schrieb er noch eine dreifache Erklärung: 1. Zustimmung zu allen Konstitutionen, Regeln und Verordnungen, die die zurückbleibenden Mitbrüder machen würden. 2. Stimmabgabe für die kommende Generalswahl für Ignatius. 3. Beifügung seiner Letzten Gelübde im Voraus, die er wegen der überstürzten Abreise nicht mehr ablegen konnte – dies würde nun erst in Goa am 2. April 1548 stattfinden. In Lissabon angekommen, erhielt er vom Papst die Ernennung zum päpstlichen Legaten für den Fernen Osten. Am 7. April 1541, seinem 35. Geburtstag, brach Franz Xaver nach Indien auf. Einen Tag später übernahm Ignatius einstimmig – nur mit Enthaltung seiner eigenen Stimme – die Leitung der kleinen Gesellschaft Jesu.

Missionar in Indien und Indonesien

Die dreizehn Monate dauernde Überfahrt war beschwerlich, die Besatzung und die Soldaten wurden seekrank, bei wilden Unwettern ging es um Leben und Tod. In den Januarwochen 1542 steckte sich auch der Pater an und genas nur langsam. – Die Winterpause hielten sie in Mozambique. Ende Februar entschloss sich der Gouverneur, nicht mehr länger zu warten, sondern mit einem kleineren Segler gen Indien aufzubrechen. Franz Xaver schloss sich an.

Am 6. Mai 1542 landete Franz Xaver in Goa, der an der Westküste Indiens gelegenen Inselstadt, der reichen, glanzvollen Hauptstadt des portugiesisch-asiatischen Kolonialreiches, dem Zentrum des europäischen Lebens jenseits des Kap.[8] Er war beeindruckt von dem Bild, das sich ihm bot: Die hohen Türme der Kathedrale, das Franziskanerkloster und die anderen Kirchen gaben Zeugnis, dass das Christentum in der Hauptstadt des por-

---

8 Die Stadt war 1509 vom Vizekönig Affonso de Albuquerque, dem Begründer der portugiesischen Kolonialmacht im Osten für Portugal, erobert worden. Im Grunde bestand das ganze portugiesische Weltreich nur aus Wasser und einer Perlenkette von Festungen und Häfen, die sich entlang der asiatischen Meere erstreckten. Die wichtigste und größte Perle war Goa: Sie war der administrative, der militärisch-maritime und der kirchliche Mittelpunkt Portugiesisch-Ostindiens, der Sitz der Vizekönige, Gouverneure und Bischöfe. – Heute ist Old Goa, das damalige »Rom des Ostens«, eine große Ruinenstätte.

tugiesischen Reiches in Indien heimisch war. Doch schon bald musste er erkennen, dass alles nur Fassade war. Denn die Europäer, die bisher nach Indien gefahren waren, waren fast ausnahmslos Abenteurer und Spekulanten gewesen, die nur an raschen Gelderwerb dachten. Die bisherigen »Bekehrungen« der Einheimischen waren ebenfalls sehr zweifelhaft; sie gingen auch weiterhin ihren überkommenen Religionen nach. Das Leben der portugiesischen Beamten, Kaufleute und Soldaten machte dem christlichen Namen unter den heidnischen Völkern nur wenig Ehre. Die missionarische Aufgabe des Jesuiten musste also zunächst darin bestehen, die in Indien lebenden Christen zum Christentum zu führen. So nutzte Xaver die Regenzeit, die ihn einige Monate in der Stadt festhielt, und zog durch die verschiedenen Stadtviertel, sammelte Kinder und Erwachsene um sich, predigte ihnen und gab ihnen Katechismusunterricht. Er tat alles, um die Bevölkerung wieder an ihre religiösen Pflichten zu erinnern.

Mit seinen Bemühungen in Goa war Franz Xaver nicht allein. Bereits vor seiner Ankunft hatte sich 1541 eine religiöse Bruderschaft gebildet, sie sich unter den Schutz des Apostels Paulus stellte und in einem eigenen Kolleg einheimische Missionare für die ostindischen Kolonien heranbilden wollte. – Als Xaver nach Goa kam, hatte man ihm sogleich das St. Pauls-Kolleg anvertraut. Das Kolleg sollte Eigentum der Bruderschaft bleiben, die Gesellschaft Jesu jedoch die Leitung übernehmen. In der Praxis übernahmen die Jesuiten nach einigen Schwierigkeiten das Kolleg ganz. Xaver, der im Kolleg während seiner Aufenthalte in Goa stets zu wohnen pflegte, sorgte auch in der Zukunft dafür, dass die eigentliche Bestimmung des Kollegs erhalten blieb. Später wurde das Kolleg von den Jesuiten zur ersten Universität jenseits des Kaps der Guten Hoffnung ausgebaut.[9]

Nach seinem Erfolg in Goa schickte der Vizekönig Franz Xaver in den äußersten Süden von Vorderindien an die sogenannte »Fischerküste«, das Kap Komorin. Hier hausten die Paraver, die von der Perlenfischerei lebten. Sie waren um 1530 von einem wilden muslimischen Volksstamm überfallen worden und hatten die Portugiesen um Hilfe gebeten. Als Gegenleistung ließen sie sich zum Christentum bekehren; etwa 20 000 der Paraver wurden getauft. Niemals mehr jedoch betrat ein christlicher Priester das Land, um sie im christlichen Glauben zu unterweisen; die Paraver

---

[9] Diesem Kolleg kam bald eine führende Rolle bei der Verbreitung des christlichen Barock im Osten zu. Die Kapelle des Kollegs St. Paul ist die erste Jesuitenkirche überhaupt. – Von den Bauten des Kollegs ist heute nichts geblieben als ein paar Mauern und Torbögen. Der Rest ist von tropischen Pflanzen überwuchert.

konnten weiterhin ihre althergebrachten Heiligtümer besuchen und ihnen dienen. – Acht Jahre waren seit der »Christianisierung« der Paraver vergangen, als Franz Xaver das Land betrat. Noch in Goa hatte er sich Predigten, das Glaubensbekenntnis, die Gebote und Gebete ins Tamilische übersetzen lassen und sie mühsam auswendig gelernt. Über ein Jahr verbrachte Xaver unter diesen einfachen Menschen, zog mit einem Glöckchen von Ort zu Ort und rief so vor allem die Kinder der Eingeborenen zu sich. Er unterwies sie im Beten und unterrichtete sie im Katechismus. Die Kinder waren meist willig bei der Sache und betrachteten das Ganze als neues Spiel. Bald schon begeisterten sich auch die Eltern für den Missionar – es machte einen ungeheuren Eindruck auf sie, dass sich der fremde weiße Pater bemühte, sie in ihren einheimischen Worten anzusprechen. Nun suchte Franz Xaver der Reihe nach sämtliche Gegenden des portugiesischen Kolonialreichs in Indien auf. Überall ließ er die wichtigen Gebete in der Landessprache schriftlich zurück mit der Weisung, sie auswendig zu lernen und jeden Tag zu wiederholen. Oft taufte er an einem Tag ein ganzes Dorf oder in einem Monat über 10 000 Personen. Nach dem Glaubensbekenntnis, den Geboten, dem Vaterunser und dem Ave Maria trug er den Menschen eine Erklärung der Glaubensartikel und Gebote in ihrer Sprache vor und ließ sie am Ende seiner Predigt ihr Glaubensbekenntnis ablegen. Dann taufte er sie und gab einem jeden schriftlich seinen Namen.

Im April 1545 fuhr Franz Xaver nach Malipur, wo der Apostel Thomas begraben liegt, der der Legende nach Indien zum christlichen Glauben geführt haben soll. Nächte durchwachte er in der Grabkapelle im Gebet um zu erfahren, wohin er von Gott gerufen würde. Und dann stand sein Entschluss fest: Für die jungen Christengemeinden in Indien war gesorgt; neue Missionare aus der Heimat waren unterwegs. Er wollte neuen Zielen entgegen. Er war schließlich nicht nur Missionar für Indien, sondern päpstlicher Legat für den ganzen Osten, der neue Wege zu neuen Völkern aufspüren musste.
Und so führte ihn sein Weg nach Malakka, dem Zentrum der europäischen Handelsflotten im Fernen Osten. Auch hier half Xaver wieder den Armen und Kranken. Auch hier trug er ihnen Glaubenslehre und Gebete vor, die er ins Malaiische hatte übersetzen lassen. Sein Lebenswandel war so beispielhaft, dass man ihn im Volk den »heiligen Padre« nannte.

Im Frühjahr 1546 hielt sich Franz Xaver auf der Insel Amboina bei Neu-Guinea auf, nördlich von Australien. Aus dieser Zeit stammt die folgende Anekdote aus dem Leben des Missionars, die sich seit 1613 hartnäckig gehalten hat: Auf einer Missionsfahrt zu den Nachbarinseln, auf denen noch Kopfjäger hausten, erhob sich ein großer Sturm. Da tauchte Xaver sein Kreuz ins tobende Meer und betete zu Gott, dass er sie aus dieser Not befreien möge. Plötzlich verschwand das Kreuz zum großen Schmerz des Paters in den Wellen. Der Sturm legte sich nur langsam, und erst 24 Stunden nach dem Unglück konnten sie auf der Insel Seran im Westen von Neu-Guinea an Land gehen. Da kam eine große Krabbe aus dem Wasser heraus und brachte in ihren Scheren das verlorene Kreuz zurück. – Das sogenannte »Krebswunder« beruht auf der eidlichen Aussage Xavers Begleiters, Fausto Rodriguez, vor der kirchlichen Behörde als Augenzeuge in den Jahren 1608 und 1613.[10]

Im Mai 1546 erzählte ihm die Besatzung eines portugiesischen Handelsschiffes, dass sie von der weiter abgelegenen Molukkeninsel Ternate käme. Und so fuhr Xaver im Sommer nordwärts zu diesem Hauptsitz des Gewürzhandels. Hier war die östlichste Festung des portugiesischen Kolonialreiches und der Sitz des mächtigsten Fürsten der Molukken. Drei Monate wirkte er hier erfolgreich. Als er hörte, dass sich auf den Moro-Inseln Christen befänden, wollte er unbedingt dorthin. Die Warnung, die Eingeborenen dort seien Kopfjäger, vergifteten ihre Feinde und würden sogar ihre eigenen Väter zu Tisch servieren, konnte ihn nicht aufhalten. Er hielt sich an seine Devise »Gottvertrauen ist das beste Gegengift!«

---

[10] Ist das »Krebswunder« nun Wahrheit oder Legende? Es ist bekannt, dass Krebse Gegenstände, auf die sie am Strand stoßen, mit ihren Scheren aufnehmen. So ist die Tatsache, dass Xaver sein Kreuz wieder erhielt, auch ohne Wunder zu erklären. Doch war es vielleicht nicht so, dass die beiden Spaziergänger am Strand gerade dadurch auf das Kreuz aufmerksam wurden, weil die Scheren einer Krabbe daran herumtasteten? Und natürlich hat Xaver Gott für den merkwürdigen Fund gedankt. Vielleicht war es ja Vorsehung, Gebetserhörung … Jedenfalls kann der Kern der Erzählung historisch glaubhaft festgehalten werden.
Kritiker behaupten, das »Krebswunder« sei aus der japanischen Mythologie entlehnt, denn einer buddhistischen Legende nach brachte ein Tintenfisch einem Priester ein Bild zurück, das dieser, damit sich ein Sturm lege, ins Meer geworfen hatte. Aber wie konnte diese Volkssage aus Japan in die fernen Länder vordringen, und dann noch dazu auf Franz Xaver umgemünzt werden? Und wäre bei einer mythischen Grundlage als Ursprungsland Indien nicht viel wahrscheinlicher, wo die Geschichte mit dem Krebs im ganzen Land allgemein bekannt war, wie einer der Zeugen 1616 in Quilon berichtete? Noch dazu spielt der Krebs in den Volkssagen des Landes eine bedeutende und ehrenvolle Rolle als Vorbild für die Häuslichkeit.
Zum »Krebswunder« vgl.: Georg Schurhammer: Das Krebswunder Xavers – eine buddhistische Legende? In: Zeitschrift für Missions- und Religionswissenschaft 52 (1962), S. 109–121; 209–216; 253–263.

Nach sechsjährigem Wirken hatte sich Franz Xaver in Indien ein großes Arbeitsgebiet geschaffen. König Johann III. von Portugal war begeistert von den Erfolgen der jesuitischen Mission, die er selbst eingeleitet und gefördert hatte. Aber es gab auch Enttäuschungen. Am bittersten war die Gleichgültigkeit und Habsucht der portugiesischen Kaufleute und Beamten. Und Xaver beschwor den portugiesischen König, den Missständen ein Ende zu bereiten. Doch es nützte nichts, der König griff nicht durch.

Es gab viel Arbeit zu erledigen. Fast ununterbrochen war Franz Xaver auf Fahrt, hin und her zwischen Kap Komorin, Cochin, Goa und Bassein. Am 10. Oktober 1549 wurde er der erste Provinzial der neuen Ordensprovinz: Goa. Dadurch war Xaver nicht mehr dem Provinzial der portugiesischen Provinz unterstellt, sondern konnte eigenständig handeln. Er konnte sämtliche Posten auf den Missionsstationen, in den Häusern und in den im Entstehen begriffenen Kollegien des Ordens nach seinem Gutdünken und seiner Erfahrung besetzen. Und sein einziger Vorgesetzter war der Generalobere das Ordens – und das war zu seinen Lebzeiten Ignatius von Loyola.

Missionar in Japan und China

Sieben Jahre lang hatte Franz Xaver die ostasiatischen Kolonialreiche Portugals durchstreift: die reichen Städte, die primitiven Fischerstämme an den Küsten und die gefahrvolle Inselwelt der Südsee. Da traf ihn die Kunde, dass östlich des chinesischen Meeres neue Inseln entdeckt worden waren, ein Reich von hoher Kultur und geistigem Rang seiner Bewohner: Japan!

Xaver traf die ersten Japaner, die in Malakka Zuflucht gesucht hatten, und nahm sie mit nach Goa. Er unterwies sie im christlichen Glauben und taufte sie. Und es wuchs in ihm der Entschluss, zusammen mit den drei Getauften das ferne Japan zu besuchen. Xaver ordnete seine Angelegenheiten in Goa und trat die Reise in das Land der aufgehenden Sonne an. Nach seiner Ankunft in Kagoshima am 15. August 1549 sah sich der Europäer in eine andere Welt versetzt: Alle Sitten und Gebräuche waren fremd, die Sprache schwierig, das Essen ungewohnt. Statt der Achtung, die die Portugiesen einem Priester zollten, fand hier das Gegenteil statt: Verachtung des Fremden in seinem ärmlichen Aufzug.

Von Anfang an war es der Plan Xavers, bis zur Hauptstadt Miyako (heute Kyoto) und zum Kaiser vorzudringen, um die Erlaubnis zum Predigen zu erhalten. Doch er musste erkennen, dass der Kaiser, der gleich einem Götzen angebetet wurde, keinerlei politische Macht besaß. Die wirkliche Macht besaßen die Landesherren, die Daimyos. Und Xaver war um die Erfahrung reicher geworden, dass er sich in diesem Land anpassen musste, wenn er erfolgreich sein wollte: würdevolles Auftreten und höflicher Umgang waren angesagt. So kehrte er nach Yamaguchi zurück und trat erstmals als päpstlicher Legat auf mit allen Zeichen seiner hohen Würde: prunkvoll gekleidet mit einer Dienerschar und kostbaren Geschenken besuchte er im April 1551 den dortigen Herrscher, den Daimyo Ouchi Yoshitaka. Diesem mächtigen Fürsten des damaligen Japan ging es nicht nur um Handelsbeziehungen mit den Portugiesen, sondern die Förderung der Bestrebungen Xavers war ihm ein echtes Anliegen, wenngleich er selbst kein inneres Verhältnis zum Christentum hatte. Es gelang Xaver, hier eine Christengemeinde aufzubauen. – Yamaguchi wurde so zur größten Missionsstation in Japan zu Xavers Zeiten. Noch weit günstigere Aussichten wurden Xaver vom Daimyo von Bungo, Otomo Yoshishige, eröffnet. Er wurde zu einem mächtigen Förderer der Mission in Japan und war mit Xaver ein Leben lang in Freundschaft verbunden.

Groß waren die Erfolge, die Xaver während seines zweijährigen Wirkens in Japan errungen hatte. Aber der wichtigste Teil seiner Aufgabe war nicht gelungen: die japanische Priesterschaft, die so genannten Bonzen zu besiegen. Diese standen ihm feindselig gegenüber und bekämpften ihn, wo immer es ging. Vor allem reagierten sie sehr empfindlich darauf, dass ihnen Xaver unverblümt seine Meinung über ihr sittliches Leben kundtat.

Bei seinen Aufenthalten in Japan hatte Franz Xaver erkannt, wie sehr die Japaner vom Kulturerbe Chinas lebten, hatten sie doch Religion, Schrift und fast die ganze geistige Kultur vom Reich der Mitte übernommen. Und die Xaver feindlich gegenüberstehenden Bonzen brachten oft das Argument, dass die Lehre vom christlichen Gott deshalb nicht die richtige sein könnte, da doch die Chinesen nichts von ihr wüssten. Deshalb fasste er, der immer strategisch dachte, den Plan, zuerst den Glauben in China zu verkünden, Japan werde sich dann schnell dem Christentum zuwenden. – Keines seiner missionarischen Unternehmen hatte Xaver so gründlich vorbereitet, und keiner seiner Pläne war so radikal gescheitert.

Zunächst aber musste er in Goa, wo er im Februar 1552 eintraf, als erster Provinzial der neu gegründeten Indischen Ordensprovinz einige schwierige Aufgaben lösen. Er war Tag und Nacht ruhelos an der Arbeit, um möglichst bald zu seiner Traumreise nach China aufbrechen zu können. Am 17. April 1552 war es endlich so weit. Xaver zerbrach sich den Kopf über die Frage: »Was soll ich tun, wenn China verschlossen bleibt?« Seine Antwort steht in vielen Briefen: »Dann werde ich den Weg über Siam versuchen; oder vielleicht gar nach Europa zurückkehren, um mit neuen politischen Vollmachten an China heranzugehen.«

Von Malakka aus wollte Xaver mit Unterstützung eines portugiesischen Kaufmannes nach China segeln. Doch der Statthalter widersetzte sich diesen Plänen. Er befürchtete negative Auswirkungen auf die Handelsbeziehungen mit China, wenn er es zuließe, dass ein Missionar ohne Erlaubnis das für Fremde verschlossene Land betreten würde. Also brach Xaver alleine auf. Auf der Insel Sancian vor Kanton angekommen, fand er niemanden, der es wagte, ihn in die für Ausländer verbotene Stadt Kanton überzusetzen. Sogar der chinesische Schmuggler, der ihn gegen eine hohe Entlohnung doch befördern wollte, ließ ihn im Stich.

Zuletzt war der Missionar allein auf der Insel, einsam, nur von seinem chinesischen Diener betreut. In dieser hoffnungslosen Lage erkältete er sich in den frostigen Nordwinden und bekam hohes Fieber. Aber an den Tod dachte er bestimmt nicht. Er, der an jedes tropische, heiße oder kalte Klima gewöhnt war, der unzählige Fieber- und Seuchenkranke gepflegt hatte, ohne sich anzustecken, konnte doch nicht an einer Erkältung sterben! – Und doch: Das lang ersehnte Ziel vor Augen, starb Franz Xaver in den Morgenstunden des 3. Dezembers 1552 um zwei Uhr einsam in einer armseligen Schilfhütte auf der Insel Sancian, 46 Jahre alt.

Der Heilige

»Immer wieder Goa!« – Die erste Missionsstation Franz Xavers war 1542 Goa. Er wurde 1549 der erste Provinzial der neuen Ordensprovinz Goa. Und ein Jahr nach seinem Tod kehrte der »Herr von Goa« heim; sein Leichnam wurde in der Kirche Bom Jesus in Goa bestattet. Im Tod wurde Xaver, der sein Leben in Asien und für die Menschen dort hingegeben hatte, wieder von Europa eingeholt, und zwar in Form des von europäischen Künstlern geschaffenen Barockmausoleums, das den kostbaren silbernen Sarkophag umgibt und in der rechten Seitenkapelle von Bom Jesus steht: Ende des 17. Jahrhunderts hatte ein frommer Italiener, Graf Cosimo III. von Toskana, ein Kopfkissen als Reliquie erhalten, auf dem Xaver geschlafen haben soll. Als Dank ließ er von dem florentinischen Bildhauer Giovanni Battista Foggini ein Marmorgrab für den Heiligen bauen. Darüber befindet sich der wertvolle silberne Sarkophag oder Schrein, der im Wesentlichen noch heute erhalten ist. Es ist eine rechteckige Silbertruhe im Renaissance-Stil, die von einem dachartigen Aufsatz in reicher Filigranarbeit gekrönt ist. Die Truhe setzt sich aus einem massiven Unterbau und dem höheren, hohlen »Schrein« zusammen, in den der dreifach verschlossene Sarg von der Stirnseite her hineingeschoben werden kann. Der ganze Schrein ist die Arbeit indischer christlicher Handwerker. 32 Reliefdarstellungen zeigen das Leben Franz Xavers, wobei vorwiegend außergewöhnliche Ereignisse behandelt werden. Dies entspricht dem damaligen Zeitgeist, der gerne auch in natürlich erklärbaren Dingen ein unmittelbares Einwirken Gottes sah. Einige Szenen beruhen auf legendarischen Berichten.[11]

Ordensgeneral Claudius Aquaviva ließ 1615 den rechten »Taufarm« Franz Xavers nach Rom bringen. Diese kostbare Reliquie befindet sich bis heute in der Jesuitenkirche Il Gesù auf dem Franz Xaver-Altar.

Der Missionspionier und Begründer der neuzeitlichen Missionsmethode durch planmäßige Erforschung und Besetzung des Missionsfeldes wurde 1619 selig gesprochen. Am 12. März 1622 wurde er gemeinsam mit Ignatius – als erste Vertreter der Gesellschaft Jesu – und Philipp Neri,[12] Isidor von Madrid und Theresa von Avila heilig gesprochen. Im 17. und 18. Jahrhundert wurde er hoch verehrt als Patron der Seefahrer und Glaubensboten, Patron gegen die Pest und für eine gute Sterbestunde. 1748 wurde er zum Schutzpatron Indiens und des ganzen Fernen Ostens, 1927 – zusammen mit der hl. Theresia vom Kinde Jesu[13] – zum Patron aller katholischer Missionen auf dem Erdkreis ernannt.

---

[11] Vgl.: Georg Schurhammer: Der Silberschrein des Hl. Franz Xaver in Goa. Ein Meisterwerk christlicher indischer Kunst. In: Das Münster 7 (1954), S. 137–152.

[12] Philipp Neri (1515–1595), der Begründer der Kongregation der Oratorianer, zählte zu den freundschaftlich Vertrauten des Ignatius von Loyola, den er 1538/1539 zusammen mit seinen Gefährten kennen lernte. Ausdruck ihrer herzlichen Verbundenheit ist eine Darstellung auf dem Grabmal des Ignatius in Il Gesù, wo Philipp Neri seinen Freund umarmt. Philipp Neri war es, der die zwölfbändige Kirchengeschichte (*Annales ecclesiastici*, Rom 1588–1607) seines Lieblingsjüngers und späteren Kardinals Caesar Baronius veranlasste.
Philipp Neri, der »Mystiker im Narrenkleid« und »freundlichste und fröhlichste unter allen römischen Heiligen, der Apostel der Stadt Rom«, der »Spaßvogel Gottes«, war ein anderer Heiliger. Was seine Zeitgenossen an ihm liebten, macht ihn auch heute faszinierend: Er war unkonventionell und heiter, vor allem aber verstand er es, den Glauben auf anziehende und einladende Weise weiterzugeben. – Vgl.: Paul Türks: Philipp Neri oder Das Feuer der Freude. Freiburg im Breisgau: Herder 1986.

[13] Therese von Lisieux (1873–1897), auch Therese vom Kinde Jesu oder die Kleine Therese genannt, wurde 1923 selig und zwei Jahre später heilig gesprochen. 1927 ernannte die Kirche die Karmelitin zur Hauptpatronin der Missionen, 1944 zur zweiten Patronin Frankreichs. – Vgl.: Jean-François Six: Theresia von Lisieux – Ihr Leben, wie es wirklich war. Freiburg im Breisgau: Herder 1976.

24

In den Darstellungen ist das Attribut Xavers als Missionar das Kreuz, das flammende Herz ist ein Zeichen seiner Opferbereitschaft; als individuelles Attribut gilt der Inder, der den Heiligen als Missionar der Inder kennzeichnet. Xaver ist der in der Kunst am häufigsten dargestellte Jesuit. Dabei herrschen zwei Typen vor: als Missionar im gegürteten Talar, Chorrock und Stola, entweder predigend – mit Kruzifix in der Hand – oder einen knienden dunkelhäutigen Eingeborenen mit Federschmuck taufend. Häufig wird Franz Xaver, der Fürsprecher in der Sterbestunde, auch bei seinem einsamen Tod auf der Insel Sancian dargestellt.[14]

Franz Xaver ist sicher einer der bekanntesten Heiligen der Kirche. Seine Blütezeit in der zweiten Hälfte des 17. und der ersten des 18. Jahrhunderts verdankte der Xaver-Kult seiner eifrigen Pflege durch die Jesuiten, die seine Verehrung mit großem Nachdruck förderten und in weitesten Kreisen verbreiteten. Dazu kommt, dass Xaver eine historisch interessante Persönlichkeit war, die weit in der Welt herumgekommen war. Zum einen fesselten seine abenteuerlichen Missionsreisen die Menschen, zum anderen konnten sie die Mühen und Entbehrungen nachvollziehen, denen der Jesuit dabei ausgesetzt gewesen war. Das führte dazu, dass Xaver schon gleich nach seiner Heiligsprechung 1622 ein volkstümlicher Heiliger wurde. Viele Kirchen und Kapellen, aber auch Altäre in anderen Heiligen geweihten Kirchen wurden nach ihm benannt. Und das »Xaveriuswasser« fand sich – ähnlich wie das »Ignatiuswasser« – bis zur Auflösung des Ordens 1773 in jeder Niederlassung und auf allen Volksmissionen.[15]

Der Jesuitenpater Marcello Mestrelli hatte im Jahr 1633 in Neapel anlässlich einer Kirchenrenovation einen schweren Unfall: Ein großer Hammer fiel ihm auf den Kopf und schlug ihm die Schädeldecke ein. Dem Tod nahe, rief er Franz Xaver an, den er sehr verehrte, und gelobte, dass er bei Genesung als Missionar nach Indien gehen werde. Der Heilige erschien ihm, tröstete ihn, machte ihm Mut und erklärte, dass jeder, der an neun aufeinander folgenden Tagen zu ihm bete, die gewünschte Gnade erlangen werde. Und Pater Mestrelli wurde gesund. Dieses Wunder, das beglaubigt ist, hatte damals nicht nur in Neapel ungeheures Aufsehen erregt.[16] Und die Gläubigen setzten jetzt überall ihre Hoffnung in Franz

---

[14] Vgl.: Christa Squarr: Franz Xaver SJ. In: Lexikon der christlichen Ikonographie 6 (1994), Sp. 324–327.

[15] Vgl.: Andreas Schüller: Franz Xaverius in Volksglaube und Volksbrauch des Rheinlandes und Westfalens (17. und 18. Jh.). In: Zeitschrift des Vereins rheinische und westfälische Volkskunde 29 (1932), S. 12–37.

[16] Es fand sogar Eingang in die 51 Szenen umfassende lateinisch-deutsch gehaltene Bilder-Vita

Xaver in einer neuntägigen Andacht vom 4.–12. März – die »Gnaden-Novene zu Ehren des heiligen Franz Xaver« schließt mit dem 12. März, weil dies der Tag ist, an welchem der Missionar zusammen mit dem Ordensgründer Ignatius von Loyola im Jahr 1622 heilig gesprochen wurde. Die Päpste Leo XIII. und Pius X. haben für die Gnadennovene einen vollkommenen Ablass gewährt.[17]

Die enge Verkettung des Xaver-Kultes mit der Tätigkeit des Jesuitenordens hatte aber nicht nur die ungewöhnlich große Volkstümlichkeit dieses Heiligen während der Ordenstätigkeit, sondern ebenso den raschen Verfall seines Kultes nach deren Aufhören zur Folge. Nach der 1773 erfolgten Auflösung des Ordens geriet auch der Heilige bald in Vergessenheit, und wenn auch die nach ihm benannten Kirchen und Kapellen ihren Namen beibehielten, nahm seine Popularität unter den katholischen Gläubigen rasch ab und hörte Ende des 18. Jahrhunderts nahezu ganz auf. Nur im bayerischen Raum lebt der Name »Xaver« als männlicher Vorname bis in unser Jahrhundert fort.[18]

Franz Xaver – Aussehen und Wesenszüge

Wie sah nun Franz Xaver, der »Apostel Indiens«, aus; wie war sein Wesen? Ist es möglich, auf diese interessanten Fragen heute noch eine Antwort zu geben?

Melchior Haffners *Vita S. Francisci Xaverij Soc. JESV Indiae et Japoniae Apostoli* als letzte Illustration. Sie zeigt Marcello Mestrelli auf dem Krankenlager, umgeben von drei betenden Mitbrüdern. Am Kopfende des Bettes ist der Heilige Franz Xaver aus den Wolken herabgeglitten. Die Unterschrift des Bildes erklärt: »S. Xav. P. Mastrillum prodigiose sanat et ad Japonum conversionem hortatur. / Der H. Xaverius hailt wunderlich P. Mastrillum und ermant ihn, zu bekheren die Haiden, in Japoniam zuraisen.« – Hier wurde als Pseudonym für den Fernen Osten allerdings Japan gewählt und nicht Indien. Tatsächlich ging Mestrelli nach seiner Genesung in die Mission nach Indien.

[17] Vgl.: Gnaden-Novene zu Ehren des hl. Franz Xaver vom 4.–12. März in der St. Michaelskirche in München. München: Salesianische Offizin 1936. – Franz-Xaver-Kapelle Morschach: Novene zu Ehren des hl. Franz Xaver. Ibach: Gleissner Nideröst 1930 (Ndr.).

[18] Unbestritten bleibt die weltweite Verehrung des Franz Xaver zu Jubiläen. So nimmt der Heilige z. B. in der Philatelie – vor Ignatius – den ersten Platz ein (vgl.: Walter Nissel: Jesuiten im Spiegel der Philatelie. [Gabriel-Bildheft 249] Rommerskirchen: Edition St. Briktius 1995, S. 24–30). Sein Bild findet sich auf einer spanischen Banknote aus dem Jahr 1926 (Original im Museo Casa de la Moneda, Madrid). Im Jubiläumsjahr 2002 hat der Münchner Bildhauer Max Faller eine Medaille in Goldmessing mit dem Porträt des Heiligen geschaffen.

In vielen Stichen, Zeichnungen und Gemälden hat die Nachwelt versucht, das Aussehen des Heiligen wiederzugeben. Ein authentisches Abbild gibt es jedoch nicht.[19] Lassen wir also die älteste Quelle sprechen: Pater Manuel Teixeira, der Xaver als 16jähriger im Kolleg St. Paul in Goa bedient hatte und der hoch in der Gunst des Missionars stand, beschreibt ihn in lebendiger Weise so:

> Pater Magister Franciscus war von guter, kräftiger Statur, eher groß als klein von Gestalt. Sein Antlitz war wohl geformt, weiß und von frischer Farbe, heiter und äußerst gewinnend. Die Augen zwischen schwarz und kastanienbraun, die Stirne hoch, die Haare und der Bart schwarz. Seine Kleidung war arm, aber reinlich gehalten. Er trug nur einen Talar, ohne Gürtel und Mantel, wie es Brauch bei den Priestern Indiens war. Beim Gehen hob er den Talar ein wenig mit beiden Händen auf. Seine Augen waren beim Gehen fast immer zum Himmel gerichtet, dessen Anblick ihm, wie man sagte, besonderen Trost und besondere Freude bereitete. Sein Antlitz war so entflammt und heiter, dass es alle froh machte, die ihn betrachteten. Und einige Male gingen einige Mitbrüder, die traurig waren, ihn zu sehen, nur um wieder froh und durch seine Gegenwart entflammt zu werden. Er war sehr liebenswürdig und empfing die Auswärtigen mit größter Freundlichkeit. Er war heiter und vertraulich mit seinen Mitbrüdern, besonders mit denen, die demütig, einfach und unterwürfig waren, ohne eitles Selbstbewusstsein. Dagegen aber zeigte er sich streng, autoritär und zuweilen unerbittlich bei jenen, bei denen er Eigendünkel und inneren Stolz wahrnahm, damit sie zur Einsicht kämen und Demut annähmen. Und dasselbe Vorgehen riet er auch den Oberen. Er war sehr mäßig im Essen und Trinken. Um aber Aufsehen zu vermeiden, nahm er von allem, was vorgesetzt wurde, wenn er mit anderen zusammen aß. Besonders nahm er sich der Kranken an, ihnen galt seine größte Sorge.[20]

Und Girolamo Moretti, der sich in der ersten Hälfte des 20. Jahrhunderts im Auftrag der päpstlichen Kurie mehr als vierzig Jahre lang mit den Handschriften der Heiligen befasste und sie deutete – freilich ohne die Identität der Schreiber zu kennen –, urteilte über Franz Xaver:

---

[19] Georg Schurhammer ist sich allerdings sicher, dass ein Kupferstich von Gaspar Massi aus der ersten Hälfte des 18. Jahrhunderts auf eine naturgetreue Vorlage zurückgeht, entspricht dieses »wahre Bildniss« doch den Zügen des Heiligen, wie sie in der ältesten Quelle beschrieben sind: wohlgeformtes Antlitz, hohe Stirn, zum Himmel gerichteter Blick, heitere Miene. Vgl.: Georg Schurhammer: Das wahre Bild des hl. Franz Xaver. In: Katholische Missionen 51 (1922), S. 41 f. – Bei der Vorlage handelt es sich um ein Gemälde, das 1583 auf Anordnung des Visitators Alessandro Valignano von dem unversehrten Leichnam des Missionars angefertigt wurde. Das Porträt befindet sich heute im Generalat der Jesuiten in Rom.

[20] Manuel Teixeira: Vida de S. Francisco Javier. In: Monumenta Xaveriana 2, S. 815–918. Hier Kap. 16, S. 882 f.

Die ursprüngliche, vielseitige und originelle Intelligenz des Schreibers, die über dem Durchschnitt liegt, zeichnet sich durch eine rasche Auffassung aus, die durch gründliche Überlegungen ergänzt und gefestigt wird [...] Technisch und psychologisch begabt, möchte er sich durch eigene Anschauung und Prüfung in der Praxis von allem ein genaues Bild machen. Voller Verständnis für die Nöte und Schwierigkeiten seiner Mitmenschen und für soziale Fragen recht aufgeschlossen, sucht er nach Mitteln und Wegen, wie man gesellschaftliche Missstände beseitigt [...] Da er außer seinem psychologischen Tiefblick auch über ein natürliches und gewinnendes Wesen verfügt, müsste er überhaupt im Umgang mit Menschen Hervorragendes leisten [...] Er verabscheut jeden Wortschwall und neigt zu lakonischer Kürze [...] Als ein Mann des Ausgleichs hält er in seiner Kritik sich und anderen gegenüber Maß. Überdies sieht er alles überwiegend von der praktischen Seite her [...] Offen und voller Verständnis für seine Mitmenschen, ohne viel Aufhebens davon zu machen, großzügig und hilfsbereit, überdies nicht sonderlich ehrgeizig, gewinnt er sich leicht die Sympathie seiner Mitmenschen. Bedürfnislos passt er sich den primitivsten Lebensverhältnissen an, ist schon zufrieden, wenn er nur so viel besitzt, dass es irgendwie zum Leben reicht, obwohl er sich gelegentlich auch eine kleine Unmäßigkeit leistet [...][21]

Und wie war das mit der Sprachbegabung Franz Xavers? Als Kind hatte er – neben seiner baskischen Muttersprache – sicher schon Spanisch, Französisch und Latein gelernt, was er dann beim Studium in Paris vertiefen konnte. Während seines Italienaufenthaltes dürfte er sich notdürftig die Landessprache angeeignet haben, um einfache Predigten halten zu können. Am Hof des portugiesischen Königs in Lissabon musste er möglichst perfekt Portugiesisch lernen, das fortan zu seiner täglichen Umgangssprache wurde, sowohl in Portugal als auch in den Kolonial- und Missionsgebieten. Fremde Sprachen dürften ihm allerdings nicht leicht gefallen sein, bezeichnete er in seinen Briefen das Erlernen »barbarischer Sprachen« doch als eine große Last. Auch gaben Zeugen nach seinem Tod an, dass er »keine Sprache gut sprechen konnte«.

Während er schwierige Sprachen schlecht erlernte – in Japan konnte er nach zwei Jahren noch nicht ohne Dolmetscher frei predigen und für das Erlernen der Zehn Gebote in der Landessprache brauchte er nach eigenen Aussagen 40 Tage –, so tat er sich mit den wortarmen Sprachen primitiver Völker leichter. Die Zeugen berichteten auch, dass Xaver einmal Gruppen von Angehörigen verschiedener Stämme predigte, wobei ihn alle Zuhörer in ihrer Muttersprache verstanden hätten. Dabei dürfte es sich

---

[21] Girolamo M. Moretti: Die Heiligen und ihre Handschrift. Heidelberg: F. H. Kehrle 1959, S. 83–88.

aber nicht um die wirklichen Worte gehandelt haben, sondern vielmehr darum, dass die Anwesenden den Sinn erschließen konnten.

Von Zeit zu Zeit wurde der Schrein des Heiligen Franz Xaver geöffnet und die Echtheit der Reliquie bestätigt. So auch am 3. Dezember 1859. Ein Augenzeuge, der Jesuitenpater Canoz, apostolischer Vikar von Madura, schrieb damals an den General der Gesellschaft Jesu:

> Der Leib ist mit einem reichen, mit Gold und Perlen bestickten Messgewande bekleidet, welches eine Königin von Portugal [Maria Sophia Elisabeth, bayerische Prinzessin, Gemahlin Dom Pedros II.] im Jahre 1699, als Franciscus Xaverius zum Beschützer Indiens erwählt wurde, als Geschenk geschickt hatte. Die Züge des christlichen Helden sind noch kenntlich; drei Jahrhunderte konnten sie nicht verwischen. Das Antlitz ist etwas bräunlich, der Mund ein wenig geöffnet, so dass man die Zähne sehen kann; man unterscheidet deutlich die Lippen, die Nase, die Schläfe usw.; auf dem Haupte glaubt man spärliche graue Haare zu sehen, wie eingetrocknet in die Haut. Der Kopf ist etwas gehoben und ruht auf einem Kissen. Der linke Arm liegt mit dem Ärmel einer kostbaren Albe bekleidet auf dem Messgewande; die Hand ist unbedeckt, die Finger sind geöffnet und etwas voneinander getrennt. Es ist bekannt, dass der rechte Arm auf Befehl des Pater General Aquaviva abgenommen und nach Rom übertragen wurde, wo er in Il Gesù auf dem Altare des hl. Franciscus Xaverius ausgestellt ist. Seit dieser Amputation, welche in dem großen Saale des Professhauses vorgenommen wurde, hat der heilige Leib seine Frische und Fülle verloren, die er bis dahin bewahrt hatte. Nur die Füße haben ihre alte Form unverändert beibehalten.[22]

Was der Historie gerecht werdende Bilder aus dem Leben des Franz Xaver betrifft, so hat Georg Schurhammer 1922 zusammen mit dem Historienmaler R. E. Kepler zum 300. Gedenktag der Heiligsprechung erstmals eine 24teilige Bildervita geschaffen, die geschichtlich und völkerkundlich zuverlässig ist.[23]

---

[22] Vgl.: Das Grabmal des hl. Franciscus Xaverius zu Goa. In: Die katholischen Missionen 3 (1875), S. 245–247. Hier S. 247.

[23] Franziskus Xaverius. Ein Leben in Bildern, von Georg Schurhammer und R. E. Kepler. Kunstausgabe mit Kommentar. Aachen: Xaverius 1922.
>   Sie will das Leben des Apostels von Indien, den Molukken und Japan in geschichtlich treuen Bildern zeichnen, soweit solche möglich sind. Alle Sorgfalt wurde darum darauf verwandt, mit Hilfe der ungedruckten und gedruckten Beschreibungen der Zeitgenossen, späterer Reisender und neuzeitlicher Forscher, bildlicher Darstellungen europäischer Besucher und einheimischer Künstler und photographischer Aufnahmen die Typen, Trachten, Waffen, Geräte, Schiffe, Bauten, die Pflanzen und den landschaftlichen Hintergrund so getreu wie möglich wiederherzustellen und dem Besucher den Heiligen

Franz Xaver – Pionier, Organisator, Kommunikator

Franz Xaver war ein Mann der Tat, der am liebsten überall zu gleicher Zeit gewesen wäre. Rastlos und wagemutig war er zehn Jahre nimmermüde auf Wanderschaft, um den Glauben zu verkünden. Er verstand es, sich allen anzupassen und alle für sich zu gewinnen. Er war begabt, besaß einen klaren, scharfen Verstand und war geistig rege, großherzig und begeisterungsfähig, bei aller Sanftheit doch voll Willensenergie und Feuer, bei aller Demut doch voll Selbstvertrauen – alles Voraussetzungen für seine erfolgreiche Tätigkeit.

Franz Xaver bereitete seine Missionsreisen sorgfältig vor. Er betrieb Sprachstudien und arbeitete sich in die Mentalität und Geschichte der einzelnen Völker ein. Er war mit Plänen zur Schaffung einer jeweils einheimischen Liturgie befasst. Er war von Anfang an darum bemüht, den christlichen Glauben bei den Eingeborenen durch Heranbildung eines einheimischen Klerus zu stärken. Er sah das wichtigste Missionsanliegen darin, dass die Verwurzelung des Christentums im eigenen Volk durch eigene Priester angestrebt werden müsse.

In den zehn Jahren, die Franz Xaver im Osten wirken konnte, ging er stets weitblickend an sein Werk: Er sorgte für weitere Missionare und einheimische Helfer, die das Begonnene festigen sollten. Außerordentlicher Wagemut, zähe Ausdauer, vor allem aber Gespür und Verständnis für die fremde Kultur zeichneten ihn aus. Er legte großen Wert darauf, dass die Missionare die Sprache der Einheimischen erlernten, die christlichen Glaubenssätze übersetzten und sich der Sitten und Gebräuche des Landes anpassten. Er selbst überzeugte durch sein vorbildliches Leben, so dass man ihn schon zu seinen Lebzeiten den »Santo Padre« nannte. Das feurig-heitere Naturell des Navarresen, der kühne Wagemut und die zähe Ausdauer des Basken, der Takt des Edelmannes, der weite Blick des großzügigen Organisators, seine hohe Bildung und sein organisatorisches Temperament gaben ihm die beste Eignung für sein Missionswerk.

Kaum ein anderer Glaubensbote oder Vertreter der katholischen Kirche hat das Missionswesen so nachhaltig beeinflusst wie Franz Xaver, der den Begriff Mission neu interpretierte, ihn wieder neu begründete. Er, ein Mit-

---

und seine Zeit vor Augen zu führen, wie sie in Wirklichkeit waren.
(Zum Geleit)

Das Werk gibt es auch ohne wissenschaftlichen Kommentar: Ein Xaveriusleben in Bildern, von Georg Schurhammer. Mit 24 Bildern von Historienmaler R. E. Kepler. Volksausgabe. Aachen: Xaverius 1922.

30

glied des hohen Navarra-Adels, unterrichtet an besten Schulen und Universitäten, Mitbegründer des Jesuitenordens, Vertrauter des Papstes, er stieg während seiner Missionierungsarbeit hinab in die tiefsten Slums, passte sich den Sitten und Gebräuchen innerhalb seines Missionsfeldes an und begann sein großes Werk dann von innen heraus. Franz Xaver gilt als Begründer der Mission im Fernen Osten und der Jesuitenmission.

Die Gesellschaft Jesu wurde bald nach ihrer Gründung der größte Missionsorden. Ignatius von Loyola leitete trotz der weiten Entfernung straff alle Aussendungen der Jesuiten, in welche entlegenen Länder diese auch führten. Briefe wahrten den Kontakt und waren ein wirkungsvolles Mittel zur Erhaltung der geistigen Einheit. – Als die Gefährten nach der Ordensgründung begannen, Rom zu verlassen, bestimmte Ignatius, dass diejenigen, die in der Nähe blieben, jede Woche nach Rom zu schreiben hatten, diejenigen, die weiter weg weilten, einmal im Monat. Die in Rom verbliebenen Mitbrüder hatten diese Post dann zu beantworten. Im Juni 1539 hielt sich Franz Xaver allein mit Ignatius in Rom auf, und ihm fiel nun diese Aufgabe zu; er wurde zum ersten Sekretär der Gesellschaft Jesu. Er behielt das Amt bis zu seiner Berufung nach Indien am 14. März 1540. Über seinen Sekretär hielt Ignatius den Kontakt zu seinen Gefährten aufrecht. Xaver musste die Nachrichten seiner Mitbrüder sammeln und sie dann in den internen Umlauf bringen, so dass alle stets über den selben Informationsstand verfügten. Xaver zeichnete darüber hinaus eine positive Eigenschaft für einen Sekretär aus: Er hatte eine regelmäßige und gut leserliche Handschrift.
Die in der römischen Ordenszentrale eingehenden Briefe und Berichte aus Indien, Japan und anderen Missionsgebieten wurden gesammelt und gedruckt. Die Nachrichten über die Missionstätigkeiten wurden so in ganz Europa verbreitet. Zum einen diente dies dazu, den Angehörigen und Freunden in der Heimat Trost zu spenden. Zum anderen wurden dadurch Kenntnisse über die bislang unbekannten Länder vermittelt und Interesse an der Mission geweckt, so dass der personelle Nachschub gesichert war. – Was letzteren betraf, so korrigierte der Grundsatz Franz Xavers, nur die besten Priester als Missionare auszusenden, die damals verbreitete Auffassung, dass für primitive Heiden weniger qualifizierte Leute genügen würden.

Auch in Deutschland machten die Briefe Xavers großen Eindruck. Der Pionier des Fernen Ostens hat mit seinen kühnen Fahrten einen Heroismus an den Tag gelegt, der so manch Jugendlichen in helle Begeisterung versetzte. Und so mancher junge Mann trat in den Jesuitenorden ein mit dem Wunsch, in die Mission entsandt zu werden. So schrieb auch Friedrich Spee von Langenfeld 1617 – sieben Jahre nach seinem Ordenseintritt – an den Ordensgeneral Mutius Vitelleschi:

> Schon lange, hochwürdiger Vater, währt es (und wenn ich sagen soll, wann es seinen Anfang nahm: fast als ich noch in der Wiege lag), dass eine verzehrende Leidenschaft in mir brennt, wie glühende Kohlen. Bis zum heutigen Tage habe ich sie zu unterdrücken und, aus mancherlei Gründen, zu verheimlichen gesucht. Doch während ich Narr das Feuer unter der Asche begraben will, glüht es immer heftiger und heißer und will in offenen Flammen emporlodern. Nun kann ich nicht mehr dagegen ankämpfen. Ich will mein Herz entblößen, will mein Innerstes offenbaren; was soll ich denn noch verbergen? Indien, mein Vater, und jene fernen Länder haben mir das Herz verwundet! […] Als ich älter wurde, konnte es nicht ausbleiben, dass die nur schlecht verheilte Wunde von neuem aufbrach: Nur sie, und kaum etwas anderes, hat mich getrieben, in diesen heiligen Orden einzutreten.[24]

Der christliche Enthusiasmus Xavers hatte auch Spee ergriffen. Er hoffte, in Indien die Erfüllung seiner Sehnsüchte zu finden. Doch die Bitte um Entsendung in die Indien-Mission wurde ihm nicht gewährt. Später hat Spee ein »Poetisch gesang von dem H. Francisco Xaueri der geselschafft IESV, als er in Jappon schiffen wolte« geschrieben, in welchem er den Missionar als tapferen Ritter schildert, der Wind und Stürmen kühn entgegentritt.[25]

Ebenso wenig wurde der Herzenswunsch Philipp Jeningens erhört, der im August 1701 noch einmal – wie schon so oft – um die Erfüllung seines Gelübdes bat und den Ordensgeneral beschwor:

> […] Noch nicht ganz sechzig Jahre alt, habe ich das erste Jahr des wahren Lebens noch nicht begonnen […] Am Feste der Himmelfahrt Mariens aber dränge ich mit neuem, großem Eifer zu meiner Geburt. Dann endlich werde ich das Licht der Welt erblicken, wenn Ew. Hochwürden mich unwürdigen, langjährigen Bewerber ins Land des hl. Franz Xaver oder anderswohin zur Bekehrung der Heiden senden werden. Immer aber und für immer will ich die ewige Verabredung

---

[24] Joachim-Friedrich Ritter: Friedrich von Spee 1591–1635. Ein Edelmann, Mahner und Dichter. Trier: Spee-Verlag 1977, S. 13. – Zu Spee vgl.: Rita Haub: Unbequemer Mahner seiner Zeit: Friedrich Spee von Langenfeld SJ (1591–1635). Vorkämpfer der Menschenrechte und Anwalt der Frauen. In: R. H. – Jesuiten, S. 58–67 (mit weiterführender Literatur).

[25] Das Gedicht wurde später in der Trutz-Nachtigall veröffentlicht: Friedrich Spee: Trutz-Nachtigall, hg. von Theo G. M. Oorschot. Bern: Francke 1985, S. 94 f.

treffen: [...] ich füge allen Briefen bescheiden mit meiner Unterschrift auch diese meine demütige, ständige, eifrige und ergebene Bitte bei [...][26]

Doch Pater General Thyrsus Gonzales wies ihm weiterhin Deutschland als Missionsfeld zu:

> [...] Wenden Ew. Hochwürden also Ihren brennenden Seeleneifer ganz Europa zu und weihen Sie sich nach dem apostolischen Beispiel des großen Apostels von Indien, Ihres besonderen Patrons, ganz dem Heile derer, deren Land Sie bisher als unermüdlicher Missionär so viele Jahre durchwandert haben [...][27]

Franz Xaver war ein großer Briefeschreiber, vom Beginn seines Missionswirkens 1542 an bis wenige Wochen vor seinem Tod 1552. Inhaltlich sind dies keine Missionsberichte, sondern sie zeigen die Person und das Organisationstalent des Missionars. Franz Xaver war es auch, der den Briefwechsel zwischen den einzelnen Missionen anregte, denn nur ein Austausch von Erfahrungen kann zu fruchtbarer Missionsarbeit führen. Seine Briefe sind spannende Berichte, die die politische und kulturelle Realität der damaligen Zeit dokumentieren und manchmal auch – wie im Falle Japans – die ersten Kulturberichte eines Landes bzw. Volkes übermitteln. Daneben sind sie ein einmaliges Zeugnis der jungen Gesellschaft Jesu.[28]
Wichtig war Xaver die Berichterstattung in die Heimat. Er schrieb in Briefen nach Rom über seine Erfahrungen, Erlebnisse, Erfolge und Niederlagen. Es sind keine literarischen Höchstleistungen, sondern seine Briefe sind mitten aus der Arbeit heraus geschrieben; Xaver hat damit sein eigenes Bild gezeichnet. Ab 1545 wurden alle seine Briefe gedruckt und im gesamten Abendland verbreitet. Durch diese – nahezu 1500 noch erhaltenen – Berichte löste der Missionar, obwohl in weiter Ferne weilend, in den europäischen Ländern eine wahre Missionsbegeisterung aus und wurde zum Vorbild für Tausende, die ihm nacheiferten. – König Johann III. von

---

[26] Anton Höß: P. Philipp Jeningen S.J. – ein Volksmissionär und Mystiker des 17. Jahrhunderts. Freiburg im Breisgau: Herder 1924, S. 340.

[27] Ebd., S. 341.

[28] Monumenta Historica Societatis Iesu [MHSI] 67/68 (1944/45). – Documenta Indica, Band 1 und 2: MHSI 70 (1948) und 72 (1950). – Documenta Malucensis, Band 1: MHSI 109 (1974). – Monumenta Japonica, Band 2: MHSI 137 (1990).
Eduard de Vos (Hg.): Leben und Briefe des heiligen Franciscus Xaverius, Apostels von Indien und Japan. 2 Bände Regensburg: Georg Joseph Manz 1877. – Die Briefe des Francisco de Xavier 1542–1552, ausgewählt, übertragen und kommentiert von Elisabeth Gräfin Vitzthum. München: Kösel ³1950.

Portugal war begeistert von den Erfolgen der jesuitischen Mission, die er selbst eingeleitet und gefördert hatte. Er schickte die Briefe Xavers auch nach Spanien, wo sie auf Befehl des Erzbischofs von Toledo überall von der Kanzel herab verlesen wurden.

Franz Xaver hat die neuzeitliche Missionsmethode eingeleitet. In seinem Missionswerk werden bereits Ansätze einer Inkulturation sichtbar: Er drückte nicht – wie im Mittelalter üblich – neben dem christlichen Glauben den Eingeborenen auch europäische Formen und Gebräuche auf, sondern er respektierte die Sitten, Sprachen und Denkweisen der Eingeborenen.[29] Er lernte die Sprachen der Fremden, um ihnen in ihrer Muttersprache predigen und das Evangelium verkünden zu können. Dazu ließ er Gebote, Gebete und weitere religiöse Texte in die Landessprachen übersetzen. – So etwas nennt man integrative Mission!

Nur in einem war er ein Kind seiner Zeit: Er war überzeugt davon, dass es keine Rettung für die Menschen gibt, die nicht getauft sind. Am 10. Mai 1546 hatte Xaver aus Amboina nach Rom geschrieben:

> Auf der von Indien am weitesten entfernten Molukkeninsel besitzt der König von Portugal eine Festung mit Namen Ternate. Ungefähr 200 Meilen näher an Indien liegt die Insel Amboina; sie ist von Eingeborenen und Fremden ziemlich stark bevölkert [...] Die Insel selbst zählt sieben christliche Dörfer, welche ich alle besucht habe, überall die Kinder taufend; manche von ihnen sind bald nach der Taufe gestorben, so dass es offensichtlich war, wie Gott ihnen das zeitliche Leben nur so lange lassen wollte, bis ihnen die Pforten des ewigen Lebens offen stünden.

Und er fährt fort:

---

[29] In den Ergänzenden Normen zu den Satzungen der Gesellschaft Jesu heißt es im Dekret über die »Sendung« zum missionarischen Dienst der Jesuiten heute:
Alle Unsrigen, nicht nur solche, die es erbitten, können aufgrund ihrer Berufung in die Gesellschaft Jesu ausgesandt werden, anderen Völkern das Evangelium zu verkünden [...] Die Oberen sollen für die Mission solche auswählen, die solide Tugenden haben, völlig verfügbar sind und die Fähigkeit haben, sich in eine neue Kultur hineinzufinden, so dass ihre Verkündigung des Evangeliums geleitet ist von einem wachen Gespür für die religiöse Situation derer, an die sie sich richtet. (EN 263)
Und das Dekret über den »interreligiösen Dialog« weist darauf hin, dass die Jesuiten in einer vom Pluralismus gekennzeichneten Welt eine besondere Verantwortung haben, den interreligiösen Dialog zu fördern. »Die Kultur des Dialogs muss ein bezeichnendes Merkmal unserer Gesellschaft sein, die in die Welt gesandt ist, für die größere Ehre Gottes und zur Hilfe der Menschen zu arbeiten.« (EN 266 § 1 1)

Die Molukken bestehen aus zahllosen Inseln, Festland konnte bis jetzt nicht entdeckt werden. Fast sämtliche Inseln sind bewohnt und darum nicht christlich, weil sich niemand ihrer Christianisierung annimmt. Wäre nur schon in Ternate eine Niederlassung unserer Gesellschaft gegründet, wie groß würde die Zahl der Bekehrungen sein! […] Ich teile Ihnen dies alles so ausführlich mit, um Ihre besondere Teilnahme wachzurufen und um Sie zu bitten, eingedenk einer so großen Zahl von Seelen nie zu vergessen, dass diese aus Mangel an geistlicher Hilfe verloren zu gehen drohen.[30]

Aus diesen Zeilen spricht der Glaube Xavers und seiner Zeitgenossen, dass ein Nicht-Getaufter unter keinen Umständen in den Himmel kommen könne, auch dann nicht, wenn er seiner Erkenntnis und seinem Gewissen nach gut gelebt habe. Das war einer der Gründe für das rastlose Reisen und Taufen des Missionars. »Herr, gib mir Seelen!« Xaver wollte die Ungetauften vor der Hölle, dem ewigen Verderben, bewahren. So schrieb er am 5. November 1549 an den Kommandanten von Malakka, dass der Kapitän, der ihn nach Kagoshima gebracht hatte, ein nicht getaufter Chinese, dort gestorben sei:

Der »Pirat«, unser Schiffsherr, ist hier in Kagoshima gestorben; er verhielt sich freundlich zu uns während der ganzen Fahrt; aber wir konnten ihm das Gute nicht lohnen, weil er in seinen Irrtümern starb […][31]

Die Menschen vor der Hölle zu retten, ließ Franz Xaver nicht ruhen. Er taufte rastlos. Das Taufen gab ihm »unbeschreiblichen inneren Trost«, wie er in seinem ersten großen Brief am 15. Januar 1544 aus Cochin an seine Mitbrüder in Rom schrieb. Nur eines tat ihm angesichts der großen Herausforderungen in der Mission weh:

---

[30] Elisabeth Vitzthum – Briefe, S. 93–98. Hier S. 94f. und 97.
[31] Elisabeth Vitzthum – Briefe, S. 175–179. Hier 178.
Erst die späteren Lehrentscheidungen der Kirche klärten diese Frage entscheidend. Papst Pius IX. veröffentlichte Mitte des 19. Jahrhunderts:
> Uns und Euch ist bekannt, dass diejenigen, die an unüberwindlicher Unkenntnis in Bezug auf unsere heiligste Religion leiden und die, indem sie das natürliche Gesetz und seine Gebote, die von Gott in die Herzen aller eingemeißelt wurden, gewissenhaft beachten und bereit sind, Gott zu gehorchen, ein sittlich gutes und rechtes Leben führen, durch das Wirken der Kraft des göttlichen Lichtes und der göttlichen Gnade das ewige Leben erlangen können, da Gott, der die Gesinnungen, Herzen, Gedanken und Eigenschaften aller völlig durchschaut, erforscht und erkennt, in seiner höchsten Güte und Milde keineswegs duldet, dass irgend jemand mit ewigen Qualen bestraft werde, der nicht die Strafwürdigkeit einer willentlichen Schuld besitzt.

(Denzinger/Hünermann 1991, Nr. 2866 [Enzyklika 10. August 1863])

Wie viele Bekehrungen bleiben wegen des Mangels an Helfern, die sich des heiligen Werkes annehmen, in diesen Ländern noch zu wirken! Es packt mich, wie oft, das Verlangen, in die Universitäten Europas zu stürmen, schreiend mit lauter Stimme, wie einer, der nicht mehr bei Sinnen ist; vor allem in Paris wollte ich es alle hören lassen, deren Wissen größer ist als der Wunsch, hiervon guten Gebrauch zu machen; vor versammelter Sorbonne wollte ich es ihnen zurufen: wie viele Seelen vom Wege des Heils abkommen durch ihre Schuld, wie viele Seelen verloren gehen durch ihre Gleichgültigkeit! Wenn sie mit dem gleichen Eifer, den sie den Studien zuwenden, auch jene Rechenschaft überdenken würden, die Gott, unser Herr, dereinst von denen fordern wird; wenn sie mit der nämlichen Wachsamkeit die ihnen vom Herrn verliehenen Talente prüfen wollten – wie viele von ihnen müssten erschüttert sein! Sie würden die Mittel zu ihrem Heil ergreifen […] Und sie würden sich diesem göttlichen Willen fortan bereitwilliger als ihren eigenen Neigungen hingeben, sprechend: »Herr, siehe, hier bin ich. Was willst du, dass ich tun soll? Sende mich, wohin du willst, und wenn es gut ist, selbst bis nach Indien!«[32]

Die letzten Worte Franz Xavers waren: »Herr, ich suche Zuflucht bei dir. Lass mich doch niemals scheitern!« (Ps 71,1) – Franz Xaver ist nicht gescheitert, denn andere Mitbrüder haben seinen Traum weitergeträumt. Im Todesjahr Xavers wurde Matteo Ricci (1552–1610) im italienischen Macerata geboren, der große Bahnbrecher der neuzeitlichen Missionsmethode. Ihm gelang, was Franz Xaver versagt geblieben war, das verschlossene »Reich der Mitte« zu betreten. Er war ein Wegbereiter der kulturellen Beziehungen zwischen China und dem Abendland, und sein großes Verständnis und seine Anerkennung für die Werte chinesischer Kultur und Moral ermöglichten ihm, China mit dem Westen und den Westen mit China bekannt zumachen.[33] Er lernte Chinesisch und studierte die

---

[32] Brigitta Eßer/Eberhard von Gemmingen (Hg.): In Gesellschaft Jesu. Texte zur Nachfolge von Ignatius bis Teilhard de Chardin. Mainz: Matthias-Grünewald 1979, S. 44.

[33] Im Herbst 2001 fanden anlässlich der Ankunft Matteo Riccis in Beijing vor 400 Jahren mehrere Konferenzen statt. Im Vorfeld des Beijinger Symposions schrieb Prof. Dr. He Guanghu, Experte für das Christentum an der Akademie für Sozialwissenschaften in Beijing, einen Kommentar mit dem Titel *Das größte Volk der Erde und die größte Religion der Erde sind verpflichtet, ihre Beziehungen zu normalisieren. Die Bedeutung des Aufenthalts von Matteo Ricci in Peking 400 Jahre später*:

> […] Allem voran muss gesagt werden, dass Matteo Ricci eine Symbolfigur für ganz China geworden ist. Marco Polo wird mit einer legendären Geschichte in Verbindung gebracht; Matteo Ricci als bekannter Wissenschaftler des Orients und des Okzidents, als gewissenhafter Forscher und als Missionar des Glaubens zum Symbol für den ersten Kontakt Chinas mit der europäischen Wissenschaft und Technologie, für den christlichen Glauben unter den Intellektuellen des Han-Volkes und für den ersten Austausch zwischen der westlichen und der chinesischen Kultur geworden. Er steht auch symbolisch für das von einem überzeugten persönlichen Glauben angetriebene leidenschaft-

Schriften des Konfuzianismus. Statt seines christlichen trug er einen chinesischen Namen und die Kleidung chinesischer Gelehrter, deren Lebensgewohnheiten und Umgangsformen er übernahm. Chinesische Gelehrte schätzten seine umfassende Bildung, diskutierten mit ihm und öffneten ihm den Weg nach Peking. Mit der von Ricci entwickelten Akkommodationsmethode, also der Angleichung an die Kulturen des zu missionierenden Volkes, gelang es dem deutschen Chinamissionar Adam Schall von Bell (1591–1666), das Vertrauen des Kaisers zu gewinnen und angesehene Chinesen zum Christentum zu führen.[34] Was Inkulturation bei der Missionierung bedeutet hatte, wird an Alessandro Valignano (1539–1606) deutlich, der erstmals 1574 als Visitator nach Indien kam und ab 1595 Visitator der fernöstlichen Missionen war und die maßgebende Autorität darstellte. Ein weiterer Pionier der Asienmission, der die vorrangige Wichtigkeit des verstehenden Eingehens auf die östlichen Hochkulturen erkannte, war Robert de Nobili (1577–1656); seine Akkommodationsmethode wurde die Grundlage der indischen Mission.

Durch den Aufbruch in unbekannte Länder wurden die Jesuitenmissionare vielfach zu bahnbrechenden Entdeckern, Geographen und Sprachwissenschaftlern: In Afrika kam Peter Paez (1563–1662) als erster Europäer

---

liche Studium klassischer chinesischer Werte und den festen Willen, tiefgreifende Kenntnis von der chinesischen Kultur zu erlangen, und den Wunsch, der chinesischen Gesellschaft durch die Verbreitung des christlichen Glaubens aufrichtig Hilfe zu leisten, damit »alle weise Lehrer und gute Freunde« werden können. Dieser Wegbereiter, der »die westlichen Studien im Orient und die orientalischen Studien im Westen« eingeführt hat, steht nicht nur stellvertretend für eine Person, sondern für eine Vielzahl von Menschen im großen historischen Prozess des Austausches zwischen China und dem Westen. Dieser Wissenschaftler, der Mathematik, Naturwissenschaften und Religionsphilosophie lehrte, wurde von den chinesischen Gelehrten (nach seinem chinesischen Namen Li Madou) »Li zi« genannt (wie Konfuzius [Kong zi], Lao zi, Meng zi: die großen Denker der Vergangenheit). Er hat nicht nur auf die eigene Zeit Einfluss genommen, sondern auf die gesamten 400 Jahre bis heute, und auch auf zukünftige Generationen eingewirkt. Doch die Bedeutung, die Matteo Ricci für China hat, übersteigt bei weitem die Bedeutung, die er für den Westen haben kann […]
(Roman Malek: Matteo Ricci, Religionspolitik und die sino-vatikanischen Beziehungen: Falsche Hoffnungen? In: China heute 20 (2001), S. 131–135. Hier S. 132.)

[34] Die Chinamission der Jesuiten wird anschaulich auf dem Titelkupfer des Buches *La Chine* von Athanasius Kircher (Amsterdam 1670) dargestellt: Adam Schall von Bell, in der Tracht eines Mandarin erster Klasse, und Matteo Ricci, im Gewand eines chinesischen Gelehrten, halten eine Chinakarte in ihren Händen. Neben der chinesischen Kleidung der Missionare verweisen die Karte von China sowie die mathematischen und astronomischen Messinstrumente auf die von den Jesuiten entwickelte Methode der Akkomodation oder Inkulturation und darauf, dass auch die Wissenschaften wie Astronomie, Karthographie und Mathematik in den Dienst der Glaubensverkündigung gestellt wurden. In den Wolken schweben Franz Xaver und Ignatius von Loyola, die den Grundstein der Mission in Asien gelegt haben.

an den Blauen Nil und gilt als Entdecker der Nilquellen. L. Mariano erforschte und beschrieb 1609 den Nyassasee im südlichen Ostafrika, also 250 Jahre vor der Entdeckung durch Livingstone (1859). Pater Jacques Marquette (1636–1675) befuhr 1673 als erster zusammen mit sechs Gefährten 1700 Meilen des Mississippi, machte von Land und Leuten Aufzeichnungen und fertigte die ersten Karten an. Der Portugiese Antonio de Andrade (1580–1634) durchquerte in den Jahren 1621–1624 als erster Europäer der Neuzeit den Himalaja und zog weiter nach Tibet. Sein Mitbruder Bento de Goes (1562–1607) drang über 5000 Meter hohe Pässe und durch die mongolische Wüste bis zur chinesischen Mauer vor, um das verschollene »Cathany«, wo angeblich christliche Bewohner lebten, ausfindig zu machen; es stellte sich heraus, dass dieses Land gleichbedeutend mit China war. Barnabas Cobo (1582–1657) brachte im 17. Jahrhundert die Chinarinde, auch Jesuitenrinde genannt, von Südamerika nach Europa; sie bildete über 250 Jahre das Heilmittel gegen die Malaria. In den Sprachwissenschaften schrieben die Jesuiten die ersten Grammatiken des Chinesischen, studierten als erste das Sanskrit der Inder. In Brasilien schufen sie ein Wörterbuch mit Ausdrücken, die alle Indianerstämme verstanden. Für 95 Sprachen lieferten die Arbeiten der Patres die Grundlage für spätere Wörterbücher und Grammatiken …

Den Grundstock für all die erfolgreiche missionarische Tätigkeit des Jesuitenordens auf der ganzen Welt legte der Patron der Missionen, dessen Name Missionsprogramm für sich ist: Franz Xaver – Pionier, Organisator, Kommunikator.

Ignatius von Loyola und Franz Xaver
Gründer und Heilige der Gesellschaft Jesu

Julius Oswald SJ

In vielen Jesuitenkirchen empfangen Ignatius von Loyola und Franz Xaver ihre Besucher gemeinsam. Sie begrüßen sie häufig schon am Kirchenportal, kommen ihnen im Kirchenschiff entgegen oder heißen sie an den Altären willkommen. Ignatius steht dabei links und Franz Xaver rechts. So waren sie auch auf der Fahne zu sehen, die am 12. März 1622 bei ihrer Heiligsprechung durch Papst Gregor XV. in Sankt Peter hing, um die Gegenwart der neuen Jesuitenheiligen[1] zu symbolisieren. Dieses Banner erinnert aber auch an den Weg, den beide seit ihrer Studienzeit in Paris miteinander gegangen sind.

Verschiedene Ausgangspunkte

Franz Xaver[2] entstammte einem alten baskischen Adelsgeschlecht und wurde am 7. April 1506 auf Schloss Xavier im Königreich Navarra geboren. Sein Vater, Juan de Yasu, hatte in Bologna in Rechtswissenschaft promoviert und war Vorsitzender des königlichen Rates. Nach der Eroberung Navarras und der Vertreibung des Königs durch die Spanier standen seine beiden älteren Söhne an der Spitze der königstreuen Navarresen und belagerten mit französischen Truppen im Mai 1521 die Festung Pamplona, die Ignatius von Loyola mit einer kleinen Truppe zu verteidigen suchte. Als Ignatius, die Seele des Widerstandes, jedoch von einer Kanonenkugel getroffen und so schwer verletzt wurde, dass man mit seinem Tode rechnen musste, kapitulierten die Verteidiger. Die Sieger ließen den Verwundeten medizinisch versorgen und auf einer Trage nach Loyola bringen. Ihre Freude über die Eroberung der Festung dauerte jedoch nicht lange,

[1] Ursula König-Nordhoff: Ignatius von Loyola. Studien zur Entwicklung einer neuen Heiligen-Ikonographie im Rahmen einer Kanonisationkampagne um 1600. Berlin: Gebr. Mann 1982, S. 22.
[2] Franz Xavers Leben und Werk werden erschöpfend dargestellt bei Georg Schurhammer: Franz Xaver. Sein Leben und seine Zeit. 2 Bände Freiburg im Breisgau: Herder 1955–1973. – Ders.: Gesammelte Studien. Herausgegeben zum 80. Geburtstag des Verfassers 4 Bände. (Bibliotheca Instituti Historici S.I. 20–23) Rom: Institutum Historicum S.I. 1962–1965.

denn kurz darauf bereiteten ihnen die kaiserlichen Truppen eine schwere Niederlage. Die beiden Brüder Xaver flohen in die Berge und führten dort einen Guerillakrieg gegen die Besatzungsmacht.[3] Sie unterwarfen sich erst 1524 und kehrten in die Heimat zurück.[4]

Auf Schloss Xavier hatte Franz eine standesgemäße Ausbildung bekommen und bei den Schlossgeistlichen Latein gelernt.[5] Weil er Kleriker werden wollte, empfing er die Tonsur und war dadurch vom Kriegsdienst befreit. Da seine Familie unter den Kriegsereignissen schwer gelitten hatte und verarmt war, hoffte Franz Xaver auf kirchliche Pfründen als Domherr und beschloss deshalb als Neunzehnjähriger, an der damals berühmtesten europäischen Universität in Paris zu studieren. Im September 1525 verließ er seine Heimat, um bis zum Beginn des Studienjahres in der französischen Hauptstadt einzutreffen. Unterkunft fand er im Kolleg Sainte-Barbe, das unter der Leitung von Dr. Diogo de Gouvea zu den fortschrittlichsten Einrichtungen der Universität gehörte.[6] Wegen des guten Rufes wohnten dort Professoren und Studenten aus allen Nationen. Um die verbindlich vorgeschriebene Aufnahmeprüfung[7] zu bestehen, vertiefte Xaver im ersten Jahr seine Lateinkenntnisse und begann am 1. Oktober 1526 bei Magister Juan de la Pena Philosophie zu studieren. Mit seinem Lehrer teilte er das Zimmer,[8] in dem auch Peter Faber aus Savoyen wohnte.[9] Dieselbe Stube bezog drei Jahre später Ignatius von Loyola, um ebenfalls unter der Leitung des spanischen Magisters sein Studium zu beginnen.[10] Gegenüber dem neuen Stubengenossen, gegen den seine Brüder wenige Jahre zuvor in Pamplona gekämpft hatten, war Xaver äußerst reserviert. Dabei hatte Ignatius auf dem Krankenlager in Loyola einen tiefen Sinneswandel vollzogen und sein Leben grundlegend geändert. Wie es dazu kam, berichtet er selbst in seiner Autobiographie.[11]

---

[3] James Brodrick: Abenteurer Gottes. Leben und Fahrten des hl. Franz Xaver 1506–1552. Stuttgart: Klipper 1954, S. 19.

[4] Georg Schurhammer – Gesammelte Studien (wie Anm. 2) 3, S. 13.

[5] Georg Schurhammer – Gesammelte Studien (wie Anm. 2) 3, S. 306.

[6] Georg Schurhammer – Franz Xaver 1, S. 76.

[7] Georg Schurhammer – Franz Xaver 1, S. 94.

[8] Georg Schurhammer – Franz Xaver 1, S. 99.

[9] Georg Schurhammer – Franz Xaver 1, S. 101.

[10] Fontes narrativi de S. Ignatio de Loyola et de Societatis Iesu initiis. (Monumenta Historica Societatis Iesu. Monumenta Ignatiana, Ser. 4, 1–4) Rom: Institutum Historicum S.I. 1943–1965. Hier 1, S. 32 und 474.

[11] *Acta patris Ignatii scripta a P. Lud. Gonzalez de Camara 1553/1555.* In: Fontes narrativi 1, S. 323–507. – Deutsche Übers.: Ignatius von Loyola: Der Bericht des Pilgers, übers. und erl. von Burkhart Schneider. Freiburg im Breisgau: Herder 1986. – Aus der Fülle an Literatur vgl. dazu auch: Candido de Dalmases: Pater Magister Ignatius. Zur Biographie des hl. Ignatius von

Nach seiner schweren Verwundung am 20. Mai 1521 musste Ignatius, der als baskischer Edelmann 1491 auf Schloss Loyola bei Azpeitia in der Provinz Guipúzcoa geboren wurde, mehrere äußerst schmerzliche Operationen über sich ergehen lassen und war lange an das Krankenbett gefesselt. Da auf dem heimatlichen Schloss Ritterromane, die er zur Zerstreuung gerne gelesen hätte, nicht zu finden waren, vertiefte er sich in »ein Leben Christi und eine Sammlung von Heiligenlegenden in spanischer Sprache«.[12] Dabei begann er, über sein bisheriges und künftiges Leben nachzudenken und beschloss, dem Beispiel der Heiligen Franziskus und Dominikus zu folgen. Deshalb machte er Ende Februar 1522 eine Wallfahrt zum Montserrat, wo er eine Lebensbeichte ablegte, vor dem Gnadenbild der Gottesmutter seine Waffen niederlegte und ein Büßergewand anzog. Von dort begab er sich nach Manresa, wo er fast ein Jahr lang ein strenges Büßerleben führte, das von inneren Krisen und mystischen Erleuchtungen erfüllt war. Diese Erfahrungen bilden die Grundlage seiner Exerzitien, mit denen er später seine Spiritualität anderen Menschen vermittelte.
Nach einer Pilgerreise ins Heilige Land kehrte er nach Spanien zurück und beschloss, Theologie zu studieren, um »den Seelen zu helfen«. Deshalb begann er im Februar 1524 in Barcelona Latein zu lernen. Zwei Jahre später ging er nach Alcalá, um Philosophie zu studieren. Neben dem Studium sammelte er Gefährten um sich, denen er seine Exerzitien gab und sie zu einem religiösen Leben ermutigte. Wegen der gleichen Kleidung, die sie trugen, geriet Ignatius in den Verdacht, ein Alumbrado zu sein, und wurde deshalb von der Inquisition in Haft genommen. Schließlich ließ man ihn unter der Bedingung frei, dass seine Gefährten und er sich »wie die übrigen Studenten kleiden und vier Jahre lang nicht über Glaubensfragen reden, bis sie mehr studiert hätten; denn bis jetzt wüssten sie in der Wissenschaft noch keinen Bescheid«.[13] Daraufhin gingen sie nach Salamanca, um ihr Studium fortzusetzen. Obwohl sie inzwischen ihre Kleider gewechselt und alle Auflagen erfüllt hatten, wurden sie auch hier von den Dominikanern der Häresie verdächtigt, verhört und in Haft genom-

---

Loyola. Leipzig: St. Benno 1985. – John W. O'Malley: Die ersten Jesuiten. Würzburg: Echter 1995. – Gottfried Maron: Ignatius von Loyola. Mystik – Theologie – Kirche. Göttingen: Vandenhoeck & Ruprecht 2001. – André Ravier: Ignatius von Loyola gründet die Gesellschaft Jesu. Würzburg: Echter 1982. – Ignacio Tellechea: Ignatius von Loyola. Allein und zu Fuß. Eine Biographie. Zürich: Benziger 1991.
[12] Fontes narrativi 1, S. 370. – Ignatius von Loyola – Der Bericht des Pilgers, S. 44. – Vgl. dazu: Gottfried Maron – Ignatius von Loyola, S. 19–28.
[13] Fontes narraviti 1, S. 450. – Ignatius von Loyola – Der Bericht des Pilgers, S. 93 f.

men. Besonders sorgfältig prüfte man dabei die Aufzeichnungen des Ignatius über die Exerzitien. Da man ihm keinerlei Irrlehre nachweisen konnte, wurde er nach drei Wochen unter der Bedingung freigelassen, dass seine Gefährten und er »erst nach Ablauf von vier Jahren, in denen sie weiterstudiert hätten, entscheiden dürften: dies oder jenes ist eine Todsünde oder eine lässliche Sünde.«[14] Da Ignatius aufgrund dieses Urteils den Seelen nicht mehr wirklich nutzbringend helfen konnte, beschloss er, »zum Weiterstudium nach Paris zu gehen«.[15]

Stubengenossen

Am 2. Februar 1528 traf Ignatius in der französischen Hauptstadt ein, wo er sich mit einem spanischen Landsmann in einem Privathaus einquartierte und im Montaigu-Kolleg seine Lateinkenntnisse auffrischte, um sich auf die Aufnahmeprüfung der Universität vorzubereiten. Da sein Stubengenosse das ihm zur Verwahrung anvertraute Geld verjubelte, wurden beide auf die Straße gesetzt. Ignatius fand Unterkunft im Spital Saint-Jacques und musste sich seinen Lebensunterhalt erbetteln. Da er dadurch am Studium gehindert wurde, empfahl ihm ein spanischer Mönch, »jedes Jahr nach Flandern zu gehen und zwei Monate oder sogar noch weniger Zeit dafür zu verwenden, um die notwendigen Mittel zum Studium für das ganze Jahr zusammenzubringen.«[16] Ignatius befolgte diesen Rat und reiste in der Fastenzeit 1529 nach Antwerpen und Brügge, wo er von spanischen Kaufleuten genügend Geld bekam, um einigermaßen Leben zu können. Neben seinen Lateinstudien führte Ignatius geistliche Gespräche und gab Studenten die Exerzitien. Dabei kam es bei einigen zu religiösen Auswüchsen, für die man ihn verantwortlich machte. Im Kolleg Sainte-Barbe bekam er deswegen zeitweise Hausverbot[17] und wurde bei der Inquisition verklagt. Als Ignatius davon hörte, begab er sich sofort zum Inquisitor und bat ihn, den Prozess gegen ihn noch vor Beginn des neuen Studienjahres abzuschließen, damit er rechtzeitig mit dem Studium beginnen könne. Der Inquisitor bestätigte, dass eine Anzeige gegen ihn vorliege, ließ aber die Sache auf sich beruhen. Inzwischen hatte sich auch der Zorn des Prinzipals von Sainte-Barbe gelegt, so dass Ignatius im Kolleg in dieselbe Stube zie-

---

[14] Fontes narrativi 1, S. 460. – Ignatius von Loyola – Der Bericht des Pilgers, S. 101.
[15] Fontes narrativi 1, S. 462. – Ignatius von Loyola – Der Bericht des Pilgers, S. 102.
[16] Fontes narrativi 1, S. 466. – Ignatius von Loyola – Der Bericht des Pilgers, S. 105.
[17] Georg Schurhammer – Franz Xaver 1, S. 128 f.

hen konnte, in der schon Magister Pena mit seinen beiden Schülern Faber und Xaver wohnte.

Am 1. Oktober 1529 begann Pena, aristotelische Philosophie zu dozieren, und beauftragte Faber, den behandelten Stoff mit dem neuen Stubengenossen zu wiederholen.[18] Bei diesen Nachhilfestunden wurden allerdings nicht nur philosophische Fragen erörtert, sondern auch religiöse Probleme besprochen, die vor allem Faber belasteten. Ignatius half ihm, seine Skrupel zu überwinden, gab ihm später die Exerzitien und gewann so in Paris seinen ersten Gefährten.[19]

Wesentlich schwieriger war es, das Vertrauen Xavers zu gewinnen, gegen dessen Brüder Ignatius in Pamplona gekämpft hatte. Franz wusste darum und hatte zudem wenig Sympathie für den baskischen Edelmann, der seinen Lebensunterhalt erbetteln musste und immer wieder mit der Inquisition zu tun hatte.[20] Auch dessen Frömmigkeit behagte Xaver nicht, der sympathisch und jovial war und zu den besten Weitspringern bei den Sportwettkämpfen auf der Ile de la Cité gehörte.[21] Im Gegensatz zu Faber hatte Xaver ziemlich konkrete Zukunftspläne und gute Aussichten, kirchliche Benefizien in Pamplona zu bekommen. »Wenn er als Doktor der Universität Paris in seine Heimat zurückkehrte, war ihm eine glänzende Laufbahn sicher.«[22]

Nachdem er am 15. März 1530 zusammen mit Faber das Lizentiat und noch im selben Monat für viel Geld den Magister erworben hatte,[23] bezog Xaver seine neue Wohnung im Dormans-Beauvais-Kolleg und begann dort am 1. Oktober aristotelische Philosophie zu dozieren. »Als Magister regens der Philosophie war Xaver ein vollberechtigtes Mitglied der Artistenfakultät geworden. Er hatte aktives und passives Stimmrecht bei den Wahlen zu den akademischen Ämtern und wurde, wenn er sich darum bewarb, bei der Verteilung der Benefizien, welche die Universität zu vergeben hatte, bevorzugt.«[24] Um standesgemäß aufzutreten, hielt sich Xaver einen armen navarresischen Studenten als Diener.[25] Um seine Zukunfts-

---

[18] Fontes narrativi 1, S. 32. – Peter Faber: Memoriale. Das geistliche Tagebuch des ersten Jesuiten in Deutschland. Übers. u. eingel. von Peter Henrici. Einsiedeln: Johannes 1963, S. 39.
[19] Georg Schurhammer – Franz Xaver 1, S. 145.
[20] James Brodrick – Abenteurer Gottes, S. 31.
[21] Ignacio Tellechea – Ignatius von Loyola, S. 204.
[22] Georg Schurhammer – Franz Xaver 1, S. 146.
[23] Georg Schurhammer – Franz Xaver 1, S. 136f.
[24] Georg Schurhammer – Franz Xaver 1, S. 140.
[25] Georg Schurhammer – Franz Xaver 1, S. 149 und 177.

pläne zu sichern, beauftragte er am 13. Februar 1531 einen Notar, »eine Vollmacht auszustellen, kraft deren man beim Königlichen Rat und Obergericht von Navarra seinen Adel amtlich feststellen lassen könne«.[26]

Durch den Erwerb der akademischen Grade, die teuer bezahlt werden mussten, und die Neuanschaffungen für seine Stellung als Magister, hatte sich Xaver in Schulden gestürzt. Seine finanzielle Lage verschlechterte sich noch dadurch, dass Geldüberweisungen von zu Hause nur spärlich und unregelmäßig kamen und die Preise in diesem Jahr erheblich gestiegen waren. Ignatius nutzte die Gelegenheit, dem Landsmann in seinen Geldverlegenheiten zu helfen, und unterstützte ihn, »indem er Schüler für ihn suchte, die er persönlich einführte«.[27] Sehr diskret wachte er auch über Xavers Freundeskreis und warnte ihn vor Humanisten, deren Rechtgläubigkeit nicht über alle Zweifel erhaben war. Franz wehrte sich gegen dieses ständige Werben des Ignatius und verspottete sogar diejenigen, die ihm folgten. Dennoch gelang es schließlich dem erfahrenen Strategen aus Loyola, die Festung Xaver einzunehmen und Franz für seinen Freundeskreis zu gewinnen. Die Entscheidung scheint Anfang Juni 1533 gefallen zu sein, als Peter Faber für längere Zeit seinen alten Vater besuchte.[28]

Über dieses langjährige Ringen soll, wie Johannes Polanco berichtet, Ignatius später gesagt haben,

> der unfügsamste Teig, den er jemals unter den Händen hatte, sei dieser junge Francisco Xavier gewesen. Francisco war jung, ein hübscher Bursche, adeliger Biskayer. Da er recht gut seine Philosophie studiert hatte, machte er nicht viel Aufhebens von Ignatius, der sich damals mit milden Gaben anderer kümmerlich durchschlug. Fast jedes Mal, wenn er mit ihm zusammentraf, mokierte er sich über dessen Pläne oder bewarf Laynez und Salmerón mit einem witzigen Wort. Allein Ignatius verstand es, ihn mit so geschickter Geduld zu formen und zu bändigen, dass er aus ihm den unsterblichen Apostel Indiens gebildet hat und sich so nicht weniger berühmt machte als der große Alexander, der als gewaltiger Reiter seinen wilden Bucephalos zähmte.[29]

---

[26] Georg Schurhammer – Franz Xaver 1, S. 147.

[27] Ignacio Tellechea – Ignatius von Loyola, S. 205.

[28] Georg Schurhammer – Franz Xaver 1, S. 176.

[29] Fontes narrativi 3, S. 282 f. Hugo Rahner: Francisco und sein Meister. Zum vierhundertsten Todestag des heiligen Franz Xaver. In: Stimmen der Zeit 151 (1952/1953), S. 161–172. Hier S. 165. – Ders.: Ignatius und Franz Xaver. In: H. R.: Ignatius von Loyola als Mensch und Theologe. Freiburg im Breisgau: Herder 1964, S. 109–120. Hier S. 113. – Georg Schurhammer – Franz Xaver 1, S. 162, Anm. 2.

Freunde im Herrn[30]

Obwohl Franz Xaver wegen seiner Lehrtätigkeit noch keine Exerzitien machen konnte, gehörte er nun zu dem Freundeskreis, den Ignatius durch seine Geistlichen Übungen in Paris geformt hatte. Die Gefährten trafen sich regelmäßig, um miteinander zu beraten und ihre Zukunftspläne festzulegen. »Ignatius, Lainez und Xavier träumten davon, für immer in Palästina zu bleiben, um ihr Leben im Dienst an den Christen und Ungläubigen zu opfern.«[31] »Alle waren entschlossen, eine Wallfahrt ins Heilige Land zu machen und dann ihr ganzes Leben nach dem Vorbild Christi und seiner Apostel unter dem Banner ihres himmlischen Königs ausschließlich der eigenen Heiligung und dem Dienst der Seelen zu weihen, und das unter Verzicht auf alle irdischen Güter und Würden. Um sich aber besser dafür zu befähigen, wollten sie die Abreise von Paris auf das Fest Pauli Bekehrung, den 25. Januar 1537, aufschieben und inzwischen ihre theologischen Studien als Vorbereitung auf die Priesterweihe beenden und von Gott Licht und Kraft für ihre hohe und schwere Aufgabe erflehen. Da aber eine Konstitution Clemens' V. auf dem Konzil von Vienne dies verlangte, wollten sie vor der Abreise von Venedig nach Rom pilgern, um vom Heiligen Vater die Erlaubnis zur Wallfahrt nach Jerusalem zu erlangen.«[32] Um ihren Vorsätzen treu zu bleiben, gelobten die Gefährten am 15. August 1534[33] in einer Kapelle auf dem Montmartre, arm und keusch zu leben sowie eine Pilgerfahrt ins Heilige Land zu machen. Sollte die Wallfahrt innerhalb eines Jahres nicht möglich sein, wollten sie »sich dem Papst, dem Stellvertreter Christi, anbieten, dass er sie dorthin sende, wo sie zur Ehre Gottes dem Nächsten am meisten nützen könnten.«[34]
Während der Semesterferien zog sich Franz Xaver in ein einsames Haus zurück, um unter der Leitung des Ignatius dreißigtägige Exerzitien zu machen. Sein Leben und sein Verhältnis zu Ignatius veränderten sich dadurch grundlegend. Dies geht aus einem Brief vom 25. März 1535 hervor, in dem Xaver seinen Bruder Juan de Azpilcueta um finanzielle Unterstüt-

---

[30] Ignatius von Loyola. Deutsche Werkausgabe, übersetzt von Peter Knauer. 2 Bände Würzburg: Echter 1993–1998. Hier 1, S. 39. – Hubert Alphonso: Freunde im Herrn. Die Gesellschaft Jesu als apostolische Gemeinschaft. In: Andreas Falkner/Paul Imhof (Hg.): Ignatius von Loyola und die Gesellschaft Jesu 1491–1556. Würzburg: Echter 1990, S. 85–92.
[31] Ignacio Tellechea – Ignatius von Loyola, S. 212.
[32] Georg Schurhammer – Franz Xaver 1, S. 199.
[33] Georg Schurhammer – Franz Xaver 1, S. 201–204.
[34] Fontes narrativi 2, S. 567. – Johannes G. Gerhartz: Von Jerusalem nach Rom. Der Weg des Ignatius zu seiner Kirchlichkeit. In: Andreas Falkner/Paul Imhof – Ignatius von Loyola und die Gesellschaft Jesu, S. 93–104. Hier S. 100.

zung bittet. Darin schreibt er, dass er Ignatius zu großem Dank verpflichtet sei, weil ihm dieser in Geldschwierigkeiten immer wieder geholfen, ihn vor schlechten Bekanntschaften gewarnt und so vor Irrlehren bewahrt habe. Deshalb ersucht er den Bruder, Ignatius so zu empfangen wie ihn selbst,

> da er durch seine guten Dienste eine so große Dankesschuld auf mich geladen hat. Und Ew. Gnaden dürfen glauben: wenn er so wäre, wie man ihn Ihnen geschildert hat, dann würde er sich nicht zu Ihrem Hause begeben, um sich Ihren Händen zu überliefern; denn kein Übeltäter begibt sich in die Gewalt dessen, gegen den er sich vergangen hat; und daraus allein können Ew. Gnaden ganz klar ersehen, dass alles falsch ist, was man Ew. Gnaden über Herrn Magister Inigo berichtet hat.[35]

Diesen Brief konnte Ignatius persönlich überbringen, der wenige Tage später Paris verließ, da ihm die Ärzte wegen seines schlechten Gesundheitszustandes geraten hatten, zur Erholung in die Heimat zurückzukehren. An seiner Stelle übernahm Peter Faber die Leitung der Gruppe. Die Gefährten setzten ihr Theologiestudium fort, gewannen neue Mitglieder und wollten Ignatius im Frühjahr 1537 in Venedig treffen, um von dort die Pilgerreise ins Heilige Land anzutreten. Wegen des Krieges zwischen dem französischen König und Karl V. mussten sie ihre Abreise auf den 15. November 1536 vorverlegen und zogen über Lothringen, Deutschland und die Schweiz nach Italien.[36] Anfang Januar trafen sie in der Lagunenstadt ein, wo Ignatius sie schon erwartete. Weil die Pilgerschiffe erst im Sommer nach Palästina fuhren, beschlossen sie, die Wartezeit »dem Dienst der Kranken zu weihen und für das Osterfest nach Rom zu pilgern, um vom Heiligen Vater die Erlaubnis für die Wallfahrt und für die Weihen zu erlangen«.[37] Die Gruppe teilte sich und Xaver zog mit Peter Faber und Diego Lainez in ein Spital, um unheilbar Kranke zu pflegen.

Mitte März machten sie sich auf den Weg nach Rom, um beim Papst die Erlaubnis für die Pilgerreise nach Jerusalem zu erbitten. Ignatius blieb jedoch in Venedig, da er befürchtete, seine Anwesenheit in der Ewigen Stadt könnte ihnen schaden. Dort befanden sich, wie er erfahren hatte, »Dr. Ortiz, der seit Peraltas Exerzitien gegen ihn eingenommen war und

---

[35] Epistolae S. Francisci Xaverii alique eius scripta. Nova editio ex integro refecta textibus, introductionibus, notis, appendicibus aucta. (Monumenta Historica Societatis Iesu. Monumenta Missionum Societatis Iesu 1–2), ed. Georgius Schurhammer/Iosephus Wicki. Rom: Institutum Historicum S.I. 1944–1945. Hier 1, S. 10. – Georg Schurhammer – Franz Xaver 1, S. 233 f.

[36] Georg Schurhammer – Gesammelte Studien 3, S. 455–466.

[37] Georg Schurhammer – Franz Xaver 1, S. 292.

ihn in Paris beim Inquisitor verklagt hatte, und Gian Pietro Carafa, der sich mit ihm in Venedig für immer entzweit hatte und seit Oktober 1536 am Päpstlichen Hof weilte, wo Paul III. ihn am 22. Dezember zur Kardinalswürde erhoben hatte.«[38] Obwohl diese Befürchtungen nicht völlig unbegründet waren, wurden die Gefährten vom Papst freundlich empfangen und erhielten die Erlaubnis, ins Heilige Land zu pilgern und sich von einem Bischof außerhalb Roms zu Priestern weihen zu lassen. Die Priester unter ihnen bekamen die Vollmacht, »alle Gläubigen Beichte zu hören und auch von allen bischöflichen Fällen zu absolvieren«.[39] Gleichzeitig meinte der Heilige Vater, dass eine Wallfahrt nach Jerusalem wegen der Kriegsvorbereitungen der Türken wohl nicht möglich sein werde.

Die Gefährten kehrten nach Venedig zurück, wo Ignatius und Xaver sowie fünf ihrer Freunde am 24. Juni 1537 von Bischof Vincenzo Nigusanti zu Priestern geweiht wurden. Da inzwischen der Krieg mit den Türken ausgebrochen war, war an eine Überfahrt nach Palästina nicht zu denken. Deshalb beschlossen sie, sich drei Monate auf die Feier ihrer ersten heiligen Messe vorzubereiten und danach in den Universitätsstädten Nord- und Mittelitaliens Seelsorge zu betreiben, um unter den Studenten für ihre Gemeinschaft zu werben. Ende September feierte Xaver in Vicenza seine Primiz und begab sich dann mit Nicolaus Bobadilla nach Bologna.

Da inzwischen feststand, dass wegen des Krieges mit den Türken »eine Überfahrt ins Heilige Land 1537 zum erstenmal in jenem Jahrhundert nicht möglich war«,[40] trafen sich alle bei Ignatius in Rom und stellten sich im November 1538[41] dem Papst zur Verfügung, der sie beauftragte, in Rom Seelsorge zu betreiben. Zudem baten Bischöfe, Fürsten und Kardinäle den Heiligen Vater, ihnen Priester der »Compañia de Jesús« zu senden.[42] Diesen Namen hatten die Gefährten gewählt, um auszudrücken, dass sie »in ihrer Mitte kein anderes Haupt oder keinen anderen Vorgesetzten hätten als Jesus Christus.«[43] Da sich religiöse Gruppen und Vereinigungen damals häufig als »Compañia« bezeichneten, verwendete auch der Freundeskreis um Ignatius diesen Begriff, ohne damit, wie im-

---

[38] Georg Schurhammer – Franz Xaver 1, S. 296.

[39] Georg Schurhammer – Franz Xaver 1, S. 323.

[40] Monumenta Historica Societatis Iesu. Series prima: S. Ignatii Epistolae et Instructiones [MI Epp.]. 12 Bände Madrid 1903–1911. Hier 5, S. 259f. – Johannes G. Gerhartz – Von Jerusalem nach Rom, S. 103. – André Ravier – Ignatius von Loyola, S. 100.

[41] Georg Schurhammer – Franz Xaver 1, S. 435.

[42] MI Epp. 1, S. 141. – Hugo Rahner: Ignatius von Loyola. Briefwechsel mit Frauen. Freiburg im Breisgau: Herder 1956, S. 314.

[43] Fontes narrativi 1, S. 204; 2, S. 504, 596f. – Hubert Alphonso – Freunde im Herrn, S. 86.

mer wieder behauptet wird, irgendwelche militärischen Absichten zu verbinden.[44]

Diogo de Gouvea, der Prinzipal des Barbara-Kollegs in Paris,[45] teilte den Gefährten mit, dass Missionare für Indien gesucht würden. Im Namen aller bedankte sich Peter Faber[46] für diesen Hinweis, machte aber gleichzeitig darauf aufmerksam, dass sie sich dem Papst unterstellt hätten und deswegen nur auf dessen Befehl dorthin gehen könnten. Bereitwillig fügten sich die Freunde den Weisungen des Heiligen Vaters, erkannten jedoch sehr schnell, wie gefährlich diese restlose Verfügbarkeit für den Fortbestand ihrer »Compañia« war. Deshalb begannen sie darüber zu beratschlagen, ob sie weiterhin zusammenbleiben und einem von ihnen Gehorsam geloben sollten. Ziemlich rasch fassten sie den einstimmigen Beschluss, ihre Gemeinschaft weiterzuführen, da

> der gütigste und liebevollste Herr sich gewürdigt hat, uns schwache Menschen und die wir aus so verschiedenen Gegenden und Sitten stammen, miteinander zu einigen und zu versammeln, dass wir die Einigung und Versammlung Gottes nicht spalten dürfen, sondern eher von Tag zu Tag bestätigen und festigen müssten.[47]

Einstimmig beantworteten sie auch die zweite Frage, und jeder verpflichtete sich, das Gehorsamsgelübde abzulegen und in die »Compañia de Jesús« einzutreten, wenn sie vom Papst bestätigt würde.[48] Auf Wunsch der Gefährten fasste Ignatius die Ergebnisse der dreimonatigen Beratungen in der *Fomula Instituti*[49] zusammen, die er mit der Bitte um Approbation durch Kardinal Gasparo Contarini dem Heiligen Vater überreichen ließ. Darin entwirft Ignatius das Grundgesetz der Gesellschaft Jesu, das sich in drei Punkten wesentlich von den traditionellen Ordensregeln unterscheidet: Um ungehindert Seelsorge treiben zu können, verzichten ihre Mit-

---

[44] Theodor Baumann: Compagnie de Jésus. Origine et sens primitif de ce nom. In: Revue d'Ascétique et de Mystique 37(1961), S. 47–60.

[45] Georg Schurhammer – Franz Xaver 1, S. 92–94.

[46] MI Epp. 1, S. 132–134. – Georg Schurhammer – Franz Xaver 1, S. 421 f. – André Ravier – Ignatius von Loyola, S. 32.

[47] Ignatius von Loyola: Constitutiones Societatis Iesu. (Monumenta Historica Societatis Iesu. Monumenta Ignatiana, Ser.III, 1–4) [Mon. Ign. III.] Rom: Institutum Historicum S.I. 1934–1948. Hier 1, S. 3. – Ignatius von Loyola – Werkausgabe 1, S. 292.

[48] Mon. Ign. III. 1, S. 8. – Ignatius von Loyola – Werkausgabe 2, S. 297.

[49] Mon. Ign. III. 1, S. 14–21. – Ignatius von Loyola – Werkausgabe 2, S. 303–320. – Georg Schurhammer – Franz Xaver 1, S. 444–446.

48

glieder darauf, ständig im selben Kloster zu wohnen, gemeinsam das Chorgebet zu verrichten und ein eigenes Ordensgewand zu tragen. Deshalb kam es zu erheblichen Widerständen im Kardinalskollegium, so dass Papst Paul III. erst am 27. September 1540 mit der Bulle *Regimini Militantis Ecclesiae*[50] die Compañia de Jesús offiziell bestätigen konnte.

Der rasche Aufbruch

Nachdem Gouvea seinen ehemaligen Studenten mitgeteilt hatte, dass in Indien Missionare benötigt würden, hatte er das Antwortschreiben Fabers an König Johann III. von Portugal weitergeleitet. Daraufhin beauftragte der König seinen Gesandten in Rom, Dom Pedro Mascarenhas,[51] Erkundigungen über die Gefährten einzuziehen, die

> am 23. November am päpstlichen Hof waren, dort, wie der Brief mir sagte, vom Papst zurückgehalten, damit er ihnen befehle, was sie in seinem Dienst zu tun hätten. Nach ihrem Brief ist ihre Absicht, Ungläubige zu bekehren, und sie sagen, wenn es dem Heiligen Vater gefalle, dem sie sich übergeben hätten und ohne dessen Befehl sie nichts tun wollten, würden sie nach Indien gehen. Deshalb scheint es mir, da sie solche Eigenschaften und Absichten haben, würden sie dort unserem Herrn einen sehr großen Dienst erweisen und große Frucht für den Glauben wirken, sowohl durch Unterweisung und Bestärkung derer, die ihn schon angenommen haben, wie auch dadurch, dass sie andere dazu bringen.[52]

Wegen des guten Rufes, den die Mitglieder der Compañia de Jesús hatten, bat der portugiesische Gesandte den Papst, einige von ihnen als Missionare nach Indien zu schicken. Der Heilige Vater zögerte jedoch und verwies Mascarenhas an Ignatius mit der Begründung, dass die Betroffenen die weite und gefährliche Reise freiwillig unternehmen müssten. Da die Gefährten gerne bereit waren, die Bitte des Gesandten zu erfüllen, beauftragte Paul III. zwei von ihnen, als seine Legaten nach Indien zu gehen. Mit dieser schwierigen Aufgabe betraute Ignatius daraufhin »Rodrigues und Bobadilla, die Mascarenhas ausdrücklich gewünscht hatte, denn Rodrigues war der einzige Portugiese unter den Pariser Magistri, und Bobadilla kannte er bereits von seinen Vorlesungen über den Römerbrief her.«[53]

---

[50] Mon. Ign. III. 1, S. 24–32. – Ignatius von Loyola – Werkausgabe 2, S. 303–320.
[51] Georg Schurhammer – Franz Xaver 1, S. 515–519.
[52] MI Epp. 1, S. 737–739. – Georg Schurhammer – Franz Xaver 1, S. 522.
[53] Georg Schurhammer – Franz Xaver 1, S. 527.

Simaõ Rodrigues, der sich krankheitshalber in Rom aufhielt, schickte der Gesandte sofort nach Portugal, damit er sich auf seinem Landsitz erholen könne, bis der König ihn rufe. Da Mascarenhas selbst krank war, wollte er rasch in die Heimat zurückkehren und sandte deshalb einen Eilboten nach Neapel, um Bobadilla zu holen. Dieser traf jedoch in einem so schlechten Gesundheitszustand in der Ewigen Stadt ein, dass der Hausarzt seine Weiterreise nach Portugal untersagte. Da der Gesandte nicht länger warten und seine Reise nicht ohne den versprochenen zweiten Indienmissionar antreten wollte, konnte nur Franz Xaver, der damals Sekretär der Gesellschaft Jesu war,[54] als Ersatzmann einspringen. Als ihn Ignatius daraufhin ansprach, soll er spontan geantwortet haben: »Gut, auf! Ich bin bereit!«[55] Rasch flickte er seine abgetragenen Kleider, erbat sich den Segen des Papstes und verfasste am Tag der Abreise drei Erklärungen, die er in einem versiegelten Umschlag zurückließ. Darin stimmte er allen Konstitutionen, Regeln und Verordnungen zu, die seine Gefährten erlassen würden, gab für die kommende Generalswahl seine Stimme dem »wahren Vater Don Ignatio«[56] und bat Diego Lainez in seinem Namen die Gelübde abzulegen, wenn die Gesellschaft Jesu offiziell bestätigt sei.

Mitte März 1540 brach er nach Lissabon auf, wo er über ein Jahr auf das Auslaufen der Indienflotte warten musste. Zusammen mit Rodrigues begann er deshalb in der portugiesischen Hauptstadt Seelsorge zu treiben. Dadurch wurden die beiden am königlichen Hof so beliebt, dass sie Johann III. bei sich behalten wollte.[57] Ignatius setzte sich daraufhin mit dem Papst in Verbindung, als dessen Legaten die beiden Gefährten in Indien den christlichen Glauben verkündigen sollten. Paul III. überließ die Entscheidung jedoch dem König, den Ignatius dazu bewegen konnte, Rodrigues in Portugal zu behalten und Xaver nach Indien zu senden.

Bei den Reisevorbereitungen zeigte sich, welchen Sinneswandel der baskische Edelmann inzwischen vollzogen hatte. Als Magister hatte Xaver in Paris einen eigenen Diener, um standesgemäß zu leben. Nun antwortete er dem Grafen von Castanheira, der ihm auf Anordnung des Königs einen Kammerdiener anbot:

---

[54] Georg Schurhammer – Gesammelte Studien 3, S. 468.
[55] Fontes narrativi 2, S. 381. – Georg Schurhammer – Franz Xaver 1, S. 532.
[56] Georg Schurhammer – Franz Xaver 1, S. 533.
[57] Epistolae S. Francisci Xaverii 1, S. 63. – Georg Schurhammer – Franz Xaver 1, S. 644. – M. Joseph Costelloe (Übers.): The letters and instructions of Francis Xavier. St. Louis: The Institute of Jesuit Sources 1992, S. 27.

Herr Graf, das Streben, sich durch dies Mittel, von dem Eure Herrlichkeit sprechen, Ansehen und Autorität zu verschaffen, hat die Kirche Gottes und die Prälaten in den Zustand gebracht, in dem sie jetzt sind. Das Mittel aber, sich Ansehen und Autorität zu verschaffen, ist, dass man sich selber seine Kleider wäscht und seinen Kochtopf besorgt, ohne die Dienste von irgend jemand dafür in Anspruch zu nehmen, und zugleich sich um das Seelenheil des Nächsten bemüht.«[58]

Am 7. April 1541, seinem fünfunddreißigsten Geburtstag, konnte Franz Xaver die lang ersehnte Schiffsreise nach Asien endlich antreten.

Eine lebenslange Freundschaft

Trotz der riesigen Entfernungen und der äußerst schlechten Verkehrsverbindungen unterhielt Franz Xaver freundschaftliche Beziehungen zu allen Mitgliedern der Gesellschaft Jesu, die der Papst inzwischen offiziell bestätigt hatte. Die Voraussetzung dafür bildete der regelmäßige Briefwechsel innerhalb des Jesuitenordens, auf den Ignatius allergrößten Wert legte.[59] Xaver wusste dies und berichtete deshalb häufig über seine Tätigkeit in Portugal. Nach seiner Ankunft in Indien suchte er den Kontakt mit der Ordenszentrale in Rom, »indem er alle Weisungen des heiligen Stifters aufs pünktlichste zur Ausführung brachte und ihm über alles, was in diesen Teilen der Welt geschah, genaue Rechenschaft ablegte.«[60] Die umfangreiche Korrespondenz[61] dokumentiert Xavers Missionserfolge in Asien, zeigt aber auch die tiefe Freundschaft, die ihn mit Ignatius verband. Beide vertrauten einander[62] und arbeiteten eng zusammen.
Da Franz Xaver als erster Jesuit außerhalb Europas missionierte, unterstütze ihn der Ordensgeneral, wo er nur konnte. Ignatius wusste, wie sehr sein Freund auf Hilfe aus Europa angewiesen war, und wies deshalb Simão

---

[58] Georg Schurhammer – Franz Xaver 1, S. 678.

[59] Vgl. dazu: Julius Oswald: Erbauungsschrift oder Leistungsbericht? Zum historischen Quellenwert der Litterae Annuae. In: J. O./Rita Haub (Hg.): Jesuitica. Forschungen zur frühen Geschichte des Jesuitenordens in Bayern bis zur Aufhebung 1773. (Zeitschrift für bayerische Landesgeschichte, Beiheft 17) München: C. H. Beck 2001, S. 451– 467. Hier S. 457.

[60] Anton Huonder: Ignatius von Loyola und Franz von Xaver, ein Freundschaftsbund zweier Heiliger. In: Die katholischen Missionen 50 (1921/1922), S. 185–190. Hier S. 188.

[61] Vgl. dazu: MI Epp. – Monumenta Historica Societatis Iesu. Monumenta Xaveriana [Mon. Xav.]. 2 Bände Madrid 1899–1912. – Epistolae S. Francisci Xaverii. – Elisabeth Gräfin Vitzthum (Hg.): Die Briefe des Francisco de Xavier 1542–1552. Leipzig: Hegner 1939. – M. Joseph Costelleo – The Letters.

[62] MI Epp. 1, S. 351; 2, S. 558. – Georg Schurhammer – Franz Xaver 2/3, S. 357 f.

Rodrigues in Lissabon an, ihn großzügig zu unterstützen.[63] Sobald die Voraussetzungen dafür gegeben waren, trennte er die Missionsgebiete von der portugiesischen Provinz und errichtete eine selbständige indische Provinz. Mit deren Leitung betraute er Franz Xaver, den er mit weitest gehenden Vollmachten ausstattete.[64] Ignatius bemühte sich, die von Xaver erbetenen Erlaubnisse und Vollmachten des Heiligen Stuhls[65] zu erhalten, und tadelte Rodrigues[66], der es versäumt hatte, die päpstlichen Dokumente rechtzeitig nach Indien weiterzuleiten. Als Xaver ihn darum bittet, lässt der Ordensgeneral jeden Monat in der Kirche San Pietro de Montorio von einem Jesuiten eine heilige Messe für die Mission in Indien zelebrieren.[67] In seinen Briefen lobt und ermutigt Ignatius seinen Mitbruder und hält ihn über die Entwicklung des Jesuitenordens in Europa auf dem Laufenden. Von den Berichten und Briefen Xavers lässt er Abschriften machen und an alle Niederlassungen und Wohltäter der Gesellschaft Jesu versenden. Dadurch löst er eine euphorische Begeisterung für den Apostel Indiens und Japans sowie dessen Mission in Asien aus.

Franz Xavers eigene Briefe zeigen, wie sehr er Ignatius als seinen geistlichen Vater verehrte und als Vorgesetzten respektierte.[68] Deshalb bat er den Ordensgeneral schon vor seiner Abreise aus Europa, ihm ausführlich zu schreiben und ihn über die richtige Missionsmethode zu unterrichten.[69] Mit Tränen in den Augen[70] las er dessen Briefe und beantwortete sie auf den Knien.[71] Aus einem der Briefe schnitt er die Unterschrift des Ignatius aus und trug sie zusammen mit der Gelübdeformel und einer Reliquie des Apostels Thomas in einer Kapsel auf der Brust. Um den eigenen Anweisungen größeres Gewicht zu verleihen, berief sich Xaver auf den General in Rom und ermahnte Gaspar Barzäus, den er zum Vizeprovinzial ernannt hatte, niemanden in die Gesellschaft Jesu aufzunehmen, den Ignatius selbst abweisen würde.[72] Trotz der großen Entfernungen blieb er mit Igna-

---

63   MI Epp. 2, S. 568.
64   MI Epp. 2, S. 557 f. – Georg Schurhammer – Franz Xaver 2/3, S. 357 f.
65   Mon. Xav. 1, S. 815–817.
66   MI Epp. 1, S. 431.
67   Mon. Xav. 1, S. 481. – MI Epp. 2, S. 570.
68   Vgl. die einschlägigen Stellen in: Epistolae S. Francisci Xaverii 1, S. 11.
69   Mon. Xav. 1, S. 222, 239.
70   Epistolae S. Francisci Xaverii 2, S. 286–293. Hier S. 287. – Elisabeth Gräfin Vitzthum – Die Briefe, S. 167–170. Hier S. 168.
71   Epistolae S. Francisci Xaverii 2, S. 17–28. Hier S. 27. – Elisabeth Gräfin Vitzthum – Die Briefe, S. 116–121. Hier S. 121.
72   Vgl. dazu: Mon. Xav.1, S. 882, 887, 889, 916.

tius freundschaftlich verbunden. Xaver sehnte sich danach, den geistlichen Vater zu sehen und mit ihm alle Angelegenheiten zu besprechen.[73] Tief gerührt las er im Begleitschreiben zu seiner Provinzialsernennung dessen Versicherung: »Ganz der Ihrige, der Sie niemals vergessen kann.« Auf den Knien antwortete er:

> Eure Heilig-Väterliche Liebe schreiben mir, welch großes Verlangen sie tragen, mich noch einmal wiederzusehen, ehe Sie aus diesem Leben scheiden; Gott, der Herr weiß, wie tief mich solche Liebe bewegt, und die Tränen kommen mir, sooft ich daran denke; ich bin glücklich, in dem Gedanken, dass dies möglich wäre, denn nichts ist unmöglich im heiligen Gehorsam.[74]

Einige Monate später kommt er erneut darauf zu sprechen und schließt seinen Brief an Ignatius mit dem Wunsch: »Möge Gott uns in der ewigen Herrlichkeit, und falls es zu seiner Ehre gereicht, auch schon in diesem Leben wieder vereinen.[75]

Dieser Wunsch schien in Erfüllung zu gehen, da sich Ignatius tatsächlich mit dem Gedanken trug, den erfahrenen Missionar nach Europa zurückzuholen. Aufgrund einer missverständlichen Bemerkung Jerónimo Nadals[76] vermutete man dahinter die Absicht des Ordensgenerals, Franz Xaver zu seinem Nachfolger zu berufen. Obwohl sich dies wegen der tiefen Freundschaft, die beide verband, nicht völlig ausschließen lässt, ist im Brief des Ignatius[77] davon nicht die Rede. Seinen Befehl, Xaver solle auf schnellstem Weg nach Europa zurückzukehren, begründet er vielmehr damit, dass die Mission in den portugiesischen Kolonien neu geordnet und der Heilige Stuhl zuverlässig über die Lage in Indien unterrichtet werden müsse. Zudem sei es nötig, König Johann III. für die Ausbreitung des Glaubens in seinen Kolonien zu begeistern und dafür zu sorgen, dass nur geeignete Missionare ausgesandt würden. Für diese schwierige Aufgabe war Franz Xaver aufgrund seiner persönlichen Erfahrungen bestens geeignet. Die lang ersehnte Rückreise nach Europa konnte er jedoch nicht mehr antreten, weil Gott ihn am 3. Dezember 1552 zu sich gerufen hatte.

---

[73] Epistolae S. Francisci Xaverii 1, 396–400. Hier S. 397. – Mon. Xav. 1, S. 448–449. Hier S. 448.

[74] Vgl. dazu: Georg Schurhammer – Franz Xaver 2/3, S. 359. – Mon. Xav. 1, S. 668. – Epistolae S. Francisi Xaverii 2, S. 287. – Elisabeth Gräfin Vitzthum – Die Briefe, S. 168.

[75] Anton Huonder – Ignatius von Loyola und Franz Xaver, S. 188. – Epistolae S. Francisci Xaverii 2, S. 365–376. Hier S. 376. – Mon. Xav. 1, S. 736–740. Hier S. 740. – Elisabeth Gräfin Vitzthum – Die Briefe, S. 200–203. Hier S. 203.

[76] Vgl. dazu: MI Epp. 5, S. 266, Anmerkung 3.

[77] MI Epp. 5, S. 148–151. – Ignatius von Loyola – Geistliche Briefe. Eingef. von Hugo Rahner. Einsiedeln: Johannes 1956, S. 256–260.

Werbefeldzug für die Heiligsprechung

Nachdem die sichere Nachricht vom Tod des Jesuitenmissionars in Lissabon eingetroffen war, »beauftragte König Johann III. von Portugal schon am 28. März 1556 seinen Vizekönig in Indien, eingehende Untersuchungen über die Tugenden und das Leben Xavers bei glaubwürdigen Personen anstellen zu lassen und das Ergebnis der Verhöre in zwei Exemplaren ihm nach Portugal zu schicken. Daraufhin wurden Ende 1556 und 1557 in Goa, Cochin, Bassein (nördlich von Bombay) und Malakka die Zeugen vorgeladen und verhört, ihre Aussagen amtlich bestätigt und nach Europa geschickt.«[78] Aufgrund dieser Zeugenaussagen ersuchte Johann III. den Papst um die Erlaubnis, »dass man das Fest des von ihm so hoch verehrten Paters feiern dürfe, schon ehe die Heiligsprechung erfolgt sei.«[79] Da der König kurz darauf starb, wurden diese Bemühungen nicht mehr weitergeführt. Die Zeugenaussagen enthielten aber so viel Informationen über Leben und Werk von Franz Xaver, dass sie als Grundlage für eine Biographie dienen konnten.

Doch bei Lebensbeschreibungen von Mitgliedern des eigenen Ordens waren die Jesuiten selbst geteilter Meinung. Manche von ihnen wollten sogar von einer Biographie des Ordensgründers nichts wissen, weil »das Leben des Magisters Ignatius schon durch die vier Evangelisten und die Heilige Schrift geschrieben sei, denn es gebe nur ein Leben wie nur ein Christus sei, ein Glaube und eine Taufe.«[80] Andere hingegen sammelten eifrig Material, so dass General Franz Borgia den einstigen Sekretär des Ordensgründers, Pedro de Ribadeneyra,[81] beauftragen konnte, eine Vita des Ignatius zu schreiben, die 1572 in Neapel veröffentlicht wurde und nur für Jesuiten bestimmt war. Da das Buch begeisterte Aufnahme fand, erschien es 1586 in zweiter Auflage.

Darin verweist Ribadeneyra auf eine von Manuel Acosta verfasste, kurze Lebensbeschreibung Franz Xavers, die Giovanni P. Maffei ins Lateinische übersetzt hatte. Der Autor dieser Kurzbiographie stützte sich auf die von Johann III. gesammelten Dokumente und beschrieb die Tätigkeit sowie einige Wunder des Missionars.[82] Wegen seiner hervorragenden Überset-

---

[78] Josef Wicki: Das neuentdeckte Xaveriusleben des P. Francisco Pérez S.J. (1579). In: Archivum Historicum Societatis Iesu 34 (1965) 36–78. Hier S. 36. – Diese Dokumente sind veröffentlicht in: Mon. Xav. 2, S. 223–447.

[79] Georg Schurhammer – Gesammelte Studien 3, S. 61 f.

[80] Georg Schurhammer – Gesammelte Studien 3, S. 62.

[81] Vgl. dazu: Ursula König-Nordhoff – Ignatius von Loyola, S. 42–55.

[82] Georg Schurhammer – Gesammelte Studien 3, S. 65.

zung des Büchleins, das mehrere Auflagen erlebte, wurde Maffei von Kardinal Henrique gebeten, eine umfassende Lebensbeschreibung Xavers zu verfassen. Da er die von General Eberhard Mercurian gewünschte *Vita* des Ignatius fast abgeschlossen hatte, begann Maffei, Material für das neue Werk zu sammeln.

Auf mehrfachen Wunsch der Ordensleitung hatte inzwischen auch Manuel Teixeira in Indien eine Biographie Xavers verfasst und das Manuskript mit der Bitte um Ergänzung und Korrektur nach Rom gesandt. Dort blieb das Manuskript allerdings liegen, so dass die erste und einzige Lebensbeschreibung des Jesuitenmissionars aus der Feder eines Biographen, der den Apostel Indiens und Japans noch persönlich gekannt hat,[83] erst 1912 in den Monumenta Xaveriana veröffentlicht wurde.[84] Dadurch prägte vor allem Ribadeneyra das Bild Franz Xavers, dessen Leben und Werk er in den folgenden Ausgaben seiner Ignatiusbiographie, die in vielen Auflagen und Übersetzungen publiziert wurde, behandelte.
Seine Darstellung Franz Xavers kritisierten jedoch gerade Jesuiten, die in den Missionsgebieten arbeiteten und mit den dortigen Verhältnissen bestens vertraut waren. So beanstandete beispielsweise Manuel Teixeira in einem Brief an Alessandro Valignano, dass Ribadeneyra vieles missverstanden habe und über Dinge berichte, die besser wegzulassen seien. Valignano teilte diese Auffassung und schrieb dem Ordensgeneral:

> Wie darum Ew. Paternität aus dem ersten Teil der »Indischen Geschichte« ersehen werden, die ich vergangenes Jahr schickte, findet sich darin keinerlei Erwähnung jener Dinge, die im Leben Unseres Vaters Ignatius von P. Mag. Franziskus erzählt werden. Obwohl ich dies sehr gut untersucht habe, fand ich doch nichts, was man sonst noch von den Wundern und der Lebensweise des P. Mag. Franziskus sagen könnte, außer dem, was ich in der genannten Geschichte sage. Wer mehr schreibt, der wiederholt das, was Leute aus dem Volk sagen, die in solchen Dingen mit wenig Überlegung reden, und die alles, was sie auf dem Marktplatz reden hören, nach ihrer Affektion oder Leichtgläubigkeit übertreiben und verallgemeinern. Die Wahrheit aber ist das, was in der genannten Geschichte geschrieben steht; und darüber hinaus wurde nichts gefunden, was man als sicher oder auch nur als wahrscheinlich schreiben könnte. Was aber darin gesagt wird, ist nicht nur sichere Wahrheit, sondern genügt auch, U. Herrn im Leben seines Heiligen zu verherrlichen, ohne dass man apokryphe und unsichere Dinge hinzuzufügen braucht.[85]

---

83 Georg Schurhammer – Gesammelte Studien 3, S. 73.
84 Mon. Xav. 2, S. 815–918.
85 Georg Schurhammer – Gesammelte Studien 3, S. 80.

Die erste japanische Gesandtschaft, die im März 1585 in Rom eintraf, ersuchte den Jesuitengeneral im Namen des Königs von Bungo, Ōtomo Yoshishige, »beim Heiligen Vater die Seligsprechung Franz Xavers zu erbitten, von dem er zuerst die Predigt des Evangeliums vernommen hatte.«[86] Zu dieser Bitte hatte Valignano den König ermutigt und in Goa zwei naturgetreue Bilder Xavers malen lassen, von denen er eines der Gesandtschaft nach Rom mitgab. Als ihn General Aquaviva daraufhin fragte, was er über eine Seligsprechung Xavers denke, antwortete Valignano:

> Wenn er es auch sehr wohl verdient, da er heilig und selig im Himmel ist, so muss man in einer so wichtigen Sache wohl zusehen, damit das, was man tut, auf sicherer Information beruhe, die keinen Zweifel zulässt. Denn wie ich früher bereits an P. Mercurian seligen Angedenkens schrieb, die Information, die auf Befehl des Königs Johann III. hier aufgenommen wurde, ist in vielen Dingen sehr zweifelhaft und unsicher. Denn da das ganze Volk so erbaut von dem genannten Pater war, so glaubte es leicht alles, was man sagte, und wie es in ähnlichen Fällen zu geschehen pflegt, fand man viele Wunder, wo keine waren, und die, welche Zeugnis ablegten, gaben leicht als Tatsachen an, was andere erzählten. Und so war nach meinen Erhebungen, die ich in dieser Zeit anstellte, jene Information, welche durch die Beamten des genannten Königs besorgt wurde, nicht sehr sicher.[87]

Zu einem ähnlichen Ergebnis kam auch Georg Schurhammer – der Jahrhunderte später die »Xaveriuslegenden und Wunder kritisch untersuchte«.[88]

Auf die Ignatiusbiographie Ribadeneyras hatte diese Kritik jedoch keinen Einfluss, da die Verleger anscheinend nicht bereit waren, Korrekturen vorzunehmen. »Aber in seinem begeistert und begeisternd geschriebenen kurzen Xaveriusleben brachte Ribadeneyra die von den Zensoren gewünschten Verbesserungen fast alle an. Nur an dem dreimaligen Schiffbruch Xavers (einer Verwechslung mit Juan de Beira), und den Totenerweckungen, »drei in Indien und eine in Japan«, hielt er fest, und die grausige Schilderung der Moro-Inseln und -Insulaner legte er, etwas gemildert, den Portugiesen in den Mund, die Xaver von der Fahrt dahin abhalten wollen.«[89]
Obwohl Ribadeneyra in seiner Lebensbeschreibung des Ignatius über Franz Xaver und andere Gründungsmitglieder des Jesuitenordens berich-

---

[86] Georg Schurhammer – Gesammelte Studien 2, S. 734.
[87] Georg Schurhammer – Gesammelte Studien 3, S. 82.
[88] Georg Schurhammer – Gesammelte Studien 3, S. 249–270, 537–562.
[89] Georg Schurhammer – Gesammelte Studien 3, S. 87.

tete, war die Kanonisation des Ordensgründers seine Herzensangelegenheit, da er von dessen Heiligkeit persönlich zutiefst überzeugt war. Mit seiner Biographie und den Bildern des Ignatius, die er von bedeutenden Künstlern anfertigen ließ, wollte er dessen Verehrung fördern und seine Heiligsprechung erreichen. Diese bildlichen und literarischen Darstellungen hat König-Nordhoff sorgfältig untersucht und dabei festgestellt, dass Ribadeneyra über Wunder des Ignatius berichtet, die nicht nur von Maffei, sondern sogar von General Aquaviva bezweifelt wurden. Damit kommt sie zum gleichen Ergebnis wie die Jesuitenmissionare, die gerade deswegen seine Darstellung Franz Xavers kritisiert hatten. Demnach scheint Ribadeneyra die von König Johann III. gesammelten Zeugenaussagen unkritisch übernommen und Wunder sogar selbst erfunden zu haben, um die Kanonisation der beiden Gründungsmitglieder der Gesellschaft Jesu zu erreichen.

Eine Erklärung dafür findet König-Nordhoff im Vorwort zu den Jesuitenviten in Ribadeneyras Buch »Flos Sanctorum« von 1609:

> Wenn Ribadeneyra dort dem Papst vorhält, es gebe viele Heilige, die Gott im Himmel schon kanonisiert habe, ehe sein Stellvertreter auf Erden daran gedacht habe, dann ist das nicht nur Kritik an der Langsamkeit kurialer Entscheidungen, sondern vor allem Betonung des innerlichen Prinzips, das dem äußerlichen, dem es um Rechtsfragen geht, gegenübersteht: es ist die subjektive Sicherheit dessen, der an die Heiligkeit des von ihm Propagierten glaubt. Auf dieses Prinzip ist Ribadeneyras gesamte Kampagne zur Heiligsprechung des Ignatius gegründet. Er will aus seinem eigenen gläubigen Bewusstsein heraus die Heiligkeit des Ordensgründers nahe bringen. Die Priorität liegt in seiner persönlichen Überzeugung. Er kann Wunder berichten, denn sie entsprechen, ob beweisbar oder nicht, immerhin seinem Wissen um Ignatius' Heiligkeit. Und erst, wenn man nachweisen könnte, dass er die Heiligkeit nicht geglaubt oder die Wunder mutwillig erfunden hat, wäre seine Kampagne ›Manipulation‹ im schlechten Sinne. So aber muss sie als eine dem Außenstehenden vielleicht befremdliche Verbindung von Rationalität und Gläubigkeit gelten.[90]

Am 1. Juli 1593 ersuchte Ribadeneyra General Claudio Aquaviva und die auf Anordnung des Papstes[91] zur Generalkongregation in Rom versammelten Jesuiten, vom Heiligen Vater die Kanonisation des Ignatius zu erbitten. Obwohl Franz Xaver in diesem Brief[92] nicht erwähnt wird, beauf-

---

[90] Ursula König-Nordhoff – Ignatius von Loyola, S. 54.
[91] Ludwig Koch: Jesuiten-Lexikon. Die Gesellschaft Jesu einst und jetzt. Paderborn: Bonifacius 1934, S. 989.
[92] Monumenta Historica Societatis Iesu. Patris Petri de Ribadeneira Societatis Iesu Sacerdotis Confessiones, Epistolae aliaque scripta inedita. 2 Bände Madrid 1920–1923. Hier 2, S. 168–173.

tragte die Generalkongregation Aquaviva, sich zu einem günstigen Zeitpunkt um die Heiligsprechung der beiden Gründungsmitglieder des Jesuitenordens zu bemühen, wenn nach Ansicht der Sachverständigen sichere Grundlagen dafür bestehen.[93]

Doch diese Voraussetzungen waren noch nicht gegeben. Papst Clemens VIII. hatte zwar die beiden Jesuiten Francisco de Toledo und Roberto Bellarmino zu Kardinälen ernannt, sich aber auch genötigt gesehen, in Ordensangelegenheiten einzugreifen, um eine Spaltung der Gesellschaft Jesu zu verhindern. Zudem war Ignatius selbst öfter mit der Inquisition in Konflikt geraten und hatte eine religiöse Gemeinschaft gegründet, die sich in wesentlichen Punkten von anderen Orden unterschied. Deswegen hatte das Kardinalskollegium schon die Bestätigung der Gesellschaft Jesu durch Papst Paul III. verzögert. Selbst diese offizielle Anerkennung hinderte später Paul IV. nicht daran, die Jesuiten zum gemeinsamen Chorgebet zu verpflichten. Obwohl diese Anordnung nach seinem Tode sofort wieder aufgehoben wurde, zeigt sie doch, welche Vorbehalte gegenüber der Gesellschaft Jesu und ihrem Gründer bestanden. Bei einer Heiligsprechung des Ignatius, der in Deutschland vor allem als Gegenreformator gesehen wurde, galt es zudem die protestantische Kritik an der Heiligenverehrung zu bedenken, die Martin Luther in seinem Buch gegen die Heiligsprechung des Bischofs von Meissen, Benno, besonders scharf ausgedrückt hatte.[94]

Große Hoffnung auf eine Kanonisation des Ordensgründers weckten 1599 die beiden Kardinäle Caesar Baronius, der Mitglied der Ritenkongregation war, und Roberto Bellarmino, die am Todestag des Ignatius an seinem Grab in der Jesuitenkirche Il Gesù ein Bild von ihm anbrachten. Am 2. Dezember des gleichen Jahres wurde dort auch ein Bild Franz Xavers aufgehängt.[95] Doch die Erwartung, die Heiligsprechung stehe unmittelbar bevor, erfüllte sich nicht. Deshalb scheint Kardinal Bellarmin der Ordensleitung empfohlen zu haben, von einer Kanonisation des Ignatius zunächst abzusehen, und statt dessen den Papst um seine Seligsprechung zu ersuchen. Diese Bitte erfüllte Paul V. am 27. Juli 1609 und erlaubte damit, Ignatius von Loyola innerhalb der Gesellschaft Jesu zu verehren. Aus Freude darüber inszenierten die Jesuiten »ein derartig prachtvolles Fest,

---

[93] Institutum Societatis Iesu 1–3. Florenz 1892–1893. Hier 2, S. 286, Nr. 71.

[94] Vgl. dazu: David J. Collins: Bursfelders, humanists, and the rhetoric of sainthood: the late medieval vitae of saint Benno. In: Revue Benedictine 11 (2001), S. 508–556. – Fidel Rädle: Münchens Stadtpatron auf der Jesuitenbühne: Benno Comoedia (München 1598). In: Julius Oswald/Rita Haub – Jesuitica, S. 505–530. Hier S. 512–516.

[95] Ursula König-Nordhoff – Ignatius von Loyola, S. 40.

dass sie damit in gewissen römischen Kreisen Anstoß erregten. Ihnen wurde vorgehalten, sie hätten für ›tantino di concessione‹ mehr Aufwand gemacht als alle anderen ›Kirchen‹ zusammen für alle kanonisierten Heiligen«.[96]

Trotz dieser Begeisterung blieb die Kanonisation ihres Gründers weiterhin ein Herzenswunsch der Jesuiten, da auch Benedikt, Dominikus und Franz von Assisi eigene Orden gegründet hatten und als Heilige verehrt wurden. Wegen der Bemühungen um die Heiligsprechung des Ignatius verzögerte sich die Seligsprechung Franz Xavers, die am 25. Oktober 1619 von Paul V.[97] ohne äußere Feier im Geheimen Konsistorium vollzogen wurde. Drei Jahre später erfolgte durch Papst Gregor XV. die Heiligsprechung der beiden Freunde und Gründungsmitglieder der Gesellschaft Jesu, die seit ihrer Studienzeit eng zusammengearbeitet und dadurch wesentlich zur Reform der katholischen Kirche und zur Ausbreitung des christlichen Glaubens beigetragen hatten. Dies scheint das eigentliche Wunder zu sein, das Gott durch die beiden Jesuiten wirken wollte, die einen langen Lebensweg miteinander gegangen sind, auf der Kanonisationsfahne zusammen abgebildet wurden und seither die Besucher von Jesuitenkirchen gemeinsam begrüßen.

---

[96] Ursula König-Nordhoff – Ignatius von Loyola, S. 32.
[97] Georg Schurhammer – Gesammelte Studien 4, S. 468.

Die Entstehung einer Ikonographie des Franz Xaver im Kontext seiner kultischen Verehrung in den Jahren von 1552 bis 1640

Maria Cristina Osswald*

In diesem Aufsatz soll der enge Zusammenhang zwischen den bedeutendsten ikonographischen Darstellungen Franz Xavers und seiner kultischen Verehrung aufgezeigt werden. Als chronologische Fixpunkte bieten sich hierbei einerseits der Tod des Heiligen 1552 und andererseits die Hundertjahrfeier des Bestehens des Jesuitenordens 1640 an, mit der die Veröffentlichung des *Imago Primi Saeculi* einherging.[1] Mit ihr war die Periode visuellen Experimentierens zur Erfindung neuer Bildformeln weitgehend abgeschlossen, und sowohl Kult als Ikonographie waren dauerhaft ausgebildet. Selbst ikonographische Episoden der Heiligenvita, wie der Tod Xavers auf der Insel Sancian vor China, die nach diesem Datum – vor allem gegen Ende des 17. Jahrhunderts – noch zu narrativen Einzelszenen wurden, waren bereits zuvor in den Zyklen vorhanden.

Die wichtigsten Stationen des Prozesses werden zunächst dargestellt, wobei eingangs ein Überblick über die Zeit vor der Kanonisierung des Heiligen gegeben und anschließend gezeigt werden soll, wie die frühe Jesuitenkunst den einem Heiligen angemessenen oder gemäßen Charakter verdeutlichte. Im Abschluss folgt eine Gesamteinordnung.

Maßnahmen zur Kanonisierung Franz Xavers

Die Rolle politischer Machthaber

Im Jahre 1555 kam es in Europa zu den ersten gesicherten Nachrichten von Xavers Tod. Doch wies der einflussreiche Ordensekretär Polanco so-

---

* Mein Dank gilt Frau Sigrid Montinari (Europäisches Hochschulinstitut, Florenz) und Frau Dr. Martina Sitt (Universität Hamburg) für die sprachlichen Korrekturen, sowie Frau Nadia Alpi und Pater Enio Brovedani SJ (Istituto Stensen, Florenz) für die Erlaubnis, die Bibliothek des Istituto Stensen während der Vorbereitung dieses Aufsatzes benutzen zu dürfen.

1 Jean Bolland: Imago Primi Saeculi Societatis Iesu a Provinciae Flandro-Belgica Eiusdem Societatis raepresentata. Antwerpen: Ex. Officina Plantiniana Balthasari Moretto 1640.

fort darauf hin, dass es innerhalb der römischen Kurie Bestrebungen gebe, die Wundertaten Xavers zu Lebzeiten und nach dessen Tod im Hinblick auf eine Heiligsprechung untersuchen zu lassen.[2] Erste offizielle Bemühungen um ein Seligsprechungsverfahren sind jedoch Johann III. (1502–1557), König von Portugal zu verdanken, an dessen Hof Xaver vor seiner Abreise nach Indien geweilt hatte. Johann war von der Tatsache tief beeindruckt, dass in Portugal ein großes Interesse an der Tugend und an den Taten Xavers herrschte. Mit der 1556 von Lissabon nach Indien gehenden Flotte sandte Johann III. ein Schreiben an seinen Vizekönig Dom Pedro de Mascarenhas, in dem er verkündete, dass das Leben Xavers so vorbildlich und erbaulich gewesen sei, dass er seine Beamten beauftrage, sofort in allen Teilen Indiens glaubwürdige Zeugen über die Werke, Tugenden und Wundertaten Xavers aufzuspüren und deren eidliche Aussagen mit amtlicher Beglaubigung auf drei Wegen an ihn zu senden.[3]

Da Pedro de Mascarenhas zwischenzeitlich verstorben war, oblag es nun dem neuen Statthalter Francisco Barreto, den Auftrag umzusetzen. Zwischen 1556 und 1557 wurden dreiundsechzig Zeugen in Goa, Cochin, Bassein und in Malakka in Hinterindien befragt. Es handelte sich – mit Ausnahme eines Eingeborenen – ausschließlich um Portugiesen, um Offiziere, Kaufleute, Beamte, einstige Mitarbeiter – größtenteils um Menschen, die Xaver persönlich gekannt hatten und noch voll der Erinnerung an ihn waren. Sobald diese Akten König Johann erreicht hatten, leitete er sie nach Rom weiter, um eine Untersuchung anzuregen und die Erlaubnis zu erwirken, den Todestag noch vor einer erfolgten Heiligsprechung feierlich begehen zu dürfen.[4]

Zu den weiteren Befürwortern der Heiligsprechung zählte neben Johann der japanische König Ôtomo Yoshishige von Bungo.[5] Er schickte 1582 eine Gesandtschaft mit vier japanischen Prinzen mit Begleitschreiben an

---

[2] Brief von Polanco an den portugiesischen Provinzial Miguel Torres: Rom, 21. November 1555. In: Joseph Wicki (Hg.): Documenta Indica (1553–1557) 3. (Monumenta Historica Societatis Iesu. Monumenta Missionum 74) Rom: Institutum Historicum Societatis Iesu 1954, S. 302–311. Hier S. 303–304.

[3] Brief des portugiesischen Königs Johann III. an den indischen Vizekönig Pedro de Mascarenhas, Lissabon, 28. März 1556. In: Ebd., S. 469–471. Hier S. 470f.

[4] D. Restrepo/D. Fernadez Zapico (Hg.): Epistolae et commentaria P. Ioanni Alphonsi de Polanco addenda caeteris ejusdem scriptis dispersis in his monumentis 2. (Monumenta Historica Societatis Iesu 1 und 3) Madrid: Typis A. Avrial 1916–1917, S. 835.

[5] Als Zeichen seiner großen Bewunderung für Xaver, hatte sich Ôtomo Yoshishige von Bungo 1578 als Dom Franz taufen lassen. (Georg Schurhammer: Franziskus Xaverius SI (1506–1552). In: G. S.: Xaveriana. [G. S.: Gesammelte Studien, hg. zum 80. Geburtstag des Verfassers 3] Rom: Institutum Historicum Societatis Iesu 1964, S. 11–27. Hier S. 24).

Papst Gregor XIII. und an den spanischen König Philipp II. Beide betrachteten es als ihr Hauptanliegen, eine Seligsprechung Xavers zu erwirken, »damit wir ihm Kirchen und Altäre errichten, seine Bilder aufstellen, seine Messe lesen, und zu ihm an seinem Tag beten können.«[6]

Bemühungen des Ordens um die Kanonisierung Franz Xavers

Von der Seite des Ordens selbst lassen sich ähnliche Bemühungen um die Kanonisierung Xavers 1577 in Goa ausmachen, wo man diesbezüglichen Forderungen der zwei Jahre zuvor erstmals einberufenen Provinzkongregation nachkam. Die römische *Curia Generalizia* der Jesuiten reagierte mit einer Anordnung an die kirchlichen Behörden, doch weitere Zeugnisse aufzuzeichnen.[7] Während der Fünften Generalkongregation 1593 hielt die *Curia Generalizia* den Augenblick für gekommen, offiziell beim Papst für die Kanonisierung von Ignatius von Loyola und Franz Xaver zu intervenieren.[8] Dieses Anliegen wurde dann vom Synodalschreiben der *Patres* bei dem Fünften Provinzkonzil von Goa ebenfalls unterstützt. Dem Tenor dieser Bitten schlossen sich der portugiesische Staatsrat, Philipp III. von Spanien und die gesamte Gesellschaft Jesu an.[9]

Papst Paul V. (1552–1621) entsprach diesem Wunsch. Er ordnete die Prüfung der Befragungsergebnisse von 1556/1557 an und verordnete die ersten *Prozesse in Specie* (Cebú 1608 und 1613). 1610 befahl er neue Zeugenanhörungen in Rom, wo 1613 mehr als vierzig Personen befragt wurden. Weitere Befragungen erfolgten in Pamplona (1614–1615), in Lissabon (1615–1616) und im Orient, d. h. in Goa (1615 und 1616), Daman (1615), 1616 in Cochin an der Fischerküste, in Travankore und in Quilon. Dies alles führte letztlich zur Seligsprechung Xavers im Geheimen Konsistorium am 21. Oktober 1619 und daraufhin zur Kanonisierung 1622 (gemeinsam mit Ignatius, Philipp Neri, Theresa von Avila und Isidor von Madrid). Das Breve der Seligsprechung gestattete den Jesuiten, in allen Kirchen

---

[6] König von Bungo in: Georg Schurhammer – Franciskus Xaverius, S. 22.

[7] Antwort des Generals Everard Mercurian auf die Erste Indische Provinzkongregation, Rom, 31. Januar 1577. In: Joseph Wicki – Documenta Indica 10 (Monumenta Historica Societatis Iesu 98). Rom: Institutum Historicum Societatis Iesu 1968, S. 316–360. Hier S. 358.

[8] Fünfte Generalkongregation (1593), Dekret 71. In: John Padberg/M. D. O'Keefe/J. L. Mc Carthy (Hg.): For matters of greater moment. The first Jesuit General congregations, a brief history and a translation of decrees, Jesuit primary sources in English Translation. Saint Louis: The Institute of Jesuit Sources 1994, S. 212.

[9] Fernão Guerreiro: Relação Anual das coisas que fizeram os padres da Companhia de Jesus nas suas missões 2. Coimbra: Impresa da Universidade 1931, S. 352.

Ostindiens und dem Geburtsschloss Xavers, Messen abzuhalten. Dies legitimierte im Fall Goas jedoch lediglich eine bereits bestehende Situation, da Xaver hier bereits vor 1615 als Heiliger gefeiert worden war.[10]

Diesem Prozess der offiziellen Kanonisierung waren jedoch auch bedeutende kulturelle Impulse vorausgegangen, die vor allem dem Wunsch des Ordens entsprachen, das Leben Xavers modellhaft für die Jesuiten als auch für die Weltkirche nutzbar zu machen. Manuel Acosta, Professor der Jurisprudenz an der portugiesischen Universität Coimbra, leitete sein *Rerum a Societatis Iesu in Oriente gestarum* (Dillingen 1581) mit einer kurzen Biographie Franz Xavers ein. Acosta schilderte zuerst den Missionsauftrag an Xaver durch Johann III., seine Fahrt nach Goa, die dortige Arbeit am Kap Komorin unter den Perlenfischern, die bereits vom Apostel Thomas bekehrt worden waren. Anschließend druckte Acosta den Brief ab, in welchem Johann III. 1556 die Zeugenanhörungen in Indien befohlen hatte und gab auch in Kürze die Hauptinhalte der ersten Prozessakten wieder, indem er sein einem Heiligen gemäßes Leben, seine Wunder, seine Tätigkeit auf den Molukken und in Japan, sowie seinen Tod in der Nacht vom 2. auf den 3. Dezember beschrieb.[11]

Nachdem aus Rom mehrfach der Wunsch gekommen war, man möge in Indien eine Lebensgeschichte Franz Xavers schreiben, wurde der Jesuit Manuel Teixeira damit beauftragt. Er hielt sich in Goa auf und hatte Xaver noch persönlich gekannt. Das Werk wurde jedoch erst 1912 veröffentlicht.[12] Zuvor war diese *Vita* dennoch bekannt und bildete einen Meilenstein in der Geschichte der Xaverbiographien. Der Autor benutzte wichtige Quellen, wie den Bericht über die letzten Tage des Heiligen und seinen Tod, den ihm der einzige Zeuge dieser Ereignisse, der Chinese Antonio de Santa Fé, gesandt hatte, sowie ein *Itinerarium* des Juan Fernandez, das aus der Perspektive eines Augenzeugen die Tätigkeit des neuen Apostels in Japan beschrieb. Teixeira wandte sich auch an andere persönliche Bekannte Xavers und benutzte dessen Briefwechsel und die Akten der Kanonisierungsprozesse.

Im Anschluss an die Fünfte Generalkongregation entstanden weitere Xaverbiographien. Horatio Tursellino publizierte die lateinische *De Vita*

---

[10] Auszug aus den *Litterae annuae* von 1615. In: M. Lecina/D. Resprep (Hg.): Monumenta Xaveriana ex autographis vel ex antiquoribus exemplis collecta 2. (Monumenta Historica Societatis Iesu 16) Madrid: Typis A. Avrial 1899, S. 771–774. Hier S. 773.

[11] Georg Schurhammer: Xaveriusforschung im 16. Jahrhundert. Zum 300. Gedenktag der Heiligsprechung (1622–1922) des Hl. Franziskus Xaverius. In: G. S. – Xaveriana, S. 57–114. Hier S. 65.

[12] Manuel Teixeira: Vida de S. Francisco Javier. In: M. Lecina/D. Resprep – Monumenta Xaveriana 2, S. 815–918.

Francisci Xaverii (1594)[13] und João de Lucena die portugiesische *História da Vida do Padre Francisco Xavier* (1600).[14] Tursellinos Werk wurde als erste Xaverbiographie veröffentlicht. Sie basiert auf Teixeiras Darstellung, erweitert diese jedoch um zahlreiche neue Aspekte, vor allem um Berichte von Zeugen, die mit Xaver in Japan und China gelebt hatten. Die Neuheit von Lucenas Werk, das 1613 in Sevilla auf Spanisch[15] und noch im gleichen Jahr auf Italienisch erschien,[16] war auch in der Tatsache begründet, dass es, weit mehr als seine Vorgänger, Xavers Wirken in den speziellen historischen Kontext seiner Missionstätigkeit zu setzen verstand. 1572 erschien dann der literarisch hochwertige Band über das Ignatiusleben von dem Spanier Pedro de Ribadeneira (1572–1583), der dem Leben Xavers immerhin ein ganzes Kapitel (Buch 4, Kap. 7) widmete. Es konzentrierte sich vorwiegend auf Xavers Wundertaten im Hinblick auf die Förderung des Kanonisationsprozesses. Xaver hatte demnach dreimal in Indien und einmal in Japan Menschen nachweislich vom Tode erweckt.[17]

Die Geschichten der asiatischen Jesuitenmission, wie die *Historia de la Missiones que han hecho los Religiosos de la Compañia de Jesús, para predicar el sancto Evanglio en la India Oriental y en los Reynos de la China y Japón* von Luíz de Guzmán (1601),[18] die *Primeira parte da História da Companhia de Jesus nos Reynos e Províncias da Índia Oriental* von Sebastião Gonçalves (1610)[19] und die daran orientierte viel gelesene *Histoire des Choses plus memorables advenues dans les Indes Orientales* (Bordeaux 1608, 1610, 1614) von Pierre du Jarric,[20] die *Asia* von Danielo Bar-

---

[13] Horatio Tursellino: De vita Francisci Xaverii, qui primus è Societate Iesu in India, & Iaponia Evangelium promulgavit. Rom: ex typ. Gabiana 1594.

[14] João de Lucena: Historia da vida do padre Francisco de Xavier: e do que fizerão na India os mais religiosos da Companhia de Iesu. Lissabon: Pedro Crasbeek 1600.

[15] João de Lucena: Historia dela vida del P. Francisco Xavier y delo que en la India Oriental hizieron los demas Religiosos de la Compañia de Jesus. Sevilla: Francisco de Lyra 1613.

[16] João de Lucena: Vita del P. Francesco della Compagnia di Gesù 1. Rom: Bartolomeo Zanetti, Kap. 1, S. 21–22.

[17] Pedro de Ribadeneira – Vida de Ignacio de Loyola, S. 657.

[18] Luís de Guzmán: Historia de las missiones, que han hecho los religiosos de la Compãnia de Jesus, para predicar el Santo Evangelio en los reynos del Japon. Alcala: la viuda de Juan Gracian 1601.

[19] Sebastião Gonçalves: Primeira parte da historia dos religiosos da Comp.ª de Jesus e do que fizeram com divina graça na conversão dos infieis à nossa sancta fee catholica nos reynos e provincias da India Oriental. 1610.

[20] Pierre du Jarric: Histoire des choses plus memorables advenues tant ez Indes orientales, que autre pais de la decouverte des portugais, en l'establissement et progrez de la foy chrestienne,

toli,[21] die heute verschollene Prozessakten verwendete, sowie die Ordens-
chronik von Nicoló Orlandini (1614),[22] brachten weitere Aspekte ans Ta-
geslicht. Gemeinsam mit Texten von iberischen Autoren, wie die klassischen *Décadas* von João de Barros und Diogo de Couto (1620 ff.)[23] und
die 1614 endlich im Druck erschienene *Peregrinaçam* des Fernão Mendes
Pinto[24] sorgten für eine weite Verbreitung der Berichte über Xaver und
seine Missiontätigkeit.

Die Bildung eines weltweiten Reliquien-Kults Franz Xavers

Die Verbreitung der Reliquien Franz Xavers

Der Xaver-Kult wurde nicht nur durch Schriften gefördert. Auch die Verehrung seiner Reliquien und deren weltweite Verbreitung trugen bedeu-
tend zu diesem Prozess bei. Seit 1554 wird der Leichnam Xavers in Goa
aufbewahrt, während sich sein rechter Unterarm seit 1614 in *Il Gesù* in
Rom befindet. Der rechte Oberarm wurde 1619 unter die Jesuitenkolle-
gien von Malakka, Makao und Cochin verteilt. Auf Ersuchen des Generals Vitelleschi wurden zudem dem Leichnam alle inneren Organe entnommen und auf Jesuitenniederlassungen weltweit verteilt. Andere
Armpartikel fanden einen Ort der Verehrung in Mechelen und Köln, ein
Ohr in Lissabon, ein halber Zeh im Geburtsort, im Schloss von Xavers
Familie, Stückchen des Brustbeins in Tokyo und ein Zahn in Porto.[25] Auch
Xavers persönliche Gegenstände wurden als Berührungsreliquien über
die ganze Welt verstreut. So wird sein Pileolus, den er als Würdezeichen
als Apostolischer Nuntius bei Zeremonien trug, heute in der Münchner
Jesuitenkirche St. Michael aufbewahrt, seine Rosenkränze in Köln, Wien

---

et catholique: Et principalement de ce que les religieux de la compagnie de Iesvs y ont faict, &
enduré pour la mesme fin. 3 Bände Paris: A Bovrdeavs: S. Millanges 1608–1614.

[21] Daniello Bartoli: Istoria della Compagnia di Gesu: l'Asia. 3 Bände Roma: Stamperia d'Ignatio
de'Lazzeri 1653–1663.

[22] Nicoló Orlandini: Historiae Societatis Iesu prima pars. Roma: Bartolomeo Zannetti 1614.

[23] Die einzige vollständige Ausgabe wurde Ende des 18. Jahrhunderts herausgegeben: João de
Barros/Diogo do Couto: Da Ásia de João de Barros e de Diogo do Couto: dos feitos que os
portugueses fizeram no descobrimento dos mares e terras do Oriente. 24 Bände Lissabon:
Régia Officina Typografica 1777–1788.

[24] Fernão Mendez Pinto: Peregrinaçam. Lissabon: Pedro Crasbeeck 1614.

[25] Georg Schurhammer: Die Xaveriusreliquien und ihre Geschichte. In: G. S.: Varia 1: Anhänge.
(G. S.: Gesammelte Studien, hg. zum 80. Geburtstag des Verfassers 4/1) Rom: Institutum Historicum Societatis Iesu 1965, S. 345–369. Hier S. 345–348.

und dem polnischen Starawies, und seine Kruzifixe in Madrid, Lissabon, Dublin und Venedig.[26]

Der wundertätige Charakter seines unversehrten Körpers

Der mächtige Ordenssekretär Polanco bemerkte in dem oben erwähnten Schreiben an Miguel Torres, den Provinzial von Portugal: »Was es den Körper des Heiligen Franz Xaver angeht, scheint es uns, als wäre die Unversehrtheit des Körpers Zeichen eines unversehrten Lebens.«[27] Dieser Kommentar Polancos weist auf einen wichtigen Faktor für den Heiligsprechungsprozess hin, nämlich den der Unversehrtheit des Körpers und seines wundertätigen Charakters sowie dessen Übertragung auf Berührungsreliquien.

Wie es in den Berichten über den Tod und die Überführung der Gebeine von Sancian bis Goa übereinstimmend wiederholt wurde, beobachtete man sofort an Xavers Körper, dass trotz der Tatsache, dass er in frischem Kalk begraben worden war, um den Verfall zu beschleunigen, das Gesicht die rötliche Farbe behielt, er unversehrt blieb, einen guten Geruch hatte und nach 16 Monaten sogar Blut austrat, als eine Frau einen Zeh abbiss, und dass auch seine Kleidung unversehrt blieb.[28]

Die Verehrung eines Verstorbenen am Grab bildet einen wichtigen Schritt für die Heiligsprechung. 1554 wurde sein Leichnam von Sancian nach Goa überführt, wahrscheinlich weil die Stadt die Hauptstadt des *Padroado Português do Oriente* war.[29] Dort wurde sie von allen wichtigen Leuten der Stadt (Vizekönig, religiöse und politische Autoritäten) sowie vom Volk in großer Ehrfurcht und mit viel Prunk empfangen. Zunächst wurden die Gebeine in Alt-St. Paul bestattet, aber bald entwickelte sich die Sorge,

---

[26] Ebd., S. 354–358.

[27] Brief von Polanco an Miguel Torres. In: Joseph Wicki – Documenta Indica 3, S. 304.

[28] Bericht des Sebastião Gonçalves über die Märtyrer von Salsete: Goa, Dezember 1609. In: Joseph Wicki (Hg.): Documenta Indica (1577–1580) 12. (Monumenta Historica Societatis Iesu 105) Rom: Institutum Historicum Societatis Iesu 1972, S. 974–998. Hier S. 994.

[29] Dieser Begriff steht für ein System, das die politischen und religiösen Mächte eng verbindet. D. h., in allen portugiesischen Ländern war der Katholizismus die offizielle Religion. Dagegen hatte der Papst seit dem Anfang der Entdeckungszeiten mehr und mehr seine traditionellen Pflichten und Rechte an das portugiesische Königshaus übertragen. Als Ausgleich für die Finanzierung aller Aspekte des missionarischen Unternehmens war das portugiesische Königshaus die letzte Entscheidungsinstanz. Mit anderen Worten, alle Entscheidungen des Papstes und der religiösen Hierarchie mussten vom König oder seinen Beamten genehmigt werden, bevor sie in Kraft treten konnten.

dass diese Grablege Xaver nicht würdig genug sei. Dem entsprechend befasste sich Frage 57 der Ersten Provinzkongregation (1575) mit dem Ort, wo Xavers Leib ruhen sollte. Mercurian entschied, dass der Leib des Missionars an einem würdigeren Ort beigesetzt werden sollte.[30] 1582 wurde der Körper in die Kapelle des Noviziats überführt mit der Begründung, dass dadurch die Novizen das beispielhafte Vorbild Franz Xavers vor Augen haben würden.[31] 1605 wurden die Gebeine in die Hauptkapelle von *Bom Jesus* übertragen und ein Gemälde auf der Seite des Evangeliums angebracht.[32] Bei den Kanonisierungsfeierlichkeiten wurden die Gebeine 1624 in die *Bom Jesus*-Kirche verlagert und 1637 dort in dem kunstvollen Silberschrein zur Ruhe gebettet, der heute noch Ort der Verehrung des Heiligen ist.[33]

Insbesondere das anhaltende Bemühen der Generäle und anderer Jesuiten in Rom, Reliquien des Heiligen nach Rom zu holen, spricht deutlich für die Wichtigkeit Xavers für den Orden. In der Tat schrieb General Aquaviva 1607 an den Provinzial von Goa, dass manche in Rom das Haupt Xavers wünschten. Trotzdem würde sich die *Curia Generalizia* mit dem rechten Arm zufrieden geben.[34] Nach mehrmaligen Bitten wurde der Arm 1614 endlich abgetrennt und nach Rom gebracht, wo er seitdem in einem Seitenaltar von *Il Gesù* aufbewahrt wird, der dem Ignatiusaltar gerade gegenübersteht. Schon vor 1621 wurde er zur öffentlichen Verehrung ausgestellt.[35]

Bei den Pamplona-Prozessen (1614) bezeugte der Bischof von Jaca, dass das Zimmer, wo Xaver angeblich geboren wurde, wie auch das Taufbecken mit großer Achtung behandelt würden.[36] Im zweiten Lissabonner Prozess (1616), behauptete der Zeuge und Priester Francisco da Costa, er hätte in Goa erfahren, dass das Grab von Xaver, seine Kleidung und an-

---

[30] Antwort des Generals Everard Mercurian auf die Erste Indische Provinzkongregation: Rom, 31. Januar 1577. In: Joseph Wicki – Documenta Indica 10, S. 358.

[31] *Litterae annuae* der Indischen Provinz (1582), Goa, November 1582. In: Joseph Wicki – Documenta Indica 10, S. 600–627. Hier S. 613.

[32] Bericht des Sebastião Gonçalves über, die Märtyrer von Salsete: Goa, Dezember 1609. In: Joseph Wock – Documenta Indica 12, S. 994.

[33] Georg Schurhammer – Franciskus Xaverius, S. 22.

[34] Georg Schurhammer: Auszüge aus den Briefen der Jesuitengeneräle an die Obern in Indien (1549–163). In: Archivum Historicum Societatis Iesu 22 (1953), S. 114–169. Hier S. 161.

[35] Georg Schurhammer: Die Taufen des hl. Franz Xaver. In: G. S. – Xaveriana, S. 271–293. Hier S. 273.

[36] Zeugenaussage des Bischofs von Jaca Dom Fermin Gruzat Y Sabalda (1614) bei dem Pamplonaprozess (1614–1616). In: M. Lecina/D. Resprep – Monumenta Xaveriana 2, S. 663–679. Hier S. 663.

dere persönlichen Objekte auch liebevoll aufbewahrt würden. Sein Namenszug würde als ein wahrer Schatz verehrt und die dortigen Christen würden einem Baum, der angeblich von Xaver selbst in Alt-St. Paul gepflanzt wurde, sehr große Huldigung entgegenbringen.[37]

Auch das portugiesische Königshaus schien Xaver besonders zu verehren. Ende des 18. Jahrhunderts schrieb der portugiesische Jesuitenhistoriker Francisco de Sousa, dass die Königin von Portugal 1606 bei der Geburt des Thronfolgers ihre Fürbitte vor dem Birett von Franz Xaver geleistet habe. Später wurden auf ihren Wunsch Stola und Kasel, mit denen der Heilige begraben war, nach Portugal gesandt und er wurde mit Kleidungsstücken, die sie aus Portugal extra schicken ließ, angezogen.[38]

Der Xaver-Kult blühte in den dem Heiligen gewidmeten Kirchen, Kapellen und Kongregationen. 1603, lange bevor Xaver selig gesprochen wurde, beschloss General Claudio Aquaviva die Errichtung der ersten Xaverkirche in Kôttar/Kap Komorin. Mit ihrem wundertätigen Xaveriusbild wurde diese alsbald zu einem wichtigen Wallfahrtsort.[39] 1624 gab es in Japan viele dem Heiligen gewidmete Bruderschaften. Allein die in Nagasaki zählten bald über 2 000 Mitglieder.[40] Ebenso waren Makao und seine Heimatprovinz Navarra, dann Bassein (1631) und Goa (1640) die ersten von vielen Städten, Regionen und sogar Ländern, die Franz Xaver im Laufe der Zeit als Patron erwählten und die Verehrung zu ihm besonders pflegten.

Hauptmerkmale der Ikonographie

Prototyp des Heiligenbildes (Physiognomie, Haltung, Gestik, Kleidung)

Die große Zahl der Darstellungen Xavers in Form von Stichen, Bildern und Skulpturen sind von den billigsten bis zu den edelsten Materialien wie Elfenbein, Silber oder Porzellan gefertigt, und entsprechen in ihrer jeweiligen Ausstattung der Popularität Xavers.[41] Unter den Künstlern fin-

---

[37] Georg Schurhammer: Die Lissabonner Heiligsprechungsprozesse. In: G. S. – Varia 1: Anhänge, S. 467–473. Hier S. 427.

[38] Francisco Sousa: Oriente Conquistado a Jesus Christo pelos Padres da Companhia de Jesus da Província de Goa 1. Porto: Lello & Irmãos 1978, S. 568.

[39] Georg Schurhammer: Die Heiligsprechung Franz Xavers. In: G. S. – Varia 1: Anhänge, S. 467–479. Hier S. 468.

[40] Georg Schurhammer: Festas de Goa no ano 1624. In: G. S. – Varia 1: Anhänge, S. 493–495. Hier S. 493.

[41] Georg Schurhammer war in Besitz von über 3 000 Fotografien von Stichen, Malereien und

den sich neben kunstbegabten Laienbrüdern die berühmtesten Namen der Zeit, wie Peter Paul Rubens (1577–1640) in Italien und Flandern oder Bartolomé Esteban Murillo (1608?–1682) in Spanien.[42] In diesen Kunstwerken wird Xaver allein oder in Szenen seines Lebens zusammen mit Mitgliedern des Ordens und manchmal auch mit anderen Heiligen, ferner auch als Schutzpatron von Städten und im Rahmen von Allegorien (Darstellungen von Visionen der Maria) dargestellt.

Von Ignatius weiß man, dass seine Zeitgenossen bereits zu seinen Lebzeiten Porträts anfertigen lassen wollten. Doch wegen seiner Ablehnung konnte das erste Porträt erst 1556 auf Grundlage der Totenmaske gemalt werden. – Im Gegensatz zu Ignatius wurde der erste Auftrag eines Porträts Xavers erst dreißig Jahre nach seinem Tod offiziell erteilt. Wahrscheinlich von der *Curia* selbst angeordnet, ließ Alessandro Valignano 1583 in Goa zwei authentische Xaverbilder malen. Eine Kopie blieb in Goa, die andere wurde zusammen mit einem Begleitbrief nach Rom geschickt. Aus diesem Brief geht hervor, dass diejenigen, die Xaver kennen gelernt hatten, die Bilder für sehr naturgetreu hielten. Man hatte ihn in den Kleidern gemalt, die er in Indien zu tragen pflegte, mit den Händen den Talar an die Brust aufhebend und die Augen zum Himmel gerichtet.[43] Leider sind beide Bilder heute verschollen.

Auf jeden Fall diente das Gemälde, das in Rom ankam, als Vorlage für die *Vera Effigie*. Der flämische Stecher Theodor Galle benutzte es für das Porträt, das in Tursellinos Xaverleben (1596) eingefügt wurde, und auf dem die spätere Ikonographie des Heiligen gründete, so weit sie nicht frei erfunden wurde. Der allgemein verbreitete Typ des Heiligenbildes, d.h. Physiognomie, Haltung, Gestik und Kleidung folgt außerdem den zeitgenössischen Beschreibungen des Heiligen. Unter diesen Überlieferungen bietet Teixeira eine besonders ausführliche Beschreibung Franz Xavers:

> Er war von eher großer als kleiner Statur. Sein Antlitz war wohl geformt, weiß und von frischer Farbe, heiter und äußerst gewinnend. Die Augen waren dunkelbraun oder schwarz, die Stirn breit, der Bart und das Haupthaar schwarz. Er trug ein ärmliches, aber reines ärmelloses und gürtelloses Kleid und nur den Talar, ohne Mantel oder sonst ein anderes Kleidungsstück, denn so pflegten sich die armen Weltpriester in Indien zu kleiden. Beim Gehen hob er ihn ein wenig mit

---

Skulpturen des Heiligen. (Georg Schurhammer: S. Francisco Xavier e a sua época. In: G. S. – Xaveriana, S. 115–128. Hier S. 123).

[42] Diego Angullo Iniguez: Murillo. Su Vida. Su Arte, Su Obr. Madrid: Espasa-Calpe 1981; 3, S. 254 und 4, Abb. 345–347.

[43] Georg Schurhammer: Das wahre Bild des Hl. Franz Xaver. In: G. S. – Varia 1: Anhänge, S. 214.

beiden Händen auf. Er ging fast immer die Augen zum Himmel richtend. Dessen Anblick brachte ihm, sagte man, stets besondere Tröstung und Freude, da dort die Heimat war, zu der er pilgerte. Und so war sein Antlitz so heiter und glühend von Liebe, dass sein Anblick alle, die ihn sahen, mit großer Freude erfüllte.[44]

Auch Manuel de Morais,[45] Baltasar Nunes und der Provinzial Melchior Nunes Barreto teilten die Ansicht, dass Xaver von mittelgroßer Statur war und dass er oft mit feuchten, nach oben gerichteten Augen, und immer mit frohem und ruhigem Gesicht einher ging. Provinzial Nunes Barreto bewunderte weiterhin die Art und Weise, in der sich Xaver in sich zurückzog.[46] Ein anderer Zeuge namens Andrade erzählte später dem Biographen Lucena,

> dass alles einen tiefen Eindruck machte, die Heiterkeit seines Antlitzes, seine zum Himmel gerichteten Augen, die Bescheidenheit seiner Haltung, seine äußere Sammlung, seine Autorität bei der Heiligen Handlung, seine Aussprache der Worte, seine Sorgfalt bei den heiligen Zeremonien.[47]

Fausto Rodrigues, der 1546 zusammen mit Xaver ein halbes Jahr auf Amboina verbracht hatte, beschrieb ihn als »schmal und groß« (»de buena estatura, de pocas carnes«).[48]
Ein beliebter ikonographischer Typus zeigt Xaver mit Tonsur und Haarschnitt mit kantigen Konturen, glattem Bart und die Soutane mit beiden Händen öffnend. Das Abheben des Gewandes von der Brust ist inhaltlich durch die wichtige Devise »Satis est, Domine, satis est« (»es reicht, o Gott, es reicht«) begründet, die manchmal beigefügt ist. Diese Devise ist eine direkte Anspielung auf Xavers Momente von Ekstase und Meditation, als er dachte, alleine zu sein und niemand ihn sehen noch hören könnte. Solche Augenblicke von Ekstase und Meditation scheinen hauptsächlich zwischen Februar und Mitte April 1552 während seines Aufenthaltes in Goa stattgefunden zu haben. Zum ersten Mal enthält ein Schreiben des

---

[44] Manuel Teixeira – Vida, Kap. 16, S. 882.

[45] Brief von Manuel de Morais an die Jesuiten in Coimbra, Goa, 3. November 1549. In: Joseph Wicki (Hg): Documenta Indica 1 (1540–1549). (Monumenta Historica Societatis Iesu 70) Rom: Institutum Historicum Societatis Iesu 1948, S. 461–462.

[46] Brief von Melchior Nunes Barreto an seine Mitbrüder in Coimbra, Travancore, 18. November 1548. In: Joseph Wicki – Documenta Indica 1, S. 317–320. Hier S. 317–318.

[47] Georg Schurhammer: Zwei kostbare Funde. In: G. S. – Varia 1: Anhänge, S. 411–417. Hier S. 412.

[48] Zeugenbefragung des Fausto Rodrigues in Cebú (1608). In Georg Schurhammer: Das Krebswunder Xavers – Eine buddhistische Legende? In: G. S. – Varia 1: Anhänge, S. 537–551. Hier S. 540.

Provinzials António Quadros von 1555 die Erzählung eines Bruders, wie Xaver nachts in Alt-St. Paul von Goa mit zum Himmel gerichteten Augen Gott dankte und laut sagte, dass er genügend Linderung erhalten hätte.[49] Diese Anekdote wurde dann in der Kanonisierungsbulle bestätigt.[50] Sie fand außerdem frühen künstlerischen Ausdruck in den Wundervitae (illustrierte Vitae, die die wunderbaren Taten einer Person darstellen), in der Ausschmückung der Fassade von *Il Gesù* zur Heiligsprechung[51] und in den Heiligsprechungsbildern, die vom Orden als eine Art Andenken an die Zuschauer der Kanonisierung verkauft wurden.

Auf einigen Bildern und Stichen ist Xaver im schwarzen oder weißen Chorhemd und Stola dargestellt, seltener mit Kasel. Entsprechend einer umfangreichen Bildtradition, die in Antwerpen besonders beliebt war, hat er seine Arme über der Brust gekreuzt.[52] So pflegte der Heilige – in den Händen das Kreuz haltend – zu beten.[53]

Das Attribut der Lilie

In den ältesten Darstellungen und denen nach der Heiligsprechung hält Xaver öfters einen Lilienzweig oder ein Lilienkruzifix in der Hand. Die Lilie ist ein geläufiges Attribut der Reinheit und der Jungfräulichkeit, das in der Ikonographie von Maria, Franz von Assisi oder bei dem hl. Domenikus ebenso vorkommt. Genauso ist die Lilie auch später bei Jesuiten anzutreffen, z. B. bei Luigi Gonzaga.[54]

»Gott hat ihn in seiner Jungfräulichkeit erhalten, und ohne Flecken«, schrieb Ribadeneira.[55] Diese Tugend trug sicherlich auch zu seiner Heiligsprechung bei, denn während des ersten Kanonisierungsprozesses wurden

---

[49] Brief des portugiesischen Provinzials António Quadros an Tiago Mirón, Goa, 8. Dezember 1555. In: M. Lecina/D. Resprep – Monumenta Xaveriana 2, S. 949–951. Hier S. 949.

[50] Urbani VIII, Pont Max. Bulla Canonizationis Beati Francisci Xaverii celebrata per Gregorium XV. In: M. Lecina/D. Resprep – Monumenta Xaveriana 2, S. 704–725. Hier S. 707–708.

[51] Tacchi Venturi: La canonizzazione e la processione dei cinque santi negli scritti e nei disegni di due contemporanei: Giovanni Bricci: Paolo Guidotti Borghesi. In: Canonizzazione dei Santi Ignazio e S. Francesco Saverio. Rom: Comitato Romano-Ispano per le centenarie romane, S. 50–72. Hier S. 70.

[52] Ursula König-Nordhoff: Ignatius von Loyola, Studien zur Entwicklung einer neuen Ikonographie im Rahmen einer Kanonisationskampagne um 1600. Berlin: Gebrüder Mann 1982.

[53] Zeugenbefragung von Fausto Rodrigues, Cebú, 1608 (Georg Schurhammer: Die Kruzifixe des Heiligen Franz Xaver. In: G. S. – Varia 1: Anhänge, S. 406).

[54] Die Tatsache, dass Luigi Gonzaga den Lilienzweig als Hauptattribut hatte, führte dazu, dass dieses Motiv aus der Ikonographie von Xaver verschwand.

[55] Pedro de Ribadeneira – Vida de Ignacio de Loyola 4, Kap. 7, S. 651.

die Zeugen über die angebliche Jungfräulichkeit Xavers befragt, welche in der Heiligsprechungsbulle erwähnt wird.[56]

Die Fresken des Krankenhauses des Noviziats der ersten Kirche Sant'Andrea Al Quirinale (1594–1606), die Franz Xaver gewidmet waren, beschrieben ihn, wie folgt: »En un autre angle Vous voyez une plante de lys, & en l'autre la rose, fleurs significatifs de rare chasteté, & chairité du sainct homme, vertues entre plusieurs, remarquables en luy.«[57] Ein Gemälde des flämischen Malers Van Dyck (1599–1641) in der Vatikanischen Pinakothek zeigt Franz Xaver mit einem Heiligenschein, Zeichen der göttlichen Ausersehung, wobei Engel ihn mit einem Rosenkranz krönen und ihm einem Lilienzweig bringen.[58]

Die verschiedenen Aspekte der Heiligkeit Franz Xavers und ihr Ausdruck in der Kunst

Franz Xavers Wundertätigkeit

Wundertätigkeit ist eine zwingende Voraussetzung für eine Heiligsprechung. Sein Ruf als Wundertäter ging Xaver seit seinem Aufenthalt in Tuticorin am Ende des Jahres 1543 voraus.[59] Man wusste von immer neuen Wundern zu berichten, so dass in den Kanonisationsprozessen Erzählungen darüber in Mengen vorhanden sind.

Seine Wundertätigkeit kommt in der Ikonographie deutlich zum Ausdruck. Der Krebs ist, zusammen mit der Lilie und dem Kruzifix, eines der häufigsten Attribute in der Ikonographie des Xaver, was jedoch im Rahmen der europäischen Hagiographie der einzige Fall zu sein scheint. Dieses Attribut steht im Zusammenhang mit dem sogenannten »Krebswunder«, wonach ein Krebs ihm 1546 auf den Molukken ein während eines Sturmes im Meer verschwundenes Kruzifix an den Strand zurückbrachte.[60] Dieses Wunder, das zunächst von Fausto Rodrigues bei den

---

[56] Urbani VIII. Pont Max. Bulla Canonizationis Beati Francisci Xaverii, S. 704–705.

[57] Louis de Richeome: Trois Discours pour la Religion Catholique, Les Miracles, Les Saints, Les Images. Paris: S. Cramoisy 1628, S. 427.

[58] Ursula König-Nordhoff – Ignatius von Loyola, Abb. 175.

[59] Erster Goa-Prozess (1556). In: M. Lecina/D. Resprep – Monumenta Xaveriana 2, S. 173–219.

[60] In seinem Aufsatz *Das Krebswunder Xavers – Eine buddhistische Legende?* verteidigte Georg Schurhammer die These, dass dieses Wunder und dessen Ikonographie auf eine buddhistische Legende gründen würden. (Georg Schurhammer: Das Krebswunder Xavers – Eine buddhistische Legende? In: G. S. – Varia 1: Anhänge, S. 537–551.)

Zeugenanhörungen von Cebú 1608 und 1613 in allen Einzelheiten beschrieben wurde, wurde dann auch in dem zweiten Lissabonner Prozess (1616)[61] und in der Heiligsprechungsbulle erwähnt.[62] Außerdem kam dem »Krebswunder« eine so große Bedeutung zu, dass das Ereignis auf dem Altar bei der Heiligsprechungszeremonie dargestellt und auch als eines der vier Wunder auf dem Banner gewählt wurde, das die Kirche St. Peter aus demselben Anlass schmückte.[63]

In Stichen, die ab Ende der 90er Jahre in Rom hergestellt wurden, sowie im *Breviarum Romanum*, das der lothringische Kupferstecher, Zeichner und Radierer Jacques Caillot 1639 gestochen hat, wird Xaver ferner ein Segelschiff für verschiedene Lebensabschnitte zugeordnet.[64] Es erinnert an mehrere Seestürme, während derer Xaver durch Gebet die Elemente beruhigte oder die Piraten beherrschte und die Schiffe sicher in den Hafen brachte. Auch die Fürbitte an ihn erwirkte wundersame Rettungen aus Seenot.[65]

Gleichfalls kann man das Schiff mit zwei weiteren ihm zugeschriebenen Wundern in Verbindung bringen. Im so genannten »Achinwunder« (1547) – auch eines der auf dem Banner von St. Peter dargestellten Wunder – hatte Xaver in Malakka eine Vision, in der er den Sieg der Portugiesen über die Achinesenflotte am Parles Flusse etwa 90 Meilen nördlich von Malakka voraussah.[66] Im zweiten soll Xaver 1552 während einer Seefahrt Meerwasser in Süßwasser verwandelt haben. In den Remissorialprozessen von 1614–1616 wurde das Wunder von 16 Personen bezeugt, darunter von zwei Augenzeugen. Diese erklärten, dass sie mit Xaver auf dem Schiff »Santa Cruz« von Malakka nach China fuhren und beim Wunder zugegen waren.[67] Die drei Uditoren der Rota, welche die Heiligsprechungsprozesse in Rom zu bearbeiten hatten, brachten das Wunder in ihrer 1619 dem Papst überreichten *Relatio super Sanctitate et Miraculis Patris Francisci Xaverii* an erster Stelle.[68] Dieses Wunder zählt also zu den wichtigsten

[61] Georg Schurhammer – Die Lissabonner Heiligsprechungsprozesse, S. 426–428.

[62] Bulla Canonizationis Beati Francisci Xaverii, S. 713.

[63] Tacchi Venturi – La canonizzazione e la processione dei cinque santi, S. 70 und S. 77.

[64] Jacques Caillot: Les images de tous les saincts et sainctes de l'anne suivant le martyrologe romain. Paris: Henriet Israel 1636.

[65] Bulla Canonizationis Beati Francisci Xaverii, S. 707.

[66] Georg Schurhammer: Francisco Javier, Su vida y Su tiempo 3. Pamplona: Gobierno de Navarra 1992, S. 18–39.

[67] Cochin-Prozesse (1616). In: M. Lecina/D. Resprep – Monumenta Xaveriana 2, S. 448–453. Hier S. 451 und S. 453.

[68] Georg Schurhammer: Xaveriuslegende und Wunder kritisch untersucht. In: G. S. – Xaveriana, S. 249–270. Hier S. 255.

Wundern Xavers, so dass es 1622 neben dem Altar in *Il Gesù* zu sehen und für das Banner in St. Peter gewählt worden war.

Der Untertitel eines Kupferstiches von Philipp de Mallery (geboren 1598 in Antwerpen), der Ignatius und Xaver in der Landschaft kniend zeigt, besagt, dass Ignatius durch über 200 Wunder und Xaver durch die Erweckung von mehr als 25 Toten berühmt wurden.[69] Die Gemälde »Die Wunder von Ignatius von Loyola« und »Die Wunder von Franz Xaver«, die Peter Paul Rubens für die Jesuitenkirche in Antwerpen um 1619 bereits fertiggestellt hatte, und die heute im Kunsthistorischen Museum in Wien aufbewahrt werden, bieten eine visuelle Zusammenfassung einiger dieser Wunder. In beiden Gemälden segnen jeweils Ignatius und Xaver die Masse, die hauptsächlich aus Kranken und wiedererweckten Menschen besteht.[70] Auf der linken Seite des Bildes von Xaver als Wundertäter, und in zwei verschiedenen Ebenen erheben sich zwei Männer, die der Heilige, im gleichen Augenblick, in dem sie begraben werden sollten, ins Leben zurückrief.[71] Links vor dem unteren Mann hält eine Frau ein sterbendes oder schon totes Kind in den Armen, aus dessen Mund Wasser spritzt.

Die Frau mit dem toten Kind versinnbildlicht mit großer Wahrscheinlichkeit das »Brunnenwunder«, auch Wunder von Kombuturê genannt. Das Brunnenwunder ist gleichzeitig die erste Totenerweckung, die die frühe Hagiographie Xaver zuschreibt, so dass es auf dem Banner von St. Peter auch seinen Platz bekam. Nach zwei Paravas, die bei den ersten Anhörungen (1556–1557) als Zeugen ausgesagt haben, sowie nach weiteren Zeugen des gleichen Prozesses und der 33 Zeugen der Remissorialprozesse von 1610–1616, wie in der Heiligsprechungsbulle, hatte der Heilige 1543 in Kombuturê, Fischerküste (Südindien) angeblich ein Kind wieder zum Leben erweckt, das in einen Brunnen gefallen und tot herausgeholt worden war.

Im schon erwähnten Bild von Rubens sind unten links drei Figuren zu sehen, die man als drei seiner Heilungen interpretieren kann: Ein Mann mit geschlossenen Augen und ausgestreckten Armen symbolisiert das Wunder der Heilung des Blinden. In Anwesenheit einiger überzeugter Muslime hätte Xaver einen von Geburt an Blinden in Japan im Jahre 1549

---

[69] Ursula König-Nordhoff – Ignatius von Loyola, S. 221 und Abb. 247.

[70] Das Hauptschema des Heiligen, der auf einer erhöhten Ebene vor einem heidnischen Tempel steht, von einer Menschenmasse umgeben, entwickelte sich als ein beliebter Prototyp von Darstellungen von Xaver als Wundertäter und Staatspatron, sowie für Darstellungen, die Xaver bei der Taufe oder beim Austeilen der Eucharistie zeigen.

[71] Bulla Canonizationis Beati Francisci Xaverii, S. 710 und S. 716 f.

geheilt.[72] Der zweite Mann stützt sich auf einen Gehstock und steht für den Krüppel oder Lahmen, dem Xaver – auch in Japan und im gleichen Jahr – die Gesundheit zurückgegeben hatte.[73] Von den Gesichtszügen her stellt der dritte Mann einen vom Teufel Besessenen dar – nach der Symptomatik einen Epileptiker, dessen Heilung Xaver in Malakka erwirkt hatte.[74]

Ein Kupferstich von dem französischen Stecher H. David um 1630 zeigt Ignatius und Franz Xaver als Schutzpatrone der Pestkranken. Ein anderer, 1636 datierter Stich von J. Sadeler, einem der maßgebenden Stecher Antwerpens, zeigt ebenfalls beide Heilige als Pestpatrone der Stadt Passau.[75] Beide Stiche deuten darauf hin, dass es zu Pestzeiten allgemeiner Glaube war, dass die Anrufung beider Heiliger die Abwendung der Seuche bewirken werde.

Körperliche Unempfindlichkeit Franz Xavers

Die Fresken in Sant'Andrea al Quirinale,[76] die Wundervita Bussemachers (1600)[77] und die ephemere Ausschmückung der linken Außenfassade von *Il Gesù* (1622) beschrieben die körperliche Unempfindlichkeit Xavers, die in der Frühzeit des Kults und darauf folgend in der Ikonographie für ein sehr wichtiges Zeichen der Heiligkeit Xavers stand.[78] Von der emblematischen Episode seiner körperlichen Unempfindlichkeit kann man unter anderem bei Ribadeneira und Tursellino lesen. Sie erzählen, dass Xaver im Jahre 1552 auf seinem Barfußmarsch durch den Winterschnee der japanischen Berge, auf seinem Weg von Yamaguchi zur Kaiserstadt Myako, sich oftmals die Füße verletzt und erfroren hätte, ohne den geringsten Schmerz zu spüren, denn er war mit seinen Gedanken ganz bei Gott.[79]

---

[72] Ebd., S. 711.

[73] Im diesem Aufsatz wurde die italienische Erstausgabe des Lucenas Werks benutzt. João de Lucena: Vita del P. Francesco della Compagnia di Gesu 1. Rom: Bartolomeo Zanetti, Kap. 1, S. 21–22. – João de Lucena – Vita del P. Francesco, S. 768.

[74] Jean Bolland – Imago Primi Societati, Buch 3, S. 357.

[75] Ursula König-Nordhoff – Ignatius von Loyola, Abb. 198.

[76] Louis de Richeome – Trois Discours pour la Religion Catholique, S. 401.

[77] Bernardette Schöller: Eine wiederentdeckte »Wundervita« des Hl. Franz Xaver. In: Archivum Historicum Societatis Iesu 62 (1993), S. 313–318.

[78] Tacchi Venturi – La canonizzazione e la processione dei cinque santi, S. 70.

[79] Horatio Tursellini: De Vita Francisci Xaveri 3. Rom: A. Zannetti 1596, Kap. 6, S. 161 und Pedro de Ribadeneira: Vida de Ignacio de Loyola 4. Madrid: Espasa-Calpe 1967, Kap. 7, S. 647–648.

Franz Xavers Kampf mit den bösen Geistern oder Dämonen

Der innere Kampf, den Xaver nach verschiedenen seiner Schriften oft mit bösen Geistern oder Dämonen vollzog, darf auch nicht unerwähnt bleiben, denn das Thema spielt eine Rolle in der Bildtradition des Ordens. Schon der Krankensaal im römischen Noviziat von Sant'Andrea al Quirinale schilderte die berühmteste Episode dieses Kampfes.[80] Wahrscheinlich im Auftrag der Antwerpener Jesuiten wurde das gleiche Sujet vom flämischen Jesuiten und Maler Gerhard Seghers um 1620 aufgenommen und in der Graphik von Schelte a Bolswert für ein breites Publikum reproduziert.[81] Es handelte sich um die Episode, die sich in St. Thomas von Meliapor ereignet haben soll. Teixeira teilte mit, dass ein Diener den Angriff des Teufels auf Xaver gehört hätte.[82] Tomé de Gamboa bezeugte 1616, dass Franz Xaver die Nacht vor einer Marienstatue, die sich Anfang des 17. Jahrhunderts noch in der Kapelle von St. Thomas befand, verbrachte, während die Teufel ihn überfielen.[83]

Franz Xavers Missionstätigkeit

Als Xaver 1537 in Rom weilte, hatte er eine Vision des Kreuzes als symbolische Prophezeiung seiner zukünftigen Arbeit und Leiden in den Missionen. Gemäß dieser Ikonographie hält Xaver, während er predigt oder tauft, öfters das Kreuz in der Hand, so dass dieses Attribut eines der wichtigsten Symbole seiner Missionstätigkeit bildet.
Die merkwürdige Episode des Traums vom Inder, in dem Xaver einen Inder bzw. einen Nichteuropäer auf dem Rücken trug, hat sich definitiv mit dem *Imago Primi Saeculi* als glaubwürdiges Symbol der Missionstätigkeit durchgesetzt. Verschiedene Quellen berichteten von diesem Traum. Unter anderen schrieb der portugiesische Chronist João de Lucena, dass Xaver 1537 auf seinem Weg nach Rom öfters träumte, dass er einen Inder auf dem Rücken trage.[84] Magister Lainez hätte Ribadeneira erzählt, dass

---

[80] Louis de Richeome – Trois Discours pour la Religion Catholique, S. 427.
[81] Dorothea Bieneck: Gerard Seghers, 1591–1651: Leben und Werk des Antwerpener Historienmalers. Lingen: Luca, 1992, S. 176–177.
[82] Manuel Teixeira – Vida, S. 917.
[83] Zeugenaussage des Tomé Gamboa bei dem Prozess von Cochin (1616). In: M. Lecina/D. Resprep – Monumenta Xaveriana 2, S. 488.
[84] João de Lucena: Vita del P. Francesco della Compagnia di Gesu 1. Rom: Bartolomeo Zanetti. Kap. 1, S. 21–22.

Xaver ihn während der Nacht weckte, um ihm seinen Traum zu erzählen. Xaver gab nämlich an, dass er in seinem Traum einen Inder oder einen Äthiopier auf dem Rücken habe und dass dieser so schwer sei, dass er ihn nur mit großer Mühe tragen konnte. Auch der Spanier Gerónimo Domenech berichtete, dass Xaver während des gemeinsamen Aufenthaltes in Bologna (Oktober 1537 bis April 1538) sehr gerne über Indien und die Bekehrung der Heiden gesprochen hätte und dass er den starken Wunsch gehabt hätte, selber dorthin zu gehen.[85] – Xaver war nur deshalb nach Indien geschickt worden, weil sein Mitbruder Bobadilla erkrankte.[86]

Xaver und seine Gefährten waren die ersten Jesuiten, die Europa in Richtung Übersee verließen. Ihre Aussendung zur Mission kennzeichnet gleichzeitig den Anfang von Xavers Missionstätigkeit wie den Beginn aller außereuropäischen missionarischen Aktivitäten des Orden selber. In diesem Sinne wird dann auch die Szene das Vierte Gelübde symbolisieren, das den Jesuiten vorschreibt, immer bereit zu sein, auf Gesuch des Papstes überallhin in die Welt geschickt zu werden. Von einem rein kunsthistorischen Standpunkt kann man diese Behauptung begründen, indem man darauf aufmerksam macht, dass das Thema seit 1590 Bestandteil der illustrierten Viten des Ignatius ist.

In Missionsländern, in welchen die Gewinnung von Neuchristen die Hauptaufgabe der Priester ist, wird dem Sakrament der Taufe selbstverständlich großes Gewicht beigemessen. Dies galt auch für Xavers Mission, der während der Fahrt von Europa nach Indien in Mozambique zu taufen begonnen hatte, und dem im Laufe der Zeit immer mehr Bekehrungen zugesprochen wurden. Daher veranschaulichte ein Gemälde im Innenraum von *Il Gesù* während der Heiligsprechung die Taufe von drei Königen und einer großen Zahl von Heiden.[87] Aber Xaver selbst hat als erster für seinen Ruf als Missionar unzähliger Heiden gesorgt. Gleich im Jahr seiner Ankunft im Orient teilte er seinen Mitbrüdern schriftlich mit, dass es vorkomme, dass er an einem einzigen Tag ein ganzes Dorf in die Kirche aufnehme.[88] Im Januar 1544 berichtete er, dass die Zahl der Neubekehrten so groß sei, dass ihm oft die Arme beim Taufen versagten.[89] In dem Brief,

[85] Candido de Dalmases (Hg.): Akten des Heiligen Ignatius, in Monumenta Ignatiana. Fontes narrativi de S. Ignatio. (Monumenta Historica Societatis Iesu 100) Rom: Institutum Historicum Societatis Iesu 1943, S. 381–382.

[86] Manuel Teixeira – Vida, S. 831

[87] Tacchi Venturi – La canonizzazione e la processione dei cinque santi, S. 70.

[88] Brief von Xaver an Ignatius, Tuticorin, 28. Oktober 1542. In: Georg Schurhammer/Joseph Wicki: Epistolae S. F. X. aliaque eius scripta 1. Rom: Institutum Historicum Societatis Iesu 1944–1945, S. 149.

[89] Brief von Xaver an seine römischen Mitbrüder: Cochin, 12. Januar 1544. In: Ebd., S. 168.

der mit der indischen Flotte im Sommer 1545 in Lissabon ankam, sprach er seine Freude darüber aus, dass er zwischen November und Dezember 1544 in weniger als einem Monat mehr als 10 000 Menschen an der Küste Travankor die Taufe gespendet hätte.[90]

Die Entwicklung ikonographischer Zeichen im Zusammenhang mit Franz Xavers gesellschaftlicher Zugehörigkeit

1599 wurde im römischen *Gesù* der Kult des Ignatius dadurch offiziell er-öffnet, dass der am Papsthof einflussreiche Kardinal Cesare Baronio (1538–1607) ein Bild von Ignatius über dessem Grab in *Il Gesù* selbst an-brachte. Im gleichen Jahr tat er dasselbe mit einem Bild von Franz Xaver genau gegenüber.[91] Kurz nach 1622 wurden die Querhausaltäre der selben Kirche Ignatius und Franz Xaver geweiht. Seitdem haben praktisch alle Jesuitenkirchen einen Ignatius- und einen Franz Xaver-Altar. In dem Sin-ne wird Ignatius häufig mit Xaver gemeinsam dargestellt.

Xaver wird auch bei historisch wichtigen Ereignissen, wie der Entstehung des Ordens und in Szenen mit einem eher symbolischen Charakter dar-gestellt. Z. B. verbreiteten die Jesuiten auf visueller Ebene ihre enge Be-ziehung zu Maria (das *Imago Primi Societatis* nannte Maria »Nutrix patro-na; imo altera velut ayctor societatis«) durch Kupferstiche, die Maria umgeben von Ignatius, Xaver und anderen bekannten Jesuiten zeigten.[92]

Hauptsächlich in den 90er Jahren sowie um und nach der Kanonisierung, wurden Stiche von Ignatius und Xaver mit den beiden anderen Kandida-ten für die Heiligsprechung, Luigi Gonzaga (1568–1591) und Stanislas Kostka (1550–1568) geschaffen. Solche Vierergruppen unterliegen einem klaren funktionsgebundenem Konzept, denn ihre feste Platzverteilung (Ignatius links und Xaver rechts oben, Gonzaga links und Stanislas rechts unten), wie auch ihre Gewänder wollen die verschiedenen Stufen in der Ordenslaufbahn vermitteln. Stanislas in seiner Soutane steht für jene, die schon die ersten Gelübde abgelegt, aber noch keine Weihen erhalten ha-ben; Aloysius im Chorhemd vertritt die nächste Stufe, also die nach den ersten Weihen; Xaver mit Chorhemd und Stola steht für die Predigenden

---

[90] Brief an seine römischen Mitbrüder: Cochin, 27. Januar 1545. In: Ebd., S. 273.

[91] Klaus Schwager: Anlässlich eines unbekannten Stiches des Römischen Gesù von Valerianus Regnartiu. Festschrift Lorenz Dittmann. Frankfurt am Main u. a.: Lang 1994. S. 295–312. Hier S. 300.

[92] Ursula König-Nordhoff – Ignatius von Loyola, Abb. 99.

und Taufenden; Ignatius mit Kasel schließlich für die Priester, die die Messe zelebrieren.[93]

1593 richtete die Gesellschaft Jesu die Bitte um die Heiligsprechung von Ignatius und Xaver offiziell an den Papst. 1609 wurde Ignatius selig gesprochen, während Xaver erst zehn Jahren später den gleichen Status erhielt. Beide wurden aber gleichzeitig heilig gesprochen. Diese Gleichstellung von Ignatius und Xaver durch die gemeinsame Heiligsprechung blieb auch nicht ohne Konsequenzen für die Kunst. Insbesondere wird zunächst die Gleichrangigkeit Xavers mit Ignatius in solchen Bildern und Stichen verdeutlicht, die vorwiegend 1622 in Antwerpen erschienen und die die Apotheose beider mit Kasel bekleideten Jesuiten zeigen.[94]

Gesamteinordnung

Reliefs von Xaver, Ignatius und dem hl. Hieronymus zusammen mit dem Wappen von Portugal schmückten die Festung der indischen Stadt Daman um die Mitte des 17. Jahrhunderts.[95] Diese Dekoration bot den zeitgenössischen Betrachtern nun ein wichtiges visuelles Beispiel für die enge Beziehung der politischen und religiösen Machthaber, insbesondere zwischen dem portugiesischen Königshaus und dem Jesuitenorden zur Zeit des *Padroado Português do Oriente*, die im Endeffekt maßgebend für den Erfolg der kultischen Verehrung Xavers war. Dementsprechend war das Interesse der politischen Instanzen determinierend für die Xaververehrung.

Xaver wurde relativ schnell heilig gesprochen, da ihm die in den post-tridentinischen Zeiten notwendigen Tugenden und Gnaden der Heiligkeit, nämlich die Wunderfähigkeit (Totenerweckungen, Heilungen, Prophezeiungen, Visionen), die Unversehrlichkeit des Körpers, die Kombination eines kontemplativen Lebens (Ekstase) mit der Führung eines tugendhaften oder makellosen Lebens (Jungfräulichkeit, Widmung an die Bedürftigen, wie Kranke, Gefangene und Arme) exemplarisch schon weitgehend zu seinen Lebzeiten zuerkannt wurden.

Im Gegensatz zu vielen seiner Mitbrüder wurde er nicht mit der Krone des Martyriums ausgezeichnet. Trotzdem verkörpert er den Prototyp des

---

[93]   Ebd., S. 217–218.
[94]   Ebd., S. 233.
[95]   António Boccarro: O livro das plantas de todas as fortalezas, cidades e povoações do Estado da Índia Oriental 1594–1642. Lissabon: Impresa Nacional Casa da Moeda 1992, S. 90.

idealen Missionars. Franz Xaver sollte als erfolgreiche Gestalt und als Gründer der außereuropäischen Jesuitenmission seine Mitbrüder zur Nachahmung anspornen. Das zeigen die heute noch im römischen Jesuitenarchiv aufbewahrten 15000 *Litterae Indipetarum* des 17. und 18. Jahrhunderts, die die Bitte an Pater General beinhalten, in die indischen und chinesischen Missionen geschickt zu werden, um den Spuren Xavers zu folgen und das Leben *Ad Majorem Dei Gloriam* zu geben.[96] Ab Ende des 16. Jahrhunderts zeigten in Europa sowie in der Neuen Welt verschiedene Gemälde und Stiche Franz Xaver als Patron der Märtyrer der Gesellschaft Jesu.[97]

Im Spannungsfeld der Bekenntnisse entspricht die Hauptrolle Xavers in dem Kult seiner Rolle in der Kunst. Der Kanonisierungskampagne wurde auch auf der breitesten Basis mit Kunstwerken, insbesondere der Graphik (Verfertigung zahlreicher Stichvorlagen, Andachtsbildern und kompletten religiösen Serien) innerhalb und vor allem außerhalb des Ordens Nachdruck verliehen. In dem Sinne ist Xaver nach Ignatius jenes Mitglied des Ordens, das innerhalb der Kunst der Jesuiten am meisten dargestellt wurde. Seiner Rolle entsprechend hat er seit 1622 zusammen mit Ignatius einen festen Ehrenplatz an mehreren Kirchenfassaden und auf den Altären des Ordens. Die Tatsache, dass Xaver in offiziellen Kunstwerken und vor seiner Selig-, bzw. Heiligsprechung mit den Attributen eines Seligen oder Heiligen dargestellt wurde, ist ein Beweis, dass die Ikonographie offiziellen Maßnahmen vorauseilte und sie sogar herausforderte.

Abschließend lässt sich sagen: seine Dispute mit den hochgelehrten Japanern oder sein Bemühen, fremde Sitten und Sprachen zu erlernen, beweisen, dass seine größte Bedeutung in seiner Rolle als Vermittler zwischen den Wissenschaften, Kulturen und den Religionen der *Neuen* und der *Alten Welt* liegt. Diese Besonderheit trägt dazu bei, dass er noch 450 Jahre nach seinem Tod weiterhin von Muslimen, Hindus und Christen als »Santo Padre« verehrt wird.

---

[96] Georg Schurhammer – S. Francisco Xavier e a sua época, S. 127.
[97] Ein Bild (wahrscheinlich noch aus dem Ende des 16. Jahrhunderts), das sich heute in *Il Gesù* befindet, stellt die Japanischen Märtyrer und über ihnen Franz Xaver dar mit der Unterschrift »S. Franciscus Xaverius, Iaponiae Apostolus«.

Abb. 15 Jesuit mit Inder vor dem Altar des hl. Thomas, Kabinettschrank von Conrad Geisler,
Altona um 1710/1720

Abb. 16 Franz Xaver tauft die Königin Neachile auf den Molukken, Andrea Pozzo (1642–1709)

Abb. 17 Franz Xaver spendet die Kommunion, 18. Jahrhundert, Johann Jakob Zeiller zugeschrieben

Abb. 18 Maria und Jesus erscheinen Franz Xaver, Erasmus Quellinus, 1656

Abb. 19 Mission der Jesuiten in Asien, Christoph Thomas Scheffler, 1751

Abb. 20 Franz Xaver tauft Eingeborene, Bernhard Göz, 1754

Abb. 21 Franz Xaver und das Krebswunder, R. E. Kepler, 1922

Abb. 22 Heiliger Franz Xaver, Ulrich Loth, 1622/1624

Abb. 23 Franz Xaver tauft einen Inder, Ignaz Günther, 1766/1770

Franz Xaver als Missionar in Japan
(Inter)kulturelle Aspekte der frühen Japanmission im 16. Jahrhundert

Angela Fischer-Brunkow

Im Jahre 1543 strandete eine Dschunke mit drei portugiesischen Händlern an Bord an der Insel Tanegashima, die Kyûshû, der westlichsten der vier Hauptinseln Japans, im Süden vorgelagert ist. Dieser Schiffbruch markiert den Beginn der europäisch-japanischen Beziehungen. Nur wenige Jahre später, 1549, ging der erste jesuitische Missionar, der Baske Francisco de Xavier (1506–1552) in der Stadt Kagoshima auf Kyûshû an Land. Er war erstaunlichen Berichten gefolgt, die er aus dem Munde von Japanern und Portugiesen vernommen hatte. Vor allem seine Bekanntschaft mit dem Japaner Anjirô,[1] der vor der japanischen Justiz auf einem portugiesischen Handelsschiff aus Japan geflohen war, wurde ausschlaggebend für die wohl wichtigste Missionsreise seines Lebens – die nach Japan. Franz Xaver traf Anjirô 1548 in Malakka, und Anjirô war es, der Franz Xavers Interesse auf Japan und die Mission der japanischen Inseln lenkte. Aus Anjirôs Erzählungen und aus seiner Persönlichkeit schloss Franz Xaver, dass die Japaner zur Missionierung geradezu prädestiniert wären, zumal einer der japanischen Territorialherren in seinem Wappen ein Kreuz führte.[2] Die politische Situation jedoch, die er 1549 vorfand, war alles andere als günstig für die Verbreitung des christlichen Glaubens. Das 16. Jahrhundert war in Japan eine Zeit des Umbruchs, eine Zeit der inneren Unruhen und der Kriege um regionale Vormachtstellung. Das Land war in einzelne

---

[1] Bei Franz Xaver auch *Anger* genannt (so im 64. Brief vom 21. Januar 1549 aus Cochin an die Gesellschaft Jesu in Rom). Siehe: Peter Kapitza: Japan in Europa. Texte und Dokumente zur europäischen Japankenntnis von Marco Polo bis Wilhelm von Humboldt 1. München: Iudicium 1990, S. 74. In einigen Texten findet sich auch die Version *Yajirô*.

[2] Tatsächlich führte das Herrscherhaus der Shimazu von Satsuma auf Kyûshû ein kreuzähnliches Symbol in seinem Wappen, bei dem es sich aber in Wahrheit um ein stilisiertes Pferdegebiss handelte. Franz Xaver widerlegt in seinem Brief vom 25. Januar 1552 aus Cochin frühere Spekulationen, es könne sich um das christliche Symbol handeln, da er trotz allen Suchens keine Hinweise auf Spuren eines frühen Christentums in Japan finden konnte. Peter Kapitza – Japan in Europa, S. 84 und Engelbert Jorissen: Das Japanbild im »Traktat« (1585) des Luis Frois. Münster: Aschendorffsche Verlagsbuchhandlung 1988, S. 90.

unabhängige Fürstentümer (*han*)[3] aufgesplittert, die um die Vorherrschaft kämpften. Immer wieder flammten lokale Konflikte auf, die erst mit der Reichseinigung durch Toyotomi Hideyoshi[4] (1537–1598) im Jahre 1590 beendet wurden. Diese Periode der japanischen Geschichte wird daher »Zeit der kämpfenden Reiche« (*sengoku-jidai*) genannt. Sie bildet den Übergang der letzte Epoche des japanischen Mittelalters zur Neuzeit. Das 16. Jahrhundert ist auch ein Zeitalter der Reformen und des Wandels, in dem die mittelalterlichen Strukturen aufbrachen und eine neue Oberschicht die Ashikaga-Shôgune (die von 1338 bis 1573 regierten) ablöste: Um die Mitte des 16. Jahrhunderts waren fast überall die Militärgouverneure (*shugo*) des Shôgunats von einem neuen Typ des Territorialherren, den *daimyô*, verdrängt worden. Diese waren aus der Schicht der landsässigen Ritter (*bushi*) entstanden. Um die Mitte des 16. Jahrhunderts waren die Territorialherrschaften der *daimyô* teilweise zu autonomen Fürstentümern geworden, die eine starke Armee aus den ihnen verpflichteten Bauern schufen und in ihren Burgstädten Kaufleute und Handwerker ansiedelten.[5]

Der Zerfall der Zentralmacht hatte schon im 15. Jahrhundert die politische Aktivität religiöser Schulen – vor allem der Nichiren- und der Jôdo-Schule[6] – gefördert, deren militärische Einheiten sich nicht nur gegenseitig bekämpften, sondern auch mit den weltlichen Mächten im Streit lagen. Die Zen-Schulen besaßen wohlhabende Klöster in Kamakura und Kyôto. Ihre Mönche verkehrten in den Kreisen der Oberschicht, bei den Territorialherren, von denen sie als Lehrer für Kunst und Bildung gerne aufgenommen wurden. Wie das 16. Jahrhundert eine Zeit großer Zerstörungen war, war es auch die Periode der Entwicklung und Herausbildung jener großen Künste, die heute noch als ›typisch japanisch‹ angesehen und weltweit geachtet werden, wie etwa die Tee-Kunst (*sadô, chadô*),[7]

---

[3] Sie werden im Deutschen auch Daimyate genannt, abgeleitet vom Begriff für die Herren dieser Territorien, *daimyô*, das ist wörtlich »großer Name«. In den Missionsberichten ist oft von »Königen« die Rede, damit sind dann jene *daimyô* gemeint.

[4] Dieser Aufsatz folgt der japanischen Sitte, den Familiennamen dem Vornamen voranzustellen, sowie bei der weiteren Erwähnung derselben Person nur den Vornamen zu wiederholen.

[5] Im 16. Jahrhundert waren die japanischen Fürstentümer in ihrer Verwaltungs- und Verteidigungsmethode ähnlich denen in Europa. Uli Pauly: Sakoku. Zu den Hintergründen von Japans Weg in die nationale Abschließung unter den Tokugawa. Tôkyô: OAG aktuell 1989, S. 1–4. – Hartmut Rotermund: Wahrhaftiger Bericht von den Neuerfundenen Japonischen Inseln und Königreichen. Nachrichten der Deutschen Gesellschaft für Natur- und Völkerkunde Ostasiens 98 (1965), S. 45–46. – John W. Hall: Das japanische Kaiserreich (Fischer Weltgeschichte 20). Frankfurt/Main: Fischer 1968, S. 138.

[6] *Schule* ist hier im Sinne von *Lehrrichtung* zu verstehen.

[7] Die Teekunst ist im allgemeinen als ›Tee-Zeremonie‹ bekannt. Ihr berühmtester Meister ist

die Kunst des Blumensteckens (*ikebana*), die Kunst der Gartengestaltung und die Keramik.

Die Ankunft Franz Xavers fällt in diese Zeit des Übergangs und markiert gleichzeitig den Beginn einer Periode, die gemeinhin als Japans »Christliches Jahrhundert« (*kirishitan jidai;* 1549– ca. 1640) bekannt und zunächst – vor allem während der einflussreichen Zeit des Japanvisitators Alessandro Valignano – durch gute Missionserfolge gekennzeichnet ist. An ihrem Ende aber stehen schwere Christenverfolgungen der jungen Kirche bis zu ihrer fast vollständigen Auslöschung Mitte des 17. Jahrhunderts durch die Shôgune Tokugawa Hidetada (1579–1632) und Tokugawa Iemitsu (1603–1651).

Dieser Aufsatz behandelt ausschließlich den Japanaufenthalt Franz Xavers, also die ersten zwei Jahre und drei Monate des »Christlichen Jahrhunderts« in Japan. Dabei geht es weniger um eine Beschreibung der Reisen,[8] die Franz Xaver und seine Gefährten in Japan unternahmen, als um die Motive Franz Xavers, die ihn zu seiner Reise nach Japan und zur Mission auf den japanischen Inseln bewegten, seine Missionsmethode und Missionserfolge. Weiter werden die so bemerkenswerten Äußerungen Franz Xavers über Charakter und Kultur der Japaner, sowie die Verbindung von Handel und Mission in Japan angesprochen. Für diese Untersuchung bieten sich zwei Primärquellen an: die moderne Übertragung der Briefe Franz Xavers durch Elisabeth Gräfin Vitzthum, sowie eine Auswahl aus seinen Briefen in einer Übersetzung aus dem 18. Jahrhundert, die, stärker am Original angelehnt, zusammen mit anderen Zeugnissen der Japankenntnis vom 14. bis 19. Jahrhundert, von Peter Kapitza herausgegeben wurde.

Warum also Japan?

Wenn man fragt, warum sich Franz Xaver nach Japan wandte, muss man gleichzeitig danach fragen, weshalb er keine Möglichkeit mehr sah, in Indien seine Arbeit weiterzuführen. Drei Briefe an König João III. von Portugal geben hierüber Aufschluss, aus denen hervorgeht, dass seine Gründe

---

Sen no Rikyû (1521–1591). Kôdansha. Encyclopedia of Japan 7. Tôkyô: Kôdansha 1983, S. 360 ff.

[8] Hierzu siehe besonders: Georg Schurhammer: Xaveriana 22. Rom: Bibliotheca Instituti Historici S.I. 1946, S. 565–603.

sowohl im religiösen als auch gleichzeitig im politischen Bereich liegen. Im Brief vom 20. Januar 1548 aus Cochin/Südindien beklagt Franz Xaver, »dass es, wie allerorts, so auch hier zuweilen am entsprechenden Eifer mangelt, die Werke des göttlichen Dienstes zu fördern, infolge frommer Eifersüchteleien nämlich, mit welchen man sich die Wege verlegt.«[9] Ebenso greift er die Kolonialpolitik des portugiesischen Königs an und unterbreitet folgenden Vorschlag: Die politischen Führer der Kolonie Indien sollen gleichzeitig zur Übernahme religiöser Aufgaben verpflichtet werden, mit dem Ziel, den Widerstreit zwischen machtpolitischen und religiös-missionarischen Interessen in der Person der politischen Vertreter Portugals in ihrer Verantwortung dem König gegenüber zu vereinen. Damit ist der Zeitpunkt gekommen, den König von einer möglichen Missionsfahrt nach Japan zu unterrichten:

> Was meine weiteren Pläne betrifft, so bin ich noch nicht ganz entschlossen, nach Japan zu gehen; aber ich neige immer mehr dazu, denn ich habe wenig Vertrauen, dass ich in Indien noch die zur Verbreitung unseres heiligen Glaubens nötige Unterstützung finden werde oder die schon bestehenden Christengemeinden auch nur bewahren könnte.[10]

Franz Xaver formuliert vorsichtig. Er war sich seiner Pflicht zur Mission innerhalb des portugiesischen Kolonialreiches bewusst, die das Ziel hatte, die politische Macht der Besatzer zu stützen.[11] Andererseits wurde für ihn

---

[9] Dann wird er ausführlicher und verpackt seine Beschwerde sogleich in einen Vorschlag an den König, den Gouverneur von Indien per Erlass zur Rechenschaft über die Verbreitung des christlichen Glaubens zu verpflichten und die Missionare, die sogar namentlich angeführt werden sollen, von dieser Verantwortung zu entlasten; bei Nichtbeachtung schlägt er langjährige Kerkerstrafen und Einziehung des Privatvermögens vor. Franz Xaver begründet seinen Vorschlag natürlich zum einen mit dem Ziel, den König in dieser »so schweren Gewissenspflicht zu unterstützen«, wodurch Franz Xaver den König aber erst offen an seine Verpflichtung erinnert. Zum anderen begründet er den Vorschlag mit der ständigen Behinderung der Missionsarbeit und der Beeinträchtigung der neuen christlichen Gemeinden durch lokale portugiesische Machthaber: »[...] denn allein Ihre [d. h. des Königs] Statthalter tragen die Schuld, dass die Zahl der Bekehrungen nicht mehr wächst«, schreibt Franz Xaver in aller Offenheit seinem König. Die folgenden Briefe sind enthalten in: Elisabeth Gräfin Vitzthum: Die Briefe des Francisco de Xavier 1542–1552. München: Kösel 1950, S. 111–141. Hier S. 117.
[10] Elisabeth Gräfin Vitzthum – Die Briefe des Francisco de Xavier, S. 119–120.
[11] Die Missionare kamen nicht als Unabhängige in die neu eroberten Reiche, sondern standen in enger Verbindung zu den iberischen Kolonialmächten Spanien und, im Falle Japans, Portugal. Mission war ein Teil der nationalen Kolonisationspolitik und wurde vom jeweiligen Herrscher unterstützt, der im päpstlichen Auftrag zum Patron der neuen Gemeinden wurde. Im Gegenzug erhielt er vom Papst Privilegien, die es ihm erlaubten, die Kolonien zu erhalten und den Handel zu monopolisieren. Diese Rechte und Pflichten der iberischen Könige gegenüber dem

immer klarer, dass er einem höheren Ruf folgen werde. Bereits drei Monate später ist er fest entschlossen, Indien zu verlassen, worüber eine Textstelle des Briefes vom 2. April 1548 aus Goa an Diogo Pereira in Malakka Aufschluss gibt, in dem er bedauert, diesen vor seiner geplanten Reise nach Japan nicht mehr persönlich sprechen zu können. Er schreibt: »Im nächsten Jahr will ich aufbrechen, und nach allen bisher erhaltenen Informationen hoffe ich, in Japan für die Ausbreitung unseres heiligen Glaubens fruchtbaren Boden zu finden.«[12]

Am 14. Januar 1549 artikuliert Franz Xaver aus Cochin gegenüber dem Ordensgründer Ignatius von Loyola nach Rom seine Besorgnis über den Zustand der Mission in Indien: »Im allgemeinen gesprochen, und soweit ich beobachten konnte, ist das heidnische Volk Indiens völlig kulturlos und roh. Wir alle sind sehr besorgt um die hier gewonnene junge Christenheit [...]«,[13] was nicht nur an der Disposition der »Eingeborenen« lag, sondern ebenso am Auftreten und den Machenschaften der ansässigen Portugiesen. Die Heiden müssten nun mit ansehen, »in welcher Weise ihre christlichen Stammesbrüder von den Europäern unterdrückt und ausgebeutet werden, so dass dies natürlich ein weiterer schwerwiegender Grund ist, sie vom christlichen Glauben abzuschrecken«.[14] Franz Xaver übermittelt Ignatius im weiteren folgenden Beschluss:

> Da also hierortes meine Person nicht nöthig ist, und ich aus sicheren Nachrichten habe, an *China* stosse *Japan*, dessen Einwohner alle Heiden, von Saracenern und Juden gänzlich unberührt, und neue, es seyn göttliche, oder natürliche Dinge zu erfahren höchst begierig seyn, beschloss ich alsobald dahin zu gehen. Ich tretto diese Reise mit grosser Freude meiner Seele, und mit noch grösserer Hoffnung an, weil ich ganz sicher vertraue, unsere Bemühungen werden bey dieser Nation von einem wahren und dauerhaften Nutzen seyn. Im Collegium vom heil. Glauben zu *Goa* sind drey japanische Zöglinge, die voriges Jahr von *Malaca* mit mir dahin kamen. Sie erzählen Wunderdinge von Japan. Es sind Jünglinge von sehr guten Sitten, und einem sehr scharfsinnigen Verstande [...][15]

Papst, die »Königliche Patronage«, wurden durch die Bulle *Inter caetera* (1456) Papst Calixtus' III. und die Bulle *Praecelsae devotionis* (1514) Papst Leos X. eingeführt. Siehe: Kôichirô Takase: Royal Patronage and the Propagation of Christianity in Japan. In: Acta Asiatica 22 (1972), S. 1–17. Hier S. 1–2.

[12] Elisabeth Gräfin Vitzthum – Die Briefe des Francisco de Xavier, S. 121.

[13] Ebd., S. 123.

[14] Ebd., S. 127.

[15] Peter Kapitza – Japan in Europa, S. 74.

Während Franz Xaver an Ignatius den religiösen Aspekt seines Beschlusses betont, begründet er König João III. gegenüber seinen Plan, Indien zu verlassen, mit politischen Gründen – der Wirkungslosigkeit der königlichen Dekrete in der Kolonie. Er nimmt knapp zwei Wochen später, am 26. Januar 1549 aus Cochin, desillusioniert und in kritischen Worten Bezug auf die portugiesische Kolonialpolitik. Er beklagt die Missstände im Kolonialreich; beklagt, dass durch die Machtpolitik des Königs die portugiesischen Festungskommandanten und Handelsagenten zwar im Namen des Königs aber auf eigene Rechnung die neuen christlichen Gemeinden ausbeuten und erpressen und damit zerstören würden:

> [...] die Erfahrung hat mich gelehrt, dass Euer Hoheit zwar nicht Macht haben, den Glauben an Christus in Indien zu verbreiten, wohl aber Macht, die irdischen Schätze des Landes auszuschöpfen und von ihnen Besitz zu ergreifen. Euer Hoheit wolle es mir verzeihen, dass ich mit solcher Offenheit spreche; ich bin dieses meiner großen Liebe zu Euer Hoheit schuldig, denn ich höre gleichsam das Gericht Gottes voraus, das sich einst in der Stunde des Todes enthüllen wird und dem sich niemand entziehen kann, wie mächtig er auch sei! Und dennoch, mein König, ich weiß auf Grund des Vergangenen zu genau, wie die Dinge hier liegen, und weil ich keine Hoffnung mehr habe, dass Ihre Weisungen und Ihre Erlasse zugunsten der Christenheit Indiens befolgt werden, so werde ich mich jetzt nach Japan flüchten, um nicht mehr Zeit zu verlieren, als ich ohnehin schon verloren habe.[16]

Hier tritt Franz Xaver nicht als untertäniger Diener des Königs auf, sondern vielmehr in der Rolle des religiösen Mahners, der in vollem Bewusstsein seines Sendungsauftrags spricht. Er zeigt sich enttäuscht über das Machtstreben der politischen Vertreter der Krone, die die Arbeit der religiösen Vertreter, der Jesuiten und auch der Franziskaner, deren Arbeit er im selben Brief positiv hervorhebt, zunichte machten.

Wie wir aus Franz Xavers Brief vom 21. Januar 1549 erfahren, hatte er aus mindestens vier Quellen Kenntnis erhalten von »den kürzlich entdeckten sehr grossen Inseln, die zusammen das Land Japan genennet werden«:[17] einmal von den drei japanischen Jugendlichen, die er in einem späteren

---

[16] Elisabeth Gräfin Vitzthum – Die Briefe des Francisco de Xavier, S. 129.
[17] Peter Kapitza – Japan in Europa, S. 74. Die Portugiesen waren zwar schon 1511 in Malakka auf Japaner getroffen (Kapitza, S. 61 zit. nach Boxer 1951, S. 14), ob aber Franz Xaver von ihnen Informationen erhalten hatte, ist zweifelhaft. Eventuell kannte er den Bericht des spanischen Kaufmanns Pero Diez aus Monterrey (Bericht von 1545) über Japan. Diez war 1544 nach Japan gekommen. Siehe: Peter Kapitza – Japan in Europa, S. 61.

Brief aus Malakka vom Fronleichnamstag 1549 als »*Paulus* den Japaneser[18] und seine zwey Gespäne den *Manuel* von China und *Amator*»[19] namentlich bezeichnet, sowie vom portugiesischen Kaufmann und Handelskapitän Jorge Alvares, »einem Mann von vieler Religion und Glaubwürdigkeit«,[20] auf dessen Schiff Anjirô geflohen war. Dieser hatte ihm berichtet, »es könne da in der Fortpflanzung des christlichen Glaubens weit mehr, als in jedem andern Theile Indiens gethan werden, weil das ganze Volk weit wissbegieriger, als die übrigen, ist.«[21] Auf Bitten Franz Xavers hatte der Kapitän einen ausführlichen Bericht über die Lage in Japan verfasst, den Franz Xaver zwei Jahre später einem Brief nach Rom beilegte.[22] Am 25. April schifften sich Franz Xaver und seine Gefährten, Pater Cosme de Torres,[23] Frater Juan Fernandez und die drei japanischen Zöglinge

---

18 Und damit ist Anjirô gemeint, was aus dem Brief vom 5. November 1549 hervorgeht.
19 Peter Kapitza – Japan in Europa, S. 76.
20 Peter Kapitza – Japan in Europa, S. 74.
21 Peter Kapitza – Japan in Europa, S. 74.
22 Alvares schreibt begeistert von der Schönheit des bebauten Landes im Süden der Insel Kyûshû, vom Klima, von Flora und Fauna, von Feldfrüchten und Zuchttieren, von Haus- und Festungsbau, von der Größe und Statur der Menschen, ihrer Kleidung, ihren Religionen und nicht zuletzt auch über Essgewohnheiten und Trinksitten. Franz Xaver legte diese »zusammengeschriebene[n] Verzeichnisse« seinem Brief vom 21. Januar 1549 an die Gesellschaft in Rom bei. Peter Kapitza – Japan in Europa, S. 61–66 und 78.
23 Cosme de Torres war in Valencia geboren und hatte frühzeitig den geistlichen Stand gewählt. 1538 fuhr er nach Mexiko, begleitete 1542 als Seelsorger die Expedition eines spanischen Feldherrn nach den Philippinen und den Molukken, wo er in Amboina 1546 zum ersten Mal mit Franz Xaver zusammentraf. Diese Begegnung wurde prägend für sein ganzes Leben: Torres bat Xaver um Rat, wie er seinen Beruf sinnvoller ausführen könne, worauf ihm Xaver riet, sich dem Bischof von Goa als Missionar zur Verfügung zu stellen, was er dann tat. Als 1548 Franz Xaver nach Goa kam, war Torres schon in die Gesellschaft Jesu eingetreten, in der er von Franz Xaver selbst ausgebildet wurde. Torres und Fernandez lebten fast drei Jahre lang mit Xaver zusammen und hatten somit von allen in Indien lebenden Jesuiten den meisten unmittelbaren Kontakt. Im Jahre 1551 ließ Franz Xaver Torres als Seelsorger mit Fernandez in Japan zurück, wo Torres die berühmte »alte« Jesuitenmission begründete und leitete, bis er im Oktober 1570 hochbetagt in Shiki starb, ohne Indien oder Europa wiedergesehen zu haben.
Frater Fernandez war ebenfalls Spanier und einer der wichtigsten Missionare in Japan. Vor seinem Eintritt in die Gesellschaft Jesu hatte er als angesehener und wohlhabender Seidenhändler in Lissabon gelebt. 1548 traf er in Goa ein, wo er zunächst als Krankenpfleger beschäftigt wurde. Bald fiel er auf, da er mit Leichtigkeit fremde Sprachen erlernte, wodurch er zum Dolmetscher und zur eigentlichen Stütze Franz Xavers in Japan wurde. Er schrieb Unterrichtsbücher und las der japanischen Bevölkerung den Katechismus in ihrer Muttersprache vor. Er war Franz Xavers unentbehrlicher Helfer, so dass dieser ihn sogar von weit entfernten Gegenden kommen ließ, wenn die Japaner »Verlangen nach einer guten Predigt« hatten. Und es war Fernandez, der Franz Xaver bei dem beschwerlichen Fußmarsch durch das winterliche Japan begleitete. Er starb 1568 in Japan.
In: Elisabeth Gräfin Vitzthum – Die Briefe des Francisco de Xavier, S. 314–320.

in Cochin Richtung Osten ein und erreichten am 31. Mai 1549 Malakka. Erst dort wurden die endgültigen Vorbereitungen für die Japanreise getroffen. Im Fronleichnamsbrief von 1549 aus Malakka schreibt Xaver an die Patres Paul, Gomez und Gagus nach Goa von seiner Hoffnung auf künftige Missionserfolge:

> Wir hören hier vieles von Japan, was uns die beste Hoffnung macht, aus dieser unserer Reise einen sehr grossen Nutzen zu ziehen: denn man sagt, die Früchte seyn schon weit und breit weiß zur Erndte: viele seyn des alten Aberglaubens satt: nicht wenige verlangen das christliche Gesetz näher kennen zu lernen, von dem sie schon manches Empfehlungswürdiges gehöret haben. Man weiset sogar Briefe von Handelsleuten aus dem Reiche Siam her, die bezeugen, es seyn da einige Japaneser angekommen, die man sagen hörte: ihre Landsleute wünschten die Ankunft europäischer Priester, die ihnen die wahre Lehre von Gott beybrächten. Einer solchen Hoffnung eilen wir mit fröhlichem Herzen entgegen, und versprechen uns selbst vertrauensvoll den besten Erfolg. Wenn nur itzt unsere Sünden die reichlichen Ausgiessungen der himmlischen Gaben und Gnaden nicht verhindern, ohne die alle Bemühung zur Bekehrung der Heiden vergeblich ist. Lebet wohl.[24]

Etwa zeitgleich, am 20. Juni 1549, sendet Franz Xaver einen letzten Reisebrief aus Malakka an König João III., erfüllt von seinem göttlichen Auftrag: »[…] mit großer Gewissheit und innerer Sicherheit fühle ich jetzt, dass es zum Dienste Gottes, unseres Herrn, gereicht, wenn ich mich selbst nach Japan begebe.«[25] – In der Annahme, die Japaner würden sehnsüchtig auf die Missionare warten, irrte sich Franz Xaver jedoch gewaltig, wie er selbst schmerzlich erfahren sollte. Doch noch schreibt er zuversichtlich am 22. Juni 1549 aus Malakka an die Gesellschaft Jesu nach Coimbra in Portugal:

> Alles, was uns, kaum als wir ausstiegen, entgegen kam, versicherte uns einhellig der größten Hoffnung, dass die Verkündigung des Evangeliums in *Japan* den besten Erfolg haben würde. Man wies uns Briefe auf, die erst kürzlich portugiesische Kaufleute, die dort in Handlungsgeschäften sind, geschrieben haben […] In eben diesem Briefe an mich war noch beygefüget, dieses Volk sey zur Annehmung der Verkündigung des Evangeliums sehr wohl aufgelegt, weil es klug und vorsichtig, die Sachen nach ihren Gründen abwiegt und sehr begierig ist, etwas Neues zu hören.[26]

---

[24] Peter Kapitza – Japan in Europa, S. 76.
[25] Elisabeth Gräfin Vitzthum – Die Briefe des Francisco de Xavier, S. 136.
[26] Peter Kapitza – Japan in Europa, S. 76.

Nachdem die Fahrt von Indien nach Malakka gefahrlos und zügig verlaufen war, änderten sich die Voraussetzungen bei der Weiterfahrt nach Japan. Zum Betrübnis und Entsetzen Franz Xavers und seiner christlichen Gefährten huldigte die Schiffsbesatzung einem »Götzenbilde« und zog »den Teufel von Zeit zu Zeit durch das Loos zu Rath […], ob es thunlich wäre, nach Japan zu gehen, oder nicht, und […] ob wir eine glückliche Fahrt haben würden; und das Loos fiel, wie sie sagten, bald gut, bald schlecht aus.«[27] Die Fahrt zog sich hin, Unwetter suchten die Küste von Cochinchina (heutiges Vietnam) heim, Seeräuber lagen in einem Hafen, der angefahren werden sollte – endlich, an Mariä Himmelfahrt, dem 15. August 1549, stiegen die Gefährten im Hafen von Kagoshima auf Kyûshû, der Heimatstadt Anjirôs, an Land.

Äußerungen Franz Xavers zu Charakter und Kultur der Japaner

Die Kultur, die Franz Xaver in Japan vorfand, wich von all dem ab, was er bislang kennen gelernt hatte. Dies zeigen die höchst bemerkenswerten Äußerungen Franz Xavers über die Menschen Japans. Hier sah er sich nämlich, anders als jemals zuvor, einem Volk gegenüber, das über eine reiche Vergangenheit und eine hohe Kultur verfügte, das also keineswegs mit den ungebildeten »barbarischen« Ureinwohnern anderer eroberter Länder, wie er sie beispielsweise in Indien oder auf den malaiischen Inseln kennen gelernt hatte, verglichen werden konnte. Im Gegenteil: Nun waren es die Portugiesen und Spanier, die sich von der japanischen Bevölkerung als »Südbarbaren« (*nanbanjin*) bezeichnen lassen mussten.[28] Aus Kagoshima berichtet der Missionar am 5. November 1549 an die Gesellschaft Jesu nach Goa. Seine Erzählweise ist recht unstrukturiert und zeugt von der Schwierigkeit, die erfahrene japanische Wirklichkeit fassen zu können. Religiöse Dinge stehen naturgemäß im Vordergrund:

---

[27] Peter Kapitza – Japan in Europa, S. 77.

[28] »Südbarbaren« deshalb, da die Iberer von Japan aus gesehen aus südlicher Richtung gekommen waren. Als *nanban*-Kultur bezeichnet man die südeuropäische (iberische) Kultur in der Form, in der sie die Portugiesen am Ende der Ashikaga-Zeit nach Japan brachten. Georg Schurhammer: Neuere Hilfsmittel zum Studium der Namban-Kultur. In: Monumenta Nipponica 2 (1939), S. 292.
Weiter ist interessant zu beobachten, dass die Europäer als barbarisch angesehen wurden, da sie mit den Händen aßen, die Japaner aber mit Stäbchen.

Von Japan schreiben wir euch, was wir bisher selbst erfahren haben. Zuerst thut es dieses Volk allen neuentdeckten Nationen an Frömmigkeit bevor, so dass ich glaube, es gebe keine barbarische Nation, die die Japaneser an natürlicher Güte übertreffe [...] Wenn sie schwören, was sehr selten geschieht, so schwören sie durch die Sonne [...] Die meisten Japaner verehren den Geist großer Vorfahren, welche, nach dem, was ich erfahren konnte, historische Gestalten, meist Philosophen gewesen sind; ein beträchtlicher Teil des Volkes betet die Sonne an, andere wieder den Mond.[29]

Franz Xaver schildert hier zentrale Charakteristika der Verehrungspraxis des Shintô, dem »Weg der Götter«.[30] Der Shintô lässt sich auf animistische Traditionen zurückführen. Hiervon stammt auch die Verehrung von beseelter Natur, von Bergen, Felsen, Bäumen, Wasser und der Sonne, sowie im weiteren geschichtlichen Verlauf die Ahnenverehrung. Der Shintô besitzt keine heiligen Schriften und keine Dogmatik, weshalb er nie eine »Gefahr« für die europäischen Missionare war. Er bezieht seine Wirkung aus der Bindung der Gläubigen an den Schrein (*jinja*) und die Praxis der Rituale.[31] Der Shintô zeigte früh synkretistische Tendenzen beispielsweise mit der Ahnenverehrung im Taoismus oder den konfuzianischen Moralvorstellungen, von denen sich auch das ausgeprägte Ehrgefühl ableiten lässt, dem Franz Xaver einen ganzen Absatz widmet:

Sie haben eine gute Gemüthsart, und einen Abscheu vor allem Betruge: streben aber über die Massen nach Ehre und Ansehen, so dass sie die Ehre allen andern Dingen vorziehen. Sie sind zwar meistentheils arm: aber die Armuth gereicht Niemandem zur Schande. Eines aber ist bey ihnen, was ich nicht weiß, ob es bey einer christlichen Nation geschieht. Es wird den Adelichen, auch wenn sie arm sind, nicht weniger Ehrfurcht von den Uebrigen bewiesen, als wenn sie reich wären: und kein Adelicher, wenn er auch noch so arm ist, ist durch was immer für Bedingnisse dazuzubringen, sich auch mit dem Reichsten vom Volksstande zu verehelichen: und dieses deßwegen, weil sie glauben, durch die Herablassung zur Verwandtschaft mit der Volksclasse, von ihrer Würde und Hochachtung Vieles zu verlieren. So setzen sie den Reichthum der Würde nach.[32]

---

[29] Peter Kapitza – Japan in Europa, S. 78–79.
[30] Siehe: Peter Pörtner und Jens Heise: Die Philosophie Japans. Stuttgart: Kröner 1995, S. 55–61.
[31] Shintô-Rituale sind Reinheitsrituale, der Kern des Glaubens ist die Fruchtbarkeit, wie sie im Frühjahr und im Herbst in Agrarritualen zum Ausdruck kommt. Peter Pörtner/JensHeise – Die Philosophie Japans, S. 55.
[32] Brief vom 5. November 1549 aus Kagoshima an die Gesellschaft Jesu in Goa. Peter Kapitza – Japan in Europa, S. 78.

Franz Xaver erkennt, dass es einen buddhistischen Priesterstand gibt, deren Mitglieder *Bonzen*[33] genannt werden, welche wie in Europa in Klöstern – beiderlei Geschlechts – organisiert sind. Hier sticht ihm besonders deren »sündhaftes Leben«, deren Praxis von Homosexualität, ins Auge, und er erwähnt auch die Reaktion des Klerus auf die Anschuldigungen von jesuitischer Seite:

> Diese Bonzen sind widernatürlichen Sünden ergeben und geben das offen zu; es ist dies in den Bonzenklöstern beiderlei Geschlechts und aller Altersstufen derart gebräuchlich und öffentlich bekannt, dass niemand sich mehr darüber entsetzt. Wer selbst nicht zur Bonzenkaste gehört, ist dankbar, dass wir so abscheuliche Laster verurteilen; die Bevölkerung stimmt uns bei, wenn wir mit Recht betonen, wie verrucht solche Gewohnheiten sind und wie sehr sie dem göttlichen Gesetz widerstreiten.[34]

Franz Xaver betont, dass er und seine Mitbrüder sich der Auseinandersetzung mit den Buddhisten stellten: »Natürlich wiederholen wir dies vor allem den Bonzen selbst; aber sie scheinen alles, was wir ihnen sagen, als eine Belustigung aufzufassen und zeigen auch nicht einen Schatten von Reue und Scham.«[35] Aber warum sollten sie auch? Wer sollte diese äußerst kuriosen Fremdlinge, diese bleichen Langnasen schon ernst nehmen? Erst im späteren Verlauf seines Aufenthaltes wird es Franz Xaver bewusst, dass er sich auf die vor Ort herrschenden Gebräuche einlassen und sich, soweit es die Ordensregeln zulassen, auch anpassen muss, soll seine Arbeit für die Mission fruchtbar sein. Obwohl Franz Xaver der einheimischen Bevölkerung eine ausgeprägte Xenophobie attestiert,[36] erstaunt ihn die Neugierde von japanischer Seite an seiner Person und noch mehr an den Beweggründen seiner Reise:

> Man verwundert sich sehr darüber, dass wir von Portugal bis nach Japan gekommen sind, das will heißen, einen Weg von über sechstausend Meilen zurückgelegt haben, einzig, um den Völkern von Gott zu sprechen und zu verkünden, das Heil der Seele liege im Glauben an Jesus Christus! Wenn sie uns aber erst sagen hören, dass Gott selbst uns befohlen hat, also zu tun, dann staunen sie noch viel mehr.[37]

---

[33] Dieses Wort ist abgeleitet vom japanischen Terminus *bonzu*.
[34] Elisabeth Gräfin Vitzthum – Die Brief des Francisco de Xavier, S. 156.
[35] Ebd., S. 156.
[36] »Die Japaner sind Fremden gegenüber rücksichtslos, sie verachten die Ausländer und verlachen sie bei allen Gelegenheiten […].« Brief vom 29. Januar 1552 aus Cochin. Ebd., S. 181.
[37] Elisabeth Gräfin Vitzthum – Die Briefe des Francisco de Xavier, S. 157.

Die Verwunderung von japanischer Seite ist nicht weiter erstaunlich, bedenkt man, dass das Weltbild des japanischen Mittelalters nur die japanischen Inseln (und auch die kaum über die Region Kantô, der Gegend um das heutige Tôkyô hinaus) sowie China und die koreanische Halbinsel umfasste. Indien, von dem die Europäer gekommen waren, lag schon in imaginäre Weiten gerückt, Europa musste somit gänzlich außerhalb der Vorstellungskraft der Japaner sein.[38]

Hier trifft Franz Xaver anders als bei den indischen Stämmen auf eine relative Offenheit, nicht nur bei der Bevölkerung, sondern auch von buddhistischer Seite, ist er doch schon ein »großer Freund« eines hochstehenden Priesters geworden, »der ungefähr die Stelle eines Bischofs vertritt«[39] und von dem er in die Lehre des Buddhismus eingeführt wird; eine der Voraussetzungen, um die eigene Lehre erfolgreich der schon bestehenden gegenüberstellen zu können; eine essentielle Voraussetzung für erfolgreiche Missionsarbeit. Alles in allem, so folgert Franz Xaver, habe »die Insel Japan vorzügliche Voraussetzungen […] für eine weite Verbreitung unseres heiligen Glaubens«.[40] Dazu trage auch die natürliche Disposition der Bevölkerung bei, die der Heilige seinen Mitbrüdern in Goa folgendermaßen vorstellt:

> Sie sind in der Kost sparsam und mässig: nicht so im Trunke. Sie trinken ein aus Reis gepresstes Getränke: denn Wein wächst hier nicht. Vom Spiele enthalten sie sich als von einer der schändlichsten Sachen, weil die Spieler nach fremdem Gute lüstern, und von der Begierde zu gewinnen zur Begierde zu stehlen gereizt werden […] Denn hier pflegt man die Vögel in der Luft nicht zu tödten, noch zu essen: man lebt insgemein von Gartenkräuter[n]. Waizen, Fische, Aepfel, und die übrigen Baumfrüchte werden für Leckerbissen gehalten. Daher sind die Meisten ihrer Mäßigkeit wegen von sehr guter Gesundheit, und man sieht überall sehr viele Alte.[41]

Die Anpassung an das japanische Essen fiel den Patres nicht leicht, sie vermissten die von Europa gewohnten Fleischgerichte, die in Japan verpönt und den buddhistischen Priestern ohnehin verboten waren.[42]

---

[38] Peter Pörtner/Jens Heise – Die Philosophie Japans, S. 217.
[39] Beide Zitate: Elisabeth Gräfin Vitzthum – Die Briefe des Francisco de Xavier, S. 157.
[40] Ebd., S. 157.
[41] Peter Kapitza – Japan in Europa, S. 78–79.
[42] Rinder und Pferde waren im Japan des 16. Jahrhunderts Last- und Arbeitstiere in der Landwirtschaft. Ihr Fleisch war deshalb nicht zum Verzehr freigegeben. Die buddhistischen Priester griffen den Rindfleischkonsum der Patres dementsprechend scharf an, wie es die Jesuiten

Die Japaneser, die mit uns gehen, sagen, die dortigen Götzendiener würden es für ein Aergerniß ansehen, wenn sie uns Fleisch oder Fisch essen sähen. Daher nahmen wir uns vor, so schwer uns auch diese Enthaltung fallen sollte, diesen Stein des Anstosses zu entfernen.[43]

Von nun an aß man auf dem Boden sitzend, man nahm kein Fleisch mehr zu sich, sondern ernährte sich wie die buddhistische Priesterschaft vornehmlich vegetarisch und von »weißem Fleisch«, das ist Fisch.[44] In den Häusern der Jesuiten wurden Empfangszimmer eingerichtet, in denen man Gäste angemessen bewirten konnte.

Im Laufe der Zeit wurde man sich bewusst, dass jegliche Bekehrungserfolge zum wesentlichen Teil abhängig vom Auftreten und Benehmen der Missionare waren. In der Folge suchten sie sich deshalb weitgehend an die örtlichen Gepflogenheiten anzupassen. Dies war eine ganz enorme Leistung, wenn man bedenkt, dass die Europäer jener Zeit noch ganz in einer Geisteshaltung gefangen waren, die man heute als Ethnozentrismus oder Eurozentrismus bezeichnet und die von einem Überlegenheits-

---

selbst schilderten. Pater Luis Frois schreibt später, 1588, folgendes:

> […] daß er begerte zu wissen / was ursachen die *Patres* mit so grosser Begird den Menschen nachsetzten / sie Christen zumachen / und warumben sie das mit Gewalt thäten / warumben sie auch verderbten die Tempel unnd […] *Camis* [kami, shintoistische Gottheiten] unnd *Fotoques* [hotoke, buddhistische Gottheiten], mit veruolgung der Bontzen / mit denen sie nicht uber eins stimmeten / auch warumb sie die Roß unnd Küh essen / dieweil es der Vernunfft zuwider / Seitenmal solche also nutzliche Thier / un fruchtbarlich dem gemeynen Nutz?

In: Luis Frois: Jahrbrieff auß der gewaltigen und weitberhümbten Insel und Landschafft Japon / an den Ehrwürdigen Herrn General / der Societet IESU / den 20. Febr. Anno 88 geschrieben. Auß der Italienischen / in unser Hochteutsche Sprach / gebracht. Dillingen: Johann Mayer 1590, S. 67–68.

[43]   Brief Franz Xavers vom 22. Juni 1549 aus Malakka. Dieser Brief beweist, dass sich Franz Xaver schon vor seiner Ankunft in Japan bewusst war, dass er sich an die herrschenden Gegebenheiten werde anpassen müssen. Peter Kapitza – Japan in Europa, S. 85.

[44]   In Pater Mag. Melchior Nugnez Brief vom 8. Januar 1558 steht dann auch geschrieben:

> Diesen Pater [= Pater Cosmus Torres] führte P. M. Franciscus mit sich, als er nach Japan gieng, und ließ ihn bey seiner Abreise zu Amanguzi [= Yamaguchi], wo er seit acht Jahren ist, ohne ein Fleisch genossen zu haben, weil es die Japaneser, besonders die gesittetere, wie jene von Amanguzi, für eine grosse Sünde halten. Er that es aber nicht nur um kein Ärgerniß zu geben, sondern zugleich aus Busse. Er hatte dabey weder Brod, weil es da keines giebt, noch frische Fische, weil dieses Land zu entfernt von der See ist. Er aß also nichts als nach japanischer Art zugerichteten Reis, der nur in der Noth genießbar ist, mit gesalzenen Fischen oder Kräutern.

In: Die Missionsgeschichte späterer Zeiten oder gesammelte Briefe der katholischen Missionare aus allen Theilen der Welt. Ein wichtiger Beytrag zur Natur= Länder= und Völkerkunde, vorzüglich aber zur christlichen Erbauung. Der Briefe aus Japan erster Theil. Vom Jahre 1548 bis 1564. Mit Bewilligung der Obern. Augsburg: Nicolaus Doll 1795, S. 132.

bewusstsein der eigenen Kultur gegenüber der fremden gekennzeichnet ist. Menschen mit anderen religiösen Vorstellungen wurden in ethnozentrischer Denkweise ganz selbstverständlich als »Heiden« gebrandmarkt, Gesellschaften mit eigenen Sexualvorstellungen und -tabus als »unmoralisch« angesehen. Die Europäer setzten ihre eigenen Standards absolut und verurteilten jedes Abweichen von der gewohnten europäischen Lebensweise ohne einen Gedanken daran zu verschwenden, dass die »Eingeborenen« der jeweiligen Länder etwa eigene Standards haben könnten.[45] Franz Xavers und später Alessandro Valignanos großes Verdienst liegt darin, diesen Ethnozentrismus erkannt, und nicht nur erkannt, sondern zu einem guten Teil auch abgeschwächt und relativiert zu haben, indem sie ihren Mitbrüdern Verhaltensregeln der Anpassung mit auf den Weg gaben. Grundvoraussetzung hierfür war und ist aber eine Achtung der lokalen kulturellen Gegebenheiten, eine gegenseitige menschliche Hochschätzung, wie sie Franz Xaver beispielsweise dem Buddhisten Ninshit entgegengebracht hatte.[46]

Franz Xaver hatte auch erkannt, dass die Gesellschaft Jesu keinen Erfolg haben konnte, insbesondere nicht bei den höheren Schichten, wenn die Missionare weiterhin streng dem Gelübde der Armut folgten. Jorissen teilt die Anpassungsbemühungen in zwei Phasen ein: in der ersten Phase wichen sie nicht von europäischen Vorstellungen an Ordensleute ab. Man

---

[45] Gerhard Maletzke: Interkulturelle Kommunikation. Zur Interaktion zwischen Menschen verschiedener Kulturen. Opladen: Westdeutscher Verlag 1996, S. 25.

[46] Eine völlig andere Einstellung als Franz Xaver hatte sein direkter Nachfolger, der Japanobere P. Francesco Cabral (1528–1609), der seine portugiesische adelige Erziehung und seinen überlegenen Stolz nie über Bord werfen konnte. Er war überzeugt von der Überlegenheit der westlichen Zivilisation: Die Japaner sollten sich deshalb den Jesuiten anpassen, nicht aber die Jesuiten den japanischen Gegebenheiten. Der Visitator Alessandro Valignano (1539–1606), ein Italiener, der Japan im Sommer 1579 betrat, hatte die prekäre Situation, die durch die kurzsichtige Missionsleitung Cabrals entstanden war, zu »entschärfen« versucht. Siehe hierzu: Heinrich Dumoulin: Inkulturation in der Jesuitenmission Japans. In: Michael Sievernich/Günter Switek: Ignatianisch. Eigenart und Methode der Gesellschaft Jesu. Freiburg im Breisgau: Herder 1990, S. 254–271.
Spätestens hier muss auch auf das Traktat des Luis Frois aus dem Jahre 1585 verwiesen werden. Darin stellte der Pater in Distichenform die unterschiedliche Lebensweise von Europäern und Japanern aus allen Lebensbereichen unkommentiert und scharf gegeneinander. Seine Darstellung gilt als wichtigstes Dokument der Kulturgeschichte Japans während der ersten 40 Jahre jesuitischer Aktivitäten in Japan. Im Traktat fanden zahlreiche frühere Berichte der Jesuiten ihren Niederschlag, daher bezeichnet es Jorissen als »Konzentrat« jesuitischer Beobachtung. Engelbert Jorissen – Das Japanbild im »Traktat« (1585) des Luis Frois, S. 187. Siehe auch: Josef Franz Schütte(Hg.): Luis Frois S.J.: Kulturgegensätze Europa – Japan (1585). Tôkyô: Sophia Universität 1955.

kleidete sich einfach-ärmlich und wandte sich, mit der Errichtung von Krankenstationen und Armenhäusern auch dem Dienst an den niederen Schichten der Gesellschaft zu.

> Sie mochten damit zwar den Anspruch, Priester zu sein, erheben, waren es aber nicht in den Augen [der] Japaner, die von ihren Priestern erwarteten, dass sie auch nach Aussen hin eine gesellschaftlich gehobene und herausgehobene Stellung einnahmen […] Die europäischen Priester waren so in den Augen vieler Japaner keine Priester […][47]

Wollte man Anerkennung bei der Bevölkerung finden, musste man – sich an den einheimischen Priestern orientierend – umdenken: Man passte nun in der zweiten Phase den Stil der Kleidung dem des einheimischen Klerus an (prunkvoll-würdevoll statt einfach-ärmlich) und änderte die Art des Auftretens. Später schreibt Valignano folgende Zeilen:

> Da er aber die Erfahrung machte, dass das Tragen von allzu schlechter und ärmlicher Kleidung und ein Auftreten der (Selbst-)Geringschätzung nicht allein keine Hilfe war, ja das, was er in Japan zur Ehre Gottes zu tun beabsichtigte, behinderte, beschloss er, von nun an andere Kleidung zu tragen und anders aufzutreten […][48]

Dieses andersartige Auftreten schildern die »Katholischen Missionen« in besonders eindrücklichen Worten:

> [Frater Fernandez] schilderte, wie der Heilige sein gewöhnliches Auftreten, das voller Demuth und Milde war, ganz änderte, sobald er bemerkte, dass die stolzen Japaner diese christlichen Tugenden, für welche sie kein Verständnis hatten, als Zeichen eines niedrigen und feigen Sinnes deuteten und deßhalb auch die Predigt verachteten. Xaverius trat deßhalb mit Würde und Kühnheit als ein Gesandter Gottes auf, und der Bruder, dem er befahl, seinem Beispiele zu folgen, gesteht, dass er oftmals erwartet habe, das Schwert der japanischen Edelleute werde aus der Scheide fliegen, um den kühnen Muth der Fremdlinge blutig zu strafen.[49]

---

[47] Engelbert Jorissen – Das Japanbild im »Traktat« (1585) des Luis Frois, S. 102.
[48] Franz Josef Schütte: Valignanos Missionsgrundsätze für Japan. Edizioni di Storia e Letteratura 1. S. 267. Zit. nach: Engelbert Jorissen – Das Japanbild im »Traktat« (1585) des Luis Frois, S. 103.
[49] Die katholischen Missionen. Illustrirte Monatschrift. Darin: »Der heilige Franz Xaver in Japan«. Fortsetzungsteil (2. Teil) 1887, S. 76–78.

Darüber hinaus notiert Franz Xaver eine höchst erstaunliche und für den Missionserfolg zugleich äußerst nützliche Voraussetzung:

> Ein großer Teil der Bevölkerung kann lesen und schreiben; das ist für unsere Arbeit von großem Gewinn, denn auf diese Weise können wir sie leichter in die Glaubenslehre und in die Gebete einführen.

Die hohe Alphabetisierungsrate der japanischen Bevölkerung wird begünstigt aus der Tradition des Taihô-Kodex, der schon im Jahre 701 Studiengebiete, Lehrstoff und Prüfungsanforderungen festgelegt hatte, allerdings nur für den Hofadel jener Zeit. Durch die Erstarkung des Kriegeradels im Verlaufe des japanischen Mittelalters und der damit verbundenen gesellschaftlichen Aufwertung dieses Standes wandelte sich auch das Erziehungsideal: Der Akzent lag zunehmend auf der Ausbildung im Waffenhandwerk, wobei die Klöster für die Elementarbildung sorgten.[50] Später gab es Akademien und Schulen, die direkt der Shôgunatsverwaltung unterstanden und das Ziel hatten, den Bildungsstand der staatstragenden Kriegerschicht zu gewährleisten. Des weiteren ist die Praxis der Monogamie es Franz Xaver wert, erwähnt zu werden,[51] da sie mit der Lebenspraxis und der Wertorientierung des christlichen Europa – erstaunlicherweise – übereinstimmt und somit eine weitere gute Voraussetzung darstellt, das Christentum hier verwurzeln zu können. Bis dahin sollte es aber noch ein langer Weg sein. Die Missionare sind erst einmal beschäftigt, sich in die verwirrenden neuen Verhältnisse einzufühlen und die schwierige Sprache zu erlernen: »wenn wir nur schon der Sprache mächtig wären, so würde ich gar nicht zweifeln, dass sich viele zu Christus bekehrten«[52] und weiter:

> Wolle uns Gott, unser Herr, bald helfen, die Sprache zu lernen, um seine Werke verkünden zu können, dann werden wir mit seinem Beistand und seiner Gnade bald fruchtbar wirken können. Denn zur Stunde stehen wir unter den Japanern wie Statuen da: wir sehen, mit welcher Lebhaftigkeit sie sich über uns unterhalten, aber weil wir sie nicht verstehen können, müssen wir schweigen. Wie kleine Kinder müssen wir erst die Sprache lernen […][53]

---

50 In der Edo-Zeit (1600–1868) spricht man von *terakoya*, Tempelschulen, in denen vor allem Schreiben, Lesen und Abakus-Unterricht sowie Moralunterricht gegeben wurde. Kôdansha. Encyclopedia of Japan 8, Tôkyô: Kôdansha 1983, S. 11–12.

51 »Der Japaner ist nur mit *einer* Frau verheiratet«. Elisabeth Gräfin Vitzthum – Die Briefe des Francisco de Xavier, S. 155.

52 Elisabeth Gräfin Vitzthum – Die Briefe des Francisco de Xavier, S. 157.

53 Ebd., S. 164. – Dass das Sprachproblem sich als größere Hürde darzustellen begann, als an-

Da Franz Xaver die neu entstehende christliche Gemeinde in Kagoshima um seinen Gefährten Anjirô und dessen Familie in guten Händen weiß, beschließt er, bald in die Hauptstadt Miyako (das heutige Kyôto) aufzubrechen. Die Abfahrt verzögerte sich zuerst aufgrund von ungünstigen Winden, dann durch den Verweis auf die Kriegswirren durch den herrschenden Daimyô von Kagoshima, Shimazu Takahisa, der ihm bislang wohlwollend entgegengetreten war. In dieser Zeit landete ein portugiesisches Handelsschiff in Hirado, einem Hafen des Reiches Hizen[54], der von Takahisas Rivalen Matsuura Takanobu beherrscht wurde. Franz Xaver eilte dorthin, um nach Post aus den Missionen Indiens oder Europas zu fragen. Takahisa, wohl erzürnt, dass das Handelsschiff nicht in seinem Hafen Kagoshima gelandet war, verbot daraufhin die neue Religion der Missionare, da diese offensichtlich nicht in der Lage gewesen waren, die portugiesischen Händler und ihre exotischen europäischen und chinesischen Waren an sich zu binden. Somit war ein wichtiger Grund für die Erlaubnis des Christentums in seinem Reiche hinfällig geworden.[55] Franz Xaver kehrt dennoch nach Kagoshima zurück, verlässt die Stadt jedoch bald, um über Hirado und Hakata auf Kyûshû sowie Shimonoseki in die Stadt

---

fangs angenommen, wird Franz Xaver erst im Laufe seines Aufenthaltes bewusst. Wir wollen darauf im nächsten Kapitel eingehen.

[54] Das Daimyat Hizen ging später teilweise in der Präfektur Nagasaki auf.

[55] Im Jahre 1545 hatten die Portugiesen begonnen, mit japanischen *daimyô* Handel zu treiben. Sie hatten innerhalb von zehn Jahren durch aggressivere Methoden und aufgrund der besseren Manövrierfähigkeit und des größeren Fassungsvermögens ihrer Schiffe die chinesischen Händler aus den japanischen Häfen verdrängt. So waren sie nach dem Zusammenbruch der offiziellen sino-japanischen Handelsbeziehungen (die letzte der vier offiziellen Gesandtschaften nach China fand im Jahre 1547 statt) zu Mittelsmännern zwischen Japan und dem chinesischen Reich geworden. Sie belieferten die japanischen Reiche und Handelsstädte mit hochwertigen chinesischen Seidenfäden (die profitabelste Ware für die japanischen Kaufleute), Keramikgeschirr (bevorzugt Stücke mit pflanzlichen Motiven wie Bambus, Malven und Chrysanthemen), Bleipulver für das Make-up sowie mit Lackarbeiten. Aufgrund ihres nun herrschenden Handelsmonopols nach dem Zusammenbruch des offiziellen Handels erzielten die Portugiesen enorme Gewinne. Zu den begehrten westlichen Gütern zählten Feuerwaffen, Samt und Wollstoffe, Glaswaren, Uhren, Tabak und Brillen. Die Einfuhrhäfen wechselten ständig. Die *daimyô* versuchten, durch die Akzeptanz der jesuitischen Missionare auch die portugiesischen Händler und die begehrten ausländischen Waren an sich zu binden. Die Jesuiten wussten die *daimyô* für ihre Sache zu interessieren, indem sie bei Audienzen mit seltenen Geschenken vorsprachen. Missionstätigkeit zog daher Handel mit sich, und es dauerte nicht lange, bis die *daimyô* von Kyûshû die neue Religion in erster Linie aus handelspolitischen Interessen heraus annahmen. Siehe: Charlotte von Verschuer: Le Commerce Extérieur du Japon des Origines au XVIe Siècle. Paris: Editions Maisonneuve & Larose 1988, S. 131–152, sowie: Kiichi Matsuda: Japan and the West. Japan Quarterly 29 (1982), S. 457 und John W. Hall – Das Japanische Kaiserreich, S. 139–141 sowie: Seiichi Iwao: Japanese Foreign Trade in the 16th and 17th Centuries. Acta Asiatica 4. Nr. 30. (1976/77), S. 1–18.

Yamaguchi am westlichen Ende Honshûs zu gelangen. Hier erntete er allerdings wenig Bekehrungen und viel Spott, wie es die »Katholischen Missionen« von 1887 hart ausdrücken.[56] »Wenn wir durch die Straßen gingen, so rannten die kleinen Gassenjungen und allerlei Volk hinter uns her [und] lachte uns aus […].«[57] Im eisigen Winter 1550/51 bricht er von Yamaguchi auf Richtung Miyako. Die entbehrungsreiche und gefahrvolle zweimonatige Fußreise durch die kriegsgeschüttelten Regionen ist in der Franz Xaver-Literatur ausführlich beschrieben worden. Im Januar 1551 betrat Franz Xaver die Hauptstadt Miyako.

Franz Xavers Missionsmethode

»Ich nahm mir schon itzt vor, sobald ich dahin komme, gleich zum König[58] von ganz Japan selbst, er sey wo er will, zu gehen, und ihm meine Befehle von Seite des höchsten Beherrschers aller Völker, unsers Herrn Jesu Christi darzubringen«[59] und »hernach in die Gymnasien und Akademien zu gehen, und zwar, wie ich hoffe, mit einem grossen Seelengewinnste.«[60] In der Hauptstadt angelangt kommt er aber zu folgender Erkenntnis: »Sie haben einen König, aber schon seit mehr denn hundertfünfzig Jahren sind sie ihm nicht mehr untertänig, und aus diesem Grunde bekriegen sie sich ohne Unterlass […]«[61] Es stellte sich heraus, dass der japanische Kaiser, Go-Nara Tennô, keinerlei Macht mehr besaß. Seit dem Beginn der Regierung der Ashikaga-Shôgune war er immer mehr zu einer bloßen Symbolfigur geworden. Ohne feste Einkünfte, vom Verkauf seiner Kalligraphien lebend, verbrachte er seine Tage in Armut. Von einem solchen Herrscher war keine Unterstützung für die Mission zu erhoffen.[62] Als Franz Xaver erkennen musste, dass

---

[56] Die katholischen Missionen. 1887, S. 76.
[57] Brief vom 29. Januar 1552. In: Elisabeth Gräfin Vitzthum – Die Briefe des Francisco de Xavier, S. 190.
[58] Franz Xaver meint hier den Kaiser von Japan.
[59] Brief vom 22. Juni 1549 aus Malakka an die Gesellschaft Jesu in Coimbra. Peter Kapitza. Japan in Europa, S. 77.
[60] Brief vom 14. Januar 1549 aus Cochin an Ignatius. Ebd., S. 74.
[61] Aus dem Brief vom 29. Januar 1552. Elisabeth Gräfin Vitzthum – Die Briefe des Francisco de Xavier, S. 184.
[62] Engelbert Jorissen weist darauf hin, dass Franz Xaver unter anderem deswegen nicht zum Kaiser vorgelassen wurde, da er arm und ohne die üblichen Präsente um Audienz gebeten hatte. Engelbert Jorissen – Das Japanbild im »Traktat« (1585) des Luis Frois, S. 95.

die Fürsten und Güterbesitzer aus den königlichen Befehlen nichts zu machen pflegen, liessen wir unser Vorhaben, diese Erlaubniß zu begehren, und fiengen an, die Gemüther und Gesinnungen der Einwohner zu untersuchen und auszuforschen, um zu sehen, wie aufgelegt diese Stadt sey, die christliche Religion anzunehmen. Allein weil die Einwohner in den Waffen, und in einen schweren Krieg verwickelt waren, so hielt ich die Zeit für sehr ungelegen, das Evangelium zu predigen.[63]

Diese lapidare Feststellung bedeutet das Ende eines großen Traumes, eines Traumes, den Franz Xaver geträumt hatte, noch bevor er überhaupt auf japanischem Boden gelandet war: nämlich das japanische Volk vom Kaiser aus, »von oben nach unten« missionieren zu können. Er hatte erkannt, dass er sich auf die einzelnen Herrscher (*daimyô*) konzentrieren musste, die die eigentliche Macht innehatten.[64] Desillusioniert kehrt Franz Xaver aus dem zerstörten Kyôto nach Yamaguchi zurück.[65] Dort führte er seinen Predigtunterricht fort: »Wir entschlossen uns daraufhin, während längerer Zeit zweimal am Tage in den Straßen zu predigen; wir lasen abschnittweise aus unserer ins Japanische übertragenen Glaubenslehre vor und kommentierten dann jeweils die einzelnen Kapitel. Das Volk strömte in Scharen herbei.«[66] In Yamaguchi erhält Franz Xaver endlich auch Zugang zum herrschenden *daimyô*, Ôuchi Yoshitaka, der die Geschenke erhält, die ursprünglich für den Kaiser in der Hauptstadt bestimmt gewesen waren; für japanische Verhältnisse absolute Kuriosa:

> […] dies waren eine mit großer Kunstfertigkeit angefertigte Uhr, eine reiche Feuerstein-Büchse mit drei Läufen, Brokat, sehr hübsche Kristallgläser, Spiegel, Brillen etc. und zwei auf Pergament geschriebene Briefe […] Und da all diese Geschenke Dinge waren, die man hier noch niemals gesehen hatte, zeigte sich der König [= daimyô] darüber äußerst zufrieden […][67]

Yoshitaka erlaubte daraufhin per Dekret den Missionaren, ihre Religion frei verkünden zu dürfen und überließ ihnen ein leerstehendes Kloster zur

[63]   Aus dem 87. Brief im Jahr 1550 aus Yamaguchi an die Gesellscht Jesu in Goa. Peter Kapitza – Japan in Europa, S. 87.

[64]   Franz Xaver nennt sie »Fürsten«. Engelbert Jorissen – Das Japanbild im »Traktat« (1585) des Luis Frois, S. 95

[65]   Siehe hierzu: Georg Schurhammer: Das Stadtbild Kyôtos zur Zeit des hl. Franz Xaver. In: Gesammelte Studien 2, S. 619–681.

[66]   Brief vom 29. Januar 1552. In: Elisabeth Gräfin Vitzthum – Die Briefe des Francisco de Xavier, S. 189.

[67]   Aus: Luis Frois: »Japangeschichte«: Historia 1. Ed. Wicki, S. 39–40. Zit. nach Engelbert Jorissen – Das Japanbild im »Traktat« (1585) des Luis Frois, S. 96.

Wohnung. In der folgenden Zeit können die Missionare um Franz Xaver schnelle Bekehrungen verbuchen. Zu den neuen Christen gehören auch viele aus dem Adelsstand. Franz Xaver hält immer wieder mit buddhistischen Priestern Disputationen ab, hält Predigten und Aussprachen.

> Wenn man es nicht selbst gesehen hätte, dass in einer so großen Stadt in sämtlichen Häusern über den christlichen Glauben gesprochen wurde, so würde man dies nicht für möglich halten. Es wird mir auch niemals gelingen, Ihnen deutlich zu machen, mit welcher Fülle von Fragen uns die Japaner bestürmten […] Nach Ablauf von zwei Monaten empfingen etwa fünfhundert Menschen in Yamaguchi die heilige Taufe, und von diesem Tag an mehrte sich mit Gottes Gnade die Zahl der Übertritte ständig […] Diese neubekehrten Christen hängen an uns mit ganz unbeschreiblicher Liebe; ich glaube, sie werden wahre Christen sein![68]

Obwohl die Zahl der Bekehrungen in Yamaguchi stark zunahm, mussten sich die Missionare nach wie vor den Streitfragen des buddhistischen Klerus stellen. Die Missionare hatten anfangs die japanischen buddhistischen Termini bei der Übersetzung ihrer christlichen Texte übernommen, mit dem Ziel, das Verständnis bei den Zuhörern zu fördern. In seinen Predigten verwendete Franz Xaver daher den Namen Buddhas, *dainichi* für den christlichen Gott. Im Jahre 1551 dann scheint Franz Xaver bewusst geworden zu sein, dass diese Verwendung mehr schaden als nützen würde. Die christliche Lehre und die buddhistische der Shingon-Schule schienen sich nämlich in einigen Dingen zu ähneln, weshalb man annahm, das Christentum sei eine weitere, bislang unentdeckte buddhistische Schule.[69] Als der Heilige nachforschte und feststellte, dass der einheimische Klerus nichts vom Kreuzestod Christi oder von der Dreifaltigkeit wusste, ja, als er sogar wegen dieser abwegig erscheinenden Erklärungen verspottet wurde, beschloss er, um weitere Missverständnisse auszuschließen, fortan den lateinischen (*deus*) oder spanischen Terminus (*dios*) für Gott zu verwenden. Nachdem die Meinungsverschiedenheiten offen zu Tage getreten waren, begannen beide Seiten, gegeneinander zu arbeiten. Die Jesuiten warfen dem buddhistischen Klerus den Bruch ihrer eigenen Regeln vor, so beispielsweise Verstöße gegen die Regel des Vegetarismus und damit des Tö-

---

[68] Brief vom 29. Januar 1552. Elisabeth Gräfin Vitzthum – Die Briefe des Francisco de Xavier, S. 193–194.
[69] Man hielt die neue Religion der Missionare vor allem auch deshalb für eine Version des Buddhismus, da man wusste, dass dieser seinen Ursprung in Indien hatte und ja auch die Missionare und Portugiesen von Indien aus nach Japan gekommen waren. Engelbert Jorissen – Das Japanbild im »Traktat« (1585) des Luis Frois, S. 92.

tungsverbots[70] durch (heimliches) Verspeisen von Fisch und Fleisch, Verstöße gegen die Regel der Mäßigung und der sexuellen Enthaltsamkeit. Der buddhistische Klerus wiederum nutzte die lautliche Ähnlichkeit von *deus* und dem japanischen Wort für »große Lüge«: *daiuso*. Sie erklärten, dieser neuartige *deus* sei eine große Lüge und ein großer Teufel, die ausländischen Missionare aber die Schüler dieses Teufels.[71]

Dank der Unterstützung und Gunsterweisung des Daimyô von Yamaguchi durften die Missionare auf eine reiche Seelenernte hoffen. Doch auch während dieser fruchtbarsten Zeit Franz Xavers in Japan musste man erkennen, dass jeglicher Missionserfolg am seidenen Faden der politischen Mächte hing: nicht nur die buddhistische Priesterschaft war in Schach zu halten, vor allem die Gebietskämpfe überraschten immer wieder die Jesuiten und machten eine Fortsetzung ihrer Arbeit unmöglich. Im September 1551 fiel Ôuchi Yoshitaka in Yamaguchi einer Rebellion zum Opfer. Damit war einer der drei wichtigsten Förderer der Jesuiten in Japan vernichtet. Zeitgleich befand sich Franz Xaver im Reiche Bungo,[72] dessen Herrscher, Ôtomo Yoshishige (1530–1587),[73] den wie alle anderen *daimyô* auch wirtschaftliche Interessen mit den Portugiesen verband, der wohl wichtigste Förderer des Christentums im 16. Jahrhundert wurde. Als Franz Xaver Japan am 20. November 1551 verließ, hatte er zwei blühende Gemeinden in Bungo und Yamaguchi gepflanzt. Wieder in Indien gibt er einer neuen großen Hoffnung Ausdruck, der Hoffnung, über die China-Mission letztendlich auch in ganz Japan den christlichen Glauben verwurzeln zu können:

---

[70] Das Tötungsverbot ist die wichtigste Forderung des Buddhismus an seine Gläubigen. Siehe: Klaus Vollmer: Tötungsverbot (sesshô kindan) und Freilassungszeremonie (hôjôe) – Geschichte und Interpretation buddhistischer Rituale in Japan. In: Klaus Antoni (Hg.): Rituale und ihre Urheber. Invented Traditions in der japanischen Religionsgeschichte. Reihe Ostasien – Pazifik. Trierer Studien zu Politik, Wirtschaft, Gesellschaft, Kultur 5. Hamburg: LIT-Verlag 1997, S. 77.

[71] Brief vom 29. Januar 1552. Elisabeth Gräfin Vitzthum – Die Briefe des Francisco de Xavier, S. 195 und Peter Kapitza – Japan in Europa, S. 84: »Sogar das Wort Deus legten sie spottweise aus, es heisse nichts anders als Dajus, was in ihrer Sprache eine Lüge bedeutet.« – Für weitere, schon ältere Informationen siehe: Tadao Doi: Das Sprachstudium der Gesellschaft Jesu in Japan im 16. und 17. Jahrhundert. Monumenta Nipponica (1939), S. 105–133 sowie: Georg Schurhammer: Das kirchliche Sprachproblem in der japanischen Jesuitenmission des 16. und 17. Jahrhunderts. Tôkyô: o. O. 1928, S. 5–42.

[72] Heutige Präfektur Ôita im Osten Kyûshûs.

[73] Meist besser bekannt unter seinem buddhistischen Namen Ôtomo Sôrin.

Wenn kein neues Hinderniß dazwischen kömmt, welches die festgesetzte Reise hintertreibt, so hoffe ich in diesem 1552ten Jahre nach China zu gehen, wohin mich die Hoffnung ruft, mich Gott zu einem ungemeinen Dienste, den Chinesern aber sowohl als den Japanesern zum grossen Nutzen zu verwenden. Denn sobald die Japaneser erfahren werden, dass die Chineser das christliche Gesetz angenommen haben, werden sie auch viel von der Hartnäckigkeit nachlassen, mit der sie ihren bösen Secten anhangen. Und so habe ich grosse Hoffnung, dass durch die Gesellschaft die Chineser sowohl, als die Japaneser von der Abgötterey abgekehret, Christum Jesum, den Heiland aller Völker, anbethen werden.[74]

Dieser Hoffnung sollte nicht in Erfüllung gehen: Am 3. Dezember 1552 stirbt Franz Xaver auf der Überfahrt nach China auf der Insel Sanchuan bei Kanton.

Unter der Leitung des Japanvisitators Valignano blühte die Jesuitenmission in der Folgezeit auf; Schätzungen nennen zwischen 130 000–150 000 Neubekehrte. Im Verlauf der Reichseinigung Ende des 16. Jahrhunderts nahm die Bereitschaft der Mächtigen, das Christentum zu dulden, stetig ab. 1587 wurde die ausländische Religion durch den zweiten großen Reichseiniger, Toyotomi Hideyoshi verboten, 1596 kam es zu ersten Verfolgungen. Gründe hierfür waren der Vorwurf der Einmischung in innere Angelegenheiten durch die Mitglieder der Gesellschaft Jesu als auch durch Franziskaner, die, von den Philippinen kommend, seit 1594 in der Hauptstadt eine rege Missionstätigkeit entfaltet hatten. Anfang des 17. Jahrhunderts kam es zu schweren Christenverfolgungen unter Tokugawa Ieyasu (1542–1616) und seinem Sohn Tokugawa Hidetada, die zur fast vollständigen Auslöschung der neuen Christenheit Japans führten.[75]

Dennoch: Als nach der Landesöffnung Japans im 19. Jahrhundert wieder Missionare ins Land kamen, machten sie eine erstaunliche Entdeckung: Sie trafen auf versteckte Christen (*kakure kirishitan*), die über die Jahrhunderte hinweg ihren Glauben heimlich von Generation zu Generation weitergegeben hatten.

---

[74] Brief vom 29. Januar 1552 aus Cochin an Ignatius von Loyola. Peter Kapitza – Japan in Europa, S. 90–91.
[75] John W. Hall – Das Japanische Kaiserreich, S. 142.

Die Lehre Japans
Theorie und Praxis der Botschaft bei Franz Xaver

Rafael Capurro

Einleitung[1]

Die folgenden Ausführungen haben einen zweifachen biographischen Bezug. Zum einen gehörte ich der Gesellschaft Jesu an, wo ich Noviziat, Juvenat und Philosophie in Uruguay, Chile und Argentinien zwischen 1963 und 1970 absolvierte. Zum anderen besuchte ich Japan im Jahre 1998 im Rahmen eines Forschungssemesters. Durch Zufall betrat ich in Kyoto das ZEN-Kloster Zuihô-in (Daitokuji-cho), Zentrum der Rinzai-Schule. Dieses Kloster ist insofern einmalig, als hier ZEN-Gärten mit christlicher Symbolik – *The Garden of the Cross* mit in Gestalt eines Kreuzes geordneten Steinen und *The Garden of the Blissful Mountain*, ein vom einem (Stein-)Meer umgebenden Berg, der an die Bergpredigt erinnert, ursprünglich aber sich an den buddhistischen Namen des Feudalherren Ôtomo Yoshishige (1530–1587) bezieht – zu bewundern sind. Beide Gärten sind Yoshishige gewidmet, der im Alter von 48 Jahren zusammen mit anderen Familienangehörigen zum Christentum konvertierte und mit dem Namen *Francisco* getauft wurde. Yoshishige sandte im Jahre 1582 die erste japanische diplomatische Mission nach Europa.

Mit Bezug auf Heideggers Deutung menschlichen Verstehens in *Sein und Zeit*, wonach die »Vor-Struktur des Verstehens« durch »Vorhabe«, »Vorsicht« und »Vorgriff« gekennzeichnet ist,[2] will die folgende Analyse das Phänomen der Botschaft (Gr. *angelía*) bei Franz Xaver auslegen und zwar aus der (Vor-) *Sicht* der zwischenmenschlichen kommunikativen Situation unter Leitung eines philosophisch zu gewinnenden Botschaftsbegriffs. Eine Theorie der Botschaft, eine *Angeletik*, ist nicht ganz selbstverständlich, obwohl oder gerade weil wir in einer Informationsgesellschaft oder in

---

[1]   Ich danke P. Rüdiger Funiok SJ für seine Ermunterung, diesen Beitrag zu schreiben, und für seine Hilfe bei der Literaturbeschaffung. Ferner danke ich meinen japanischen Kollegen Prof. Ryuji Endo und Prof. Haruo Oba von der University of Library and Information Science (Tsukuba) für die vielen interkulturellen Gespräche.
[2]   Martin Heidegger: Sein und Zeit. Tübingen: Niemeyer [13]1976. Hier S. 148–153.

einer *message society* leben.[3] Eine solche Theorie in Beziehung zu anderen vergangenen oder gegenwärtigen Verstehensentwürfen des Botschaftsphänomens und somit zu anderen Informationsgesellschaften zu setzen, bleibt weiterhin ein Desiderat der Forschung.[4] Wenn unter dieser Prämisse die Analyse sich mit Theorie und Praxis der Botschaft bei Franz Xaver (1506–1552) befasst, dann ist dieses Ziel nur innerhalb einer umfassenden interdisziplinären Arbeit zu erreichen. Das gilt sowohl in Bezug auf die Analyse des Botschaftsphänomens *bei* Franz Xaver als auch auf das Verständnis dieses Phänomens *durch* Franz Xaver selbst.

Angeletik im Umriss

Die Möglichkeit, andere Menschen in ihrem Denken und Handeln zu beeinflussen oder gar über sie zu herrschen, hängt unter anderem damit zusammen, inwieweit der Sender einer Botschaft für sich beanspruchen kann, sie zu bloßen (Befehls-)Empfängern zu machen. Diese Verteilungs- und Herrschaftsstruktur *Eins-zu-Vielen* kennzeichnet weitgehend nicht nur die Sendungen der Massenmedien im 20. Jahrhundert, sondern auch die *angeletische* Struktur früherer Kulturen, in denen die Hegemonie *eines* Herrschers durch das von ihm beanspruchte Botschaftsmonopol sanktioniert wurde.

Diese Struktur wurde, zumindest teilweise, in der abendländischen Tradition durch die Entstehung der Philosophie in Frage gestellt. Ich bezeichne diesen Vorgang als die Geburt der Philosophie aus dem Geiste der *angelía*.[5] Nicht die Götter dürfen Botschaften (mit einem *allgemeinen* und *im-*

---

[3]   Vgl. Rafael Capurro: Ethical Challenges of the Information Society in the 21st Century. In: International Information and Library Review 32 (2000), S. 257–276. Hier S. 276. Vgl. auch Albert Borgmann: Holding On to Reality. The Nature of Information at the Turn of the Millenium. Chicago: The University of Chicago Press 2000.

[4]   Zur Geschichte der Informationsgesellschaften vgl. neben Klassikern wie Harold A. Innis, Marshall McLuhan oder Vilém Flusser auch: Frank Webster: Theories of the information society. London. Routledge 1995. Ferner: Michael E. Hobart/Zachary S. Schiffman: Information Ages. Literacy, Numeracy, and the Computer Revolution. Baltimore/London: The John Hopkins University Press 1988.

[5]   Vgl. Rafael Capurro: On the Genealogy of Information. In: Klaus Kornwachs/Konstantin Jacoby (Hg.): Information. New Questions to a Multidisciplinary Concept. Berlin: Akademie Verlag 1996, S. 259–270 sowie: Rafael Capurro: Leben im Informationszeitalter. Berlin: Akademie Verlag 1995, S. 103–114.

perativen Charakter) senden, sondern *jeder* (männliche Bürger Athens) kann und soll sich fragen, was und wem er (selten: sie) etwas *zu sagen hat* und welche Begründung (*lógos*) er für eine *einem anderen mitgeteilten* Meinung (*doxa*) aufweisen kann. Das Medium dieser *doxologischen* Kultur im antiken Griechenland war die Oralität (*lógos*). Der philosophische Dialog versuchte in Auseinandersetzung mit der vertikal-hierarchischen Struktur mythischer Verkündung, menschliche Botschaften horizontal-dialogisch auszutauschen. Die Geburt der Philosophie hängt mit der Infragestellung des hierarchischen Mitteilungsmodus zusammen, *ohne aber aufzuhören, sich angeletisch zu verstehen*. Sie tut dies *missionarisch* in Form philosophischer Schulen. An der Stelle der göttlichen und dichterischen Sendung (*angelía*) tritt, in unterschiedlichem Maße, die philosophische Sendung (*lógos*) ein. Die Möglichkeit, durch philosophische *Schriften* eine Botschaft zu senden, die wiederum vom Empfänger zum Gegenstand einer eigenen Sendung gemacht werden kann, blieb bis zur Erfindung des Buchdrucks sehr beschränkt. Was aber wie eine Substitution aussieht, ist in Wahrheit die *Transformation* der dogmatischen in die doxologische Angeletik. Die *philosophía* bleibt, *contre-cœur* (?), *philangelía*. Woher bekommen die philosophischen *messages* ihre Legitimität? Nicht mehr von der Autorität von Göttern und ihren Boten – allen voran Hermes und den Dichtern, worauf Platon in seinem Dialog »Ion« eingeht – oder von den Herrschern und ihren Vermittlern, sondern vom gemeinsamen *mit-den-anderen-geteilten Logos*. Die Frage der Legitimation der horizontal ausgetauschten Botschaften, die Wahrheitsfrage also, ist der angeletische Stachel der Philosophie. Zu Beginn rekurriert der philosophische *lógos* noch auf die mythische hierarchische Struktur im Sinne der Autorität des Senders: ›*autós éphas*‹. ›*Er* hat das gesagt‹, so pflegten die Schüler des Pythagoras, des Namengebers der Philosophie, denjenigen zu antworten, die wagten, die Meinung des Meisters in Frage zu stellen, wie Cicero in *De natura deorum* (I, 10) berichtet. Paradoxerweise wird sich das Christentum der Logos-Begrifflichkeit bedienen, indem es aber zugleich den Botschaftgedanken in den Mittelpunkt rückt. Seit der Neuzeit sind es vor allem *wissenschaftliche* Autoritäten, in deren Namen die prognostische Wahrheit einer Mitteilung bekräftigt wird.

Die Antike kennt keine ausdrückliche *téchne angeletiké* oder *ars nuntiandi*, wenn man die Philosophie selbst nicht als eine solche verstehen will. Es gibt aber eine ausgebildete philosophische und theologische Engellehre sowie eine sowohl im Christentum als auch in anderen Religionen unterschiedlich aufgefasste und gepflegte Praxis und Reflexion der missionarischen Verkündung der göttlichen Offenbarung und der dazugehörigen

Religionspädagogik.[6] Die Engellehre wurde besonders durch die Aufklärung diskreditiert.[7] Über den säkularen Kern dieses Mythos haben wir aber heute keinen Grund mehr zu Lachen, denn sie macht die Realität unseres Informationszeitalters aus. Die Vorläufer einer anthropotechnischen Botschaftstheorie finden sich seit Beginn des 20. Jahrhunderts in Kybernetik und Informationstheorie sowie im Zusammenhang mit der Entwicklung militärischer Aufklärungstechnik im Zweiten Weltkrieg.[8] Das Botschaftsphänomen gewann an gesellschaftlicher Bedeutung in der Neuzeit durch die terrestrische Globalisierung des Briefsverkehrs und in der Gegenwart durch individuelle Kommunikationsmedien wie Fax und Telefon sowie zuletzt durch die elektronische Vernetzung. Die *electronic messages* haben eine paradigmatische Bedeutung für die entstehende Cyberkultur des 21. Jahrhunderts.

Die Kommunikationswissenschaften haben in Anschluss an Marshall McLuhans berühmten Spruch: *»The medium is the message«*[9] die Frage des Mediums thematisiert. Ich möchte die von Mihai Nadin vorgeschlagene Umkehrung dieses Satzes, nämlich: »Die Botschaft ist das Medium«[10], aufgreifen, um den Blick auf das Phänomen der Botschaft zu richten, worauf *eigentlich* McLuhans Spruch selbst hinweist. Die Medientheorie übersieht den Botschaftscharakter eines jeden Mediums. Weder sind aber Medien nur Botschaften noch reduziert sich der Sinn von Botschaft auf das Medium. Die hier anvisierte Angeletik versteht sich als eine interdisziplinäre Wissenschaft, die sowohl an technische als auch an kulturgeschichtliche Problemstellungen anknüpft[11] und sich an der Schnittstelle von Hermeneutik, Rhetorik, Pädagogik, Informationstechnik, Medienwissenschaft und – Theologie befindet.

Die Drucktechnik und die modernen Kommunikationsmedien haben wesentliche angeletische Veränderungen bewirkt. Das Privileg der Wenigen,

---

[6] Vgl. Rüdiger Funiok/Harald Schöndorf (Hg.): Ignatius von Loyola und die Pädagogik der Jesuiten. Donauwörth: Auer Verlag 2000.

[7] Vgl. Rafael Capurro: Ein Grinsen ohne Katze. Von der Vergleichbarkeit zwischen ›künstlicher Intelligenz‹ und ›getrennten Intelligenzen‹. In: Zeitschrift für philosophische Forschung 47 (1993), S. 93–102.

[8] Vgl. Fernando Elichirigoity: Planet Management. Limits to Growth, Computer Simulation and the Emergence of Global Space. Evanston/Illinois: Northwestern University Press 1999.

[9] Marshall McLuhan: Understanding Media: The Extensions of Man, New York: The New American Library 1964, S. 23.

[10] Mihai Nadin: Jenseits der Schriftkultur. Dresden/München: Dresden University Press 1999, S. 349–350.

[11] Vgl. z. B. Horst Wenzel (Hg.): Gespräche – Boten – Briefe. Körpergedächtnis und Schriftgedächtnis im Mittelalter. Berlin: Erich Schmidt Verlag 1997.

eine Botschaft zu senden, wurde allmählich zur Möglichkeit der Vielen und sogar zu einem Menschenrecht aller. Zum antiken *freedom of speech* und neuzeitlichen *freedom of the press* stellt sich heute als Herausforderung das *freedom of access*, d.h. die Freiheit *Informationen* im globalen Maßstab zu senden und zu empfangen. Paradoxerweise zeichnen sich die Massenmedien des 20. Jahrhunderts durch jene Eins-zu-Vielen-Struktur aus, die durch die Buchkultur aufgelockert worden war. Ein Schriftsteller zu werden, das Ideal der bürgerlichen europäischen Buchkultur, war zwar nicht für jedermann, aber auch nicht prinzipiell nur für die Wenigen offen. Nach der Französischen Revolution setzt sich in Europa mit der Verstaatlichung der Büchersammlungen von Kirche und Adel die Idee des öffentlichen Bibliothekswesens durch. Die Telefonie und zuletzt die elektronische Weltvernetzung bringen uns dem Zustand einer allgemeinen Botschaftskultur näher, wo im Prinzip jeder – *one-to-one, one-to-many, many-to-one, many-to-many* – eine Botschaft senden und empfangen kann. Das Internet ist kein Massenmedium, wohl aber ein Medium für die Massen. Es hat bereits eine grundlegende *angeletische* Veränderung im Leben von Millionen von Menschen bewirkt. Eine Überbietung des Internet durch eine *ubiquitäre* Computertechnik (*ubiquitous computing*) steht unmittelbar bevor. Die Frage des Vernetzt- oder Nicht-vernetztseins (*digital divide*) wird dabei immer mehr zum sozialen Sprengstoff künftiger Gesellschaften und ihres Zusammenlebens. Kommunikation und Macht sind zwei Seiten der *einen* Welt.

Der Ausdruck *Angeletik* als Kennzeichnung für eine nur in Ansätzen vorhandene Theorie der Botschaft,[12] bezeichnet demnach keine Lehre über heilige Boten und deren Botschaften. Aber die Analyse religiöser Missionserfahrungen kann mehr als eine Inspirationsquelle dafür sein, sofern sie nämlich eine theoretische und praktische Quelle der Reflexion über die Phänomene des Meldens, Verkündens, Mitteilens, Informierens, Bekanntmachens, Kundtuns und Dolmetschens darstellen. Die Angeletik will aber nicht nur an das Moment des Kundtuns oder Offenbarens in Mythos, Theologie und Philosophie erinnern, sondern ebenso sehr – um das andere Ende der Skala anzudeuten – jene Boten und Botschaften analysieren, die mit Absicht auf Profit alle möglichen Waren und Dienstleistungen verkünden, ja den realen und/oder digital-vermittelten Weltmarkt selbst als *die* wahre Botschaft preisen. Die Botschaftstheorie ist aber wie-

---

[12] Vgl. Rafael Capurro: Theorie der Botschaft. Beitrag zur Tagung »Transdisziplinäre Kommunikation«, Universität Salzburg, 25.–26. April 2001 (Proceedings in Dr.). Auch in: http://www.capurro.de/botschaft.htm

derum selbst weder ein *euangelion* noch ein *dysangelium*. Ihre Sache geht als *Tat*sache der hermeneutischen Arbeit des Erklärens und Auslegens voraus. Als Botschafts*theorie* will sie der Tat*sache* der Mitteilens Rechnung tragen, indem sie diese *zur Kenntnis* bringt. Hermeneutik und Angeletik bleiben sowohl theoretisch als auch praktisch aufeinander angewiesen: Die Mitteilung einer Botschaft setzt ein Vorverständnis als Grundlage einer Deutung voraus und umgekehrt, nur durch die Mitteilung kann sich ein Vorverständnis (weiter) ausbilden.

Während die Medienwissenschaft fragt: ›Was sind Medien?‹ geht die Angeletik von der Frage aus: ›Was sind Botschaften?‹. Wann genau sprechen wir von Botschaften in Zusammenhang menschlicher Kommunikation? In Anschluss an Niklas Luhmanns Unterscheidung zwischen »Mitteilung«, »Information« und »Verstehen«,[13] möchte ich den Botschaftsbegriff auf »Mitteilung«, d.h. auf das »Sinnangebot« beziehen. Botschaft im Sinne von »Mitteilung« ist ein heteronomer Begriff. Sender und Empfänger können zwar ihre Stellung wechseln, aber nicht den Modus ihres Bezugs: Der Empfänger kann *als* Empfänger keine Botschaft anfordern. Er kann aber selber zum Sender werden und damit die Heteronomie umkehren. Ferner schließt dieses Phänomen das Moment der Neuheit ein. Eine Botschaft verursacht Überraschung oder zumindest Ungewissheit. Sie bewirkt eine Differenz, was wiederum mit Gregory Batesons bekannter Definition von Information als »ein *Unterschied, der einen Unterschied ausmacht*« übereinstimmt.[14] Sie ist, zumindest aus der Sicht des Senders, immer *relevant* für den Empfänger. Sie kann durch verschiedene Medien oder *Boten* übertragen, d.h. *angeboten* werden. Sie hat einen – im umfassenden Sinne – *sprachlichen* Charakter und schließt somit z.B. Bilder, Töne und Gestik ein. Botschaften lösen beim Empfänger einen Verstehensprozess aus, und zwar auch dann, wenn dieser das Sinnangebot ablehnt. Der Heteronomie der Botschaft steht die Autonomie des Deuters gegenüber.

Botschaften sind also, so können wir diese vorläufige Wesensdeutung zusammenfassen, eine besondere Art von Sprechhandlungen, die auf eine bestimmte Wirkung auf den Empfänger zielen. Sie sind *pragmatische Mitteilungen*. Anstelle einer Sprechhandlung können auch Gegenstände *als* Botschaften aufgefasst werden. Die Sprechhandlung bleibt dabei implizit. Wir können uns zwei extreme Formen seitens des Senders bzw. des Emp-

---

[13] Niklas Luhmann: Soziale Systeme. Frankfurt am Main: Suhrkamp 1987. Hier S. 196.
[14] Gregory Bateson: Ökologie des Geistes. Frankfurt am Main: Suhrkamp 1985. Hier S. 582.

fängers einer Botschaft vorstellen: Auf der einen Seite der Glaube eines Senders und/oder eines Boten, eine Botschaft für alle Menschen aller Zeiten zu besitzen und, auf der anderen Seite, der umgekehrte Glaube eines Empfängers, der alles als eine auf ihn gerichtete Botschaft auffasst. Beide Fälle sind als Verfallsformen vorstellbar, die sich dann einstellen, wenn die Kluft zwischen dem Kategorialen und dem Transzendentalen, um es Kantisch auszudrücken, nicht wahrgenommen wird. Universale *heilige* Botschaften, wie im Falle der Religionen, befinden sich auch im Grenzbereich, sofern sie nämlich den Unterschied zwischen Glauben und Wissen nicht aufheben und ihre Glaubensverkündung als Sinnangebot verstehen. Wir können Botschaften auch in Bezug auf ihr Ziel, ihre Form, ihren Inhalt und ihren Produzenten bestimmen, was aber hier nicht weiter ausgeführt werden kann.[15] Franz Xaver hatte eine starke, d. h. universell ausgerichtete *heilige* Botschaft. Zugleich bemerkte er am 29. Januar 1552, dass er »niemals schreiben könnte, wieviel er denen in Japan verdankt«.[16] Der Überbringer der christlichen Botschaft empfand sich nach zwei Jahren auch als dankbarer Empfänger der Lehre Japans.

Theorie und Praxis der Botschaft bei Franz Xaver

Den Schwerpunkt der folgenden Analysen bilden einige Ereignisse in Zusammenhang mit Franz Xavers Japan-Mission.[17] Seine Japanfahrt begann in Cochin (Indien) am 25. April 1549 in Begleitung von P. Cosme de Torres, dem Bruder Juan Fernández und drei zum Christentum bekehrten Japanern, nämlich Antonio, Juan und Pablo, der aus Kagoshima, im Süden der Insel Kyushu, stammte – jener Stadt wo die Gruppe am 15. August 1551 ankam und von Pablos Verwandten »mit viel Liebe« empfangen wur-

---

[15] In seiner *Kommunikologie* (Mannheim: Bollmann 1996) unterscheidet Vilém Flusser zwischen einem dialogischen und einem diskursiven Kommunikationsziel, je nachdem, ob eine Botschaft erzeugt oder verbreitet werden soll.

[16] Cartas y Escritos de San Francisco Javier anotadas por el P. Felix Zubillaga S.I. Madrid: La Editorial Católica 1953, Doc. 97, S. 421 (Übers. des Vf.). – Alle Zitate, in der Übersetzung des Verfassers, aus den Briefen Franz Xavers beziehen sich, wenn nicht anders vermerkt, auf diese Ausgabe. Im Text wird lediglich auf die Nummer des jeweiligen Briefes und auf die Seite verwiesen. Xavers Briefe sind öfter in einer Mischung aus Portugiesisch, Spanisch und Latein geschrieben.

[17] Bezüglich der historischen Angaben beziehe ich mich auf die Darstellung von Georg Schurhammer: Franz Xaver. Sein Leben und seine Zeit 2/3 (Japan und China 1549–1552). Freiburg im Breisgau: Herder 1973 sowie auf Paul Aoyama Gen: Die Missionstätigkeit des heiligen Franz Xaver in Japan aus japanischer Sicht. St. Augustin: Steyler Verlag 1997.

de (Doc. 90, S. 369).[18] Alle drei hatten in Goa, so Xaver, »lesen und schreiben gelernt« und die Exerzitien gemacht (Doc. 85, S. 349). Im selben Brief aus Malakka schreibt Xaver über sein Missionsziel: »Wenn wir in Japan ankommen, sind wir entschlossen, auf die Insel zu fahren, wo der König wohnt, und ihm die Botschaft darzulegen, die wir von Jesus Christus haben.« (Doc. 85, S. 351)[19] Wir sind im Zeitalter der »terrestrischen Globalisierung« (Sloterdijk).[20] Sie vollzieht sich zu Wasser und zu Land. Ferner stellen Briefe ein wichtiges Medium der Gemeinschaft dar. Xavers Korrespondenz ist dafür ein eindrucksvolles Zeugnis. Dabei ist aber zu berücksichtigen, dass der Briefverkehr zwischen Goa und Rom etwa acht Monate dauerte (Doc. 59, S. 237). Die christlich-jesuitische Gemeinschaft wird besonders durch die »Exerzitien« zusammengehalten. Vortrag, Meditation und Gebet stellen sozusagen die Beziehung der Boten untereinander sowie zu jenem *Sender* her, von dem die zu verbreitende Gute Botschaft (*euangelion*) stammt.[21] Ein solches tele-metaphysisches Netz zwischen dem Sinnlichen und dem Übersinnlichen funktioniert nach genauen Regeln, wozu vor allem jene Ignatianischen »Regeln für die Unterscheidung der Geister« gehören, die in den auch *ethisch* gemeinten *Regulae ad directionem ingenii* (1628) des von den Jesuiten erzogenen René Descartes eine säkulare Übersetzung finden.[22] Allerdings, schrieb Xaver an P. Gonzalo Rodriguez am 22. März 1552, »Gott unser Herr weiß wieviel lieber ich Euch sehen als schreiben würde, denn es gibt viele Dinge,

---

[18] Pablo de Santa Fe (geb. um 1512), dessen japanischer Name *Anjirô* war, stammte aus dem niederen Kriegerstand und war mit portugiesischen Händlern nach Goa gekommen. Nachdem er über seine Jugendsünden – er wurde wegen Totschlag verfolgt – den portugiesischen Seefahrern erzählt hatte. Diese empfahlen ihm, nach Malakka zu kommen und mit Xaver darüber zu sprechen. Pablo wurde 1548 getauft (Doc. 59, S. 233–234). Vgl. Paul Aoyama – Die Missionstätigkeit, S. 29.

[19] Die etymologische Herkunft des spanischen Wortes *embajada* (Botschaft) ist ungewiss: *ambactus* bedeutet soviel wie pflügender Bauer (*servus arans*) oder, allgemeiner, jemand, der ein Amt ausübt und dabei (herum-) geführt wird. Im Englischen wurde das Wort *embassy* erst seit dem 17. Jahrhundert gebräuchlich.

[20] Peter Sloterdijk: Sphären II. Globen. Frankfurt am Main: Suhrkamp 1999. Hier S. 801. Die Jesuiten, so Sloterdijk, »waren die erste *news group*, die über ihr spezifisches Netz kommunizierte« (S. 968).

[21] Gerhard Friedrich: Art. *euangelizomai*. In: Gerhard Kittel (Hg.): Theologisches Wörterbuch zum Neuen Testament. Stuttgart: Kohlhammer 1955, weist darauf hin, dass in den semitischen Sprachen im Stamm *bsr* die Bedeutung ›etwas Erfreuliches melden‹ enthalten ist. Das Griechische, das Latein sowie die modernen Sprachen mussten ein Kompositum bilden (S. 705). Vgl. dazu Rafael Capurro: Information. Ein Beitrag zur etymologischen und ideengeschichtlichen Begründung des Informationsbegriffs. München: Saur 1978, S. 46–49.

[22] Vgl. Rafael Capurro: Leben im Informationszeitalter. Berlin: Akademie Verlag 1995, S. 33.

110

die man viel besser macht durch Worte und leibliche Anwesenheit als durch Briefe.« (Doc. 102, S. 439)

Eine so gebildete (Heils-)Gemeinschaft verfügt *ad intra* über ein Vorverständnis, das bei der Botschaftsverkündung nicht vorausgesetzt werden kann. Das gilt natürlich für den *harten Kern* der Heilsbotschaft, sofern dieser auf einer übernatürlichen Offenbarung basiert. Da eine solche Offenbarung aber wiederum in diesem Fall kategorial oder *inkarniert* stattfindet, ergibt sich *ad extra* ein spezifisches angeletisches Dilemma, das darin besteht, entweder den Inhalt der christlichen Heilsbotschaft so an das Vorverständnis des Empfängers anzupassen, dass dabei das eigentlich Überraschende und eine Differenz Erzeugende bis zur Unkenntlichkeit verwischt wird oder dieses in einer kulturellen Form wiederzugeben, die vom *fremden* Empfänger im wahrsten Sinne des Wortes nicht verstanden wird. Wenn also der Botschaftsüberbringer *erfolgreich* sein will, tut er gut daran, sich über den Anderen, seine Kultur und seine Sprache, zu informieren und – ins Gespräch mit ihm zu kommen.

Xaver lässt sich von Pablo Einiges über die Wesensart der Japaner erzählen. So zum Beispiel, dass sie geistige Übungen praktizieren, die aus einem Vortrag, einer einstündigen Meditation und einem sich anschließenden Gespräch bestehen.[23] Gegenstand der Meditation ist zum Beispiel, was die Seele im Augenblick des Todes dem Körper sagen würde. Ferner will Xaver im Voraus wissen, ob Pablo sich an irgendeinen gepredigten Grundsatz erinnert, worauf dieser z. B. auf Stehlen und Lügen hinweist und hinzufügt, dass die Japaner einen großen Wissensdrang haben (Doc. 85, S. 353–354; Doc. 59, S. 234). Zwei Jahre später wird Xaver bemerken, dass dieser sich auf die »Sphäre« d. h. auf die Himmelserscheinungen bezieht. Er wird empfehlen, dass diejenigen, die nach Japan in seiner Nachfolge kommen, »Sophisten« sein sollten, geübt in der Kunst der Dialektik, um die Anderen von der Botschaft zu überzeugen, so dass ihre Einwände sich als widersprüchlich erweisen (Doc. 110, S. 467). Pablo hatte ihm erzählt, dass die Japaner ihn viele Fragen stellen und besonders darauf achten würden, ob er so lebte, wie er predigte (Doc. 59, S. 234). Xaver lässt sich auch vom Kapitän Jorge Alvarez, einem befreundeten portugiesischen Händler, einen schriftlichen Bericht über die Japaner erstellen, in dem dieser erzählt, dass die (Yamabishi-)Priester wie Laien gekleidet sind, Waffen tragen und sich den für Buddhisten typischen »Juzu« (Rosenkranz) um

---

[23] Gemeint ist vermutlich auch das »Gôko-e«, d. h. jene 90tägigen Exerzitien, die die Zen-Mönche einmal im Winter und einmal im Sommer verrichteten. Paul Aoyama – Die Missionstätigkeit, S. 23.

den Hals binden. Laut Alvarez würde Xaver mehr Erfolg mit seiner Mission in Japan als in Indien haben, da die Japaner »sehr verständige Leute sind« (»*gente de mucha razón*«) (Doc. 59, S. 234–235).[24] Bereits anhand dieser Hinweise wird klar, mit welchen gewaltigen interkulturellen Fragen nicht nur die Missionare, sondern auch die Händler konfrontiert waren. Dass Xaver sich von Alvarez berichten lässt, zeigt, dass er sich, bei aller Verschiedenheit der jeweiligen Botschaften und der damit verbundenen Ziele, über gemeinsame Probleme bewusst war. Zu den letzteren gehörten auch die Naturgewalten: Wenn von drei Schiffen, die nach Japan starteten, drei ankamen, war das eine große Rettung! (Doc. 85, S. 352). Alvarez' Hinweis auf die Verständigkeit der Japaner zeigt wiederum sein Einfühlungsvermögen bezüglich dessen, worauf es bei der Xaver interessierenden Sache *auch* ankam, nämlich auf ein Sinnangebot, das im Gespräch *ausgehandelt* wird.

Das Sprachproblem stand naturgemäß im Mittelpunkt von Xavers Vorbereitungen. Der bei seiner Ankunft in Japan 22 Jahre alte Bruder Fernández lernte Japanisch auf der Reise und wurde auch Dolmetscher des 45 Jahre alten Xaver und des 38 Jahre alten Torres. Paul war sprachbegabt: Er hatte innerhalb von acht Monaten, so berichtet Xaver, Portugiesisch in Wort und Schrift gelernt (Doc. 70, S. 282) und kannte das Matthäusevangelium auswendig, das er mit japanischen Schriftzeichen niedergeschrieben und in mehreren Teilen eingeteilt hatte, so dass er es besser behalten konnte.[25] Da er aber von den gelehrten Quellen des Buddhismus vermutlich wenig Ahnung hatte,[26] waren er und Xaver einer doppelten Gefahr ausgesetzt: zum einen, der verhängnisvollen Verwechslung (Homonymie) von zentralen christlichen und japanischen Begriffen, zum anderen des wechselseitigen Missverständnisses (Äquivokation). Am Anfang waren sie schweigsam »wie Statuen«, da sie die Sprache nicht kannten. Xaver selbst bemühte sich, sie »nach Kindesart« zu erlernen (Doc. 90, S. 380).

Er war sich bewusst, dass der Erfolg seiner Mission nicht zuletzt von seinem Verhältnis zu den herrschenden Schichten abhängen würde. Das lässt eine doppelte angeletische Strategie, nämlich eine *top-down* und eine *bottom-up*, erkennen. Nicht zu vergessen ist dabei, dass Juan III., König von

---

24 Vgl. ebd., S. 37.
25 So Paul in einem Brief vom 5. November 1549 aus Kagoshima an die Jesuiten in Goa. Zitat ebd., S. 28–29.
26 Ebd., S. 34.

Portugal, Xaver vor seiner Abreise nach Indien 1541 die Ernennung als päpstlicher Nuntius für Ostindien überreicht hatte. Zur *top-down*-Strategie gehörte zum Beispiel sein Besuch am Hof von Bungo bei Ôtomo Yoshishige – jenem 22 Jahre alten Herzog, der später zum Christentum konvertierte und den Namen *Francisco* annahm, dem die oben erwähnten Gärten im Daitoku-ji Kloster gewidmet sind – sowie beim japanischen Kaiser in »Miyako« (Kyôto). Er sei dazu entschlossen, schrieb er an Ignatius am 12. Januar 1549, zuerst beim »König« vorstellig zu werden, um die Missions-Erlaubnis zu bekommen. Sie bekamen aber keine Audienz, und als sie erfuhren, dass der Kaiser keine Macht hatte, bemühten sie sich nicht weiter darum (Doc. 96, S. 407). »Nach 11tätigen Aufenthalt in Kyôto«, so Aoyama, »kehrten Xaver und seine Gefährten nach Sakai zurück und von da nach Hirado. Bei dieser Rückreise, die in der Zeit von Ende Januar bis Anfang März erfolgte, litten sie viel mehr als früher unter Kälte, Schnee, Eis und Wind. Trotz der großen Reisestrapazen übte Xaver dennoch verschiedene Liebesdienste auf dem Weg«. Er nahm z. B. »von den Herbergen einige trockene Früchte mit, die man ihm für sein Geld gab und die er in seine Brust oder die Ärmel steckte; und wo er Kinder auf den Straßen spielen sah, teilte er davon unter sie aus und gab ihnen seinen Segen«.[27] Damit sind wir bei der *bottom-up*-Strategie angekommen und bei dem, was die Japaner sehr schätzten, nämlich jemand der genau so handelt, wie er predigt (»*si vivía conforme a lo que hablaba*«) (Doc. 59, S. 234). Allerdings, so stellte Torres fest, wurden sie »viele Male von den jungen Burschen mit Steinen beworfen«. Sie waren »immer zu Fuß und viele Male barfuß wegen der sehr großen Flüsse, die es in diesem Lande gibt (denn es regnet in ihm fast immer)«.[28]

Über die Reise von Yamaguchi zu Ôtomo Yoshishige nach Bungo, die etwa fünf bis sieben Tage in Anspruch nahm, berichtet Schurhammer:

> Xaver reist fast Mitte September mit 2 christlichen Fidalgos, sowie Bernardo und Matheus von Yamaguchi ab, seinem Brauch gemäß zu Fuß, ein Bündel mit dem Altarstein, Messkelch und den Ornamenten auf dem Rücken, die er als heilige Dinge nie einen anderen tragen ließ, um sich in einem Hafen der Provinz Suwô nach Bungo einzuschiffen. Er war bereits 2 Tage unterwegs und seine Füße waren angeschwollen, da er ein Jahr lang nicht mehr gewandert war, als er einige Portugiesen traf, die ihm entgegengeritten waren. Duarte da Gama hatte sie mit einem Fahrzeug übers Meer zur Gegenküste von Suwô geschickt, den Pater ab-

---

[27] Ebd., S. 125.
[28] Zitat nach Georg Schurhammer – Franz Xaver, S. 285.

zuholen, und sie waren von dem Hafen eine halbe Meile landeinwärts geritten, bis sie ihn trafen. Da er das angebotene Reittier ablehnte, begleiteten sie ihn zu Fuß bis zum Hafen, wo er ihr Fahrzeug bestieg und mit ihnen nach Bungo zum Hafen von Figi fuhr, wo er das Portugiesenschiff Duarte da Gamas traf und sich von den beiden japanischen Fidalgos verabschiedete, die ihn im Namen aller Christen Yamaguchis bis dahin begleitet hatten.[29]

Hervorheben möchte ich dabei Xavers »angeschwollene Füße«, die zu jenen körperlichen Strapazen gehören, die er bei der Verbreitung seiner Botschaft teilweise freiwillig auf sich nahm: *Sein Leib war Teil seiner Botschaft.* Der Lohn dafür war die Genugtuung (»*placer*«), die er empfand, als er die »Heiden« in Disputationen überzeugen und bekehren konnte (Doc. 96, S. 4419).

Er bewundert das asketische Leben der Japaner, ihr sparsames Essen, »wenngleich nicht so ganz beim Trinken, und sie trinken Reiswein, denn es gibt keinen Weinbau in diesen Gegenden« (Doc. 90, S. 370). »Sie töten und essen nicht das, was sie züchten, manchmal essen sie Fisch und Reis und Getreide, wenngleich wenig« (Doc 90, s. 381). Die Leute sind gesund und werden alt: »Wir leben in diesem Land körperlich sehr gesund. Möge Gott, dass es unseren Seelen auch so geht!« (Doc. 90, S. 381–382) Japan ist ein kaltes Land und es gibt keine Betten (Doc. 110, S. 467). »Diejenigen, die in diesen Ländern leben, sind diskret und scharfsinnig. Aber es gibt nur Reis zu essen. Auch etwas Getreide und Gemüse und andere Dinge von wenig Substanz. Sie machen Reiswein und es gibt keinen anderen, und dieser ist teuer und wenig. Und die größte Herausforderung sind die ständigen und offensichtlichen Todesgefahren.« (Doc. 97. S. 423). Xaver hält vor allem Flamen und Deutsche als besonders geeignet für die Japan-Mission, sofern sie nämlich wegen mangelnder Sprachkenntnisse in Spanien oder Italien nicht predigen können und – mit einem kalten Klima besser auskommen (Doc. 97, S. 423). Nach zweieinhalb Jahren hatte Japan sein Haar gebleicht.[30] Über die Begegnung mit Ôtomo Yoshishige schreibt Schurhammer:

> **Yoshishige** wünschte ein Freundschaftsbündnis mit dem König Portugals zu schließen. Er hörte den Pater mit Interesse an, als er ihm vom christlichen Glauben sprach. Er gab ihm gern die Erlaubnis, in seinem Lande zu predigen, und ließ ihm eine Wohnung in Okinohama anweisen, wo das Schiff Duarte da Gamas vor

---

29 Ebd., S. 265.
30 Ebd., S. 317.

Anker lag und die Portugiesen ihre Waren verkauften, und ließ es an Aufmerk-
samkeiten aller Art nicht fehlen und ihn aufs Beste mit allem versorgen. Zur
sofortigen Annahme des christlichen Glaubens und dessen strengen Sittenvor-
schriften konnte er sich freilich noch nicht entschließen. Musste er ja auch fürch-
ten, dadurch seinen immer noch recht unsicheren Thron zu gefährden, da manche seiner mächtigen Vasallen einen solchen Schritt zum Anlass nehmen
konnten, sich gegen ihn zu erheben.[31]

Fast dreißig Jahre später, als er im Jahre 1578 zum Christentum konvertierte, erzählte Yoshishige, wie er 1545 von einem portugiesischen Kaufmann namens Diogo Vaz beeindruckt war:

> Da fragte ich ihn, ob er zu den Kamis und Hotokes (= den shintoistischen und
> buddhistischen Göttern) bete. Er aber lachte und sagte, er bete nur den Schöpfer
> des Himmels und der Erde an, den Erlöser der Welt. Diese Worte habe ich nie
> vergessen, und es schien mir, wenn er als Kaufmann und Laie trotz aller Geschäf-
> te sich täglich die Zeit zum Gebet nehme, dann müsse es etwas Wichtiges sein um
> die Verehrung seines Gottes.[32]

Von Paul wusste Xaver, dass die Japaner ihr »Gesetz« von Indien über
China bekommen hatten, worüber er Ignatius einen langen Bericht (»*muy
larga información*«) schreiben will (Doc. 70, S. 282). Am 5. November
1549 erzählt er von einer Begegnung in Kagoshima mit einem Weisen[33]
namens »Ninxit« (Ninshitsu), der im Gespräch unschlüssig war, ob die
Seele unsterblich ist oder nicht: »einmal sagt er mir ja, andere Male wiederum nein«. Dazu bemerkt Aoyama:

> Der Begriff »Seele« ist in den Zen-Sekten nämlich von dem des Christentums
> sehr verschieden. Das absolute Wesen, das der Welt und der Seele innewohnt,
> wurde bei den japanischen Zen-Mönchen verschieden benannt: »Kokoro« (das
> Herz), »Ware« (das Ich) usw. Man machte aber dabei einen klaren Unterschied
> zwischen diesem Absoluten und dem Ich im gewöhnlichen Sinne, welches man
> oft auch »Shôga« (das kleine Ich) nannte und von dessen egoistischen Neigungen
> man sich zu befreien suchte. Im religiösen Gespräch der Zen-Mönche konnte
> darum häufig dasselbe Wort zwei voneinander verschiedene Wesen bezeichnen,

---

[31] Ebd., S. 274.
[32] Zitat nach Paul Aoyama – Die Missionstätigkeit, S. 157–158.
[33] Die Führer einer Dorfgemeinde wurden »Bôzu« (Herr der kleinen Ortschaft) genannt. Gemeint waren aber nicht die gebildeten und beim Volk angesehenen Mönche. Xaver verwendet
das Wort undifferenziert. Vgl. Paul Aoyama – Die Missionstätigkeit, S. 61 In Bezug auf Ninshitsu spricht er von einem »Bischof« (*»obispo«*). Ninshitsu war, so Aoyama (S. 72), Rektor des
Sôtô-Klosters Fukushô-ji.

wie das Wort des hl. Paulus »Ich lebe – nein nicht mehr ich, sondern Christus in mir«.[34]

Xavers Übersetzer Paul war bei einer solchen gelehrten Diskussion offensichtlich überfordert. Xaver fürchtete, dass die anderen Gelehrten nicht so sind wie dieser »sein Freund, der wunderbar ist«. Alle, Priester und Laien, wundern sich aber, so Xaver, dass sie von so weit her kommen (»*que son más de seis mil leguas*«), »bloß um über diese Dinge über Gott zu sprechen, und wie die Leute ihre Seelen retten können, indem sie an Jesus Christus glauben, und indem wir sagen, dass wir in diese Länder kommen, weil es Gottes Wille ist« (Doc. 90, S. 372). Ein Grund für die Echtheit dieser Freundschaft findet Aoyama in der folgenden von Br. Almeida tradierten wunderbaren Anekdote, die er in Kagoshima von Ninshitsus Schülern erfuhr und welche auch nicht nur die Identität und die Differenz, sondern auch das gegenseitige Nicht-Verstehen zwischen Christen und Zen-Buddhisten versinnbildlicht:

> Jene Bonzen (in Fukushô-ji) haben den Brauch, dass sie sich in einem Jahre 100 Tage lang für eine oder zwei bestimmte Stunden in Betrachtung versenken, was sie Zazen nennen […] In ihrer Körperhaltung zeigen sie eine solche Bescheidenheit, Sammlung und Ruhe, als wären sie in göttlicher Beschauung verzückt. Als P. Magister Francisco einmal mit diesem alten Bonzen, dem Oberen des Klosters, durch den gemeinsamen Raum schritt, wo alle Bonzen (gerade) damit beschäftigt waren, ihre Betrachtung zu halten, fragte der Pater Ninjit: ›Was tun diese Ordensleute hier?‹ Da lächelte jener und antwortete ihm: ›Die einen berechnen, wieviel sie die vergangenen Monate von ihren Gläubigen eingenommen haben; andere überlegen, wo sie bessere Kleider und Behandlung für ihre Person bekommen können; andere denken an ihre Erholungen und ihren Zeitvertreib; kurz, keiner an etwas, das irgendwelche Bedeutung hätte.‹[35]

Das Interesse der Gebildeten an den Missionaren mag auch darin begründet gewesen sein, wie Aoyama bemerkt (S. 76), dass diese nicht aus Europa, sondern aus Tenjiku (Indien), der Heimat Buddhas, kamen. »Die Leute bewunderten Paul«, so Aoyama, »weil er als erster Japaner Indien gesehen hatte.« (S. 48) Das Interesse der Herrschenden lag sicherlich auch an den von den Portugiesen mitgebrachten Waren und Waffen sowie an der Möglichkeit, durch den neuen Glauben, sich Machtverhältnisse zu sichern. Am 5. November 1549 berichtet Xaver aus Kagoshima von seinem Vorhaben, die »Grundsätze des Glaubens« durch Paul ins Japanische

---

[34] Paul Aoyama – Die Missionstätigkeit, S. 72–73.
[35] Zitat nach ebd., S. 74.

übersetzen und drucken zu lassen, denn »die wichtigsten Leute können lesen und schreiben«, und »wir können nicht überall hinfahren« (Doc. 90, S. 387). Sie verfertigten eine lateinische Transkription, die des Japanischen nicht kundige Missionare auf Straßen laut vorlesen konnten (Doc. 96, S. 405–406). Schurhammer schreibt:

> Eine gewisse **Methode** war bereits festgelegt. Der Katechismus, das in Kagoshima verfasste Buch, von dem die Neubekehrten in Yamaguchi bereits Abschriften in sino-japanischer Schrift hergestellt hatten, diente als Grundlage für den Unterricht. An dessen Lesung schlossen sich Ansprachen und an diese Disputationen an, bei denen der sprachgewandte Bruder Fernández als Dolmetscher diente. Mit Hilfe von Auszügen, welche die Neubekehrten aus den buddhistischen heiligen Büchern machten, hatte man die Hauptlehren der einzelnen Sekten und ihre Überlieferungen über das Leben ihrer Hauptgötter Shaka und Amida kennengelernt und bestimmte Fragen für jede Sekte zusammengestellt, die man deren Anhängern bei deren Besuch vorlegte, sowie die Argumente, die ihre Irrtümer widerlegten. Für den Gottesnamen war der Ausdruck Dainichi durch das lateinische Deus ersetzt worden, um Missverständnisse bei den Buddhisten zu vermeiden. Was aber die von den abendländischen so verschiedenen Sitten und Gebräuche Japans betraf, war Xaver für weitgehende **Anpassung**. ›Wenn etwas‹, so legte er Torres ans Herz, ›keine Beleidigung Gottes ist, dann scheint es das Vorteilhafteste zu sein, nichts zu ändern, falls eine Änderung nicht mehr zum Dienste Gottes gereicht.‹ Und das wollte er verstanden wissen von der Kleidung, dem Essen und ähnlichen Dingen, die in sich indifferent waren, deren Änderung aber Ärgernis geben konnte.[36]

Die Nutzung des lateinischen Ausdrucks *Deus* sollte also zur Unterscheidung zwischen dem *wahren* Gott der Missionare und dem *falschen* Gott der Shingon-Sekte, dem als Erzeuger der Welt angebeteten »Dainichi«, dienen. In Wahrheit aber, so berichtet Xaver am 29. Januar 1552 aus Cochin, *klang* der lateinische Ausdruck wie »Dayuzo«, was soviel wie »große Lüge« bedeutet. Ein gutes Argument, um sich dem neuen Gott nicht anzuschließen und um darüber zu spotten (Doc. 96, S. 413–414) und ein Beispiel auch dafür, wie eine angebliche Lösung des *angeletischen Dilemmas*, des Übersetzers-Dilemmas also, auch und gerade in prinzipiellen Fragen, sich ins Gegenteil verkehren kann: Anstelle einer Unterscheidung findet eine Äquivokation statt. Für einen nicht nur im christlichen Glauben, sondern auch in der abendländischen Prinzipien-Metaphysik wurzelnden Missionar war dies der *Weg der Dialektik*. Nach jeder Predigt gab es, wie Xaver mehrmals betont, »sehr lange Disputationen« (Doc. 96, S. 407). Der

---

[36] Georg Schurhammer – Franz Xaver, S. 253.

Weg des Herzens führte zwar, wie im Falle der Freundschaft mit Ninshitsu, zu einer gemeinsamen *menschlichen* Ebene, ohne aber von hier aus die Perspektive des Anderen annehmen zu können.

Auf Xavers Wunsch verfertigte Fernández die spanische Übersetzung des Protokolls einer solchen Disputation, die er im Auftrag von P. Torres in japanischer Sprache aufgeschrieben hatte. Hier ein kleiner Auszug, der teilweise auch in einem Brief Xavers zu finden ist (Doc. 96, S. 408–409):

> Zuerst kamen viele **Zen-shû**, Patres und Laien. Wir fragten sie, was sie täten, um Heilige zu werden. Sie antworteten lachend: es gebe keine Heiligen; es sei also gar nicht notwendig, sich seinen Weg zu suchen. Denn nachdem jenes große **Nichts** ins Dasein getreten sei, könne es nichts anderes tun, als sich wieder ins Nichts zu verwandeln.
>
> Wir fragten sie viele Dinge, um ihnen klarzumachen, *dass es ein Prinzip gebe, das allen anderen Dingen ihren Anfang gibt.*
>
> Sie gaben zu, dass dem so sei, indem sie sagten: ›Dies ist ein Prinzip, aus dem alle Dinge hervorgehen: Menschen, Tiere, Pflanzen. Jedes geschaffene Ding hat in sich dieses Prinzip und wenn der Mensch oder das Tier sterben, dann verwandeln sie sich in die vier Elemente, in das, was sie waren, und dies Prinzip kehrt zurück in das, was es ist.‹ Dieses Prinzip, sagen sie, ist weder gut noch böse, hat weder Seligkeit noch Schmerz, stirbt nicht und lebt nicht, so dass es ein Nichts ist. […]
>
> **Andere** kamen und fragten: ›Was ist Gott?‹
>
> Wir antworteten ihnen: ›Von allen Dingen, die es gibt, wissen wir, dass sie einen Anfang hatten. Wir wissen aber wohl, dass sie nicht aus sich selber ihren Anfang nahmen. Darum gibt es ein Prinzip, das ihnen allen ihren Anfang gab. Dies hatte keinen Anfang und wird kein Ende haben, und dies nennen wir in unserer Sprache Gott.‹
>
> Sie fragen, ob er einen Körper habe, und ob man ihn sehen könne?
>
> Wir antworteten ihnen […][37]

Eine solche Disputation setzt gegenseitige Kenntnisse etwa der griechischen Metaphysik und ihrer scholastischen Umdeutung, der christlichen Schöpfungslehre, der Buddhistischen Auffassung des Nichts, des Ignatianischen *»Principio y Fundamento«* usw. voraus, will sie mehr als eine *sophistische* Übung sein. Die »Bonzen«, so Xaver, widmen sich der Meditation, und manche kommen dabei sogar auf den Gedanken eines »Prinzips«. Da sie aber keine Bücher und folglich auch »keine Autoritäten« darüber haben, teilen sie dies den anderen nicht mit (Doc. 96, S. 416). Diese Bemerkung ist nicht nur interessant bezüglich der dem Buch beigemessenen Bedeutung als Medium und Legitimationsinstanz, sondern

---

[37] Zitat nach ebd., S. 299–302.

auch bezüglich des Hinweises auf die *eigene* Suche eines Denkweges, der unter Umständen dorthin führt, wo der Andere sich befindet. Allerdings wird dies *hier* von Xaver nur einseitig wahrgenommen.

Aoyama berichtet, dass die Japaner im 16. Jahrhundert nicht so sehr die Kraft und die Intelligenz des Menschen hochschätzten, »sondern das zartsinnige Gefühl der Liebe und das Leiden um der Liebe willen. Die duldenden Shintô-Gottheiten [...] wurden vom Volk hoch verehrt. Nach dem Glauben des damaligen Volkes verdienten diese Gottheiten durch ihr Leiden bzw. durch ihren leidvollen Tod das Glück ihres Sohnes und wurden durch diesen Sohn wieder vom Leiden befreit oder ins Leben zurückgebracht. In den zeitgenössischen Gemälden ist das Leiden bzw. der leidvolle Tod dieser Gottheiten aus tiefer Verehrung ihres Leidens sehr ausdrucksvoll und schmerzvoll dargestellt.«[38] Kein Wunder also, dass die einfachen Leute während einer Straßenpredigt anfingen zu weinen, als es beim Leben Christi um seine Passion ging, wie Xaver berichtet (Doc. 96, S. 406). Über Xavers *bottom-up*-Methode schreibt Aoyama: »Xaver predigte häufig auch dem gewöhnlichen Volk vor dem Haupteingang des Fukushôji-Klosters. Vermutlich las er dabei bloß aus seinem Katechismus vor, den er im Winter 1549 bis 1550 mit seinem Dolmetscher Paul auf japanisch verfasst hatte, und ließ Paul dem Volk das Gelesene erklären.«[39]

Ausblick

Jenseits seines missionarischen Selbstverständnisses und auch dessen seiner Zeit lag aber wohl der Gedanke, nicht bloß mit Buddhisten zu disputieren, um sie zu bekehren, sondern etwa mit ihnen zu meditieren und sich einer anderen kategorialen Erfahrung des Göttlichen zu öffnen, ein Weg, den Spätere in unterschiedlicher Weise gegangen sind. Ich denke dabei zum Beispiel an Enomiya Lasalle, Teilhard de Chardin, David Steindl-Rast, Karl Rahner, Hans Küng oder – Pedro Arrupe.[40] Xaver selbst hat von Japan nicht nur viel gelernt, er hat auch Freunde gewonnen. Er schreibt den europäischen Mitstreitern aus Cochin am 29. Januar 1552:

---

[38] Paul Aoyama – Die Missionstätigkeit, S. 21.
[39] Ebd., S. 77.
[40] Vgl. Arrupes Einsatz für die »Inkulturation« in Pedro Arrupe: Mein Weg und mein Glaube. Ostfildern: Schwabenverlag 1982, S. 71–79. Zum interreligiösen Dialog vgl. Josef Sudbrack: Mystik im Dialog. Würzburg: Echter Verlag 1992.

Über Japan gibt es so viel zu schreiben, dass es kein Ende nehmen würde. Ich fürchte, dass das, was ich geschrieben habe, Viele ärgern wird, weil es viel Lesen bedeutet. Ich tröste mich aber damit, dass diejenigen, die sich wegen des Lesens ärgern, sich diesen Ärger entledigen können, indem sie nicht mehr lesen. Womit ich Schluss mache, ohne abschließen zu können, indem ich meinen geliebten Patres und Brüdern über so große Freunde schreibe, wie dies die Christen in Japan sind. (Doc. 96, S. 420)

Eine von Br. Almeida überlieferte Episode zwischen Xaver und Ninshitsu besagt, dass Xaver ihn gefragt hätte, welche Zeit ihm als die bessere erscheine, die Jugend oder das Alter, in dem er bereits stehe:

Nachdem er ein wenig nachgedacht hatte, gab er zu Antwort: die Jugend. Nach dem Grund befragt, sagte er, dann sei der Körper noch frei von Krankheiten und Beschwerden, und man habe noch die Freiheit, ungehindert zu tun, was man begehre. Darauf erwiderte ihm der Pater: ›Wenn Ihr ein Schiff sähet, das vom Hafen ausgefahren ist und das notwendigerweise zu einem anderen gelangen muss, wann könnten sich dann die Passagiere mehr freuen, wenn sie noch mitten im offenen Meer sind, den Winden, Wellen und Stürmen ausgesetzt, oder wenn sie sich schon dem Hafen nahe sehen und anfangen, durch die Barre einzulaufen, um darin von den früheren Schiffbrüchen und Stürmen auszuruhen?‹ Darauf antwortete Ninjit: ›Pater, ich verstehe Euch sehr gut, ich weiß wohl, dass natürlicherweise der Anblick des Hafens angenehmer und freudiger ist für jene, die in ihn einzulaufen haben. Da ich aber bis jetzt noch nicht im Klaren bin und mich noch nicht entschlossen habe, welcher Hafen der bessere ist, so weiß ich nicht, wie und wo ich landen muss.‹[41]

Der öfter in Seenot geratene Xaver wirft eine metaphysische Frage auf, die ein ebenfalls mit dem Meer und den Häfen vertrauter Japaner lebensweltlich beantwortet. Es wäre nämlich fatal, so scheint Ninshitsu anzudeuten, man würde einem fahrenden Kaufmann, die Vorstellung von *einem* idealen und absolut sicheren Hafen näher bringen wollen, während er in Wahrheit die Erfahrung macht, dass das Loslassen von dieser Idee, seine Existenz als erfahrener weil *fahrender* und heute wohl auch *surfender* Kaufmann erst möglich macht. Mit anderen Worten, er möchte die Güter und ihre Sicherheit nicht gegen das Leben, gegen *Nichts* also, umtauschen – auch im Alter nicht.

Welchen Nutzen haben diese Erfahrungen und Überlegungen im Hinblick auf die Herausforderungen des gegenwärtigen interkulturellen Dialogs vor allem auf der Basis der digitalen Weltvernetzung? Diese ist weder ein

---

[41] Zitat nach Paul Aoyama – Die Missionstätigkeit, S. 75.

böser Dämon noch ein bloßes Werkzeug marktwirtschaftlicher Zweck-rationalität. Sie öffnet die Möglichkeit einer Abschwächung der massen-medialen Herrschaftsstrukturen des 20. Jahrhunderts. Die Frage ist nur: *Was haben wir uns zu sagen?*

Eine Theorie der Botschaft kann einen Beitrag zur Kritik heutiger techno-missionarischer Ambitionen leisten. Sie versteht sich dabei auch als Teil einer *affirmativen Medienphilosophie*, die ein vielfältiges Gelingen des Menschseins in einer weltumspannenden *message*-Kultur anvisiert. Eine Kernfrage dieser Kultur wird sicherlich sein, inwiefern wir uns dem *Wort* des Anderen öffnen auch und gerade, wenn wir meinen, eine universale und/oder sogar heilige Botschaft zu besitzen.

Franz Xavers Grab auf Shangchuan
Nach dem Bericht von Gaspar Castner SJ

Claudia von Collani

Einführung: Franz Xaver, der Ostasienmissionar

Francisco de Yasu y Xavier, im deutschsprachigen Raum meist Franz Xaver genannt, gehört zu den Heiligen der Katholischen Kirche, die eine besondere Bedeutung für die Mission haben. Als Ostasienmissionar und einer der Wegbereiter der Akkommodationsmethode wird er nicht nur im Fernen Osten und Europa, sondern auf der ganzen Welt verehrt, so z. B. in Mexiko.[1] Eine ganz besondere Bedeutung hatte er für Japan, wo im Jahre 1999 seine Ankunft vor 400 Jahren gefeiert wurde.[2] Franz Xaver hoffte, dass nach Japan China die Krönung seines Lebens werden sollte, doch ereilte ihn der Tod vor der Küste Chinas auf der kleinen südchinesischen Insel Shangchuan.

Die Missionsarbeit gehörte zu den allerersten und wichtigsten Aufgaben, die sich die im Jahre 1534 gegründete Societas Jesu setzte, und einer ihrer bedeutendsten Missionare wurde Franz Xaver.[3] Sein bewegtes Leben als Missionar begann 1541 auf Initiative des portugiesischen Königs João III. als Apostolischer Nuntius auf Goa, das zum portugiesischen Padroado gehörte. Danach wurde Franz Xaver Jesuitenoberer und erster Provinzial der Jesuiten in Indien. Am 15. August 1549 landete Franz Xaver in Kagoshima (Südjapan), wo er Kontakt mit verschiedenen Landesfürsten aufnahm. Franz Xaver blieb bis Mitte November 1551 in Japan,[4] das, obwohl

---

[1] Georg Schurhammer: Kult Xavers. In: Gesammelte Studien 6. Varia 1. Anhänge. Lisboa: Centro de Estudos Históricos Ultramarinos 1965, S. 483–625. – Die Daten der Jesuitenmissionare in China entstammen Joseph Dehergne: Répertoire des Jésuites de Chine de 1552 à 1800. (Bibliotheca Instituti Historici S.I. 37) Rom/Paris: Institutum Historicum S.I. 1973.

[2] St. Francis Xavier. An Apostle of the East 1: The Encounter between Europe and Asia during the Period of the Great Navigations. Tôkyô: Sophia University Press 1999.

[3] Iosephus Wicki (Hg.): Documenta Indica 1 (1540–1549). (Monumenta Historica Societatis Iesu a patribus eiusdem Societatis edita 70) (Monumenta Missionum Societatis Iesu 6: Missiones Orientales) Rom: Institutum Historicum S. I. 1948, S. 1 f. – Die Jesuiten in Bayern 1549–1773. Ausstellung des Bayerischen Hauptstaatsarchivs und der Oberdeutschen Provinz der Gesellschaft Jesu. München: Anton H. Konrad 1991, S. 234, 236.

[4] Dehergne – Répertoire, S. 298. – Georg Schurhammer: Der Ursprung des Chinaplans des hl.

durch permanente Bürgerkriege zwischen den Daimyô erschüttert,[5] nicht mit der Methode »tabula rasa« zu bekehren war. Japan war nur bereit, ausgesuchte Dinge der westlichen Kultur zu übernehmen. In Japan machte Franz Xaver erste negative Erfahrungen als armer »Wandermönch«; er erkannte, dass in Japan und im ganzen Fernen Osten apostolische Armut, Demut und Niedrigkeit nicht als Tugenden betrachtet wurden, sondern Macht, Autorität und Gepränge. Deshalb beschloss Franz Xaver mit dem Pomp eines Gesandten des portugiesischen Königs aufzutreten und sich an die Oberklassen zu wenden, womit er sich an die Missionslinie des frühen europäischen Mittelalters hielt.[6] Darauf aufbauend, entwickelten Franz Xaver und seine Mitbrüder und Nachfolger die frühen Formen der Akkommodationsmethode. Die Zielgruppe waren vor allem die Landesfürsten, die Daimyô,[7] die bevorzugte Methode die des literarischen Apostolates, d. h. der Mission mittels religiöser und wissenschaftlicher Bücher,[8] sowie Diskussionen.[9] In der für die ostasiatische Mission überaus wichtige Frage der Erlösung der japanischen Ahnen folgte Franz Xaver der pragmatischen Hauptlinie der Jesuiten, die annahmen, dass die Ahnen der Japaner möglicherweise von Gott errettet worden waren.[10] Insgesamt zeigte sich die Linie der Jesuiten zur Bekehrung der Daimyô recht erfolgreich. Eine ganze Reihe von ihnen bekehrte sich zum Christentum, und viele bewiesen während der Christenverfolgungen in Japan so großen Mut, dass

---

Franz Xaver. In: Archivum Historicum Soietatis Jesu 22 (1953), S. 38–56 sowie in: Georg Schurhammer: Xaveriana. (G. S.: gesammelte Studien, hg. zum 80. Geburtstag des Verfassers 3) Rom: Institutum Historicum S.I. – Lisboa: Centro de Estudos Históricos Ultramarinos 1964, S. 665–678. Hier S. 666. – Lexikon für Theologie und Kirche 4, Sp. 248 f. (ebenfalls von Schurhammer). – László Polgár: Bibliographie sur l'histoire de la Compagnie de Jésus 1901–1980 3/3. Les personnes. Rom: Institutum Historicum S.I. 1986,. S. 674–731.

[5] Roger Berishand: Geschichte Japans. Stuttgart: Alfred Kröner 1963, S. 160–195.

[6] Francisco de Xavier, S. 319 f. – Georg Schurhammer: Franz Xaver. Sein Leben und seine Zeit 2/3 (Japan und China 1549–1552). Freiburg im Breisgau: Herder 1973, S. 442 f. – Iosephus Wicki – Documenta Indica 1 (1946), S. 83–103. – Georg Schurhammer – Der Ursprung, S. 38–56.

[7] Josef Franz Schütte: Valignanos Missionsgrundsätze für Japan 1/2. Rom: Edizione di Storia e Letteratura 1958, S. 154–161.

[8] Dorotheus Schilling: Christliche Druckereien in Japan (1590–1614). In: Gutenberg-Jahrbuch 15 (1940), S. 356–395. – Ders.: Neue Funde zu den christlichen Druckereien Japans im 17. Jahrhundert. In: Monumenta Nipponica 1940, S. 648–653. – Johannes Laures: Kirishitan Bunko. A Manual of Books and Documents on the Early Christian Mission in Japan. (Monumenta Nipponica Monographs Nr. 5) Tôkyô: Sophia University 1957.

[9] Georg Schurhammer: Die Disputationen des P. Cosme de Torres S.J. mit den Buddhisten in Yamaguchi im Jahre 1551. Tôkyô: Deutsche Gesellschaft für Naturwissenschaften und Völkerkunde Ostasiens 1929.

[10] Georg Schurhammer – Franz Xaver, S. 249 f. und 469 f. – Domenico Grasso: Il pensiero di S. Fr. Saverio sulla salvezza degli antichi pagani. In: Studia Missionalia 7 (1953), S. 111–123.

sie den Europäern auf dem deutschen Jesuitentheater als leuchtende Beispiele vorgestellt wurden.[11]

Nach Indien erschienen Japan und China Franz Xaver besonders erfolgversprechend für die Missionsarbeit zu sein. So schrieb er 1549 aus Goa:

> Bemüht Euch, vor allem chinesische und japanische Knaben in Eurem Kolleg im christlichen Glauben zu unterrichten, damit sie den Patres als Dolmetscher dienen können, die in nicht zu ferner Zukunft nach Japan und China gehen werden. Denn in keinem anderen bisher entdeckten Land, scheint es mir, kann man soviel Frucht wirken, noch auch die Gesellschaft fortpflanzen als in China oder Japan. Und darum empfehle ich Euch sehr die Chinesen und die Japaner.[12]

Die Jesuitenmissionare passten sich der Situation in Japan stark an, der Jesuitenvisitator Alessandro Valignano (1539–1606) verfasste sogar ein Benimmbuch für seine Mitbrüder.[13] In noch weiterführendem Maße wurde dies später in China getan bei der so genannten Akkommodationsmethode der Jesuiten, die für die damalige Zeit einen völlig neuen Weg der Evangelisierung darstellte. Schon Franz Xaver trat in Bezug auf die Sitten und Gebräuche Japans für eine weitestgehende Anpassung ein. So schrieb er seinem Mitbruder Cosme de Torres (1517–1570): »Wenn etwas keine Beleidigung Gottes ist, dann scheint es das Vorteilhafteste zu sein, nichts zu ändern, falls eine Änderung nicht mehr zum Dienste Gottes gereicht.«[14] An der weiteren Ausbildung dieser Methode der Anpassung waren nach Franz Xaver maßgeblich der Jesuitenvisitator Valignano, sodann die Pioniere der Chinamission Michele Ruggieri (1543–1607) und Matteo Ricci (1552–1610) beteiligt. Seine Erfahrungen mit Japan führten Franz

---

[11] M. Steichen: The Christian Daimyos. A Century of Religious and Political History in Japan (1549–1650). Tôkyô: Rikkyo Gakuin Press 1904. – Stephen Turnbull: Samurai Krieger. Eschershausen, Ordonnanz Verlag s.a., S. 102–112. – Thomas Immoos: Japanische Helden des europäischen Barocktheaters. In: Maske und Kothurn 27 (1981), S. 36–71. – Thomas Immoos: Japanese Themes in Swiss Baroque Drama. In: Joseph Roggendorf (Hg.): Studies in Japanese Culture. Tôkyô 1963, S. 79–98. – Über dieses Thema wurde ein von der VW-Stiftung finanziertes und von den Professoren Ruprecht Wimmer und Adrian Hsia geleitetes Forschungsprojekt durchgeführt, bei dem der Einfluss der ostasiatischen Missionsliteratur auf das Jesuitentheater des deutschsprachigen Raums untersucht wurde.

[12] Zitat nach Georg Schurhammer: Die Reisewege des hl. Franz Xaver und die geographischen Kenntnisse seiner Zeit. In: G. S. – Xaveriana, S. 39–55. Hier S. 52.

[13] Giuseppe Schütte (Hg.): Alessandro Valignano: Il Cerimoniale per i Missionari del Giappone. Advertimentos e avisos acerca dos costumes e catangues de Jappão di Alexandro Valignano. Rom: Edizioni di Storia e Letteratura 1946.

[14] Georg Schurhammer: Der hl. Franz Xaver in Japan. Schöneck/Beckenried: Neue Zeitschrift für Missionswissenschaft 1947, S. 34.

Xaver zur Einsicht, dass China vor Japan den eigentlichen Schlüssel zum Fernen Osten darstellte, denn wenn die Chinesen das Evangelium annähmen, würden die Japaner das Vertrauen auf ihre eigenen Sekten verlieren.[15] Noch zu Beginn des 18. Jahrhunderts war man der Überzeugung, dass der ganze Ferne Osten China in der Bekehrung nachfolgen würde.[16] Am 29. Januar 1552 schrieb Franz Xaver an Ignatius:

> China ist ein gewaltig grosses Land [...] Es ist nur ein einziger König dort. Die Chinesen sind sehr begabt und dem Studium sehr ergeben [...] Sie sind sehr wissbegierig [...] Wenn hier in Indien keine Hindernisse dazwischen kommen, dann hoffe ich, dies Jahr 1552 nach China zu gehen [...] Wir verfassten auf Japanisch ein Buch über die Schöpfung der Welt und alle Geheimnisse des Lebens Christi, und hernach schrieben wir dies selbe Buch in chinesischer Schrift, damit ich, wenn ich nach China komme, mich damit verständigen kann, bis ich Chinesisch sprechen kann.[17]

Hier sind schon sehr die Grundzüge der später in China entwickelten und erprobten Akkommodationsmethode zu erkennen: Das Hauptaugenmerk richtet sich auf den Herrscher, d. h. Mission von Oben nach Unten (»mission from top to down«).[18] Franz Xaver plante auch, Chinesisch zu erlernen, denn auch in der Chinamission sollte das Apostolat des Buches eine wichtige Rolle spielen, denn Bücher und Gelehrsamkeit standen in hohem Ansehen in China.[19] Eine weitere Besonderheit der Akkommodationsmethode wurde durch Matteo Ricci entwickelt, nämlich die Missionierung mittels der europäischen Naturwissenschaften, Technik und Kunst. Vor allem Astronomie und Mathematik stellten nicht nur einen großen Anreiz für die Ostasiaten dar, sondern wurden bald zum Rückgrat der Chinamission, da das Amt des Direktors im Astronomischen Ministerium die Jesuiten unentbehrlich machte.[20]
Für Franz Xaver war klar, dass eine Religion, die in China nicht akzeptiert

---

[15] Georg Schurhammer – Franz Xaver, S. 470.
[16] Diese Hoffnung hegten die Jesuiten bis ins 18. Jahrhundert. Vgl. dazu Joachim Bouvet: Histoire de l'Empereur de la Chine présentée au Roy. La Haye: Meyndert Uywerf 1699, S. 166 f.
[17] Georg Schurhammer – Die Reisewege, S. 53.
[18] Zur Akkommodationsmethode s. a. Claudia von Collani: Jesuits. In: Nicolas Standaert (Hg.): Handbook of Christianity in China 1: 635–1800 (Handbook of Oriental Studies. Handbuch der Orientalistik. Section Four China). Leiden/Boston/Köln: Brill 2001, S. 310 f.
[19] Ad Dudink and Nicolas Standaert: Apostolate through books. In: Nicolas Standaert – Handbook of Christianity in China, S. 600–631.
[20] Catherine Jami: Science and Technology. General Reception; Nicole Halsberghe & Keizo Hashimoto: Science and Technology. Astrononmy. Beides in: Nicolas Standaert – Handbook of Christianity in China, S. 689–751.

war, auch in Japan nicht würde Fuß fassen können, da China die eigentliche Quelle der Zivilisation und Kultur für Ostasien wäre. China jedoch hatte sich allen Fremden hermetisch verschlossen, seit die mongolische Herrschaft (Yuan-Dynastie 1277–1367) durch die Ming-Dynastie (1368–1644) abgelöst worden war. Im 16. Jahrhundert gab es eine ganze Reihe von Versuchen von Missionaren verschiedenster Orden (Dominikaner, Franziskaner, Augustiner und später auch Jesuiten), als Gesandte eines europäischen Herrschers oder auch heimlich nach China zu gelangen, doch alle diese Versuche schlugen fehl. Einige potentielle Missionare wurden gefangen genommen und starben in Gefängnissen.[21] Daneben gab es auch von Seiten des Jesuiten Alonso Sánchez (1545–1593) und der Spanier auf den Philippinen Pläne, China mit Waffengewalt zu öffnen (die Chinesen galten, im Gegensatz zu den Japanern, als sehr friedfertig), doch lehnten die meisten Missionare und Orden diese Pläne ab.[22] Erst Michele Ruggieri und Matteo Ricci gelang der Durchbruch. Valignano hatte die beiden zum Chinesischstudium nach Macao geschickt, obwohl damals Chinesisch als unerlernbar galt. 1583 bekam Ricci eine Aufenthaltsgenehmigung für China, die er seinen freundschaftlichen Kontakten zu chinesischen Gelehrten verdankte.[23]

Der Weg nach China

Franz Xaver hörte die traurige Geschichte von der portugiesischen und chinesischen Besatzung zweier Dschunken, die in die Hände korrupter chinesischer Beamter gefallen waren. Viele fanden den Tod, die anderen wurden wegen angeblicher Piraterie angeklagt, dann aber durch höhere Beamte der ihnen zugeschriebenen Verbrechen für unschuldig erklärt. Wegen Schmuggels hielten die Chinesen sie aber weiterhin in der Provinz Guangxi gefangen. Die Überlebenden baten darum, ihren Freund Diogo Pereira als Gesandten Portugals mit einer Bittschrift für ihre Freilassung nach China zu schicken, in der ihre Unschuld dargelegt werden sollte und man sich bereit erklären sollte, in Zukunft die Zölle zu bezahlen.[24]

---

[21] Claudia von Collani: China: Die Chinamission von 1520–1630. In: M. Venard/H. Smolinski (Hg.): Die Geschichte des Christentums 8: Die Zeit der Konfessionen (1530–1620/30). Freiburg im Breisgau: Herder 1992, S. 933–940. – Joseph Dehergne – Répertoire, S. 298.

[22] Lucio Gutierrez: The »Affair« of China at the End of the Sixteenth Century: Armed Conquest or Peaceful Evangelization. In: Philippiniana Sacra 20 (1985), S. 329–406.

[23] Claudia von Collani – China, S. 942–946

[24] Georg Schurhammer – Der Chinaplan, S. 667.

Franz Xaver wollte in der Gesandtschaft mitreisen, um beim Kaiser von China die Erlaubnis zur Verkündigung des Evangeliums zu erreichen und die christlichen Gefangenen aus den chinesischen Gefängnissen zu befreien. Pereira wollte für die Kosten der Gesandtschaft aufkommen und Geschenke für den chinesischen Herrscher beschaffen, Franz Xaver sollte beim Vize-König von Indien die Ernennung Pereiras zum portugiesischen Gesandten erlangen.[25] Anfang 1552 kehrte Franz Xaver nach Indien zurück, um diese Pläne in die Tat umzusetzen. Alphonso de Noronha, der Vize-König von Indien, und João de Albuquerque, Bischof von Goa, hießen beide das Unternehmen gut. Pereira wurde versehen mit den Patenten eines offiziellen Gesandten des Vize-Königs. Doch der Oberkapitän der See Malakkas und künftiger Kapitän der Festung, Alvaro de Ataide, war eifersüchtig auf Pereiras Stellung als Gesandter und wollte ihm die Weiterreise mit seinem Schiff »Santa Cruz« nicht erlauben, bevor nicht ein ihm genehmer Gesandter an der Spitze der Delegation stünde, und beschlagnahmte das Steuerruder des Schiffes. Die Sache spitzte sich zu, und um Blutvergießen zu vermeiden und die Leute, die mit Pereira ihr Geld in Waren angelegt hatten, nicht zu schädigen, gab Franz Xaver nach und verzichtete auf das Schiff. Nachdem alle anderen Mittel fehlgeschlagen waren, pochte Franz Xaver auf seine Autorität als päpstlicher Nuntius und exkommunizierte Ataide im Juni 1552. Aus der Gesandtschaft aber wurde nichts.[26]

Daher beschloss Franz Xaver, heimlich ohne Pereira nach China zu reisen. Gegen eine hohe Belohnung wollte er sich trotz aller Verbote von einem handeltreibenden Chinesen zum Festland bringen lassen. Sollte das Unternehmen fehlschlagen, wollte er nach Malakka zurückkehren und im nächsten Jahr einen weiteren Versuch wagen.[27] Xavers Begleiter waren Alvaro Fereira, ein indischer Diener namens Cristovão und der chinesische Dolmetscher, Antonio de Santa Fé, auch Antonio China genannt, ein Zögling des Pauls-Kollegs in Goa, der sofort für die Missionsarbeit eingesetzt werden sollte.[28] Als Stützpunkt sollte die Insel Shangchuan vor Südchina dienen, von wo aus die Portugiesen damals zu bestimmten Jahreszeiten Schmuggelhandel mit dem 26 Meilen entfernten Canton trieben.

---

[25] Georg Schurhammer – Der Chinaplan, S. 668.

[26] Louis Pfister: Notices biographiques et bibliographies sur les Jésuites de l'ancienne Mission de Chine 1552–1773 (Variétés Sinologiques 59). Chang-hai: Orphelinat de T'ou-sè-wè 1932–34, S. 2. – Georg Schurhammer – Franz Xaver, S. 330–333, 362 f., 580 f., 616–623, 638, 642.

[27] Ebd., S. 635, 655 f.

[28] Ebd., S. 640. – Manuel Texeira: Sanchoão. Morte de S. Francisco Xavier. Peregrinaões ao seu Sepulcro, Macau: Imprensa Nacional 1941, S. 21 f.

Franz Xaver begann seine Reise am 23. Juli 1552 von Singapur aus auf der »Santa Cruz«; sie dauerte bis zum 23. August.

Die Portugiesen hatten Hütten aus Strohmatten und Zweigen am Fuß eines bewaldeten Hügels erbaut; dies war die portugiesische Handelsniederlassung. Im Winter, wenn sie die Insel verließen, wurden die Hütten wieder zerstört. Während der Wartezeit auf der Insel arbeitete Franz Xaver als Seelsorger für die Besatzungen der Schiffe. Er war sich sehr wohl im Klaren darüber, dass die Einreise nach China den Tod bedeuten konnte, und nahm in verschiedenen Briefen Abschied von seinen Freunden und Bekannten.[29] Die Portugiesen, die ihn anfänglich nach China hatten begleiten wollen, verließ der Mut und sie reisten ab.[30] Nur die »Santa Cruz« mit ihrer Besatzung blieb. Vergebens wartete Franz Xaver auf das Schiff des chinesischen Kaufmanns, das ihn am 19. November abholen sollte. Das Wetter verschlechterte sich. Franz Xaver erkrankte an Fieber, auch der Aderlass half nichts. Er starb am frühen Samstagmorgen, dem 3. Dezember 1652.[31]

Antonio und die Schiffsbesatzung begruben ihn am Vorgebirge der Bucht auf halber Höhe, weit entfernt von den Hütten der Portugiesen. Wie in China üblich, bestatteten sie Franz Xaver in einem Holzsarg; zur Beschleunigung der Verwesung, damit sie später leichter die Gebeine nach Goa bringen könnten, legten sie Säcke mit Kalk in den Sarg. Auf das Grab legte Antonio Steine. So blieb das Grab den Winter über. Doch Antonio wollte nicht, dass Franz Xaver so allein auf Shangchuan zurückbliebe, deshalb kehrte die »Santa Cruz« auf ihrem Rückweg nach Malakka zurück nach Shangchuan. Bei Öffnung des Grabes stellte sich zu aller Erstaunen heraus, dass die Leiche trotz des Kalks unversehrt und unverwest war. Franz Xaver wurde im Sarg auf das Schiff gebracht, das am 22. März 1553 in Malakka anlegte. Die Stadt empfing den toten Franz Xaver mit großem Pomp, und der Leichnam wurde in der Kirche vom 23. März bis zum 15. August aufgebahrt.

Im Dezember 1553 wurde der Leib Franz Xavers auf einem portugiesischen Schiff nach Goa gebracht. Am 16. März wurde der Leichnam feierlich zum Pauls-Kolleg am Stadtrand getragen. Der Leib wurde zunächst in ein Grabmal an der Seite des Altars gelegt, dann 1582 in der Kapelle der Novizen beigesetzt. 1605 wurde der Leichnam in der größeren Kapelle des Kollegs bestattet, endlich in der Kirche Bom Jesus, wo er heute noch

---

[29] Georg Schurhammer – Franz Xaver, S. 669–673.
[30] Ebd., S. 668f.
[31] Ebd., S. 675–677.

liegt.[32] Schon sehr bald waren auch verschiedene Körperteile als Reliquien entfernt worden, so etwa der kleine Zeh des rechten Fußes, Haare und der rechte Arm; der Unterarm wurde 1615 nach Rom gebracht, wo er in Il Gesù liegt.[33]

Der Bericht Gaspar Castners

Über den Tod des Heiligen auf der Insel Shangchuan und die Geschichte der Errichtung von Xavers Grabmal gibt es einen Bericht aus dem frühen 18. Jahrhundert aus der Feder des deutschen Jesuiten Gaspar Castner, der die Hauptquelle dieses Beitrags darstellt.[34] Gaspar oder Kaspar Castner gehörte zu den astronomisch und mathematisch versierten deutschen Jesuiten, die seit 1644, beginnend mit Johann Adam Schall von Bell SJ (1592–1666),[35] das Astronomische Ministerium in Peking leiteten.[36] Gaspar Castner wurde am 7. Februar 1665 in München geboren und trat am 18. September 1681 in Landsberg/Lech in die Societas Jesu ein. Nach seinen Studien in Ingolstadt legte er 1694 seine Thesen zur Theologie vor und wurde zum Professor für Philosophie ernannt. Sein Wunsch, in die Chinamission zu gehen, wurde schon bald erhört. Im Jahre 1696 reiste er von Lissabon aus in den Fernen Osten und landete im Mai 1697 in der portugiesischen Enklave Macao. Diese Stadt, seit 1557 quasi in Besitz der Por-

---

[32] Ebd., S. 678–682.

[33] S. dazu Georg Schurhammer: Xaveriusreliquien. In: Georg Schurhammer: Varia 1: Anhänge. (G. S.: Gesammelte Studien, hg. zum 80. Geburtstag des Verfassers 4/1) Rom: Institutum Historicum S.I. – Lisboa: Centro de Estudos Históricos Ultramarinos 1965, S. 345–369, wo Schurhammer noch eine ganze Reihe weiterer Reliquien aus dem Leib des Heiligen beschreibt, die wir hier nicht im Detail aufführen wollen.

[34] Die Lebensdaten Castners entstammen ebenso wie die Daten der anderen hier erwähnten Jesuiten dem grundlegenden Werk von Joseph Dehergne – Répertoire.

[35] S. Alfons Väth: Johann Adam von Bell S.J. Missionar in China, kaiserlicher Astronom und Ratgeber am Hofe von Peking 1592–1666. Ein Lebens- und Zeitbild. (Monumenta Serica Monograph Series 25) Nettetal: Steyler Verlag 1991.

[36] Der Kalender spielte eine sehr wichtige Rolle für die chinesischen Kaiser, denn er bedeutete die Legitimität ihrer Herrschaft. Nach frühen guten Kenntnissen in der Astronomie war diese Wissenschaft jedoch mit dem Verfall der Yuan-Dynastie und den daraus resultierenden Bürgerkriegen herabgesunken, Fehler hatten sich eingeschlichen. Das konnten die Jesuiten mit den neuen europäischen Kenntnissen der Naturwissenschaften nutzen, um sich in China unentbehrlich zu machen. S. Claudia von Collani: Theologie und Wissenschaft in China. In. Karl Müller (Hg.): Naturwissenschaftliches Weltbild und Evangelium. (Veröffentlichungen des Missionspriesterseminars St. Augustin bei Bonn 33) Nettetal: Steyler Verlag 1993, S. 83–115.

tugiesen und seit 1576 Diözese, stellte das Tor zum Fernen Osten dar.[37] Über Macao lief der Handel der Portugiesen mit China, von dort aus gingen die Missionare in ihre Zielländer.[38] Castner sollte eigentlich in die Mission nach Tonkin gehen, doch blieb er in China.[39] Dort waren die Bedingungen für die Missionsarbeit zu diesem Zeitpunkt nach Erlass des so genannten Toleranzediktes recht günstig. Nachdem es unter der Regentschaft während der Zeit der Unmündigkeit des Kangxi Kaisers (reg. 1662–1722), des zweiten Kaisers der Qing-Dynastie (1644–1912), eine Art Verfolgung der christlichen Missionare gegeben hatte und viele nach Canton verbannt worden waren, entspannte sich nach der Regierungsübernahme durch den jungen Kaiser im Jahre 1671 allmählich die Lage der Mission.[40] Im Jahre 1692 erließ Kangxi auf die inständigen Bitten der Hofjesuiten hin (er wollte sich nicht allzu sehr für eine fremde Religion exponieren) das so genannte Toleranzedikt, das dem Christentum dieselben Rechte in China wie Daoismus und Buddhismus zugestand, während der Konfuzianismus Staatskult und Staatsreligion war. Dieses Edikt erforderte von den Missionaren aber auch, dass sie sich dem Konfuzianismus als staatstragender Philosophie unterwarfen.[41]

Seit 1700 arbeitete Castner in der Provinz Guangdong in Foshan (oder Fatshan), dem größten »Dorf« Chinas.[42] Während dieser Zeit beaufsichtigte er die Arbeiten des Baus der Kapelle auf Shangchuan (19. März – 2. Juni 1700). Danach wirkte er in Sunwui (Xinhui)[43] und auf der Insel Shangchu-

[37]   Joseph Dehergne – Répertoire, S. 325. Zu Macao s. a. Roman Malek (Hg.): Macau. Herkunft ist Zukunft. Nettetal: Steyler Verlag 2000.

[38]   In Ostasien durften, da es zum Einflussbereich des portugiesischen Padroado gehörte, eigentlich nur portugiesische Jesuiten arbeiten. Da jedoch Portugal keine ausreichende Zahl von Missionaren aussenden konnte, war auch Jesuiten anderer Nationen die Mitarbeit erlaubt, wenn sie nur einen Eid auf die portugiesische Krone leisteten. Daher kommt es, dass eine ganze Reihe deutscher Jesuiten in China arbeiteten. Claudia von Collani – Jesuits, Handbook, S. 309.

[39]   Joseph Dehergne – Répertoire, S. 49.

[40]   Joseph Dehergne – Répertoire, S. 332 f.

[41]   Claudia von Collani: A Note on the 300th Annniversary of the Kangxi emperor's Edict of Tolerance (1692). In: Sino-Western Cultural Relations Journal 14 (1992), S. 62 f.

[42]   Fatshan, in Pinyin Foshan, südsüdwestlich von Canton gelegenes »Dorf« mit damals 900 000 Einwohnern (also größer als das damalige Paris), mit einer ganzen Reihe von Christen. Joseph Dehergne: La Chine du Sud-est: Guangxi (Kwangsi) et Guangdong (Kwuangtung). Étude de géographie missionnaire. In: Archivum Historicum Societatis Jesu 45 (1976), S. 27 f. – Claudia von Collani: Kilian Stumpf SJ zur Lage der Chinamission im Jahre 1708. In: Neue Zeitschrift für Missionswissenschaft 51 (1995), S. 117–144, 175–209, besonders S. 137.

[43]   Sunwui, Sin-houei, südlich von Canton, heißt jetzt Xinhui. Im Jahre 1693 kaufte Turcotti dort ein Haus und eine Kirche für 280 Taëls, wo er 1697 eine Mission eröffnete, die Kirche war

an. Im Januar 1702 fuhr er auf dem englischen Schiff »Seaffort« zusammen mit dem belgischen Jesuiten François Noël (1651–1729) zurück nach Europa, wo sie in Rom als Jesuitenprokuratoren die Sache der Jesuiten im Ritenstreit vertreten sollten.[44] Bei dieser Gelegenheit legten die beiden dem Heiligen Offizium mehrere gedruckte Schriften vor, Castner verfasste zudem einen Bericht über die Geschichte der Ritenkontroverse.[45]

Auf der Rückreise nach China seit 1706 kamen Castner seine mathematischen Kenntnisse sehr zugute. Er entdeckte nämlich eine kürzere Schiffspassage nach China an der Insel Timor vorbei, unter Vermeidung der Meerenge von Malakka, wodurch die Passage von Lissabon nach Macao um ein Jahr verkürzt wurde. Wieder in Peking angekommen (22. November 1707), wurde er als Nachfolger von Claudio Filippo Grimaldi (1638–1712) zum Präsidenten des Mathematischen Ministeriums ernannt. Dieses Amt behielt er bis zu seinem Tode am 9. November 1709. Gleichzeitig war er auch Tutor des Thronfolgers und Kartograph.[46]

Castners Bericht über Shangchuan

Obwohl Castner nur kurze Zeit als Missionar tätig war, beweisen seine Schriften, dass er sich intensiv mit dem chinesischen Ritenstreit beschäftigt hat. Ob von ihm neben der Arbeit *Observationes Mathematicae* weitere naturwissenschaftliche Schriften stammen, ist unbekannt.[47] Recht bekannt ist jedoch Castners kleines, dreißigseitiges Büchlein über das Grabmal Franz Xavers auf Shangchuan. Das Werk ist betitelt *Relatio de*

Franz Xaver geweiht. Im Jahre 1701 kam Castner von Foshan nach Sunwui. Im Jahre 1708 wurde die Kirche von einem Mandarin in Folge der nun benötigten kaiserlichen Aufenthaltsgenehmigung nach dem unglücklichen Auftritt des päpstlichen Legaten Charles-Thomas Maillard de Tournon vor dem Kaiser durch den Staat konfisziert, doch auf Intervention von Romain Hinderer SJ hin wieder zurückgegeben. Joseph Dehergne – Étude de géographie missionnaire, S. 32.

[44] Ludwig von Pastor: Geschichte der Päpste 15. Freiburg im Breisgau: Herder Verlag 1930, S. 299.

[45] Gaspar Castner: Historica Relatio controversiae de ritibus aliquot Sinicis, 1705, München, Bayerische Staatsbibliothek, Codd. Ms. lat.t. II, P.O. 8689; Augsburg, Staats- und Stadtbibliothek, Cod. 258.

[46] Joseph Dehergne – Répertoire, S. 49 und 307 f. Castners Nachfolger im Astronomischen Ministerium wurde der Würzburger Jesuit Kilian Stumpf (1655–1720) von 1711 bis 1720. Ihm folgte der Landsberger Jesuit Ignaz Kögler (1680–1746); Christian Stücken: Der Astronom des Kaisers: Vom Leben des Chinamissionars Ignaz Kögler SJ (1680–1746). In: Sammelblatt des Historischen Vereins Ingolstadt 102–103 (1994), S. 439–469.

[47] Louis Pfister – Notices biographiques, S. 487.

sepulturae magno Orientis Apostolo S. Francisco Xaverio erectae in Insula Sanciano anno saeculari MDCC und wurde im Jahre 1700 in Peking oder Canton gedruckt als eine der berühmten christlichen Xylographien.[48] Dabei handelt es sich um in China gedruckte Schriften europäischer Missionare, die teilweise mit chinesischen oder manchurischen Texten ergänzt sind. Die Vorlagen wurden in ausgefeilter Schreibschrift angefertigt, chinesische Holzschnitzer schnitten dann nach der durchgepausten Vorlage jeweils den kompletten Text einer Seite, sehr wahrscheinlich ohne ihn zu verstehen. Von den Holztafeln wurden dann Abdrücke gemacht, häufig auf chinesischem Seidenpapier. Diese Technik war in China allgemein üblich zur preiswerten Herstellung von Literatur, denn bewegliche Typen oder Lettern waren für die circa 5000 chinesischen Schriftzeichen nicht möglich. Diese Art von Drucken – meist handelt es sich um Werke von Jesuitenmissionaren in China – entstanden zwischen 1662 und 1718. Charles R. Boxer zählt in seinem Artikel[49] elf der schönsten und bekanntesten dieser Drucke auf. Das erste Werk dieser Art war die *Sapientia Sinica* der Jesuiten Ignacio da Costa und Prospero Intorcetta von 1662; das berüchtigste und umfangreichste mit 180 Doppelseiten Kilian Stumpfs *Informatio pro Veritate* (1717).[50]

Von der Xylographie Castners *Relatio Sepulturae* [...] konnte Boxer 15 Kopien lokalisieren, doch sind inzwischen weitere Kopien entdeckt worden,[51] z. B. in der Bayerischen Staatsbibliothek in München (Codex Sin 28, unsere Vorlage). Eine Kopie aus der Library von Philip Robinson wurde auf einer Auktion im November 1988 von Sotheby's in London verkauft. Das Exemplar soll aus dem ehemaligen Jesuitenkolleg Louis le Grand in Clermont bei Paris stammen.[52] Eine weitere Kopie gibt es in der Biblio-

---

[48] S. a. Henri Cordier: L'imprimerie Sino-Européenne en Chine. Bibliographie des ouvrages publiés en Chine par les Europeéens au XVIIe et au XVIIIe siècle. Paris: Ernest Leroux 1901, S. 11–15 (mit Abbildung der Karten).

[49] Charles R. Boxer: Some Sino-European Xylographic Works, 1662–1718. In: Journal of the Royal Asiatic Society 29 (1947) S. 199–215.

[50] Das Werk wurde als Verteidigung der Jesuiten im Ritenstreit geschrieben und per Dekret der Inquisition vom 24. Januar 1720 verurteilt.

[51] Charles R. Boxer – Some Sino-European, S. 203. Joseph Dehergne erwähnt zudem Kopien in den Archives Nationales, Paris, AN: Col., le fond Colonies; in der Real Academia de la Historia, Madrid, coll. Jesuitas, Legajos, 11–12–3/110. Joseph Dehergne: Lettres annuelles et sources complémentaires des Missions Jésuites de Chine (suite). In: Archivum Historicum Societatis Jesu 51 (1982), S. 272.

[52] Sotheby's: The Library of Philip Robinson. Part II: The Chinese Collection. London 1988, S. 13. Der Kaufpreis betrug 23 100 Pfund.

132

thek der School of Oriental and African Studies, University of London.[53] Eine handschriftliche Kopie existiert in der Nationalbibliothek in Wien,[54] eine weitere Kopie in der British Library, Ms. 16913, ff. 44–59. Eine gekürzte Kopie befindet sich in der Biblioteca Nazionale Centrale Vittorio Emanuele II in Rom, betitelt *Brevis relatio de insula Sanciano, deque sepultura seu Sepulchro primo S. Francisci Xaverii Orientis Apostoli, ornato et fide Christi introducta in istam insulam* (BNC, Fondo Gesuitico 1257/1), bestehend aus vier Doppelseiten.[55]

Die Münchner Ausgabe ist gut erhalten, alle 30 Doppelseiten mit chinesischer Pagination sind gut leserlich. Die Maße der dreißig Blätter betragen 235 × 155 mm. Auf dem ersten Blatt, fol. 1r, befindet sich oben handschriftlich neben dem Stempel »Bibliotheca Regia Monacensis« der Name »Castner«. Am Ende sind die drei Landkarten der beiden benachbarten Inseln Hia Chuen (Xiachuan) und Xang Chuen (Shangchuan) in der Nähe von Canton angefügt, die detaillierte Karte der Insel Shangchuan sowie der Plan der Kapelle.[56] Merkwürdigerweise ist auf den Karten Süden oben und daher das chinesische Festland auf der rechten Seite, die Insel Xiachuan ist über Shangchuan.[57] Außerdem gibt es die lateinische Abschrift des Xylographietextes mit Anmerkungen von Giuseppe Ros mit der Abbildung der Karten.[58] Und endlich gibt es auch eine alte deutsche Übersetzung des Castner'schen Berichtes als Nr. 309 in Josef Stöcklein, *Neuer Welt-Bott Oder Allerhand so Lehr- als Geist-reiche Brief / Schrifften Und Reis-Beschreibungen / Welche von denen Missionariis der Gesellschafft JEsu aus Indien, Und andern weit-entferneten Ländern biß Anno 1728. in Europa angelangt seynd …*, Vierzehender Theil (Augspurg und Grätz 1729):[59]

---

[53] John Lust: Western Books on China Published up to 1850 in the Library of the School of Oriental and African Studies, University of London. A Descriptive Catalogue. London: Bamboo Publishing 1987, S. 186.

[54] Ms. 6395, ff. 71–98.

[55] Marina Battaglini: The Jesuit Manuscripts Concerning China, Preserved in the Biblioteca Nazionale Centrale – Vittorio Emanuele II in Rome. In: Actes du Vᵉ Colloque international de Sinologie, Chantilly 1986. Taipei, Paris: Institut Ricci 1993, S. 56.

[56] Cf. Sotheby's – Library, S. 13.

[57] Cf. Sotheby's – Library, S. 13.

[58] Giuseppe Ros: Relatio sepulturae Magno Orientis Apostolo S. Francisco Xauerio erectae in Insula Sanciano anno saeculari MDCC. In: Bessarione (1907) S. 201–226 (mit Karten).

[59] Zum berühmten *Welt-Bott*, der deutsche Übersetzungen aus den *Lettres édifiantes et curieuses* enthält, teilweise aber auch neue Berichte und Briefe bringt, s. Robert Streit/Josef Dindinger (Hg.): Bibliotheca Missionum 1 (Freiburg im Breisgau 1963), Nr. 383.

Bericht P. Gasparis Castner der Gesellschafft JEsu Missionarii in China. Von der Grab-Statt des Heil. Indianer-Apostels S. Francisci Xaverii è Soc. JEsu Auf der Insel Sanciano: wie nemlich Solche Anno MDCC. mit einem Gewölb übersprengt / auch mit einer Capell / Vorhof und Mission ist versehen worden. Erstlich mit Lateinischen Taffeln in China gedruckt / jetzt aber zum ersten mal in das Teutsche versetzt. Nebst einer Land-Karten über besagte Insel / und einem Grund-Riß dises neuen Gebäuds. Anno 1728.

Die Seiten 2 bis 13 zeigen die Lagekarte der Insel sowie einen Grundriss der Grabkapelle. In diesen Karten ist Norden oben, man sieht besser als auf der Karte in der Xylographie die Lage der beiden Inseln Xiachuan und Shangchuan im Verhältnis zu Canton und Macao.

Der deutsche Bericht Gaspar Castners aus dem Welt-Bott

Die für den *Welt-Bott* übliche lange Inhaltsangabe lautet folgendermaßen:

Beschreibung des Lagers der ehemals unbewohnten Insel Sanciano in welcher erst Anno 1523. sich etliche Sineser nider gelassen und dieselbe zu bauen angefangen haben. Die Portugesen länden ebenfalls allda öffters an / bauen Hütten / und treiben von disem Ort aus ihr erstes Gewerb mit denen Sinesern. Solches Vortheils will sich auch der H. Franciscus Xaverius bedienen / damit er das mächtige Reich China zu CHristo bekehre; er wird kranck und stirbt in einer dergleichen Hütten / bey welcher er auch noch denselben Tag / als 2. Dec. 1552. begraben / aber den 27. Februarii 1553. ausgehoben und ganz unversehrt nach Malacca fortgeführt wird. Erst Anno 1640. wird auf die Grabstatt des H. Xaverii zu Sanciano ein Stein mit Denck-Schrifften von dem Collegio S.J. zu Macao gesetzt / doch bald hernach von denen Raubern dieser Insel wider hinweg gestürzt. GOTT strafft wegen solcher Unehr die Insulaner mit Hungers-Noth / biß P. Philippus Carossius S.J. denselben Anno 1688. wider aufrichtet. Die Französische Jesuiter haben daselbst im Jahr 1698. ihrer Andacht gepflogen. So wohl die Franzosen des Schiffs Amphitrite, als die Portugesen von Macao nehmen ihnen vergebens vor den Ort zu überbauen oder zu zieren / biß endlich R. P. Carolus Turcotti als Visitator S.J. durchdringt / alle Anstalten von fern vorkehrt / die Sach gangbar macht / und Patri Castner, einem teutschen Jesuiter dises Werck auftragt / welcher unter Gunst dern Mandarinen des Lands Canton im Jahr 1700. nach Sanciano reiset / und den 19. Mertzen dem Grab-Bau zwar einen Anfang / den 2. Junii aber in gedachtem Jubel-Jahr ein End macht / nachdem er mittler Weile auf genannter Insel ein Mission gestifftet / und viele Heiden getaufft hatte. Die 6. Dörffer und andere Umstände dises Eilands samt dem neuen Grab-Gebäude werden beschriben. Lob des Zungtu und anderer Mandarinen. Neue Mission zu Sinhoej, welche mit der von Sanciano vereiniget wird.

134

Der eigentliche Bericht beginnt mit einer Beschreibung der Lage der Insel Shangchuan, portugiesisch »Sanciano« genannt.[60] Sie gehört einem Archipel an, das im Perl-Fluss südlich von Canton liegt und als sehr schön gilt. Die Insel liegt 21° 30, nördlicher Breite und auf dem 134° Längengrad. Übersetzt heißt der Name: »Obere Meer-Enge«, im Gegensatz zur Insel »Hiatschuen« (Xiachuan), die »Untere Meer-Enge«, da »Tschuen« Meerenge bedeutet. Der Umfang der Insel beträgt 13 Meilen, die Diagonale von Südosten nach Nordwesten fünf Meilen und von Osten bis Westen drei (deutsche) Meilen. Die Insel war unbewohnt bis zum Jahre 1523, als unter dem Ming-Kaiser »Kia-Zim« (Jiajing, 1522–1567) eine Reihe chinesischer Familien nach Shangchuan zog, da China unter einer Bevölkerungsexplosion litt (»[…] wegen der unbeschreiblichen Menge Volcks / welches in China sich vermehret wie die Mucken […]«). Die Chinesen zogen in die Ebenen, um dort Reis anzubauen; ansonsten war die Insel recht gebirgig und bewaldet.

Im Südwesten der Insel, wo sie nur eine Meile vom Festland entfernt liegt, gibt es einen natürlichen Hafen, wo die Portugiesen Handel trieben, bevor sie bessere Häfen an den Küsten des Festlands anlaufen durften. Auf der Insel bauten sie für ihren Aufenthalt einfache Hütten aus Holz und Stroh. Hierher nun war Franz Xaver von Malakka her auf dem Schiff des »Didacus« (Diogo) Pereira gereist. Er plante, sich als portugiesischer Gesandter zum Kaiser von China zu begeben, um unter diesem Vorwand missionieren zu können. Der Statthalter von Malakka jedoch vereitelte nicht nur diesen Plan, sondern verfolgte Franciscus geradezu. So fasste dieser einen anderen Plan. Franciscus freute sich, je näher er China kam: »Jetzt / meynete er / öffnet sich allererst ein weitschichtiges zum Schnitt ganz fertiges Feld in diesem Volck-reichsten und grösten Reich Sina, welches ich vor Augen habe; wer gibt mir Flügel / daß ich über die noch übrige sehr schmale Meer-Enge hinüber fliege und dise Heiden bekehre?«. Doch des Himmels Pläne waren andere:

> Ein so schöner mit denen herrlichsten Früchten unzählicher Verdiensten schwärbeladener Baum kunte der boshafften Welt nicht länger vergönnet / sonder müßte in das Paradeis GOttes übersetzet werden. Er hat zwar gleich einem heiligen Gesatz-Geber Moysi das gewünschte jenseits des Wassers gelegene Land von dem Berg ansehen / nicht aber betretten dörffen / sonder aus Göttlicher Verhäng-

---

[60] Vom Namen der Insel existieren viele verschiedene Schreibweisen; der Name wurde teilweise in portugiesischer Umschrift geschrieben. Die verschiedenen Umschriften finden sich am Ende der großen Franz-Xaver-Biographie von Schurhammer S. 698–700. Wir benutzen hier die moderne chinesische Umschrift in Pinyin.

nus / die wir nicht ergründen / die Bekehrung dern Sinesern seinen Nachkömm-
lingen überlassen müssen.

Franz Xaver starb am anbrechenden Morgen des 3. Dezembers 1552 im
46. Lebensjahr.
Sein Reisegefährte, der Dolmetscher Antonio à S. Fide, begrub ihn mit
Hilfe eines Portugiesen und zweier Inder am Ufer des Meeres am Fuße
eines Hügels, von dem aus die Insel Xiachuan zu sehen ist. Zwischen den
Inseln befindet sich eine Meerenge, von der die Inseln ihren Namen ha-
ben. Franciscus blieb dort begraben bis zum 27. Februar 1553, als Diogo
Pereira fortsegeln und den Heiligen mit sich nehmen wollte. Als er das
Grab öffnen ließ, fand er den Leichnam zu seiner großen Verwunderung
vollkommen unversehrt vor und nahm ihn mit nach Indien. Auf dem Grab
schichtete Antonio einige Steine auf, die als Denkmal dienen sollten. Im
Jahre 1640 ließ dann der Rektor des Jesuitenkollegs in Macao einen fünf
Ellen langen Stein auf dem Hügel aufrichten und mit einer chinesischen
und einer lateinischen Inschrift versehen.
Durch den Stein angeregt, kamen die Inselbewohner jedoch auf die Idee,
die Portugiesen hätten unter dem Stein einen Schatz verborgen, was durch
die lateinische Inschrift angezeigt würde, die chinesische Schrift aber gäbe
vor, dass es ein Grab wäre. Sie stürzten den Stein um und gruben in der
Erde. Da sie aber nichts fanden, füllten sie die Grube wieder, ließen den
Stein aber liegen. Doch die Strafe folgte bald: eine schreckliche Dürre
suchte die Insel heim und die daraus folgende Hungersnot brachte sogar
die »Heiden« zur Annahme, dass ihr Unglück durch die Schändung des
Grabes eines heiligen Mannes verursacht worden wäre. Sie wünschten daher, dass ein europäisches Schiff käme, um sie mit dem Heiligen zu ver-
söhnen.
Ihr Wunsch erfüllte sich im Jahre 1688, als ein nach Macao reisendes Schiff
mit dem neuen portugiesischen Statthalter Andrea Codio von Macao wegen eines Unwetters anlegen musste; auf dem Schiff befand sich auch der
Jesuit »Philipp Carossius« (= Filipp-Felice Carrocci, 1646–1695). Er wollte
den Heiligen verehren, und ein englischer Kapitän, der ebenfalls vor Anker lag, stellte ihm eine Schaluppe zur Verfügung. Als er den Inselbewohnern, deren Sprache er nicht verstand, zu verstehen gegeben hatte, was er
wollte, führten sie ihn mit Freuden zum Grab, wo er den Heiligen besänf-
tigen sollte. Pater Carrocci verrichtete seine Andacht, säuberte mit den
Inselbewohnern das Grab und richtete mit ihnen den Grabstein wieder
auf. Er säuberte auch diesen. Am nächsten Tag baute er einen Altar auf
und las die Messe darauf, an der alle Portugiesen des Schiffes teilnahmen,

die Inselbewohner sahen zu. Ihre Hoffnung auf Versöhnung war nicht vergebens. Bald öffnete sich der bisher verschlossene Himmel und es regnete wieder.

Die Portugiesen berichteten in Macao von diesem Ereignis, so dass die Bewohner Macaos den Entschluss fassten, nach nunmehr 136 Jahren das Grab des Heiligen zu überbauen. Das jedoch erwies sich als gar nicht so einfach, denn die Insel diente häufig Seeräubern als Stützpunkt. Auf dem Festland, der Insel gegenüber, baute Carlo Turcotti SJ (1643–1706), Missionar in Foshan, eine neue Missionsstation in »Sin-Hoej-Hin« (Sunwui, modern Xinhui), die dem hl. Franciscus geweiht wurde.[61] Das Grab blieb im selben Zustand wie vorher, nur dass jetzt bisweilen Wallfahrten stattfanden.

Das änderte sich mit dem Ausbau der französischen Jesuitenmission in China.[62] Joachim Bouvet, der Gesandte des chinesischen Kangxi Kaisers (reg. 1662–1722), brachte eine Gruppe von zehn Jesuiten und Geschenke für den chinesischen Kaiser auf dem Schiff »Amphitrite« nach China.[63] Während eines Sturmes taten die Jesuiten ein Gelübde, dass sie, wenn sie noch vor dem Winter Canton erreichen sollten, ein neues Denkmal für das Grab des hl. Franciscus errichten wollten. Ihr Gelübde wurde erhört, sie wurden an die Insel getrieben, wo sie die Einwohner direkt zum Grab

---

[61] Turcotti war, nachdem er als Missionar in Manila, Celebes und Siam gewesen war, seit 1681 in Foshan und Canton, wo er 16 Jahre arbeitete. Seit 1696 war er Titularbischof von Andréville und Apostolischer Vikar von Guizhou. Joseph Dehergne – Répertoire, S. 276 f.

[62] Ludwig XIV. hatte auf Anraten seines Ministers Colbert und auf Drängen der Jesuiten hin im Jahre 1685 eine erste Mission von fünf französischen Jesuiten nach China entsandt, die 1688 in Peking ankam. Sie wurden bekannt als die »Mathématiciens du Roy« und sollten den an europäischen Wissenschaften interessierten Kangxi Kaiser (1662–1722) in den neuesten europäischen Naturwissenschaften unterrichten, dabei aber auch missionieren und französischen Einfluss propagieren. Einer der fünf war Joachim Bouvet (1656–1730), der im Jahre 1693 als Gesandter des Kaisers nach Frankreich zugeschickt wurde, um neue gelehrte Jesuiten zu holen. S. Claudia von Collani: P. Joachim Bouvet S.J. Sein Leben und sein Werk (Monumenta Serica Monograph Series 17). Nettetal: Steyler Verlag 1985, S. 9–26. – Isabelle Landry-Deron: Les Mathématiciens envoyés en Chine par Louis XIV en 1685. In: Archive for History of Exact Sciences 55 (2000/2001), S. 423–463.

[63] Die »Amphitrite«, die einem französischen Glashändler gehörte, machte insgesamt zwei Fahrten nach Canton und brachte jedesmal französische Jesuiten mit. Die erste Reise der Amphitrite begann am 7. März 1698 von La Rochelle mit Bouvet und zehn weiteren Jesuiten; sie landeten am 24. Oktober 1698 in Macao und am 2. November in Canton. Die Rückreise startete am 26. Januar 1700 in Canton, Ankunft in Port-Louis am 3. August 1700. Die zweite Reise dauerte vom 7. März 1701 bis 17. August 1703. Vgl. dazu Paul Pelliot: L'origine des relations de la France avec la Chine. Le premier voyage de »l'Amphitrite« en Chine. Paris: Librairie orientaliste Paul Geuthner 1930.

führten. Doch aus dem Bau wurde nichts, und das gesammelte Geld wurde an die Armen verteilt.

Daher nahm der italienische Jesuit Carlo Turcotti die Sache in die Hand, der zudem Visitator der Jesuiten im Fernen Osten war.[64] Der Jesuitengeneral Tyrso Gonzalez unterstützte das Vorhaben, ein spanischer Adeliger aus Peru, der über Manila nach Canton gekommen war, trat als Mäzen auf. Pater Claude de Visdelou (1656–1737) (einer der fünf »Mathématiciens du Roy«) holte sich vom Zongdu, dem Generalgouverneur der beiden chinesischen Provinzen Guangxi und Guangdong, die Erlaubnis, ein Gebäude zu errichten. Auch der »Zumping« (Zongbing = hier der kommandierende General von Canton) versprach seine Hilfe. Vor dem eigentlichen Baubeginn baten die Jesuiten den General, die Gegend von den Seeräubern zu säubern, was auch gerne bewilligt wurde, wie er denn überhaupt während der gesamten Bauzeit stets half. Die Aktion war am 17. Februar 1700 beendet.
Nun wurde der eigentliche Bau in Angriff genommen. Der italienische Jesuit Giovanni Laureati (1666–1727), der zu dieser Zeit als Missionar in Foshan arbeitete,[65] kam mit den Handwerkern und dem Baumaterial, zum Schutz begleitet von zwei Kriegsschiffen. Da das Vorhaben unter Regierungsschutz stand, ging es sehr zügig vonstatten. Die Jesuiten hatten siebzig Männer zur Verfügung, teils Soldaten, teils Lastträger, die Kriegsoffiziere von Guanghai kamen ebenfalls zu Hilfe. Nach der Überfahrt zur Insel mit zwei großen Kriegsschiffen blieben zehn Soldaten als Schutz bei den Jesuiten und Bauleuten. Während die Soldaten und ihre Offiziere sehr hilfsbereit und höflich waren, zeigten sich die Inselbewohner sehr kalt und abweisend, wohl weil sie Arbeit und Unannehmlichkeiten fürchteten. Trotzdem mussten die Bewohner des Dorfes Pekang (= Beikeng) die Bauleute aufnehmen. Laureati reiste mit dem Obersten und den Kriegsschiffen zum Festland zurück, um u. a. für Nachschub an Baumaterial zu sorgen; bei dieser Gelegenheit stellte sich heraus, dass der Stadtkommandant von Xinning samt seinem ganzen Haus christlich war; er bat sogar um eine Biographie des Heiligen.[66] Der »Rott-Meister« der zehn Soldaten ließ die Bewohner der sechs Dörfer ein Quartier für Castner, die

---

[64] Vom 15. Oktober 1698 bis 15. Oktober 1701 war er Visitator der Jesuiten im Fernen Osten. Joseph Dehergne – Répertoire, S. 322.

[65] Giovanni Laureati wirkte von 1698 bis zu seinem Exil in Canton im Jahre 1725 als Missionar in China. Im Jahre 1700 war er in Foshan und gleichzeitig Superior der Jesuitenresidenz in Canton. Joseph Dehergne – Répertoire, S. 144 f.

[66] In chinesischer Sprache gibt es zumindest eine Biographie des hl. Franz Xaver in drei Bänden

zwei Bediensteten, die Soldaten und die Handwerker erbauen; außerdem mussten die Dörfler Wachen stellen. Baubeginn war am 19. März, da der hl. Joseph der Schutzpatron der Chinamission ist.[67] Castner las die Heilige Messe, die Handwerker, alles Christen aus Canton, nahmen teil.

Zuerst musste das Gelände gerodet werden und ein flaches Areal geschaffen werden. Das erwies sich als schwierig, weil große Steinbrocken vorhanden waren, die gesprengt werden mussten. Am 24. März näherte sich plötzlich ein Schifflein mit fünf Mann Besatzung der Insel, die zunächst für Seeräuber gehalten wurden. Die Schildwachen schlugen Lärm, die Soldaten stellten sich mit ihren Waffen ans Ufer, die Handwerker versteckten sich im Gebüsch. Doch die Schiffsbesatzung fragte nach einem Handelsschiff, das vor fünf Monaten von Manila gestartet war und überfällig war. Keiner der Inselbewohner hatte von dem Schiff gehört, man nahm an, es sei wohl gegen Süden hin abgetrieben worden. Man solle aber ganz auf den hl. Franz Xaver vertrauen,

> gleichwie er ehedessen eine von denen Wellen verschlungene Schaluppen ihrem Herrn erstattet / also auch dises verlohrne Schiff wider aufbringen und ihnen zurück stellen wurde / wann sie nur ihre Zuflucht mit Kindlicher Zuversicht nechst GOtt zu ihm als einem gewaltiger Vorbitter nemmen wollten.

Tatsächlich kam das verlorene Schiff nach einem Monat wieder zum Vorschein. Es fuhr am Grab des Heiligen vorbei, den es mit drei Salutschüssen grüßte, nach Macao weiter.

Der Steuermann der Schaluppe teilte inzwischen in Macao mit, was alles auf der Insel benötigt wurde. Offensichtlich gab es nur wenige Lebensmittel dort. Der Provinzial der Provinz von Japan, Pater Manuel Carvalho (1661–?), der seinen Sitz in Macao hatte, schickte sofort Nahrungsmittel für drei Monate. Die Mandarine von Guanghai erklärten sich ebenfalls bereit, was auch immer benötigt wurde, zu schicken. Am 2. April kam auch das sehnlichst erwartete Schiff mit Kalk, der sich jedoch als nicht ausreichend erwies. Castner bat den Kapitän, noch einmal ebensoviel Kalk zu bringen, doch dieser, ein »abgöttischer Heid«, wollte nach den Gefahren der Hinfahrt die Reise nicht noch einmal übernehmen. Seine

---

betitelt »Shengfu Fangjige xingshi« (»Fangjige« ist Francisco auf Chinesisch). Giuseppe Ros – Relatio sepulturae, S. 225.

[67] Der hl. Joseph wurde 1668 auf der Konferenz von Canton, als alle Missionare in Canton interniert waren, einstimmig (es war der einzige einstimmige Beschluss) von allen Orden zum Schutzpatron der Chinamission erwählt. Acta Cantoniensa Authentica [...] S.I. 1700, S. 33. – Josef Metzler: Die Synoden in China, Japan und Korea 1570–1931. Paderborn: Ferdinand Schöningh 1980, S. 28.

mangelnde Hilfsbereitschaft kam ihm teuer zu stehen: er erlitt Schiff-bruch, sein Schiff zerschellte an den Klippen, was als offenbare Strafe Gottes angesehen wurde. Auf der ersten Fahrt hatte das Schiff ja alle Ge-fahren glücklich überstanden trotz der schweren Ladung, doch in Zuver-sicht auf den hl. Franciscus. Die »Heiden« sahen dies genauso. Um wei-teren Kalk zu bekommen, bat Castner wieder Carvalho um Hilfe, der Kalk und Verzierungen für die Kapelle schickte. Außerdem wurden Aus-tern- und Muschelschalen gesammelt, aus denen Kalk gebrannt wurde. Auch Turcotti schickte Nachschub, sowie die Kriegsmandarine von Gu-anghai, die Obst und Süßigkeiten schickten und ihre Kriegsschiffe im See-gebiet der Insel kreuzen ließen, um Seeräuber fern zu halten.

Nun begann eine weitere Tätigkeit Castners in den sechs Dörfern auf Shangchuan:

> Letstlich haben wir mit freundlichen Worten und holdseligem Umgang auch die vorher so wilde Inwohner dermassen zam gemacht / daß sie uns nicht allein wol leiden / sonder aufrichtig zu lieben anfiengen. So bald wir dise Gunst wahr-ge-nommen / schine uns nunmehro Zeit zu seyn ihnen das Evangelium zu verkünden / damit dise harte Stein in Kinder Abrahams verstaltet / und dise biß-hero gestachelte Dorn-Sträuch in fruchtbare Oel-Bäum verwandelt wurden.

Mit dem Bau des steinernen Gebäudes schritt auch der Bau des geist-lichen Gebäudes aus lebendigen Steinen voran. Vom 23. bis 25. Mai reiste Castner durch die Dörfer und taufte die Neophyten, wobei jedes Dorf das erste sein wollte. Er reiste dabei der Reihe nach von einem Dorf in das nächste, das sechste Dorf sollte verschoben werden, doch beklagten sich seine Einwohner und verlangten ebenfalls Castners Besuch. Castner hoff-te nur, dass bald wieder ein Priester die Neuchristen besuchen würde und meinte dann:

> Sie haben gewißlich die Geheimnussen unsers Glaubens mit solchem Lust angehört / daß kein einziger dieselben bestritte oder mißbilligte. Warum aber sich nicht ein grössere Zahl dem Joch Christi unterworffen habe / ist dise einzige Ursach / weil sie von dem Evangelio vorher nichts gehört / mithin solches ihnen als was Neues gar fremd vorkommt / einfolglich eine Zeit lang / was da zu thun seye / sich besser besinnen wollen.[68]

---

[68] Nach Joseph Dehergne taufte Castner 30 Personen, im Jahre 1701 taufte Laureati 110 Per-sonen, im Jahre 1702 gab es 142 Christen. Joseph Dehergne – La Chine du Sud-est, S. 27.

140

Es folgt eine Beschreibung der sechs Dörfer, deren Bewohner vor allem Reis anbauen sowie Salz machen.[69] Wohl gebe es in der Wildnis der Insel keine Tiger, jedoch Schlangen und Nattern, Wildschweine, Hirsche und wilde Tauben. Die Inselbewohner sind insgesamt arme Leute, die keinen Handel treiben, weshalb die Chinesen etwas auf sie herabschauen. Sie zahlen dem Kaiser auch keine Steuern, weshalb ihnen eigentlich auch kein Schutz zusteht, sondern sie sogar selbst als der Seeräuberei verdächtig gelten.

Das Grab des Heiligen war inzwischen fast fertig gestellt. Es war in drei Höfe abgeteilt, im obersten stand die Kapelle für die Messe, oben spitz und mit einem Kreuz geschmückt. Über sieben Stufen ging es dann hinab zum Grab. Beide Seiten waren mit chinesischen und europäischen Schriften bedeckt. Die portugiesische Inschrift lautet auf Deutsch:

> *Hier ist der H. Franciscus Xaverius aus der Gesellschafft Jesu, Morgenländischer Apostel / begraben worden.* Besser unten liset man folgende Wort: *Dieser Stein ist Anno 1640. gesetzt worden.* Die Sinische Grabschrifft hingegen heißt also: *Der aus dem äussersten Abend-Land hieher gekommene Lehrer aus der Gesellschafft Jesu, der H. Franciscus Xaverius ist in dem zwey und dreyßigsten Jahr Kaysers Kiazim in dem Winter-Monat gen Himmel gefahren.* Besser unten stehet geschrieben: *In dem zwölfften Jahr Kaysers Schung-Tschim haben die Glider ob-gedachter Gesellschafft disen Grab-Stein gesetzt.*

Nach weiteren fünf Stufen abwärts folgte der dritte Vorhof, wo ein großes Kreuz aufgerichtet war. Es soll allen aus Europa vorbeifahrenden Schiffen anzeigen, dass nun im Reich China das Christentum nicht heimlich, sondern öffentlich verehrt werde.[70] Das ganze Gebäude maß in der Länge siebzig chinesische Ellen, bzw. mehr als neunzig römische Schuhe,[71] in der Breite dreißig Ellen oder vierzig Schuhe. Das Ganze war von einer fünf Schuh hohen Mauer umgeben, die stufenweise mit dem Berg anstieg. Auf der Höhe war sie acht Schuh hoch. Damit der Regen die Mauer nicht beschädigte, war sie von einem kleinen Wall und einem Graben umgeben, in dem das Regenwasser ablaufen konnte. Der Graben samt Wall hatte fast dreizehn Schuhe im Durchschnitt.

---

[69] Ros identifizierte die Namen der sechs Dörfer folgendermaßen (in Pinyin geändert): Pekang = Beikeng; Hien iu = Xianyu; Si Khang = Xikeng; Xe sonn = Shisou; Gao quon = Haoguan; Cha uan = Chawan. Giuseppe Ros – Relatio sepulturae, S. 226.

[70] Anspielung auf das Toleranzedikt von 1692, s. o.

[71] Ein römischer Schuh oder Fuß entspricht 29,60 cm. 90 Schuh würden also 26,64 m entsprechen.

Die Wände des Gebäudes waren außen im unteren Teil mit blauer Farbe angestrichen, oben mit roter Farbe und innen weiß. Der Boden war von einem festen Estrich aus Sand und Kalk bedeckt. Oben auf der Kapelle fand sich die Jahreszahl M.DCC. Das Gebäude wurde am 2. Juni 1700 fertig gestellt. Am 3. Juni schickte der Kriegsmandarin von Guanghai ein Schiff, auf dem alle wieder zurückfahren konnten. Sie nahmen Abschied von den Inselbewohnern, denen Castner versprach, bald einen Priester zu schicken, dann fuhren sie nach Xinhui ab, von wo aus Castner nach Canton weiterreiste.

Besonders rühmens- und erwähnenswert sind für Castner die Mandarine von Guanghai und Xinhui,

> welche alles / so bey uns vorbey gienge / Haar-klein auskundigten / höchstens bewundert / daß die vorhin viehische und wilde Inwohner von Sanciano durch unsere Gemeinschafft und Anhörung des christlichen Gesatzes sich so geschwind bekehrt / folgsamlich aus grimmigen Bestien zu milden Schäflein worden seynd.

Außerdem gab es während der drei Monate des Baues zwar manchmal schlechtes Wetter, doch alle blieben gesund. Ein weiteres Wunder war, dass die chinesischen Soldaten,

> obschon schier alle dem blinden Heidentum ergeben / bey so langwierigen ohne einzige Belohnung überstandenen Wachten jemals die Gedult verlohren / oder sich nur mit einem Wort wegen dem harten Dienst / den sie einem fremden Heiligen oder uns ausländischen Gästen leisten müßten / beklagt hätten / dergestalt / daß ich ihre beständige Willfährigkeit und hurtige Frölichkeit mir zu dienen nicht begreiffen könte. Diß ware nemlich ein unerhörte Ehr / mit welcher GOtt die Apostolische jederzeit unverdrossene Arbeit des H. Xaverii hat belohnen wollen.

Drittens, so Castner, ist es gewiss ein Werk Gottes, dass alle Staats- und Kriegsmandarine das Vorhaben so gut unterstützten, wie man es kaum von christlichen Fürsten und Obrigkeiten hätte erhoffen können. Viertens zeichnete sich dabei besonders der Zongdu aus. Die Inselbewohner baten Castner, sich bei ihm um einen Schutzbrief für sie zu verwenden, wobei sie ihr ganzes Vertrauen in den hl. Franciscus setzten. Ihr Anliegen wurde vom Zongdu gnädig aufgenommen, wie er dem Pater Turcotti mitteilte. Außerdem begab sich der Zongdu eines Aufenthaltes in Canton zum Haus Turcottis und suchte ihn, da er krank war, sogar an seinem Krankenbett auf. Die Christen auf Shangchuan wurden Pater Laureati und der Gemeinde von Xinhui unterstellt, die für sie sorgen sollten. – Soweit der Bericht des Gaspar Castner. Ergänzend zum Bau der Grabmals samt Kapelle muss gesagt werden, dass im Jahre 1703 eine zweite Kapelle auf Franz Xavers Grab gebaut wurde. Im Jahre 1710 wurde die Kirche vom Ortsmandarin in eine Schule umgewandelt.[72] Der Jesuit Romain Hinderer (1668–1744) reiste an den Hof, um die Ordnung wieder herstellen zu lassen. Im Jahre 1736 war die Kapelle zerstört.[73]

Die Verehrung des hl. Franz Xaver auf Shangchuan

Die Wallfahrten zum Heiligen auf der Insel setzten zu Ende des 17. Jahrhunderts ein, vorher scheint die Insel nicht sonderlich häufig besucht worden zu sein. Die eigentliche Anerkennung als Wallfahrtsort begann erst mit Carrocci. Nach ihm besuchte der Jesuit Pieter Van Hamme (1651–1727) im Dezember 1689 anlässlich seiner Ankunft in China die Insel.[74] Großen Aufschwung nahmen die Wallfahrten mit der Ankunft der französischen Jesuiten, die den Heiligen als Beistand in Unwettern auf See anriefen und Gelübde für den Falle seiner Hilfe taten.[75] Die häufigeren Besuche der Insel und die Errichtung der neuen Gebäude, an der sich die chinesischen Behörden so tatkräftig beteiligten, reflektierten die verbesserte Lage des Christentums in China um die Wende zum 18. Jahrhundert. Verursacht wurde diese durch das oben erwähnte Toleranzedikt von 1692, durch die Stellung der Jesuiten als Direktoren des Astronomischen Minis-

---

[72] Wohl im Zuge der Säkularisation, die infolge des Besuchs und des Verbots der Teilnahme der chinesischen Christen an den konfuzianischen Riten durch den päpstlichen Legaten Charles-Thomas Maillard de Tournon als Gegenreaktion von Seiten der Chinesen eingesetzt hatte, wurden in den Provinzen Fujian und Zhejiang fast alle Kirchen beschlagnahmt oder sogar zerstört. S. Claudia von Collani – Kilian Stumpfs Brief von 1708, S. 137.

[73] Joseph Dehergne – La Chine de sud-est, S. 27.

[74] Joseph Dehergne – Répertoire, S. 283; P. Visschers (Hg.): Onuitgegeven briefen van eenige Paters der Societeit van Jesus, missionarissen in China van de XVIIde en XVIIIde eeuw, met aanteekeningen. Arnhem: Josué Witz 1857, S. 28.

[75] Ihre Wallfahrten und Gelübde zu Ehren des Heiligen sind vor allem deshalb bekannt, weil die Briefe der französischen Jesuiten, im Gegensatz zu denen der portugiesischen, häufig publiziert wurden und die französische Sprache im 18. Jahrhundert die Sprache der gebildeten Leute war. Bekannt wurden vor allem die verschiedenen Ausgaben der *Lettres édifiantes et curieuses*, die seit 1702 erschienen und Briefe von Jesuiten aus aller Welt einem breiten Publikum zugänglich machten (Robert Streit/Josef Dindinger (Hg.): Bibliotheca Missionum I. Freiburg im Breisgau: Herder 1963, Nr. 780. Teile daraus wurden, ergänzt mit anderen Briefen, im sogenannten *Welt-Bott*, herausgegeben von P. Joseph Stöcklein SJ, veröffentlicht. – S. Bibliotheca Missionum 1, Nr. 383.

teriums und durch die persönlichen Beziehungen der Hofjesuiten zum Kangxi Kaiser. Das kaiserliche Wohlwollen den Hofjesuiten gegenüber strahlte bis in die Provinzen aus, wie es Castner beschreibt: die Mandarine helfen den Missionaren und Gemeinden. Gleichzeitig aber rückte Franz Xaver als einer der maßgeblichen Heiligen der Chinamission immer stärker in den Vordergrund.

Gegen Ende des 17. Jahrhunderts nahmen die Pilgerfahrten und die Verehrung Franz Xavers vor allem unter den französischen Chinamissionaren zu. Besonders die beiden Fahrten des französischen Schiffes »Amphitrite« nach China hatten maßgeblichen Anteil dabei. Joachim Bouvet (1656–1730), einer der von Ludwig XIV. im Jahre 1687 ausgesandten fünf »Mathématiciens du Roy«, wurde vom Kangxi Kaiser im Jahre 1693 als sein Gesandter nach Europa zurückgeschickt, damit er weitere gelehrte Jesuiten nach China brächte.[76] Die Rückreise von Europa begann am 6. März 1698 auf der »Amphitrite« mit acht neurekrutierten französischen Jesuiten; die »Amphitrite« landete am 24. Oktober im portugiesischen Macao und am 2. November in Canton, dem Hafen für die Handelsschiffe anderer Nationalität. Über diese Reise gibt es mehrere Berichte, die teilweise in den *Lettres édifiantes et curieuses* veröffentlicht wurden.[77]

François Froger, einer der Schiffsoffiziere der »Amphitrite«, berichtet vom Besuch der Insel und des Grabes. Bouvet war vorausgereist nach Macao und kehrte nun mit einer Galeere und einem chinesischen Kaufmann zurück. Am Mittag des 15. Oktober erreichten sie das Grab. Bouvet und der chinesische Kaufmann erwiesen dem Toten nach chinesischer Sitte mit mehreren Kotaus die Ehre (»*firent les genuflexions et autres ceremonies a la Chinoise*«). Alle zusammen sangen das Te Deum und feuerten mehrere Salutschüsse zu Ehren des Heiligen ab, um Gott für die auf der Fahrt erwiesene Gnade zu danken. Viel war jedoch nicht zu sehen, nur ein Stein mit chinesischer und portugiesischer Aufschrift. Die Übersetzung der chinesischen Aufschrift lautete folgendermaßen:

---

[76] Claudia von Collani – Joachim Bouvet, S. 17–25.
[77] Brief Bouvets vom 30. November 1699. In: Lettres édifiantes et curieuses XVI (Paris 1781), S. 372–392; Brief de Prémares vom 17. Februar 1699. In: Lettres édifiantes et curieuses 16 (Paris 1781), S. 338–371, deutsche Übersetzung im *Welt-Bott*, Nr. 39. – Vgl. a. E. A. Voretzsch (Hg.): François Froger: Relation du premier voyage des François à la Chine fait en 1698, 1699 et 1700 sur le vaisseau »L'Amphitrite«. Leipzig: Verlag der Asia Major 1926.

Abb. 24 Franz Xaver tauft die Neubekehrten im Königreich Travancor, Martin Feuerstein, um 1900

Abb. 25 Bauarbeiten unter der Anleitung von Franz Xaver, Luca Giordano, 17./frühes 18. Jahrhundert

Abb. 26
Franz Xaver wirkt ein Wunder,
Altarrelief aus den Reduktionen

Abb. 27 Die Wunder des Franz Xaver, Peter Paul Rubens für die Jesuitenkirche in Antwerpen, um 1619

Abb. 28
Karte von Japan,
Abraham Ortelius,
1595

Abb. 29
Ankunft von
Franz Xaver und
Juan Fernandez
in Shimonoseki,
Seiji Utsumi, 1930

Abb. 30 Ankunft von Franz Xaver in Kagoshima, Sawayama Takuji, 1981

Abb. 31 Franz Xaver predigt vor Bonzen in Yamaguchi, Pablo Tanizawa, 19. Jahrhundert

聖 師 大 友 公 の 前 み福原傳師 と論議 てし膽肝を寒からしうぢむ

Abb. 32 Franz Xaver predigt vor einem Daimyo in Japan

Abb. 33
Franz Xaver,
frühes 17. Jahrhundert,
Japan

Abb. 34
Franz Xaver
predigt vor einem Daimyo
in Japan, Manuel Henriques,
1640

Abb. 35
Franz Xaver schreibt
einen Brief, Seidenfahne,
19. Jahrhundert

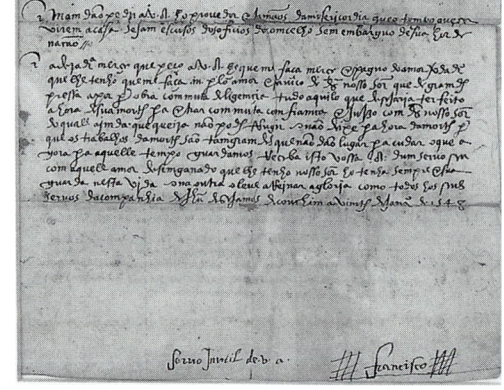

Abb. 36
Brief des Franz Xaver an den
portugiesischen König, 20. Januar 1548

Vn Docteur de la Compagnie de Jesus nommé François Xauoier homme saint et illustre par ses miracles monta au Ciel au commencement de l'hyuer de l'année de Gin-vou, et la 31.ᵉ du Regne de l'Empereur Kia-Sin.

Und portugiesisch:

Epitaphe Portugaise
Aqui foi sepultado San Francisco Xauier da Compañia de Jesus, Apostolo do Oriente. Este Padraō se leuentou: anno 1688. Icy a été enseuely St. Francolis Xavier de la Compagnie de Jesus Apôtre de l'Orient. Ce monument fut erigé en 1688.[78]

Der Bericht von Joseph-Henri de Prémare (1666–1736) an den Beichtvater des französischen Königs, Père François d'Aix de la Chaise (1624–1709), ebenfalls auf der »Amphitrite«, vom 17. Februar 1699 beschreibt recht ausführlich die Pilgerfahrt zum Grab Franz Xavers.[79] Auf der Rückreise nach China landete Joachim Bouvet mit seinen acht Gefährten am 26. Juli 1698 bei Sumatra, das sie am 31. Juli sahen. Sie hatten sich verfahren und den Sund um 60 Meilen verfehlt und es gab keine Möglichkeit für den Rückweg. Sie wollten jedoch noch im selben Jahr China erreichen (was wegen der Monsunwinde nur im Sommer möglich war). Sie beteten daher zu Gott und zum »Indianer-Apostel« Franciscus Xaverius, dass sie noch im gleichen Jahr nach China gelangen möchten. Dazu begannen sie die Andacht der zehn Freitage zu seinen Ehren; er war nämlich an einem Freitag gestorben und hatte den »Indianern« zehn Jahre das Evangelium gepredigt. Sie gelobten, im ersten Hafen Chinas zu kommunizieren oder aber Geld beizutragen, damit auf der Insel »Sanciano« über seinem Grab eine kleine Kapelle gebaut würde, um das Grab vor Regen zu schützen und um dort die Messe lesen zu können. Sie hatten sich geirrt und waren nicht vom Vorgebirge nach Osten zum 100. Längengrad gefahren, sondern zum 90. Bei Achem litten sie drei Wochen lang sehr unter dem tropischen Klima. Es war heiß, kein Wind wehte und die Lebensmittel wurden schlecht, kurzum: Die neuen Missionare bekamen einen Vorgeschmack auf ihren künftigen Beruf und übten sich in Geduld, wie Prémare die Lage interpretierte.

---

[78] François Froger – Relation du premier voyage, SS. 59f.
[79] Lettres édifiantes et curieuses XVI (Paris 1781), SS. 338–371. Die deutsche Übersetzung findet sich im *Welt-Bott* als Nr. 39.

In der Nacht vom 10. zum 11. September erhob sich ein Sturm mit hoher See, Wind, feuriger Luft, schrecklichem Regen. Das Schiff wurde abgetrieben. Alle fürchteten um ihr Leben und sahen den Tod vor Augen:

Ich weiß zwar nicht / was GOtt mit uns in Sina vorhat; doch weiß ich / daß wir bisher zimlich seynd mitgenommen / und geprüffet worden. Die alten Missionarii halten solches für ein gutes Zeichen. Wenigstens / GOtt sey Lob / wünschen wir nichts söhnlicher / als daß der Will GOttes an uns gäntzlich erfüllet werde.

Am 27. September folgte dem Sturm eine Windstille und man gab alle Hoffnung auf, China noch im selben Jahr zu erreichen. Die künftigen Missionare verdoppelten ihre Gebete. Nur Bouvet verlor in keinem Augenblick die Zuversicht in Gott. Endlich wurden ihre Gebete erhörte und am 15. Oktober Morgens erblickten sie das »verheissene Land«:

Dieses war die Insul Sanciano, wohin uns sonders Zweifel der heilige Xaverius geführt hatte; dann wir waren nur nnoch eine Tagreis von seinem Grab. Die ersten Täge nach unserer Anländung daselbst wußten unsere Schiff-Genossene nicht / wo sie seyen: ja sie wolten uns Jesuitern kaum glauben / als wir sie versicherten / bey dem Grab dieses heiligen Apostels gewesen zu seyn / damit wir allda unserer Andacht / und unserm gethanen Gelübd ein Genügen läisteten. Wir thaten unser erste Wallfahrt dahin an einem Donnerstag den neunten Octobris; nachdem wir nun vier Stund Weegs zu Wasser und eine zu Land gewandert waren / errächten wir gähling den so söhnlich verlangten Orth. Wir fanden allda einen zimlich grossen aufgerichteten Stein; so bald wir auf solchem diese Portugiesische Wort: *Æ qui foi Sepultado S. Francisco Xavier*. Hier war der H. Franz Xavier begraben / gelesen hatten / küsseten wir dieselbe so heilige Erden öffters / welche etlich auch mit ihren Thränen begossen haben: ich aber befand mich mit so lebhafften / so süssen und trostreichen Gemüths-Güssen überschwemmet / daß ich eine gantze Viertelstund wie verzuckt auf nichts anders / als / was ich fühlete / gedencken könte.
Nachdem wir das Gemüth innerlich ergötzt hatten / wolten wir dasselbige auch äusserlich vergnügen in genauer Betrachtung dieses Grabmahls: über welches wir auß Bäum-Aesten / und einem Fetzen von Segel-Tuch eine Hütten gebaut / villeicht derselben nicht ungleich / unter welcher der heilige Xaverius diß Zeitliche gesegnet hat. Zum Beschluß sangen wir das Te Deum Laudamus mit denen Litaneyen dieses Heiligen / brachten allda mehr mit Geistlichen Gesprächen / Betten / und Wachen / als mit Schlaffen die gantze Nacht nutzlich zu. So bald aber der Tag angebrochen / baueten wir auf dem Grab selbst ein Altar und lasen Meß / welches vor uns niemand (außgenommen Pater Caroccio ein unlängst gestorbener wegen seinen Verdiensten sehr berühmter Wälscher Jesuit) gethan hatte.

Nach gelesenen 8. Messen (dann so viel Französische Priester auß der Societät waren wir) stimmeten wir noch einmahl an das Ambrosianische Lob-Gesang / küßten die Erden / von welcher jeder auß uns etwas als ein Heiligthum mitgenommen hat / und giengen also wieder zuruck auf das Schiff.[80]

Auch Joachim Bouvet schreibt in seinem Brief vom 30. November 1699 aus Peking, nachdem er mit der »Amphitrite« und seinen neuen Gefährten in China gelandet war, die glückliche Ankunft dem hl. Franciscus zu:

> So seynd auch auf unserer gantzen Reis sehr wenig erkrancket / wir aber unser eilf Missionarii, GOTT Lob / frisch und gesund in China glücklich anlangt / nemlich die Patres Domenge, Barborier, Dolzé, Pernon, Broissia, Premare, Regis, Parennin, Geneix, und Ich samt dem Bruder Belleville. Als das Schiff gleichsam wider dern Steuer-Leuthen Willen an der Insul Sanciano angelandet hatte / war ich der erste / welcher alldort das Grab deß H. Francisci Xaverii gefunden / und mit dem Herrn Beaulieu, Fendrichen der Amphitrite, oder Meer-Göttin / (dann also hiesse unser Schiff) einem dappferen Officier, der GOTT und dem König ungemein treu dienet / verehret hab.[81]

In der Folgezeit wurden auch Wallfahrten vor der Rückreise nach Europa gemacht, so dass der Eindruck entsteht, das Franz Xavers Kompetenz auch die Schiffsreisen umfasste. So las Pater Jean de Fontaney (1643–1710) vor seiner Rückreise nach Europa, ebenfalls als kaiserlicher Gesandter, auf der »Amphitrite« in der Kapelle auf Shangchuan die Messe. Auf der zweiten Fahrt der »Amphitrite« reiste er mit zurück nach China.[82] Diese zweite Reise verlief weit weniger glimpflich als die erste. Das Schiff geriet in einen schrecklichen Sturm. Pater Pierre Vincent de Tartre (1669–1724) wurde als Schiffsseelsorger daher aufgetragen, im Namen aller zwei Gelübde zu tun, »das eine für Sina, zu Ehren des Heil. Francisci Xaverii, daß er nemlich, dafern wir glücklich zu Canton würden anlangen, wir ihm zu Ehren eine Lob-Meß halten, bey solcher aber alle und jede mit Beicht und Communion ihre Andacht verrichten wollten.« Das zweite Gelübde sollte Frankreich zum Ruhm der Gottesgebärerin gelten. Und tatsächlich: »Wir haben durch ein handgreifliches Wunder Werck erfahren, dass man

---

80 Joseph Stöcklein (Hg.): Der Neue Welt-Bott, Erster Bund oder die 8. Erste Theil (Augspurg und Grätz 1726), Nr. 39.
81 Lettre au P. de la Chaise, B. Nat., Ms. fr. 17240, ff. 43v–44r. Der Brief wurde gekürzt in den Lettres édifiantes et curieuses abgedruckt, so etwa Paris 1843, S. 17–22, sowie im Welt-Bott, Nr. 41.
82 Joseph Dehergne – Répertoire, S. 97. Die zweite Fahrt der Amphitrite startete am 7. März 1701 in Port-Louis, am 5. August landete sie in Macao und am 9. September in Canton; am 5. Dezember 1702 reiste sie wieder von Macao ab, um am 17. März 1703 in Brest zu landen.

die Jungfräuliche Mutter und den Indianer-Apostel in Nöthen niemals vergebens anruffe, ohne welcher Schutz, Schirm und Vorbitte bey Gott wir unfehlbar verlohren waren.« Trotz der Gefahren eines Schiffbruchs und des Kenterns auf den Felsen der Inseln konnte das Schiff in den größten Hafen auf Shangchuan einfahren. Ein chinesischer Steuermann von der Insel brachte sie an einen anderen Ort, von wo aus sie das Grab des hl. Franz Xaver sehen konnte,

> allwo wir im Angesicht des Grabs des Heil. Francisci Xaverii uns an den Ancker henckten, diesen Indianer-Apostel mit fünff Stuck-Schüssen begrüßten, und nebst seiner Litaney das te Deum laudamus sangen. Der Pater Fontaney mit dem Ehren-Kleid eines Sinesisch-Käyserlichen Gesandten angelegt, beehrte den Heiligen mit einem Kotheu, da er nemlich öffters die Knie gebogen, und vor dem Grab auf sein Angesicht nach Sinischer Art niedergefallen ist.

Das Schiff lag drei Wochen vor Anker, während Fontaney nach Canton weiterreiste, um von dort aus den Weitertransport seiner Reisegefährten zu organisieren. Da das Schiff nur zwei Meilen vom Grab entfernt lag, pilgerten die Jesuiten und die gesamte Schiffsbesatzung häufig zum Grab, »mithin von ihm etliche Funcken Göttlicher Liebe und seines Seelen-Eyffers mögten anerben.«[83] Die meisten Leute auf Shanchuan waren jedoch noch immer keine Christen, die wenigen ausgenommen, die von den Jesuiten getauft wurden.[84]

Resümee

Der Bericht des bayerischen Jesuiten Gaspar Castner über den von ihm geleiteten Bau eines Grabmonuments für Franz Xaver auf der südchinesischen Insel Shangchuan zeigt in seiner unverblümten, teils drastischen, aber auch barock-blumigen Redeweise (beides für den *Welt-Bott* typisch) eine ordentliche Einteilung der Welt in Heilige, »Heiden« und Missionare aus der Societas Jesu. Das Verhältnis Castners zu den Heiden ist jedoch durchaus subtil. Es gibt Heiden, die wegen mangelnder Kenntnis der christlichen Lehre entschuldbar sind, es gibt wohlgesonnene chinesische Mandarine samt dem Kaiser, welche die Sache des Christentums fördern.

---

[83] Brief des Patris de Tartre, Canton, 17. Dezember 1701. In: Joseph Stöcklein: Der Neue Welt-Bott, Nr. 65.

[84] Welt-Bott Nr. 65. Cf. den Brief Patris Chavagnac, der Gesellschafft JEsu Missionarii, an R. P. Carolum Le Gobien, 30. Dezember 1701. In: Joseph Stöcklein: Der Neue Welt-Bott, Nr. 66.

Aber es gibt auch verstockte, unfreundliche Heiden, an denen eine sehr handfeste Moral demonstriert wird: Wer auf den hl. Franz Xaver baut und für ihn »baut«, dem wird geholfen. Mangelnde Hilfsbereitschaft wird sofort und augenscheinlich gestraft.

Indirekt beschreibt der Bericht auch anschaulich die damalige, überaus günstige Lage, die das Christentum zu dieser Zeit in China unter der toleranten Herrschaft des Kangxi Kaisers erlebte; leider verschlechterte sich diese gute Ausgangsposition nach den Auseinandersetzungen zwischen Anpassung und Reinhaltung des Glaubens, zwischen Kaiser und Papst rapide. Doch um 1700 sah alles noch bestens aus, die Verehrung des hl. Franz Xaver als Urvater und Schutzpatron der Chinamission hatte großen Aufschwung genommen nach dem Bau der Kapelle zu Ehren des Heiligen. Die Pilgerfahrten hatten zwar schon seit etwa 1680 eingesetzt, doch wurde Franz Xaver jetzt immer mehr auch die Rolle des Schutzpatrons für eine glückliche Überfahrt in die Ostasienmission zugewiesen. Darüber hinaus wurde er auch als Zeuge benannt für neue Missionsmethoden, d.h. für eine Erweiterung der Akkommodationsmethode, wie sie von einigen französischen Jesuiten angestrebt wurde.[85] Daher kann man sagen, dass die Bedeutung des hl. Franz Xaver für die Ostasienmission nach seiner Heiligsprechung im Jahre 1622 eng verknüpft ist mit der Blüte des Christentums in der frühen Regierungszeit des Kangxi Kaisers.

---

[85] S. Dazu Brief Kilian Stumpfs vom 6. November 1715 an den Jesuitengeneral: »De controversia libri y kim seu contra sententias Kinisticas«. In: Claudia von Collani: Die Figuristen in der Chinamission. (Würzburger Sino-Japonica 8) Frankfurt/Bern: Peter Lang Verlag 1981, S. 98.

Anhang: Gaspar Castner SJ, »Relatio Sepulturae«

Lagekarte der Insel Sancian sowie ein Grundriss der Grabkapelle Franz
Xavers. (Welt=Bott XIV. Theil Numero 309)

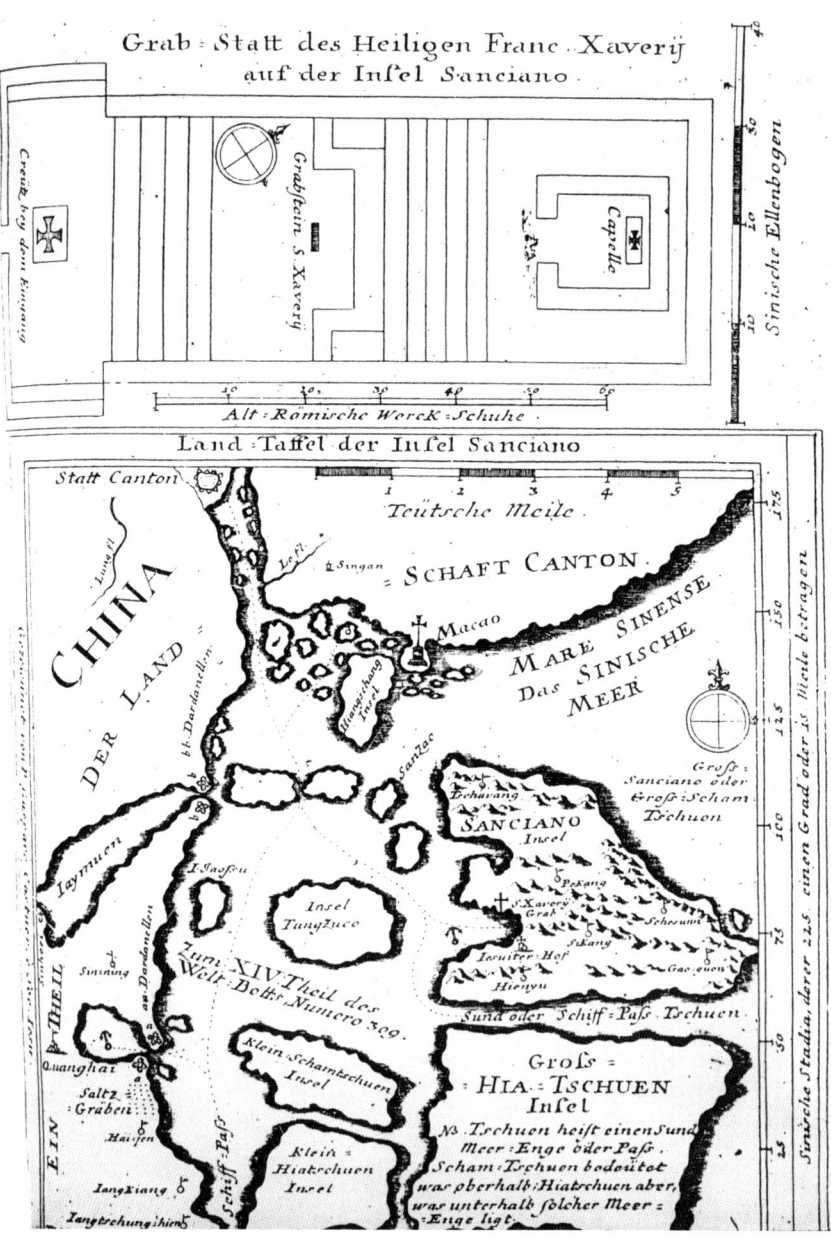

»Liebe verleiht Flügel«
Ein neulateinisches Epos über die Missionsreisen des Heiligen Franz Xaver*

Elisabeth Klecker

Mit seiner Heiligsprechung im Jahr 1622 wurde Franz Xaver nicht nur zur Ehre der Altäre erhoben, er sollte auch zum Gegenstand zahlreicher Publikationen von Mitgliedern der Societas Jesu werden:[1] Bereits bei den Feierlichkeiten in Rom wurde darauf hingewiesen, dass die Missionsreisen des Heiligen und die Eroberung des Ostens für das Christentum ein würdiger Gegenstand heroischer Dichtung seien:[2]

> Mosterà il Maestro d'Humanità la navigatione del Saverio al Giappone, & la còquista fatta per mezzo suo di quella grand'Isola à Christo, esser' eccellentissimo soggetto di Poema eroico, anzi facendosi paralello tra le maraviglie, delle quali sono abbelite L'Eneide, e l'Odissea, & quelle, delle quali è capace la Saveriade; si concluderà per quanto tocca all'argumento, avanzare il nostro Eroe l'uno & l'altro di quelli, che Virgilio & Omero cantarono.

Die hier aufgezeigte Möglichkeit, Franz Xavers Wirken zu einer epischen *Saveriade* zu gestalten, hat der neapolitanische Jesuit Niccolo Partenio Gi-

---

* Der Beitrag ist eine überarbeitete und erweiterte Fassung eines Vortrages in der Wiener Katholischen Akademie, gehalten im Dezember 1997 zum Fest des hl. Franz Xaver.

[1] Eine Zusammenstellung bietet Carlos Sommervogel: Bibliothèque des écrivains de la compagnie de Jésus 10. Brüssel/Paris 1909, Sp. 1654–1660.
Zu Dramen: Johannes Müller: Das Jesuitentheater in den Ländern deutscher Zunge vom Anfang (1555) bis zum Hochbarock (1665) 2. (Schriften zur deutschen Literatur für die Görresgesellschaft 7 & 8) Augsburg: Dr. Benno Filser Verlag 1930, S. 112. – Jean-Marie Valentin: Le Théâtre des Jésuites dans les pays de langue allemande (1554–1680) 2. (Publications universitaires européennes 1/235) Bern/Frankfurt a. M./Las Vegas: Anton Hiersemann 1978, S. 985.

[2] In: Saggio delle Feste che si apparecchiano nel collegio Romano in honore de'santi Ignatio et Francesco da n.s. Gregorio XV canonizati. Roma: Alessandro Zannetti 1622. Zitiert bei: Joseph Imorde: Gebaute Emblematik. Die Jesuitenkiche Franz Xaver in Luzern. In: Peter M. Daly/G. Richard Dimler SJ/Rita Haub (Hg.): Emblematik und Kunst der Jesuiten in Bayern: Einfluss und Wirkung. (Imago Figurata Studies 3) Turnhout: Brepols 2000, S. 209–225. Hier S. 212 Anm. 11. – Als epische Gestalt erscheint Franz Xaver auch im 2. Buch der *Ignatias* des Antonio Figueira Duram (geb. Lissabon 1625). In: Corpus illustrium poetarum Lusitanorum qui Latine scripserunt 5. Lisbonae: typis regalibus Sylvianis regiaeque academiae 1745, S. 414–419.

annettasio (1648–1715)[3] in lateinischer Sprache verwirklicht: Sein Jugend-
werk *Xaverius viator seu Saberidos carmen* sollte die gesamte missionarische Tätigkeit des Heiligen von der Abfahrt von Lissabon im April 1541
bis zum Tod auf der Insel Sancian im Jahr 1552 umfassen, blieb jedoch
unvollendet und wurde erst nach dem Tod des Autors gedruckt.[4] Giannettasio behandelt zunächst ausführlich in drei Büchern die Fahrt nach Goa,
der Hauptstadt des portugiesischen Kolonialreiches im Osten; Buch 4 und
5 haben die Missionstätigkeit in Indien, in Goa selbst und an der Perlen-
fischerküste, zum Gegenstand; die Bücher 6 und 7 sind militärischen
Feindseligkeiten gewidmet, denen die indischen Christen von Seiten der
Heiden ausgesetzt sind; Buch 8 und 9 zeigen Franz Xaver schließlich am
Grab des Apostels Thomas in Malabar, wo er Klarheit über seine weiteren
Missionsziele zu erlangen sucht. Das Epos bricht am Anfang des 10. Buches noch vor der Landung des Heiligen in Japan ab – der Herausgeber
bemerkt dazu, dass dieser Schluss eine Parallele zur Biographie darstelle,
da Franz Xaver vor dem Betreten Chinas verstorben sei.[5]

In der Tat eignet sich die Missionstätigkeit Franz Xavers bestens als Ge-
genstand eines Epos in klassisch-antiker sowie neuzeitlicher Tradition:
Fahrtbeschreibungen gehören seit der Odyssee zu diesem literarischen
Genus, und Epen über neu entdeckte überseeische Gebiete waren ab

---

[3] Zu Leben und Werk: Claudia Schindler: Nicolò Partenio Giannettasios Nauticorum libri VIII.
Ein neulateinisches Lehrgedicht des 17. Jahrhunderts. In: Neulateinisches Jahrbuch 3 (2001),
S. 145–176. Hier S. 146f.

[4] Als 3. Band von: Nicolai Parthenii Giannettasii Neapolitani e Societate Jesu Opera omnia
poetica, Neapoli: per Bernardum Michaelem Raillard 1715–1721.

[5] P. 188 »*Dixerim juvenilem Parthenii Musam eundem exitum affectasse, quem Xaverius ipse sor-
titus est. Quemadmodum enim hic ad Sinarum limen adhaesit nec porro progressus est, ita et illa
ad Japonum vestibulum voluit adhaerere.*« – Trotz der im folgenden dargestellten Aeneisparal-
lelen ist fraglich, ob das Epos auf zwölf Bücher angelegt war. Giannettasio könnte auch nur
zehn Bücher geplant haben – mit Berufung auf das Vorbild Lucans. Die Bedeutung Lucans
zeigt sich, wenn Giannettasio am Ende des Prosageleitbriefs in topischer Bescheidenheit erklärt, dass er *historici potius in morem, quam poetae* erzähle, d.h. chronologisch voranschrei-
tend wie Lucan (dem aus diesem Grund der Titel ›poeta‹ abgesprochen wurde: vgl. Guido
Martellotti: La difesa della poesia nel Boccaccio e un giudizio su Lucano. In: Studi sul Boccaccio 4 [1967], S. 265–279) ohne die an Vergil schon in der Antike gelobte Rückblende (vgl. Ma-
crobius, Saturnalia 5,2,9). Die Struktur der *Aeneis*, die Zweiteilung in eine Odyssee- und eine
Iliashälfte, ist freilich übernommen; der Neueinsatz liegt in Buch 6, das mit einem neuerlichen
Angriff der Hölle beginnt wie das 7. Aeneisbuch mit Junos Entfesselung des Kriegs in Latium.
Die Bücher 6 und 7 sollen also den Kämpfen des Aeneas in Italien entsprechen. Befremden
mag, dass für die Japanmission Franz Xavers somit nur ein Buch vorgesehen wäre; es ist also
auch ein ursprünglicher Plan von drei Pentaden nicht auszuschließen, die Vision des 8. Buches
wäre dann in zentraler Position zu stehen gekommen.

dem 16. Jahrhundert beliebt.[6] Auch die jesuitische Ostmission hatte bereits epische Gestaltung gefunden, u. a. in zwei Märtyrerepen, den *Quinque martyres* des Francesco Benci SJ (1542–1594)[7] und der *Paciecis* des Bartholomaeus Pereira SJ (1599 Monção–1650).[8] Die Forderung, dass ein Epos Kampfhandlungen und Kriegstaten seines Helden zu enthalten habe, wird erfüllt, indem Kämpfe zwischen Heiden und neu bekehrten Christen dargestellt sind, bzw. die Mission insgesamt als Kampf gegen den Unglauben, ja gegen die Hölle selbst, aufgefasst ist. Als primären Bezugstext hat Giannettasio Vergils *Aeneis* gewählt.[9] Schon der Untertitel *Saberis* ist analog zu dem des vergilischen Epos vom Namen des Helden, d. h. von der latinisierten Namensform *Saberius*, gebildet, und schon das Proömium setzt Zitate mit Signalwirkung. Mit der Themenangabe v. 2 »*arma cano et clarum partis heroa triumphis*« – »von Waffen sing ich und von

---

[6]   Zur Columbusepik: Heinz Hofmann: Lorenzo Gambara di Brescia: »De navigatione Christofori Columbi libri IV«. Das erste neulateinische Columbusepos. In: Titus Heydenreich (Hg.): Columbus zwischen zwei Welten. Historische und literarische Wertungen aus fünf Jahrhunderten. (Lateinamerika-Studien 30) Frankfurt a. M. 1992, S. 143–209. – Ders.: Johann Christian Alois Mickl (Abt Quirinus), »Plus ultra«. Das letzte neulateinische Columbus-Epos. Ebd., S. 233–276.

[7]   Francisci Bencii ab Aqua pendente e societate Iesu Quinque martyres libri sex ad ill. et r D. D. Octavium Aquavivium Aragonium S.R.E. cardinalem. Venetiis 1591.

[8]   Bartholomaeus Pereira, Paciecidos libri XII decantatur clarissimus P. Franciscus Paciecus Lusitanus e Soc. Jesu, Japoniae provincialis ejusdem ecclesiae gubernator ibique vivus pro Christi fide lento igne concrematus anno 1626, Conimbricae: Emmanuel de Carvalho 1640. – Elisabeth Klecker: Ein Missionar auf den Spuren des Aeneas. Die Paciecis des Bartholomaeus Pereira SJ (Coimbra 1640). In: Dieter Briesemeister/Axel Schönberger (Hg.): Akten der Neulateinischen Sektion des dt. Hispanistentages. Leipzig 2001 (im Druck).

[9]   Sowohl Geleitelegie (*Auctoris in Saberidem suam elegia*) als auch ein vorangestelltes Epigramm (*Auctoris in Saberidem suam hexastichon*) unterstreichen die Vergilnachfolge: Die Elegie sieht die Vernichtung des Epos beim Tod des Autors vor (»*Cum vero immites mea scindant stamina Parcae / ardebisque meo, chare libelle, rogo*«), wie Vergil angeblich testamentarisch das Verbrennen der *Aeneis* angeordnet haben soll; im Hexastichon wählt der Dichter für den poetischen Schaffensprozess das der Sueton-Donat-Vita Vergils § 22 entstammende Bärinnengleichnis: »*non absurde carmen se ursae more parere dicens et lambendo demum effingere.*« – Giannettasios Vergilnachfolge kommt darüber hinaus in den literarischen Genera seiner poetischen Werke zum Ausdruck: Wie Vergil verfasste er neben seinem Epos Eklogen (*Eclogae piscatoriae*, die auch Sannazaro rezipieren) und Lehrdichtung – auf der der Schwerpunkt seines Schaffens liegt (*Bellica, Naumachica, Halieutica, Nautica*). Seine Lehrdichtung ist auch jener Teil seines Œuvres, der in der modernen Forschung Beachtung gefunden hat: Claudia Schindler (Anm. 3)/Heinz Hofmann: Variations on an Ending. Scipio, Aristaeus, and the Dream of Columbus. In: Res Publica Litterarum 16 (1993), S. 227–238. Die Gegenstände zeigen Giannettasios Interesse an überseeischen Gebieten und einen Hang zum Exotismus, wie er auch in der *Saberis* zum Tragen kommt (zur ›maritimen Ausrichtung‹ Giannettasios vgl. Schindler S. 147). Sie berührt sich in einzelnen Passagen eng mit didaktischer Dichtung: So besteht das 9. Buch fast zur Gänze aus einer Erdbeschreibung.

dem Helden, berühmt durch seine Triumphe« liegt eine erweiternde Um-
formung von Vergils berühmtem *arma virumque cano* vor.[10] In dem mit
einem Musenanruf »*Magnanimum, tu Musa, ducem* [...] *memora*« – »Von
dem hochherzigen Führer, Muse, künde« (vgl. Aen. 1,8 »*Musa, mihi cau-
sas memora*« – »Sag mir, Muse, wie kam's«) eingeleiteten zweiten Teil des
Proömiums wird Franz Xaver als neuer Aeneas vorgestellt:

Sab. 1 p. 4

primus ad Eoas qui vasta per aequora terras	der als erster über weite Meere in die Länder des Ostens
tot Lojoleas acies victriciaque arma	soviele Truppen von Loyola führte und siegreiche Waffen,
invexit Stygio dicturus bella tyranno.	um dem Höllenfürsten Krieg zu erklären.
Dic quoque quantum ille et terris jactatus et undis	Sag an auch, was er zu Lande und zu Wasser verschlagen
vi Stygis et saevi memorem Plutonis ob iram	durch die Gewalt der Styx und des grausamen Pluto nachtragenden Zorn,
et quanta est bello passus, dum litore in Indo	was er im Krieg auch litt, bis er an der Küste Indiens
Romulidum ritus et sacras poneret aras	die Religion der Römer und heilige Altäre aufrichtete
inferretque Deum Thetidis gemmantis in oras	und Gott zu den Perlenstränden der Thetis brachte.

Aen. 1,1

Arma virumque cano Troiae qui primus ab oris	Waffen sing ich und Mann, der, am Anfang, von troischer Küste
Italiam fata profugus Laviniaque venit	flüchtig durch Götterspruch nach Italien kam zu Laviniums
litora, multum ille et terris iactatus et alto	Ufer. Weit über Länder und Meere verschlagen ihn hohe
vi superum saevae memorem Iunonis ob iram	Mächte. Denn seiner gedachte der Zorn der herrischen Juno
multa quoque et bello passus, dum conderet urbem	Viel auch litt er im Krieg, bis die Stadt er gegründet, die Götter
inferretque deos Latio	Latium zugeführt[11]

---

[10] In der Themenangabe der ersten Worte des Epos liegt mit »*Victrices acies*« allerdings ein An-
klang an Statius *Thebais* 1,1 »*Fraternas acies*« vor; in der Formulierung des Musenanrufs v. 12
»*Magnanimum tu Musa ducem ... memor*« erhält Franz Xaver dasselbe Heldenepitheton, das
Statius im Achilleisproömium verwendet Ach. 1,1 »*magnanimum Aeaciden*«. Statiuszitate am
Beginn einer christlichen Aeneis sind kaum Zufall: Statius soll heimlicher Christ gewesen sein
– er tritt als solcher in Dantes *Divina Commedia* auf – und kann somit als erster christlicher
Epiker (in der Nachfolge Vergils) besondere Autorität beanspruchen. Abgesehen von der
oben zitierten Abwandlung von »*arma virumque*« sind die markanten Aeneiszitate dem zweiten Abschnitt des Proömiums vorbehalten.

[11] Vergil. *Aeneis*. Deutsch von Emil Staiger. Zürich/München 1981 (Nachdruck München: dtv
1985). Auch im Folgenden ist, wo nicht anders vermerkt, die Übersetzung von Staiger zitiert.

154

Auch der exponierende Einleitungskomplex weist Parallelen zur *Aeneis* auf. Giannettasio beginnt mit einer breiten Indienbeschreibung: Der Kulturbringer Dionysos führt zugleich den Götzendienst ein, der Apostel Thomas verkündet das Evangelium, doch wird das Christentum von Pluto (der Name des antiken Unterweltsgottes wird in der christlichen Dichtung für den Höllenfürsten verwendet) wieder zurückgeschlagen. Wie in der *Aeneis* ist also der Widersacher des Helden und sein Machtbereich vorgestellt;[12] der Teufel übernimmt die Rolle der vergilischen Juno und wird von ähnlichen Befürchtungen geleitet:

Sab. 1 p. 6

At Loyoleo duci de nomine gentem	Doch er hatte gehört, dass sich vom Namen Loyola ein Geschlecht
audierat, sacras Erebo quae verteret aras,	herleite, das die der Unterwelt geweihten Altäre stürzen werde,
hinc clarum pietate ducem belloque potentem	dass aus diesem ein Führer, berühmt durch seine Frömmigkeit und im Kriege mächtig
venturum Stygis excidio. Sic poscere divos.	kommen werde zum Sturz der Hölle. So wollten es die Himmlischen.
Id metuens Pluto, belli non immemor olim	Dies fürchtete Pluto und vergaß nicht den Krieg, den einst
quod Navarrea dux Lojolaeus ab arce	der Führer von Loyola von der Burg Navarras aus geführt hatte,
gesserat, unde novas hausit de vulnere vires.	wo er neue Kräfte aus seiner Verwundung geschöpft hatte.
Nondum etiam irarum rapidos compresserat ignes	Noch nicht hatte er das wilde Zornesfeuer unterdrückt,
nec dolor ex animo exciderat: manet abditus alta	nicht war der Schmerz aus seinem Sinn gewichen; tief verborgen sitzt
mente pudor palmaeque vigent monumenta relatae.	im Geist die Scham, und es ist lebendig das Andenken an die (sc. von Ignatius) gewonnene Siegespalme.

Aen. 1,19

progeniem sed enim Troiano a sanguine duci	Aber sie hatte gehört, trojanischen Blutes erwachse
audierat Tyrias olim quae verteret arces	ein Geschlecht, das werde die Tyrische Feste zerstören,
hinc populum late regem belloque superbum	kommen werde ein Volk, im Kriege hochgemut, weithin
venturum excidio Libyae; sic volvere Parcas	mächtig, zu Libyens Sturz. So sei der Wille der Parzen.

---

[12] Die Konstellation ist freilich etwas modifiziert (vgl. dazu auch S. 176): Während die Bedrohung von Junos Machtbereich Karthago in der Zukunft Roms liegt, ist sie für Pluto unmittelbar durch den Helden des Epos gegeben, da dessen Ziel eben in dem von ihm beherrschten Erdteil liegt.

id metuens veterisque memor Saturnia belli	Dies befürchtete Juno und dachte des früheren Krieges,
prima quod ad Troiam pro caris gesserat Argis	den zumal sie bei Troia geführt für das teuere Argos.
necdum etiam causae irarum saevique dolores	Und noch waren die Gründe des Grolls, die wütenden Qualen
exciderant animo; manet alta mente repostum	nicht entfallen dem Geist. Bewahrt im tiefen Gemüte
iudicium Paridis spretaeque iniuria formae	bleibt das Urteil des Paris, die Schmach verachteter Schönheit.

Franz Xavers Missiontätigkeit wird also im Hinblick auf die *Aeneis* gedeutet: Wie Aeneas die trojanischen Penaten nach Italien bringt, so Franz Xaver das Christentum nach Asien; an die Stelle des von Aeneas begründeten Imperium Romanum tritt die von Rom ausgehende Weltkirche, letztlich aber ein jenseitiges Ziel. Die *Saberis* kann damit quasi als überhöhende Fortsetzung der *Aeneis* in einer Art gegenläufigen Bewegung gesehen werden: Die *Aeneis* beschreibt den Weg von Troja nach Rom, jetzt nimmt Franz Xaver von Rom ausgehend den Weg nach dem Osten. Auch er muss zu Wasser und zu Lande Gefahren bestehen, und auch er hat einen Gegner im übernatürlichen Bereich – Pluto, der Teufel selbst, tritt an die Stelle von Vergils Juno und hegt unversöhnlichen Groll gegen den Gefährten des Ignatius. Unter großen Mühen kann das Ziel der Evangelisierung Asiens schließlich erreicht werden. So endet Giannettasios Exposition mit dem Zitat eines berühmten Vergilverses:

Sab. 1 p. 7	
Tantae molis erat miseras super aethera gentes evehere	Solcher Mühe bedurfte es, die elenden Völker hinauf in den Himmel zu führen
Aen. 1,33	
Tantae molis erat Romanam condere gentem.	Solcher Mühe bedurfte die Gründung des römischen Volkes.

Die Analogie der *Saberis* zur *Aeneis* wird dadurch verstärkt, dass Giannettasio eine Schlüsselszene des vergilischen Epos adaptiert: Wie Vergil eröffnet er einen Ausblick auf die Zukunft des vom Helden begründeten ›Reichs‹, d. h. auf die Ausbreitung des Christentums in Asien. Wie Aeneas im 6. Buch in der Unterwelt große Persönlichkeiten der römischen Geschichte sieht, so betritt Franz Xaver in einer Vision einen jenseitigen Raum, das himmlische Jerusalem, und erlebt eine Schau von Heiligen aus dem Jesuitenorden, wobei künftige Missionare und Märtyrer den glanzvollen End- und Höhepunkt bilden. Sein Führer ist der Apostel Thomas,

156

der in der Nähe von Mailapur den Märtyrertod erlitten haben soll und auf den sich die in Malabar an der Südwestküste Indiens beheimateten Christen zurückführen[13] – der geistige Vater der Ostmission übernimmt die Rolle des leiblichen Vaters Anchises.

Am Anfang der epischen Handlung steht ein Szenenkomplex mit Signalwirkung: Giannettasio beginnt nach der skizzierten Exposition nicht mit der Entsendung Franz Xavers durch Ignatius von Loyola, die ein beliebtes Bildthema war;[14] der Einsatz der Handlung nach dem Proömium zeigt die portugiesische Ostindienflotte vielmehr schon auf dem Meer, man verliert das Land bereits aus den Augen (p. 7 »*iamque e conspectu Hesperiae telluris in altum / carbasa pandebant*« – »schon segelten sie aus dem Gesichtskreis Hesperiens auf die hohe See«) – wie auch Vergil Aeneas und die Trojaner nach der Abfahrt von Sizilien einführt (Aen. 1,34 »*Vix e conspectu Siculae telluris in altum / vela dabant laeti*« – »Ihren Blicken entschwand Sizilien. Freudig ins Weite segelten sie«). Die erste Fahrtepisode aber ist ein Seesturm bei den Kanaren. Von den Gegebenheiten der damaligen Seefahrt hätte eine Sturmschilderung eher zur Umsegelung der Südspitze Afrikas – ›Cabo tormentoso‹ genannt[15] – gepasst; doch während sich Giannettasio im allgemeinen an die tatsächlichen Gefahren der damaligen Seefahrt hält und etwa die Flaute im Kalmengürtel beschreibt, die das Schiff in der Tropenhitze festhält und Krankheiten ausbrechen lässt (Sab. 2 p.29–33), war hier am Anfang des Epos das Modell der *Aeneis* entscheidend: Der Sturm, der auf Bitten Junos von Aeolus entfesselt wird, erhält ein Pendant in einem Sturm, der auf Veranlassung der Höllenmächte losbricht. Pluto empört sich über das Eindringen Franz Xavers in seinen Machtbereich mit deutlichen Reminiszenzen an die Auftrittsrede der vergilischen Juno:

Sab. 1 p. 9

Mene hinc desistere victum	Ich sollte, besiegt aufgeben
nec posse Aurorae detrudere finibus hostem?	und den Feind nicht vom Land der Morgenröte vertreiben können?

---

[13] Die Vision ereignet sich am Grab des Apostels in Madras, so dass Giannettasio eine zweite Aeneisszene mit der Katabasis von Buch 6 verschmelzen konnte: Aeneas besucht das Grab seines Vaters auf Sizilien im 5. Buch, eine Traumerscheinung des Anchises fordert ihn zum Gang in die Unterwelt auf.

[14] Z.B. ein Gemälde aus der Schule Andrea Pozzos im Zimmer des Ignatius im alten Professhaus bei Il Gesù; die Szene ist auch in der Wiener Jesuitenkirche dargestellt.

[15] Georg Schurhammer: Franz Xaver. Sein Leben und seine Zeit 2/1. Freiburg im Breisgau: Herder 1963, S. 35.

Anne vetor superis?	Wird es mir etwa von den Himmlischen verboten?
[...]	[...]
Quisnam numen Plutonis adoret Praeterea? aut meritos aris adolebit odores?	Wer soll die Macht Plutos anbeten künftig und auf den Altären Wohlgerüche verbrennen, wie ich sie verdiene?

Aen. 1,37

| Mene incepto desistere victam nec posse Italia Teucrorum avertere regem. | Wie? Ich sollte, besiegt, auf mein Beginnen verzichten, wüsste Italien nicht dem König der Teucrer zu wehren? |
| Quippe vetor fatis. | Zwar, das Schicksal verbietet's. |

Aen. 1,48

| Et quisquam numen Iunonis adoret praeterea aut supplex aris imponet honorem? | Wer ehrt der Juno göttliches Walten Künftig und fleht mit Ehrengaben an ihren Altären? |

Der Höllenfürst ruft die Unterweltsmächte zur Beratung zusammen,[16] die in eine Kampfansage mündet und die Elementargewalten entfesselt.
Der Beginn mit einem Seesturm ist eine gern imitierte Struktur bis in die Epik des 18. Jh.: Noch Voltaires *Henriade* lässt Heinrich von Navarra auf dem Weg nach England von einem Sturm verschlagen werden.[17] Dabei steht der Autor aber gleich vor der Notwendigkeit, sich von Vergil abzuheben, nicht nur in der Schilderung der Naturgewalten – jeder epische Sturm muss stärker sein als der des Vorgängers,[18] sondern vor allem beim ersten Auftritt des Helden, verhält sich doch Aeneas angesichts des Sturms wenig heldenhaft (Aen. 1,92 »*extemplo Aeneae solvuntur frigore membra*« – »Jählings fühlte Aeneas die Glieder von Kälte durchschauert«). Nicht zu Unrecht hat Sainte-Beuve das harte Wort vom »Ohn-

---

[16] Das vergilische Gespräch zwischen Juno und Aeolus ist damit zu einer typischen Szene der neulateinischen Epik ausgebaut, dem sog. infernal council: O. H. Moore: The Infernal Council. In: Modern Philology 16 (1918), S. 169–193; 19 (1921/22), S. 99–102. – Heinz Hofmann: Von Africa über Bethlehem nach America: das Epos in der neulateinischen Literatur. In: Jörg Rüpke (Hg.): Von Göttern und Menschen erzählen. Formkonstanzen und Funktionswandel moderner Epik, PaWB 4. Stuttgart: Franz Steiner Verlag 2001, S. 130–183. Hier S. 166.

[17] So ist für David Maskell: The Historical Epic in France (1500–1700). (Oxford Modern Languages and Literature Monographs 22) Oxford: Oxford University Press 1973, S. 29 vergilische Struktur gleichbedeutend mit »storm-shipwreck recital structure«.

[18] Dies wird für antike Vergilnachfolger aufgezeigt von Erich Burck: Unwetterszenen bei den flavischen Epikern. (Akad. d. Wiss. u. d. Lit. Mainz/Abh. d. geistes- u. sozialwiss. Kl. 1978, 8) Wiesbaden: Steiner 1978.

158

machtsanfall«[19] geprägt. Für Vergil-Imitatoren in der neulateinischen Epik stellt die Reaktion des Aeneas ein Problem dar, besonders wenn es sich – wie in den meisten Fällen – um Huldigungsepik handelt: Die neuen Helden trotzen dem Sturm in der Regel unerschütterlich.[20]

Den Leser eines epischen Seesturms interessiert also vor allem die Reaktion des Protagonisten, und Giannettasio spielt ganz bewusst mit dieser Erwartung: Er lässt seinen Leser sehr lange warten. Der Sturm ruft zunächst den Steuermann – er heißt Palinurus wie der Steuermann des Aeneas – auf den Plan. In seinen drei Reden spiegelt sich die wachsende Bedrohung: Zunächst spricht er der Besatzung und den Passagieren Mut zu, gibt dann Kommandos, die aber im Getöse ungehört verhallen, und versucht die nächste Küste zu erreichen; schließlich wünscht er jedoch, er hätte sich nie auf die Fahrt begeben, und lässt das Steuerruder fahren (p. 14–17).[21] Die Furien triumphieren. Erst an diesem Punkt höchster Verzweiflung fällt der Blick endlich auf Franz Xaver (p. 16): Er ist vom Sturm völlig unberührt, ja er hat ihn nicht einmal bemerkt – dies ist ganz unwahrscheinlich, denn die Seekrankheit des Heiligen ist gut bezeugt.[22] Entscheidend war ein biblisches Modell: Jesus im Sturm auf dem See Genezareth, nach dem Bericht der Synoptiker (Mt 8,18,23–34, Mk 4,35–5,20, Lk 8,22–39).[23] Als der Heilige schließlich die Gefährlichkeit der Lage erkennt und an Deck kommt, richtet er ein vertrauensvolles Gebet an Gott und tritt den Winden mit dem Kruzifix entgegen (p. 17).[24]

Noch bemerkenswerter als diese Machtdemonstration des Heiligen ist jedoch die vorhergehende Schilderung seines Gebets (p. 16–17): Bei der Betrachtung des Gekreuzigten verzehrt sich Franz Xaver in Liebesglut.

---

[19] Zitiert bei Viktor Pöschl: Die Dichtkunst Virgils. Bild und Symbol in der Äneis, Berlin/New York: de Gruyter ³1977, S. 35.

[20] Diese Tendenz lässt sich etwa an einem Huldigungsepos für Kaiser Maximilian I. beobachten: Elisabeth Klecker: Kaiser Maximilians Homer. In: SFAIROS. Festschrift Hans Schwabl, Wiener Studien 107/108 (1994/95), S. 613–637. Hier S. 617–619.

[21] Der Auftritt des Steuermanns ist angeregt durch Ovids Schilderung eines Seesturms in der Geschichte von Ceyx und Alcyone, met. 11,482 ff.

[22] Georg Schurhammer – Franz Xaver 2/1, S. 9.

[23] Dieser wurde schon in antiker Bibeldichtung nach dem Vorbild Vergils ausgestaltet: Christine Ratkowitsch: Vergils Seesturm bei Iuvencus und Sedulius. In: Jahrbuch für Antike und Christentum 29 (1986), S. 40–58.

[24] Die Bedrohung Franz Xavers durch einen Seesturm ist – wie es ja nahe liegt – geradezu ein stehendes Element in den poetischen Gestaltungen seiner Missionsreisen: Im zweiten Buch der *Ignatias* des Antonius Figueyra Duram (Anm. 2) gerät Franz Xaver in einen Seesturm, der auf Anstiften der Liebesgöttin Venus entfesselt wird. Einen kurzen von der Hölle erregten Seesturm, den Franz Xavers Gebet beschwichtigt, enthält auch eine (als Baccalaureatsgratulation veröffentlichte) Schrift des Wiener Jesuitengymnasiums (Gloriosae laureae D. Francisco

Sab. 1 p.16

Saepe sub amplexu coelestis numinis optat	Oft wünscht er, in der Umarmung der himmlischen Gottheit
posse mori vitamque leves diffundere in auras,	sterben zu können und sein Leben in die leichten Lüfte auszuhauchen,
saepe suis numen complectitur ille lacertis ore cruentato figens sacra oscula Divo.	oft umfängt er mit seinen Armen die Gottheit und drückt mit seinem Mund heilige Küsse auf den blutigen Gott.
Pignora cara fovet laterisque in fonte repostas	Die Unterpfänder der Liebe (sc. die Wunden) liebkost er und die im Quell der Seite verborgenen
haurit opes; toto versat se pectore numen,	Schätze nimmt er in sich auf; in seinem ganzen Herzen regt sich die Gottheit,
numen amoris amans, dilectum numen amanti	die liebende Liebesgottheit; aus Liebe zur geliebten Gottheit
ora madent pluvia fletus resolubilis unda	wird ihm sein Gesicht nass vom herabrieselnden Wasser der hervorbrechenden Tränen
plurimaque irriguo miscens suspiria rivo	und viele Seufzer mischt er unter den strömenden Bach;
uritur atque haeret singultibus interruptis.	er brennt und hält ein mit (immer wieder) unterbrochenem Schluchzen.
Stipite suffixi dum numinis ora tuetur	Während er das Antlitz der ans Holz gehefteten Gottheit betrachtet,
ardet amans caecumque bibit sub pectore vulnus […]	glüht er in Liebe und trinkt eine unsichtbare Wunde im Herzen. […]
Olli autem succensa tument praecordia flammis	Ihm aber schwillt entzündet von Flammen die Brust,
totus inardescit, supero calet ebrius igne	ganz erglüht er, erhitzt und trunken von himmlischem Feuer,
nec potis aethereos ignes aequare ferendo	nicht mehr fähig, das Feuer des Aethers zu ertragen und zu erwidern
impatiens: Satis ore refert, age siste, quid ultra,	ohnmächtig: Genug, spricht er, aus halt ein, was fachst du
divus Amor, tantum sub pectore sufficis Aetnam?	göttlicher Amor solch einen Vulkan in meiner Brust an?
Siste age, dius amor, nervo ne tende sagittas;	Aus, halt ein, göttlicher Amor, leg deine Pfeile nicht an die gespannte Sehne;
sat mea syderiis flagrarunt pectora flammis.	genug loderte mein Herz von himmlischen Flammen.

Xaverio S.I. Apostolo et thaumaturgo ab utroque orbe impositae. Viennae Austriae: typis Ioannis Christophori Cosmerovii 1682), die den Heiligen in mehreren hexametrischen *Laureae*
mit Heroen des antiken Mythos vergleicht: Laurea III. Sapientissimus Italiae Ulyssi, individuo
Jesu socio Xaverio. Im Drama Nicolaus Avancinis (s. u. S. 165 und Anm. 40) ist die Gefahr aufs
äußerste gesteigert: Im vierten Akt erleidet der Heilige in dem von Idolatria erregten Seesturm Schiffbruch, wird aber schließlich von einem Engel aus dem Meer gerettet.

Diese Charakterisierung des Heiligen wird in den nächsten beiden Büchern beibehalten: Die Betonung liegt nicht so sehr auf dem heldenhaft mutigen Ertragen aller Gefahren einer damaligen Schiffsreise, sondern auf der Gottesliebe des Heiligen: Bereits seine erste Vorstellung zeigt die Kraftquelle, aus der heraus er lebt und missioniert.

Auch der nächste Auftritt zu Anfang des zweiten Buches (p. 23–25) gibt Anlass zu einer ähnlichen Schilderung, dieses Mal unter dem Aspekt der Liebe zur himmlischen Heimat. Als man an Land geht, um Proviant an Bord zu nehmen, versenkt sich Franz Xaver in die Betrachtung des Sternenhimmels.

Sab. 1 p. 24

O Polus! o aether! victor depasceris aestu	Oh Himmrel, oh Aether, als Sieger weidest du dich an der
Pectora nostra pio, pulchri domus aetheris uris,	frommen Glut meiner Brust, du Haus des schönen Aethers lässt
uris amore tui, consumis usque medullas.	mich brennen aus Liebe zu dir, verzehrst mich bis aufs Mark.
Perge age, corpoream molem et miserabile pondus	Auf, lass die Materie des Leibes, die elende Last,
verte suum in cinerem, tu divide gemmea luto, liber ut in patrias jam spiritus evolet oras.	zu Asche werden, trenne die Perle vom Unrat, auf dass endlich frei mein Geist in die Gefilde der Heimat entfliege.
Sed tamen his (miserum) mortali in carcere vinclis	Doch ich verweile (welch Unglück) durch diese Fesseln im Kerker des sterblichen
demoror atque ima cogor consistere terra.	Leibes und bin gezwungen hier unten auf der Erde zu bleiben.
O mea rumpantur si vincula! Scindite, Parcae	Ach, wenn meine Fesseln doch zerbrechen möchten! Schneidet
Stamina: Sat vixi patriis procul exul ab oris.	ab, Parzen, den Faden: Lange genug habe ich fern der Heimat in Verbannung gelebt.
[...]	[...]
Vix ea, cum subito in lachrymas sua lumina solvit	Kaum hatte er das gesagt, da zerflossen seine Augen in Tränen,
ardet amans lustratque oculis rorantibus orbem	er glüht in Liebe und betrachtet mit feuchten Augen das Himmelsrund
ecce autem extemplo corpus (mirabile visu)	siehe, da aber wird plötzlich sein Körper (wunderbar anzusehen)
in coelum sensim pernicibus aere pennis	zum Himmel getragen nach und nach, wie auf schnellen Schwingen
invehitur magni veluti Jovis armiger ales	in der Luft der waffentragende Vogel des großen Jupiter
aerias scandit sedes et nubila tranat.	aufsteigt zu seinem luftigen Sitz und die Wolken durchschwimmt
Sex tantum aeriam sedem non amplius ulnas	Nur sechs Ellen, nicht mehr, tritt er ein ins luftige Reich,

161

emerita levitate subit; stat pensile pondus	so weit ermöglicht es das leichte Gewicht; es steht schwebend
corporeae molis. Sunt haec miracula Amoris:	die Last der Materie. Dies ist ein Wunder der Liebe:
Dat volucres pennas Amor atque Amor aliger ipse est.	Es schenkt die Liebe Flugfedern, wie der Liebesgott selbst Flügel trägt.

Die Szene verarbeitet die in den Biographien geschilderte Verzückung, in die der Heilige beim Gebet geriet.[25] Giannettasio interpretiert sie als Wunder der Liebe: Es sind Flügel der Liebe, die ihn zum Himmel heben, wenn ihn auch sein Körper auf der Erde festhält, so dass er nur ein Stück über dem Boden schwebt. Giannettasio knüpft an das berühmte Bild des platonischen Phaidros an (249d): Der Anblick eines Abbilds der überirdischen Schönheit, hier der gestirnte Himmel, lässt das Gefieder der Seele wachsen, so dass sie sich zum hyperuranischen Ort, zur Schau der Ideen, emporschwingen möchte.[26] Der Körper erscheint als Gefängnis, aus dessen Fesseln die Seele erst beim Tod befreit wird.[27] Seine Materie als Unrat, der einen Edelstein oder eine Perle umgibt.[28] Wie schon antike Philosophen empfindet Franz Xaver das Leben auf Erden als Verbannung, aus der er in das jenseitige Vaterland heimkehren möchte.[29]

Die von Giannettasio so dicht eingesetzte erotische Metaphorik findet ihre Legitimation in der exegetischen Tradition des Hohen Liedes, das ausgehend von Origenes und Gregor von Nyssa, vor allem aber von Bernhard von Clairvaux auf die Liebe zwischen der Seele und Christus gedeutet wurde.[30] Besonders aber ist der Dichter von jesuitischer Spiritualität geprägt: Die zitierte Szene des ersten Buches, die die liebende Betrach-

---

[25] Vgl. die zitierte Wiener Schrift (Anm. 34) : *Saepissime in extasin raptus sublimis in aere, quandoque etiam per multas horas splendoribus circumdatus vultu Seraphino similis conspiciebatur.* Auch die genannte Wiener Baccalaureatsgratulation (Anm. 24) lässt Franz Xaver verzückt den Sternenhimmel betrachten.

[26] Pierre Courcelle: Flügel (Flug) der Seele. In: Reallexikon für Antike und Christentum 8. Stuttgart 1972, Sp. 29–65.

[27] Ders.: Tradition platonicienne et traditions chrétiennes du corps-prison (Phédon 62 b; Cratyle 400c). In: Revue des études latines 43 (1965), S. 406–443.

[28] Das lateinische *gemmea* ist nicht eindeutig; Viktor H. Elbern: Perle. In: Lexikon des Mittelalters 6. München/Zürich: Artemis & Winkler, Sp. 1891–92. Da sich Giannettasio für sein Epos ganz offenkundig mit der Thomastradition beschäftigt hat, ist eventuell an das *Perlenlied* der Thomasakten zu denken.

[29] Zu diesem philosophischen Gemeinplatz Joachim Gruber: Kommentar zu Boethius De consolatione philosophiae. (Texte und Kommentare 9) Berlin/New York 1978 S. 141–143. ad cons 1,5,2 und 1,5,3; zur Last der Materie: 3 m. 9,25.

[30] Friedrich Ohly: Hohelied-Studien. Grundzüge einer Geschichte der Hoheliedauslegung des Abendlands bis um 1200. Wiesbaden: Franz Steiner 1958.

tung des Gekreuzigten schildert, entspricht – auch mit Tränen und Liebes-
seufzern – ganz den von der Gesellschaft Jesu propagierten Andachts-
modellen.[31] Die am Ende der *Exercitia spiritualia* stehende ›Contemplatio
ad amorem spiritualem in nobis excitandum‹[32] ließ in der barocken Jesui-
tendichtung eine Fülle geistlicher Liebeslyrik entstehen, als deren Höhepunkt die *Trutz-Nachtigall* des Friedrich von Spee gelten darf[33]. Es ist wohl
signifikant, dass in dieser Sammlung Franz Xaver als einzigem Heiligen
des Jesuitenordens ein Gedicht gewidmet ist (19 *Poëtisch gesang von dem
H. Francisco Xavier der gesellschafft IESU, als er in Jappon schiffen wolte*):
Warnungen vor Stürmen können ihn nicht von seinen Missionszielen ab-
bringen, da seine Gottesliebe durch Widerstände nicht ausgelöscht, sondern angefacht werde: 2. Str. v. 15 »Nie noch warer Held noch Ritter /
Achtet solcher kinderspil./ Lasset wind, und wetter blasen / Flam der Lieb
vom blasen wächst.«
Für das barocke Publikum gehörte die Gottesliebe Franz Xavers fest zum
Bild des Heiligen: In einer kleinen Schrift, die im Jahr 1680 in Wien zu
seinem Fest am 3. Dezember erschien,[34] wird leidenschaftliche Liebe als
Movens seiner Missionsreisen genannt, die ihm die neu entdeckten Erdteile zu eng werden ließ (»*Ardentissimus in Deum amor inter omnes ae-
rumnarum angustias novum illi orbem angustiorem fecerat*«)[35] und die Ka-

---

[31] Martina Eicheldinger: Friedrich Spee – Seelsorger und poeta doctus. Die Tradition des Hohen-
   liedes und Einflüsse der ignatianischen Andacht in seinem Werk. (Studien zur deutschen Literatur 110) Tübingen: Niemeyer 1991. S. 335 f. zur Verehrung der Seitenwunde; S. 21 ff. zu
   Seufzern und Stoßgebeten. – Die Verwandtschaft von Giannettasios Schilderung mit der meist
   petrarkistischer Tradition verpflichteter geistlicher Lyrik zeigt sich wohl in der Kombination
   von (Liebes-)Feuer und (Tränen-)Wasser; auch das von ihm sowohl im 1. als auch im 2. Buch
   herangezogene Bild des Vulkans hat hier Parallelen: vgl. Urs Herzog: Deutsche Barocklyrik.
   Eine Einführung. München: C. H. Beck 1979, S. 54.
[32] Erhard Kunz: »Bewegt von Gottes Liebe« Theologische Aspekte der ignatianischen Exerzitien und Merkmale jesuitischer Vorgehensweise. In: Michael Sievernich/Günter Switek:
   Ignatianisch. Eigenart und Methode der Gesellschaft Jesu. Freiburg im Breisgau: Herder 1990,
   S. 75–95. Eicheldinger (Anm. 31) S. 132.
[33] Friedrich Spee, Trutz-Nachtigall. hg. v. Theo G. M. van Oorschot (Friedrich Spee Sämtliche
   Schriften. Historisch-kritische Ausgabe 1) Bern: Francke Verlag 1985.
[34] Compendium virtutum ac miraculorum S. Francisci Xaverii e societate Jesu, Orientis apostoli
   orbis utriusque thaumaturgi honori ejusdem ac clientum illius solatio dicatum die III. Decem-
   bris anno 1680, Viennae Austriae: typis Leopoldi Voigt. Die Publikation wird im Katalog der
   Österreichischen Nationalbibliothek dem berühmten Jesuitendramatiker Nicolaus Avancini
   zugeschrieben; bei Sommervogel ist es Band 9 Sp. 989 unter den anonymen Werken verzeichnet.
[35] Auch die genannte Wiener Baccalaureatsgratulation (Anm. 25) thematisiert im 4. Abschnitt
   die Gottesliebe als Movens der Missionsreisen: Einleitend wird die Devise Karls V. für das
   amplius der Vita eingesetzt: v. 1 »*Unus Xaverii zelo non sufficit orbis / plus ultra meditatur*

nonisationsbulle zitiert, dass seine *caritas* wie der Morgenstern unter seinen Tugenden hervorleuchtete (»*caeterasque – ut bulla canoniz. loquitur –
inter eius virtutes quasi sidus matutinum praecipue resplenduerat charitas*;
vgl. Sir. 50,6). Weiter wird berichtet, dass er sein Gewand öffnen und sich
Luft zufächeln musste, um seine Liebesglut abzukühlen. Er habe dann immer wieder »Es ist genug, Herr, es ist genug« gerufen (»*Quoties diductis
vestibus aestum aura temperare et inflammatum cor ventulo veste commoto
refrigerare debuit! id ingeminans: Satis est, Domine, Satis est*«),[36] eine
Überlieferung, die Giannettasio ganz offenkundig bei der Gestaltung von
Franz Xavers erstem Auftritt vor Augen hatte. Im Anhang der Wiener
Schrift findet sich die lateinische Übersetzung eines Franz Xaver zugeschriebenen spanischen Gebets, das von seiner bedingungslosen Gottesliebe spricht und mit den Worten »*O Deus! ego amo te*« beginnt (*Actus
amoris Dei rhythmo Hispanico a S. Francisco Xaverio compositus*). Auch
Gebetsseufzer (wie sie Giannettasio im 1. Buch schildert) werden wiedergegeben (*Aspirationes S. Francisco interdiu familiares ex vita et epistolis
excerptae*): An erster Stelle steht eine Bitte um Gottesliebe »*Jesu Christe,
fili Dei vivi, da hoc nobis, ut te super omnia diligamus*«. Schließlich ist die
Charakterisierung Franz Xavers als eines Liebenden auch aus Werken der
bildenden Kunst, in Darstellungen des Heiligen mit brennendem Herzen,
bekannt.[37]
Der Leser von Giannettasios Epos ist auf die Charakterisierung des Heiligen als eines Liebenden auch durch das Titelkupfer des neapolitanischen

---

amor«; in der Folge legt der Heilige selbst in einer direkten Rede seine Motive offen: »*Non
auri me sacra fames nec inania Phryxi / vellera, non Arabum gazae nec dira libido / traxit opum
aut cupidam stimulavit gloria mentem, / sed divinus amor superaeque incendia flammae, / queis
totum admotis cuperem fornacibus orbem / conflagrasse polos ortu qua Phoebus Eoo / lumine
depingit seu qua revocantibus undis / incitat emeritos ad pascua nota iugales.*« Der 7. Abschnitt
lässt Franz Xaver auf dem Sterbebett von dem – das Fieber übertreffenden – *dius Amor* verbrannt werden und vergleicht ihn mit Herkules auf dem Scheiterhaufen.

[36] Vgl. das Bild Franz Xavers unter dem Motto »*Sat est, Domine, sat est*« auf einem Stich des Th.
Gallaeus, der der Biographie des Horatius Tursellinus S.I. beigegeben ist: De vita B. Francisci
Xaverii, qui primus e societate Iesu in Indiam et Iaponiam euangelium invexit, libri sex. Ro-
mae: Zannetti 1596; abgebildet auch bei Georg Schurhammer: Der heilige Franz Xaver der
Apostel von Indien und Japan. Freiburg im Breisgau: Herder 1925. Die Bitte *Satis, satis* er-
scheint (z.B. in der Franz Xaver Kapelle des Grazer Doms) als Pendant zu einer Episode, in
der der Heilige mit den Worten »*Amplius, Domine, amplius*« entsprechend der ignatianischen
Maxime des *magis* noch größere Mühen und Beschwerden um Christi willen erbittet.

[37] Theodor Kurrus: Franz Xaver SJ, In: Lexikon der christlichen Ikonographie 6. Freiburg im
Breisgau: Herder 1974, Sp. 324–327. Hier Sp. 325.

Radierers Paolo Petrini[38] vorbereitet: Es zeigt den Heiligen mit dem Wanderstab, vor ihm Fragmente von gestürzten Götzenbildern; er hat den Blick zum Himmel gerichtet, wo ein von einem Flügelpaar getragenes Spruchband das Movens seiner Missionsreisen nennt: »*Amor addidit alas*« – »Liebe hat ihm Flügel angeheftet«[39] – die klassische Formulierung des Apostelwortes »*Caritas enim Christi urget nos*« (2. Kor 5,14). Diese ›Beflugelung‹ des Heiligen war sogar in Bühnenhandlung umgesetzt worden: Das erste Bühnenstück, das der berühmte Jesuitendramatiker Nicolaus Avancini in Wien aufführte, war dem Missionseifer Franz Xavers gewidmet (*Zelus sive Franciscus Xaverius Indiarum apostolus*):[40] Im 3. Chorus (d. h. Zwischenakt) werden dem Genius des Heiligen vom Amor divinus Flügel angeheftet (»*Amor alas Xaverii genio applicat ad volandum*«).

* * *

In der Tradition des von Giannettasio gewählten Genus ist die Zeichnung des Helden als eines Liebenden freilich durchaus überraschend. Zwar haben epische Helden Liebesabenteuer, von ihren Gefühlen wird jedoch nur sehr verhalten gesprochen. Zur Darstellung kommt traditionell die liebende Frau, und so hat auch Giannettasio für die Gottesliebe seines Helden auf eine berühmte Liebende zurückgegriffen: Vergils Dido. Schon beim ersten Auftritt des Heiligen, im Seesturm des 1. Buches ist ein wörtliches

---

[38] Petrini, Paolo. In: Allgemeines Lexikon der bildenden Künstler 26, beg. v. Ulrich Thieme & Felix Becker, hg. v. Hans Vollmer, Leipzig 1932, Sp. 501.

[39] Damit steht das Epos unter einem Motto, das dem Autor und seinem Publikum ähnlich aus der Literaturgattung der Emblematik bekannt sein konnte: In den *Amorum emblemata* des Niederländers Otto van Veen/Vaenius ist unter der inscriptio »*Amor addit inertibus alas*« dargestellt, wie Amor einem Esel Flügel anheftet: Die Liebe beflügelt selbst ein träges, dummes Tier (Otto Vaenius. Amorum emblemata, introduction by Karel Porteman. Aldershot: Scolar Press 1996, S. 115). Im *Mundus symbolicus* des Filippo Picinelli, wird das Motto »*Amor addidit alas*« auf biblische Gegenstände angewandt: Maria Magdalena, Petrus und Thomas am Ostermorgen (Mundus symbolicus in emblematum universitate formatus, […] idiomate Italico conscriptus a […] Philippo Picinello Mediolanensi […] in Latinum traductus a r. D. Augustino Erath, Coloniae Agrippinae: apud haeredes Thomae von Cöllen et Josephum Huisch 1729, III S. 232). – In der *Paciecis* des Bartholomaeus Pereira (Anm. 8) bezeichnet der Vers das Streben nach dem Martyrium: Es bedarf keiner Gewalt, um die Jesuiten auf dem Weg zum Hinrichtungsort anzutreiben: Liebe verleiht ihnen Flügel (10 p. 174 »*eleres plantis amor addidit alas*«), nicht Furcht, wie in dem vorbildlichen Aeneisvers (Aen. 8,224 »*pedibus timor addidit alas*«; von Cacus).

[40] Poesis dramatica, pars II. Viennae Austriae 1669, S. 13 ff.; Inhaltsübersicht bei: Angela Kabiersch: Nicolaus Avancini und das Wiener Jesuitentheater 1640–1685. Diss. Wien 1972, S. 27–42.

Zitat aus dem 4. Aeneisbuch[41] mit besonderem Effekt eingesetzt: Während die Handlung so aufgebaut ist, dass der Leser einen neuen Aeneas erwarten muss, tritt eine neue Dido auf.

Sab. 1 p. 17

ardet amans caecumque bibit sub pectore vulnus	Er lodert in Liebe und trinkt tief im Herzen eine unsichtbare Wunde

Aen. 4,101

ardet amans Dido traxitque per ossa furorem	Dido lodert in Liebe und spürt in den Adern die Gluten

Das markante Zitat von »*ardet amans*« wird beim zweiten Auftritt des liebenden Heiligen, bei der Betrachtung des Sternenhimmels, sogar noch einmal verwendet (Sab. 2 p. 24 »*ardet amans lustratque oculis rorantibus orbem*«).
Die beiden Szenen im 1. und 2. Buch dienen als Vorbereitung einer Kontrafaktur der Didoepisode insgesamt, für die Giannettasio im 3. Buch den längsten Aufenthalt auf der Fahrt nach Indien zum Anlass nimmt, den Winter 1541/42, den die portugiesische Flotte auf der Insel(stadt) Mozambique verbringen muss. Die historischen Gegebenheiten – dieselbe für die Seefahrt ungeeignete Jahreszeit, der Bereich von Afrika im weiteren Sinn – konnten Giannettasio anregen, die Parallele zur *Aeneis* zu ziehen. Wie schon im 2. Buch zieht sich Franz Xaver zurück, diesmal zur Betrachtung der Taten früherer Missionare.

Sab. 3 p. 42

Ipse autem, interior qua pars penetralia claudit,	Er selbst aber zieht sich zurück in eine im Inneren eingeschlossene Kapelle,
abditur, aetherea ut foveat dulcedine pectus	um sein Herz an himmlischer Süßigkeit zu laben
atque imis fusum numen bibat usque medullis.	und den reichen Strom der Gottheit tief in sein Herz hineinzutrinken.
Magnanimum monumenta virum, pia gesta sacrorum	Die Leistungen hochherziger Männer, die frommen Taten
heroum tacita secum sub mente volutat	heiliger Helden überdenkt er im Stillen bei sich,
dumque solo stratus palmas ad sydera iunctas	und während er auf den Boden hingestreckt, die Hände gefaltet zu den
elevat arcanosque bibunt praecordia sensus,	Sternen erhebt und seine Brust mystischen Gefühlen öffnet,

---

[41] Die Junktur »*bibit … vulnus*« erinnert einerseits an Aen. 4,2 »*vulnus alit venis*«; andererseits an 1,749 »*longumque bibebat amorem*«; die Klausel »*sub pectore vulnus*« könnte dagegen von der sterbenden Dido 4,689 genommen sein.

166

divorum pietas animo multusque recursat	da kommt ihm immer wieder die Frömmigkeit der Heiligen in den Sinn, die
gentis honos et dia lacessit adorea pectus	vielfältige Würde ihres Geschlechts und ihr göttlicher Siegespreis reizt sein Herz
et stimulis urget mentem, ut pia gesta sequatur	und setzt seinem Sinn mit Stacheln zu, zu folgen den frommen Taten
magnanimum heroum qui tot retulere triumphos	der hochherzigen Helden, die so viele Triumph davongetragen,
et patrios fines et amati littoris oras	die ihr Heimatland, die geliebten Gestade,
spemque omnem rerum et charos liquere penates.	alles weltliche Hoffen und ihr liebes Zuhause aufgegeben haben.

In den nächsten Versen werden die Gefahren genannt, die die Heiligen auf sich genommen, die Gebiete aufgezählt, die sie bereist haben, um den wahren Glauben zu verbreiten. Die Betrachtung, in die sich Franz Xaver versenkt, erfüllt ihn schließlich mit leidenschaftlicher Liebe, die durch ein Gleichnis illustriert wird.

Sab. 3 p. 43

Dum secum haec memorat, curis iam saucius heros	Während er darüber nachdenkt, nährt der Held von Liebessehnen
vulnus alit venis et dio carpitur aestu	krank im Herzen die Wunde und wird von göttlicher Glut verzehrt
ac veluti multo Cretensis cerva calore	und wie eine Hindin auf Kreta in großer Hitze dürstet
dum sitit aereo cursu nemora avia lustrat	und in fliegendem Lauf unwegsame Wälder durchmisst,
flumina amata petens nimium queis temperet aestum	strebend zu den ihr lieben Fluten, mit denen sie die übergroße Glut lindern möchte,
huc illuc fertur nec cessat flectere cursus,	und wie sie umherschweift hierhin und dorthin und nicht aufhört umherzulaufen,
donec ad optatos pervenerit ignea fontes,	bis sie fiebrig zu den ersehnten Quellen gelangt,
haud aliter dio flagrans Saberius igne	nicht anders brennt Xaverius von göttlichem Feuer
quaerit anhelus aquas	und sucht atemlos nach Wasser

Die Vergegenwärtigung der Frömmigkeit und Opferbereitschaft früherer Glaubensboten, aber auch des von ihnen erreichten himmlischen Zieles ruft bei Franz Xaver eine Reaktion hervor, wie sie Dido nach den Erzählungen des Aeneas vom Untergang seiner Heimat und von seinen Irrfahrten fühlt: Sie ist ihm in Liebe verfallen, sein Heldenmut und Adel stehen ihr vor Augen.

Aen. 4,1

At regina gravi iamdudum saucia cura	Doch die Königin, längst schon getroffen von schwerem Liebesleid
vulnus alit venis et caeco carpitur igni	nährt die Wunde mit ihrem Blut und verzehrt sich in verborgenem Feuer
multa viri virtus animo multusque recursat	Der große Mut des Helden, der große Ruhm seiner Herkunft
gentis honos	schweben ihr immer wieder vor[42]

Durch die poetische Illustration von Franz Xavers Liebesglut wird die Parallelisierung noch weiter geführt. Das Gleichnis lässt sich zunächst als breite poetische Ausgestaltung eines biblisches Bildes verstehen: Ps iuxta LXX 41,2 »*quemadmodum desiderat cervus ad fontes aquarum, ita desiderat anima mea ad te Deus.*«[43] Seine eigentliche Bedeutung erhält es jedoch erst, wenn die nähere Spezifikation des *cervus* aus dem Psalm beachtet wird: Er hat sich in eine Hindin aus Kreta verwandelt – mit der bei Vergil die verliebte Dido verglichen wird.

Aen. 4,68

uritur infelix Dido totaque vagatur	Dido die unglückselige glüht, benommen durchirrt sie
urbe furens, qualis coniecta cerva sagitta	rings die Stadt, wie, vom Pfeile durchbohrt, die Hindin – ein Hirte
quam procul incautam nemora inter Cresia fixit	setzte von fern der arglosen nach in kretischen Wäldern,
pastor agens telis liquitque volatile ferrum	traf sie und wusste es nicht und ließ das geflügelte Eisen
nescius illa fuga silvas saltusque peragrat	haften – doch sie entflieht durch Dictes Wälder und Schluchten
Dictaeos haeret lateri letalis harundo.	schweift sie dahin. Ihr steckt in der Flanke die tödliche Spitze.

Zwar ist Giannettasios Hindin nicht verwundet,[44] doch war die Liebes-

---

[42] P. Vergilius Maro. *Aeneis* IV mit Auszügen aus *Aeneis* I und VI: übertragen von Edith und Gerhard Binder, illustriert von Karl-Otto Jung. In: Georg Binder (Hg.): Dido und Aeneas. Vergils Dido-Drama und Aspekte seiner Rezeption. (Bochumer Altertumswiss. Colloquium 47) Trier: Wissenschaftlicher Verlag Trier 2000.

[43] Eben dieser Psalmvers erscheint auch als Motto in den *Pia desideria* des Hermann Hugo: Die zugehörige *pictura* zeigt die Seele als Braut Christi auf einem Hirsch zur Quelle reitend; im Brunnen erscheint Amor/Christus, aus dessen Wunden das Wasser des Lebens fließt. Vgl. Gabriele Dorothea Rödter: Via piae animae. Grundlagenuntersuchung zur emblematischen Verknüpfung von Bild und Wort in den »Pia desideria« (1624) des Hermann Hugo (1588–1629). (Mikrokosmos 32) Frankfurt a. M.: Peter Lang 1992, S. 196 ff.

[44] In Pereiras *Paciecis* (Anm. 8) ist eine ähnliche Verschmelzung von Psalm und *Aeneis* für die zum Martyrium drängende Gottesliebe des Francisco Pacheco und seiner Gefährten zu beob-

wunde Franz Xavers ja unmittelbar vor dem Gleichnis mit einem markanten Aeneiszitat erwähnt: Der Heilige ist getroffen vom Liebespfeil des göttlichen Amor/Christus – ein geläufiges Bild geistlicher Liebesdichtung, besonders geistlicher Liebesemblematik.[45]

Die Szene mündet in einer harten Bußübung, einer Geißelung – sie ist Ausdruck der Liebe, wie Giannettasio kommentiert:

Sab. 3 p. 45

intus praecordia fervens	Was lässt unversucht Liebe, die im Herzen glüht?
quid non tentat amor? Quid non pia pectora cogunt	Wozu nicht zwingen ein frommliebendes Herz
magnanimum monumenta virum	die denkwürdigen Taten hochgemuter Helden?

Wieder handelt es sich um ein Zitat aus dem 4. Aeneisbuch: Dido, die stolze Königin, nimmt zu demütigen Bitten Zuflucht, um Aeneas zum Bleiben zu bewegen, der Dichter kommentiert dies:

Aen. 4,412

Improbe Amor, quid non mortalia pectora cogis	Schändliche Liebe! Wozu nicht zwingst du die Herzen der Menschen.

So gleicht Franz Xavers Liebe der Didos in ihrer leidenschaftlichen Intensität und Unbedingtheit, bildet aber auch ein positives Gegenstück: Trotz ihres hohen Ziels findet sie Erfüllung, während die Selbstdemütigung Didos keinen Erfolg hatte.[46] Am nächsten Tag bittet Franz Xaver in seinem Morgengebet, die äußersten Enden der Erde, die unwirtlichsten Gegenden bereisen und bekehren zu dürfen. Sein Gebet findet Erhörung, ein

---

achten: Das Gleichnis illustriert den freudigen Weg der Jesuiten nach Nagasaki zur Hinrichtung. Pereira bleibt zwar beim männlichen Tier des Psalms, lässt es aber verwundet an der Quelle sterben; die Liebeswunde ist mit »sub corde« noch verdeutlicht: 11 p. 200 »sicque urbem ascendunt avidi ceu valle reducta / cum cervum errantem fixit venantis arundo / ille fugit fixamque trahens sub corde sagittam / perque agros saltusque volans pertransit amaena / prata rosis herbasque terit nec sistit amato / donec fonte sitim et defessos irrigat artus / iam moriens fixoque animam sub vulnere ponit.«

[45] Vgl. dazu ausgehend vom Titelbild der Trutz-Nachtigall des Friedrich von Spee: Eric Jacobsen: Die Metamorphosen der Liebe und Friedrich Spees »Trutznachtigall«: Studien zum Fortleben der Antike I. Kobenhavn: Ejnar Munksgaard 1954. Franz Reitinger: Schüsse, die ihn nicht erreichten. Eine Motivgeschichte des Gottesattentats. Paderborn u. a.: Ferdinand Schöningh 1997, S. 301–303.

[46] In analoger Weise rezipiert Friedrich von Spee in der Trutz-Nachtigall petrarkistische Traditionen: Eicheldinger (Anm. 31) S. 249 ff.

Engel verheißt ihm Missionserfolg. Die Beschreibung des himmlischen Wesens orientiert sich zunächst an Aeneas, dem seine Mutter Venus bei seinem ersten Erscheinen vor Dido göttliche Schönheit verleiht;[47] in dem Engel konkretisiert sich also gleichsam das himmlische Gegenüber von Franz Xavers Dido-gleicher Liebe:

Sab. 3 p. 47

Ut contra stetit et divina in luce refulsit	wie er ihm gegenüberstand und in göttlichem Licht erstrahlte,
os umerosque Deo similis; namque ipse decoram	Antlitz und Schultern Gott ähnlich; denn der Allmächtige selbst
olli caesariem Omnipotens lumenque iuventae	hatte ihm schönes Haar und den purpurnen Schimmer der Jugend
purpureum et laetos oculis afflarat honores	und seinen Augen frohe Zier zugehaucht.

Aen. 1,588

restitit Aeneas claraque in luce refulsit	Und Aeneas stand da. Das Antlitz, die Schultern erglänzten
os umerosque deo similis; namque ipsa decoram	göttergleich im strahlenden Licht. Denn herrliches Haupthaar
caesariem nato genetrix lumenque iuventae	hatte die Göttin dem Sohn, den Purpurschimmer der Jugend
purpureum et laetos oculis adflarat honores.	hatte sie zugehaucht, den Augen bestrickenden Zauber

Zugleich charakterisiert sich der Engel aber selbst als Bote Gottes mit Worten, die in der *Aeneis* bei der Aussendung Merkurs durch Jupiter verwendet werden:[48]

Sab. 3 p. 47

Spiritibus superis mos est [...]	Bei den Himmelsgeistern ist es Brauch [...]
[...] pedibus talaria celsis	[...] Sandalen an die erhabenen Füße
nectere, dum patris magni parere supremo	zu binden, wenn sie dem höchsten Willen des erhabenen Vaters

---

[47] Wie in der *Aeneis* folgt ein Gleichnis: »*Qualis ab Oceano surgens crinitus Apollo / effulget subito tenebris Oriente remotis.*« – Die Gespräch zwischen Franz Xaver und dem Engel evoziert darüber hinaus die Begegnung des Aeneas mit seiner Mutter Venus in Gestalt einer punischen Jägerin: Auf das Versprechen eines Weihrauchopfers p. 47 »*Ante tuas multum tunc thus adolebitur aras*« folgt die Ablehnung dieser Ehre: »*Tunc ille: Haud equidem tali me dignor honore: / Spiritibus superis mos est velamine ficto / ac tenuem aereis animum vestire figuris.*« – Aen. 1,334 »*Multa tibi ante aras nostra cadet hostia dextra. Tum Venus: Haud equidem tali me dignor honore; / virginibus Tyriis mos est gestare pharetram.*« – Während sich die Mutter Aeneas jedoch nicht zu erkennen gibt, enthüllt der Engel seine wahre Identität, erscheint aber gerade vor dem Hintergrund der Aeneisstelle als Abgesandter der göttlichen Liebe.

[48] Einen Anknüpfungspunkt, die jugendliche Erscheinung des Götterboten zu betonen, bot die zweite Erscheinung Merkurs vor Aeneas: Aen. 4,558 »*membra decora iuventa*«.

170

imperio iussi portant mandata per auras.

[...]

Et tibi me coelo aligerum tot milibus unum

dimisit pater omnipotens –

Aen. 4,238

   ille patris magni parere parabat

imperio; et primum pedibus talaria nectit

aurea

Aen. 4,268

ipse deum tibi me claro demittit Olympo

regnator, caelum ac terras qui numine torquet
ipse haec ferre iubet celeris mandata per auras.

gehorchend seine Befehle durch die Lüfte tragen.

[...]

und so hat zu dir mich vom Himmel – einen aus so vielen Tausend –
der allmächtige Vater herabgesandt

Mercurius schickte sich an, dem Befehl des mächtigen Vaters zu
gehorchen; zuerst schnallt er die goldenen Flügelschuhe an seine
Füße

Der Herrscher der Götter sendet mich zu dir vom strahlenden Olymp, er,
der Himmel und Erde durch sein Walten lenkt.
Er selbst heißt mich diesen Befehl durch die schnellen Lüfte tragen.[49]

Während Merkur jedoch ausgesandt wird, um Aeneas die Abfahrt von Karthago und die Trennung von Dido zu befehlen, ihn also wachzurütteln und an sein eigentliches Ziel Italien zu erinnern, bringt der Engel Franz Xaver nur die göttliche Bestätigung und Bestärkung in den eben von ihm selbst ausgesprochenen Wünschen. Die Parallelität der Handlung zum 4. Aeneisbuch fordert also neben dem Vergleich Franz Xavers mit Dido zusätzlich den mit Aeneas heraus, ja es wird deutlich, dass Franz Xaver Dido und Aeneas in seiner Person vereinen kann, da es für den von Gottesliebe beseelten keinen Konflikt zwischen Pflicht und Neigung gibt.
Franz Xaver erhält aber nicht nur diese gleichsam mythologische Antwort auf seine Liebe: Die Liebe Gottes tritt ihm auch im Messopfer entgegen, dessen Feier im folgenden detailliert beschrieben ist – eine Szene, die in jesuitischer Epik gern zu dogmatischen Aussagen genützt wird. Für Giannettasio war die Kontrafaktur des Didobuchs der geeignete Kontext, um eine von Franz Xaver zelebrierte Messe einzulegen, denn auch im 4. Aeneisbuch werden Opferhandlungen geschildert, wobei sich der gespendete Wein als unheilvolles Vorzeichen in Blut verwandelt (Aen. 4,454–56). Im Altarsakrament, in der Vergegenwärtigung von Christi Liebestod, manifestiert sich die unendliche Liebe Gottes (Joh 3,16 »*sic enim Deus dilexit*

---

[49] Binder (Anm. 12).

mundum, ut filium suum unigenitum dare«),[50] und Giannettasio kommentiert sie mit dem Zitat desselben Verses aus der Didogeschichte (Aen. 4,412 »*improbe Amor, quid non mortalia pectora cogis*«), den er bei der Selbstgeißelung Franz Xavers hatte anklingen lassen; ein weiteres berühmtes Vergilzitat ecl. 2,68 »*Quis enim modus adsit amori*« – Welches Maß und Ziel soll denn auch Liebe haben?[51] unterstreicht den Gedanken.

Sab. 3 p. 52

Quid non tu pectora cogis Dius Amor! Superi tu pandis limina caeli,	Wozu nicht zwingst du die Herzen, göttliche Liebe! Du öffnest die Tore zu himmlischen Höhen,
tu mortale genus superis ascribier astris	du lässt das sterbliche Geschlecht den Sternen zugezählt werden.
posse sinis. Famulum tanton dignaris honore sanctus amor? Quis enim dio modus adsit amori?	Den Diener würdigst du so großer Ehre, heilige Liebe? Welches Maß soll denn die göttliche Liebe haben?

Der Liebe Gottes, der sich durch das Gebet des Priesters in die Gestalt von Brot und Wein aus dem Himmel herabrufen lässt, soll eine ebenso maßlose Liebe von Seiten des Menschen entsprechen, wie sie der heilige Franz Xaver zeigt. Gott und Mensch stehen einander entsprechend 1 Joh 4,19 »*nos ergo diligamus Deum quoniam Deus prior dilexit nos*« gleichsam als Liebe und Gegenliebe, als Eros und Anteros gegenüber[52] – eine Beziehung, die der ›*contemplatio ad amorem spiritualem in nobis excitandum*‹ am Ende der *Exercitia spiritualia* zugrundeliegt.[53]

Dass die Botschaft vom liebenden und Gegenliebe erwartenden Gott, für die Franz Xaver Zeugnis ablegt, in Asien auf fruchtbaren Boden fällt, zeigt schließlich eine Episode des 7. Buches, in der nun nicht mehr Franz Xaver selbst, sondern einheimische Christen in der Rolle Didos erscheinen: Die Bewohner der Insel Mannar schicken eine Gesandtschaft nach Goa, um einen Besuch des Missionars zu erbitten, und provozieren damit eine Strafexpedition des mohammedanischen Königs von Orabis.[54] Die

---

[50] Auch das *Exsultet* ist zu vergleichen: »*O inaestimabilis dilectio caritatis: ut servum redimeres, filium tradidisti.*«

[51] Virgil. Bucolica – Hirtengedichte, übers. und erl. v. Friedrich Klingner. München: dtv 1977.

[52] Zu entsprechenden Darstellungen in geistlicher Emblematik: Jacobsen – Metamorphosen der Liebe, (Anm. 45) S. 34, Abb. 18.

[53] Exercitia spiritualia Sancti Ignatii de Loyola et eorum directoria. (Monumenta Ignatiana, series secunda, MHSI 57) Madrid 1919, Nr. 231; S. 426; Eicheldinger (Anm. 31) S. 132–133.

[54] Historischer Hintergrund ist wohl der Überfall des Königs von Jaffna bzw. Djaffnapatam und die Bekehrung zweier Prinzen von Ceylon: Georg Schurhammer/Ernst Artur Voretzsch (Hg.): Ceylon zur Zeit des Königs Bhuvaneka Bahu und Franz Xavers 1539–1552. Quellen zur Ge-

christlichen Krieger interpretieren ihren Tod im Kampf als Martyrium, als einzig angemessene Antwort auf die Liebe Gottes (p. 130 »*summus amor summo debetur amori*«) und damit als Liebestod:[55] Einem von ihnen werden ultima verba in den Mund gelegt, die den Leser zwar die Worte des sterbenden Erzmärtyrers Stephanus assoziieren lassen (Apg 7,59 »*Domine Iesu, suscipe spiritum meum*«), im Wortlaut jedoch den *novissima verba* Didos näher kommen:

Sab. 7 p. 130	
Vos coelo spectate, pii, dextraque volentes	Seht her, vom Himmel, ihr Heiligen, und nehmt mit der Rechten
accipite hanc animam	gnädig meine Seele auf
Aen. 4,652	
Dulces exuviae dum fata deusque sinebant	Hüllen![56] Mir lieb, solange der Gott und das Schicksal es zuließ
accipite hanc animam.	nehmt mein Leben nun auf.

Der singhalesische Prinz Ophyrus, der nach der Darstellung Giannettasios ebenfalls im Kampf getötet wird,[57] ist von leidenschaftlicher Gottesliebe beseelt; das zweimal für Franz Xaver verwendete Zitat von Aen. 4,101 wird nun auch auf ihn übertragen: p. 130 »*divino accensus amore / ardet amans*« – »von göttlicher Liebe entzündet / brennt er in Liebe«. Sein Bruder Dorylindus schließlich bittet Franz Xaver um die Taufe und bekräftigt seine Treue zum christlichen Glauben mit einer Abwandlung von Didos Schwur, mit dem sie erklärt, ihrem ersten Gatten Sychaeus über den Tod hinaus die Treue halten zu wollen:

---

     schichte der Portugiesen, sowie der Franziskaner- und Jesuitenmission auf Ceylon 1, Leipzig: Asia Major 1926–1928, S. 4–5.

[55] Unter Berufung auf Joh. 15,13 ist *caritas* die treibende Kraft des Märtyrers bei Thomas v. Aquin, *Summa theologiae* II,II 124, 3; vgl. Eberhard Schockenhoff, Martyrium. In: Lexikon des Mittelalters 6 (1993), S. 353–355. Hier S. 355. Die Rede ist geprägt von Märtyrertypologie: Der anonyme Sprecher wünscht sich tausend Leben hingeben zu können. Vgl. Raimund Neuß: Tugend und Toleranz: Die Krise der Gattung Märtyrerdrama im 18. Jahrhundert. (Literatur und Wirklichkeit 25) Bonn 1989, S. 28. Als klassisches Vorbild hat Giannettasio Lucan verarbeitet: Die zum Kampf rufende Rede des Oaxes p. 128 zitiert Vulteius Luk 4,484 »*Non cogitur ullus / velle mori*«.

[56] Dido spricht die auf dem Scheiterhaufen liegenden Kleider des Aeneas an – zum Begriff *exuviae* Binder (Anm. 12) S. 133.

[57] Die Quellen sprechen von einem Meuchelmord auf Anstiften des Vaters: Schurhammer – Franz Xaver 2/1 S. 524. Giannettasio hat seinen Tod im Interesse einer einheitlichen epischen Gestaltung in die Kampfhandlung einbezogen.

Sab. 7 p. 132

me absorbeat ima recluso	die Erde soll ihren Schlund öffnen und mich in die Tiefe
terra sinu aut pater omnipotens iaculetur ab aethra	hinabziehen oder der allmächtige Vater vom Himmel seinen
fulmen in hoc caput atque Erebi me mittat ad umbras	Blitz auf mein Haupt schleudern und mich zu den Schatten der Unterwelt senden

Aen. 4,24

sed mihi vel tellus optem prius ima dehiscat	Aber mögen mich eher die Schlünde der Erde verschlingen,
vel pater omnipotens adigat me fulmine ad umbras,	mich des allmächtigen Vaters Blitz zu den Schatten gesellen,
pallentis umbras Erebo noctemque profundam.	bleichen Schatten des Erebus, tief in nächtiges Dunkel.

Denselben Schwur hatten die Bewohner der vom mohammedanischen König bekriegten Stadt bereits gegenüber dessen Gesandten ausgesprochen und schließlich mit ihrem Tod besiegelt:[58]

Sab. 7 p. 127

Perdere cuncta iuvat, sacri placet alea fati	Alles wollen wir verlieren, eher gefällt uns der Würfel des heiligen Schicksals
hoc nostrum mersura caput, quam numinis alti	der unser Haupt dem Untergang weiht, als dem Glauben an die erhabene Gottheit
ejurare fidem; tellus prius ima dehiscat	abzuschwören; eher soll sich die Tiefe der Erde auftun
aut Deus aeternas adigat nos fulmine ad umbras.	oder Gott uns mit seinem Blitz zu den ewigen Schatten ersetzen.

Dem Kampf vorausgegangen war eine Szenenfolge, die sich deutlich an das Didobuch anlehnt: Fama hatte die Missionserfolge Franz Xavers verkündet – wie im 4. Buch den ›Erfolg‹ des Aeneas bei Dido:

Sab. 7 p. 124

Sed Fama loquacibus alis pervolat Eoas Euris velocior urbes	Doch Fama auf geschwätzigen Flügeln fliegt schneller als Eurus durch die Städte des Ostens,

---

[58] Die vergilische Dido wird diesen Schwur aus Liebe zu Aeneas brechen; wieder suggeriert Giannettasio also ein positives Gegenbild. Er kann bei der Übertragung des Schwurs aber auch daran gedacht haben, dass schon die Antike zwischen der poetischen Fiktion Vergils (einer in Aeneas verliebten Dido) und der historischen Dido differenzierte, die Sychaeus die Treue hielt und sich der Werbung des Iarbas durch Selbstmord entzog. Vgl. Antonie Wlosok: Boccaccio über Dido – mit und ohne Aeneas. In: A. W.: Res humanae – res divinae. Kleine Schriften, hrsg. v. E. Heck & E. A. Schmidt, (Bibliothek der klassischen Altertumswissemschaften N.F. R. II, 84) Heidelberg 1990, S. 460–475.

mille procax linguis, totidem simul ora revolvens.	frech mit tausend Zungen, ebensoviele Münder bewegend.
Tum fictum verumque simul (si dicere verum	Erdichtetes und Wahres zugleich (wenn man glauben soll, dass
mendacem dictis interdum credere dignum est) et quae facta forent et quae facienda canebat:	ein Lügner zuweilen die Wahrheit spricht) und was geschehen war und was geschehen sollte, sang sie:
venisse heroem Loyolae ex agmine lectum	Es sei gekommen ein Held, auserwählt aus der Schar von Loyola,
Romulidum qui sacra mari devecta Latino Gangaridum inferret regno	der die Religion der Römer übers Meer ins Reich der Gangariden bringen solle

| Aen. 4,173 | |
| Extemplo Libyae magnas it Fama per urbes Fama malum qua non aliud velocius ullum | Sogleich eilt Fama durch Libyens große Städte, Fama, die schneller ist als jedes andere Unheil |

Aen 4,188	
tam ficti pravique tenax quam nuntia veri	starr hält sie fest an Erfundenem und Verkehrtem und ist zugleich Botin der Wahrheit.
haec tum multiplici populos sermone replebat	Freudig erfüllte sie nun das Volk mit vielfältiger Rede und verkündete
gaudens, et pariter facta atwque infecta canebat:	gleichermaßen Geschehes und Ungeschehenes:
venisse Aenean Troiano sanguine cretum	Aeneas, ein Sohn aus troianischem Stamm, sei gekommen,
cui se pulchra viro dignetur iungere Dido	und diesem Mann wolle sich die schöne Dido verbinden.[59]

Sie hatte damit die Eifersucht des einheimischen mohammedanischen Fürsten von Orabis[60] erregt, der die Rolle des von Dido zurückgewiesenen afrikanischen Königs Iarbas übernimmt:

Sab. 7 p.124	
Haec passim Eoas diffundit Fama per urbes.	Dies verbreitet Fama allenthalben in den Städten des Ostens
Protinus ad regem cursum detorquet Orabis	Unverzüglich wendet sie den Lauf zum König von Orabis
inflammatque animum dictis et duplicat iras.	sie entflammt seinen Sinn mit ihren Worten und verdoppelt seinen Zorn.
Hic Loryphinde Scytha et rapta Mogolide nympha Caucasea regione satus [...]	Dieser ein Sohn des Skythen Loryphindes und einer geraubten mongolischen Nymphe stammte aus dem Gebiet des Kaukasus [...]

---

[59] Binder (Anm. 12)
[60] Im Sinne der Aeneisrezeption ist es wohl kaum Zufall, dass der Name des Reichs fast ein Anagramm von Iarbas darstellt.

Impius at centum Mahometi templa nefando,	Der Frevler hatte hundert Tempel dem Mahomet geweiht,
Taprobanes totidem regnis sacravit et aras.	ebensoviele Altäre im Reich von Taprobane.
Isque amens furiis et fama excitus iniqua	Dieser war außer sich vor Wut und aufgebracht durch die widrige Kunde

Aen. 4,198

Haec passim dea foeda virum diffundit in ora	Vielen Zungen vertraute dergleichen die scheußliche Göttin.
protinus ad regem cursus detorquet Iarban	Unverweilt wandte sie dann den Lauf zu dem Könige Iarbas
incenditque animum dictis atque aggerat iras.	setzte sein Herz mit Reden in Glut und schürte den Unmut
Hic Hammone satus rapta Garamantide nympha	Dieser war Hammons Sohn und einer von Hammon geraubten Nymphe des Landes
templa Iovi centum latis immania regnis	Er baute für Jupiter hundert gewaltige Tempel im Reich
centum aras posuit vigilemque sacraverat ignem	und hundert Altäre und weihte, ewige Wache den Göttern, ein Feuer

Aen. 4,203

isque amens animi et rumore accensus amaro	Dieser, von Wut übermannt, erhitzt durch böse Gerüchte

In der *Aeneis* wendet sich der in seinem Stolz verletzte Iarbas in einem Gebet an Jupiter, und dieser reagiert mit der Entsendung Merkurs, der Aeneas den göttlichen Befehl zur Abreise überbringt. Giannettasios König spricht kein Gebet; kein Gott schreitet zu seinen Gunsten ein; die militärische Aktion, die er schließlich unternimmt, entspricht jedoch den Befürchtungen, die in der *Aeneis* bezüglich Didos barbarischen Nachbarn geäußert werden (Aen. 4,40ff.; 320f.). Franz Xaver, der erst am Ende des Geschehens auftritt (p. 132) aber als erwarteter Glaubensbote im Hintergrund präsent ist,[61] erscheint implizit in der Rolle eines neuen, besseren Aeneas:[62] Er wird nicht abberufen, da er seine göttliche Sendung gerade dadurch erfüllt, dass er die Liebe der einheimischen Bevölkerung für das Christentum gewinnt. War Karthago für Aeneas eine Station auf dem Weg zu seinem eigentlichen Ziel Italien, so fallen für Giannettasios Held Ziel und Ort der Liebe zusammen; ist Vergils Didogeschichte eine Episode des Epos, so kann und muss sich die Liebesgeschichte bei Giannettasio wie-

---

[61] Vor allem durch eine Verheißung, die der gerechte Oaxes von dem ihm erscheinenden Aposten Thomas erhält: Sab. 7 p.117ff.

[62] Der König spricht von ihm als p. 125 *Italia profugus* – entsprechend der Vorstellung des Aeneas Aen. 1,2 »*Italiam fato profugus […] venit*«.

derholen, da Franz Xavers Missionstätigkeit darin besteht, als Liebender neue Liebende zu werben.

* * *

Mit Vergils Didogeschichte hat Giannettasio ein zunächst überraschendes literarisches Modell für den gefeierten Heiligen gewählt: Didos Liebe wird ja von Vergil keineswegs positiv, sondern als unglückselige Raserei (*furor*) bewertet.[63] Sie führt dazu, dass die Königin ihren Idealen untreu wird, und treibt sie schließlich zum Selbstmord; andererseits hält sie Aeneas von seiner Mission ab. Gerade in der späteren allegorischen Ausdeutung der *Aeneis* wird Dido daher sehr negativ beurteilt: Wenn die *Aeneis* insgesamt als Sinnbild des menschlichen Lebens gesehen wird, so steht die Didoepisode für die Verführung der Jugend durch die Sinnenlust (*libido*).[64] Signifikant für dieses Verständnis ist, dass es in der neulateinischen Epik wenig direkte Imitationen gibt: Bereits das erste neulateinische Epos, die *Africa* des Francesco Petrarca, hat zwar eine Liebesgeschichte (Massinissa und Sophonisbe nach Livius, *ab urbe condita* 30,12–15) einbezogen, Scipio der Held des Epos bleibt jedoch unberührt, ja er spielt geradezu die Rolle des vergilischen Jupiter, indem er den involvierten Mann (Massinissa) auf den Weg von Pflicht und Tugend zurückführt. In der zum Großteil panegyrischen Epik kann temporäre Pflichtvergessenheit des Helden aus Liebe keinen Raum haben, er erscheint als Verkörperung aller Tugenden, zu denen auch die *temperantia* gehört.
Eine literarische Anregung zur Übertragung der Didogeschichte auf das Liebesverhältnis zwischen Mensch und Gott[65] konnte Giannettasio bei

---

[63] Zur Bewertung: Reinhold F. Glei: Der Vater der Dinge. Interpretationen zur politischen, literarischen und kulturellen Dimension des Krieges bei Vergil. (Bochumer Altertumswiss. Kolloquium 7). Trier: Wissenschaftlicher Verlag Trier ²1997, S. 150–158.

[64] Nancy Ruff: Regina, meretrix and libido: The Medieval and Renaissance Dido. In: A. Moss, Ph. Dust, P. G. Schmidt, J. Chomarat & F. Tateo (Hg.): Acta conventus Neo-Latini Hafniensis, Proceedings of the 8th International Congress of Neo-Latin Studies, Copenhagen 1981. (Medieval & Renaissance Texts & Studies 120) Binghamton/New York: 1994, S. 875/881. Marilynn Desmond: Reading Dido. Gender Textuality, and the Medieval Aeneid. (Medieval Culture 8) Minneapolis/London: University of Minnesota Press 1994. Hier S. 74–98 Dido as libido. Gabriela Rauner–Hafner: Die Vergilinterpretation des Fulgentius. Bemerkungen zu Gliederung und Absicht der »Expositio Virgilianae continentiae«. In: Mittellateinisches Jahrbuch 13 (1978), S. 7–49.

[65] Die bei Giannettasio zu beobachtende Spiritualisierung von Didos Liebe ist keineswegs singulär: So bezieht etwa ein Epicedium für Königin Marguerite de Navarre Zitate aus dem Didobuch auf die Liebe zum himmlischen Bräutigam, mit dem Marguerite im Tod vereint wird: v. 104 »Vixi (inquit) satis atque super, fatique peregi / tempora, nunc vitam dissolvisse iuvat« –

einem Autor finden, der selbst als Idealbild christlicher Gottesliebe gilt:[66] Mit seinen *Confessiones* ist der hl. Augustinus nicht nur ein wichtiges Vorbild für die Anwendung erotischer Metaphorik auf die Beziehung des Menschen zu Gott,[67] er zieht gerade die Beschäftigung mit Vergils *Aeneis* und der Didogeschichte – wie sie Bestandteil des Unterrichts beim Rhetor war und Vereinnahmung durch heidnisches Bildungsgut bedeutete – für den Vergleich zwischen Gottesliebe und dem auf Weltliches gerichtete Streben, das *fornicatio* Hurerei ist, heran:[68]

> *conf. 1,13,20 (litterae)* quibus tenere cogebar Aeneae nescio cuius errores oblitus errorum meorum et plorare Didonem mortuam, quia se occidit ab amore, cum interea me ipsum in his a te morientem, Deus, vita mea, siccis oculis ferrem miserrimus. Quid enim miserius misero non miserante seipsum et flente Didonis mortem quae fiebat amando Aeneam, non flente autem mortem suam quae fiebat non amando te, Deus […].
>
> […] ein Unterricht, der mich zwang, mir eines unbekannten Aeneas Irrfahrten, der eigenen Irrwege vergessend, ins Gedächtnis zu prägen, den Tod einer Dido zu beweinen, weil sie vor Liebe sich ums Leben gebracht hat, während ich, erbärmlich genug, es trockenen Auges hinnahm, selber über diesen Dingen Dir zu ersterben, Gott, du mein Leben. Was wäre auch erbärmlicher als solch ein Erbärmlicher ohne Erbarmen mit sich selbst, der Tränen hat für den Tod einer Dido, den sie vor Liebe zu Aeneas starb, und nicht Tränen hat bei dem eigenen Tod, den er stirbt, weil er dich nicht liebte, Gott […].[69]

Aen. 4,653 »*vixi et quem dederat cursum Fortuna peregi*«; v. 152 »*Sic sic iuvat ire fidelem*« – Aen. 4,660 »*Sic, sic iuvat ire sub umbras*«; v. 167 »*Quid non cogit Amor Christi*« – Aen. 4,412 »*Improbe Amor, quid non mortalia pectora cogis*«. Die Vergilzitate sind nicht erkannt bei Brenda M. Hosington: England's First Female-Authored Encomium: The Seymore Sisters' Hecatodistichon (1550) to Marguerite de Navarre. Text, Translation, Notes, and Comentary. In: Studies in Philology 93 (1996), S. 117–163.

[66] Zu Darstellungen des hl. Augustinus mit brennendem Herzen wie Franz Xaver vgl. Ekkart Sauser: Augustinus von Hippo. In: Lexikon der christlichen Ikonographie 5. Freiburg im Breisgau: Herder 1973, Sp. 277–290. Hier Sp. 283.

[67] Dany Dideberg: Amor. In: Augustinus-Lexikon, Würzburg/Basel/Stuttgart 1986, Bd. I, S. 294–299.

[68] Sabine MacCormack: The Shadows of Poetry. Vergil in the Mind of Augustine. Berkeley/Los Angeles/London: University of California Press 1998, S. 96.

[69] Augustinus, Confessiones/Bekenntnisse, eingel., übers. u. erl. v. Joseph Bernhart, München 1980. – Auch die Verbindung von Gottesliebe und ›zündendem‹ Beispiel der Heiligen, wie sie für Franz Xaver im 3. Buch dargestellt ist, findet sich schon bei Augustinus: conf. 9,2,3 »*Sagittaveras tu cor nostrum caritate tua, et gestabamus verba tua transfixa visceribus et exempla servorum tuorum, quos de nigris lucidos et de mortuis vivos feceras, congesta in sinum cogitationis nostrae urebant et absumebant gravem torpore, ne in ima vergeremus et accendebant nos valide […].*

Der Jesuitendichter hat in seiner *Saberis* ein Gegenstück zu Vergils Dido geschaffen, das der Kritik des Augustinus standhält: Es ist eben die Liebe zu Gott, die Augustinus über Vergils Dido vergaß, die in Giannettasios epischer Liebesgeschichte zur Darstellung kommt; sein epischer Held kann damit auch dem Leser als nachahmenswertes Beispiel dienen: Die Aeneas-gleichen Reisen des Helden lassen ihn nicht die Irrwege der eigenen Sündhaftigkeit vergessen, sondern können sie ihm durch den Kontrast bewusst machen und ihn schließlich zu ähnlicher Christusnachfolge aufrufen.

Darüber hinaus scheint Giannettasio auch mit dem Grundkonzept seiner Handlung Kritik des Augustinus an römischer Staatsideologie und Vergil als deren Exponenten berücksichtigt zu haben:[70] In der *Civitas Dei* stellt Augustinus im letzten Abschnitt des 2. Buches den falschen heidnischen Staatsgöttern den christlichen Gott gegenüber, der wahrhaft ein *imperium sine fine* garantiere, wie es der vergilische Jupiter für Rom verhieß (Aen. 1,279); mit der *invidia* Junos, die in der *Aeneis* die Gründung Roms zu hindern suchte, vergleicht er die *invidia* der Dämonen, die dem Menschengeschlecht die wahre ewige Heimat des Gottesstaats neide:

> *civ. 2,29* Non tam Iuno Troianis, a quibus carnalem originem ducis, arces videtur invidisse Romanas, quam isti daemones quos adhuc deos putas, omni generi hominum sedes invident sempiternas.
> Nicht so sehr hat Juno den Trojanern, deinen, wie du meinst leiblichen Vorfahren, die römischen Burgen geneidet, wie diese Dämonen, die du noch immer für Götter hältst, dem ganzen Menschengeschlecht die himmlischen Behausungen neiden.[71]

Der christliche Dichter lässt Pluto als Gegenspieler des neuen Aeneas auftreten – eben mit dem Ziel, die Bewohner Asiens vom Reich Gottes fern zu halten. Die Handlung seines Epos zielt also nicht auf eine *civitas terrena*, wie die *Aeneis*, sondern letztlich auf das Reich Gottes, das in Franz Xavers Vision im Bild des himmlischen Jerusalem beschrieben wird.

Der Held von Giannettasios Epos erscheint in einer auf den ersten Blick sonderbaren Doppelrolle: In einem Epos, das als neue *Aeneis* angelegt ist,

---

[70] Der Einfluss von Augustinus' Vergilkritik ist schon in Petrarcas *Africa* spürbar (Elisabeth Klecker: Vergilimitation und christliche Geschichtsdeutung in Petrarcas *Africa*. In: Sumfilologein. Festschrift Adolf Primmer, Wiener Studien 114 (2001), S. 645–676. Hier S. 671/672) und müsste wohl für die neulateinische Epik insgesamt untersucht werden. Der Ersatz Junos durch Pluto scheint sich großer Beliebtheit erfreut zu haben: Hofmann (Anm. 16) S. 166.

[71] Aurelius Augustinus. Vom Gottestaat 1 (De civitate Dei. aus dem Lat. übertragen v. Wilhelm Thimme, eingel. u. komm. v. Carl Andresen. München: dtv 1977, S. 110.

erhält Franz Xaver durch die Übertragung berühmter Vergilverse zunächst den weiblichen Part einer neuen Dido. Erst im weiteren Verlauf der Handlung – in der zweiten Hälfte, vor allem mit der Vision des 8. Buches – wird der Heilige auch in Aeneas-Szenen dargestellt. Franz Xaver kontrastiert mit beiden Personen Vergils: Seine Liebe führt ihn nicht in den Tod wie Dido, sondern zum wahren Leben, zu dem er auch anderen den Weg eröffnet. Er übertrifft den Helden des vergilischen Epos, nicht weil er wie andere Helden des neulateinischen Epos der Liebe gegenüber immun ist, sondern gerade weil er liebt, allerdings das richtige Gegenüber, Gott, der die Liebe selbst ist (1 Joh 4,8 »*qui non diligit non novit deum quoniam deus caritas est*«). In der Mitteilung dieser Liebe aber besteht Franz Xavers Mission als neuer Aeneas, gerade als neue Dido kann er zu einem christlichen Aeneas werden. So dient dem Jesuitendichter das im 4. Buch fragwürdige Heldentum des Aeneas und die fehlgeleitete Liebe Didos als Hintergrund, vor dem wahres christliches Heldentum sichtbar gemacht werden kann, ein Heldentum, das nicht aus sich selbst kommt, sondern seine ganze Kraft aus der liebenden Beziehung zu Gott schöpft.

Anhang: Titelkupfer des Drucks, Neapel 1721

P. Petrini delin. et Sculp:

»Dank seye [...] dem mächtigen Indianerapostel heiligen Francisco Xaverio, unter dessen Schutz und Hülf ich das so sehnlich gewünschte Indien endlich erreichet!«
Zur Bedeutung Franz Xavers in den Briefen deutscher Jesuiten des 18. Jahrhunderts

Julia Lederle

Anfang des Jahres 1738 schilderte der Jesuitenbruder Joseph Neugebauer seine Reise nach Indien in einem Brief an seinen Provinzial in Österreich. Obwohl Neugebauers Ankunft in Goa nun bereits fast vier Monate zurücklag, vermochte er noch eindringlich seine Erleichterung und Dankbarkeit, die er unmittelbar nach der gefahrvollen Seereise empfunden hatte, zu vermitteln. Besonders zum Ausdruck brachte er dies gleich zu Beginn des Briefes durch seinen emphatischen Dank an die Jungfrau Maria und den »mächtigen Indianerapostel heiligen Francisco Xaverio«, deren Schutz und Hilfe ihn das »so sehnlich gewünschte Indien« endlich erreichen ließen.[1] Neben der Erleichterung über das ersehnte Ende der Reise kommt darin auch zum Ausdruck, dass »Indien« für Neugebauer ein ganz besonders ersehntes Ziel darstellte.

Im Folgenden soll die Bedeutung Franz Xavers für das Missionsinteresse der deutschen Jesuiten und ihr Umgang mit dem vorbildhaften »Indianer-Apostel«, der sich in ihren Briefen spiegelt, dargestellt werden. Im 17. und vor allem 18. Jahrhundert, zu einer Zeit, als die Probleme der Jesuitenmissionen in Asien zunahmen, konnten erstmals auch vermehrt Jesuiten aus dem deutschsprachigen Raum in die Missionen gehen. In ihren Briefen, die in ihrer Heimat publik gemacht wurden, berichteten sie in unterschiedlichsten Situationen über ihr Vorbild Franz Xaver. Der ohnehin auch im deutschsprachigen Raum populäre Heilige wurde dabei gegen-

---

[1] Joseph Neugebauer an Ignaz Heindl, Goa, 20. Januar 1738. In: Franz Keller: Der Neue Welt-Bott Oder Allerhand So Lehr- als Geist-reiche Brief, Schrifften und Reis-Beschreibungen, velche von denen Missionariis der Gesellschaft Jesu [...] in Europa angelangt seynd [...] 5/1, 36. Teil, Nr. 701. Wien: Leopold Johann Kaliwoda 1758, S. 12–26.

über einer breiten Leserschaft zum zugkräftigen Repräsentanten der katholischen und besonders der Jesuitenmission.

Verbreitung und Wirkung der Briefe Franz Xavers aus »Indien«

Die Briefe des Francisco de Yasu y Xavier, des ersten Jesuiten-Missionars und einzigen Missionars aus der Gründungsgruppe des Ordens um Ignatius von Loyola, standen am Anfang des bald weltumspannenden schriftlichen Informationsaustausches der Jesuiten. Ignatius verlangte in den Konstitutionen einen ständigen Briefwechsel zwischen den Provinziälen und dem römischen Hauptquartier. Die Provinziäle wiederum sollten von ihren Ordensmitgliedern über alles Wichtige informiert werden.[2] Neben dem Ziel der Briefe, die Oberen zu informieren, sollten die Mitbrüder durch die Berichte auch angeleitet und unterrichtet werden.[3] Auch wenn die Intervalle für die Korrespondenz aus und mit den überseeischen Missionsgebieten naturgemäß lang waren, ermöglichte das Informations- und Kommunikationsnetzwerk der Jesuiten bald eine regelmäßige und systematische Berichterstattung aus den fernen Ländern. Der rasche Aufstieg des Ordens führte bald zur Ausweitung dieses Systems. Waren, als Ignatius starb, weltweit bereits rund 1 000 Jesuiten tätig, so wirkten und schrieben fünfzig Jahre später schon 13 000 in der Gesellschaft Jesu.[4]

Den Briefen Franz Xavers brachten die Jesuiten eine ganz besondere Wertschätzung entgegen. Durch ordensinterne Abschriften wurden sie binnen kurzem in Europa verbreitet. Auch im deutschsprachigen Raum tätige Jesuiten erreichten Abschriften der Briefe Xavers und Berichte über sein Wirken bereits noch zu Lebzeiten des Asienmissionars. So erhielt zum Beispiel Petrus Canisius Kopien der Briefe in Köln.[5] Und Petrus Faber unterrichtete seine Mitbrüder zusätzlich über den direkten Informationsaustausch der Jesuiten mit Franz Xaver in Indien.[6]

Doch nicht nur in Abschriften kursierten die Briefe Franz Xavers. Die

---

[2]   George E. Gans (Hg): The Constitutions of the Society of Jesus and Their Declarations. In: G. G: The Constitutions of the Society of Jesus 8/1. St. Louis: Institute of Jesuit Sources 1970, S. 662.

[3]   John Correia-Alfonso: Jesuit Letters and Indian History. A Study of the Nature and Development of the Jesuit Letters from India (1542–1773) and their Value for Indian Historiography. Bombay: Indian Historical Research Institute 1955, S. 2 und 8.

[4]   Leonard Holtz, Geschichte des christlichen Ordenslebens. Düsseldorf: Patmos 2001, S. 221.

[5]   HASTK (Historisches Archiv der Stadt Köln), Jesuiten 17, fol. 19r–21v und 22v, Copia literarum, 13. Mai 1546.

[6]   HASTK, Jesuiten 17, Petrus Faber, fol. 14r.

Jesuiten begannen früh, Drucke herauszugeben und wandten sich somit nicht nur an ihre Ordensbrüder, sondern an eine breitere Leserschaft. Bereits im 16. Jahrhundert erschienen in Rom Viten Franz Xavers, die auf seinen Briefen sowie auf Berichten von Zeitgenossen und Mitstreitern basierten und deutlich legendär gefärbt waren.[7] Auch im deutschsprachigen Gebiet waren solche Drucke zugänglich.[8] Der erste gedruckte Brief Franz Xavers lag dort bereits im Jahr 1545 vor.[9] Besonders Canisius versprach sich viel von der Wirkung dieser Berichte in Deutschland.[10] Seit Ende des 16. Jahrhunderts kamen dann vermehrt lateinische und auch deutsche Schriften von Missionaren über Asien auf den Markt. Die erneuten Auflagen beweisen ein reges Interesse an diesen Werken. Vor allem die Jesuiten bedienten so mit ihren zumeist in Bayern erschienenen Drucken das Interesse einer Epoche, in der der Reiseliteratur eine immer größere Bedeutung zukam.

Es waren allerdings längst nicht mehr nur Missionare, die als Europäer vor Ort von den unbekannten Welten berichteten. Kaufleute, Soldaten und Reisende veröffentlichten ebenfalls ihre Berichte. Bald gab es zahlreiche Publikationen im deutschsprachigen Bereich, der Anteil der Reiseberichte über Indien lag bei circa 350 Druckwerken.[11] Den Briefen der Jesuiten muss jedoch insofern eine besondere Stellung eingeräumt werden, als sie über mehrere Jahrhunderte eine einzigartige Berichtskontinuität und -verbreitung herstellen konnten, die mit den Berichten Franz Xavers begann und auch durch das Verbot des Ordens im 18. Jahrhundert nicht völlig zum Erliegen kam.

Missionsunternehmungen in ferne, unbekannte Länder hatte es schon vor dem Zeitalter der europäischen Expansion gegeben, und Franz Xaver war auch nicht der erste Missionar, der in Indien tätig wurde. Im Gegensatz zu

---

[7]   Georg Schurhammer: Xaveriusforschung im 16. Jahrhundert. In: Zeitschrift für Missionswissenschaft 12 (1922), S. 130–165.
      Georg Schurhammer: Franz Xaver. Sein Leben und seine Zeit 1 (Europa 1506–1541). Freiburg im Breisgau: Herder 1955, S. V.

[8]   Gita Dharampal-Frick: Indien im Spiegel deutscher Quellen der Frühen Neuzeit (1500–1750). Studien zu einer interkulturellen Konstellation, Frühe Neuzeit 18. Studien und Dokumente zur deutschen Literatur und Kultur im europäischen Kontext, hg. v. Jörg Jochen Berns u. a. Tübingen: Niemeyer 1994, S. 88.

[9]   Josef Wicki: Der älteste deutsche Druck eines Xaveriusbriefes aus dem Jahr 1545 (ehemals im Besitz des Basler Humanisten Lepusculus). In: Neue Zeitschrift für Missionswissenschaft 4 (1948), S. 105–109.

[10] Anton Huonder – Joseph Stöckleins »Neuer Welt-Bott«, S. 1.

[11] Gita Dharampal: Frühe deutsche Indien-Berichte (1477–1750). Eine Bibliographie. In: Zeitschrift der deutschen Morgenländischen Gesellschaft 134/2 (1984), S. 23–67.

anderen ebenfalls mit den Portugiesen nach Indien gekommenen Ordensleuten gingen seine Reisen jedoch weit über den schützenden damaligen portugiesischen Herrschaftsbereich in Asien hinaus. Franz Xavers Vordringen in unbekannte Missionsgebiete und sein Erfolg ließen ihn in der Rezeption zum größten Missionar der Neuzeit und »gottberufenen Führer aller übrigen« werden, wie Papst Urban VIII. in der Kanonisationsbulle verkündete.[12] Franz Xaver wurde zum ersten und gleichzeitig modellhaften Missionar der Neuzeit.[13]

»Indien« wurde dabei für viele Jesuiten zum Inbegriff ihrer missionarischen Hoffnungen. Bereits für Franz Xaver war »Indien« sehnsüchtiges Ziel,[14] und zwar gemäß dem Vierte Gelübde der Professen, dorthin zu gehen, wohin der Papst sie schickt, »sei es zu den Türken oder zu anderen Ungläubigen auch in jene Erdteile, die man Indien nennt […].«[15] »Indien« drückte demnach die generelle Bereitschaft der Jesuiten aus, in die entferntesten Regionen zu gehen; dies entsprach dem damaligen Sprachgebrauch, unter dem antiken Begriff »India«, der im Mittelalter und auch in der frühen Neuzeit übernommen wurde, nicht nur den indische Subkontinent zu verstehen, sondern ihn auch als Synonym für Asien oder Teile verschiedener Gebiete im asiatischen oder sogar afrikanischen Raum zu verwenden.[16] Als Teile Amerikas zu »Westindien« wurden, entstand der Begriff »Ostindien«, eine Bezeichnung für »Vorderindien«, »Hinterindien« (Assam, Birma, Bengalischer Meerbusen) und den Malaiischen Archipel.[17] Entsprechend bedeutete nun der Wunsch eines Missionars, nach Indien zu gehen, häufig sehr generell das Hoffen auf eine Wirkungsstätte irgendwo im spanisch-portugiesischen Kolonialreich. Noch im 18. Jahrhundert wurde der Begriff »Indien« derart großzügig auch im deutschsprachigen Raum benutzt.

---

[12] Anton Huonder: Der hl. Ignatius von Loyola und der Missionsberuf der Gesellschaft Jesu. Zum 300jährigen Gedächtnis seiner Heiligsprechung. In: Abhandlungen aus Missionskunde und Missionsgeschichte 35 (1922), S. 28–29.

[13] Charles G. Herbermann: Neue Welt-Bott, or the New World Messenger. In: The Woodstock Letters, a record of current events and historical notes connected with the colleges and missions of the Society of Jesus 94 (1915), S. 371–379. Hier S. 373.

[14] Georg Schurhammer: Der heilige Franz Xaver, der Apostel von Indien und Japan. In: Konstantin Kempf (Hg.): Jesuiten. Lebensbilder großer Gottesstreiter. Freiburg im Breisgau: Herder 1925, S. 78.

[15] Monumenta Ignatiana, Series Tertia: Sanctii Ignatii de Loyola Constitutiones Societatis Iesu 1. Rom: Institutum Historicum Societatis Iesu 1934, S. 27.

[16] Helmut Gregor: Das Indienbild des Abendlandes (bis zum Ende des 13. Jahrhunderts). Wien: Geyer 1964, S. 11–12.

[17] Walter Leifer: India and the Germans. 500 Years of Indo-German Contacts. Bombay: Shakuntala 1971, p. v.

Der Wunsch der Jesuiten, nach »Indien« zu gehen

Zugleich ist jedoch auch der konkrete Wunsch vieler Jesuiten nachweisbar, wie ihr Vorbild Franz Xaver in Asien und hier bevorzugt auf dem indischen Subkontinent wirken zu können. Der Heilige hatte ein besonderes Interesse am »so sehnlich gewünschten Indien« bei den Jesuiten geweckt. Auch die Ordensmitglieder aus dem deutschsprachigen Raum bewarben sich häufig gezielt dorthin.[18] Der konkrete Zielwunsch Indien konnte allerdings für einen Jesuiten einen Widerspruch zwischen Ordensregel und persönlichem Wunsch bedeuten, wie er sich in der Frühzeit des Ordens im Falle von Diego Laínez ausdrückte. Dieser äußerte Ignatius gegenüber den Wunsch, nach Indien zu gehen. Letzterer begrüßte grundsätzlich den Missionswunsch, verwies jedoch auf das bereits erwähnte Vierte Gelübde der Professen, das gerade einen persönlichen Wunsch bezüglich des Missionsortes deutlich ausschließt.[19] Dennoch bemühten sich in den folgenden Jahrhunderten weiterhin viele Jesuiten gezielt um eine Wirkungsstätte in Indien. Diese besondere Affinität der Jesuiten für Asien lag ursprünglich im Missionsruf nach Indien durch Portugal begründet, das, im Gegensatz zu Spanien, den Papst darum bat, Mitglieder der damals noch nicht als Orden anerkannten Gruppe um Ignatius nach Indien senden zu können, wo sie besonders die gerade bekehrte Kaste der Paraver am Kap Komorin seelsorgerisch betreuen sollten. Dieser Wunsch hatte unmittelbar zur Bestätigung des Jesuitenordens und zur Entsendung Franz Xavers nach Indien geführt.

Zahlreiche Bittgesuche an den Ordensgeneral, in die Missionen geschickt zu werden, belegen die durch Franz Xavers Briefe aufkommende Missionsbegeisterung der Jesuiten.[20] Die deutschen Jesuiten gingen erst seit der Mitte des 17. Jahrhunderts in die überseeischen Missionen. Ein Grund dafür liegt darin, dass man Jesuiten gerade in den deutschsprachigen Gebieten wegen der gegenreformatorischen Bestrebungen nicht entbehren wollte. Hinzu kamen die Auswirkungen des Dreißigjährigen Krieges, die

---

[18] Bernhard Duhr: Deutsche Auslandssehnsucht im achtzehnten Jahrhundert. Aus der überseeischen Missionsarbeit deutscher Jesuiten. Schriften des Deutschen Ausland-Instituts Stuttgart, A. Kulturhistorische Reihe 20, hg. v. W. Goetz u. a. Stuttgart: Ausland und Heimat Verlag 1928, S. 16.

[19] Candidus de Dalmases (Hg.): Vita Ignatii Loyolae auctore P. de Ribadeneira. Textus latinus et hispanus cum censuris. Constitutiones et Regulae Societatis Iesu 4. (Monumenta Historica Societatis Iesu 93) Rom: Institutum Historicum Societatis Iesu 1965, I.5.C.4.

[20] Anton Huonder – Der hl. Ignatius von Loyola und der Missionsberuf der Gesellschaft Jesu, S. 16–17.

eine Ausreise erschwert haben dürften. Zu einer Zeit, als durch das portugiesische Patronat für Asien zudem noch Zugangsbeschränkungen für nicht-portugiesische Missionare bestanden, bewarb sich zum Beispiel Friedrich Spee von Langenfeld ebenso leidenschaftlich wie vergeblich um die Gunst, als Missionar nach Indien ausgesandt zu werden. Dabei dürfte Spees Aussage, nur in den Orden eingetreten zu sein, um Missionar in Indien zu werden, eher von Nachteil für die Erfüllung seines Wunsches gewesen sein.[21]

1664 gaben die spanischen Könige diese Einschränkungen für ihr Herrschaftsgebiet auf, so dass fortan unter anderem auch deutsche Jesuiten in die spanischen überseeischen Regionen geschickt werden konnten. Zu Beginn des 18. Jahrhunderts fielen mit dem portugiesischen Patronat für Asien auch dort die Zugangsbeschränkungen. Die Gesellschaft Jesu konnte nun ihr Prinzip der Multinationalität ebenfalls in der Entsendung von Missionaren nach Asien, besonders nach Indien und China, entfalten. Neben Portugiesen, Spaniern, Italienern und Franzosen durften nun auch junge Jesuiten aus den Ordensprovinzen des deutschsprachigen Raumes in größerer Zahl ihrem Missionsheiligen an den Orten seines Wirkens nacheifern. Ihre Briefe aus den Missionen bedienten und steigerten dann wiederum das Interesse für Indien in ihrer Heimat.[22]

Den Einfluss Franz Xavers auf das Bestreben deutscher Jesuiten des 18. Jahrhunderts, in die Missionen zu gehen, bringt Dominik Mayr zum Ausdruck:

> Anjetzo erfahre ich scheinbarlich, dass dasjenige auf den Buchstaben zutreffe, was unserer H. Xaverius schreibt, dass unter allen Freuden in diesem ganzen Leben diese allein die wahre und vergnüglichste sei, welche Gott mit der Bekehrung der Heiden beschäftigen Missionären mitzuteilen pfleget.[23]

Solche Sätze verfehlten nicht ihre Wirkung auf die Daheimgebliebenen. Trotz der Flut von Berichten aus zahlreichen überseeischen Gebieten zog es entgegen dem Ordensstatut weiterhin viele besonders nach Indien. Der klassische Weg eines Jesuiten, in die Missionen zu gelangen, blieb dabei auch im 18. Jahrhundert das Bittgesuch an den General. Jakob Müller zum

---

[21] Frank Pohle: Friedrich Spee und Franz Xaver – Poetische Reaktionen eines Daheimgebliebenen. In: Johannes Meier (Hg.): »… usque ad ultimum terrae«. Die Jesuiten und die transkontinentale Ausbreitung des Christentums 1540–1773. Göttingen: Vandenhoeck & Ruprecht 2000, S. 13–37. Hier S. 19.

[22] Anton Huonder – Joseph Stöckleins »Neuer Welt-Bott«, S. 1–2.

[23] Dominik Mayer. In: Bernhard Homodeus Mayer (Hg.): Neuaufgerichteter amerikanischer Mayerhof, das ist schwere Arbeiten […] Augsburg: Bernhard Homodeus Mayer 1747, S. 137 ff.

Beispiel, ein Apotheker aus Köln, trat 1738 als Laienbruder in die Gesellschaft Jesu ein und wurde 1751 auf sein inständiges Bitten hin nach Indien geschickt:[24]

> Nachdem ich endlich nach langem Bitten und Anhalten, nach Indien zu gehen, von unserem wohl ehrw. P. General Franz Retz, frommen Andenkens, erhört worden, bin ich auf Befehl unseres damaligen R. P. Provincial Otto Willemin, gottseligen Andenkens, beordert worden, mit dem P. Albert Zarth nach Goa abzureisen.[25]

Es ist nicht überliefert, warum Müller unbedingt Indien als Ziel gewählt hatte. Der Laienbruder Joseph Neugebauer begründete seinen Wunsch ein Jahr zuvor, indem er angab, durch das Vorbild und die Briefe seines in Indien tätigen Ordensmitbruders Gottfried Xaver Laimbeckhoven zu seiner Indienreise angeregt worden zu sein.[26]

Die Rekrutierung der Jesuitenmissionare geschah aber im 18. Jahrhundert auch durch gezielte Anwerbung, da zunehmender Mangel an geeigneten Kandidaten bestand. Auf einen Werber traf zum Beispiel Mauritz Thoman in Rom, wo er sich in einer beruflich ausweglosen Lage befand, weil fehlende finanzielle Mittel eine Promotion nach seinem Medizinstudium verhinderten, was die Ausübung seines Berufs unmöglich machte. Thoman schilderte die Begegnung folgendermaßen:

> Eben dazumal befand sich in Rom der Jesuit Pater Archangelus d'Origni, ein Veroneser, Generalprokurator der goanischen Provinz, und suchte taugliche Leute zu Missionarien nach Indien zu schicken. – Dieß erfuhr ich, und gleich ward als dann mein Entschluß gefaßt, ein Jesuit zu werden, indem ich den nämlichen Vorsatz schon in Innsbruck gemacht, jedoch denselben dazumalen wieder aus dem Sinne geschlagen hatte. Ich gieng also zu diesem Pater, entdeckte ihm meine ernstliche Gesinnung, als Jesuit, und Missionar Gott zu dienen, und bath ihn, mich in den Orden aufzunehmen. Ich erhielt auch von ihm gleich das erwünschte Jawort; nur, sagte er, müßte ich dazu auch noch das Fiat des hochwürdigen Pater Generals, und des Provinzials der römischen Provinz haben. [...] Ich

---

[24] Jakob Müllers Erlebnisse und Leiden in der Mission von Goa und in den Kerkern Lissabons. In: Die katholischen Missionen 19 (1891), S. 137–142, 160–164, 181–207, 230–234, 248–252. Hier: S. 137.
(Originalhandschrift: Jacobus Müller: Reisbeschreibung von Cöllen am Rhein nacher Goa und vor allem deme, was sich mit einigen personen der gesellschaft Jesu bis zu ihrer rükkehr in Teutschland merkwürdiges zu getragen vom Jahre 1751–1767. [Bibliothèque des Bollandistes, Brüssel, MS 754.]).

[25] Jakob Müller – Erlebnisse und Leiden in der Mission, S. 137.

[26] Joseph Neugebauer an Ignaz Heindl, S. 25.

stellte mich vor beyden, und beyde hießen mein Vorhaben gut, und stärkten mich in selbem.[27]

Die vermehrte Rekrutierung von deutschen Missionaren führte Mitte des 18. Jahrhunderts, als Franz Xaver zum Schutzheiligen Indiens und des Fernen Ostens wurde, dazu, dass im deutschsprachigen Raum das Interesse an Berichten von Jesuiten aus den Missionen weiter wuchs. Diese Briefe wurden nicht mehr in der meist lateinischen Originalsprache, sondern in deutscher Sprache veröffentlicht. So gab der österreichische Jesuit Joseph Stöcklein (1676–1733) den *Welt-Bott*[28] heraus, eine umfangreiche Briefsammlung, in der Stöcklein sowohl Briefe aus den *Lettres édifiantes et curieuses*[29] übernahm, als auch bis dato unveröffentlichte Briefe verwendete und ins Deutsche übersetzte. Der *Welt-Bott* fand große Verbreitung und breite Anerkennung. Adressat war explizit eine breite Leserschaft; neben religiöser Unterweisung wurde dabei auch gemäß dem Interesse der Zeit an den Informations- und Unterhaltungswert gedacht. Aber auch als konkrete Hilfe und Anregung für zukünftige Indienmissionare sollte der *Welt-Bott* dienen. Der bereits erwähnte Jesuitenbruder Joseph Neugebauer beispielsweise begründete den Zweck seines Berichts folgendermaßen:

> Vielleicht wird die Erzählung jenen, die eben diese Reise GOtt und denen Seelen zu Lieb, zu unternehmen gedenken, in ein- und ander Stuck zu einem nutzlichen Unterricht, denen Liebhaberen deren Neuigkeiten aber zu einer vergnüglichen Unterhaltung dienen können.«[30]

Auch das Interesse an den Franz Xaver-Briefen selbst war im 18. Jahrhundert nach wie vor ungebrochen, was die in ganz Europa erschienenen Aus-

---

[27] Mauritz Thoman: Ehemaligen Jesuitens und Missionars in Asien und Afrika, Reise- und Lebensbeschreibung. Von ihm selbst verfasset. Augsburg: Matthäus Riegers sel. Söhnen 1788, S. 11.

[28] Joseph Stöcklein: Der Neue Welt=Bott mit allerhand Nachrichten dern Missionarium Soc. Jesu. Allerhand so Lehr= als Geist=reiche Brieff, Schrifften und Reise=Beschreibungen, welche von denen Missionariis der Gesellschaft JESU aus den Beyden Indien, und anderen über Meer gelegenen Ländern, meistentheils von 1730. Bis 1740. In Europa angelangt seyn. Jetzt zum erstenmal theils aus Hand=schrifftlichen Urkunden, theils aus denen Französichen Lettres Edifiantes verteutscht und zusammengetragen von Joseph Stöcklein, gedachter Societät Jesu Priester. Bände 1–3 Augsburg und Graz: Veith 1727–1736; Bände 4–5 (hg. v. P. Propst/ Franz Keller) Wien: Leopold Johann Kaliwoda 1748–1758.

[29] Charles Le Gobien: Lettres édifiantes et curieuses, écrittes des missions étrangères par quelques missionaires de la Compagnie de Jésu, 28 vols. Paris: Nicolas le Clerc, gedruckt von Antoine Lambin 1702–1776.

[30] Joseph Neugebauer an Ignaz Heindl, S. 13.

gaben dieser Zeit belegen.[31] Selbst nach dem generellen Verbot der Gesellschaft Jesu 1773 waren Publikationen der Briefe des Heiligen[32] und auch Veröffentlichungen über das Wirken der Jesuiten in Asien möglich, um einen Beitrag zur »Natur- Länder- und Völkerkunde« ebenso wie zur »christlichen Erbauung« zu leisten: 1794 bis 1795 erschien in Augsburg die *Missionsgeschichte späterer Zeiten* von Anton Eglauer, deren erste drei Bände Briefe von Jesuitenmissionaren des 16. Jahrhunderts aus »Ostindien« präsentierten.[33] Der österreichische Jesuit Eglauer war selbst kein Missionar, zum Zeitpunkt des Verbots seines Ordens im portugiesisch beherrschten Asien war er erst sieben Jahre alt.[34] Dennoch vermochte er über die Indienmission der Jesuiten und das Wirken ihres Vorbilds Franz Xaver zu berichten.

Neben der unmittelbaren Wirkung der Franz Xaver-Briefe unterstützten die Bemühungen der Jesuiten, das Wirken ihres Heiligen durch Lieder und Theaterstücke über ihn weiter bekannt zu machen, die Popularität des Heiligen.[35] In konsequenter Fortsetzung wurden im 18. Jahrhundert vermehrt in deutscher Sprache Stücke mit Themen aus der Mission aufgeführt.[36] Die schnelle und weite Verbreitung des Vornamens Franz Xaver besonders im süddeutschen Raum zeugt von der Akzeptanz und raschen

---

[31] Lettere di S. Francesco Saverio, Apostolo dell'Indie, dal P. Orazio Torsellino già in latino, e ora in volgare pubblicate dl P. Piuseppe Antonio Patrignani S.I. Venezia: Presso Niccolò Pezzana 1716. – Sancti Indiarum Apostoli Epistolarum libri quinque, quorum priores quatuor ab Horatio Tursellino […] ultimus autem a Petro Possino […] latinitate et luce donati Romae. Nunc in strenam oblati inclytae Dominorim Soalitati B.V. Mariae ab Angelo salutatae in Caesar. S.J. Coll. Lincii erectae […] Lincii: Johann Michael Feichtinger 1753. – Sancti Francisci Xaverii e Soc. Jesu […] epistolarum libri quinque. Quorum priores quatuor ab Horatio Tursellino Soc. Jesu ex hispano: ultimus autem a Petro Possino ejusdem Soc. Partim ex hispano partem ex lusitano lainitate et luce donati. 2 Bände Viennae Austriae: Johann Michael Feichtinger 1753. – Epistolarum omnium libri quattuor, ex Petro Maffeio, Horatio Tursellino, Petro Possino, et Francisco Cutillas […] opera R. M. [Rocchi Menchaca] olim Soc. J. sacerdotis in Castellana Provincia. 2 Bände Bononiae: apud Gasparem de Franciscis 1795.

[32] Briefe (gesammelte) des heil. Franciscus Xaverius, des grossen Indianerapostels aus der Geselschaft Jesu. Als Grundlage der Missionsgeschichte späterer Zeiten. 3 Theile Augsburg: Nicolaus Doll 1794.

[33] Anton Eglauer: Die Missionsgeschichte späterer Zeiten, oder gesammelte Briefe der katholischen Missionare aus allen Theilen der Welt. Ein wichtiger Beitrag zur Natur= Länder= und Völkerkunde, vorzüglich aber zur christlichen Erbauung. Der Briefe aus Ostindien Erster Theil, 1548–1556. Augsburg: Nicolaus Doll 1794. Zweyter Theil, 1556–1580. Augsburg: Nicolaus Doll 1795. Dritter Theil, 1581–1599. Augsburg: Nicolaus Doll 1795.

[34] Ferdinand Krackowizer/Franz Berger: Biographisches Lexikon des Landes Österreich ob der Enns. Gelehrte, Schriftsteller und Künstler Oberösterreichs seit 1800. Passau und Linz: Institut für ostbairische Heimatforschung 1931, S. 56.

[35] Frank Pohle (Anm. 21).

[36] Peter C. Hartmann: Die Jesuiten. München: C. H. Beck 2001, S. 63.

190

Integration des Heiligen im deutschsprachigen Kontext. Nicht zuletzt trugen auch viele der Jesuiten, die es in die Missionen zog, diesen Vornamen.

Die Reise

Die Seereise nach Indien war stets ein risikoreiches Unterfangen. Der Indienapostel wurde in dieser Situation für die reisenden Jesuiten in seiner Funktion als Schutzpatron der Seefahrer eine wichtige Bezugsperson. Vor Reisebeginn fand daher, wie Joseph Neugebauer schildert, eine feierliche Anrufung des Heiligen statt, an der alle mitreisenden Jesuiten teilnahmen.[37] Jakob Müller berichtete von seiner Abreise in Lissabon, dass das Schiff, welches ihn nach Indien bringen sollte, den Namen »Francisco Xaverio« führte.[38] Joseph Wilhelmi, der Richtung Amerika zu den Philippinen unterwegs war und mit zahlreichen Widrigkeiten zu kämpfen hatte,[39] schrieb zuversichtlich über die gefahrvolle Reise: »Es leistet in allen diesen Umständen der heilige Franciscus Xaverius seine Hülf«.[40] Und Joseph Neugebauer wurde beim Anblick von Goa am Ende seiner mehrmals von Schiffbruch bedrohten Reise euphorisch und dankte, wie bereits erwähnt, Franz Xaver für die glückliche Ankunft.

In Indien

In Indien angekommen, erfuhren die Jesuiten die als unmittelbar empfundene Nähe ihres Heiligen. Einer der ersten Gänge der Neuankömmlinge im Zielhafen Goa war grundsätzlich ein Besuch am Grab Franz Xavers. So begab sich die Gruppe, mit der der Jesuitenbruder Jakob Müller nach Indien reiste, gleich am Tag der Ankunft zum Gebet an das Grab des Heiligen.[41] In den Schilderungen Goas für ihre Adressaten in Europa wurde von den Jesuiten immer wieder auf Franz Xaver verwiesen. Mauritz Thoman beschrieb die Jesuitenhäuser, indem er ausführte, dass schon Franz Xaver in ihnen wirkte.[42] Jakob Müller beschrieb als Wirkungsstätte das

[37] Joseph Neugebauer an Ignaz Heindl, S. 13.
[38] Jakob Müller – Erlebnisse und Leiden, S. 139.
[39] Julia Lederle: Wilhelmi, Joseph. In: Biographisch-Bibliographisches Kirchenlexikon 20 (2002), Sp. 1564–1565.
[40] Joseph Wilhelmi, 11. November 1744. In: Franz Keller – Der Neue Welt-Bott 4/1, Nr. 657.
[41] Jakob Müller – Erlebnisse und Leiden, 160.
[42] Mauritz Thoman – Ehemaligen Jesuitens und Missionars, S. 68.

alte Kolleg St. Paul und den dortigen Garten mit der Kapelle.[43] Eine besondere Stellung nahm in vielen Berichten traditionell die Schilderung des Grabes Franz Xavers in Bom Jesus ein: Mauritz Thoman berichtete:

> Der heilige Leib dieses Apostels von Indien ruhet in einer Kapelle der Kirche des Profeßhauses, und liegt in einem doppelten Sarge. Der innere ist von Kristall, der äußere vom schönsten ausgearbeiteten Silber. Dieser doppelte Sarg steht auf einem prächtigen Mausoleum von kostbarem zerschiedenen Marmor, und schöner Arbeit, das der Großherzog von Toskana nach Goa geschickt hat. Der Sarg darf nur mit Erlaubniß des Königs geöffnet werden. – Die drey dazu gehörigen Schlüssel haben drey verschiedene Magistratspersonen in Verwahrung.[44]

Immer wieder suchten die Jesuiten die räumliche Nähe zum Heiligen und zu seinen Wirkungsstätten: Der böhmische Apotheker und Laienbruder Christoph Mattern, der 1708 im Alter von 47 Jahren nach Goa kam, verbrachte nach seiner Ankunft in Indien zunächst gemeinsam mit einem anderen Pater ein Jahr im ehemaligen, noch von Franz Xaver erbauten, nun jedoch wegen der ungesunden Lage aufgegebenen St. Pauls-Kolleg in Alt-Goa, »glücklich in heiligen Erinnerungen an den großen Apostel schwelgend« und eine Steintreppe ausgrabend, die der Heilige einst benützt hatte. Dann wurde Mattern in das neue, höher gelegene St. Pauls-Kolleg versetzt, wo er als Apotheker wirkte.[45] Mauritz Thoman, der noch als Novize nach Indien kam, erhielt dort sechs Jahre nach seinem Eintritt in den Orden 1755 die Priesterweihe. Seine Primiz hielt er in Bom Jesus, wobei er die Nähe des Heiligen, wie er schrieb, »mit großem Troste meines Geistes« empfand.[46] Thoman schilderte ferner mit großem Bedauern, dass es ihm während seines fünfjährigen Aufenthalts in Goa nicht vergönnt war, den Leichnam des Heiligen zu sehen.[47]

Der deutschen Leserschaft musste auch die Verehrung des Heiligen durch die Portugiesen erklärt werden, besonders die der portugiesischen Obrigkeit in Goa: Jakob Müller schilderte, dass der 1754 neu eingesetzte Vizekönig im Rahmen des Einführungszeremoniells dem Grab Franz Xavers einen Besuch abstattete.[48] Und Mauritz Thoman berichtete über die Sorgen der Portugiesen nach einer militärischen Niederlage 1755:

---

43 Jakob Müller – Erlebnisse und Leiden, S. 163.
44 Mauritz Thoman – Ehemaligen Jesuitens und Missionars, S. 68.
45 Anton Huonder: Deutsche Jesuitenmissionäre des 17. und 18. Jahrhunderts. 2. Auflage (unveröffentlicht). In: AMSJ (Archivum Monacense SJ, München), Abt. 47 (Huonder), S. 850.
46 Mauritz Thoman – Ehemaligen Jesuitens und Missionars, S. 63.
47 Ebd., S. 68.
48 Jakob Müller – Erlebnisse und Leiden, S. 164.

Man fieng schon an, für die ganze Insel zu sorgen; aber der Feind verfolgte seinen Sieg nicht, welches der Fürbitte des heiligen Franz Xavier zugeschrieben wurde, als den die Portugiesen als ihren kommandirenden General verehren.[49]

Oft wurde in den Schilderungen das Wohl der Mission mit dem Verhalten der Portugiesen in Indien sowie mit der Hilfe des Heiligen in unmittelbaren Zusammenhang gebracht; denn nur die politische Macht und finanzielle Unterstützung der portugiesischen Krone konnte eine konstante und somit erfolgreiche Missionstätigkeit garantieren. Doch die Portugiesen begannen im 17. Jahrhundert ihre Vormachtstellung unter den Europäern in Asien zu verlieren. Die Jesuiten mussten besorgt den wachsenden Einfluss protestantischer Mächte, vor allem Großbritanniens und der Niederlande, hinnehmen. Zwar war auch das katholische Frankreich zeitweilig stark in Asien engagiert und unterstützte im 18. Jahrhundert eine eigene, von der portugiesischen Assistenz unabhängige Jesuitenmission; dennoch verursachte die schwindende portugiesische Macht besonders in Indien eine gravierende Schwächung der Jesuitenmissionen. Ihre Besorgnis und ihren Protest brachten die Jesuiten auch mittels ihrer Schilderungen über Franz Xaver deutlich zum Ausdruck: Mitte des siebzehnten Jahrhunderts interpretierte der österreichische Pater Johannes Grueber die Tatsache, dass der Leichnam des Heiligen nun doch Spuren der Veränderung zeigte, als deutliche Kritik des Heiligen am Lebenswandel der Portugiesen in Indien:

> Viel geistreiche Männer besorgen sich billich / der Christliche Nahme dörffte in gantz Ost=Indien aus erheblichen Ursachen bald zu Grund gehen / weil die Europäischen Christen ein weit lasterhafftes Leben / als die Heyden selbst führen / oder besser zu sagen, sich von ihnen durch nichts anders als durch den blossen Nahmen und das Fleisch-Essen unterscheiden: dass kein Wunder / wann der grosse Indianer-Apostel Franciscus Xaverius seinen hierab geschöpfften Unwillen ihnen deutlich zu verstehen giebt; indem sein bishero unverweser Leib beginnt in etwas abzunehmn / um hierdurch seine Indianer zu erinnern […].[50]

Ebenso verhielt es sich laut Grueber auf Sri Lanka, wo gemäß dem mündlichen Bericht eines Mitbruders eine hölzerne Franz Xaver-Säule, die nach der Messe vom Hochaltar vor einer großen Menschenmenge angefangen haben soll zu wandern, letztendlich verschwand. Dies wurde als Zeichen gewertet, dass der Heilige quasi als Protest die Portugiesen ihren Feinden

---

[49] Mauritz Thoman – Ehemaligen Jesuitens und Missionars, S. 79.
[50] Johannes Grueber an Johannes Hafenecker, Rector zu Grätz. In: Joseph Stöcklein: Der Neue Welt-Bott 1. Augsburg: Veith ²1728. – Surat 7. März 1658, Nr. 34. Hier S. 112.

überlasse, die in Gestalt der Holländer dann bald die Gegend eroberten und die Portugiesen vertrieben.[51] Als Sinnbild der katastrophalen Situation der Jesuiten und des respektlosen Benehmens der Portugiesen wurde schließlich die Tatsache geschildert, dass 1759 in Folge des Verbots der Jesuiten im portugiesischen Herrschaftsgebiet der Sarg Franz Xavers in Goa von den Portugiesen mit Gewalt geöffnet wurde.[52]

Vor allen Dingen diente der Heilige jedoch als konkretes Verhaltensvorbild für die Missionare in Indien, vor allem auch in von Goa entfernteren Gebieten, wo der schützende und unterstützende portugiesische Herrschaftsbereich nicht immer wirksam sein konnte, und die Missionsberichterstattung der Jesuiten, wie die ihres Vorbilds, oft eine einzigartige Informationsquelle darstellte. In Indien war besonders die südliche Malabar-Provinz der Jesuiten ein solches schwieriges Terrain, in dem man sich besonders mit Franz Xaver verbunden sah. Der malabarische Missionsprokurator João da Costa schrieb 1698 an seinen Ordensgeneral:

> Es ist der Ruhm der Malabarischen Mission, eine Gründung des hl. Franz Xaver zu sein. Das Arbeitsfeld ist sehr ausgedehnt und umfasst außer dem Süden Indiens und Ceylon auch das Küstenland am Bengalischen Meerbusen, Siam, ja selbst noch die Molukken. Dank der Freigebigkeit der portugiesischen Könige entstanden hier überall Collegien und blühten zahlreiche Missionsstationen auf. So war es ehedem. Seit dem Einfall der Holländer aber sind die Kirchen geraubt, die Collegien vernichtet, die Stiftungen zum Fiscus geschlagen und zwischen Heiden und Häretikern zermalmt und verfolgt, seufzt und weint die Mission, die ärmste von allen, welche die Gesellschaft besitzt und darin ihrem Stifter am ähnlichsten geworden.[53]

Oft wurde die Tätigkeit der Jesuiten dort mit der Franz Xavers verglichen und an ihr gemessen: Pater Francisco Laines konnte sich mit Unterstützung des Landesfürsten in Marava niederlassen und soll in zwei Jahren 13 600 Personen getauft haben, pro Tag oft 500 bis 600, so dass ihm, wie geschildert wurde, gleich dem hl. Franz Xaver die Arme oft den Dienst versagten.[54] Der Ruhm Laines' nahm weiter zu, Joseph Stöcklein gab die Gesamtanzahl der von Laines vorgenommenen Taufen mit 40 000 an,[55]

[51] Ebd., S. 112.
[52] Jakob Müller – Erlebnisse und Leiden, S. 185.
[53] João da Costa an den Ordensgeneral Thyrsus González, 2. Juli 1698, M.R.A. (Münchner Reichsarchiv – heute: Bayerisches Hauptstaatsarchiv, München) 17, 293. Zitiert nach: AMSJ, Abt. 47 (Huonder), XII. II. 2.
[54] Le Gobien – Lettres édifiantes et curieuses 6, 14.
[55] Joseph Stöcklein – Der Neue Welt-Bott 1, Vorrede des Siebenden Theils.

und in einem Brief von Antonio Diaz aus der Malabarprovinz an den General des Ordens wurde Laines Wirken zusätzlich zum Vergleich mit Franz Xaver auch noch am angenommenen Wirken des Apostels Thomas in dieser Region verglichen.[56] Diese Vergleiche hatten Tradition in der Gesellschaft Jesu und werfen ein Licht darauf, wie die Jesuiten ihre tiefe Verwurzelung in die Geschichte der indischen Mission herzustellen suchten: Der Titel des Indienapostels – oder nach damaligem deutschen Sprachgebrauch des »Indianerapostels« – wurde vom hl. Thomas, der der Legende nach in Indien missioniert haben soll, auf Franz Xaver übertragen, der selbst bewusst an Thomas angeknüpft hatte. So hatte er das Thomasgrab in Indien aufgesucht und im dortigen Gebet den Ruf erfahren, auch östlich des indischen Subkontinents zu missionieren.[57]

Doch nicht nur bei den Erfolgsgeschichten der Jesuiten wird die Parallele zu Franz Xaver gleichsam als Messlatte benutzt. Gerade auch bei der Betonung der Armut und der widrigen Umstände in der Malabarprovinz diente die Vita des Heiligen als Trost und Ansporn für die dort tätigen Jesuiten: So beschwor der General des Ordens wiederholt den »Xaverianischen Geist«[58] und forderte, die Situation als Chance zu sehen, in der Nachfolge des Heiligen, der auch in dieser Gegend tätig gewesen war, einen »neuen Xaver« hervorzubringen.[59] Die Missionsberichterstattung aus der Malabarprovinz der Jesuiten hatte auch den konkreten Zweck, der gebeutelten Provinz finanzielle Unterstützung aus den Heimatgebieten zukommen zu lassen. Ebenfalls an den hl. Franz Xaver erinnernd, schilderte der malabarische Missionsprokurator da Costa in einem Brief an den General, dass er eine Bettelreise durch Deutschland plante, um für die Mission Freunde und Gönner zu werben.[60]

Die Bedeutung des Heiligen für die einheimische Bevölkerung wurde ebenfalls geschildert. In einem Brief des Paters Tachard, der auch durch den *Welt-Bott* in deutscher Version zugänglich war, erfuhr das deutsch-

---

[56] Antonio Diaz, Malabarprovinz, an den Ordensgeneral Thyrsus González: Madura, 5.6.1704. In: Joseph Stöckein – Der Neue Welt-Bott 1, Nr. 96.

[57] Georg Schurhammer – Der heilige Franz Xaver, der Apostel von Indien und Japan, S. 115.

[58] Ordensgeneral Michelangelo Tamburini an Guiseppe Beschi: Malabar, 7. Oktober 1713: ARSI (Archivum Romanum S.I., Rom), Goa 1, fol. 5r–v. Hier fol. 5r.
Ordensgeneral Michelangelo Tamburin an P. Augustino Capelli: Malabar, 27. Oktober 1714: ARSI, Goa 1, fol. 15r.

[59] Ordensgeneral Michelangelo Tamburini an Antonio Brandolini: Ambalakad, 7. Oktober 1713: ARSI, Goa 1, fol. 5v.

[60] Malabarischer Missionsprokurator an den Ordensgeneral: ohne Datum und Ort: Bayerische Staatsbibliothek, München, clm 26472, zitiert nach: AMSJ, Abt. 47 (Huonder), XII, II, 2.

sprachige Publikum Einzelheiten über die Verehrung des Heiligen an der südindischen Fischer-Küste/Kap Komorin:

> Die Lufft erschallte von denen süssen Nahmen JESUS, MARIA und XAVERI-US, so sie überlaut aussprachen / und uns als des letzteren Nachfolger verehrten. [...] Ein jeglicher Missionarius aus dieser Küsten stehet drey oder vier / auch mehr Kirchen / mithin drey / vier / ja zehen biß zwölf tausend Seelen vor / so sie in der Wette mit einander eyfferen / welche aus ihren Gott emsiger / dann die andere / dienen möge; doch muß man den Paravas auf der Fischer=Küsten den Vorzug lassen / welche schon vor altem der H. Xaverius seine liebste Kinder benahmet hat. Dann unerachtet sie insgemein unter Holländischer Bottmäßigkeit stehen / haben sie sich dannoch niemals von dem Catholischen Glauben lassen abschröcken.[61]

Dies klang wesentlich zuversichtlicher als noch ein halbes Jahrhundert zuvor bei der Schilderung des Holzsäulenwunders. Inzwischen hatten sich die Jesuiten auf die veränderten und für sie schwierigeren politischen Machtverhältnisse eingestellt. In ihren Schilderungen wurde Franz Xaver nun zu der Hilfe, die die Inder trotz der erschwerten Missionssituation beim katholischen Glauben bleiben ließ. Wie im Falle der Paraver, erschienen nun vermehrt Schilderungen, nach denen die protestantische Mission, die seit dem Beginn des 18. Jahrhunderts in Südindien Fuß fasste, mit Hilfe des Heiligen in die Schranken gewiesen zu werden vermochte, wie auch Joseph Stöcklein betonte:

> [...] schändlich ist ein Holländischer Pastor zu Tucurin auf der Fischerküsten in Ost=Indien abgewisen worden / als er dieselben Indianer bereden wollte von dem wahren Catholischen zu dem Calvinischen Glauben zu übertretten: dann diese haben ihm geantwortet / sie hätten ihre Religion von dem H. Francisco Xaverio empfangen / welcher seien Lehr mit Erweckung deren Todten und vielen andern Wunder=Zeichen bestätigt habe: es wolle sich dernwegen gezimen / dass / wer ihnen was bessers beyzubringen gesonnen wäre / solcher noch mehr und grössere Mirackel / als er / würke / sie aber biß dahin bey dem alten Glauben vest verharreten.[62]

Tatsächlich jedoch stellte die protestantische Mission für die Jesuiten in Indien eine zunehmend ernsthafte Konkurrenz dar. Doch Franz Xaver be-

---

[61] Guido Tachard, Generalvorsteher deren Französischen Missionen der Gesellschaft Jesu in gantz Ost=Indien an Patrem de la Chaize, gedachter Societät Jesu Priestern / und Königlich=Französischen Beicht=Vatter, Pondicherry 16. Februar 1702. In: J. Stöcklein: Der Neue Welt-Bott 1, Nr. 77. 3. Teil, S. 71.

[62] Joseph Stöcklein – Der Neue Welt-Bott 1, Vorrede.

wies nach den Berichten der Jesuiten die Richtigkeit des Glaubens, natürlich nicht nur gegen die Protestanten. So belohnte der Heilige die Konvertiten für ihre Entscheidung zum christlichen Glauben und bewies dies nach Meinung der Jesuiten auch den »Heiden«. Pater Bochet berichtete, dass eine zum Christentum konvertierte Inderin in Verehrung des Heiligen ihren Sohn Xaverius nannte. Nach einem Blitzschlag, bei dem neben diesem Xaverius noch zwei weitere, nicht konvertierte Kinder ums Leben kamen, wurde auf Fürbitte der christlichen Mutter allein ihr Sohn durch das Wirken Franz Xavers wieder zum Leben erweckt.[63] Viele weitere Wunderberichte aus dem 18. Jahrhundert sind über den Heiligen in Indien zu finden. Oft sind deutliche Parallelen zur Vita Franz Xavers auszumachen. Gerade die Erzählung über die Erweckung von Kindern durch Anrufung des Heiligen oder mittels seiner Reliquien wurde gern präsentiert.[64] Nicht immer überzeugte der Heilige trotz seiner Wundertätigkeit letztendlich, wie Pierre Martin zu berichten wusste: Ein Inder gelobte, dem Heiligen Geld zu stiften, falls er in der Lotterie gewönne, was auch eintraf. Dennoch wollte, wie der Jesuitenpater bedauernd schilderte, der Mann nicht zum christlichen Glauben übertreten.[65]

Wenige Heilige der neueren Zeit sind volkstümlicher geworden als Franz Xaver. In Deutschland war er besonders im 17. und 18. Jahrhundert als Patron der Seefahrer und Glaubensboten, gegen die Pest und für eine gute Sterbestunde hoch verehrt.[66] Xaveriusöl als Heilmittel und Xaveriuswasser als Schutz waren sehr beliebt.[67] Der Jesuitenpater Martin Könings setzte diese Praktiken auch in Indien ein: Mit Kirchengebeten und Xaverius-Wasser ging er gegen Poltergeister und Krankheiten vor.[68] Insgesamt war im 18. Jahrhundert die Franz Xaver-Verehrung und Begeisterung in Europa ungebrochen, während seine Nachfolger in seinen Missionsgebieten mit immer größeren Schwierigkeiten zu kämpfen hatten. So war die Berufung auf das Vorbild des Indienapostels für die Jesuiten in Indien Trost, aber auch Hilfe, ihre Position zu verteidigen. Die Verehrungsformen des

[63] Jean Bochet, Der Gesellschaft Jesu Missionarii, Briefauszug ohne Datum. In: Joseph Stöcklein – Der Neue Welt-Bott 1, Nr. 178. Hier S. 106.

[64] Joseph Wilhelmi an X. de Fontera. In: Franz Keller – Der Neue Welt-Bott, 31. Dezember 1740 (Nr. 654), S. 49 und Der Neue Welt-Bott, 25. Juli 1741 (Nr. 655). Hier S. 57.

[65] Pierre Martin an Charles Le Gobien. In: Joseph Stöcklein – Der Neue Welt-Bott 1, (Nr. 73). Hier S. 47.

[66] Georg Schurhammer: Franz Xaver. In: Lexikon für Theologie und Kirche 4 (1960), 248–249.

[67] H. Schauerte: Xaverius. In: Lexikon für Theologie und Kirche 10 (1965), 1284.

[68] Martin Köning. In: Franz Keller – Der Neue Welt-Bott 4/2, Nr. 738. Hier S. 83.

Heiligen wurden in Indien nicht wesentlich anders als in Europa von den Jesuiten praktiziert. In Anbetracht der angespannten Lage gerade in der Malabarprovinz wurde Franz Xaver in dieser Zeit verstärkt als eine Art Werbeträger für die Missiontätigkeit der Jesuiten eingesetzt. Die Berichte über sein Wirken und die Tätigkeit seiner zeitgenössischen Nachfolger warben in Europa für Unterstützung der Mission. Der sich in dieser Zeit allmählich zu Ungunsten der Jesuiten entscheidende Streit um die malabarischen Riten führte ebenfalls dazu, dass die Jesuiten mit Hilfe ihres vorbildlichen Heiligen in Europa für ihre Art der Mission – letztlich allerdings vergebens – eintraten.

Fazit

Der »Indianerapostel« Franz Xaver wurde schnell zum Vorbild für seine Ordensmitbrüder. Der Wunsch, ihm nachzueifern, hieß oft nicht nur, ebenfalls Missionar werden zu wollen, sondern dies auch gerade an seinen Wirkungsstätten.[69] Durch die Verbreitung seiner Briefe wurde das Wirken Franz Xavers binnen kurzem über die Grenzen der portugiesischen Jesuitenassistenz hinaus bekannt, und hatte immensen Einfluss im deutschsprachigen Raum. Die Jesuiten der deutschen Assistenz begeisterten sich als Angehörige von nicht-kolonialen Mächten zu einem Zeitpunkt für die Mission, als der Enthusiasmus bei ihren portugiesischen Mitbrüdern bereits deutlich abgenommen hatte. Bezüglich des Einflusses des Heiligen auf die Jesuiten der deutschen Assistenz sind drei Schwerpunkte auszumachen: Zunächst spielte Franz Xaver häufig eine große Rolle bei dem Wunsch, in die Gesellschaft Jesu einzutreten, Missionar zu werden und besonders nach Indien reisen zu wollen. Dann wurde die Reise von den angehenden Missionaren als erste Prüfung empfunden; die Schilderung der Schutzfunktion des Heiligen wurde nun am wichtigsten. Letztlich erfolgte die konkrete Erfahrung der Wirkungsstätten des Vorbilds des Heiligen vor Ort. Nun spielte der Wunsch, seinen missionarischen Erfolgen nacheifern zu können, eine große Rolle. Franz Xaver und die ihm zugeschriebenen Wunder bekamen dabei häufig Symbolcharakter für Erfolg oder Niedergang der Jesuitenmission in Asien, aber auch für die politische und militärische Stabilität des kolonialen portugiesischen Reiches. Der Heilige diente den Jesuiten in Indien als Schutz und Trost, als Sprachrohr

---

[69] Peter C. Hartmann – Die Jesuiten, S. 56.

der Kritik und als Verknüpfungsglied zwischen frühchristlicher Mission und der des 18. Jahrhunderts in Indien.

Über die Wirkung des Heiligen auf die Mitglieder der Gesellschaft Jesu hinaus begeisterten die Briefe der von ihm inspirierten Missionare verstärkt die ohnehin für Berichte aus Indien sehr aufgeschlossene deutschsprachige Leserschaft, von der nicht zuletzt auch verstärkte Unterstützung für die angeschlagene Mission erhofft wurde. Die Berichte der Jesuiten über Indien und über Franz Xaver stellten in Europa eine umfangreiche und einflussreiche Informationsquelle dar. Franz Xaver wurde dabei zur werbenden Galionsfigur des bereits stark angefeindeten Jesuitenordens und seiner mit Schwierigkeiten kämpfenden Missionen. Die Schilderungen über den »Xaverianischen Geist« prägten das Missionsbild im deutschsprachigen Raum des 18. Jahrhunderts. Diese Berichte machten den bereits sehr verehrten Franz Xaver wiederum auch dort zu dem Missionsheiligen schlechthin. Selbst als 1759 durch das Verbot des Jesuitenordens im portugiesischen Herrschaftsbereich die Jesuiten-Mission in Asien zusammenbrach und 1773 der Orden aufgelöst wurde, tat dies der Popularität des ersten Jesuiten-Missionars keinen Abbruch.

Die Verehrung des Heiligen Franz Xaver in der »Missio Hollandica«

Paul Begheyn SJ *

1658 war kein besonderes Jahr, weder für die Menschen in der Republik der Vereinigten Niederlande (Missio Hollandica), noch für die Jesuiten, die hier ihre Mission unterhielten. Trotzdem entschied Adriaen Cools (1596–1662), Oberer der niederländischen Jesuitenmission und ein Mann mit großen organisatorischen Talenten, Franz Xaver (1506–1552) zum Patron der Mission zu wählen.[1] Der spanische Heilige hatte sich bereits mehrmals als wirkungsvoller Helfer in Bedrängnis und Gefahr erwiesen, und seine Wahl war ein nicht unerheblicher Anreiz für die 90 Jesuiten, die zu dieser Zeit in über 66 Missionsniederlassungen über das Land verteilt arbeiteten.

In seiner Geschichte der niederländischen Jesuitenmission bis 1670 informiert der Antwerpener Jesuit Norbert Aerts (1639–1707) darüber, wie die Stadt Gouda den neuen Schutzheiligen feierte: »Sie hatten ein Gemälde anfertigen lassen nach dem Vorbild der Darstellung in Potame, welche berühmt ist für ihre Wunderwirkung.« Die angesprochene Statue Franz Xavers als Schutzheiliger eines italienischen Dorfes südlich von Cosenza in Kalabrien[2] stellt ihn in Soutane dar, mit Chorhemd und Stola, die rechte Hand ausgestreckt, in der linken eine Lilie, das Symbol der Reinheit. Als Vorlage diente dem Goudaer Künstler wahrscheinlich eine Radierung der Statue von Frederik Bouttats. Diese war in einem Buch des österreichischen Jesuiten Leonhard Bachin (1602–1665) aus dem Jahr 1656 abgebildet, das zwei Jahre später – mit einigen Zusätzen – in Antwerpen neu aufgelegt wurde.[3] Dass sich die Statue von Potame großer Beliebtheit er-

---

* Aus dem Englischen von Bernd Hagenkord SJ und Rita Haub.

[1] Norbertus Aerts (1639–1707): Acta Missionis Hollandicae Societatis Jesu 1614–1670 7, S. 156. Das Originalmanuskript des ersten Bandes befindet sich im Archiv des Groot Seminarie in Gent (Belgien), das der Bände 2–8 in der Koninklijke Bibliotheek in Brüssel (ms. 4084). Eine Kopie aus dem 19. Jahrhundert liegt im niederländischen Jesuitenarchiv in Nijmegen (Boek AF 9).

[2] Beatrice Ackx: Mechelse doeken over Franciscus Xaverius. In: De zeventiende eeuw 14 (1998), S. 15–105. Hier S. 95, identifiziert diesen Ort fälschlicherweise mit Potenza (in Basilikata).

[3] S. P. Francisci Xaverii Indiarum apostoli beneficia et miracula Potami, Neapoli et alibi facta

freute, zeigen auch verschiedene andere Kupferstiche flämischer und deutscher Künstler aus dem 17. Jahrhundert.[4] Vielleicht wollte der Jesuitenobere Adriaen Cools durch die Bestimmung des hl. Franz Xaver zum Schutzheiligen der Niederländischen Mission am geistlichen Nutzen teilhaben. Denn wenn der spanische Heilige bereit war, für einen unbedeutenden Ort wie Potame Fürsprache zu halten, dann würde er wahrscheinlich das gleiche oder sogar mehr für die unterdrückten Katholiken der Niederlande tun. Den Jahresberichten nach Rom zufolge übertraf Xavers Popularität bald die des hl. Ignatius, Dank einer außergewöhnlich großen Zahl von Gebetserhörungen.[5]

Norbert Aerts berichtet auch über die Art und Weise, in der der Festtag des hl. Franz Xaver in Amsterdam und anderen Orten begangen wurde. Er erwähnt das Vierzigstundengebet, die Ausstellung von Reliquien, das Verteilen von Karten mit dem Bildnis des Missionars, das Entzünden von Kerzen, das Erzählen von Wundergeschichten und den weitverbreiteten Brauch, acht Tage lang Predigten über den Heiligen zu halten.

Die Verbindung zwischen den Niederlanden und dem berühmten Missionar geht jedoch noch auf ein viel früheres Datum zurück. Bevor Franz Xaver in der Mitte des 16. Jahrhunderts, 1552, nach China aufbricht, ernennt er seinen Freund, den Niederländer Jasper Berse (1515–1553) zum Vizeprovinzial von Indien. Berse (Barzaeus), der wichtigste Jesuit in Portugiesisch-Indien nach Xaver, war als Missionar in Ormuz unter Christen, Hindus, Muslimen und Juden gleichermaßen einflussreich, bevor er Rektor des Jesuitenkollegs St. Paul in Goa wurde. Es war Berse, der wohl die Ursache für Xavers emotionsgeladenen Appell an Europa war: »Gebt mir Belgier!« Bemühungen der flämischen Jesuitenprovinz 1607 um die Seligsprechung Berses schlugen fehl. Drei Jahre später veröffentlichte der Douaier Jesuit Nicolas Trigault (1577–1628), selber ein Missionar im Fernen Osten, eine Biographie Berses in den Niederlanden, die in fünf Jahren zwei Neuauflagen erlebte.[6]

---

annis 1652, 1656, 1658, Antverpiae, apud Iacobum Meursium, anno 1658, S. 265. – Die in Den Haag befindliche Kopie (Koninklijke Bibliotheek, 3006 H 32) wurde vom flämischen Jesuitenprovinzial Jan van Renterghem (1657–1661) dem Terziatsinstruktor geschenkt: »Domus 3ae Probat. Soctis Jesu Cubic. P. Direct. Dono R. P. Provlis Jois Renterghem«.

[4] Ursula König-Nordhoff: Ignatius von Loyola. Studien zur Entwicklung einer neuen Heiligen-Ikonographie im Rahmen einer Kanonisationskampagne um 1600, Berlin: Gebr. Mann Verlag 1982, S. 231–233; Abb. 261–264, 266.

[5] F. van Hoeck: Schets van de geschiedenis der jezuieten in Nederland. Nijmegen: Dekker & Van de Vegt 1940, S. 161.

[6] Nicolas Trigault: Vita Gasparis Barzaei Belgae e Societate Jesu, Beati Xaverii in India socii. Antverpiae: Joachim Trognaesius 1610. Neudrucke in Köln 1611 und Douai 1615.

Es gibt verschiedene Möglichkeiten, der Verbreitung der Popularität und der Verehrung des hl. Franz Xaver in der Missio Hollandica nachzugehen: Das Aufspüren von Reliquien des Heiligen in den Niederlanden, die Suche nach Publikationen über ihn und sein Wirken, das Studium historischer Dokumente, die Untersuchung literarischer Texte (Gedichte, Lieder, Dramen und Romane), in denen Xaver erwähnt wird, und schließlich die Zusammenstellung der Darstellungen des Missionars in der Kunst (Gemälde, Kupferstiche, Statuen und liturgische Gefäße).

Reliquien des hl. Franz Xaver

Die Heiligsprechung von Ignatius von Loyola und Franz Xaver am 12. März 1622 wurde in den Kollegien, Häusern und Missionsstationen in den Niederlanden ausgiebig gefeiert. Seit diesem Ereignis suchten die Jesuiten die Verehrung der Gründerväter des Ordens überall zu fördern. Bilder und Statuen von Ignatius und Franz Xaver waren in allen Kirchen zu finden, und der Erwerb von Reliquien der Heiligen sollte die Devotion der Gläubigen stärken. In drei Städten der südlichen Niederlande, nicht Teil der Republik sondern unter Habsburgisch-Katholischer Regierung, konnten Jesuiten Reliquien Franz Xavers erhalten.
In Roermond, wo die Jesuiten seit 1611 ein Kolleg unterhielten, war die Verehrung von Franz Xaver und Ignatius schon sehr bald groß, eine Entwicklung, die der Pest zuzuschreiben ist. Die Stadtregierung ordnete an, große Wachskerzen auf den Altären der beiden Heiligen anzuzünden, und viele Katholiken brachten Platten mit der Inschrift IHS an den Türen ihrer Häuser an – ganz nach dem Vorbild der Juden, die Blut an die Türpfosten strichen, um dem Todesengel zu entgehen (Ex 12: 7.12–13). Franz Xaver war ein besonders starker Fürsprecher, und eine Wohltäterin des Kollegs, Ida Van Mierlo, die Witwe des königlichen Rates und Verwalters Everaart Botter, stiftete 1625 einen wertvollen Schrein für die Reliquien der beiden Heiligen.[7] Eine Gravur mit dem Bild Franz Xavers nennt Roermond sogar noch vor Potame in der Aufzählung der Orte, an denen der Heilige Wunder wirkte. Eine Inschrift auf der Gravur besagt, dass diese die Reliquie von Roermond berührt habe[8] – wohl um ihre Gewichtigkeit zu erhöhen. Ähnliche Berichte von der Förderung der Verehrung des

[7]   Van Hoeck – Schets, S. 225.
[8]   Ursula König-Nordhoff – Ignatius, S. 232.

hl. Franz Xaver sind aus den Städten 's-Hertogenbosch[9] und Breda[10] bekannt. Dort unterhielten die Jesuiten bis 1629 bzw. 1635 ein Kolleg. Danach wurden die Häuser geschlossen, und die Jesuiten konnten ihre Tätigkeit nur mehr in kleinen Missionsposten im Verborgenen fortsetzten.

Aus dem Jahr 1638 stammen Aufzeichnungen über eine besondere Reliquie Franz Xavers. 1631 war Maria de Medici (1573–1642), die Mutter des französischen Königs Ludwig XIII., von Kardinal Armand de Richelieu ins Exil verbannt worden. Sieben Jahre später besuchte sie die Republik der Vereinigten Niederlande, wo sie um Vermittlung mit ihrem Sohn nachsuchte, um nach Frankreich zurückkehren zu können – ein Versuch, der scheiterte. Bei diesem Besuch wurde sie von ihrem Beichtvater, dem französischen Jesuiten Jean Suffren (1571–1641) begleitet, der einen Rosenkranz Franz Xavers besaß.[11] Auf einem Stich von Gerrit Honthorst, der Maria de Medici bei ihrem Besuch in Amsterdam zeigt, hält sie diesen Rosenkranz in der Hand.[12] Als Maria 1642 in Köln starb, vermachte sie den Rosenkranz den dortigen Jesuiten, die dafür 1657 von dem Jesuitenbruder Anton Klemens (1605–1658) ein Silberreliquiar anfertigen ließen.[13] Der berühmteste katholische Dichter der Niederlande, Joost van den Vondel (1587–1679), ein gebürtiger Kölner, widmete eines seiner Gedichte dieser Reliquie. Es endet mit den Zeilen: »Man kann den Helden noch hören / durch dieses Zeichen des Gebets«.[14] Vondel war 1641 von den Mennoniten zum katholischen Glauben konvertiert, was zum Teil auf den Einfluss der Amsterdamer Jesuiten zurückzuführen ist, über die er verschiedene Gedichte und ein Theaterstück verfasste, worauf wir später zurückkommen.

Drei jesuitische Missionsstationen in den Niederlanden waren dem hl. Franz Xaver geweiht: Amersfoort, Enkhuizen und Amsterdam. In Amersfoort stiftete Jorden van Wencom (1598–1636) 1631 eine kleine Kirche. Damit war er der Jesuitenkirche in Brügge, die weitgehend für die erste Franz Xaver geweihte Kirche der Niederlande gehalten wird (geweiht

---

[9]   Nijmegen, Archief Nederlandse Jezuïeten, doos 132, C. 34, undatiert.

[10] Nijmegen, Archief Nederlandse Jezuïeten, AA 25a, Berichte der Jahre 1663 und 1664.

[11] Georg Schurhammer: Der Kölner Rosenkranz des hl. Franz Xaver. In: Gesammelte Studien 4. Rom/Lissabon 1965, S. 375–404.

[12] Das Titelblatt mit Maria de Medici in: Kasper van Baerle: Blyde inkomst der allerdoorluchtighste Koninginne, Maria de Medicis, t'Amsterdam. Amsterdam: Iohan en Cornelis Blaeu 1639 (Amsterdam, Universiteitsbibliotheek, 196 B 14).

[13] Wilfried Hansmann: St. Mariae Himmelfahrt in Köln, Köln: Rheinischer Verein für Denkmalpflege und Landschaftsschutz 1981, S. 27.

[14] Men hoort dien Helt noch spreken / Door dit gebedeteken. H. J. Allard: Vondel's gedichten op de Societeit van Jezus. 's-Hertogenbosch: W. van Gulick 1868, S. 35–42.

1642)[15], um einige Jahre voraus. In Amersfoort stieg die Verehrung Franz Xavers von dem Augenblick sprunghaft an, in dem ein Partikel des rechten Armes, der seit 1615 in Rom verehrt wird, in die Stadt gebracht wurde. Der niederländische Jesuit Jan van Blockland (1592–1689) erhielt diese Reliquie während seines Aufenthaltes zu einer Generalkongregation des Ordens in Rom von Bruder Gregor Raeden SJ (1611–1668), dem persönlichen Diener des Generaloberen Goswin Nickel SJ. Van Blockland gab sie an Jan van Alckemade SJ (1617–1683) weiter, der seit 1652 in Amersfoort arbeitete. Ein Jahr später erhielt dieser die Erlaubnis vom apostolischen Vikar Jan van Neercassel, die Reliquie öffentlich auszustellen. 1712 fertigte der Utrechter Silberschmied Nicolaes Verhaer ein einfaches aber attraktives Reliquiar für die Reliquie an, auf beiden Seiten von hölzernen Skulpturen und Blüten umgeben.[16]

Nach einigen Querelen gab 1640 der päpstliche Nuntius Fabio Chigi die Erlaubnis zur Errichtung einer Jesuitenniederlassung in Enkhuizen. Eine offizielle Anerkennung erhielt diese allerdings erst zwölf Jahre später.[17] Wann genau diese Niederlassung eine Reliquie Franz Xavers erhielt, ist nicht bekannt, aber es muss vor 1700 gewesen sein, denn 1695 gestaltete der Antwerpener Silberschmied Jan Anthoni Lepies (1673–1731) ein reich verziertes Reliquiar mit der Büste des Heiligen, der mit zum Himmel erhobenen Augen dargestellt ist. Die Büste steht auf einem barocken Behälter, der von mehreren Putti getragen und geschmückt wird.[18]

Merkwürdigerweise gibt es über die Reliquie des Heiligen in der dritten Franz Xaver geweihten Niederlassung in den Niederlanden, »De Krijtberg« in Amsterdam, nur relativ späte Daten. Die Widmung der verborgenen Kirche kann einer Zeichnung des Kircheninneren von Adriaen de Lelie aus dem Jahr 1788 entnommen werden. Die Kartusche auf dem Hauptaltar enthält eine Inschrift, die eine Widmung an Gottvater und den hl. Franz Xaver, den ersten Verkünder des Glaubens in Indien und China, aufweist.[19] Zwei Dokumente aus der zweiten Hälfte des 18. Jahr-

---

[15] Nach der Aufhebung der Gesellschaft Jesu wurde die Kirche in St. Walburgis umbenannt. Jean Luc Meulmeester: De Sint-Walburgakerk. Een barokke parel in het ›middeleeuwse‹ Brugge. Brügge: Westvlaamse Gidsenkring 1982.

[16] Utrecht, Museum Catharijneconvent, ABM m. 1569. Casper Staal: Het bisdom Utrecht: relieken, relikwieën en reliekhouders. In: Henk van Os et.al.: De weg naar de hemel. Reliekverering in de Middeleeuwen. Baarn: De Prom 2001, S. 189.

[17] F. van Hoeck – Schets, S. 46 f.

[18] Enkhuizen, Pfarrei St. Franz Xaver. Inschrift auf dem Sockel: »An[ton]io Le Pies fecit et invenit. 1[6]95 Antw.«

[19] Tempera, 40 x 34,5 cm; Amsterdam, Gemeentelijke Archiefdienst.

hunderts (1751, 1764) zeugen von der Schenkung von zwei Franz Xaver-Reliquien an die Amsterdamer Kirche.[20] Die Kirche besitzt ein Reliquiar aus vergoldetem Holz aus dem 19. Jahrhundert, welches – neben einer perlenverzierten Reliquie Aloisius Gonzagas – zwei Reliquien vom Gehstock und der Kleidung Franz Xavers (*ex baculo* und *ex vestibus*) enthält.

Andere Reliquien Franz Xavers konnten 1666 während eines Überfalls auf die Jesuitenniederlassung in Nijmegen gerettet werden.[21] Während die Katholiken ihre Kirche für die kommenden Feiern des Festes des hl. Franz Xaver (3. Dezember), dessen Beliebtheit über die Jahre vor allem als Beschützer vor der Pest enorm zugenommen hatte, vorbereiteten, drangen die Stadtoberen in das Haus ein. Im offiziellen Bericht gaben sie folgende Beschreibung: »Es handelt sich um eine grosse Kirche mit Gallerien, verziert mit einem Altar, Statuen und Gemälden, alles für die papistische Religion bestimmt. Unter den Verzierungen ist eine Statue des Heiligen Franz Xaver mit der folgenden Inschrift über seinem Altar ›Heiliger Franz Xaver, sei den Bürgern von Nijmegen ein Helfer‹«. Die Eindringlinge waren besonders über eine Notiz über einen Generalablass empört, und sie befahlen ihren Dienern, alles zu konfiszieren: die Statue Franz Xavers, eine Wachsstatue des Heiligen auf dem Sterbebett, die Gemälde an der Wand, die Altardekoration, einen Messingleuchter, eine kleine Pfeifenorgel und den übrigen Schmuck. Was sie allerdings übersahen, war das Allerheiligste und die Reliquien des Heiligen.

Veröffentlichungen über den hl. Franz Xaver

1567, nur fünfzehn Jahre nach dem Tod Xavers, wurden bereits zwei seiner Briefe von Maarten Donck (1505–1590), Pfarrer in Delft, unter dem Titel *Die vruchten der ecclesie Christi* (Die Früchte der Kirche Christi)[22] auf Niederländisch veröffentlicht. Sie waren Teil einer Sammlung von Briefen franziskanischer und jesuitischer Missionare und von Berichten über Missionsgebiete. Zweifellos übersetzte Donck seine Ausgabe von den *Epistolae Indicae*, der ersten lateinischen Übersetzung der Briefe von Jesuitenmissionaren aus »den Indien«. Diese waren im Jahr zuvor in Löwen in

---

[20] Amsterdam, Krijtberg, Residentie-archief, 6a.
[21] F. van Hoeck: De jezuïeten te Nijmegen. 's-Hertogenbosch/Antwerpen: L. C. G. Malmberg 1921, S. 113.
[22] Kopien in Amsterdam, Universiteitsbibliotheek, OK 66–28 (unvollständig), und Leiden, Universiteitsbibliotheek, Hotz 1971.

zwei verschiedenen Editionen erschienen und hatten großen Missionseifer hervorgerufen.[23]

Die erste *Vita* Franz Xavers, verfasst von Orazio Torsellini (1544–1599), war 1594 in Rom veröffentlicht worden.[24] Zwei Jahre später erschien eine zweite, gänzlich überarbeitete und erweiterte Version. Diese bildete die Grundlage für alle späteren Biographien, einschließlich der Dominique Bouhours SJ (1628–1702).[25] Im gleichen Jahr, 1596, veröffentlichte Torsellini zum ersten Mal eine lateinische Edition der Briefe Franz Xavers.

Von den vielen Ausgaben die das Werk Torsellinis fand, wurde nicht eine einzige auf holländischem Gebiet gedruckt. Die Katholiken der Republik waren hauptsächlich auf Veröffentlichungen über Xaver aus den südlichen Niederlanden angewiesen. Drucke aus Antwerpen, Liège, Douai, Cambrai, Mechelen, Gent und Brüssel fanden ihren Weg in den Norden. In geringerem Maße wurden auch Bücher aus Druckereien in Köln, Mainz und München von niederländischen Katholiken erworben.

So besaß zum Beispiel die 1609 gegründete und dem hl. Bonifatius geweihte Jesuitenniederlassung in Leeuwarden in Friesland insgesamt zwölf Bücher über Franz Xaver, gesammelt über einen Zeitraum von 150 Jahren.[26] Die Bibliothek hatte drei verschiedene Exemplare der lateinischen *Vita* Torsellinis (Antwerpen 1596, Köln 1621, München 1627) und ihre französische Übersetzung durch Martin Christophe SJ (Douai 1608). Daneben gab es eine weitere *Vita*, verfasst von Francesco Scortia SJ und ins Flämische übertragen von Philippe Taisne SJ (Antwerpen 1663). In den Regalen stand außerdem eine Biographie Xavers von Dominique Bouhours SJ, die sich auf Torsellini stützte, ursprünglich in Französisch verfasst und von Pierre Python ins Lateinische übersetzt (München 1712). Die Jesuiten in Leeuwarden besaßen ebenfalls zwei verschiedene Editionen der Briefe Xavers in Torsellinis Ausgabe (München 1600, Antwerpen 1658), ein Exemplar der lateinischen Veröffentlichung über Wunder durch

---

[23] Diese holländische Ausgabe wird nicht erwähnt in Georgius Schurhammer/Iosephus Wicki (Hg.): Epistolae S. Francisci Xaverii aliaque eius scripa 1. Rom: Apud Monumenta Historica Soc. Iesu 1944.

[24] Die Aufzählung der Ausgaben Torsellinis *Vita Xaverii* in Carlos Sommervogel: Bibliothèque de la Compagnie de Jésus 8. Brüssel: Oscar Schepens/Paris: Alphonse Picard 1898. Hier Sp. 140–142, nr. 7, enthält zwei Fehler: die erste römische Ausgabe ist aus dem Jahr 1594 (nicht 1593), und die Lièger Ausgabe von Henricus Hovius ist aus dem Jahr 1597 (nicht 1592).

[25] Georg Schurhammer: Franz Xaver, Sein Leben und seine Zeit 1 (Europa. 1506–1541). Freiburg im Breisgau: Herder 1955, S. V.

[26] M. P. van Buijtenen: Catalogus van de boeken en handschriften van de jezuïetenstatie te Leeuwarden. Leeuwarden: Drukkerij Hubert de Groot 1941, S. 111–112. Die vollständige Sammlung ist als Leihgabe in der Provinsjale en Buma Bibliotheek fan Fryslân in Leeuwarden.

206

Leonhard Bachin SJ, die bereits erwähnt wurde (Antwerpen 1658), und drei Veröffentlichungen in Niederländisch über die Wunder von Roermond (Antwerpen 1640) und von Mechelen (Gent 1660, Ypern 1683). Schließlich befand sich dort noch eine französische Publikation von Philippe d'Outreman SJ über die Jesuitenporträts, die zum Anlass der Heiligsprechung von Ignatius und Xaver 1622 angefertigt worden waren (Douai 1623).

Ohne Zweifel würden die Bibliotheken anderer Jesuitenniederlassungen ein ähnliches Bild zeigen: religiöse Literatur, die eine starke und wachsende Verehrung Franz Xavers ausdrückt und fördert, eine Verehrung die jene des Ignatius überschattet.

Die einzige vor der Aufhebung der Gesellschaft Jesu 1773 in den Niederlanden gedruckte Veröffentlichung über Franz Xaver[27] war ein kleines Buch, die eine Novene zu Ehren Franz Xavers enthielt, veröffentlicht mit einem falschen Impressum: *Practyke der novene des H. Apostels van Indien, Franciscus Xaverius* (Antwerpen [tatsächlich 's-Hertogenbosch]: Petrus Scheffers, 1717). Es passierte regelmäßig, dass katholische Bücher mit falschem Impressum erschienen, üblicherweise einer flämischen oder deutschen Stadt. Auf der einen Seite sollte dies die protestantischen Autoritäten täuschen, auf der anderen Seite den Katholiken die Vertrauenswürdigkeit des Inhalts zeigen, weil er nicht in einer protestantischen Stadt veröffentlicht wurde.

Der hl. Franz Xaver im täglichen Leben einer Jesuitenniederlassung

Die beste Quelle für eine Rekonstruktion des täglichen Lebens einer Jesuitenniederlassung in der Republik der Vereinigten Niederlande sind die *Historia domus* dieser Häuser, vervollständigt durch die *Litterae annuae* der Flämischen Provinz. Spätere Historiker haben dieses Material benutzt, um Monographien über einige dieser Niederlassungen zu schreiben. Was im Folgenden am Beispiel Rotterdam gezeigt wird, gilt für viele andere Niederlassungen: Eine wachsende Beliebtheit Xavers, besonders als Schutzheiliger gegen Krankheiten[28], geht einher mit Kirchenfesten und

---

[27] Paul Begheyn: Bibliotheca Jesuitica Neerlandica Impressa 1540–1773 (in Vorbereitung).

[28] Im Jahr 1666 wählten die Katholiken von Delft den hl. Franz Xaver zum Patron gegen die Pest, »nicht ohne Erfolg«, wie Norbert Aerts in seiner Chronik dieser Niederlassung schreibt. F. van Hoeck: De jezuïeten-statie te Delft, 1592–1709–1771. In: Haarlemsche Bijdragen 60 (1948), S. 407–444. Hier S. 424.

der Verehrung zu seinen Ehren, Stiftungen von Kunstwerken, die den berühmten Heiligen darstellen.

Die *Historia domus* der 1610 in der Leeuwenstraat in Rotterdam gegründeten Jesuitenniederlassung[29] erwähnt den Heiligen erstmals 1649, als Katholiken speziell um seine Fürsprache für Frauen im Kindbett nachsuchten. Vier Jahre später registriert der Hauschronist dasselbe. 1657 wurde das erste Mal das Fest der hll. Ignatius und Franz Xaver mit kirchlichen Riten gefeiert. Der Stadtrat war den Jesuiten wohl gesonnen, und neun der Stadtväter besuchten die Niederlassung. Dies verursachte einiges Aufsehen, aber nachdem sie die Kapelle gesehen und der Chorprobe beigewohnt hatten, verabschiedeten sie sich freundlich und gingen wieder. Als 1664 die Pest in Rotterdam wütete,[30] wurden erneut Gebetsübungen für zehn Tage zusammengestellt, um die Heiligen Franz Xaver und Rosalia von Palermo um ihre Fürsprache zu bitten. An Samstagen wurde Rosalia zu Ehren eine Festmesse gelesen. Und jedes Mal, wenn ein Priester zu einem Kranken gerufen wurde, wurden solange Kerzen vor den Statuen beider Heiliger angezündet, bis der Kranke genesen war. Schließlich wurde die hl. Rosalia zur Patronin der Jesuitenniederlassung. Und 1681 wurde von Francisco Mollo, dem Vertreter des Königs von Polen, eine Silberstatue des hl. Franz Xaver im Wert von vierhundert Gulden als Geschenk überbracht.

In diesem Zusammenhang ist interessant, dass sowohl Pest als auch Häresie als auszurottende Übel betrachtet wurden und dass Xaver in beiden Fällen als ausgezeichneter Wunderwirker galt. Aus diesem Grund bedient sich das berühmte Gemälde »Die Wunder des Heiligen Franz Xaver«, das von Peter Paul Rubens für die Jesuitenkirche in Antwerpen gemalt wurde, deutlich verschiedener Pestallegorien als Metapher für Häresie.[31]

---

[29] G. Scheerder: De Contrareformatie te Rotterdam. De Leeuwenstraatse statie van de Paters Jezuieten 1610–1708–1800. Rotterdam: Stichting Historische Publicaties Roterodamum 1988, S. 65, 68, 70, 116.

[30] Im September 1661 wurde Franz Xaver von den Katholiken des Brabanter Dorfes Etten zum Schutzheiligen gegen die Pest erwählt. J. L. M. de Lepper: De Jezuïeten in Etten (1651–1681). In: Jaarboek van de Geschied- en Oudheidkundige Kring van Stad en Land van Breda »De Oranjeboom« 25 (1952), S. 67–92. Hier S. 75; H. Demarest: De H. Frans Xaveer in 1666, eeuwige patroon van Brugge tegen de pest' In: Volkskunde 89 (1988), S. 286–307.

[31] C. M. Boeckl: Plague imagery as metaphor for heresy in Rubens, »The miracles of Saint Francis Xavier«. In: Sixteenth Century Journal 27 (1997), S. 979–995.

Abb. 37 Franz Xaver, Relief und Flachstickerei von Johannes Jüdgens, 1643/1673

Abb. 38 Ignatius von Loyola und Franz Xaver, Karl Reselfeld, 1767/1769

Abb. 39 Maria und Jesus erscheinen Franz Xaver, Erasmus Quellinus, 1655/1656

Abb. 40 Franz Xaver, Gaspar Massi, um 1730

Abb. 41 Franz Xaver, 17. Jahrhundert

Abb. 42 Franz Xaver,
Kupferstich von Theodor Gallaeus, 1596

Abb. 43 Franz Xaver, Kupferstich
von Johann Andreas Pfeffel

Abb. 44
Franz Xaver,
Manuel Henriques,
1622/1654

Abb. 45
Franz Xaver,
Ikone von Reuil

Abb. 46 Thesenblatt Jesuitengymnasium Aachen, 10./11. Mai 1689

Abb. 47 Franz Xaver wird auf einem Triumphwagen durch die Lüfte gezogen; rechts die Fassade der
Jesuitenkirche Franz Xaver in Luzern, Deckenfresko der Brüder Torricelli, 1749

Abb. 48 Franz Xaver über „seiner" Morschacher Kapelle mit einer einheimische Familiengruppe
in bäuerlicher Tracht, Glasfenster von Albin Schweri, 1920/1930

Die Wunder des hl. Franz Xaver

In der niederländischen Mission setzten die Jesuiten Franz Xaver als Patron für verschiedene Anlässe ein. Zu den bereits genannten Beispielen seien noch einige weitere hinzugefügt: 1688 wurde bei zwei Frauen in Leeuwarden festgestellt, dass ein böser Geist von ihnen Besitz ergriffen hatte. Nachdem man ihnen Reliquien Xavers aufgelegt hatte, erbrachen sie alle möglichen Objekte, die sie verschluckt hatten, wie zum Beispiel Haare, Sand, Blut, Steine, scharfe Gegenstände, eiserne Haken und Holzpflöcke. Eine dieser Frauen beichtete nach ihrer Befreiung von der Macht des Teufels ihre Sünden und legte den Vertrag mit dem Teufel gemeinsam mit den Reliquien auf den Altar.[32] Unzählige Male wurde Franz Xaver für eine glückliche Geburt angerufen, nachdem in Harlingen 1687 oder 1688 der Jesuit Aegidius a Costa einen kleinen Schrein mit Reliquien Franz Xavers einem Ehepaar gegeben hatte, dessen Tochter bei ihrer ersten Geburt in Todesgefahr schwebte. Daraufhin wurde sie gerettet, ein gesundes Kind wurde geboren, und der Priester hatte einen Beweis für die Authentizität der Reliquien.[33] Der hl. Franz Xaver wird wiederholt in Zusammenhang mit Heilungen von Nierensteinen, Schwamm und hohem Fieber genannt. Sogar kranke Kühe wurden geheilt, nachdem sie Wasser getrunken hatten, in das ein Bild Franz Xavers getaucht worden war.[34] Es existieren auch Berichte über die Hilfe Franz Xavers bei der Feststellung der Unschuld eines Mädchens, das schwerer Verbrechen angeklagt war, und bei der Verhinderung eines Mordes in einem verhexten Haus. Es erstaunt daher nicht, dass sich der apostolische Vikar Jan van Neercassel – skeptisch und wohl auch eifersüchtig – 1677 bei einem seiner Erzpriester beklagte: »Es ist unverständlich, wie die Heiligen Ignatius und Xaver Jahr für Jahr eine solche Masse an Wundern wirken können!«[35] Schließlich wird vom Missionsoberen Jan Onraet oder Goetgebuer (1679–1743) von einem Wunder berichtet, das ihm als junger Mann widerfahren war: Er litt an schweren Blutungen in Augen, Nase, Ohren und Mund. Er begann eine Novene zu

---

[32] Hans de Waardt: Van exorcisten tot doctores medicinae. Geestelijken als gidsen naar genezing in de Republiek, met name Holland, in de zestiende en de zeventiende eeuw. In: Willem de Blécourt et al. (Hg.): Grenzen van genezing. Gezondheid, ziekte en genezen in Nederland, zestiende tot begin twintigste eeuw. Hilversum: Verloren 1993, S. 100.

[33] H. J. Oldenhof: In en om de schuilkerkjes van Noordelijk Westergo. Katholiek leven in Frieslands noordwesthoek onder de Republiek (1580–1795). Assen: Van Gorcum & Comp. [etc.] 1967, S. 285.

[34] Hans de Waardt – Exorcisten, S. 102–103; H. J. Oldenhof – Schuilkerkjes, S. 229.

[35] Hans de Waardt: Toverij en samenleving. Holland 1500–1800. Den Haag: Hollandse Historische Reeks 1991, S. 247–248.

Ehren Franz Xavers und wurde auf wunderbare Weise geheilt, was in seinem ausführlichen Bericht nachgelesen werden kann, den er in Latein, Flämisch und Französisch veröffentlicht hat.[36] Es ist somit nicht verwunderlich, dass er Gläubigen die Praxis der »Andachten der zehn Freitage zu Ehren Franz Xavers« empfahl.

Doch trotz seiner Beliebtheit wurde aus Franz Xaver nie ein Heiliger mit einer festen Gedenkstätte, zu der die Gläubigen pilgern könnten.[37]

Der hl. Franz Xaver in literarischen Texten

Die Jesuiten betrachteten Theateraufführungen an ihren Kollegien als ein wichtiges pädagogisches Mittel. Ihre Erziehungsstätten in den Niederlanden unterschieden sich in dieser Hinsicht nicht von denen an anderen Orten, und bereits 1586 wurde das erste Jesuitendrama auf niederländischem Boden am Jesuitenkolleg Maastricht aufgeführt.[38] Von Anfang an waren die Hauptthemen der Dramen mit der Geschichte der Gesellschaft Jesu verbunden. So waren 1622 Studenten der Kollegien 's-Hertogenbosch und Maastricht die Darsteller in einem Schauspiel zur Feier der Heiligsprechung von Ignatius von Loyola und Franz Xaver. In 's-Hertogenbosch hieß das Stück *Sankt Ignatius* und war höchstwahrscheinlich von den Studenten selbst geschrieben. Die Anleitung dazu dürfte Sidronius Hossche SJ (1596–1653) gegeben haben, der damals selbst Student (*scholasticus*) war, und später zu einem berühmten neulateinischen Dichter werden sollte. Xaver erscheint nur zweimal auf der Bühne: bei seiner ersten Begegnung mit Ignatius im Collège Sainte-Barbe in Paris, wo beide studierten, und während der Gelübdefeier auf dem Montmartre 1534, bei der die Gesellschaft Jesu gegründet wurde. In Maastricht nennt der Titel des Stücks beide Heilige: *Apotheosis oder Heiligsprechung der Heiligen Patres Ignatius von Loyola und Franz Xaver*; über den Inhalt ist leider nichts bekannt.[39]

Weit bedeutender als die beiden Schuldramen war das Stück *Zungchin oder der Fall des Chinesischen Reiches*, 1667 von dem bereits erwähnten Dichter Joost van den Vondel verfasst.[40] Hauptperson ist Adam Schall

---

[36] Carlos Sommervogel – Bibliothèque 5, Sp. 1921–1922.

[37] Peter Jan Margry/Charles Caspers: Bedevaartplaatsen Nederland. 1. Noord- en Midden-Nederland. Amsterdam: P. J. Meertens-Instituut/Hilversum: Verloren 1997, S. 883.

[38] L. van den Boogerd: Het jezuietendrama in de Nederlanden. Groningen: Wolters 1961, S. 226.

[39] Ebd., S. 223, 226.

[40] C. R. de Klerk (Hg.): Vondels spelen. Zungchin of ondergang der Sineesche heerschappij,

von Bell SJ (1592–1666), ein Kölner Jesuit – und wahrscheinlich ein Verwandter des Autors –, der 1620 als Missionar nach China geschickt wurde. Die Hauptquelle für dieses Schauspiel war die jüngste, 1667 in Amsterdam gedruckte Veröffentlichung Athanasius Kirchers SJ: *China monumentis illustrata.* Vondel widmete dieses Stück Cornelis Nobelaer, dessen beiden Brüder Hendrik (1602–1654) und Daniel (1605–1674) in die Gesellschaft Jesu eingetreten waren. Der »Geist Franz Xavers« ist einer der elf Charaktere des Stücks; er erscheint jedoch erst am Ende mit der Ermutigung, keine Angst zu haben: »Wer kann Gottes Urteil und Vorsehung ermessen!«

Fünfzehn Jahre zuvor hatte Vondel die hundertste Wiederkehr des Todestages des hl. Franz Xaver in einem langen Gedicht von 144 Zeilen gefeiert[41], das er unter das Motto aus Vergil's *Aeneis* gestellt hatte: »*Nec vero Alcides tantum telluris obivit*« (»nicht einmal Herkules durchquerte so viele Länder«). Vondel vergleicht Xaver mit Moses, der ebenfalls das gelobte Land – in Xavers Fall China – gesehen hatte. Er bezeichnet Xaver als den zweiten Apostel Indiens nach Thomas. Xaver war es gelungen, Heiden zu bekehren, genauso wie es ihm nun gelingt, die von der Pest Geplagten zu heilen: »*Hy rieckt de roos uit stancken*« (»Er kann eine Rose im Gestank riechen«). Das lyrische Gedicht endet in einem innigen Gebet:

> Ghy worstelaer en kampioen, die heden
> Het harrenas hebt afgeleit omhoogh,
> En uit den rijcken boogh
> Van Godts gewelf uw kinders hier beneden
> Met smarte worstlen ziet,
> Versma hun bede niet.
> Behaeght u dat uw voorbede ons bevrijde,
> Zoo kroon uw Eeuwgetijde.

(Du Ringer und Sieger, der heute / seine Rüstung droben abgelegt, / und vom reichen Bogen / Gottes Himmelsgewölbes auf deiner Kinder hier drunten / schmerzhafte Mühen herabblickst, / verschmäh ihr Gebet nicht. / Gewähre dass deine Fürbitte uns befreie / und dein Jubiläum kröne.)

Amsterdam: Maatschappij voor goede en goedkoope lectuur o. J.; S. Kalff: Vondels Sineesch treurspel. In: Vondelkroniek 2 (1931), S. 180–189; L. C. Michels: Vondels Zungchin. In: Vondelkroniek 10 (1939), S. 19–24; R. Jans: Zungchin of Ondergang der Sinese Heerschappije. In: Vondelkroniek, 10 (1939), S. 249–255; G. Blue: Johann Adam Schall and the Jesuit Mission in Vondel's Zungchin. In: R. Malek (Hg.): Western Learning and Christianity in China. The Contribution and Impact of Johann Adam Schall von Bell, S.J. (1592–1666). Nettetal: Steyler Verlag 1998, S. 951–982.

[41] H. J. Allard – Vondel's gedichten, S. 64–779.

Gegen 1656 verfasste Joost van den Vondel zwei kurze Gedichte über die von Artus Quellinus (1609–1668) angefertigten Marmorstatuen der hll. Ignatius und Franz Xaver.[42] Quellinus hatte von 1650 bis 1665 in Amsterdam gelebt, wo er den Auftrag erhalten hatte, das neue Rathaus mit Skulpturen zu verzieren. 1656 – eventuell im Zusammenhang mit dem hundertsten Todestag des Gründers der Gesellschaft Jesu – hatten die Jesuiten von Antwerpen bei ihm zwei Statuen für ihre Kirche bestellt. Diese waren nach Fertigstellung von Amsterdam nach Antwerpen gebracht worden.[43] Vondel nahm wiederum das Motto aus Vergils *Aeneis*: »*Super et Garmantas et Indos*« (»weiter als Garmant [Afrika] und Indien«):

> Xaverius, een Kruisgezant geworden,
> Voert Christus Kruis, noit moe,
> Den Indiaenen toe:
> Nu sticht hy noch in marmer Jesus Orden.

(Xaver, ein Bote des Kreuzes geworden / wird nicht müde das Kreuz Christi zu tragen / zu den Indern: / noch immer gründet er in Marmor den Orden Jesu [die Gesellschaft Jesu]).

Vor der Aufhebung der Gesellschaft Jesu 1773 veröffentlichten die Jesuiten der Niederlande verschiedene Gesangbücher für ihre Liturgien, obwohl sie auch Bücher anderer verwendeten.[44] Die meisten dieser Gesangbücher waren in den südlichen Niederlanden veröffentlicht worden, aber vier wurden in der Republik selber gedruckt, auch wenn das Impressum jedes Mal fälschlicherweise Antwerpen angibt. Wir werden uns auf diese vier Veröffentlichungen beschränken.

1663 brachte Jan van Sambeeck SJ (1601–1666), ein Missionar in Harder-

---

[42] H. J. Allard – Vondel's gedichten, S. 80–83. Das hier vorgeschlagene Datum 1552 muss korrigiert werden. Juliane Gabriels: Artus Quellien, de oude, »kunstryck belthouwer«. Antwerpen: De Sikkel 1930, S. 156–158.

[43] Carlos van de Velde: Rubens, de gebroeders Quellin en de beelden van Sint-Ignatius en Sint-Franciscus in het koor van de jezuïetenkerk te Antwerpen. In: Rubens and his world, Antwerpen: Het Gulden Cabinet 1985, S. 297–306.
Die Marmorstatue des hl. Ignatius, die sich seit 2000 wieder im Königlichem Palast in Amsterdam befindet, wo sie bis 1898 gewesen war, ist ebenfalls Artus Quellinus zugeschrieben worden. Diese ist aber nicht diejenige, die Vondel bei seinem Gedicht vor Augen hatte. Paul Begheyn: Vierhonderdvijftig jaar Jezuïeten te Amsterdam 1550–2000. Amsterdam: Ignatiushuis 2000, S. 5–6; Robert Schillemans: Heiliger Ignatius. In: Bulletin stichting vrienden van museum Amstelkring 19 (Nov 2000), S. 19–20.

[44] A. Boone: De Ignatius-liederen in de Nederlanden. In: Ons Geestelijk Erf 65 (1991), S. 165–196, präsentiert eine Liste von 21 Büchern mit einem oder mehreren Liedern zu Ehren des hl. Ignatius; neun Autoren waren Jesuiten.

wijk, sein Buch *Het Gheestelyck Jubilee van het jaer O.H. M.D.C.L.* (Das geistiche Jubiläum des Jahres 1650) heraus, das in Amsterdam von Philips van Eyck gedruckt wurde.[45] Dieses wunderbare kleine Buch, mit seinen Stichen und Abbildungen, enthält ein langes Kirchenlied von 31 Strophen mit jeweils sechs Zeilen. Dieses beschreibt »das Leben und den Eifer des Heiligen Franz Xaver, Apostel der Indier und Japans«. Es ist, wie viele andere Lieder in dieser Art von Hymnen zu Melodien von Volksliedern verfasst. Van Sambeeck schreibt in einem anmutigen und ansprechenden Stil, wie etwa in der vierten Strophe:

Ignatius aldaer
Was desen brandt-altaer;
Xaverius den kool,
Die gloeyde van dit vier.
De Liefde was sijn school;
Den hemel sijn plaisier.

(Dort [in Paris] Ignatius / war dieser Brandopferaltar, / Xaver war die Kohle / die glühte von diesem Feuer. / Die Liebe war seine Schule; / der Himmel seine Freude.)

Ein Jahr später, 1664, druckte Philips van Eyck ein weiteres jesuitisches Gesangbuch, *Nederlandtsche weer-galm* (Niederländisches Echo). Verfasst war es von Frans Myleman (1610–1667), der im Gebiet von Groningen arbeitete. Die Kirchenlieder, veröffentlicht unter seinem Pseudonym Victor à Campis, wurden vom Groninger Buchhändler Hendrick Hoorndijk gesammelt und ediert. Myleman beschließt seinen Abschnitt von Kirchenliedern über »einige Freunde Gottes, ausgezeichnet in ihrer Liebe, besonders für ihren geliebten Jesus, und ebenso für die Mutter Gottes« mit einem Lied über Franz Xaver, »weil er das Feuer der Liebe unseres Herrn so weit über die See gebracht hatte«. Es ist ein Lied in sechs Strophen mit jeweils acht Zeilen, auf die Melodie »In media Xaverius«.[46]
1667 ließ der ebenfalls in der Gegend von Groningen arbeitende Christiaen de Placker (1613–1691) seine Kirchenlieder von Herman Aeltsz in

---

[45] Ein Exemplar ist in Amsterdam, Universiteitsbibliotheek, 1079 E 5; das Lied auf S. 386–391. Paul Raasveld: Missie en multimedia: Johannes van Sambeecks De Nederlandtsche tortelduyve suchtende naer haer gayke (1650) en Het geestelyck jubilee van het jaer O.H. M.D.C.L. (1663). In: De Zeventiende eeuw 12 (1996), S. 379–396.
[46] Victor à Campis [Frans Myleman]: Nederlandtsche weer-galm, Antwerpen (= Amsterdam): Philips van Eyck 1664, S. 111–112 (Exemplar in Den Haag, Koninklijke Bibliotheek 174 D 71:1).

Amsterdam unter dem Titel *Evangelische leeuwerck* (Evangelische Ler-
che) veröffentlichen. Von diesem Werk erschien eine zweite Edition vom
selben Herausgeber 1682.[47] Diese enthält vier Lieder zu Ehren Franz Xavers, von denen das erste ihn mit der Sonne vergleicht, und das zweite sein
Leben im Allgemeinen beschreibt. Im dritten Lied preist de Placker Xaver für seine Liebe zu Gott und seine Nächsten, und im vierten beschreibt
er Xavers Liebe, die willens ist, für Christus zu leiden. Diese vier sind eher
einfache Stücke, sowohl vom Inhalt her als auch von der Form.
Der bereits erwähnte Groninger Buchhändler Hendrick Hoorndijk druckte 1676 die dritte Auflage des anonymen *Lusthof van geestelijke lieden*
(Paradies geistlicher Lieder), verfasst von Tjeerd Weringa (1601–1670),[48]
ebenfalls ein Missionar in den nördlichen Gebieten der Niederlande. Dieses enthält zwei Lieder über Franz Xaver, von denen besonders das zweite
aufgrund seiner Formulierung und seiner Melodie hervorsticht. Es ist auf
die Melodie von »La Moutarde Nouvelle« (Das neue Senfkorn) verfasst.
Ohne Anspruch auf dichterische Qualität, nur dem Reim folgend, besingt
es die unaufhaltsame Energie des Heiligen. Es beginnt folgendermaßen:

Xaveri, seer kloecken campioen,
seght doch wat, hoe sullen wy u binden,
in een schip, boot, ofte gallioen,
in de cajuyt? de sonden ontbinden:
Als een goddelijcke schicht,
g'hebt twaelf duysent mijlen,
met u minne-pijlen,
door-reyst, en oock gansch verlicht,
in de nieuwe werelt, 't geloof gesticht.

(Xaver, tapferer Sieger, / sag etwas, wie können wir dich binden, / in einem Schiff,
Boot, oder Galleone, / in der Kajüte? Löse die Sünden. / Als ein göttlicher Blitz /
hast zwölftausend Meilen / mit deinen Pfeilen der Liebe, / durchreist, und auch
gänzlich erhellt / in der neuen Welt den Glauben begründet.)

Jesuitische Gesangbücher enthalten im allgemeinen keine großartige
Dichtung, aber sie bieten verschiedene Stoffe für die Gläubigen zu Gebet,
Devotion oder Meditation. Die Texte enthalten historische, theologische

---

[47] Für diesen Artikel wurde ein Exemplar der zweiten Ausgabe benutzt (Amsterdam, Universiteitsbibliotheek, 1213, G 33); die Lieder auf Xaver S. 178–183.
[48] Exemplar in Nijmegen, Katholieke Universiteit, 70 d 56; Exemplare der ersten und zweiten
Auflage sind nicht auffindbar. Die Lieder auf Xaver S. 165 (Teil 1) und S. 165–166 (Teil 2).

und katechetische Belehrungen, aber ab und zu bieten sie auch tiefe spirituelle, ja sogar mystische Betrachtungen.

Der hl. Franz Xaver in der Kunst[49]

Das mit Abstand berühmteste Porträt Franz Xavers ist das von Peter Paul Rubens, 1616 im Auftrag der Brüsseler Jesuiten gemeinsam mit seinem Gegenstück, dem Porträt des Ignatius von Loyola, gemalt.[50] Die Originalleinwand (216 × 135 cm) wurde 1940 zerstört, das Pendant mit Ignatius (224 × 138 cm) befindet sich heute in der Norton Simon Foundation in Pasadena (USA). Von diesen Bildern existieren aber noch einige Kopien in verschiedenen Größen; alle wohl nach dem Stich Schelte van Bolswerts (1586–1659) aus dem Jahr 1622 angefertigt, der beide Bilder von Rubens in einer Komposition vereinte.[51]
In der Republik der Vereinigten Niederlande befanden sich Vollkopien oder kleinere Kopien von Rubens Porträts von Ignatius und Xaver in den Jesuitenniederlassungen Amsterdam (De Papegaai), Culemborg,[52] Dokkum, Gorinchem, Gouda und Wijk bij Duurstede.[53] Darüber hinaus fand sich Rubens Xaver auf silbernen Buchrücken aus dem siebzehnten Jahrhundert in Enkhuizen und De Rijp, ebenso auf einer Kasel in Enkhuizen[54]

---

[49] Der berühmte Xaver-Experte Georg Schurhammer SJ (1882–1971) erwähnt in seinem Inventar der Ikonographie Xavers keine Kunstwerke in holländischen Sammlungen. Die Datenbank der Stichting Kerkelijk Kunstbezit in Nederland in Utrecht, ein Inventar von holländischen Kunstwerken in protestantischen und katholischen Kirchen, wurde auf alle Kunstwerke zu Franz Xaver hin untersucht. Teil dieses Inventars ist ein Inventar der Kunstwerke und ihrer Geschichte in 28 jesuitischen Sammlungen, entstanden 1988–1989 auf Anfrage der Kommissie voor Kunst en Kostbaarheden der niederländischen Jesuitenprovinz. Zur spanischen und japanischen (und gelegentlich niederländischen) Ikonographie: Fernando García Gutiérrez: San Francisco Javier en el arte de España y Japón, Sevilla: Gundalquivir Ediciones 1998.
[50] W. Scheelen: De herkomst en de datering van Rubens. Voorstellingen van de H. Ignatius van Loyola en de H. Franciscus Xaverius. In : Jaarboek van het Koninklijk Museum voor Schone Kunsten Antwerpen 1986, S. 153–172.
[51] Zu den originalen Rubens Gemälden und ihren verschiedenen Kopien Ursula König-Nordhoff – Ignatius, S. 221–230; Abb. 172–173, 176–189.
[52] Später waren diese Gemälde in der Jesuitenkommunität in Zeist, sie sind nun in ›De Krijtberg‹ in Amsterdam. Paul Dirkse (Red.): Jezuïeten in Nederland, Utrecht: Rijksmuseum Het Catharijneconvent 1991, S. 43, Abb.nr. 2.
[53] Eine kleine Kopie ist in der Bibliothek der Stichting Kerkelijk Kunstbezit in Nederland in Utrecht.
[54] Kasel eines anonymen nord-holländischen Künstlers, um 1630. In: Dirkse – Jezuïeten, S. 91, Abb. 14.

und einem silbernen Kelch,[55] der 1633 von einem der bedeutendsten Amsterdamer Silberschmiede, Thomas Bogaert, der häufiger für die niederländischen Jesuiten arbeitete,[56] angefertigt wurde. Darüber hinaus wurden andere Porträts Franz Xavers als Verzierung für eine Reihe von liturgischen Geräten verwendet: Kaseln, Kelchen, Monstranzen, Kerzenständern, Tabletts,[57] Vasen, Tafeln, Altarlichter und Buchrücken. Die meisten dieser Objekte waren aus Silber und häufig von bedeutenden Silberschmieden wie Claes Baerdt, Michiel Bruyn van Berendrecht oder Pieter Cornelisz Ebbeken angefertigt.

Einige Gemälde aus niederländischen Sammlungen verdienen besondere Aufmerksamkeit: Das erste ist ein kleines Triptychon, mit einem um 1550 entstandenen Alabasterrelief von Jesus und Veronika im Zentrum, während die Seitenteile Ignatius und Xaver darstellen.[58] Diese beiden Porträts wurden wahrscheinlich von einem niederländischen Künstler zur Heiligsprechung der beiden Gründerfiguren der Gesellschaft Jesu 1622 gemalt. Aufgrund seiner Größe konnte dieses Triptychon auf Reisen mitgeführt werden.

Kurz nachdem die Jesuiten »De Krijtberg« in Amsterdam gegründet hatten, beauftragten sie verschiedene Künstler mit der Ausschmückung der verborgenen Kirche. 1656 malte P. N. Bosch die »Vision von La Storta«,[59] und im selben Jahr Erasmus Quellinus II »Maria und Christus erscheinen Franz Xaver«.[60] Ein Jahr später schufen Jan Cossiers die »Anbetung der

---

[55] Der Kelch wurde im Oktober 2001 von Grijpma & van Hoogen aus Groningen auf der PAN Antiquitätenmesse in Amsterdam zum Verkauf angeboten. Der Fuß zeigt die Porträts Ignatius und Xavers nach dem Gemälde Rubens, außerdem die hll. Augustinus und Johannes den Täufer und eine Weihnachtsszene. Der Händler teilte mir mit, dass er den Kelch in der Provinz Zeeland gekauft hatte. In dieser Gegend gab es Jesuitenniederlassungen in Middelburg (1604–1710), Goes (1608–1609) und Zierikzee (1619–1781).

[56] C. M. Westerink: De Amsterdamse zilversmeden Thomas en Johannes Boogaert: hun nagelaten oeuvre. In: P. M. le Blanc (Hg.): Kerkelijk zilver. Negen opstellen over kerkelijke zilversmeedkunst. Den Haag/Utrecht: SDU 1992, S. 44–65, 170–175.

[57] Silbertablett von Sibertus Kaen, 1667, aus der Jesuitenmission in Gouda. Dirkse – Jezuïeten, S. 45, Abb. 4; Xander van Eck: Kunst, twist en devotie. Goudse katholieke schuilkerken 1572–1795. Delft: Eburon 1994, S. 94, Abb. 31.

[58] Den Haag, Jesuitenprovinzialat.

[59] Der Aufenthaltsort dieses Gemäldes ist unbekannt. Deswegen ist es nicht möglich, den Namen des ansonsten unbekannten Malers P. N. Bosch nachzuprüfen. Xander van Eck: ›De jezuïeten en het wervende wisselaltaarstuk‹. In: De zeventiende eeuw 14 (1998), S. 83, Abb. 2.

[60] Xander van Eck – De jezuïeten, S. 84, Abb. 3; das Gemälde befindet sich im Museum of Art, Indianapolis.

Hirten«[61] und Jacob Jordaens »Christus trägt das Kreuz«.[62] Diese vier Gemälde konnten abwechselnd für den Hauptaltar verwendet werden. Das
Gemälde Xavers wurde von Elisabeth de Goyer in Andenken zum ihren
verstorbenen Mann Jan van Naerde (1675) gestiftet. Sie bestellte es bei
dem berühmten Antwerpener Künstler, der 1656 nach Amsterdam gekommen war, um an der Ausschmückung der Stadthalle mitzuarbeiten,
wo bereits sein Bruder Artus Quellinus als Skulptor tätig war.[63] Als Vorlage benutzte Erasmus Quellinus ein Gemälde Gerard Seghers in der Residenz der Jesuiten, beziehungsweise einen Stich nach dem Porträt von
Paul Pontius.[64]

Ein wichtiges – aber leider schwer beschädigtes – Gemälde in Culemborg
zeigt den hl. Franz Xaver einen jungen Mann taufend, umgeben von Zu-
schauern. Der Künstler ist in den südlichen Niederlanden, wohl in der
Mitte des 17. Jahrhunderts zu suchen.

Schließlich verdienen einige der vielen Statuen Franz Xavers besondere
Erwähnung: Eine Silberbüste von Peter Buiren oder Peter Alberts in
Zwolle, zwischen 1655 und 1664 wahrscheinlich für die örtliche Jesuitenniederlassung entstanden, und eine Holzstatue mit einem auffallend aus-
druckstarken Gesicht, von einem anonymen Künstler des 18. Jahrhunderts
für die Jesuiten in Nijmegen angefertigt.[65]

Diese Übersicht über die Verehrung des hl. Franz Xaver in der »Missio
Hollandica« bestätigt die Auffassung des berühmten Jubiläumsbuches
der Jesuiten der Flämisch-Belgischen Provinz von 1640: »Obwohl der Hei-
liger Xaver (soweit wir wissen) niemals mit seinen Füßen holländischen
Boden betrat, hat er es dennoch in Zeiten der Not niemals ohne seine
Hilfe gelassen.«[66]

---

[61] Xander van Eck – De jezuïeten, S. 86, Abb. 4; das Gemälde befindet sich im Minneapolis Institute of Art, Minneapolis.
[62] Paul Dirkse – Jezuïeten, S. 77 (Abb.). Das Gemälde befindet sich im Rijksmuseum, Amsterdam.
[63] H. Schneider: Erasmus Quellinus te Amsterdam. In: Oud-Holland 42 (1925), S. 54–57.
[64] Fernando García Gutiérrez – San Francisco Javier, S. 30, Abb. 10.
[65] Paul Begheyn: De jezuïeten in Nijmegen, Nijmegen: Nijmeegs Museum ›Commanderie van
Sint Jan‹/Apostolaat van het Gebed 1991, Abb. S. 33.
[66] Afbeeldinghe van d'eerste eeuwe der Societeyt Iesu. Antwerpen: Plantiinsche druckerie 1640,
S. 648.

Spuren der Erinnerung
Die Verehrung des Heiligen Franz Xaver in der Jesuitenkirche St. Michael in München

Bernd Paal SJ

Die Jesuitenkirche St. Michael, die der Bayernherzog Wilhelm V. in den Jahren 1583 bis 1597 in seiner Residenzstadt München errichten ließ, ist der erste monumentale Kirchenneubau nördlich der Alpen nach der Reformation. Zusammen mit dem Kolleg ist die Architektur der Kirche und ihr Dekor nach einem einheitlichen geistlichen Programm gestaltet. Es drückt ein wieder erstarktes Selbstbewusstsein der katholischen Kirche in Deutschland aus, die in ihrer Verbindung mit dem römischen Papst die Gewähr des »alten« Glaubens sah. Die Statue des Kirchenpatrons St. Michael an der Fassade, die größte Bronzestatue, die bis dahin in München gegossen worden war, und das Bild des mächtigen Hochaltars machen dieses Selbstbewusstsein deutlich: es ist das Bewusstsein eines Siegers über feindliche Mächte. Während die Bildkartusche vor Mai 1590 noch eine Bitte ausdrückte: *»Sancte Michaele Archangele, defende nos in proelio«* (auf der Rückseite des Altars), ist bei der Kirchweihe 1597 unter dem Bild zu lesen: *»Michael et angeli eius praeliabantur cum dracone; Apo XII«*. Das Bild wie auch die Erzstatue an der Fassade zeigen diesen Kampf als siegreichen Kampf.[1]

Im gleichen Geiste wurde zur Weihe der Kirche im Juli 1597 ein Drama aufgeführt, das den bedeutungsvollen Titel trägt: *Triumphus Divi Michaelis Archangeli Bavarici*.[2] Im ersten Akt dieses Schauspiels wird im Himmel der Drache von Michael besiegt; der Besiegte setzt seine Heerscharen nun

---

[1] Zur Jesuitenkirche St. Michael in München vgl.: Bernhard Paal: Gottesbild und Weltordnung. Die St. Michaelskirche in München. Regensburg: Schnell & Steiner 1997. – Reinhold Baumstark (Hg.): Rom in Bayern. Kunst und Spiritualität der ersten Jesuiten. München: Hirmer 1997. – Karl Wagner/Albert Keller (Hg.): St. Michael in München. Festschrift zum 400. Jahrestag der Grundsteinlegung und zum Abschluss des Wiederaufbaus. München /Zürich: Schnell & Steiner 1983. – Adalbert Schulz: Die St. Michaels=Hofkirche in München. Festschrift zum dreihundertjährigen Jubiläum der Einweihung. München: J. J. Lentner 1897.

[2] Barbara Bauer/Jürgen Leonhardt (Hg.): Triumphus divi Maichaelis – Triumph des Heiligen Michael, Urpatron von Bayern. (Jesuitica. Quellen und Studien zu Geschichte, Kunst und Literatur der Gesellschaft Jesu im deutschsprachigen Raum 2) Regensburg: Schnell & Steiner

auf der Erde in Bewegung; gegen sie sammelt die Kirche ihre Kräfte. Während im zweiten Akt auf Drängen des Drachens den Götzen Ehre erwiesen wird, sucht die Kirche die Verirrten für Christus zu gewinnen. Im Folgenden tritt der Drache als Glaubensabfall, Kritiksucht und Häresie auf; die Kirche betrauert die Gefangenen. Der Drache zeigt all seine Verwandlungskünste und labt sich am Blut der Christen. Die Kirche sammelt, was von den Ermordeten übrig ist. Den Umschwung feiert der letzte Akt: Nun wird der Drache in Fesseln geschlagen, und alle Schüler der Kirche eilen herbei. Dankbar für den Frieden bringen sie ihre Gaben in das Gotteshaus und freuen sich über die Ehre, die den Heiligen zuteil wird. Im triumphalen Schlussakt dieses Dramas tritt eine Gesandtschaft aus der Neuen Welt auf und huldigt der Kirche. Ein Dolmetscher verkündet:

> Freue dich, Kirche, hoch sollst du leben und ewig herrschen. Die drei Jünglinge, die du hier vor dir siehst, kommen aus dem fernsten Teil der Erde, aus Japan, einem überaus großen Königreich. Sie sind von Herrschern und Königen gesandt worden. Selber aus königlichem Geblüt geboren, wollen sie dir ihre Ergebenheit im Namen der Ihren bezeugen.

Und die Kirche antwortet:

> Wie recht hatte mein Bräutigam, wenn er sagte: Viele werden von Ost und West kommen und mit dem Stammvater Abraham auf himmlischen Thronen sitzen, aber die Söhne des Reiches werden durch eigene Schuld hinausgejagt. Nicht wenige von ihnen besudeln sich mit der Häresie und fallen von der göttlichen Lehre und vom Gehorsam mir gegenüber ab. Diese Jünglinge hier streben hingegen trotz so vieler und großer Schwierigkeiten in meinen Schoß.

Dieser Szene liegt folgendes Geschehen zugrunde: 1551 weilte Franz Xaver auf der Insel Kyûshû in Japan. Er gewann dort die Achtung und Unter-

---

2000. – Zum Komponisten des *Triumphus* vgl.: Rita Haub: Georgius Victorinus und der Thriumphus Divi Michelis Archangeli Bavarici. In: Musik in Bayern 51 (1995), S. 79–85.

Den anwesenden Ehrengästen bei der Uraufführung 1597 wurde dabei die Festschrift *Trophaea Bavarica* überreicht. Vgl. Günter Hess/Sabine M. Schneider/Claudia Wiener (Hg.): Trophaea Bavarica – Bayerische Siegeszeichen. Faksimilierter Nachdruck der Erstausgabe München 1597 mit Übersetzung und Kommentar. (Jesuitica. Quellen und Studien zu Geschichte, Kunst und Literatur der Gesellschaft Jesu im deutschsprachigen Raum 1) Regensburg: Schnell & Steiner 1997.

Zur *Trophaea Bavarica* vgl. auch die Beiträge im Abschnitt »Das Kolleg St. Michael in München« in: Julius Oswald/Rita Haub (Hg.): Jesuitica. Forschungen zur frühen Geschichte des Jesuitenordens in Bayern bis zur Aufhebeng 1773. (Zeitschrift für bayerische Landesgeschichte Beiheft 17 [Reihe B]) München: C. H. Beck 2001.

stützung des Daimyo von Bungo, Otomo Yoshishige. Im Archiv von St. Michael findet sich ein Stich, von C. Luyken entworfen und von Johann Daniel Herz d. Ä. in Augsburg gestochen. Er zeigt eine Disputation Franz Xavers mit buddhistischen Mönchen vor dem jungen »König von Bungo«, bei der, wie es in der Überlieferung heißt, die Götzenbilder von ihren Säulen stürzten. Bald nach dem Tod Xavers ließ sich der Daimyo taufen und nahm in Verehrung des Franz Xaver den Namen *Franciscus* an. Mit seiner Unterstützung konnten die Jesuiten eine reiche Missionsarbeit in diesem Teil Japans entfalten. Dreißig Jahre nach dem Tod Franz Xavers arbeiteten 75 Jesuiten als Missionare auf zwölf Missionsstationen. Sie unterhielten zwei Seminarien, eines davon in Arima auf der Insel Kyûshû. Auf Initiative des Visitators der ostasiatischen Mission, des Jesuiten Alessandro Valignano, reisten 1582 vier Schüler des Seminars von Arima nach Europa. Einer von ihnen war ein Neffe Don Franciscos, des Daimyos von Bungo. Er sollte dem Papst ein Schreiben seines Onkels überreichen, in dem dieser den Papst bat, »alle Christo neugebohrne Schäfl so vill deren in Japon seyn mit gnädigster Gewogenheit in Ihro Vätterliche Absicht an- und auffzunehmen.« Am 23. März 1585 bereitete Papst Gregor XIII. der japanischen Gesandtschaft in Rom einen triumphalen Empfang. Nach einem Bericht Pater Valignanos setzte sich Franz von Bungo beim Papst auch für die Seligsprechung von Franz Xaver ein.
Auf diesen Empfang spielt die Schlussszene des *Triumphus Divi Michaelis* an.

> Der grosse Gott, so Himmel und Erden, Sonne, Mond und alles Gestirn mit höchsten Gewalt beherrschet, hat sein Göttliches Gnaden-Liecht über mich aussgehen lassen, und die finstere Nacht meines Irrthums, darin ich unwissend alzulang vertieffet gewest, gnädigst abgewendet

schrieb Franz von Bungo dem römischen Papst. Die Huldigung der japanischen Christen vor ihm als dem Oberhaupt der katholischen Kirche wird nun im Drama so gedeutet, dass sie zu den Vielen gehören, die von Osten und Westen kommen und mit Abraham auf den himmlischen Thronen sitzen, während Christen, die ursprünglich zur Kirche gehörten, durch Häresie verführt von der göttlichen Lehre und vom Gehorsam gegenüber der Kirche abgefallen sind und aus dem Gottesreich hinausgejagt werden. Der Abfall von »Söhnen des Reiches« führt zur Bekehrung der Heiden und wird zum Triumph der Kirche. Das ist der gleiche Gedanke, den Paulus im Römerbrief äußert: »Durch ihr Versagen kam das Heil zu den Heiden« (Röm 11,11b). Paulus schreibt das im Blick auf Juden und Heiden. Die

Verfasser des *Triumphus Divi Michaelis* beurteilen die Reformation ihrer Zeit als »Glaubensabfall« und sehen darin die geheimnisvolle heilsgeschichtliche Ursache für den Erfolg der Glaubensverkündigung in der »Neuen Welt«.[3]

Franz Xaver, der als erster den Grundstein für die Missionstätigkeit der Jesuiten in Asien gelegt hatte, wird im *Triumphus Divi Michaelis* nicht genannt. Auch im ursprünglichen Dekor der St. Michaelskirche weist nichts auf ihn hin. Doch das scheint mir nicht verwunderlich. Der Jesuitenorden als ganzer und alle seine einzelnen Mitglieder treten in der Gestaltung dieser Kirche auffallend zurück. Das Jesus-Monogramm im Stuck der Kirche und an der Spitze des Hochaltars weist, wie das Altarbild des Namen-Jesu-Altars zeigt, auf die Person Jesu hin. Jesus ist es, der das Heil der Menschen wirkt. Der Orden der Gesellschaft Jesu und seine Mitglieder verstanden sich als Diener Jesu, die nicht selbst genannt und keine eigene Leistung vorweisen wollten.[4]

Erst in den letzten Jahren des 16. Jahrhunderts, wohl im Blick auf die erhoffte Heiligsprechung ihres Gründers, stellt der Orden die Erinnerung an einzelne Mitglieder deutlich heraus. In Rom erscheinen die ersten Bilderviten des Ignatius und – 1594 – die erste *Vita Francisci Xaverii* von Horatio Tursellino.[5] Wenig später, im Jahre 1600, wird in Lissabon die *Historia da Vida do Padre Francisco de Xavier* von João de Lucena gedruckt.[6] Zur Feier der Heiligsprechung am 12. März 1622 werden an der Fassade und im Inneren der Jesuitenkirche Il Gesù in Rom je achtzehn Bilder des Ignatius und des Franz Xaver aufgehängt. Die xaverianische Bilderreihe wird im gleichen Jahr in einem kleinen Büchlein herausgegeben mit dem Titel *S. Francisci Xaverii Indiarum Apostoli Societatis Jesu quaedam miracula, a Valeriano Regnartio delineata et sculpta. Ex picturis expositis in templo domus professae romanae Societatis Jesu.* Sicher gab es solche Bilderviten auch in der Bibliothek des Jesuiten-Kollegs in München. Diese Bilder wollten Geschichten erzählen. Offensichtlich ging es darum, das Wirken

---

[3] Tragisch, dass am 5. Februar des gleichen Jahres, in dem das Schauspiel zur Weihe der St. Michaelskirche in München aufgeführt wurde, die Verfolgung der Christen in Japan, die 1587 eingesetzt hatte, mit dem großen Martyrium von Nagasaki ihren Höhepunkt erreichte.

[4] Ganz ähnlich wollte auch der von Jesuiten erzogene Stifter der Kirche, Herzog Wilhelm V., im Inneren dieser Kirche nur als Beter auf dem geplanten Hochgrab dargestellt und im Text seiner Grabplatte erwähnt werden.

[5] Horatio Tursellino: De vita Francisci Xaverii, qui primus è Societate iesu in India, & Iapania Exvangelium promulgavit. Rom: ex typ. Gabiani 1594.

[6] João de Lucena: Historia da vida do padre Francisco de Xavier: e do que fizerão na India os mais religiosos da Companhia de Iesu. Lissabon: Pedro Crasbeek 1600.

bedeutender Jesuiten mit den Mitteln des Buchdrucks einem breiten Publikum bekannt zu machen und so für den Orden zu werben. Dabei bedeutete die Heiligsprechung ihres Gründers und eines ihrer ersten Mitglieder für die Gesellschaft Jesu eine wichtige Bestätigung ihres Weges und eine entscheidende Unterstützung ihres Wirkens.

Die Kritik der Reformatoren an der Heiligenverehrung hatte zunächst in der Kirche zu einer Verunsicherung geführt. Nach der Kanonisation des Dominikaners Antoninus von Florenz 1523 wurde über ein halbes Jahrhundert niemand mehr durch einen Papst in das Verzeichnis der Heiligen aufgenommen. Erst nach dem Konzil von Trient und der Einrichtung der Ritenkongregation 1587/1588, die nun für ein geregeltes Verfahren der Heiligsprechungen sorgen konnte, wurde 1588 der Franziskanerbruder Diego von Alcala zur Ehre der Altäre erhoben. Nun galt die feierliche Kanonisation eines Heiligen in einem großartigen, im Petersdom errichteten »Theatrum« zugleich als Demonstration des päpstlichen Anspruchs auf die Schlüsselgewalt. Bei dieser Feierlichkeit wurde der neue Heilige in einer Fahne vorgestellt, die dann den Antragstellern für die Heiligsprechung übergeben wurde und vielfach als Prototyp für die Darstellung des Heiligen galt. Im Zusammenhang mit der Neuregelung des Heiligsprechungsverfahrens wurde von Papst Paul V. (1605–1621) auch die Seligsprechung geordnet. Bis dahin konnte die Verleihung des Titels »Beatus«, die Einführung eines Festes, die Festlegung eines Messformulars oder eines Offiziums in unterschiedlichen päpstlichen Akten vorgenommen und so eine auf bestimmte Gemeinschaften oder Diözesen beschränkte öffentliche Verehrung eines Verstorbenen vom Papst anerkannt werden. Nun wurden die verschiedenen Akte in eine einzige feierliche Erklärung zusammengefasst. Die Seligsprechung des Ignatius von Loyola am 27. Juli 1609, nach Abschluss des 1605 eingeleiteten Verfahrens zur Vorbereitung der Heiligsprechung, war die erste Seligsprechung, die in dieser Form feierlich begangen und vom Jesuitenorden entsprechend propagiert wurde. Eine sofortige Kanonisation des Ignatius war damals noch nicht möglich, wahrscheinlich wegen der kritischen Haltung einiger Päpste und gewichtiger päpstlicher Ratgeber dem Jesuitenorden gegenüber. Man muss ja bedenken, dass der geistliche Weg, den Ignatius in seinen Exerzitien gewiesen hatte, und die Regeln und Konstitutionen des von ihm gegründeten Ordens ein durchaus neues Verständnis christlicher Spiritualität darstellten, die dem Einzelnen ein hohes Maß freier Selbstverantwortung zuwiesen.
Als erstem Jesuiten war dem Polen Stanislaus Kostka in den Jahren 1602,

1604 und 1605 in mehreren Schritten eine Verehrung als »Seliger« zuge-
standen worden. Durch Papst Paul V. wurde dann 1605 Aloysius von Gonzaga in einem einzigen päpstlichen Akt selig gesprochen. Mit besonderer
Feierlichkeit beging, wie gesagt, der Jesuitenorden die Seligsprechung seines Gründers Ignatius von Loyola. Ähnlich wurde zehn Jahre später, am
25. Oktober 1619, Franz Xaver in das Verzeichnis der Seligen der Kirche
aufgenommen. Bei der Seligsprechung stand jeder dieser vier Jesuiten
gleichsam für sich allein. Heilig gesprochen hingegen wurden 1622 Ignatius und Franz Xaver gemeinsam, zusammen mit Isidor von Madrid, Philipp
Neri und Theresa von Avila. In der Ikonographie der Heiligsprechung bilden Ignatius und Franz Xaver ein Paar. – Wie kam es zu dieser Verbindung der beiden bei ihrer Kanonisation?

Zunächst hatten die Jesuiten wohl darauf gehofft, schneller die Heiligsprechung ihres Ordensgründers Ignatius zu erhalten. Zu einem Orden
gehörte gleichsam ein heiliger Gründer. Die päpstliche Anerkennung der
Exerzitien des Ignatius und der Regeln und Konstitutionen seines Ordens
sollte gekrönt werden durch die Kanonisation ihres Verfassers Ignatius.
Schon bald nach der Eröffnung des Kanonisationsverfahrens wurde in
Rom eine Druckplatte für eine Bilder-Vita des Ignatius geschaffen, die
am Ende dieses Werkes den Akt der Heiligsprechung im Bild darstellen
sollte. Ein Probeexemplar aus den Jahren 1605/1606 hat sich erhalten. Das
Bild hat keine Inschrift. Das Profil des Papstes, der die Bitte um Heiligsprechung, die »Instantia«, entgegennimmt, trägt die Züge Papst Pauls V.
Bei dem nach der Heiligsprechungsfeier 1622 veröffentlichten Stich ist
diese Vorlage leicht verändert: Der Text wurde hinzugefügt »*Sollenni Ca-
tholicae Ecclesiae ritu ac ceremonia in Sanctorum numerum a GREGO-
RIO XV. Pont. Max. refertur. Die XII Martij Anno MDCXXII.*«. und
dem Profil des Papstes wurden die Züge Gregors XV. gegeben. Ähnlich
wurde in Augsburg durch Wolfgang Philipp Kilian 1616 eine *Vita Beati
P. Ignatii* gestochen. Auch hier war ein Bild von der Heiligsprechung als
letztes Bild vorgesehen, von dem sich ebenfalls ein Probedruck erhalten
hat. Die Inschrift des Bildes von 1616 lautet: »*In Sanctorum numerum a
[…] Pontifice Maximo adscribitur Anno Salutis […]*«. Bei der Veröffentlichung nach 1622 wurde dieser Text durch den Namen des Papstes Gregor XV. und das Datum der Heiligsprechungsfeier »12. Martij Anno Salutis 1622« ergänzt. Der Stich von Kilian zeigt, anders als der ähnliche Stich
von Peter Paul Rubens/Johann Baptist Barbé aus den Jahren 1605/1606,
deutlich die Heiligsprechungsfahne. Sie symbolisierte bei der feierlichen
Kanonisation den neuen Heiligen und wurde nach der Feier den Antrag-

stellern übergeben. Auf der Fahne in Kilians Stich ist deutlich die Ganz-figur des Ignatius im Professmantel, ein Buch in der Hand haltend, zu er-kennen. Anders bei der Heiligsprechungsfeier 1622: Hier zeigte die Fahne, wie es ein unsignierter Stich aus dem Jahre 1622 darstellt, das Doppelbild des Ignatius und des Franz Xaver. Beide tragen den Professmantel; Igna-tius mit dem aufgeschlagenen Buch in der Hand schaut von links nach rechts, Franz Xaver neben ihm von rechts nach links.[7]

Sicher, Franz Xaver gehörte zu den ersten Gefährten, die sich in Paris Ignatius anschlossen. Beide waren befreundet, und bei den Überlegungen, die zur Gründung der Gesellschaft Jesu führten, war Xaver bis zu seiner Abreise nach Indien einer der wichtigsten Mitarbeiter des Ignatius. Den-noch ist es bemerkenswert, dass die beiden zusammen heilig gesprochen wurden. Mag das damit zusammenhängen, dass in der Bevölkerung Igna-tius, der Inspirator und Organisator des sich schnell vergrößernden Or-dens, weniger bekannt war, wohingegen Franz Xaver durch seine span-nenden Briefe aus fremden Ländern sehr schnell populär wurde?

Dem Bild von der Heiligsprechung sind auf beiden Seiten vier Wunder-szenen beigefügt, die sich wohl auf die von der Ritenkongregation über-prüften Wunder beziehen. Bei Franz Xaver lauten die Bildinschriften: *»Aqua maris salsa facto signo crucis efficitur dulcis«* (»Salziges Meerwas-ser wurde durch das Kreuzzeichen süß«),[8] *»Mortuus qui per diem fuerat sepultus suscitatur«* (»Ein Toter, der schon vor einem Tag begraben war, wird auferweckt«),[9] *»puer in puteo suffocatus et mortuus ad vitam revoca-tur«* (»Ein Knabe, der in eine Grube gefallen und erstickt war, wurde ins Leben zurückgerufen«),[10] *»Carcer marinus deperditum in mare Crucifi-xum Xaverio miraculose defert«* (»Ein Meereskrebs bringt auf wunderbare Weise ein Kreuz, das ins Meer gefallen war, dem Xaver zurück«).[11] Die Wunderszenen lassen erkennen, dass mit Beginn der Neuzeit, die so gro-

---

[7] Vgl.: Ursula König-Nordhoff: Ignatius von Loyola. Studien zur Entwicklung einer neuen Hei-ligen-Ikonographie im Rahmen einer Kanonisationskampagne um 1600, Berlin: Gebr. Mann 1982.

[8] Xaver taucht, als auf seiner letzten Fahrt nach China das Trinkwasser ausgeht, seinen Fuß ins Meer und bewirkt, dass das Salzwasser trinkbar wird (1552).

[9] In Punicale erweckt Xaver einen vornehmen jungen Mann, den die Angehörigen herbeitra-gen, zum Leben, ebenso zwei Kinder (1543).

[10] In dem Dorf Komboture an der indischen Fischerküste fiel ein Knabe in einen Ziehbrunnen. Xaver erweckte ihn wieder zum Leben (1543).

[11] Das sog. »Krebswunder« (1546): Auf einer stürmischen Meerfahrt bei Amboina auf den Mo-lukken fiel das Kreuz Xavers ins Meer. Am Strand angekommen, findet er einen Krebs, der das Kreuz in seinen Scheren hält.

ßen Wert auf das Beobachtbare, Zählbare und Messbare legt, von der Obrigkeit überprüfte und anerkannte »Wunder« im Heiligsprechungsverfahren als eine Art Garantie dafür galten, dass Gott selbst einen Verstorbenen als Werkzeug seines göttlichen Wirkens in dieser Welt erwiesen hatte.

Von den Feierlichkeiten anlässlich der Kanonisation in München berichtet Josef Maria Eberl in seiner nach Quellen bearbeiteten Geschichte der St. Michaelskirche[12]:

> 1622 wurde die Kanonisationsfeierlichkeit des hl. Ignaz und Xavers in Gegenwart Herzogs Wilhelm und Albert und des Hofes, der Geistlichkeit und des Stadtmagistrates begangen. Auf dem Hochaltar glänzten die Statuen beider Heiligen von Silber.

Nach der Kanonisationsfeier wurden in den Jahren 1622–1624 für diese beiden ersten Heiligen aus dem Jesuitenorden in der St. Michaelskirche zwei Marmoraltäre an den Stufen zum Chorraum aufgestellt. Über den Altären befinden sich an der Stirnseite des Triumphbogens die Terracotta-Statuen der vier westlichen Kirchenlehrer als Zeugen des abendländischen Glaubensverständnisses. In der Laibung des Bogens steht über dem Ignatius-Altar der Apostel Petrus, über dem Franz Xaver-Altar der Apostel Paulus. Der Platz ist mit Bedacht gewählt. Petrus, im römischen Kirchenverständnis der erste Papst, und Paulus, der das Evangelium Jesu Christi den Heidenvölkern verkündete, bilden das Fundament der katholischen Kirche. Ähnlich sahen wohl die Jesuiten ein halbes Jahrhundert nach der Gründung ihres Ordens in Ignatius den Stifter, der ihrer Gemeinschaft Regel und Ordnung gab, und in Franz Xaver den Völkerapostel (»*Indiarum Apostolus*«), der als Erster aus ihren Reihen das Evangelium im Geiste der neuen Ordensgemeinschaft bis in den fernsten Osten trug. Auch die Inschrift über dem Bild des hl. Franz Xaver weist darauf hin, dass Franz Xaver gleichsam als neuer Paulus gesehen wurde: »*Omnibus omnia, ut omnes salvos faceret*« (»Allen alles geworden, um alle zu retten«), ein Zitat aus dem Ersten Brief des Apostels Paulus an die Gemeinde von Korinth (9,22), in der lateinischen Übersetzung der Vulgata. Es spiegelt das Selbstverständnis des Paulus wieder und wurde auch als bezeichnend für Franz Xaver empfunden. Und noch etwas scheint mir bedeutsam: Das ikonographische Programm der St. Michaelskirche weist

---

[12] *Geschichte der St. Michaelskirche in München.* Aus Quellen bearbeitet von Dr. Josef Maria Eberl, Kurat quiesc. Kreisrat für Schul= und Studien=Gegenstände. München o.J. (Handschrift im Archiv der Jesuitenkirche St. Michael, München).

auf den geistlichen Weg der ignatianischen Exerzitien hin. Wenn nun am Ende des Gemeinderaumes, am Eingang zum Chor der Kirche, Ignatius die Dreifaltigkeit und Franz Xaver die Gottesmutter mit dem Kind betrachten, dann ist das doch wohl als Hinweis auf das »dreifache Kolloquium« zu verstehen, mit dem Ignatius die Betrachtungen in seinen Geistlichen Übungen beschließt: durch die Gottesmutter zu Jesus, durch Jesus zum göttlichen Vater.

Das Altarbild des hl. Franz Xaver wurde vom Hofmaler Ulrich Loth 1622/1624 gemalt. Wer das Bild des hl. Ignatius malte, ist unsicher. Es gibt die Notiz einer Malerrechnung aus dem Jahre 1589, nach der dem Paduano Umbra »zum ersthen Jhesuiter abzumaln« ausgezahlt wurde. Das war aber längst vor der Selig- und Heiligsprechung des Ignatius. Doch ist es nicht denkbar, dass Alessandro Scalzi, genannt Paduano, in der Erwartung, dass der Papst die Verehrung des Ignatius gestatte, den Auftrag erhielt, mit anderen Künstlern zusammen ein Ignatiusbild zu malen, und später dann, als die Heiligsprechung von Ignatius zusammen mit der des Franz Xaver stattfand, der Hofmaler Loth beauftragt wurde, ein entsprechendes Bild Xavers zu malen?

Für die Errichtung der beiden Altäre stiftete Herzog Albert, ein Bruder Maximilians I., 1000 Gulden. Nach Fertigstellung der Altäre schenkten die beiden Brüder zwei silberne Ampeln und machten dazu eine Stiftung für jährlich 78 Pfund Öl dazu. Die Stiftung Maximilians für die Xaveriuslampe wurde 1781 von Kurfürst Karl Theodor erneuert. Dieses Öl galt als heilbringend bei Krankheiten. Adalbert Schulz erwähnt in seiner Festschrift zum dreihundertjährigen Jubiläum der Kirchweihe von St. Michael ein Verzeichnis »Wunder in der Jesuitenkirche zu München«. Das Titelblatt der damals im Kirchenarchiv aufbewahrten Schrift lautete: »*In hoc libro asservantur Beneficia, quae S. Ignatius et S. Xaverius praestitere a 12. Martij 1666. quae erat feria 6. Cinerum.*« Die Heilstaten und Wundertaten, die den kanonisierten Heiligen zu ihren Lebzeiten zugeschrieben wurden, wurden nun von ihnen als himmlischen Fürsprechern erwartet.

Für die beiden Altäre stiftete Herzog Albert Silberstatuen des hl. Ignatius und des hl. Franz Xaver. Im Zweiten Heiltumsbuch von St. Michael,[13] das 1664 begonnen wurde, finden sich Bilder zweier Silberstatuen von Ignatius

---

[13] Zu den Schatzbüchern von St. Michael vgl.: Lorenz Seelig: »Dieweil wir dann nach dergleichen Heilthumb und edlen Clainod sonder Begirde tragen.« Der von Herzog Wilhelm V. begründete Reliquienschatz der Jesuitenkirche St. Michael in München. In: Reinhold Baumstark – Rom in Bayern, S. 199–262.

und Xaver. In ihren Überschriften sind diese Zeichnungen allerdings mit der Jahresangabe 1665 versehen. Die heute vorhandenen, stark beschädigten Statuen sind ihrerseits nicht identisch mit den im Heiltumsbuch abgebildeten. Im Podest der alten Xaveriusstatue war nach der Zeichnung von 1665 eine Reliquie eingelassen mit dem Zettelchen: »*Ex praecordiis S. Xaverij*«. 1897 hing auf der Brust der Franz Xaver-Statue eine Reliquie des Heiligen. Wahrscheinlich handelte es sich um dieselbe Reliquie in veränderter Fassung. Noch heute ist diese Reliquie in der St. Michaelskirche vorhanden.

Ein zweites Andenken an den hl. Franz Xaver hat sich in St. Michael erhalten: das »Soli-Deo Häubchen« des Heiligen.[14] Das rote, runde Pileolum wird zuerst in den *Litterae annuae* von 1746 erwähnt: »Es kam auch ein anderes hl. Kleinod hinzu, nämlich ein Pileolum, das, wie geeignete Zeugen erklären, der große Xaverius, da er als Apostolischer Nuntius bei den Indiern war, gebrauchte. An seinem Fest wurde es zur Verehrung ausgesetzt.« Nach den Aufzeichnungen in der *Historia Collegij Monacensis* wurde für das Käppchen, das sich auf dem Xaveriusaltar befand, 1746 zum ersten Mal die bischöfliche Erlaubnis zur öffentlichen Verehrung als Reliquie erteilt.

Über die beiden Reliquien schreibt der Kirchenpräfekt Petrus Werner 1835:

> Die Büste des Heiligen [...] trägt auf dem Scheitel ein rotes sogenanntes Soli-Deo Häubchen von nicht europäischem Stoff, welches eben das nämliche ist, das der hl. Xaverius als Nuntius Apostolicus in Indien getragen hat, worüber zwei interessante Authentiken vorliegen, die eine von dem Jesuiten-Provinzial P. Franz Xaver Hallauer mit eigener Handschrift auf chinesischem Papier, worin einst das Häubchen eingewickelt war, die andere von dem Kollegiums-Rektor P. Rudolphus Burkhart de dato 28. August 1746, worin gesagt wird, dass dieses Häubchen von dem damaligen chinesischen Missionar P. Roman Hinderer aus der Insel Sanciano dem deutschen Provinzial P. Hallauer übersendet worden. Beide Authentiken sind von Franciscus Ignatius Albertus de Werdenstein, Generalvikar von Freising, de dato 2. September 1746 recognosciert und approbiert. Auf der Brust derselben Büste glänzt in schöner Fassung eine kostbare Reliquie des Indianer-Apostels mit der Aufschrift: »Ex praecordiis P. Francisci Xaverii«, wie auch die Authentica lautet, die von dem Jesuiten-General Franciscus Retz, d. d. Romae 10. Juli 1739 mit eigener Unterschrift ausgestellt und dann von Bischof und Herzog Johann Theodor de dato 24. Januar 1741 recognosciert ist. Auf

---

[14] Zum Scheitelkäppchen des Franz Xaver vgl.: Reinhold Baumstark – Rom in Bayern, Kat.Nr. 26 »Pileolus des Heiligen Franz Xaver« [Reinhold Baumstark] mit Abb.

der Epistelseite des Altars ist noch eine Tafel mit goldenem Rahmen unter Glas aufbewahrt, worin ein aus Seide gestickter Arm des hl. Xaverius vorgebildet zu sehen ist, der an dem hl. Leib anberührt worden, und wobei ein Verzeichnis von dessen vielen Toten-Erweckungen und vielen Tausend Taufen des Heiligen […] angefügt ist.[15]

Die Reliquie, das Soli-Deo-Häubchen und der gestickte Taufarm werden in St. Michael aufbewahrt.[16] Letztgenannter ist ein um 1750 entstandenes Tafelreliquiar, das einen in weißer Seide plastisch herausgearbeiteten rechten Arm enthält, der auf rotem Samt aufgenäht ist. Er trägt ein mit Granaten und Perlen verziertes Armband, worin in einer Kapsel die Knochenreliquie eingelassen ist. Der Arm wird von Ornamenten aus Golddraht verziert. Die Spruchbänder am Bildrahmen weisen auf die wunderbare Heilstätigkeit des Franz Xaver hin: »25 Tote erweckt, 120 000 getauft.«[17]

Die Verehrung des hl. Franz Xaver fand auch in der Stiftung kostbarer Textilien ihren Ausdruck. Erwähnt werden in den Quellen ein Kanzeltuch mit Stickereien (*Litterae annuae* von 1677) und ein reich gestickter Tabernakel mit zwei Altarflügeln und einem Kranz mit sechs Bögen, den die regierende Fürstin Maria Amalia dem Altar des hl. Franz Xaver im Jahre 1726 geschenkt hat. Als Kaiserin hat Maria Amalia dann nach 1740 zu Ehren des hl. Franz der St. Michaelskirche zwei wertvolle Alben aus niederländischer Spitze, ferner eine Kasel mit Stola, Manipel, Kelchvelum, Bursa und Palla, sowie ein Antependium in Stickerei von höchster Feinheit gestiftet. Die Kasel wird dem Münchner Hofsticker Franz Joseph Antoni Jansens zugeschrieben. 1748 ließ Herzog Clemens Franz Paul dazu zwei Vorhangflügel für diesen Altar fertigen. Die meisten dieser Textilien werden heute noch in St. Michael aufbewahrt.

Von den sechs Kelchen, die in St. Michael die Erinnerung an den hl. Franz Xaver lebendig halten, stammen nur zwei mit Sicherheit aus dem alten Kirchensilber von St. Michael: der sogenannte »Franz Xaver-Kelch«, der

---

[15] *Beschreibung der königl. Hofkirche zu St. Michael* anlässlich einer Generalvisitation am 9. März 1835, verfasst von dem Kirchenpräfekten Petrus Werner (Handschrift im Archiv der Jesuitenkirche St. Michael, München).

[16] Die genannten Authentiken befinden sich seit 1997 im Bayerischen Hauptstaatsarchiv, München.

[17] Vgl.: Die Jesuiten in Bayern 1549–1773, hg. von der Generaldirektion der Staatlichen Archive Bayerns. (Ausstellungskatalog 29) München: Anton H. Konrad 1991, Kat.Nr. 157 »Reliquien des hl. Franz Xaver« [Christoph Bachmann] mit Abb.

zusammen mit einem Ignatius-Kelch 1681 der Kirche gestiftet wurde,[18] und der große Prunkkelch, der wohl für das hundertjährige Weihejubiläum von 1697 angefertigt wurde. Die anderen Kelche wurden wahrscheinlich bei den Versteigerungen in der Säkularisationszeit von Wohltätern erworben und später – einige 1829 von einem ungenannten Priester – der St. Michaelskirche überlassen.

Der »Franz-Xaver-Kelch« wurde nach Ausweis der Stempel-Marken von Andreas Pichler aus Brixen, Meister in München 1679–1708, gefertigt. Der Kelch ist silbergetrieben und vergoldet, am Fuß drei gegossene Engelsköpfchen. Knauf und Cuppa sind ebenfalls durch Engelsgestalten ausgezeichnet. Zwischen den Engeln sind sechs farbige Emailmedaillons angeordnet; sie zeigen den Heiligen in Halbfigur und fünf Ereignisse aus seinem Leben. An der Cuppa ist der Heilige in Orantenhaltung zu sehen. Auf einem zweiten Bild betet er kniend zusammen mit »Indianern«, die alle ein Kreuz in Händen halten. Das dritte Medaillon zeigt eine legendarische Szene, die auch in den alten Viten und auf dem Franz Xaver-Schrein in Goa dargestellt ist: Beim Austeilen der heiligen Kommunion in der Kirche des Pauls-Kollegs in Goa im Jahre 1548 sei Xaver über dem Boden geschwebt. Am Fuß dieses Kelches ist eine Taufszene abgebildet. Sie mag besonders darauf anspielen, dass Franz Xaver in einem Brief von 1545 von der Taufe dreier Fürsten in Makassar (Celebes) berichtete, worauf irrtümlich diese Bekehrungen ihm persönlich zugeschrieben wurden. Auf einem zweiten Medaillon ist eine Predigt des Heiligen vor Indern dargestellt, auf dem dritten Bild sein Tod am 3. Dezember 1552 in einer Hütte am Ufer der Insel Sancian.

Der »Prunkkelch« wurde wahrscheinlich von Joseph Schmidt um 1695 in München gefertigt. Die Medaillons an der Cuppa und am Fuß dieses Kelches bringen die Heilige Familie mit dem Orden der Gesellschaft Jesu in Beziehung. Oben ist der Tod Jesu am Kreuz zwischen dem Tod Josefs und dem Tod Marias dargestellt, unten das Sterben des Novizen, des »Ordens-Kindes« Stanislaus Kostka mit der Vision der hl. Barbara und der so genannten Engelkommunion (1568), zwischen dem Tod des hl. Ignatius und dem Tod des hl. Franz Xaver am Strande der Insel Sancian vor der Küste Chinas. Hier wird wohl der Anspruch ausgedrückt, dass der Jesuitenorden zu seiner Zeit eine »Heilige Familie« Jesu sei.[19]

---

[18] Beide aufwendigen Goldschmiedegefäße bilden ein Paar; es sind zwei gleich große und im Aufbau gleich gestaltete Werke aus der Hand eines Münchner Goldschmieds.

[19] Es gibt aber auch eine Verbindung der Heiligen Familie mit St. Michael: Ein Kupferstich – von Johannes Sadeler nach Friedrich Sustris geschaffen, in München um 1589 – zeigt die Heilige Familie, wie sie sich am Bau von St. Michael beteiligt. Vgl.: Bernhard Paal: Die Heilige Familie

Ein Kelch von Johann Zweckel, zwischen 1690 und 1694 in Augsburg hergestellt, bringt in seinen Medaillons die Quatember-Oration der Adventszeit mit dem Leben des hl. Franz Xaver in Beziehung: Das »durch die Verkündigung des Engels haben wir die Menschwerdung deines Sohnes erkannt« ist im Bild der Verkündigung vor den Hirten und den Worten »*Evangelizo vobis gaudium magnum*« (»Ich verkünde euch eine große Freude«) dargestellt, das »führe uns durch sein Leiden und Kreuz« durch das Bild Jesu am Kreuz zwischen Maria und Johannes mit der Inschrift »*Sitio*« (»Mich dürstet«), und die Worte »zur Herrlichkeit der Auferstehung« finden ihren Ausdruck in der Emmaus-Szene und der Schrift »*Nonne Cor nostrum erat Ardens*« (»Brannte nicht unser Herz«). Dem »*Cor ardens*« der Emmaus-Szene entspricht am Fuß des Kelches ein Medaillon mit dem knienden Franz Xaver, der sein Roschett öffnet, weil sein Herz ob der empfangenen Tröstungen brennt; darüber das bekannte Wort des Heiligen »*Satis est*« (»Es ist genug«). Das »*Sitio*« Jesu findet seine Entsprechung in einem Bilde, das darstellt, wie Franz gerufen habe »*Amplius, Domine*« (»Mehr, Herr«), als ihm – hier von Christus mit dem Kreuz – offenbart wurde, dass er viel leiden werde. Der Verkündigungsengel an der Cuppa schließlich entspricht dem Bild am Fuß des Kelches, auf dem Franz Xaver die Taufe spendet unter dem Wort »*Per Evangelium Vos genui*« (»Durch das Evangelium habe ich euch gezeugt«).

Interessant ist auch ein Kelch, der von Joseph Ignaz Saler in Augsburg hergestellt und laut Widmungsinschrift 1743 dem Jesuitenkolleg in Amberg gestiftet wurde. Neben der Widmung findet sich an der Cuppa das gegossene Brustbild des Heiligen. Der Nodus ist mit drei Bildern geschmückt: dem Kreuz Jesu, dem Arm des Heiligen, mit dem er nach seiner Vita 12 000 000 Menschen getauft habe, und dem Pilgermantel mit Muschel und Stab, der auf seine Reisen bis in den fernsten Osten hinweist. Am Fuß des Kelches finden sich vier gegossene Medaillons mit emblematischen Darstellungen. Die Inschriften (*Inscriptiones*) lauten »*Mare dulcescit*« (»Er beruhigt das Meer«), »*Imperat Igni*« (»Er befiehlt dem Feuer«), »*Terra obedit*« (»Die Erde gehorcht«) und »*Arcet Fulmina*« (»Er wehrt die Blitze ab«). Die Bilder (*Figurae*) stellen ein Boot auf ruhiger See dar, brennende Gebäude, einen Vulkan und einstürzende Gebäude, sowie ein Schiff auf dem Meer in Sturm und Wellen. Schwieriger ist es,

vor der St. Michaelskirche in München – Ein theologisches und ikonographisches Programm-Bild. In: Peter M. Daly/G. Richard Dimler/Rita Haub (Hg.): Emblematik und Kunst der Jesuiten in Bayern: Einfluss und Wirkung. (Imago Figurata Studies 3) Turnhout: Brepols 2000.

das im Bilde Dargestellte (die *Subscriptiones*) zu deuten und sie in Bezug zu bringen mit dem Leben und der Verehrung des hl. Franz Xaver. Sicher weist die Darstellung mit der Inschrift »*Mare dulcescit*« auf die Legende hin, der hl. Franz habe bei einer Fahrt im Japanischen Meer salziges Meerwasser durch das Kreuzzeichen in trinkbares Wasser verwandelt. Doch der Künstler stellt links unten im gleichen Bild einen Krebs mit einem Kreuz dar. So verbindet er jene Legende mit einer anderen Überlieferung, nach der ein Krebs auf wunderbare Weise dem Heiligen ein ins Meer gefallenes Kreuz zurückgebracht habe. Die anderen drei emblematischen Bilder verweisen auf verschiedene Traditionen: Mit dem Titel »*Imperat Igni*« verbindet sich vielleicht die Erinnerung, dass Franz bei einer Feuersbrunst allein durch sein Wort das Feuer zum Stillstand brachte und so die Häuser der Neugetauften schützte. Das Schiff in Sturm und Wellen und der Vulkanausbruch mit dem Erdbeben lassen sich nur schwer mit einzelnen Überlieferungen aus dem Leben des hl. Franz Xaver in Verbindung bringen. Hier wird wohl deutlich, dass die Erinnerung an konkrete Geschichten aus dem Leben Xavers verblasst und die allgemeine Vorstellung, in ihm einen himmlischen Helfer in zahlreichen Nöten zu haben, in den Vordergrund tritt.

Ein Kelch, der wohl um 1730 in Augsburg gefertigt wurde, zeigt am Fuß neben einem Bild des hl. Ignatius mit Buch und abgelegter Ritterrüstung eine Taufszene des hl. Franz Xaver. Von einem weiteren Kelch, zwischen 1737 und 1739 von Franz Xaver Mederle in Augsburg wahrscheinlich zur Heiligsprechung von Franz Regis gefertigt, sind nur noch zwei Medaillons erhalten. An der Cuppa ist Christus am Ölberg dargestellt. Am Fuß ist ein Medaillon angebracht, dass Christus am Kreuz mit Maria und Johannes zeigt, umgeben von neun Heiligen. Bei ihnen handelt es sich sicher um die neun bis 1737 heilig bzw. selig gesprochenen Jesuiten: den hl. Ignatius, kniend in Messgewand, die jugendlichen Heiligen Stanislaus Kostka (mit Lilie) und Aloisius Gonzaga (im Chorrock mit Lilie), die drei japanischen Märtyrer (mit Kreuzen), den hl. Ordensgeneral Franz Borgia (mit Totenkopf und Krone), den hl. Franz Regis (kniend, das Kreuz umfangend, mit Pilgerstab) und den hl. Franz Xaver, der mit einem Mantel mit der Pilgermuschel bekleidet ist und ein Kreuz in der Hand hält.

Besonders der »große Prunkkelch« stimmt nachdenklich: Da liegt in einer armseligen Strandhütte auf rohen Brettern Franz Xaver, gekleidet in seiner armseligen schwarzen Soutane, ein Kreuz in Händen haltend. Die Schiffe der europäischen Händler verschwinden in der Ferne. Er ist allein in der Fremde. Er stirbt. Das Medaillon mit diesem Bild ist an einem goldenen Kelch befestigt, gefasst mit Amaldinen und umschlungen mit einem kostbaren Rankenwerk von silbernen Filigranfäden. Die Armut und Einsamkeit des Franz Xaver im Bild – der Reichtum und die Geborgenheit, die der Prunkkelch darstellt. Wollte dieser Kelch, wie auch die Silberstatuen der Heiligen, die kostbaren Fassungen der Reliquien, die überreiche Altarzier und die kostbaren Gewänder dem frommen Betrachter ein Bild von der Pracht und Herrlichkeit des Himmels vor Augen stellen, damit er in der Armseligkeit des Hier und Heute eine Hoffnung auf eine glückliche und erfüllte Zukunft verspüre?

Vom Jahr der Heiligsprechung an gedachten die Jesuiten in St. Michael Jahr für Jahr am 3. Dezember des Todestages des hl. Franz Xaver. Aus der Regierungszeit des Kurfürsten Ferdinand Maria (1654–1679) wird berichtet, in dieser Zeit hätten die Jesuiten in Bayern in ihren Kirchen verschiedene Andachten eingeführt, so auch die festliche Gestaltung des Gedenktages des hl. Franz Xaver. Diese Andachten hätten immer zuerst in der St. Michaelskirche in der Residenzstadt München stattgefunden. An St. Michael orientierten sich nicht nur die Schulen im ganzen Herzogtum, sondern auch die Kollegskirchen der Jesuiten. In einem Bericht des Kirchenpräfekten Petrus Werner von 1835 heißt es über die »Xaveri-Andacht«:

> Dieselbe ist zweifach, und wird [...] mit einer Oktav und einer Novene gehalten. Am Festtag, den 3. Dezember, und die ganze Oktav hindurch wird täglich um 7 Uhr Morgens auf dem Altar des Heiligen exposito Ciborio eine feierliche hl. Messe gelesen, und unter derselben der hl. Rosenkranz mit der lauretanischen Litanei abgebetet. – Die Novene des hl. Xaverius wird vom 3. bis zum 12. März incl. zum feierlichen Andenken seiner Heiligsprechung täglich Morgens um 7 Uhr auf die nämliche Weise wie im Dezember abgehalten, nur mit dem Unterschied, dass bei dieser Andacht die Litanei vom hl. Xaverius abgebetet wird; auch zwei sogenannte Votivmessen werden dabei gelesen, und sämtliche Andachten aus dem eingehenden Opfer bezahlt. Die März-Novene insonderheit ist zuerst von Papst Alexander VII. [1655–1667] für Lissabon, und dann von Clemens XI. [1700–1721] auf alle Kirchen der Societät extendiert und mit einem vollkommenen Ablass begnadigt worden, wovon die Breven im Kirchenarchiv deponiert sind.

Eine »*Instructio Templi*« aus dem Jahre 1741 legt für die Festlichkeiten der März-Novene zum hl. Franz Xaver fest:

Von dem 4. bis 12. März wird bei S. Xaverij Altar eine 9tägige Andacht gehalten, dazu der Damast Baldachin aufgesetzt und unter der Messe um 7 vor dem dahin getragenen Ciborio der Rosenkranz vorgebetet; und beiläufig 12 oder 14 Kerzen angezündet und das Ciborium alsdann wiederum hinweggetragen wird.

Zum Fest des Heiligen am 3. Dezember heißt es:

Erste und andere Vesper, Amt und Predigt. Ornat von den schönsten einer. Die Vesper ist um 3 Uhr; nach welcher wird das Hochwürdigste in der Monstranz zu St. Xaverij Altar getragen, und unter der Litanei alldorten ausgesetzt (und also geschieht es von dem Vorabend an mit der Vesper am Sonntag auch, und an der Festzeit während der Octav, dass sie um 3 gesungen wird) an dem letzten Tag wird auch eine Litanei gehalten. Wenn die Gnädigste Herrschaft der Octav beizuwohnen sich ansagen lässt, wird mit der Litanei bis zu deren Ankunft gewartet, und so es finster ist, Lichter auf die Chorstiegen gestellt und gegen den Fürstenchor.

Die Litanei wurde vom Chor und von den Musikern des Kollegs gestaltet: eine kirchenmusikalische Andacht.

An diesen Gottesdiensten und Andachten nahmen auch die Schüler des Jesuitenkollegs teil. So lernten sie das Leben des Heiligen und seine Verehrung kennen. In den rund zweihundert Jahren des Bestehens der Jesuitenschule in München[20] haben wohl die meisten Männer, die im Herzogtum Bayern im geistlichen und weltlichen Bereich öffentliche Verantwortung trugen, hier ihre Ausbildung erhalten. Das belegen die Matrikel des Kollegs. So ist es verständlich, dass die Verehrung des hl Franz Xaver von St. Michael aus in das ganze Herzogtum ausstrahlte. Noch heute finden sich in vielen Barockkirchen Bayerns Altäre und Bilder, die dem hl. Franz Xaver geweiht sind, und mancherorts existieren bis heute die alten Franz Xaver-Bruderschaften.

Mit der Aufhebung der Gesellschaft Jesu 1773 und der Übergabe der St. Michaelskirche an den Malteserorden 1782 geraten die besonderen Gottesdienste zu Ehren der heiligen Jesuiten immer mehr in Vergessenheit. Erst die Förderung des Missionsgedankens durch die Päpste zu Beginn des 20. Jahrhunderts weckte aufs neue die Verehrung des hl. Franz Xaver. Pius X. ernannte ihn 1904 zum Patron des »Vereins zur Verbreitung des

---

[20] Vgl.: Andreas Kraus: Das Gymnasium der Jesuiten zu München (1559–1773). (Schriftenreihe zur bayerischen Landesgeschichte 133) München: C. H. Beck 2001. – Zur Pädagogik der Jesuiten vgl.: Rüdiger Funiok/Harald Schöndorf (Hg.): Ignatius von Loyola und die Pädagogik der Jesuiten. Ein Modell für Schule und Persönlichkeitsbildung. Donauwörth: Auer 2000.

Glaubens«, Pius XI. erhob ihn 1927 zum Patron aller Missionen. Als 1921 der Münchner Erzbischof Kardinal Faulhaber die Seelsorge an der St. Michaelskirche wieder den Jesuiten anvertraute, versuchten diese, die »Gnaden-Novene zu Ehren des hl. Franz Xaver vom 4.–12. März«[21] in St. Michael wieder zu beleben. Dabei wurde ein »Gebet für Bekehrung der Ungläubigen, Irrgläubigen und verstockten Sünder« gesprochen, das dem hl. Franz Xaver zugeschrieben wird. Es lautet:

> Allmächtiger, ewiger Gott, du Schöpfer aller Dinge, gedenke, dass die Seelen der Ungläubigen, Irrgläubigen und Sünder von dir und zwar nach deinem Ebenbild geschaffen worden sind. Siehe, o Herr, wie zu deiner Schmach die Hölle mit denselben angefüllt wird. Gedenke, dass dein lieber Sohn, Jesus Christus, für ihr Heil den schmerzlichsten Tod erduldet hat. Lass, o Herr, nicht ferner zu, dass dein Sohn von ihnen verachtet und verschmäht werde; sondern lass dich durch das Gebet deiner Heiligen und durch das Flehen der Kirche, der Braut deines Sohnes, versöhnen. Sei eingedenk deiner Barmherzigkeit, vergiss ihre Abgötterei, ihre Hartnäckigkeit und all ihre Bosheit und lass auch sie einmal erkennen, fürchten und lieben den Herrn Jesus Christus, welchen du gesandt hast, und der da ist unser Heil, unser Leben und unsere Auferstehung, durch den wir erlöst und gerettet worden sind. Ihm sei Ehre in alle Ewigkeit. Amen.

Zum mindesten öffentlich wird dieses Gebet heute in der St. Michaelskirche nicht mehr gebetet. Die März-Novene und die Dezember-Oktav sind vergessen. Die Reliquie »ex praecordiis S. Francisci Xaveri«, das »Soli-Deo-Häubl«, das Tafelreliquiar mit dem gestickten Taufarm und die beschädigte Büste des Heiligen werden in Schränken der Sakristei aufbewahrt. Die Kelche und Gewänder werden benutzt, doch kaum mehr in Beziehung zum hl. Franz Xaver gebracht. Sein Fest im Dezember wird mit dem Formular der Eigenmessen der Gesellschaft Jesu begangen. Nur der Altar am Eingang des Chores erinnert noch an den Freund des Ignatius, den vielleicht wichtigsten Mitbegründer der Gesellschaft Jesu, einen der bedeutendsten Missionare der katholischen Kirche.

Ist mit dem Ende der alten Gesellschaft Jesu 1773 und mit der Krise, in die der Missions-Gedanke in unserer Zeit geraten ist, die Erinnerung an den Menschen und gläubigen Christen Franz Xaver bedeutungslos geworden? Sicher, deutlicher als zuvor erkennen wir heute in Franz Xaver ein Kind seiner Zeit. Wir können die Formen seiner Frömmigkeit, seine Sicht von

---

[21] Vgl.: Gnaden-Novene zu Ehren des hl. Franz Xaver vom 4.–12. März in der St.=Michaelskirche in München. München: Salesianische Offizin 1936.

234

Kirche und Gesellschaft und Autorität, seine Einschätzung anderer Konfessionen und anderer Religionen nicht einfach übernehmen. Doch die Welt, der überlieferte Glauben und die Gestaltung menschlichen Zusammenlebens befand sich in der Zeit des Franz Xaver sicher nicht weniger im Umbruch als unsere Welt heute. Zu sehen, wie Franz Xaver zusammen mit seinen Freunden damals neue Möglichkeiten aufgriff und auf neue Fragen mit neuen Antworten zu reagieren suchte, das kann auch uns Mut machen, nicht einfach ängstlich an Altem festzuhalten, sondern in großem Vertrauen auf den Herrn Jesus zu neuen Ufern aufzubrechen.

Die Leuchte des wahren Glaubens
Franz Xaver und die Stadt Luzern
Ein Beitrag zur Heiligenikonographie

Joseph Imorde

Die Wahl und Ernennung Franz Xavers zum Patron der Stadt Luzern im Jahr 1654 durch den päpstlichen Nuntius Carlo Carafa[1] war zuerst einmal ein gelungenes Beispiel wohlbedachter Propaganda Fide,[2] darüber hinaus aber auch ein vielleicht einmaliger Akt jesuitischer »Theologia Symbolica« und – wenn man so weit gehen will – auch »Theologia Mystica«.[3] Der Apostel Indiens und Japans musste sich als Schutzheiliger der Stadt und des Kantons deshalb besonders anbieten, weil er selbst als Leuchte und Licht hatte angesprochen werden können, und dadurch den Stadtnamen symbolisch und eben auch mystisch ausfüllte, ihn gewissermaßen von innen her zum Leuchten brachte. Er habe, das wusste schon der Stadtschreiber Renward Cysat im Jahr 1586 zu sagen, in »Japponien […] das ware Liecht dess Euangelij angezündet / unzahlbare Hauffen der Unglaubigen zu Christo dem Herren / und zum Christlichen Glauben zubekehren anfieng / auch sein Predigampt mit grossen Wunderzeichen im Leben und nach dem Todt herrlich bezeuget.«[4] Die Erwählung dieses apostolischen Patrons hatte mit der programmatischen Hoffnung zu tun, dass sich der außerordentliche Missionserfolg in Asien in ähnlicher Weise in der Innerschweiz wiederholen könne. Die Jesuiten wollten, um es auf die me-

---

[1] M. Raffaeli Cammarota: Carafa, Carlo. In: Dizionario biografico degli Italiani 19. Roma: Istituto della Enciclopedia Italiana 1976, S. 513–517. Siehe dazu auch Joseph Imorde: Gebaute Emblematik. Die Jesuitenkirche Franz Xaver in Luzern. In: Emblematik und Kunst der Jesuiten in Bayern: Einfluss und Wirkung, hg. von Peter M. Daly/G. Richard Dimler/Rita Haub. (Imago Figurata Studies 3) Turnhout: Brepols 2000, S. 209–225.

[2] Vgl. den grundlegenden Aufsatz von Johann Beckmann: Die Verehrung des hl. Franz Xaver in der Innerschweiz. In: Innerschweizerisches Jahrbuch für Heimatkunde 3 (1938), S. 53–67.

[3] Siehe die auch hier zugrundegelegte Erweiterung des Symbolbegriffs bei Maximilianus Sandaeus: Theologia Symbolica […]. Mogvntiae: Impensis Ioannis Theobaldi Schönvvetteri 1626, S. 502.

[4] Renward Cysat: Warhaffter Bericht / von den Newerfundnen Japponischen Inseln und Königreichen, Freyburg 1586, im unpaginierten »beschluss wie sich jederman dieser Japponischen Histori gebrauchen soll«, hier zitiert nach Johann Beckmann – Die Verehrung des hl. Franz Xaver in der Innerschweiz, S. 54.

taphorische Ebene zu heben, ihre hellste Leuchte an dunkler Stätte erstrahlen lassen, als »*quasi lucernae lucenti in caliginoso loco*« (2 Petrus 1,19).[5] Mit der praktischen Anwendung der Lichtsymbolik und -mystik wurde die Leuchtenstadt nicht nur erhellt, sondern mit dieser Anwendung bot sich auch die Möglichkeit, das Spiel der Analogien und Bedeutungen, kurz die Allegorisierung des durch das Patronat auch geheiligten Stadtnamens in die pastorale Wirklichkeit zu entlassen.

Die Möglichkeit, den Heiligen als Leuchte oder als Licht vom immer unzugänglichen Licht, als Widerstrahl oder auch Mediator des »*lux inaccessibilis*« (1 Timotheus 6,16) zu bezeichnen, war konkret durch ein Wort Gregors XV. (Ludovisi) befördert worden. Der Papst hatte im öffentlichen Konsistorium vom 16. Februar 1622 vor den versammelten Kardinälen zu einer bedeutsamen Bibelstelle gegriffen, um die Leistungen des Jesuitenmissionars zu kennzeichnen. Die Virtù des Franz Xaver, Gott ganze Nationen zuzuführen, sei so gewaltig gewesen, dass man das, was in Isaia 49, 6 geschrieben stehe, getrost auf den Seeligen übertragen könne: »*Ecce dedi te in lucem gentium, ut sis salus mea usque in extremum terrae*« – »So mache ich zum Lichte der Völker dich, damit mein Heil reiche bis an das Ende der Erde.« Franz Xaver habe mit seinem Leben, mit seinen Taten und mit seinen Worten ja wahrhaftig das Licht des Evangeliums unter den fernen Völkern aufleuchten lassen. Bis nach Japan sei der Vielgereiste gekommen und habe damit den Namen des römischen Glaubens, wie in der Bibel vorgeprägt, bis an die Grenze der Welt verbreitet.[6] Die zum Disput geladenen Kardinäle suchten in der nun folgenden Aussprache nicht lange nach Gegenpositionen oder neuen Bildern. Giangarzia Millini sprach von Franz Xaver als dem Licht der Kirche, Giulio Savelli nannte ihn die Sonne des Evangeliums, Maffeo Barberini das Licht des Okzidents, das im Orient die Schatten der Götzenanbetung vertrieben habe.[7]

---

[5]   »Ein Licht, das an einem dunklen Orte scheint«. Vgl. dazu die Arbeit von Marianne Schlosser: Lucerna in caliginoso loco. Aspekte des Prophetie-Begriffes in der scholastischen Theologie. (Veröffentlichungen des Grabmann-Institutes 43) Paderborn [etc.]: Ferdinand Schöningh 2000.

[6]   Pietro Tacchi Venturi: Il concistoro del 16 febbraio 1622. In: La Canonizzazione dei Santi Ignazio di Loyola Fondatore della Compagnia di Gesù e Francesco Saverio Apostolo dell'Oriente. Ricordo del terzo centenario. XII marzo MCMXXII. A cura del comitato romano ispano per le centenarie onoranze. Roma: Grafia 1922, S. 34–49. Hier S. 36.

[7]   Ebd., S. 40. und 42.

Schon in dem geheimen Konsistorium vom 19. Januar 1622, also ungefähr einen Monat zuvor, hatte Gregor XV. die so bezeichnende Bibelstelle zum Lobe Franz Xavers herangezogen, dabei aber das unermüdliche Predigen dieses neuen Paulus in besonderer Weise hervorgehoben. In der von Kardinal Francisco Maria del Monte verfassten *Relatio facta in consistorio secreto coram Gregorio Papa XV. [...] super vita, sanctitate actis Canonizationis, & miraculis beati Francisci Xavier,* die zur Kanonisation 1622 zuerst in Rom und dann schnell in Dillingen erschien, fand sich ganz zu Beginn der symbolische Verweis auf die lichtvolle Verbreitung des Gotteswortes durch Franz Xaver. Die Offenbarungsleistung des Apostels in Indien und Japan sei den herrlichen Strahlen der Sonne vergleichbar, so wie diese habe auch er das ganze Erdenrund mit der Lehre des Evangeliums erleuchtet. Mit solch einer Formulierung wurde die entscheidende Perikope nicht nur erläutert, sondern ihr gleichzeitig auch etwas hinzugegeben, ein Bild nämlich, das auf Bedeutungszuwachs[8] angelegt war, weil es eine ikonographische Analogie bot – eine Analogie von universeller Strahlkraft, ein Symbol, das dann gerade in Luzern seine Wirkung nicht verfehlen sollte. Durch sein unermüdliches Predigen habe Franz Xaver, so hieß es bei del Monte weiter, das wahre Licht der Welt, das »lux mundi«, im Orient aufscheinen lassen.[9]

Der Konsistorialbericht del Montes, der im weiteren Verlauf nichts anderes war als eine sehr geraffte Beschreibung des Lebens, der Tugenden und Wunder Franz Xavers, fand aufgrund der damit gegebenen Lehrautorität gleich Eingang in die auf Breitenwirkung angelegten und deshalb in der jeweiligen Landessprache, der »*lingua vernacula*«, verfassten Lebensbeschreibungen des Heiligen, etwa in einen anonymen *Ristretto della Santa Vita dell'Apostolo dell'Indie S. Francesco Xaverio della Compagnia di*

---

[8] Ein Begriff, den ich dankend von Rudolf Preimesberger übernehme.
[9] Francisco Maria del Monte: Relatio facta in consitorio secreto coram S. D. N. Gregorio papa XV. [...] die XIX. Ianvarii M.D.C.XXII. svper vita, sanctitate actis Canonizationis, & miraculis Beati Francisci Xaverii e Societate Iesv. Romae: apud Haerede[m] Bartholomaei Zan[n]etti/Dilingae: apud Vdalricum Rem 1622, S. 3–4: »*Ecce dedite in lucem gentium, vt sis salus mea vsque ad extremum terrae. [...] inde verò Apostolos, tamquam Sol splendissimos radios, misit in vniuersum mundum praedicare Euangelium.*« Die Bestätigungsbulle zur Heiligsprechung, die erst unter Urban VIII. (Maffeo Barberini) publiziert wurde, formulierte nicht anders. Auch hier wurde das Bild der »Sonne«, die dem dunklen Kontinent das Licht Christi gebracht habe, bemüht. Magnum Bullarium Romanum, Ab Leone Magno usque ad S. D. N. Innocentium X. 4: Lugduni: Sumptib. Philippi Borde, Laur. Arnaud, & Cl. Rigaud 1655, S. 15.

Giesu,[10] einem Büchlein, das als Vorlage für jene Übersetzung ins Deutsche diente, die 1654 im Rahmen der Feierlichkeiten zur Erhebung Franz Xavers zum Stadtpatron in großer Zahl an die des Lesens mächtigen Luzerner verteilt wurde.[11] Dieser deutschen Vita – diesem *Leben und Wunderwerck Deß Indianischen Apostels S. FRANCISCI XAVERII Auß der Societet IESV. Anfänglich in Italienischer Sprach auß der weitläuffigeren History gezogen. Anjetzo aber ins Teutsch versetzt* – war eine unpaginierte Dedikation an Carlo Carafa vorangestellt, in der von den jesuitischen Autoren vor allem die Licht- und Leuchtmetaphorik vielsinnig ausgebreitet wurde. Mit der Anwendung dieses universellen Symbols[12] musste sich auch in Bezug auf die apostolische Nuntiatur in Luzern ein enormes Assoziations- und Bedeutungsfeld auftun, auf dem sich Aufgaben und Ansprüche bildreich und damit eingängig formulieren ließen. In dem Text hieß es:

> Es hat diese kurtze ins Teutsche versetzte History nit lang können anstehen / wohin sie sich billicher begeb / als in diejenige Händ / in dessen Würde / Tu- [2] gent / und Leben / was hierinn mit wenig Worten verfasset / vil heller und lebhaffter beschriben ist: ja in dessen Gemüht / Xaverius seinen Sitz selbsten genommen. Unnd ob zwar in E. Hochfürstl: G. Gemüht vil angebohrne unnd von Ihren Hochansehlichen Fürstlichen Stammen ererbte / unnd gleich wie von der Sonnen empfangene Stralen / in einem Spiegel herauß scheinen: da kann ein Hochheit der Tugent unnd Würde zufinden / mit welcher nit dieser Fürstliche Stammen leuchtet / unnd in solchen Ritter- unnd Helden-Thaten / der Römische Purpur / unnd Bäpstliche Inful selbsten vor der gantzen Welt leuchtet: lasset es sich doch in der Warheit ansehen / als habe die Orientalische Sonn Xaverius / neben sol-

---

[10] Ristretto della santa Vita dell'apostolo dell'Indie S. Francisco Xaverio Della Compagnia di Giesv'. La cui Festa si celebra alle 3. di Decembre. Venetia: Giacomo Hertz 1670, S. 170: »[…] come reiferisce l'Eminentissimo Cardinal del Monte […]« – »wie Kardinal del Monte berichtet«.

[11] Vgl. den Bericht über die Wohltaten zur Erhebung Franz Xavers in: *Memorabilia Tum Ex Historia Domestica, tum ex aliis Manuscriptis Authenticis Collegii extracta 1 […] Conscripta à R. P. Josepho Surat Collegij Lucernensi Rectore 1743* [Zentralbibliothek Luzern Pp Msc 78/4], f. 47r: »elemosina largissima«, »sex millia pulcherrimorum numismatum«, »libellos item in maxima copia Lucernae impressos, et linguâ vernaculâ Sancti Xaverii vitam, et miraculis« – »großen Almosen«, »sechstausend schöne Medaillen«, »auch eine große Anzahl von in Luzern gedruckten Büchern, in der Landessprache«. Siehe auch die Aufzeichnungen in: *Liber Historiae Collegii Societatis Iesu Lucernae Anno MDCXVIII […]*1: 1574–1678 [Staatsarchiv Luzern KK 25,1], S. 296.

[12] Dazu Kurt Goldammer: Lichtsymbolik in philosophischer Weltanschauung, Mystik und Theosophie vom 15. bis zum 17. Jahrhundert. In: Studium Generale 13 (1960), S. 670–682. Hier S. 670: »Licht ist religiöses Ursymbol.« Goldammers schenkt den jesuitischen Versuchen zur symbolischen und mystischen Theologie allerdings keinerlei Beachtung.

chem hellscheinenden Glantz / auch E. Hoch-Fürstl: G. dermassen mit seinem
Liecht [3] bestralet / daß solche Apostolische Flammen nit allein in E. Hochfürstl: G. Gemüht verbliben / sonder nach Art und Natur deß Fewrs / allenthalben außgebrochen. Inmassen dann solche gefaßte Inbrunst unnd Andacht gegen
disem grossen unnd wunderbarlichen Apostel der Indier / kein Ruhe bey
E. Hochfürstl: G. hat kön[n]en haben / biß sie sich durch ihrer anvertrawten
Bäpstlichen Nuntiatur Gezirck bey den Christglaubigen hätte außgebreitet. Solches bekräfftiget das jenige / was E. Hochfürstl: G. in disem Hochloblichen Catholischen Orth und Statt Lucern der Eydtgnoßschafft / mit ungespartem Fleiß
und Fürstlicher Außgab hat angestellt. Dann vermittels E. Hochfürstl: G. Xaverius mit willigem unnd geneigtem Affect / so wol von der gantzen Wolerwürdigen
Clerisey / als Weltlichen Magistrat / sam- [4] mentlich für einen Patron dises löblichen Catholischen Lands unnd Statt Lucern erkisen: unnd solches Liecht der
Heydenschafft zu erhaltung der uralten Catholischen Lehr in dem Vatterland
wider die schwebente Irrthumben angezündet worden.[13]

Mit Nachdruck wurde dem päpstlichen Nuntius in diesem Dankwort[14]
eine persönliche Verehrung des Heiligen zugeschrieben und daraus gleich
auch der Analogieschluss gezogen: Denn in ähnlicher Weise wie einst
Franz Xaver das Licht des wahren Glaubens in die fremden Länder getragen habe, sei nun auch durch ihn, Carlo Carafa, ein Licht wider das Glau-
bensdunkel in der Leuchtenstadt entzündet worden. Während der Heilige
ehedem in Asien das Licht Gottes oder auch das Licht des Evangeliums
verstrahlt habe, reflektiere der Nuntius hier als Spiegel der Tugend jene
leuchtende Helligkeit, die er zuerst durch seine adelige Herkunft ererbt,
dann aber vor allem durch die inbrünstige Andacht gegenüber der »Orientalischen Sonn Xaverius« empfangen habe. In diesem schmeichelnden
Vergleich mit dem Apostel und seinen Aufgaben[15] verbarg sich nicht nur

---

[13] Leben und Wunderwerck Deß Indianischen Apostels S. FRANCISCI XAVERII Auß der Societet IESV. Anfänglich in Italiaenischer Sprach auß der weitläuffigeren History gezogen. Anjetzo aber ins Teutsch versetzt. Permissu Superiorum. Lucern: David Hautt 1654 [Dedikation
an den Nuntius Carafa ohne Paginierung S. 3–4].

[14] Vgl. Johann Beckmann – Die Verehrung des hl. Franz Xaver in der Innerschweiz, S. 54. Beckmann bringt auch ein längeres Zitat aus dem Dedikationsschreiben.

[15] Der weiter hinten noch genauer ausgeführt wird. Leben und Wunderwerck Deß Indianischen
Apostels S. FRANCISCI XAVERII Auß der Societet IESV, S. 5–6:
    Die Sorg aber und vätterliches auffesehen / wird neben anderen auch auß disem erwisen:
    in dem E. Hochfürstl: G. nit begnuget war wolgemelte Statt und Land mit grossem Lob
    unnd Ruhm / als von Bapstl: Heyligkeit abgeordneter Nuntius Apostolicus zubeschüt-
    zen / sonder solche uber daß einem Nuntio Apostolico ubergeben hat wollen / welcher /
    gleich wie er solches Ampt auff erden / uber die Orientalische Länder geführt / auch jetz
    und in dem Himmel dises Hochlobl: Land unnd Statt Lucern / solle under [6] sein Pro-
    tetion annemmen unnd erhalten.

240

gläubiges Anspruchsdenken, sondern gleichzeitig wurde in dem Widmungstext auch deutlich auf eine himmlische Hierarchie verwiesen, auf eine sehr differenziert gedachte Gnadenpraxis, nämlich auf das gestufte Verhältnis von Oben und Unten: Hier wurde mit den gewählten Wortbildern des Lichten und Leuchtenden, des Strahlenden und Reflektierten gleich auch eine Qualifizierung zur Offenbarung angesprochen: Franz Xaver verkörperte die Sonne, war selbst Lichtquelle, wohingegen Carlo Carafa im Text »nur« als Spiegel bezeichnet, »nur« als Reflektor des überweltlichen *lumen* angesprochen wurde – das aber wohl im Sinne eines »Speculum concauum«, eines Hohlspiegels, der das Sonnenlicht gebündelt zurückwerfe, und damit die Kraft habe, Dinge außerhalb seiner selbst nicht nur zu beleuchten, sondern auch zu entflammen.[16] Solche Bilder und Metaphern ließen sich natürlich leicht auf die pastoralen Aufgaben der Berufenen deuten (Entzündung des wahren Glaubens), waren zudem auch als Umschreibungen des weitgesteckten politischen Anspruchs der katholischen Kirche deutbar (Bekehrung der Ungläubigen), doch bezeichneten sie darüber hinaus auch eine der grundlegenden Schwierigkeiten, mit der sich die symbolische und auch mystische Theologie auseinanderzusetzen hatte, nämlich das Problem der sinnfälligen Vermittlung des Unsichtbaren, das Problem der »Mediatisierung« des Glaubensgeheimnisses, das Problem der bildhaften Vergegenwärtigung des verborgenen Gottes.

Maximilianus Sandaeus machte in seiner *Theologia Symbolica* von 1626 pastorale Gründe für die Verwendung von Bildern und Symbolen geltend. Der Theologe konstatierte dort, dass das Volk von spirituellen Dinge einfach nichts verstehe, und es sich deshalb die höchsten Dinge – den Himmel etwa – nicht vorstellen könne, ohne ihn in Abbildern vor sich zu haben. Das Unendliche sei den meisten Menschen unverständlich und deshalb brauche es konkrete Hinweise, um die offenbaren Geheimnisse verständlich weiterzureichen.[17] Dieser dialektischen Wendung, die ja alle jesuitischen

---

[16] Siehe zum Motiv des Spiegels Maximilianus Sandaeus: Pro Theologia Mystica Clavis Elvcidarium. [...]. Coloniae Aggripinae: Ex Offincinâ Gualterianâ 1640., S. 330–332 [Speculum]. Hier S. 330–331.

[17] Maximilian Sandaeus: Theologia symbolica [...]. Mogvntiae: Impensis Ioannis Theobaldi Schönvvetteri 1626, S. 506:
> On capit populus spiritualia, quia non videt, non intelligit caelestia, quia non tangit, non percipit aeterna, quia non contrectat: & tamen aliquo modo agnoscere debet, si adfectu in illa rapi oporteat. Per res ergo sensibilis, tanquam per signa quaedam nota, & aptissimas similitudines erudiri eum necesse est, vt doctrina caelestium, qua ad fidem, & religionem maxime indiget, imbuatur. Estque hic erudiendi modus naturae humanae maxime consentaneus, cui proprium est speculari phantasmata. quid autem aliud haec sunt,

Bekehrungsbemühungen der Zeit bestimmte, lag die gläubige Ansicht zugrunde, dass Gott dem Menschen die höchsten und entferntesten Dinge nur im verschleierten Zustand aufgedeckt habe, also in ihrer offenbaren Verborgenheit: *»le cose più alte«* – so formulierte es etwa Emanuele Tesauro in *seinem Aristotelischen Fernrohr*, dem *Cannocchiale Aristotelico* – würden *»copertamente scoperte«*.[18] Und um da nicht an der Oberfläche Halt zu machen, empfahl er den vierfachen Schriftsinn, der die Möglichkeit eröffne, die Metaphern und Symbole geistvoll auszudeuten. Auch Maximilianus Sandaeus wollte und konnte in der äußeren Welt nur Anzeichen der verborgenen Dinge erkennen. Da die göttliche Natur an sich geheim und arcan sei, brauche es Abbilder (*simulacra*), Vorstellungen (*imagines*), Spuren (*vestigia*), zusammengefasst Symbole des Allerhöchsten.[19] Solche Parabeln, Embleme und Metaphern würden wie Akzidentien auf die Substanz verweisen. Und in diesem Sinne könne man nur anhand des verhüllenden Äußeren über das im innersten Verborgene überhaupt sprechen. Da dem nun mal so sei, brauche es die »Theologia Symbolica«.[20] Das, was hier behauptet wurde, musste im Allgemeinen, aber vor allem auch im »Speziellen«, auf den *»Deus absconditus«*[21] zutreffen, also auf das unzugängliche Licht Gottes, das nur in seiner Verschattung für den Menschen erkennbar war, nur im Spiegel der geschöpften Dinge sichtbar wurde,[22] also sich nur in heller Verborgenheit offenbarte,[23] etwa als Gott im Fleisch,

---

quam naturaru[m] latentium *Symbola*? sicut accidentia sunt inuolucra symbolica substantiarum. Pictura magis docentur rudes, quam litteris, quas, vel non norunt legere, vel eorum vim non intelligunt. Picturae autem vicem habent Symbola, quae multo luculentius rem ipsam, quam imagines repraesentant.

[18] Emanuele Tesauro: Il Cannocchiale Aristotelico [...]. Torino ⁵1670, S. 59–60 [Cagioni Efficienti Delle Argutezze. Iddio, Spiriti, Natura, Animali, & Huomini. Capitolo III.]. »Ma le cose più alte & peregrine ci vengono copertamente scoperte, & adumbratamente dipinte à chiaro oscuro, con tre maniere di *Simboli Figurati*; [...] senso TROPOLOGICO, ALLEGORICO, & ANAGOGICO; mà tutti son METAFORICI.« – »Aber die höchsten und entferntesten Dinge werden uns nur verborgen offenbart, und schattenhaft in Schwarz und Weiß gemalt, mit drei Arten der figurativer Symbole [...] im tropologischen, allegorischen und anagogischen Sinn; doch alle diese sind metaphorisch.«

[19] Maximilianus Sandaeus – Theologia Symbolica, S. 505–506.

[20] Ebd., S. 506.

[21] Cornelius a Lapide: Commentaria in Qvatuor Prophetas Maiores [...]. Antverpiae: Apud Henricvm & Cornelium Verdussen 1703, S. 379 [Commentaria in Isaiam Prophetam. Cap. XLV. Vers. 15.].

[22] Roberto Bellarmino: Explanatio in Psalmos [...]. Lvgdvni: Sump. I. Bapt. Bovrlier & Lavr. Avbin, viâ Mercatoriâ, sub signo Spei 1675, S. 74 [Psalm 18, 5: In sole posuit tabernaculum suu[m] & ipse tanquam sponsus procedens de thalamo suo.]: »Deus [...] videmus per speculum creaturarum.« – »Gott [...] sehen wir im Spiegel des Geschöpften.«

[23] Maximilianus Sandaeus – Theologia Symbolica, S. 507.

als »Deus in carne«[24], als Menschensohn oder – wie fasste es Roberto Bellarmino einmal symbolisch – als Sonne hinter den Wolken, deren Wärme man trotzdem noch empfinden könne.[25]

In dem Frontispiz zu Athanasius Kirchers *Ars magna lucis et umbrae* wurde beispielhaft gezeigt, wie das lichttheoretische Paradox der hellen Dunkelheit, oder dunklen Helle in eine bildliche Metapher zu bringen war. Die Sonne wurde hier als christlicher Apollo oder auch apollinischer Christus dargestellt, als Symbol und Wetterzeichen des unzugänglichen Lichtes. Was da in der lichten Verschattung, besser gesagt in der Wolkigkeit des Leibes Christi leuchtete, konnte Kircher in dem theologischen Epilog zu seinem Buch als Licht vom Licht, als *»lumen de lumine«* beschreiben. Die alten Theologen, so meinte er dort, hätten den göttlichen Geist als primär unendliches Licht verstanden, das sich erst mittels seiner Einkörperung habe verstrahlen können, also erst durch seine Bildhaftigkeit zur Anschauung gelangt sei. Und das hätten, so Kircher weiter, alle christlichen Theologen auch auf das allerheiligste Sakrament übertragen, also den Corpus Christi. Das unendliche und ewige Licht sei der Vater, das Licht vom Licht aber der Sohn. Christus sei der Strahl der göttlichen Substanz und Abglanz der väterlichen Herrlichkeit.[26] Sein Fleisch – das war gefestigte Auslegungstradition auch der jesuitischen Neuscholastik – sei der Wolke vergleichbar, hinter der sich das Licht der Sonne verborgen habe.[27] Was Kircher hier im Sinn hatte, war zuvor schon von dem jesuitischen Exegeten Cornelius a Lapide beschrieben worden, und zwar im Zuge seiner Ausdeutung der Schöpfungsperikope *»fiat lux«*. Auf symbolischer Ebene sei das »es werde Licht« als *»fiat Verbum«* zu verstehen und verstanden worden – so bei Thomas von Aquin[28] – also als Glanz vom

---

[24] Maximilianus Sandaeus: Theologia Mystica […]. Mogvntiae: Impensis Ioannis Theobaldi Schônvvetteri 1627, S. 216: »Calignem autem pro velo carnis Christi sumit Chrysostomus, tanquam inuolucro Diuinitatis.« – »Die Dunkelheit bestimmt Chrysostomus hingegen als Christi Fleisch, gleichsam als Hülle der Göttlichkeit.«

[25] Vgl. Roberto Bellarmino – Explanatio in Psalmos, S. 565 [Psalm 95, 2: Nubes & caligo in circuitu eius, iustitia, & iudicum correctio sedis eius].

[26] Athanasius Kircher: Ars magna lucis et umbra. In X. Libros digesta […]. Amstelodami: Apud Joannem Janssonium à Waesberge, & Haeredes Elizaei Weyerstraet ²1671, [Epilogis, sive metaphysica Lucis et Umbrae] S. 796. »lux infinita, & aeterna sit Pater; lumen de lumine sit Filius« – »das unendliche und ewige ist der Vater, das Licht vom Licht ist der Sohn«.

[27] Maximilianus Sandaeus – Theologia Mystica, S. 217.

[28] Vgl. Francis Josef Kovach: Die Ästhetik des Thomas von Aquin. Eine genetische und systematische Analyse. (Quellen und Studien zur Geschichte der Philosophie 3) Berlin: de Gruyter 1961, S. 13: »Was nun diese Termini im übertragenen Sinn betrifft, spricht Thomas über Gott als Licht [Quodl. 1,1,1,2a und ad 2], über den Sohn des göttlichen Vaters als Glanz vom Licht

Licht, als »*quasi lumen de lumine*«.[29] Allegorisch gesprochen sei der »Christus incarnatus« allerdings nichts anderes als das Licht der Welt,[30] »lux mundi«, im anagogischen Sinne wiederum müsse man dieses Licht als das ewige Licht der väterlichen Glorie verstehen und als den Glanz der »*visio beatifica*«, so wie es in Psalm 36, 10 geschrieben stehe: »*In lumine tuo videbimus lumen*« – »in deinem Lichte werden wir das Licht schauen«. Dies sei der Grund dafür, – so schloss Cornelius a Lapide seine Deutung – dass die Maler die Figur Christi, die Figuren der Engel und Heiligen immer im Strahlenkranz zu malen geneigt seien.[31]

Es war natürlich alles andere als ein Zufall, dass in den Feierlichkeiten zur Erhebung Franz Xavers zum Landespatron, also zum Einzug der Sonne des Orients in die Leuchtenstadt, die Kongregationen und Vereinigungen – unter gelehrter Anleitung – zur symbolischen Theologie griffen, um mit leicht verständlichen, aber gleichwohl tiefsinnigen Bildern, die Bedeutung des Heiligen für die katholische Sache deutlich werden zu lassen. Am Nachmittag des 21. November 1654 setzte sich mit dem Geläut aller Kirchen und dem Donnern der Geschütze ein Festzug in Gang, der von der Peterskapelle[32] zur Jesuitenkirche führte.[33] Die auf hölzernen Tragen mitgeführten Bilder variierten bedeutungsvoll das Thema des Lichtbringers

---

[De pot. 2,3 sed c.3a. – Vgl. ebd, 2,4,13a und 9,9,12a, ferner: In Ioann. 1,1 und ebd. 17,1, L 1] und über den Hl. Geist als den splendor des Vaters und des Sohnes [De pot. 10,4,22a und ad 22]. Ferner lehrt er [Thomas], dass alle geschaffenen Dinge vom göttlichen Verbum als lumen manifestiert werden, indem sie ihr manifestierendes Prinzip, die Form, vom Verbum erhalten [In Ev. Ioann. cap. 1.1.4 ad ›Ut testimonium‹] und dadurch intelligibel gemacht werden [In Ev. Ioann. 8,1, L.2. – Vgl.: Diffunderat siquidem radios suos, sapientiae videlicet suae indicia, super opera omnia quae credavit. – Epist. dedicat. ad Urbanum IV. in Cat. super Matth. evang. ed.], so dass alle Menschen durch ihre natürliche [In Ev. Ioann. 1,1, L.5. – Vgl. 5,6, L.6 und 8,1, L.2] wie durch ihre übernatürliche Erkenntnis [In Ev. Ioann. 1,1, L. 8] eigentlich am göttlichen Licht partizipieren.«

29 Cornelius a Lapide: Commentaria in Pentatevchvm Mosis […]. Antverpiae: apvd Henricvm et. Corneli Verdvssen 1697, S. 31 [Genesis Cap I. – Fiat Lux]: »*Fiat lux*, id est, fiat Verbum, quasi lumen de lumine.«

30 Ebd., S. 31 [Genesis Cap I. – Fiat Lux]: »Alleg. Christus incarnatus est lux mundi, Joann. 8. 12. & c. 1. 19.«

31 Ebd., S. 31 [Genesis Cap I. – Fiat Lux]: »Anagogicè lux significat lumen gloriae & claritatem visionis beatificae, juxta illud psalm. 35. 10. *In lumine tuo videbimus lumen*. Hinc Christus gloriam coelestem in transfiguratione sua repraesentavit per lucem: *resplenduit* enim *facies ejus sicut sol*, Matth. 17. 2. Hinc & angeli ac Beati dum apparent, videntur lucidi & splendidi, qua de causa pictores semper eis radios appinguit. Vide Apocal. 21. 11. & 23.«

32 Vgl. Adolf Reinle: Die Kunstdenkmäler des Kantons Luzern 2: Die Stadt Luzern 1. (Die Kunstdenkmäler der Schweiz 33) Basel: Verlag Birkhäuser 1953, S. 208–219.

33 Ebd., S. 303–305.

244

Franz Xaver. Hinter einem hohen Kreuz, das dem Zug voran getragen wurde, kam zuerst die »Kongregation der ledigen Handwerker«[34] (*opificum iuniorum coetus*[35]) mit einem kunstreichen Gestell, auf dem der von Glaubenseifer entflammte Heilige (*arduus Xaverius*) stand, im japanischen Rednerkostüm, wie es hieß (*habitu perorantis ad Japones*), das Haupt umfunkelt von hell schimmernden Strahlen (*capite radiis corusco*), die Figur als Ganzes aber umflutet von einer erhabenen Wolke (*nube eminus*). Neben ihm erkannte man bekehrte Götzendiener sowie geheilte Kranke, unter seinen Füßen aber niedergeworfene Dämonen und Teufel.[36] Das Bild stellte, leicht verständlich, den heilbringenden Wundertäter dar, mehr aber noch den erleuchteten Prediger. Die Wolke, die Franz Xaver hier umgab, ließ sich natürlich als schlichte Erscheinungswolke deuten, war aber wohl stärker noch auf sein apostolisches Predigtamt bezogen. In der jesuitischen Exegese und Kommentarliteratur fand sich gerade zu einer solchen Ausdeutung reiches Material. Dort wurde überaus häufig die Aufgabe des Mediators göttlichen Lichtes mit dem Bild der Wolke beschrieben. Cornelius a Lapide sprach zum Beispiel in seiner Ezechiel-Ausdeutung davon, dass solch eine apostolische Wolke durch die Sonne Gottes ihre Helligkeit erhalte. Der Wolkenschleier sei aber deshalb nötig, um das überstarke Licht Gottes für die Augen der Menschen abzudämpfen und zu temperieren. Denn nur dadurch könne überhaupt die »claritas« der Sonne anschaulich werden, dass eine Wolke den unendlichen Glanz verdunkle, nur dadurch die Erkenntnis vermittelt werden, dass das Hellste sich mit einem angemessenen Schleier verschatte, der heilige Mensch sich als Bild vor den unsichtbaren Gott stelle, Gott aber durch ihn hervorleuchte, wie eben die Sonne durch die Wolke. Und gerade hierin müsse man den Grund erkennen führte Cornelius weiter aus, dass Dionysius Areopagita in seiner *Himmlichen Hierarchie* die Apostel und Kirchenväter als Wolken habe bezeichnen können, da sie ja nichts anderes getan hätten, als den Unwissenden als »mediatores«[37] das lichtvolle Wort Gottes kundzutun.[38] Solche wolkigen Interpretationen konnte man unter anderem der mystischen Theologie des Maximilianus Sandaeus entneh-

---

[34] Johann Beckmann – Die Verehrung des hl. Franz Xaver in der Innerschweiz, S. 55.

[35] Auch im weiteren nach: *Liber Historiae Collegii Societatis Iesu Lucernae Anno MDCXVIII*, S. 297.

[36] Johann Beckmann – Die Verehrung des hl. Franz Xaver in der Innerschweiz, S. 55.

[37] Jacobus Masen: Speculum Imaginum Veritatis Occultae […]. Coloniae: Sumptibus Viduaem & Haeredum Joannis Antonii Kinchii ³1681, S. 1108 [Cap. LXXXII. DE ASTRIS ET METEORIS.].

[38] Cornelius a Lapide – Commentaria in Qvatuor Prophetas Maiores, S. 1012 [Ezechielem].

men,[39] ganz ähnliche Bilder fanden sich auch im *Caelum Empyreum* des Henricus Engelgrave. Mit Hinweis auf Augustinus hieß es dort, dass die Apostel, Prediger, Propheten, kurz die Verkünder des Gotteswortes ohne weiteres als Wolken bezeichnet werden könnten, denn gleich diesen würden sie den heilbringenden Regen der Beredsamkeit auf die ausgetrocknete Erde verstockter Seelen niederfallen lassen, um dadurch reiche Früchte zu ernten.[40] Und eben deshalb, betonte Engelgrave, habe auch Papst Gregor gesagt, es sei richtig, die heiligen Prediger als Wolken zu bezeichnen: »*Recte, praedicatores sancti, NUBE dicuntur.S*«[41] Auch im encyclopädischen *Mondo Simbolico* des Filippo Picinelli fand man unter dem Motto »*vt in orbe plvamus*« diesen Bildvergleich. Die heiligen Apostel seien als Wolken dazu ausersehen, den Erdkreis mit dem Regen des Evangeliums zu befruchten, wie das auch schon der hl. Tomaso di Villanova richtig ausgedrückt habe: »Die Prediger sind gleich Wolken, die das ganze Erdenrund mit der Lehre des Evangeliums befruchten«.[42] Das Bild der Wolke, das im Luzerner Festumzug so kunstvoll von den Handwerkern ausgestattet worden war, trug also schwer an symbolischer Theologie, denn auf dem »*ferculum*«, dem Traggestell der jungen Männer, wurde der Körper des Heiligen selbst als Wolke vorgestellt, und er damit als Mediator, als Prediger des Gotteswortes, als Leuchte des unsichtbaren Lichts gekennzeichnet. Mit dem Zertreten der Teufel und Dämonen, der Ketzer und Häretiker war hier natürlich zuerst ein deutliches Wort zu den kontroverstheologischen Absichten der Jesuitenmission in der Innerschweiz gesprochen, aber mit der »*nube eminus*«, die den Heiligen umgab, wurde auch die bildliche Sprache der ins Jenseits verweisenden Weltdeutung der Jesuiten ins Anschauliche übersetzt, und das Höchste als Symbol auf die Erde herabgezogen. Wie hatte Jacobus Masen in seinem *Speculum imaginum veritatis occultae* sagen können: »*Nubes tamen leves ac lucidae, sunt homines sancti in corpore mortali*«, also: »Die leichten und hellen Wolken aber, sind heilige Menschen in sterblichen Körpern.«[43] Der heilige Mensch, das war gemeint, sei das beste Beispiel symbolischer Theologie.

---

[39] Maximilianus Sandaeus – Theologia Mystica, S. 217. Vgl. auch Maximilianus Sandaeus – Pro Theologia Mystica Clavis Elvcidarium, S. 127–135 [CHRISTVS IESVS]. Hier S. 128.

[40] Henricus Engelgrave: Caelum Empyreum […]. Coloniae Agrippinae: Apud Joannem Busaeum, Bibliopolam sub Monocerote 1668, S. 899.

[41] Ebd., S. 898.

[42] Filippo Picinelli: Mondo Simbolico […]. Milano: Nella Stampa di Francesco Vigone 1669, S. 71.

[43] Jacobus Masen – Speculum Imaginum Veritatis Occultae, S. 1108 [Cap. LXXXII. DE ASTRIS ET METEORIS.].

All das hatte nicht nur Methode, sondern war natürlich auch Glaubensinhalt. Von der menschenmöglichen Offenbarung wusste man im Orden zu sagen, dass der gemeine Gläubige die Schönheit des göttlichen Lichtes nur in Form der Brechung wahrzunehmen im Stande sei,[44] er sich nur im Symbol das Höchste vergegenwärtigen könne, wohingegen dem Heiligen durch das Mittel der Kontemplation der Genuss eines direkten Strahls des göttlichen Lichtes zuteil werde, ein Licht, das bei diesem Ausgezeichneten durch keinen Nebel gebrochen, durch keine Wolke gefiltert in die Seele hineinfalle.[45] Aufgrund dieses wahren Lichtes der »visio beatifica«, so wollte es Cornelius a Lapide, sei es den Künstlern erlaubt, die Figuren der Heiligen mit einem Strahlenkranz zu umgeben[46] – ebenso, wie das in Luzern die »iuniores« in der Figur des heiligen Predigers realisiert hatten. Wie durchdacht und bedeutungsvoll die Wahl und Erhebung des heiligen Missionars Franz Xaver zum Stadtpatron war, ließ ein weiterer Blick in den *Mondo Simbolico* des Filippo Picinelli erahnen. Da hieß es nämlich, dass die »Lucerna« ein ganz treffliches Bild für all jene sei, die als Prediger das Licht des evangelischen Glaubens unter der »blinden« Bevölkerung ferner Länder verbreitet hätten.[47] Wer anders also als der »Apostel der Indianer« konnte da noch als Schutzpatron für die Leuchtenstadt in Frage kommen?

Doch stellte natürlich das, was die Handwerker sich hatten einfallen lassen, beileibe nicht den inszenatorischen Höhepunkt der Erhebungsfeier dar. Auch in den anderen Bildern des Festumzuges wurde mit erhellenden Wendungen vom Unsichtbaren gesprochen. Am deutlichsten kam die symbolische Theologie der Jesuiten vielleicht in dem Wagen der Stadt zu Geltung, einem geschmückten Triumphgefährt (*adornato curru triumphali*),[48] auf dem der Heilige leibhaftig unter einer vergoldeten Apsis thronte (*Diuus ipse throno insidebat sub abside aurata*), neben ihm zwei geschmückte äthiopische Pagen, von denen der erste ein großes Kreuz hielt, der zweite aber den Siegeslorbeer vorantrug.[49] Die personifizierte Lucer-

[44] Vgl. dazu auch Maximilianus Sandaeus – Theologia Mystica, S. 227.

[45] Athanasius Kircher – Ars magna lucis et umbra, S. 808.

[46] Cornelius a Lapide – Commentaria in Pentatevchvm Mosis, S. 31 [Genesis Cap I. – Fiat Lux].

[47] Filippo Picinelli – Mondo Simbolico, S. 623 [Lucerna]: »Idea di Predicatori, e di quelli particolarmente che portano a i paesi della cieca gentilità il lume della fede euangelica […].« – »Einfall für Prediger, und besonders für jene, die das Licht des evangelischen Glaubens in die Länder der blinden Völker tragen.«

[48] *Liber Historiae Collegii Societatis Iesu Lucernae*, S. 294.

[49] Ebd., S. 295: »[…] gemino Athiope regiè ornato ad latus stante, quorum unus Christum Cruci affixum (grandis operis et pretiosi) alter aborem laurum Victori praeferebat.«

na lenkte den Wagen herab von einer leuchtenden Kugel, vier Schimmel zogen ihn, geschirrt nach römischen Brauch, Mohren als Zügelhalter an den Seiten.[50] Unzweifelhaft, dass auch in dieser Inszenierung die so nahe liegende Lichtmetaphorik Grund der Darstellung gewesen war. Franz Xaver übernahm in diesem Bild bedeutungsvoll die Rolle des Lichtbringers Apoll. Als Phoebus und damit als personifizierte Sonne des Orients zog der Jesuitenheilige – an einem Sonntag versteht sich[51] – triumphal in Luzern ein und ließ so die Leuchtenstadt in feurigem Glanz erscheinen, erfüllte die Stadt und ihren Namen mit dem ewigen Licht. Das Symbol der Sonne, dessen universelle Leuchtkraft sich mit dem Konsistorialbericht del Montes wie auch mit der Kanonisationsbulle Urbans VIII. verbreitet hatte,[52] war zwar schon 1622 während der Kanonisationsfeierlichkeiten etwa in Rom von Wichtigkeit gewesen,[53] wurde aber in Luzern in wohl einmaliger Weise mit Bedeutung gefüllt und blieb gerade deshalb als Bild lebendig. Zu einer späten Wiederaufnahme dieser verschleierten Son-

---

[50] Ebd., S. 295: »[...] currum albentes uehebant equi, quadriiugi una serie, Romano more, mauris frena tenentibus«. Siehe auch die summierende und teils ungenaue Beschreibung bei Johann Beckmann – Die Verehrung des hl. Franz Xaver in der Innerschweiz, S. 55:
> [...] während die Kongregation der Herren und Bürger den Luzerner Staatswagen mit vier aneinandergereihten Schimmeln bespannt, führt. Neger sind die Rosselenker. In einem Senatorenstuhl sitzt auf hohem Wagen der Heilige in der Haltung eines römischen Triumphators. Lucerna, in den Stadtfarben gekleidet, überreicht dem Heiligen die Weihekerze in Grösse eines Balkens. Eine berittene Ehrengarde begleitet den Wagen.

Früher schon bei Theodor von Liebenau, Das alte Luzern. Topographisch-kulturgeschichtlich geschildert. Luzern: Verlag von C. F. Drell 1881, S. 100:
> Der Jesuite Franz Xaver wurde den 6. März 1654 auf Antrag der beiden Schultheißen zum Schutzpatron der Stadt und des Kantons erwählt und am 21. November fand darauf eine feierliche Prozession zu Ehren des Landespatrons von der Peterskapelle in die Jesuitenkirche statt. Allegorische Bilder wurden vorgetragen, welche die Macht des Heiligen darstellten. Der Festzug glich mehr einem Fastnachtszuge, als einer nordländischen kirchlichen Ceremonie, da Knaben als Mohren gekleidet kamen, welche den Triumpfwagen begleiteten, und ein Frauenzimmer in den Standesfarben eine Wachskerze trug, die fast die Größe eines Balkens hatte. Andere Figuren stellten den besiegten Cupido, die Weltlust und die Hoffart dar; selbst ein schwarzer Indierfürst, von 20 Pagen begleitet, musste aufmarschiren.

[51] Siehe Hugo Rahner: Das christliche Mysterium von Sonne und Mond. In: Alte Sonnenkulte und die Lichtsymbolik in der Gnosis und im frühen Christentum, hg. von Olga Fröbe-Kapteyn. (Eranos-Jahrbuch 10 [1943]) Zürich: Rhein-Verlag 1944, S. 305–404. Hier S. 327.

[52] Siehe *Magnum Bullarium Romanum* 4, S. 15.

[53] Siehe Gino Angelo Capponi: Pirimalo tragedia da recitarsi nel Coll. Rom. Da gli Academici partenii nelle feste della Canonizatione di S. Francesco Saverio [...]. Roma: appresso Alessandro Zannetti 1623, [ohne Paginierung] S. 3. Auch Famiano Strada, Saggio delle feste si apparecchiano nel Collegio Romano in honore de' Santi Ignatio et Francesco [...]. Roma: Appresso Alessandro Zannetti 1622, S. 8–9.

nenikonographie kam es in Luzern um die Mitte des 18. Jahrhunderts, gerade in einer Zeit des abnehmenden Franz Xaver-Kultes. Der Orden besann sich im Rahmen der Erneuerung des Gewölbeschmucks der Jesuitenkirche auf die lichtvollen Tugenden des Stadt- und Kirchenpatrons und ließ ihn als orientalische Sonne auferstehen und im Bild verewigen.[54] 1749 malten die Gebrüder Giuseppe und Giovanni Torricelli – ohne Zweifel auf Anregung jesuitischer Programmautoren – einen großen Deckenspiegel aus, in dem Franz Xaver als himmlischer Lichtbringer erschien. Man erkannte dort, wie der Heilige »auf einem Triumphwagen von Elefant, Kamel, Dromedar und Panther durch die Luft gezogen« wurde. »Ein Posaunenengel mit der Devise: »S. FRAN: XAVERIO VRBIS ET REGIONIS PROTECTORI« leerte »ein Füllhorn auf die unten stehende Bevölkerung von Luzern, an deren Spitze ein Bischof, offenbar der Nuntius«, stand.[55] Wieder wurde die Offenbarungsleistung des Jesuitenheiligen in Stadt und Land als sonnengleich gekennzeichnet und diese lichtvolle Anspielung auf der bildlichen Ebene mit dem Verweis auf Apoll bedeutungsschwer vertieft.[56]

Die enge gedankliche Verbindung, die immer wieder absichtsvoll zwischen dem Heiligen und dem Stadtnamen geknüpft wurde, war auch in der Kirchweihe der neuen Jesuitenkirche zum Tragen gekommen und hatte in einem extra für den Anlass geschriebenen Theaterstück überaus deutlich in Szene gesetzt werden können. Am 26. August 1677, einem Donnerstag, hatten »Theyls Ehren-Persohnen; Theyls von einer Edlen/ bey der Societet IESV, in ermeltem Lucern Studirender Jugend« schauspielerische Kostproben aus dem Leben des Heiligen »fürgestellt« und auf öffentlicher Bühne zum Besten gegeben. Man inszenierte das Spiel vom »wunderwirkenden Wohltäter« und »großmögenden Wahrheitsverkünder« Franz Xaver, das aufgrund pastoraler Wirkungsabsichten noch

---

[54] Vgl. dazu den Belebungsversuch von – wie Johann Beckmann – Die Verehrung des hl. Franz Xaver in der Innerschweiz, S. 65 Anm. 11 annimmt – Anton Pfyffer: Erneuerung Der Inbrünstigen Andacht Der Lucerner Gegen dem Grossen Indianer=Apostel Dem Heiligen FRANCISCO XAVERIO, Als Ihrem Stadt=und Lands=Patron. Constantz: Bey Joseph Antoni Labhart, Stadt=Buchdruckern 1748.

[55] Adolf Reinle – Die Kunstdenkmäler des Kantons Zürich, S. 336.

[56] Es macht den Eindruck als habe man sich hier auf die später im *Liber Historiae Collegii Societatis Iesu Lucernae* niedergelegte Festbeschreibung bezogen, denn auch dort war von einem hier rechts zu sehenden »arcus triumphalis« die Rede gewesen. *Liber Historiae Collegii Societatis Iesu Lucernae*, S. 295: »Ad finem Pontis stabat ingens arcus triumphalis inscriptionisbus, emblematis, elogiis distinctus. […] minor arcus ante fores templi erectus erat […].«

zweimal wiederholt wurde und zwar am 30. August und 1. September.[57] Im Prolog dieses Dramas, das sich als Manuskript mit Korrekturen und marginalen Regieanweisungen in der Luzerner Zentralbibliothek erhalten hat,[58] vernahmen die versammelten Gläubigen das Klagen Indiens und Japoniens über den elenden Zustand ihrer Nationen. Den dunklen Machenschaften und Einflüsterungen der personifizierten Idolatrie wurde ein Ende gemacht, als Christus auf das Stichwort »salutem« – wie es in einer Marginalie lautete – am Himmel erschien (*ad verba dat salutem Christo apparet in äere*). Er verbreitete Hoffnung und vertrieb die Dunkelheit des Götzendienstes mit den tröstenden Worten: »*Consolare, Gentilitas, quia venit lumen tuum: et gloria Domini super terra est*«; und weiter: »*populus, qui sedebat in tenebris, videt lucem magnam.*«[59] Am Rand des Textes war dann die Anweisung zu lesen, dass sich beim Wort »großes Licht« das Schiff des Heiligen zu nähern habe (*ad verba lucem magnam protrahitur navis Xaveriana*). Dieser rief noch vom heraneilenden Boot aus: »*Ecce ego, mitte me da mihi animas!*«[60] All' dies musste sich natürlich vieldeutig auf das womöglich in einem abgedunkelten Zuschauerraum sitzende Publikum beziehen,[61] also auf die Bürger der Stadt und des Kantons, bezeichnete aber zugleich die Hoffnungen, die man mit dem Heiligen, dem Patron der neu zu weihenden Kirche verband: Stärkung des Glaubens, Erbauung der Gläubigen, Festigung des Ordens in Stadt und Land. Dabei war das hier Vorgetragene in Wortwahl und szenischer Auf-

---

[57]   S. FRANCISCVS XAVERIVS Auß der Gesellschafft JESV/ Der Alten Welt Wunderwürckender Gutthäter/ der Newen Großmögender Warheits Verkünder/ Auff offentliche Schaw-Bühne beygebracht. In Hoch-erwünschter Frewdens-Begegnuß/ Da GOTT dem Allmächtigen vorderist; wie dann auch bemeldtem Heiligen Statt- vnd Lands-Patronen/ zu schuldigen Ehren Ein Ansehenliches Kirchen-Gebäw/ Auß vngesparter Freygebigkeit Einer Großgünstigen Gnädigen Obrigkeit der Alt-Catholischen Statt vnd Standt Lucern auffgeführt/ Von dem Hochwürdigsten in Gott Fürsten vnd Herrn/ Herrn Odoard Cybo/ gebohrnen Fürsten/ zu Massa vnd Cararia, Ertz-Bischoff zu Seleucia, Bäpstlicher Heyligkeit in Catholischer Schweitz/ vnd Graw-Bündten Höchst-Ansehenlichen Abgesandten/ ec. eingeweyhet worden/ Von Theyls Ehren-Persohnen; Theyls von einer Edlen/ bey der Societet IESV, in ermeltem Lucern Studirender Jugend fürgestellt/ erwehnten grossen Gutthäteren zu möglichster Danckbarkeit dediciret Von der Gesellschaft JESV/ zu Lucern/ Den 26. vnd 30. Augusti/ wie auch den 1. September/ Anno 1677. Getruckt zu Lucern/ bey Gottfrid Hautt.
[58]   *S. Franc, Xaverius Indiae et Japoniae Apostulus Ludis Enconialibus in Scena datus Anno 1677 mense augusto.* [Zentralbibliothek Luzern Pp Msc 74/4].
[59]   Ebd., S. 4–7 [Prologus Musicus]. Hier S. 6.
[60]   Ebd.
[61]   Vgl. das Motto des Stückes, das in der alten Michaelskirche stattfand, die auf Kosten des Senats umgebaut worden war. *Memorabilia Tum Ex Historia Domestica*, f. 61v: »Sti Francisci Xaverii in Deum amor, in proximum Charitas. Exhibita fuit in veteri templo […] theatro novô sumptibus […].«

bereitung alles andere als zufällig, ganz im Gegenteil. Autor und Regisseur hatten mit scharfsinnigem Bedacht die Möglichkeit der Identifikation und Überlagerung eingeplant. Dabei spielte die schon bekannte Licht- und Leuchtmetaphorik wieder die entscheidende Rolle. Christi Worte »*Gentilitas, quia venit lumen tuum: et gloria Domini super terra est*« und »*populus, qui sedebat in tenebris, videt lucem magnam*« paraphrasierten Isaia 60,1[62] und 9, 2[63], Perikopen, die vom aufscheinenden Licht in der Dunkelheit sprachen, davon, dass Völker und Könige vom Glanze dieses Lichtes angezogen würden, zitierten aus der Bibel die anagogische Offenbarungsgewissheit herbei und konnten deshalb in typologischer, aber eben auch symbolischer Weise auf Luzern bezogen werden. Jeder, der denn wollte, durfte das auf sich selbst beziehen, auf die Stadt, das Land etc. Doch waren diese Verse von der gelehrten Exegese genau an der Stelle herangezogen worden, wo das »*fiat lux*« der Genesis zergliedert wurde, also da, wo das Licht in tropologischer Weise auch als Weisheit und Wissenschaft hatte verstanden, zudem aber noch als Gesetz, Lehre und besonders als Evangelium hatte ausgedeutet werden können. Bei Cornelius a Lapide wurde diese Auslegung noch mit einem Hinweis auf Sprüche 6, 23 bereichert, wo es hieß: »Eine Leuchte ist das Gebot und die Weisung ein Licht« – »*Mandarum lucerna est, & lex lux*«.[64] Diese Gedankenverbindungen sollten in dem Theaterstück natürlich mit aufgerufen werden, denn dort nahm der Heilige durch sein Predigen und Taufen nicht nur ganze Völkerscharen in die katholische Kirche auf, sondern zog mit seinem Glanz auch Könige in den Bann, etwa jenen von Bungo, der nach einigem Zaudern den christlichen Glauben angenommen hatte und durch

---

[62] »1 Mache dich auf, werde licht. Denn dein Licht kommt, und die Herrlichkeit des Herrn strahlt auf über dir. 2 Denn siehe, Finsternis bedeckt die Erde und Dunkel die Völker; doch über dir strahlt auf der Herr, und seine Herrlichkeit erscheint über dir, 3 und Völker strömen zu deinem Lichte, und Könige zu dem Glanz, der über die aufstrahlt.«

[63] »Das Volk, das in der Finsternis wandelt, sieht ein grosses Licht; die im Lande des Dunkels wohnen, über ihnen strahlt ein Licht auf.« »*Populus qui ambulabat in tenebris vidit lucem magnam habitantibus in regione umbrae mortis lux orta est.*«

[64] Cornelius a Lapide – Commentaria in Pentatevchvm Mosis, S. 31 [Genesis Cap I. – Fiat Lux]: Tropologicè […] Insuper lux est scientia & sapientia. Unde Sanctus Augustinus lib. primo de Genesi ad lit. c. 17. Primò, creata est lux, id est, inquit, *prior omnium creata est sapientia*, quae omnes actus praeire & illustrare debet, juxta illud psalm. 4. v. 7. *Signatum est super nos lumen vultus tui Domine.* Denique lux est lex & doctrina, praesertim Evangelica; juxta illud Proverb. 6. 23. *Mandarum lucerna est, & lex lux.* Hinc de Evangelio canit Isaias 9. 2. *Populus qui ambulabat in tenebris, videt lucem magnam, habitantibus in regione umbrae mortis lux orta est eis.* & cap. 60. 1. *Surge, illuminare Jerusalem, quia venit lumen tuum, & gloria Domini super te orta est. Et ambulabunt Gentes in lumine tuo, & reges in splendore ortus tui.*

Franz Xaver mit dem Licht des Evangeliums erleuchtet worden war. In diesem Sinne konnte man die Apostel, Propheten und Prediger auch wieder als Lichtbringer ansprechen, als Leuchten des wahren Lichtes, eine Wendung, die auch damals schon zum gefestigten Sprichwortschatz gehörte.[65] Jacobus Masen wusste, dass eben da von der Lucerna gesprochen werden könne, wo man versuche, die Strahlkraft heroischer Tugendhaftigkeit etwa der apostolischen Wahrheitsverkünder in ein kunstvolles Bild zu übersetzen.[66] Die »Apostoli« seien als *gentium instructores* die Leuchten des Evangeliums. Nichts anderes wurde in dem Luzerner Theaterstück vorgeführt. Dabei füllte Franz Xaver diese Rolle in so glanzvoller Weise aus, dass es in einer handschriftlich verfassten Beschreibung der »Kirchweyhung der Neüen Kirchen Sti Franci Xaverij« alles auf den Punkt bringend heißen konnte: »*in Xaverio Lucernam et in Lucerna Xaverium*«.[67]

Bekanntermaßen war die höchste Aufgabe, die Ignatius von Loyola sich und seinen Gefährten auferlegt hatte, die der *imitatio* gewesen, die der Nachahmung Christi, des *lumen de lumine*«. Wie dieser sollte jeder Jesuit ein »Licht vom höchsten Licht« sein, sollte zu einer hellen Wolke vor dem Angesicht Gottes werden, sollte als Leuchte, das *lux inaccesibilis* verstrahlen, also das unzugängliche Licht in personaler Verschattung zur Anschauung bringen. Dass dies dem heiligen Prediger Franz Xaver in Indien und Japan so glorreich hatte gelingen können, hing sowohl mit einer inneren Erleuchtung zusammen, wie mit den vielen wunderbaren Gnadenbeweisen Gottes, dass er aber als Schutzpatron der Stadt Luzern so erfolgreich war, hatte er sicher auch dem Stadtnamen zu danken, der im Rahmen der symbolischen Theologie nach einem hellen Licht verlangte, um überhaupt ins Leuchten zu geraten.

---

[65] So wie wir heute noch von den »Leuchten der Wissenschaft« sprechen können.
[66] Jacobus Masen – Speculum Imaginum Veritatis Occultae, S. 961 [Cap. LXXVII. Imagines Artefactorum. (Lucerna)].
[67] *Verlauff Umb die Kirchweyhung der Neüen Kirchen Stⁱ Fran^{ci} Xaverij […] Am 29. Augusti 1677* [Staatsarchiv Luzern SA 5661], [ohne Paginierung] 3v.

Anhang

Perioche des anlässlich der Weihe der neuen Jesuitenkirche zu Luzern im Jahre 1677 aufgeführten Theaterstückes

[Ohne Paginierung 8 Seiten]

S. FRANCISCVS | XAVERIVS | Auß der Gesellschafft JESV/ | Der Alten Welt Wunder- | würckender Gutthäter/ der Newen Großmögen- | der Warheits Verkünder/ | Auff offentliche Schaw-Bühne beygebracht. | In Hoch-erwünschter Frewdens-Begegnuß/ | Da GOTT dem Allmächtigen vorderist; wie dann auch bemeldtem | Heiligen Statt- vnd Lands-Patronen/ | zu schuldigen Ehren | Ein Ansehenliches Kirchen-Gebäw/ | Auß vngesparter Freygebigkeit | Einer Großgünstigen Gnädigen Obrigkeit | der Alt-Catholischen Statt vnd Standt Lucern | auffgeführt/ | Von dem Hochwürdigsten in Gott Fürsten vnd Herrn/ Herrn | Odoard Cybo/ gebohrnen Fürsten/ | zu Massa vnd Cararia, Ertz-Bischoff zu Seleucia, Bäpstlicher Hey- | ligkeit in Catholischer Schweitz/ vnd Graw-Bündten Höchst-Ansehen- | lichen Abgesandten/ ec. eingeweyhet worden/ | Von | Theyls Ehren-Persohnen; Theyls von einer Edlen/ bey der Societet IESV, in | ermeltem Lucern Studirender Jugend fürgestellt/ erwehnten grossen Gutthäteren | zu möglichster Danckbarkeit dediciret | Von der Gesellschaft JESV/ zu Lucern/ | Den 26. vnd 30. Augusti/ wie auch den 1. September/ Anno 1677. | Getruckt zu Lucern/ bey Gottfrid Hautt. [ZB Rd 504: 22]

Innhalt | Gegenwärtigen Wercks an den Günstigen Zuseher. | ES ware das Leben deß Heyligen Xaverij, wie dessen Geschicht-Schreiber/ | bevorab Horatius Tursellinus, vnd Daniel Bartoli weitläuffige Zeugnuß | geben/ also beschaffen/ daß es sich in die kurtz abgemeßne Schrancken der Na- | tur nicht hat einschliessen lassen. Darumb dann auch du (Günstiger Leser vnd Zu- | seher) dich vmb so vil destoweniger befremdden must/ wann etwann die Comoedi- | Gesätz von vns nicht so ängstig seynd beobachtet worden. Wir haben als die Ar- | beitsamen Bienen hie vnd dort etwas auß dises Wunderwür- | ckenden Heyligens Tha- | ten zusammen gelesen/ doch alles zu disem endlichen/ vnd vornembsten Zweck/ dar- | durch anzudeuten/ wie gesagter grosse Xaverius den weit-berühmten Japonischen | König von Bungo, zu Erkandtnuß deß wahren Glaubens vor-bereitet/ vnd dann di- | ses Hochlöbliche Vorhaben werckstellig gemacht habe. Sollte hierinnen deinem Er- | warten von vns kein Genügen geschehen/ so gedencke/ die Werck Xaverij seyen an- | sehnlicher gewesen/ als dass vnser Schwachheit/ auch solche nur in dem Schatten zu entwerffen/ sich getrawn dörffe. |

Eingang. | NAch vorhero gehender/ auff Seyten Ihro Hoch-Fürstlichen Gnaden Bäpst- | lichen Herren Abgesandten/ ec. Dem Heyligen Xaverio, von wegen der | in Zehen Jahren aufferbawten herzlichen Kirchen/ beschehener Glückwün- | schung; vnd erfolg-tem/ auff Seyten der Societet IESV zu Lucern an den selbigen | Hoch-Würdigsten Fürsten vnd Herrn/ vmb erzeigte gröste Gnad/ auch gehabter | langer Mühewaltung/ abgestattem schuldigst-vnderthänigsten Danck/ wird die | Abgötterey als triumphirend von den verstrickten/ vnd über ihre selbst eigne Kinder | hereingetriebnen India vnd Japonia in die Schaw-Bühne eingeführt. Ersehen | doch beyde/ vnd machen ihnen selbsten einigen Trost in ihrer Trawrigkeit/ da sie an | dem Gestad deß Meers auff ein alte von dem Heyligen Apostel Thoma, schon vil | über tausent Jahr auffgerichte Saulen stossen/ auß welcher sie ihrer vnweit erfol- | genden Ledigmachung Sicherheit erlernen. Dessen sie dann noch fernere vnd grös- | sere Vergewissung erhalten/ in deme sie in einem/ von Xaverianischen Seelen-Eyfer | angleytem Schiff Christum selbsten sehen dahero seglen. Wie nicht weniger/ da | GOtt ‖

GOtt der Heylige Geist/ so in Gestalt einer weissen Tauben auff dem Segel er- | scheinet/ mit einem/ gleich als auß der Tauben Schnabel heraußgeschoßnen Don- | ner-Klapff die überwundne Abgötterey auß dem Wagen hebt. Nachdem dann | der Xaverianische Seelen-Eyfer die betrübten Indianer tröstet/ vnd auff die Füß | richtet; von denen er auch verdienten Danck zuerweisen/ in den Triumph-Wagen | erhaben wird. |

Erste Abhandlung. | 1. | XAverius, so bald er die Newe Welt erreichet/ grüsset er sie als seinen Arbeits- | vnd Kampff-Platz/ frischet sich selbsten/ zu in selbiger erwachsenden Gefah- | ren starckmütiger Ubertragung an. 2. Entzwischen erschallet das Geschrey vnd | wird allezeit grösser/ von Ankunfft Xaverij in Indiam/ so gar dass auch der gemeine | Mann von solcher zu sagen hatt; bevorab/ weil er in Forcht stehet/ dass nicht/ wann | durch Xaverij Zuthun das einträgige Götzen machen solte gar abgestellet/ oder merck- | lich gemindert werden/ ihnen zugleich die Feyßte von ihrer Suppen abgenommen | wurde: Welchem Unglück dann vorzubiegen/ entschliessen sie sich die Götzen-Pfaf- | fen wider Xaverium auffzuwiglen. 3. Ioannes Albuquericus, Bischoff zu Goa, | wird verständiget/ Xaverius seye in India angelangt/ vnd warte den Krancken in | Spittälern mit Wunderthätiger Lieb auß. Rufft ihn derohalben zu sich/ empfa- | het ihn Anfangs freundlich/ nach erhaltener Verständnuß aber/ daß er die Hochheit | eines Bäpstl. Abgesandtens mit sich trage/ auch mit grosser Ehrerzeigung. 4. Hora- | tius Vellius, vnd Jacobus Pereira, reiche Lusitanier (deren der letstere auch in Gesand- | schafft auß Befelch deß Königs in Lusitania nacher Chinam gehen solte) lassen ihnen | embsig angelegen seyn/ wie sie Xaverium, einen so lieben Gast auff das beste empfan- | gen möchten. 5. Ataides, ein Lusitanischer Graff/ welchen Pereirae Würde/ vnd | vor Hand stehende Gesandschafft in die Augen stache/ bemühet sich die newlich ledig | gemachte höchste Ambts-Stell zu Malaca durch Politische Fünd an sich zubringen/ | vnd zwar durch Hülff Xaverij, in Meinung sich also mächtig/ vnd Pereirae Vor- | haben zuhindertreiben genugsamb starck zumachen. 6. Pereira vnd Vellius grüs- | sen Xaverium, stellen ihm durch ihre Söhn ein Frewden-Fest an/ aber Xaverius | wird mehr von der/ noch Heydnischen zulauffender Jugend mit Begierds-Fewr | entzündet/ als von dem Kinder-Spiel erfrewet. 7. Laßt ihm demnach gleich die | Arbeit angelegen seyn; vnderweiset die irrende Kinder/ welche dann bald die Hey- | lige Tauff anzunemmen/ vnd die läre Götzen zubestürmen/ Hertz vnd Muth | gnug bekommen. 8. Entzwischen hat sich das Geschrey auch biß in deß Königs | in Bungo Pallast getrungen/ in welchem ohne das die Eytelkeit der Abgötterey | zimblich verargwohnet ware. Begibt sich gemeiter König nagender Gewissens | Angst voll, mit seinem Herrn Brudern in einen Garten/ in Meinung alldorten mit | einem ‖

einem lieblichen Schlaff seine Gedancken zugeschweigen/ fallt aber durch ein seltza- |
mes Gesicht in nich schwerere Träum. |

Ander Abhandlung. | 1. | DEr König/ auß seinem schweren Traum zukommen/ beruffet
Fucarondo- | num, den gelehrtisten Götzen-Pfaffen zu sich. 2. Die newlich von Xave- |
rio getauffte Jugend Geistlicher Frewden voll/ lassen ihnen vmb ihre zer- | brochene
Guldene vnd Silberne Götter-Stuck Christliche Andachts-Zeichen ma- | chen; welche
Arbeit dann/ vnwissend zu was solches diene/ greiffen die Handwercks- | Leuthe also-
balden an. 3. Ataides beginnet durch Hülff Pereirae vnd Vellij Xave- | rium in Erlan-
gung deß Malacensischen Ober-Ambts auff seine Seyten zubringen/ | welches auch/ in
Hoffnung fernerer Erweiterung der Göttlichen Ehren/ von Xave- | rio leichtlich erhal-
ten wird: obwolen Pereira vnd Vellius nicht vmbsonst förch- | ten/ es möchte Ataidis
grosser Ehrgeitz einen üblen Außgang nemmen. 4. Fu- | sculus vnd Musculus 2. Diener
erhalten von ihren Herrn das verdiente Faust- | Recht/ vmb/ weilen sie ihre Hauß-Göt-
zen übel verwahret: entziehen aber sich beyde | nach gesehenem Creutz-Zeichen.
5. Die Werck-Leuth nach vollendter ihrer Ar- | beit/ erhalten von der nunmehr Christ-
lichen Jugend für ihren Lohn die Guldene | vnd Silberne Glieder ihrer verbrochenen
Götzen/ entgegen verehret dises vnschul- | dige Alter einmühtig das Zeichen ihrer Er-
lösung. 6. Ataidi wird zu seinem new | erhaltnen Ehren-Ambt mit einem lustigen
Dantz Glück gewünscht. 7. Der Kö- | nig haltet Fucarandono seine Glaubens-Be-
schwernuß vor/ vnd entschließt sich/ | weil dieser keine erkleckliche Antwort auff die
Einwürff erstatten kan/ den Europaeische[n] | Lehrer durch einen Abgesandten zu sich
zuberuffen. 8. Der Bildhawer führet das | gemachte Creutz auff Anhalten der Christli-
chen Jugend an das Orth/ wo es solte | offentlich auffgerichtet werden/ vnd dieweil er
seine von newlichem Gewinn noch | nicht ernüchterte Zech-Brüder nicht kan von statt
bringen/ lasset er sie also Truncks | vnd Schlaffs voll an offentlichen Weeg ligen. 9. Wel-
chen dann Fusculus vnd | Musculus die Säck läeren/ vnd geben sie als Götzen-Dieb vor
der Obrigkeit an. | 10. Pereirae vnd Vellij Söhn erzelen Xaverij inbrünstigen Seelen-
Eyfer. Die | Gefangne werden als Gotts-Rauberische Dieb zu verdienter Straff auß-
geführt; | werden doch von den Christlichen Knaben/ als die ihr Verbrechen selbst
freywillig | bekennet/ erlediget/ vnd an deren statt sie selbsten zur Straff hergenom-
men. 11. Die | doch endlich von Xaverio durch freygebigs von Vellio hergeschoßnes
Gelt alle er- | lediget werden. 12. Die Japonische Höll-Göttinen/ in liebkosende Meer-
| Fräwlein verstellet/ machen zu Anfang Xaverio sein Schiffahrt sehr leicht/ im Fort- |
gang aber erwecken sie ein grosses Ungewitter/ welches Xaverius mit dem in die | wü- ||

wütende Wellen außgeworffnen Creutz alsobald stillet. Ein Meer-Krebs erfasset sol- |
ches Creutz-Zeichen in seine Scheeren/ vnd vertreibt die Meer-Wunder verwunder- |
licher Weis darmit. |

Dritte Abhandlung. | 1. | FVcarandonus vnterredet sich mit seinen vntergebnen Göt-
zen-Dienern wegen be- | vorstehenden Gefahren auß Ankunfft Xaverij; denen abzu-
helffen/ sie allen ihrer | Geistlichkeit anstehenden Fleiß vnd Arbeit/ überflüssig ver-
sprechen. 2. Ataides | erzehlet/ was Politische-Seithen er auffgezogen/ ein Liedlein
auffzumachen/ mit de- | me er Xaverium besänfftiget habe. Unterdessen kombt deß

Königs auß Bungo | Legat an/ welcher doch/ nach dem ervernommen/ Xaverius habe sich schon auff die | Japonesische Reiß auffgemacht/ selbige[n] also gleich nachsetzet. 3. Fucarandonus, durch | Beyhülff deß Obristen Hoffmeisters Königs Bungo erpracticirt den Pittschir- | Ring/ Xaverium von den Königlichen Hoff/ von ihme selbsten aber alle beförchten- | de Gefahr außzuschliessen. 4. Schafft auch alsobald die/ Xaverium einzuholen/ | außgeschickte Soldaten/ in Ansehen gemeldten Rings/ widerumb zu ruck. 5. Die | Götzen-Pfaffen machen ihrem Fucarandono gut Hertz/ in Ansehen der in Iapon so | verhassten Armuth/ welche in Xaverio erscheinet: Verschweigen doch beyneben | nicht/ das Gerücht gehe/ Xaverius habe vnlängst einen Todten zu dem Leben wider- | gebracht/ versprechen doch/ ihrer Kunst auffzubieten/ nicht weniger seltzame Sachen | sehen zulassen. 6. Und gelegentlich stossen sie auff die newlich von Xaverio dem | Todt entzogne/ nun aber mit höchster Armuth betrangte Handwercks-Leuth/ ver- | sprechen ihnen/ die Dürrsucht ihres Beutels zu heylen/ wann sie sagen wolten/ sie wä- | ren erdichter Leibs-Kranckheiten von bemelten Götzen-Pfaffen befreyet worden. | 7. Xaverius empfangt durch Göttliche Anordnung das in die Wellen geworffne | Creutz an dem Gestad/ in Ansehen des Königlichen Abgesandten; Welcher dann | hievon in der Glaubens-Wahrheit nicht weniger gestärcket/ ja gar überwunden wird. | 8. Die Lusitanische Jugend/ ob Xaverij Wolergehen/ springt vor Frewden auff: | wird aber von den Königlichen Guardi-Knechten bald gezwungen den Platz zu rau- | men/ einer auß den verstellten kranckten Handwerckeren/ der Iaponischen Gesatzen nit | gnugsamb berichtet/ kombt in newe Gefahren/ von welchen er doch/ wie auch von den | vermeinten Kranckheiten durch Anruffung falscher Götter erledigt wird. Erlangt | hierüber den verdienten Lohn/ zwar von den Götzen-Pfaffen etwas Gelts/ von dem | wahren Gott aber/ daß er 9. Von den Lusitaniern als ein Dieb ergriffen/ vnd | ohne weiteren Gerichtlichen Proceß in das Meer gestürtzet worden. 10. Xave- | rius durch Göttliche Offenbahrung deß geschehnen Todes verständiget/ als er gros- | ses Missfallen ab solchem vnchristlichen Wesen erzeigt/ gebietet dem Meer den | Ertrunckenen widerumb herauß zugeben/ welches dann alsobald geschehen; deme | über ||

über das Xaverius das Leben auffs newe mitgetheilet/ vnd befohlen/ offentlich außzu- | sagen wo vnd was Ursachen er das Gelt überkommen. Ob disem allen entsetzet sich | der Königliche anwesende Legat auff das höchste; erzehlet Xaverio, mit was Griff- | lein Fucarandonus, den Zugang zu dem König habe hintertreiben wollen/ aber ver- | gebens. Führet darauff den zu dem Leben widergebrachten mit sich nacher Hoff/ als | einen der überwisenen Gottlosigkeit vnwidersprechlichen Zeugen. Entzwischen seynd | die Lusitanier höchstens beschäfftiget/ wie sie Xaverium mit grossem Gepräng na- | cher Hoff begleiten wolten. 11. Die Götzen-Pfaffen wollen ein vnaufflößliche | Verbindung zwischen ihren Götteren vnd ihrem König machen; aber Xaverij vn- | überwindlicher Seelen-Eyfer zerreisset dise Band/ vnd wirfft den schandlichen Ab- | gott in die Höllen. |

Die Vierdte Abhandlung. | 1. | FVcurandonus befragt sich bey deß Königs Herrn Bruderen/ mit was schwermü- | tigen Gedancken er schwanger gehe/ wird doch der Ursach bald berichtet/ nach | dem deß Königs Abgesandter beyde verständiget/ der Pittschir-Ring/ mit welchem | sie Xaverio den Zugang zu schliessen begehrten/ seye eben/ solchen zueröffnen/ der ver- | langte Schlüssel gewesen: Sollen sich derohalben beyde/ vmb bevorstehende König- | liche Audientz desto prächtiger zu machen/ bey Hoff einstellen. 2. Aber Fucarandonus in Betrachtung deß Unglücks seiner Götter/ wirfft ihme hinfüran sein eignes | Glück für seinen Gott auff/ welches er anbette. Wird von seinen Mit-Götzen- | Pfaffen nacher Hoff beruffen/ welchem Spanisch vorkombt/ daß Xaverius so präch- | tig/ wider seinen Gebrauch/ herein komme. 3. Xaverius wird in den Eingang deß | Pallasts von des Königs Söhnlein empfangen/ welcher/ weil er in seinen Reden vnd | Geberden mehr Witz als Jahr erzeigt/ hat er dem Heyligen Mann leichtlich zuver- | stehen geben/ wie reichlich Frücht auß einem so guten Acker zu hoffen wäre. 4. Wel-| cher dann/ da er für den König gelassen/ alsobald angefangen/ von Gott Gespräch zu | halten/ vnd Fucarandonum dergestalten Sprachloß zumachen/ daß er mit seinen | Spieß-Gesellen in ein Abgöttisches Kloster/ als in einen Kercker von dem König ist | verwisen/ Xaverius aber zu sonderbahrer Besprachung beruffen worden. 5. Die | Hoff-Herzen machen vnderschiedliche Reden von bevorstehender Glaubens-Ver- | enderung/ fallen doch ihre Stimmen endlich dahin auß/ man müsse den Mantel nach | dem Wind hencken/ vnd dem Herrn zu lieb ein Placebo singen. 6. Underdessen | reden Pereira vnd Vellius deß Königs Abgesandtem die längere Verweilung Xave- | rij in Iaponia auß. 7. Der König aber bekombt seiner übrigen Religions-Scrup- | len sattsame Erleuchtung von Xaverio. 8. Der ihme in der letsten Gnädigst er- | theileten Urlaubs-Audientz noch stärcker zuredet/ vnd verursacht so wol bey dem Kö- | nig als dessen Söhnlein in seinem Abzug grosses Leydwesen. 9. Derohalben er | den ||

den Hoff-Pagi Befelch ertheilet/ dem Printzen mit gewohnlicher Ergötzligkeit seine überlästige Ge- | dancken zuvertreiben. 10. Er aber wirfft sich vor einer/ von Xaverio hinterlassnen Bildnuß | Christi nider/ vnd empfangt von dannen sein ewige Seeligkeit in Sicherheit zustellen/ nicht einen geringen Antrieb. |

Fünffte Abhandlung. | 1. | ES erhellet ein Geschrey/ das gantze Bungische Reich stehe in Auffruhr: dessen sich deß Kö- | nigs Bruder vnd verwisene Götzen-Pfaffen vnderfangen zugebrauchen/ als welche in | trüben Wasser mit guldenen Anglen zu fischen wüßten. 2. Aber deß Königs Bedien- | ter einer verwendet die Auffrührische Schanckung dem König/ vnd Frieden zum Besten. | 3. Ataides, nachdem er die Zuruckkunfft Xaverij vernommen/ vnterwindet sich allerdings die | Fortsetzung seiner Reyß nacher Chinam zuhindertreiben. Bringt auch endlich durch Gewalltthä- | tigkeit die Sach so weit/ daß der sonsten sanfftmütigste Xaverius, Krafft seines tragenden Gewalts | ihne in die Geistliche Acht erkläret/ vnd mit Abschüttung deß Staubs von seinen Füssen sich von | Ataide hinweg gemacht/ welcher dann mit disen Donnerstraalen getroffen/ alsobald seiner Sin- | nen ist beraubt worden. 4. Xaverius derohalben/ welchem seine heyliger Vorsatz so Gottloser | Weis zuruck geschlagen war/ bemühet sich mit überzahltem Schiff-Lohn/ welchen er von Pereira | vnd Vellio als die letste Gutthat erbett- | let/ in sein liebes Chinam sich einzutringen. 5. Entzwischen | aber opffert er sich GOTT in newe Gefahren/ (deren ihme nicht die geringste von dem bestellten | Schiffmann selbsten durch Ataidem zubereitet ware) also inbrünstig/ auff/ daß er von der Erden | entzuckt worden. 6. In welchem Zustandt als ihne vnvermerckter Weis Pereira vnd Vellius | überfallen/ führet er sie/ die Wunder Sach zu vnterreden/ dem Gestad zu/

nimbt von ihnen daselb- | sten gute Nacht. 7. Deß Königs Bruder/ als er gesehen/ er habe ihm vmb sein Gelt wenig guter | Freund erkaufft/ gehet auß dem Königreich flüchtig. 8. Deme dann Fucarandonus auff dem/ | Fuß nachfolget/ vnd von selbst eignem bösen Gewissen in Verzweifflung gebracht/ erhaltet er einen/ | seiner Verdiensten gemessen Todt/ vnd wol gebürende Begräbnuß. 9. Disem höchst trawri- | gen Beyspil sihet deß Königs Abgesandter Schreckens voll zu/ hinderbringet solches alsobald ihrer | Königlichen Majestät. 10. Welcher dann nicht in Abred stellet/ er wolle vnverweilet zu dem er- | kandten Christlichen Glauben sich bekennen wann solcher allein in Zulassung mehrer Frawen er- | bittlich wäre. Aber/ sihe Wunder! Da er in disen Reden vnd Gedancke[n] stehet/ erscheinet der schon ab- | geleibte Xaverius dem König gantz glorwürdig/ löset ihme auch disen verwirrten Zweiffels-Knopff | auff/ daß er also nunmehr aller Bande[n] ledig/ in die christliche Freyheit durch den H. Tauff/ in wel- | chem er/ Xaverio zu Ehren/ Franciscus wollte benambset werden/ eingetretten. 11. Schließ- | lichen wird ein schuldigste Dancksagung einer Gnädigen Obrigkeit vmb so kostlich erbawtes | Gotts-Hauß abgestattet/ wie dann auch Ihro Hoch-Fürstl. Gnaden/ Bäpstlichen Herrn Lega- | ten, &c. hierin erwisene grosse Gutthaten angefügt/ vnd bey mehr gemelter Gnädigen Herrschafft | underthänigst angerühmet werden. Lucern aber überreichet ihrem Statt- vnd Lands-Patronen/ | welcher sich in der Lufft glorwürdig erzeigt / ein brinnendes Liecht/ ihr/ gegen ihme vnverloschne | Zuneigung vnd Vertrawen hiemit zubezeugen/ dero hingegen auch Xaverius | sein Krafftreiche Zu-Gewogenheit beharrlich zu ewigen | Zeiten verspricht. | Alles zu grössern Ehr Gottes. ||

SYLLABUS D.D. ACTORUM. | Xaverius. Rex Bungi. Ataides. | Regis Frater. Episcopus Goae. *Personae Ho-* | *norariae.* | R.D. Joannes Jodocus an der Allmend, SS. Th. | & SS. Canonum Studiosus, *Iacobus Pereira.* | D. Christophorus Bisling, SS. TH. & SS. Cano- | num Studiosus, *Fucarondonus.* | D. Jodocus Pluder, Philosophiae Candidatus, | *Bonzius, Salius.* D. Joannes Christophorus Bisling, Logicus, | *Bonzius, Salius.* D. Joannes Balthasarus Dellpraff, Logicus, | *Amida, Denix.* | D. Severinus à Lauffen, *Bonzius, Musculus, Salius.* | D. Josephus Nauta, *Magister Aulae, Sculptor.* | RHETORES, | Carolus Antonius am Rhyn, *Legatus Bungi.* | Joannes Franciscus Dürler, *Clericus Episcopi*, | *Xacophilus, Sinipeta, Salius.* | Joannes Jacobus Rütiman, *Pictor.* | Jodocus Gualterus Cysat, *Aulicus, Salius.* | Jodocus Theodoricus Balthasar, *Clericus Epi-* | *scopi,* *Camiophilus, Bonzius, Salius.* | Ludovicus Keller, *Horatius Vellius.* | Mattinus Christen, *Fusculus.* | Nicolaus Müller, *Epilogus Eucharisticus.* | HUMANISTAE. | Alphonsus à Sonnenberg, *Fama, Thetis, Salius.* | Henricus Ludovicus Segesser, à Brunegg, *Filius* | *Horatij Vellij.* | Franciscus Jacobus Schuomacher, *Miles, Salius,* | *Militaris.* | Jacobus Reislin, *Statuarius, Salius, Militaris,* | *Nauta,* | Hieremias Herzog, *Salius Militaris.* | Joannes Renvvardus Herzog, *Argentarius.* | Jodocus Leonardus Molitor, *Xaca, Chamis.* | Thomas Bettinger, *Miles, Salius Militaris.* | MAIORES SYNTAXISTAE. | Carolus Ferdinandus Cloos, *Salius.* | Franciscus Ludovicus Studer, *Filius Iacobi Pe-* | *reirae. Sa-* | *lius.* | Franciscus Rudoplphus à Lilijs, *Discipulus Xave-* | *rij, Salius.* | Georgius, Sebastianus Rütti, *Genius Celsissimi* | *Principis Consecratoris ex Scholâ Illustrissimi Mo-* | *nasterij Einsidlensis, Conscientia, Siren.* | Ignatius am Rhyn, *Filius Iacobi Pereirae.* | Joannes Theodoricus an der Almend, *Salius.* | Jodocus am Rhyn, *Neanciscus Discip.* | *Xaver, Salius.* | Jodocus Ignatius à Sonnenberg, *Filius Horatij* | *Vellij, Siren, Salius.* |

MINORES SYNTAXISTAE. | Joannes Baptista Castus, *Famiger.* | Jodocus Pfiffer, *Discipulus Xaverij.* | Josephus Bonaventura Erhart, *Idolatria.* | Nicolaus Kost, *Christus, Siren.* | GRAMMATISTA. | Josephus Christophorus Pfiffer, *Discipulus Xa-* | *verij, Salius.* | RUDIMENTISTAE. | Christophorus Pfiffer, *Discipulus Xaverij.* | Henricus Carolus à Lilijs, *Ephoebus Regis Bungi,* | *Cancermarinus.* | Henricus Ludovicus Göldin à Tieffenau, *Dis-* | *cipulus Xaverij.* | Leodegarius Gretter, *Genius Collegij Lucernensis.* | *Zelus Xaverianus, Siren.* | PRINCIPISTAE. | Alphonsus Antonius Pfiffer, *Discipulus Xaverij.* | Franciscus Aloysius Dullicker, *Filiolus Regis.* | Franciscus Josephus à Fleckenstein, *Ephoebus* | *Filioli Regis.* | Francisc. Theodor. Göldin à Tieffenau, *Ephoe-* | *bus Regis Bungi.* | Joannes Antonius Moor, *Ephoebus Ataidis.* | Rudolphus am Rhyn, *Ephoebus Regis Bungi.* | Rudolphus Dürler, *Ephoebus Ataidis.* | FINIS.

Die Franz Xaver-Kapelle bei Morschach und ihr Bezug zur Jesuiten-Aufführung im Jahre 1677 zu Ehren von »S. Franciscus Xaverius, Cantonis Lvcernensis Patronvs«

Margret Dietrich

Die Wallfahrtskapelle bei Morschach und die Verehrung Franz Xavers in der Schwyz

Die Wallfahrtskapelle bei Morschach (Kanton Schwyz), zu der im Frühjahr seit alter Zeit die Bittgänger aus Pfarreien der Umgebung pilgern, liegt inmitten der Wiesen der Laui. Sie ist an der Decke und an den Wänden des Altarraumes mit einer Reihe von künstlerisch bemerkenswerten Fresken des 18. Jahrhunderts geschmückt, die Szenen und Sinnbilder aus dem Leben des hl. Franz Xaver darstellen. Meister dieser geradezu theatralisch anmutenden Fresken war Melchior Anton von Hospenthal aus Arth im Kanton Schwyz.[1] Anlässlich der Restaurierung der Kapelle im Jahre 1756 entwarf er diese Malereien. Den Zyklus ergänzen die seinem Stil angeglichenen, 1773 eingefügten Bilder des Hochaltares und ein Medaillon außen über der Eingangstür sowie eine Anzahl von Glasbildern der Neuzeit, die in den Zwanziger Jahren des vergangenen Jahrhunderts Albin Schweri (1885–1946) schuf. Ihre farbig leuchtende Kraft verdankte dieser bekannte Glasmaler seiner Entdeckung der ursprünglichen Herstellungstechnik solcher Kunstwerke im Mittelalter. Er stellte sich damit in Widerspruch zu den industriell verfertigten Glasmalereien des 19. Jahrhunderts. Das Medaillon über der Eingangstür ist mit einem Wappen versehen, das einen Hinweis auf die Familie des zweiten Malers gibt: ein goldener Steg in Rot, darüber das Kreuz mit Sonne und Mond zur Seite. Dieses Wappen war von Kaiser Leopold II. dem Landammann von Schwyz, Viktor Laurent Hedlinger (Hettlingen), im Jahre 1791 verliehen worden, als er ihn zum Ritter des Hl. Römischen Reiches ernannte und ihn mit diesem erblichen Adelstitel auszeichnete.

---

[1] Thieme-Becker: Allgemeines Lexikon der bildenden Künste von der Antike bis zur Gegenwart (Lizenzausgabe Leipzig 1992) 17, S. 574 verzeichnet außer diesen Malereien des Meisters lediglich noch die Ausschmückung der Kapelle zu Wylen (Ingenbohl).

Das Medaillon und das Hochaltarbild sind den Werken des Meisters aus Arth angeglichen: Sie stellen im Medaillon den Heiligen dar im Pilgergewand auf Erden, im Kreis von Männern und Frauen, denen seine Mission galt, und – symbolisch – inmitten all derer, die seine Fürbitte erflehten und heute noch erflehen. Im Hochaltarbild sieht man ihn »in der Glorie«, in weißem Chorhemd mit grüner Stola auf einer Wolke, die ihn Christus, dem Herrn der Welt entgegenträgt. Die rechte Hand Christi ruht auf einer Weltkugel. Einer der Engel hält die Krone für den Heiligen bereit. Die innige Verbundenheit der regionalen Verehrung Xavers kommt zum Ausdruck durch die darunter dargestellte Landschaft: Man sieht den Urner See, die Ortschaft Morschach mit den rotdachigen Häusern, mit Dach und Turm der St. Gallus-Kirche und in der Ferne sogar, eingeschmiegt in die bewaldeten Berge, die Franz Xaver-Kapelle mit ihren drei hochgezogenen Seitenfenstern. Hinter dem See ragen Felsmassive auf: der Gitschenstock, der Urirotstock und der Oberbauenstock; tief unten auf der anderen Seite des Urner Sees das Rütli, an dessen Gedächtnismythos Schiller später seinen »Wilhelm Tell« anschließen sollte.[2]

Die Predella unter dem Hochaltarbild zeigt den Heiligen in seiner Sterbestunde auf der China vorgelagerten Insel Sancian. Einsam liegt er auf felsigem Boden, sein Kreuz mit der rechten Hand über dem Herzen haltend. Sein größter Wunsch, dieses hoch zivilisierte Großreich zu christianisieren, war ihm versagt geblieben.

Das Medaillon an der Eingangstür, das Hochaltarbild und die Predella erscheinen in ihrer Aussage wie das Gesamt des Jesuitenspiels seinerzeit in Luzern: Sie rahmen das Göttliche Schauspiel vom Wirken des Heiligen auf Erden, von seinem Opfertod und von seiner Glorie im Jenseits; die dargestellten Gläubigen, die ihn anflehen, dürfen seiner Fürbitte im Himmel versichert sein.

Auch einige der Glasfenster stellen den Bezug zum Ort her: da sieht man auf einem derselben Franz Xaver als Patron der bäuerlichen Arbeit: ein junger Bursch im Hirtenhemd, ein Ochs und ein Schaf dürfen seinen Segen empfangen. In dem Fenster daneben sieht man den Heiligen über seiner Morschacher Kapelle; ein junges Mädchen geht auf diese zu; eine heimische Familiengruppe in bäuerlicher Tracht schaut dem Mädchen auf seinem Weg zur Kapelle nach. Die Wappen an allen Bildern des Kirchleins bezeugen das gemeinsame Wirken der Stifter für die würdige Ausstattung dieses Ortes der Verehrung; Votivtafeln an der Rückseite im In-

---

[2] Dieser und auch andere freundliche Hinweise im Zusammenhang mit der Morschachkapelle sind Dr. Fritz Frei, dem Leiter des Archivs der »Bethlehem Mission« Immensee zu verdanken.

nenraum berichten vom Dank einzelner Bittsteller und Familien aus der Bevölkerung für erhaltene Hilfen in einer Not.

Das ganze Ensemble der Fresken, der Hochaltarbilder und der Glasfenster geben Zeugnis zugleich von der Frömmigkeit der Pilger und von den Wirkkräften des Heiligen, von der Verehrung Xavers im alten Lande Schwyz. Johann Beckmann hat sich 1938 in seiner reichhaltigen Studie über *Die Verehrung des hl. Franz Xaver in der Innerschweiz*[3] mit diesem Thema befasst; er zeichnet in seiner Studie ein breites Spektrum der Xaver-Verehrung in der Zentralschweiz auf, die seit der Gründung des Jesuitenkollegs in Luzern 1574 in der ganzen Region gepflegt wurde. Wilhelm Keller ergänzte diese Ausführungen 1961 in seinem Artikel *St. Xaver im Lande Schwyz*.[4]

Die Inschrift auf der inneren Rückwand der Kapelle, oberhalb des Eingangs, verzeichnet die Lage, das Baujahr, den Stifter und die Kultträger des 17. Jahrhunderts; sie nennt den Auftraggeber für die neue Ausschmückung Mitte des 18. Jahrhunderts und dankt allen zeitgenössischen Wohltätern für die gelungene Restaurierung zu Ende des 20. Jahrhunderts:

St. Xaveris-Kapellen Hinter den Lauwinen
Augusti Inderbisi auf Morsach ist der Stifter dieser Kapell
anno 1670.
Den 20. Sept. 1676 ward sie feyerlich eingeweiht.
Anno 1679
ist allhier die Bruderschaft des hl. Xaver errichtet worden.
Anno 1756
hat Herr Stadthalter August Reding zu Schwyz die Kapell
wohl reparieren und mit Malereyen zieren lassen.
Restauriert 1981–82.
Gott gebe den Wohltätern den ewigen Lohn.

Die Kapelle ist keine Gedenkstätte für eine mögliche Anwesenheit von Franz Xaver im Kanton Schwyz. Ein Blick in die Lebensgeschichte des baskischen Adeligen (1506–1552) zeigt, dass er zwar tatsächlich einmal einen Teil der Schweiz zu Fuß durchpilgerte; in jenem harten Winter 1535/1536, als er vom Gelehrtenleben in Paris Abschied nahm, waren er

---

[3] Johannes Beckmann: Die Verehrung des hl. Franz Xaver in der Innerschweiz. In: Innerschweizerisches Jahrbuch für Heimatkunde 3 (1938), S. 53–67; auf diese verlässliche, frühe Studie wird vielfach von Verf. zurückgegriffen.

[4] In: Schwyzer Kalender 10 (1961). Heimatliches Jahrbuch für den Kanton Schwyz. Schwyz: E. Eberhard.

und drei seiner Gefährten auf dem Weg von Paris nach Venedig, wo sich alle wieder mit Ignatius treffen wollten, um sich dort nach Jerusalem einzuschiffen, durch das »kriegs-durchtobte Land«, durch die Schweiz und durch Oberdeutschland gekommen. Stationen des mühsamen Abenteuers waren das schon früh reformierte Basel, wo sie nicht einmal einen Hauch vom altkatholischen Glauben fanden; den Rhein entlang bis Rheinfelden, dann »landeinwärts durch das Hügelland der nördlichen Schweiz« nach Konstanz, abwechselnd durch protestantische und katholische Lande. Georg Schurhammer,[5] auf dessen verlässliche Dokumentationen in *Franz Xaver. Sein Leben und seine Zeit* hier zurückgegriffen wird, stellt den Weg über Rheinfelden, Frick, Brugg, Baden, Kaiserstuhl, Winterthur, Frauenfeld, Pfyn, Weinfelden als die wahrscheinlichste Reiseroute dar; aber auch die anderen möglichen Wanderrouten, die Schurhammer erwägt, lagen weit ab vom Lande Schwyz. Auf diesem beschwerlichen Wege lernte Xaver aber auch schon all die praktischen Auswirkungen der Reformation unter der Bevölkerung kennen, die den Widerstand in den einzelnen Gebieten ausgelöst hatte. Was er da am eigenen Leibe an Gegnerschaft erfuhr, war kummervoll genug: was die Rosenkranz tragenden und betenden Pilger aber auch an Fürsorge erlebten, gab ihnen Mut. Nur, leider, für Morschach war in den Darlegungen von Schurhammer[6] kein Anhaltspunkt, der die Kapelle als Erinnerung an einen Aufenthalt Xavers hätte bieten können.

Es gab aber eine bedeutende Persönlichkeit des weltlichen Lebens, die man als Auslöser der besonderen Verehrung des Heiligen in den »Katholischen Kantonen« der Innerschweiz erkennen darf: Renward Cysat (*1545), von 1574 bis 1614 Stadtschreiber zu Luzern (d. h. Vorstand der dortigen Regierungskanzlei und Leiter der dortigen Kantonsspiele[7]) war nicht unbeteiligt an der Berufung der Jesuiten nach Luzern; und er hatte durch die ersten dortigen Jesuiten von der Tätigkeit des jungen Ordens in Indien und Japan erfahren. Wenige Jahre nach der Ankunft der Missionare in Luzern konnte er bereits 1586 seine neuen Kenntnisse unter dem

[5] Georg Schurhammer: Franz Xaver. Sein Leben und seine Zeit 1 (Europa 1506–1541). Freiburg im Breisgau: Herder 1955.
[6] Ebd., S. 271–276.
[7] Joseph Studhalter: Die Jesuiten in Luzern (1574–1652). Stans 1973, S. 255; generell zur Geschichte der Jesuiten in der Schweiz ist dankenswert heranzuziehen: Der Regularklerus, Die Gesellschaft Jesu in der Schweiz und Die Somasker in der Schweiz. In: Helvetia Sacra, hg. v. Albert Bruckner. Bern: Francke 1976; vgl. auch: R. Pfister: Kirchengeschichte der Schweiz. Zürich: Theologischer Verlag 1974.

Titel *Wahrhafftiger Bericht von den Newerfundenen Japponischen Inseln und Königreichen* in Druck geben.[8] In diesem Werke beschreibt er den Missionsapostel:

> Diser Gesandter – nach Indien – aber war der Ehrwürdig unnd Wollberümpt Franciscus Xauier [...] ein Mann mit herrlichen Gaben und Tugenden geziert, auch eines Apostolischen Geists und Eyffers voll, welcher aus gemelt dess Römischen Bischoffs Pauli dess dritten, nach sonderem begehren dess berümpten Königs in Portugall Johannis, zum aller ersten nach grosser mühe und arbeit in Japponien gezogen, daselbst das ware Liecht dess Euangelij angezündet, unzahlbare Hauffen der Ungläubigen zu Christo dem Herren, und zum Christlichen Glavben zu bekehren anfieng, auch sein Predigampt mit großen Wunderzeichen im Leben und nach dem Todt herrlich bezeuget.[9]

Eines der vierzehn Kinder von Renward, Johann Baptist Cysat, trat in den Orden ein, verbrachte sein Noviziat in Landsberg und bewunderte den hl. Franz Xaver so sehr, dass er den Wunsch vorbrachte, in die China-Mission gehen zu dürfen.[10] Die Aufgeschlossenheit seines theatererfahrenen Vaters für die Missionsgeschichte des Ordens hat sicherlich auch die Luzerner Jesuiten seiner und der Folgezeit zu ihren Versuchen angeregt, Japaner auf ihre Bühne zu bringen.

Der Stadtadel, schon an Renward Cysats berühmten Aufführungsfesten gemeinsam mit dem gemeinen Volk auch als Darsteller beteiligt, wandte sich aufgeschlossen dem Theater der Jesuiten zu. Die Jesuiten schlossen dabei, um ein breiteres Publikum zu erreichen, an die traditionelle Freilicht-Theaterkultur des Volks- und repräsentativen Kantontheaters an. Oskar Eberle[11] weist aber mit Recht darauf hin, dass die Jesuiten mit ihren Heiligenspielen eine neue Art der Feste und Feiern einführten: Die in den vorangegangenen Zeiten aufgeführten, das Schweizer Selbstverständnis betonenden Lokal-Heiligen- und örtlichen Legendenspiele pflegten sie wohl auch weiter, doch lösten sie diese ideell in der Folgezeit ab durch die bevorzugte Darstellung universal wirkender Kirchenheiliger, wie Franz Xaver dies war. Daher feiern, meint Eberle, die Jesuiten nun »nicht

---

[8] Druck bei Abraham Gemperlin zu Freyburg in der Eidtgenossenschaft 1586; der ersten Ausgabe dieses Werkes folgte eine Reihe weiterer Auflagen.

[9] Ich darf mich in diesem Zitat und auch mit weiteren Angaben auf die verdienstvolle Arbeit von Johann Beckmann – Die Verehrung des hl. Franz Xaver in der Innerschweiz, S. 51–67. Hier S. 51.

[10] Ebd., S. 56

[11] Oskar Eberle: Theatergeschichte der Innerschweiz. Königsberg 1929, S. 88 f.

mehr die Feste des Staates, dem sie dienen, sie laden den Staat ergebenst zur eigenen Feier«.

Ganz reibungslos freilich sollte das allerdings nicht vonstatten gehen. Der Orden war Rom verpflichtet, aber die einzelnen Kantone behielten sich ihre politischen Entscheidungen vor und waren wachsam auf ihre Unabhängigkeit bedacht. Luzern war für die Kirchenpolitik Roms besonders wichtig.[12]

Vor dem Hintergrund der bewegten politischen, militärischen und zerstritten konfessionellen Geschichte der Schweiz im Dreißigjährigen Krieg muss man wohl das Märtyrerspiel der Luzerner Jesuiten im Jahre 1638 sehen, denn in den Katholischen Orten der Schweiz galt es, eine neuerliche Unterwanderung durch die reformatorischen Kräfte zu unterbinden. In diesem Jahre wollten die Jesuiten in Luzern noch eher das breite Publikum ansprechen mit dem Märtyrerstück *Christianomachia Japonensis. Das ist Erschröckliche Verfolgung und Blutbadt / Welches im Jahr Christi 1628, 29. und 30. in Japon wider die Christen angerichtet worden.*[13] Der Prologus versichert in der Perioche:

> Die Römische Kirch beklagt sich, dass zu diesen zeiten jhre Kinder nicht dess Glaubens, sonder fleischlichen Wollüsten vnd Lasteren wegen jhr Leben verlieh-

---

[12] Als Vorort der Katholischen Orte (Uri, Schwyz, Unterwalden und Zug; seit 1529 auch Sitten und Wallis, mit denen ein Schutz- und Trutzbündnis abgeschlossen worden war) war der Niederlassung des Ordens in Luzern eine besondere Bedeutung auch durch das Wirken von Karl Borromäus zugewachsen. Auf der Synode von Cresciano ließ dieser 1567 die Reformdekrete des Tridentinums verkünden. Gemeinsam hatten die Katholischen Orte das Konzil von Trient beschickt. Joachim Eichhorn, der Abt von Einsiedeln, und Ritter Melchior Lussi, der Landammann von Unterwalden, wurden als Abgeordnete dazu bestellt. Seit 1579 war Luzern Residenz der päpstlichen Nuntien. Die Stiftung des Collegiums der Jesuiten in Luzern war den Intentionen von Karl Borromäus zu danken. 1586 wurde in der Stiftskirche zu Luzern zwischen den Fünf Katholischen Orten, sowie Fribourg und Solothurn der Goldene oder Borromäische Bund beschworen: die gegenseitige Garantie des kathol. Glaubens, Interventionsrecht in jedem glaubensgefährdeten Ort, Verpflichtung zu unbeschränkter Waffenhilfe in Glaubenskriegen oder in Abwehr von Schädigungen seitens der reformierten Orte (Lexikon für Theologie und Kirche 4, Sp. 1040). Seit 1647 war Luzern auch Sitz der ersten katholisch-theologischen Fakultät in der Schweiz.

[13] Druck der lat. und dt. Perioche bei David Hautten in Luzern; Bayerische Staatsbibliothek München, Bav. 2197, I, 87; und Dillingen VIIIa 189, 59; fast identische Textmanuskripte liegen in Engelberg, cod. 369 (138 S.) und 370 (88 S.); ein Manuskript, das Oskar Eberle benutzt haben muss, liegt in der Kantonsbibliothek Luzern, Pp.Msc. 74 / 4. – Diese Handschrift trägt – nach J. Beckmann – eine Widmung des Autors an »Rdo et Pronobili domino Josepho Beyer Cooperatori Lucernensi et Regi Bungo et Japoniae actori suo in loquendo et canendo excellentissimo.«

ren. Weil sie aber von der Japonesischen Kirchen verstehet, wie in frembden Länder der alten Martyrer Samen so reichlich auffgehe, thut sie sich erfrewen, vnd bittet dass sie solcher Ritter Kampff für Augen stelle.

Dargestellt wurde das Spektakel noch als Freilichtaufführung auf dem Müllplatz. Es benutzte als Quellen zeitgenössiche Berichte, die aus dem Missionsland nach Rom gekommen waren.

Franz Xaver wird von den Bürgern zum Schutz-Patron des Kantons Luzern gewählt und festlich gefeiert

Im Jahre 1654, am 21. November, konnte in Luzern in politisch brisanter Zeit, wiederum öffentlich, ein zweites Mal ein eindrucksvolles Ereignis stattfinden, das diesmal unmittelbar dem hl. Franz Xaver als Huldigungsfest zugedacht war: ein *Triumphus S. Francisci Xaverii.*[14] Im Jahre 1622 war Franz Xaver heilig gesprochen worden. Um sich seiner Fürbitten auch in den beunruhigenden und bedrängenden Zeitläuften zu versichern, war es gerade recht, ihn in diesem Jahre auch als Schutzheiligen von Stadt und Kanton zu inthronisieren. Der Rat sprach in der offiziellen Bekanntgabe dieses Beschlusses von der Gefahr, die die Bauernkriege des Jahres 1653 auch für Luzern bedeutet hätten und dass man Franz Xaver zum Schutzheiligen wähle,

> wegen seiner mächtigen Fürsprache bei Gott und wegen seiner machtvollen Glaubensverbreitung. Der Rat hofft von ihm vorab eine Besänftigung des Volkes, […]. Eintracht untereinander und Schutz gegen die Feinde des katholischen Glaubens. Durch Schreiben vom 9. April gab auch der (zuständige) Bischof von Konstanz seine Zustimmung zum Ratsbeschluss.[15]

Das Collegium der Societät gab in diesem Jahre 1654 in Luzern ein Buch heraus[16] über *Leben und Wunderwerck dess Indianischen Apostels S. Francisci Xaverij auss der Societet Jesu. Anfänglich in italienischer Sprach auss der weitläufigeren zum History gezogen, anjetzo aber ins Teutsch versetzt.*[17]

---

[14] Oskar Eberle – Theatergeschichte der Innerschweiz, S. 88 f. – Bernhard Fleischlin: Die Schuldramen am Gymnasium und Lyzeum in Luzern (1581–1797). In: Katholische Schweizer Blätter für Wissenschaft, Kunst und Leben, NF 1 (1885), S. 179–187, 231–237, 361–374, 491–505. Hier S. 368.

[15] Johann Beckmann – Die Verehrung des hl. Franz Xaver in der Innerschweiz, S. 54.

[16] Im Verlag des David Hautten.

[17] S. Johann Beckmann – Die Verehrung des hl. Franz Xaver in der Innerschweiz, S. 54.

Die Widmung an den Römischen Legaten in Luzern, Carolus Carafa, ist imponierend aufwendig und wortreich, weist aber in dieser zeremoniell hochgestochenen Umständlichkeit darauf hin, wie wichtig es den Jesuiten war, dass ihr Ordensheiliger bekannt und verehrt werde und im Sinne der Gegenreformation in der Schweiz wirken möge. Franz Xaver würde wohl milde und nachsichtig über diese wortgewaltige Widmung gelächelt haben, obwohl er extrem stilisierte Höflichkeitsformen bei den Japanern bestaunt hatte, ohne sie zu bemängeln.[18] Das Buch, über 200 Seiten umfassend, wurde bei dem Feste kostenlos den lesekundigen Teilnehmern überreicht. 4000 in Rom geprägte Silber- und Kupfermünzen mit dem Bilde des Heiligen wurden an die Honoratioren und auch an die wenig Begüterten verteilt.

Dieser 21. November wurde zu einem unvergesslichen Ereignis für die Teilnehmer. Der prunkliebende Nuntius Carlo Carafa hatte persönlich die Leitung dieses Festes in die Hand genommen. Dem feierlichen Pontifikalamt, bei dem eine Reliquie des Heiligen im neuen Altar geborgen wurde und bei dem allen Herbeigeeilten der Ablass erteilt wurde, folgte als Krönung ein bisher nie erlebtes Volksfest im Stil südländischer, figurierter Prozessionen: Ein Riesenfestzug bewegte sich durch alle Straßen der Stadt, mit Rossen und Wagen, mit lebenden Bildern und mit Statuen, die auf Portabeln prunkten; mit Episoden aus der Geschichte des Heiligen, aber auch mit allegorischen und satirischen Zwischenspielen; diese festlichen Lustbarkeiten fügten sich in die Gewohnheiten der alten Brauchtums- und Spielkultur der Schweizer Katholischen Kantone naht-

---

[18] Die orientalische Sonn Xaverius – habe auch den Nuntius – mit seinem Liecht bestralet / daß solche Apostolische Flammen nit allein in E. Hochfürstl. G. Gemüth verbliben, sondern nach Art und Natur des Fewers / allenthalben aussgebrochen. Inmassen dann solche gefasste Inbrunst unnd Andacht gegen disem grossen und wunderbarlichen Apostel der Indier keine Ruhe bey E. Hochfürstl. G. hat können haben / biss sie sich durch ihrer anvertrawten Bäpstlichen Nuntiatur Bezirk bey den Christgläubigen hätte aussgebreitet. Solches bekräfftiget dasjenige / was E. Hoch-fürstl. G. in diesem Hochlobelichen Catholischen Orth und Stat Lucern der Eydt-genossschafft mit ungespartem Fleiss und Fürstlicher Aussgab hat angestellt. Dann vermittels E. Hochfürstl. G. Xaverius mit willigem unnd geneigtem Affect so wol von der gantzen Wolehrwürdigen Clerisey als weltlichen Magistrat sammentlich für einen Patron dises löblichen Catholischen Lands unnd Statt Lucern erkisen: unnd solches Liecht der Heydenschafft zur erhaltung der uralten Catholischen Lehr in dem Vatterland wider die schwebente Irrthumben angezündet worden. Zu welchem Zihl / wie auch zur Beförderung mehrerer Andacht gegen disem grossen Heyligen von E. Hochfürstl. G. ein ansehlicher Altar in der Kirchen unseres Collegij mit Fürstlicher Freygebigkeit ist auffgericht / sein Leben, wie hier zu sehen, in Truck verfertiget, auch vil tausend der Ablasspfenning unnd dises Heyligen Bildnussen ausszuteilen verordnet / endlich anstellung gemacht / mit möglicher Ehr und Solomnitet dessen Festtag zubegehen [...].

los ein und es scheint alles fröhlich, gottvertrauend und schattenlos verlaufen zu sein.

Dass Luzern und sein Hinterland kein leicht »regierbares« Missionsgebiet für die Jesuiten war, zeigte sich im Laufe der Jahre immer wieder. Hier: Leben für das Gottesreich im Sinne Roms; dort: Leben für die Welt, die Welt einer selbstbewussten, demokratisch orientierten Bürgeraristokratie.

Die »Ecclesia triumphans« – Die Jesuiten laden zur Kirchweihe, der Rat von Luzern zum »Spectaculum theatrale« der Jesuiten ein

Im Jahre 1677 begegnen wir dem hl. Franz Xaver wieder im Luzerner Jesuitentheater. Die neue Jesuitenkirche in Luzern, der erste große Barockbau in der Schweiz, wurde am 29. August dieses Jahres eingeweiht. Auch dieses Ereignis wurde zu einem prunkvollen Fest gestaltet, diesmal freilich weniger als Volksfest gedacht, als vielmehr der Feier des Sieges der sichtbar werdenden *Ecclesia triumphans* in Übereinstimmung mit dem weltlichen Geist und Leben in den Katholischen Orten. Die Kirche erhielt ihren Namen nach dem Stadt- und Landespatron. Über dem Hauptportal der prachtvollen Fassade war in einer Muschelnische der hl. Franz Xaver zu bewundern; zu seinen Füßen sieht man bekehrte Inder, so wie die »Indianer« der ersten Neuen Welt, geschmückt mit Federkronen auf dem Kopf.

Odoardo Cybo, Titularbischof von Seleucia, war in dieser Zeit (1670–1679) Nuntius in Luzern und nahm am 29. August d. J. die Weihe der Kirche vor, die unter Aufbietung prunkvoller Liturgien gefeiert wurde. Eine »Frolockende Abfeurung von Stucken« begleitete den Gottesdienst nicht nur bei diesem Weiheakt, sondern auch während der ganzen Fest-Oktav. Dem Heiligen und auch dem Legaten zu Ehren wurde bei diesem Anlass in großem Stil durch die Jesuiten ein Theaterfest veranstaltet. Hans Peter Landolt[19] nennt zwei Briefe (vom 22. und vom 28. August), in denen der Rektor des Jesuiten-Kollegiums den Rat zur Kirchweihe und zu der Theateraufführung einlädt. Obwohl immer wieder vom Rat die hohen Baukosten für die Kirche eingebremst worden waren, scheint doch ein gemeinsamer Wille zum splendiden Fest beim Kollegium und beim Rat geherrscht zu haben, denn schon im Januar dieses Jahres hatte der Rat das *»spectaculum theatrale«* angeordnet, das zur Kirchweihe abgehalten werden sollte. »Der gewaltige Prunk« – meint Landolt – »dieser Feier

---

[19] Hans Peter Landolt: Die Jesuitenkirche in Luzern. Basel: Birkhäuser 1947, S. 22.

scheint selbst für barocke Begriffe zu weit gegangen zu sein; es wurden Beschwerden erhoben, und 1679 mussten der Rektor des Kollegs, Pater Joseph Schrevogl, und der päpstliche Nuntius versetzt werden.« Auch der Verfasser des Stückes, P. Joannes Baptista Dornsperger SJ. wurde vom Orden aus von Luzern nach Pruntrut geschickt.

Dornsperger hatte während seiner Ausbildungs- und Lehrtätigkeit im Raum der Oberdeutschen Provinz in mehreren Niederlassungen Xaver-Aufführungen kennen lernen können,[20] doch keines dieser dokumentarisch belegten Stücke weist einen Handlungsaufbau auf, der auch nur im entferntesten seiner Luzerner Gestaltung des Stoffes ähnlich war.

Als der Meister von Arth die Xaver-Kapelle bei Morschach restaurierte, hatte es seit 1677 im Raum der Fünf katholischen Kantone eine ganze Reihe von Xaver-Aufführungen gegeben; auch von ihnen ist keine, die mit Parallelszenen zum Luzerner Spieltext vergleichbar wäre; doch zeugen sie von der lebendigen Xaver-Verehrung auch in dieser Zeit: 1728 galt die Aufmerksamkeit der Luzerner Jesuiten dem ältesten Sohne Ôtomos, dem die Tragödie *Constantinus de Bungo* gewidmet ist, diesmal als Festspiel zur Eröffnung des neu erbauten Theaters über der Sakristei der Xaver-Kirche (*»Theatrum Senatorium supra sacristia«*), in dem für die Öffentlichkeit gespielt wurde. 1740 gab man in Konstanz *Franciscus Rex Bungi* (Ôtomo), ein Werk, das möglicherweise, bearbeitet und neu gestaltet, 1758 noch einmal dort vorgestellt wurde unter dem Titel: *Franciscus Rex Bungi, Das ist Francisci in Bungo Heldenmüthige Bekehrung zum wahren Glauben.* 1741 hatte man, wiederum in Luzern, *Franciscus Bungi*

---

[20] In Landsberg, der Novizenausbildungsstätte, wurde 1675 *S. Xaverius Apostolus Indicus* und *1676 S. Franciscus Xaverius. Das ist der Wundertätige Heilige zu Neapel* aufgeführt; in Dillingen gab es 1658 bereits einen *Xaverius ex Cosmophilo Theophilus: Das ist Bekehrung Xaverii von der Welt und Aignen Lieb zu Gott und der Seelen Heil.* In München stellte man 1660 *Virilis pueritia pugna et victoria In Piscarino Indo*, ein Stück, das das Märtyrerschicksal eines Knaben aus Goa zur Zeit des Xaver vorstellt. In Ingolstadt gab es 1662 eine *Comoedie und Triumph von den Heiligen Ignatio von Loyola und Francisco Xaverio / bemelter Societät Priester der Indianer und Japonen Apostel.* 1664 spielte man in Straubing *Gloria Sacerdotum S. Franciscus Xaverius. Soc.Jesu Indiarum Apostolus, Das ist Rhuem oder Zierd der Priester.* In Rottenburg, seiner Heimatstadt, spielte man 1665 *Fortitudo Japonica. Das ist Christliche Standhaftigkeit Dreyer starckmütigen Blut-Zeugen Christi in Japonien Thomae Feibioye, Justi et Jacobi seiner Söhnchen.* Und wiederum in Straubing 1674 *Affectus amantis animae S. Francisci Xaverii. Das ist Inbrünstige Liebes=Seuffzer Dess H. Francisci Xaverij.* Die Aufführung 1658 in Dillingen, von dem Dornsberger nicht weit entfernt in dieser Zeit lebte, befasste sich mit der Jugendzeit Xavers in Europa.

Rex, sui ipsius victor post 27 annorum luctam,[21] mit dem Vorspiel *Die Dancksagende Pallas und Heyl-eiffernde Flora* als Aufführung zur festlichen Einweihung der neuen Jesuiten-Bühne gegeben.[22] Der Xaver-Stoff dieser festlichen Aufführung deckt sich in einer der Hauptszenen mit Motiven aus Luzern und aus der Kapelle bei Morschach: die durch den verstorbenen Heiligen bewirkte Taufe des Daimyos von Bungo, Ôtomo Ukon, der den Taufnamen Franciscus (nach dem Heiligen aus Assisi) wählte. Franz Xaver hatte am Hofe des Ôtomo von Bungo tiefe Eindrücke hinterlassen, die erst nach seinem Tode fruchtbar werden konnten.

Wohl kehrt das tridentinische Grundmotiv der Aufführung von 1677 in allen diesen Spielen wieder: die bei Gott fürbittende Hilfe, die von den verehrten Heiligen erhofft wird, in ihrer Wirksamkeit auf Erden deutlich zu machen; doch keines dieser Werke verfügt über die eindeutig selektiert geprägten Bilderreihen, die das Spiel von 1677 und die Fresken der Kapelle bei Morschach 1756 miteinander verbinden. Wie ist es zu erklären, dass über einen Zeitraum von fast 80 Jahren eine solche Konkordanz zustande kam?

Text und Bühne zu Luzern in der alten Michaelskirche

Die Bühne zu Luzern war, anlässlich der Weihe der neuen Kirche 1677, samt den für die Aufführung notwendigen Bühnenmaschinen, in der St. Michaelskirche, der ältesten Schweizer Jesuitenkirche, aufgeschlagen worden, die zu Ende des 16. Jahrhunderts für die erste Niederlassung errichtet worden war; sie diente nach Fertigstellung des Neubaus noch als Versammlungs- und Kongregationssaal. Wie üblich spielte man das neue Stück in lateinischer Sprache.

---

[21] S. Bernhard Fleischlin – Die Schuldramen am Gymnasium und Lyzeum in Luzern (1581 bis 1797).

[22] Das allegorische Vorspiel, ein reizendes kleines Opus »in drey musikalischen Chören, abzusingen in lateinischer Sprach, nun aber in die Teutsche übersetzet«, lässt Vertreter der japanischen Getauften auftreten, die den Gründer der Kirche in Japan um Hilfe bitten; Pallas feiert Luzern als Mutter aller Musen, die solch wichtige Aufführungen zustande kommen lasse; des ersten Gärtners Japans, Xavers, wird gedacht, der dem verdorrten Blumenreich doch noch eine Chance geben möge. Der zweite Gärtner, Flora, ruft alle Kräfte auf, die schönen Anlagen, die der Heilige einst in diesem Archipel eingepflanzt habe, nicht im Stich zu lassen und sie nach langer Zeit der Trockenheit wieder zum Blühen zu bringen. Der Genius Xavers kommt dem »Pfleg-Kind« zu Hilfe; er wird die Krone aller Blumen, die (von Märtyrerblut geheiligte) Rose, mit sich zum Himmel führen und dem Heiligen »zu einem angenehmen Rauchwerck offerieren.«

Die in deutscher Sprache barock abgefasste Perioche[23] verzeichnet auf dem Titelblatt:

S. FRANCISCUS XAVERIUS / Auß der Gesellschaft JESV / Der Alten Welt Wunder-würckender Gutthäter /der Newen Großmögender Wahrheits Verkünder / Auff offentliche Schaw-Bühne beygebracht. / In Hoch-Erwünschter Freudens-Begegnuss / Da GOTT dem Allmächtigen vorderist; wie dann auch bemeldten Heiligen Statt- vnd Lands-Patronen / zu schuldigen Ehren Ein ansehenliches Kirchen-Gebäu / Auß vngesparter Freygebigkeit Einer Großgünstigen Gnädigen Obrigkeit der Alt-Catholischen Statt vnd Landt Lucern auffgeführt / Von dem Hochwürdigsten in Gott Fürsten / zu Massa vnd Cararia, Ertzbischof zu Seleucia, Bäpstlicher Heyligkeitin Catholischer Schweitz / vnd Graw-Bündten Höchst-Ansehnlichen Abgesandten etc. eingeweihet worden / Von Theyls Ehren-Persohnen; Theyls von einer Edlen / bey der Societet IESV, in ermeltem Lucern Studierender Jugend fürgestellt / erwehnten grossen Gutthäteren zu möglichster Danckbarkeit dediciret Von der Gesellschaft JESV / zu Lucern / Den 26. Vnd 30. August / wie auch den 1. September / Anno 1677.

Nur der Text der lateinischen Perioche bringt die auf der Bühne gesprochenen Begrüßungsworte an die Zuschauer, in denen versichert wird, dass es sich hier zwar um eine szenische Darstellung handle, aber das greifbar Sehbare und Hörbare sei in einem höheren Sinne ein Göttliches Schauspiel, denn in allem wolle man nur Gott dienen. Es sei »non pretiosæ Italorum Scenæ, rara Spectucula; sed virum, qui Spectaculum factus est, DEO, Angelis, & Hominibus«.

Den Periochen ist ein Verzeichnis angefügt, das die Namen der Darsteller klassenweise gruppiert, also zugleich auf die Struktur des Studienaufbaus der Jesuiten hinweist; doch die angesehensten Rollen – die des hl. Franz Xaver, des Königs von Bungo und seines Bruders, die des Portugiesen Ataides und des Bischofs von Goa wurden von *»Personae Honorariae«* gespielt, die nicht näher genannt sind; es ist wohl nicht zu kühn anzunehmen, dass mit diesen Rollen Vertreter der Luzerner Stadtaristokratie und

---

[23] Lat. Perioche (6 S.) u. dt. Perioche (8 Zürich, Rd.5 04), Druck bei Gottfrid Hautten in Luzern. Der Verleger (Godofredus Hautt) der Periochen zu dieser Aufführung hatte schon das Xaver-Buch anlässlich des großen Festes im Jahre 1654 gedruckt. Diese Familiendruckerei stand den Jesuiten nahe. Sie hatte inzwischen, 1661, ein neues Büchlein im schmalen Umfang von 24 Seiten herausgebracht, das dem Verehrungskult dienen sollte:

Kurtzer Innhalt dess Lebens dess Heyligen Francicij Xaverij Apostels der Newen Welt aus der Societet Jesu. Zu Parma und Trient in Welscher, hernach zu München in Teutscher Sprach und anjetzo in solcher nachgetruckt zu Lucern allwoh dieser H. Franciscus Xaverius als besonders Erwöhlter Statt- und Landes Patron beständig angeruffen und verehret wird. Cum facultas superiorum.

der Bürgerkongregation betraut waren, deren geistliche Betreuung auch im Alltag in den Händen der Jesuiten lag. Für diese anspruchsvollen Rollen brauchte man vor allem spielerfahrene Darsteller, wie sie seinerzeit bereits unter der Obhut des Regenten der Oster-Spiele auf dem Luzerner Weinmarkt, Renward Cysat, herangebildet worden waren, um sie von dem üblicherweise grobianischen Treiben ihrer Spielbräuche abzubringen.

In dem Werk wird eine Reihe von teils historischen und teils legendären Begebenheiten aus dem Leben des Heiligen in Indien und Japan dargestellt. Als Quellen werden Horatius Tursellinus und Daniel Bartoli ausgewiesen. Das deutschsprachige Argumentum versichert, dass man sich nicht strikt an die »alten (antiken) Gesetze des Theaters« gehalten, sondern ganz nach eigenem Ermessen im Darstellen vorgegangen sei, um Jahrzehnte aus der Geschichte des Heiligen poetisch darzustellen, aber dabei aus Vielem das Eine verdeutlicht habe: die wunderwirkenden Taten des Heiligen vorzustellen,

> doch alles zu disem endlichen vnd vornembsten Zweck, dardurch anzudeuten, wie besagter grosser Xaverius den weitberühmten Japonischen König von Bungo, zu Erkandtnuss deß wahren Glaubens vorbereitet, vnd dann dises Hochlöbliche Vorhaben werckstellig gemacht habe.

In dieser Feststellung ist die tridentinisch spirituelle Aussage des Spiels klargestellt: auf Erden werden (gottsuchende) Heiden, wie der König von Bungo, von heiligmäßig lebenden Missionaren (wie Franz Xaver) zur Taufe vorbereitet; sollte es aber aus irdischen Hindernissen nicht zur Erteilung des Sakramentes kommen, dann können die verehrten fürbittenden Heiligen auch noch vom Himmel aus bewirken, dass zum geeignetem Zeitpunkt noch hier auf Erden der feierliche Akt stattfinden kann.

Bilderpastoral bei den Jesuiten und Gedächtniskult

Die Hauptszenen dieser viel gerühmten Aufführung haben sich dem Gedächtnis der Zuschauer ohne Zweifel tief eingeprägt, so dass über Generationen hin die Bilder dieses Göttlichen Schauspiels – wie wohl gehütete Münzen – im Erzählgut erhalten blieben; denn anders ist kaum zu erklären, dass diese Szenen noch 1756 die Struktur, den Inhalt und die spirituelle Aussage in den Fresken des Melchior Anton von Hospenthal in der Xaver-Kapelle bei Morschach, in gleicher Weise selektiert, bestimmen

Abb. 49 Franz Xaver erweckt ein Mädchen in Kagoshima 1549 wieder
          zum Leben, Nicolas Poussin, 1641

Abb. 50 Tod des Franz Xaver, Meißener Porzellangruppe von Johann Joachim Kaendler, 1738

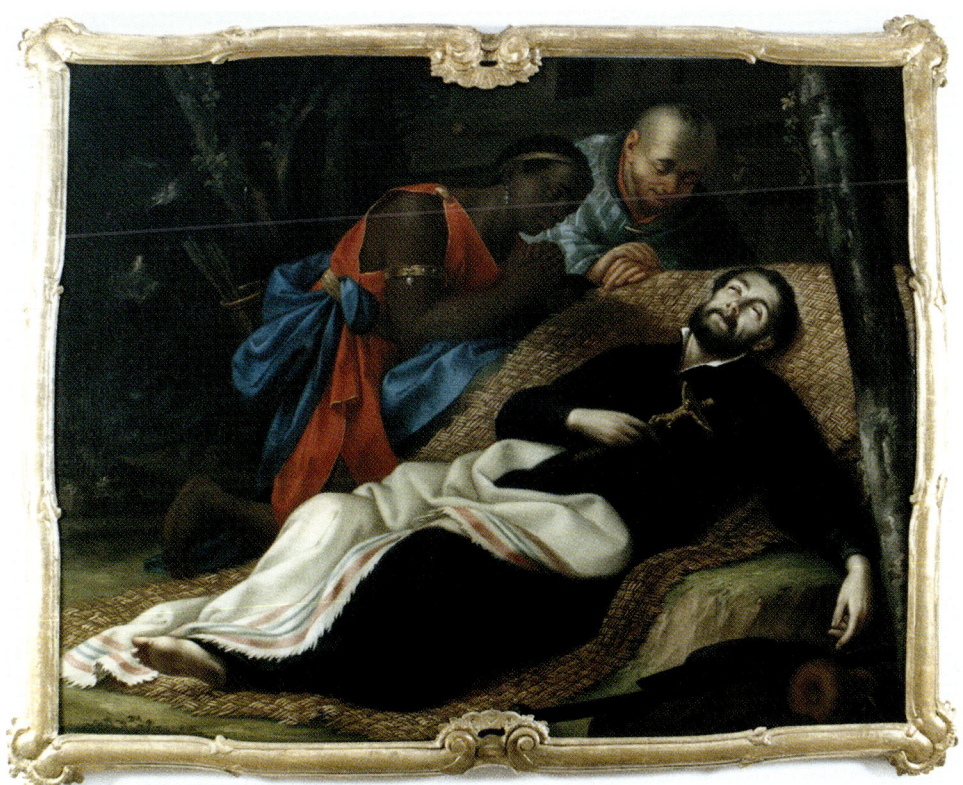

Abb. 51 Tod des Franz Xaver, um 1740

Abb. 52 Tod des Franz Xaver, Pietro Rotari (1707–1764) aus dem linken Seitenschiff der
Katholischen Hofkirche zu Dresden

Abb. 53 Franz Xaver, Lorenzo Mattielli
(1688– 1748) auf der Ballustrade
der Katholischen Hofkirche zu Dresden

Abb. 54 Franz Xaver, 20. Jahrhundert,
Frankreich (?)

Abb. 55
Altar des hl. Franz Xaver
in der Kirche Bom Jesus
in Goa

Abb. 56
Der Leichnam des
Franz Xaver, Ausstellung
im Dezember 1931

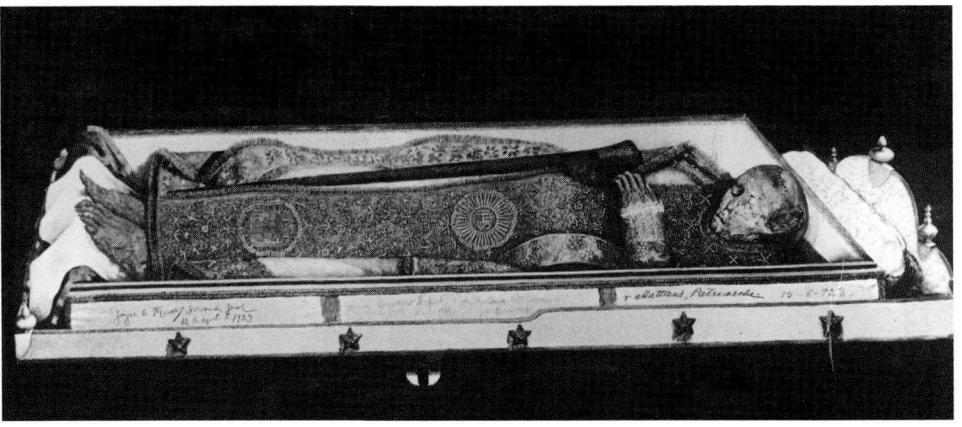

Abb. 57 Kirche Bom Jesus in Goa

Abb. 58 Verehrung des Franz Xaver in Goa

Abb. 59 Adam Schall von Bell und Matteo Ricci mit China-Karte – in den Wolken Franz Xaver
und Ignatius von Loyola

konnten. Die Glaubensbeständigkeit, die die japanischen Bekenner und Märtyrer ausgezeichnet hatte, und deren Same durch Franz Xaver gesät worden war, hatte seither zweifellos das schon immer bestehende archetypische Selbstverständnis in der katholisch sich bekennenden Innerschweiz vertieft; er war ja nicht von ungefähr zu ihrem Schutzpatron gewählt worden. Nur zwei Bilder aus den Morschacher Fresken stammen aus anderen Quellen, die aus den zahlreich im Druck erschienenen Viten des Heiligen genommen sein können: Xaver mit den »Indianern« vor der brennenden Stadt (das »Wunder« von Tolo) und die Überführung des Leichnams von Sancian nach Goa.

Diese Kapelle »am Wege« nach Morschach ist, so wie die Luzerner Aufführung des Jahres 1677, ein lebendiges Zeugnis der Gegenreformation. Die Ablehnung des Heiligenkultes hatte in den verschieden reformierten Ländern großteils die Bilder der Gottesmutter und der Heiligen aus den Kirchen verbannt. Das Konzil von Trient fand sich durch diesen Bildersturm veranlasst, in einem eigenen Dekret der Abschluss-Session im Jahre 1563 auf die notwendige Verehrung der Heiligen als Fürbitter bei Gott hinzuweisen und hatte allen katholisch gebliebenen Ländern empfohlen, der Heiligenverehrung im Rahmen des Kirchenkultes einen wünschenswert angemessenen Platz einzuräumen; doch sollte dabei – um Missverständnisse und Missbräuche auszuschalten – auf die würdige Gestaltung der ihnen gewidmeten Kirchen, darstellenden Kunstwerke und Frömmigkeitsformen in besonderem Maße geachtet werden. Der Bischof von Genf, Franz von Sales, hatte um die Wende vom 16. zum 17. Jahrhundert einem fast aussichtslos zu überwindenden Calvinismus gegenüber gestanden; in der Innerschweiz dagegen hatten sich die fünf Katholischen Orte anfangs ausnahmslos jeder reformatorischen Beeinflussung verweigert, und sie waren auch bemüht, selbst nach dem Westfälischen Frieden noch eine rein katholische Enklave zu bleiben. Angeregt wurde infolgedessen seit der Ankunft der Jesuiten in Luzern auch in dieser Region eine intensive Pflege der Verehrung ihres Ordensheiligen.

1672 war das Fest zu Ehren des hl. Franz Xaver zum erstenmal im Kanton Schwyz gefeiert worden. August Inderbitzin, ein Morschacher Bürger, stiftete – wie oben ausgeführt – die Kapelle »hinter den Lauwinen« unter dem Eindruck einer Predigt, die er bei den Jesuiten in Luzern gehört hatte. Bereits ein Jahr vor der Einweihung der neuen, Franz Xaver gewidmeten Jesuitenkirche in Luzern konnte die Kapelle bei Morschach eingeweiht werden. Die in der Gedenkschrift erwähnte Bruderschaft theologisch gebildeter Laien, die sich die Pflege der Frömmigkeitsformen,

Prozessionen und Wallfahrten zur Aufgabe machte, ist unter vielen die früheste, Franz Xaver verbundene Bruderschaft in der Schweiz.

Die alte Familie Reding von Biberegg gehörte in Schwyz zu den führenden Schichten, die sich in der Gegenreformation maßgeblich profilierten. Sie stellte allein 21 Landammänner für Schwyz. Landammann Johann Franz von Reding wurde 1670 nach Rom gesandt, um an der Inthronisation von Papst Clemens X. teilzunehmen. Augustin II. Reding war in den Jahren der Gründung der Kapelle Abt des Benediktinerstiftes Einsiedeln; er wusste auch theologisch-wissenschaftlich eine scharfe Klinge zu führen in der Verteidigung des Tridentinischen Konzils gegen dessen Gegner in Zürich. Im Hause Franz Xaver Redings zu Schwyz hatten im Jahre 1722 die Luzerner Jesuiten gewohnt, als sie dort eine Volksmission abhielten. Ihr Gastgeber ließ in der Folge im Giebelfeld seines stattlichen Hauses am Platz ein heute noch zu bewunderndes Fresko von Franz Xaver anbringen, auf dem die Spruchbänder der Engel nicht nur den Namenspatron des Landammanns apostrophierend nennen: »S. Franz Xaverius S.J. Ind. Apost.«, sondern auch an dieses Ereignis erinnern: »S. Missionis domus et Patriae patronus.« Statthalter August Reding, der die Morschach-Kapelle 1756 mit den »Malereyen« ausschmücken ließ und dessen Wappen an den beiden Altarraum-Fresken sowie an einem der Deckenbilder zu finden ist, hätte die Luzerner Jesuiten am liebsten sogar noch in diesem »aufgeklärten« Jahrhundert mit einer eigenen Niederlassung nach Schwyz geholt.

Die Besucher der Kapelle zu Morschach kannten sich in der Bedeutung der Bilder bestens aus. Nicht nur das Erzählgut, sondern auch die Volksmissionen und die Buchpublikationen, nicht zuletzt auch die Tätigkeit der Bruderschaft hatten das ihre dazu beigetragen.

Die Fresken von Melchior Anton von Hospenthal in der Kapelle machen schon auf den ersten Blick fast den Eindruck, den jenes Göttliche Schauspiel, das die Luzerner Jesuiten darstellen wollten, ausübte. Die Inder der östlichen Neuen Welt und die Indianer des amerikanischen Kontinents trugen im weltlichen und geistlichen Barocktheater ein gleichermaßen »exotisches« Kostüm: Federschmuck am Kopf und einen ebensolchen farbigen Federschmuck am Lendenschurz; der Turban kennzeichnete auf den Jesuitenbühnen die Völker des Orients, Türken, Perser und Inder; das Gewand der Japaner hatte man noch nicht zum Bühnenkostüm hochstilisiert (im Gegensatz zu den Chinesen), so dass auch sie in Illustrationen und auch wohl auf der Bühne noch unter der allgemeinen Kategorie des »Exotischen« auf der Bühne wie »weiße Indianer« oder auch wie Europäer erscheinen.

Die Aufteilung der Raumschichten auf den Bildern der Fresken erinnert an die auch im weltlichen Theater üblichen Bühnen in der Barockzeit, die hintereinander eine Vorbühne, eine Spielbühne und eine Hinterbühne, durch Prospekte voneinander trennbar, anlegten; zwischen der Spielbühne und der Hinterbühne gab es den »Graben« (einen breit gelagerten Versenkungsapparat) für das bewegte Meer, den scheinbar fließenden Strom, oder auch die »Hölle« mit ihren auflodernden Feuereffekten. Die Kulissen, mit denen man den Spielort geschwind verändern konnte, stellten dabei nicht mehr als maximal zwölf standardisierte Landschafts- und Architekturtypen vor, bei denen eine Palme als »Hintersetzer« (Versatzstück auf der Bühne) inmitten europäischer Kulissenlandschaft bereits für alle exotischen Länder der Welt kennzeichnend sein mochte. Über der Hinterbühne gab es Wolkenmaschinen, auf denen Darsteller vom Schnürboden (dem Bühnen- Himmel) aus auf die Bühne herabgleiten oder von der Bühne aus »in die Glorie« erhoben werden konnten. Die Jesuiten standen in ihrer Bühnengestaltung ganz bewusst den weltlichen Bühnen an Höfen und in Städten nicht nach; meist freilich setzten sie sehr viel bescheidenere Mittel in ihren Häusern ein. Bei großen Festen fanden sie freilich auch den Ort und die technischen Einsatzmittel, die mit dem weltlichen Theater konkurrieren konnten. Doch das kam selten vor, und es wurde dann von denen, die diese Feste erlebt hatten, als bedeutendes Ereignis über Jahrzehnte hin erinnernd festgehalten.

Hier im Luzern des Jahres 1677 ging es um ein solch langwährend erinnertes Ereignis, das sich noch in den Fresken der Morschachkapelle widerspiegelt. Bühne und Bildende Künste waren damals ja viel enger im Gestalten miteinander verbunden. Auf dem Mittelfresko an der Decke der Kapelle scheint Franz Xaver auf der im Barocktheater üblichen Wolkenmaschine zu ruhen; umgeben von Engeln, die den »Heiligen in der Glorie« auf kleineren Wolkenmaschinen begleiten, blickt er auf eine Schar hilfesuchender Menschen herab. Von seinem Wolkenthron aus spricht er ihnen Mut zu, der – nach mittelalterlicher Maler-Tradition – auch verbal auf einem Spruchband ausgedrückt ist: »HIC PROPITIUS ERO!«; tridentinisch gesprochen müsste man dies wohl übersetzen: »Ich werde als Euer Schutzpatron und Heiliger Fürbitte für Euch bei Gott einlegen!« Und es geht hier bei den Leidtragenden sicherlich um die Armen und Kranken, die Gefesselten und Bedrängten, die Witwen und Waisen der ganzen Welt, die ihn um Hilfe anflehen. Im Prolog der Luzerner Aufführung sind solche Hilfesuchenden genannt: Es wird dort der Thomas-Christen in Abessinien (!),[24] der Heiden in Indien, der Not der Christen in Japan gedacht, denen Xaver das heilbringende Evangelium gebracht habe.

In einer der Fresken, die das Mittelstück rahmen, kniet Franz Xaver am Bett eines Kranken. Die Diagonalarchitektur des Kirchenraumes, in dem das Hospital untergebracht ist, erinnert lebhaft an die Kulissenkünste des Hoch- und Spätbarock, unter deren Lehrmeistern berühmte Jesuiten wie z. B. Andrea Pozzo waren. Der Krankendienst im Kirchenraum nimmt darüber hinaus im Jesuitentheater natürlich auch symbolische Bedeutung in Anspruch. Im 1. Akt des Luzerner Spiels lässt der Bischof Albuquercius nach dem Pater rufen, der sich auch in Goa zunächst dem Krankendienst gewidmet hatte

In vier anderen Fresken entdeckt man die »Graben-Zone«, in der Lebewesen aus dem Fluss auftauchen (in den Fresken hier ein Knabe) oder aus dem Meer einen dienstbeflissenen Krebs hervorkommt oder in der ein Schiff am Quai zu landen vermochte (der Leichnam des Heiligen wird nach Goa gebracht). Auch die Feuereffekte – wie brennende Stadt oder Vulkanausbruch auf einem der Fresken – auf der Bühne vom »Graben« her ermöglicht, galten als viel gerühmte, technisch-szenische Effekte im Barocktheater und waren ganz besonders beliebt, um unvergessliche Eindrücke zu bewirken. Das Jesuitentheater wusste die vier Elemente als symbolisch-kosmischen Hintergrund des Christentums sinnlich greifbar zu machen.

Die Grabenszenen des Luzerner Spiels kehren gleich in vier Bildern der Morschach-Kapelle wieder: Xaver hatte im 2. Akt der Luzerner Aufführung sein Kreuz, das den Meeressturm beruhigen sollte, an die stürmischen Wellen verloren. Im 3. Akt des Stückes, an den Gestaden Japans, bringt ihm der Krebs, aus der Tiefe des Meeres auftauchend, sein Kreuz zurück. Sodann folgt das Bild, das vorführt, wie er den durch die Portugiesen ins Meer geworfenen Dieb errettet. Hier in der Morschach-Kapelle schwimmt ein Knabe auf dem Fluss (der Grabenzone). Und als viertes Bild erscheint das Tolo-Wunder mit dem feuerspeienden Vulkan, eine durch die Bühnentechnik dieser Zeit perfekt beherrschte Feuerwerkskunst – von den Jesuiten auch gern für Höllenfeuer und Feuer speiende,

---

[24] Den »Thomas=Christen«, zum Staunen der Portugiesen auf der Insel Sokotra (bei Abessinien) und an der Malabarküste (an der Südwest-Küste Indiens zwischen Goa und Kap Komorin) entdeckt, galten in hohem Maße auch die Sorgen und Bemühungen Franz Xavers. Über die Begegnungen mit den Thomas-Christen in Indien berichtet ausführlich Georg Schurhammer: Franz Xaver. Sein Leben und seine Zeit 2/1 (Indien und Indonesien 1541–1547). Freiburg im Breisgau: Herder 1963, S. 477 ff. u. a.

dem Publikum zugewandte aufgerissene Rachen Leviathans eingesetzt, die den Eingang zum Orkus symbolisieren.

Realität und Legenden des hl. Franz Xaver in den Bildern der Morschach-Kapelle

Inhaltlich ist es nicht immer leicht, eine der gemalten Szenen einer ganz bestimmten Situation im Leben Franz Xavers zuzuordnen, denn Leben und Legende hatten sich in vielen Fällen zu typologischen Aussagen verdichtet. Wie oft hatte Franz Xaver auf seinem Weg von Venedig nach Indien den Kranken gedient, in direkter Pflege und in geistlicher Betreuung. In Japan galten die Christen weitgehend als eine neue religiöse Sekte armer Leute, die in den Jesuiten-Hospitälern gepflegt wurden. In Goa, in Indien, hatte Xaver maßgeblich an den Ordnungen für das Spitalswesen mitgewirkt.

Neben dem Hauptaltar sind zwei hochgestellte Fresken des Meisters von Hospenthal zu sehen: Eines von ihnen zeigt die Gestalt einer vornehmen Frau oder eines Mannes, die oder der gerade von Franz Xaver getauft wird. Das Wasser aus der Taufmuschel wird über den Kopf des Täuflings gegossen und in einer Schale von einem bäuerlich, aber nobel gekleideten Knaben europäischer Provenienz in einer Schale aufgefangen. Hinter der Gruppe stehen ein weißer und ein dunkler »Indianer« sowie ein Europäer, der eine Krone auf dem Haupt trägt. Es könnte sich bei diesem um den Vizekönig in Malakka handeln, oder sogar um Johann III., König von Portugal, in dessen Diensten Xaver als Missionar stand. Das Bild verdichtet wieder die Realität zu einer typisierten Aussage: Franz Xaver hatte nicht nur den Armen und Kranken, den Notleidenden und Gefangenen das Evangelium verkündet, sondern er war auch mit manchen der Herrschenden in Berührung gekommen; doch hatte er niemals während seiner Missionszeit den Träger einer Königskrone oder einen Stammeshäuptling getauft. Den Samen freilich zu späterem Taufbegehren hatte er auch in die Herzen der hohen Herrschaften gelegt. Die spirituelle Aussage dieses Bildes regte die hier vorgelegte Studie an, in der die Möglichkeit zur Debatte gestellt wird, dass der Meister aus Arth mit diesem Entwurf den Daimyo Ôtomo von Bungo habe porträtieren wollen. Die Jesuitenberichte hatten ihn meist als »König« bezeichnet; unter diesem Titel und unter dem seines Taufnamens »Franciscus« von Bungo bildete er ein beliebtes Motiv in vielen Jesuitenspielen. Derzeit liegen in Rom – nach 450 Jahren – die beantragten Gesuche für eine Seligsprechung Ôtomos vor. Es berührt seltsam, in heutigen Forschungen zu lesen, dass ausgerechnet er, der Franciscus von Bungo, als einer der ersten zu seiner Zeit bereits an den Papst mit der Bitte herangetreten war, den Japan- und Indien-Apostel Franz Xaver als Heiligen zur Verehrung auf den Altären zu dekretieren.[25]

Die legendären mehrfachen Königstaufen durch Franz Xaver im Fernen Osten hat eine Reihe von Forschern kritisch untersucht und sie nicht als historische Wahrheit nachweisen können. Mit Hilfe von Schurhammer[26] lassen sich Legende, historische Realität und ihre symbolische Anwendung in den Künsten gut beobachten. Das Luzerner Spiel und der Meister von Arth haben die geistliche Aussage darstellen wollen, für die die nackte historische Realität von geringer Bedeutung ist.

Bei den Molukken, der östlichsten Region der Mission, waren drei Stammeshäuptlinge schon vor der Ankunft des Paters in Amboina (1546) samt den Bewohnern ihrer Dörfer Christen geworden, doch fehlten ihnen die Priester zur Betreuung. Mit der dunklen Haut des Täuflings könnte der Maler auf diese Region der Tätigkeit von Xaver unter den Molukken hingewiesen haben. – Mit dem mohammedanischen Sultan von Ternate, der Hauptstadt der Moro-Inseln, hatte er freundschaftlichen Umgang gepflegt: »Er freute sich stets über meine Besuche, aber ich konnte ihn nicht für Christus gewinnen.« (Brief Xavers an die Mitbrüder in Rom, 20. Januar 1548). Dieser Sultan Hairun war ein Vasall des Portugiesenkönigs und schuf später durch Verrat viel Ungemach. – In Japan (1549–1551) führte den Apostel seine Mission an mehrere Höfe von Daimyos, ja sogar an den Hof des damals politisch völlig unbedeutenden »Kaisers« von Japan in Myako (Kyoto). Der mächtige Daimyo von Bungo, Ôtomo, – in den Berichten aus Japan meist als »König« bezeichnet – ließ sich erst viel später taufen, 27 Jahre nach dem kurzen, nur zwei Monate dauernden Besuch von Xaver in Bungo. Während des Aufenthaltes von Xaver in Japan waren für manche der großen Herren, bei aller Sympathie, und teilweise sogar bei tiefer Überzeugung von der Wahrheit des christlichen Glaubens, durch die gegebenen Umstände noch keine Möglichkeiten vorhanden, sich auch zur Taufe zu entschließen. Verwandte der japanischen Daimyos, Frauen und erwachsene Kinder, nahmen die Taufe oftmals früher an als sie selbst. – In den Berichten nach Europa werden die Japaner meist als »weißhäutig« bezeichnet, entgegen den »dunkleren« (aber nicht »dunklen« oder

---

[25] Vgl. Georg Schurhammer: Franz Xaver. Sein Leben und seine Zeit 2/3 (Japan und China 1549–1552). Freiburg im Breisgau: Herder 1971, S. 682.

[26] S. Johann Beckmann – Die Verehrung des hl. Franz Xaver in der Innerschweiz.

»schwarzen«) Indern. – Hier aber, auf dem Bild in der Kapelle, ist ein dunkelhäutiger König (oder eine entsprechende Königin) mit Krone abgebildet, eine Kontamination von sich widersprechenden Kennzeichen. Viele, sehr differente Kenntnisse dieser Art müssen schon früh dazu geführt haben, dass die Jesuiten auch in diesem Fall zum Symbolum verdichteten und die Gestalt des Täuflings in seinem kostbaren Nerz-Brokat-Umhang mit darunter erkennbarem indianischem Federgewand, über der eine Krone gehalten wird, auf ihren Bühnen generalisierend für die Missionstätigkeit des Ordens darstellten, oder auch – wie Verf. überzeugt ist – als späte Frucht der fürsprechenden Mächtigkeit Franz Xavers, des Heiliggesprochenen, dessen Reliquien in aller Welt verehrt wurden.[27]

Dieses Bild und das Bild auf der anderen Seite des Altarraumes, weisen das Wappen der alten Schwyzer Familie Reding auf. Das zweite Fresko im Altarraum schließt an eine der frühen Legenden an, die Franz Xaver als Wundertäter und als Gebieter der Elemente vorstellen. Man sieht den Heiligen auf einem Felsriff knien. Den Pilgerstab und zwei Taufmuscheln hat er auf das Riff gelegt. Der gottgesandte Krebs reicht ihm ein recht großes Cruzificum entgegen, das seinen missionarischen Auftrag angemessen versinnlicht. Die beiden Gestalten des Taufbildes, der weiße und der dunkle »Indianer« schauen dem Vorgang zu. Hier, am Strand von Bundo, bringt der Krebs das verlorene, in Wirklichkeit kaum daumenlange Kreuz, dem Apostel aus den Tiefen des Meeres wieder zurück. Das sogenannte »Krebswunder« ist vielmals in der Kirchenkunst, in Plastiken und in Malereien dargestellt worden; besonders eindrucksvoll in Traunkirchen (im österreichischen Salzkammergut), wo ein herrlich roter, scheinbar gesottener Krebs vom Rande des Daches der »Fischerkanzel« das Kreuz zu dem Heiligen emporhebt.
Der zweijährigen Evangelisierungszeit bei den Molukken und auf den Moro-Inseln kann auch wohl ein anderes der Deckenfresken nahe stehen; es zeigt den Heiligen, der drei hilfeflehenden Gestalten seinen Segen gibt; unter ihnen ein Dunkelhäutiger, sodann zwei weißhäutige »Indianer«, einer von ihnen im Federkleid, der andere in noblem Brokatgewand, wiederum drei symbolische Figurierungen, die es zu verstehen galt. Eindeutiger als sie kann der Feuerbrand auf diesem Bilde nicht nur als beliebter

---

[27] 1679, als die erste, wirklich bestätigte Translation von Reliquien des hl. Franz Xaver in Luzern stattfand, zu deren Festlichkeiten Leute aus 75 Städten, Dörfern und Flecken herbeigeeilt waren, konnten diese ebenfalls ein Theaterspiel sehen: »Ein schöner Schauspiel stelleten vor vil prächtige Indianer samt vier Königen aus Indien und Japon.«

barocker Bühneneffekt entdeckt werden; er schließt an eine Legendenbildung an, die auf eine historische Realität zurückgeht und auf ein bestimmtes Ereignis zur Zeit Xavers verweist. Zurückgekehrt von Cochin beschrieb der Missionar diese Inseln:

> Ein Teil der Inseln wird fast ununterbochen von Erdbeben erschüttert; eine Kette von feuerspeienden Bergen ist dort ständig in Tätigkeit [...] und es kommt vor, dass flammende Steinblöcke von riesiger Größe aus den Kratern geschleudert werden; sobald sich dann ein Sturm erhebt, wird so viel Asche von diesen Bergen verstreut, dass die vom Felde heimkehrenden Leute zuweilen in einen Aschenmantel gehüllt werden: nur Augen, Nase und Mund sind dann noch zu erkennen, wodurch diese Gestalten Dämonen ähnlicher werden als Menschen. So erzählten mir die Eingeborenen; ich selbst habe es nicht gesehen, denn zur Zeit meines Aufenthaltes war niemals stürmisches Wetter.[28]

Wie die Legende und vielschichtige Spiritualität Franz Xaver zum Befehlsgewaltigen über die stürmischen Gewässer figurierte (Präfiguration in den Wundern Christi), so wurde dem Thaumaturgen auch die Gewalt über das Feuer zugesprochen. Hier geht es um das sogenannte »Tolo-Wunder«. Tolo, die Hauptstadt der Molukken, war von diesen geradezu zu einer Festung gegen die Portugiesen und gegen den ihnen verbundenen Vasallen, den Sultan Hairun von Ternate, ausgebaut worden. Der Pater hatte in diese, von ihm missionarisch vorbereiteten Gebiete, nach seiner Rückkehr den Jesuitenpater Juan de Beira gesandt. Kurz vor Xavers Ausfahrt nach China erreichte ihn 1552 ein Brief von Beira, der die schwierige Situation dort sowie einen Vulkanausbruch beschreibt; nur die ärmlichen Missionshütten der Patres waren unbeschädigt geblieben; Sultan Hairun hatte die Portugiesen verraten und die Missionare in ihrer Tätigkeit behindert. Beira aber konnte heimlich von Ternate nach Tolo gelangen; dort sammelte er wieder die Christen und die vom Glauben Abgefallenen, die in dem Ausbruch des Vulkans ein Gottesgericht sahen. Nun wurden die Ernten wieder reich, das Wasser genießbar und die Hungersnöte hörten auf. Diese Wunder, die an den Propheten Elias als Präfiguration erinnern, wurden schon kurze Zeit nach Xavers Tod ihm zugeschrieben, auch dass er Feuer auf die Erde holen oder senden könne zur Bekehrung der Heiden und als Strafe für die abgefallenen Christen. Sowohl die Luzerner Aufführung wie der Maler aus Arth bedienten sich dieses Motivs zur Versinnlichung der Macht Xavers über die Elemente.

---

[28] Brief vom 20. Januar 1548 aus Cochin, dt. v. Elisabeth Gräfin Vitzthum, Die Briefe des Francisco de Xavier 1542–1552. Leipzig: Hegner 1939, S. 94 ff.

Ein weiteres Fresko an der Decke der Kapelle zeigt den Heiligen kniend vor einem Fluss, von dessen Wellen ein offenbar ertrunkener Mensch getragen wird. – Von mancher Totenerweckung, die dem Missionar zu danken sei, wurde im Heiligsprechungsprozess berichtet, doch wurden diese Wunder sorgfältig auf ihre Wirklichkeit hin überprüft und oft als Erzählgut verworfen. Eine dieser Legenden wusste von einem Ertrunkenen zu berichten, der schon sechs Tage in den Wassern verschwunden war und von Xaver, dem Flusse wieder entrissen, zu neuem Leben erweckt worden sei. – Das Barocktheater hatte für solche Szenen, in denen Schiffe, Meeresgötter oder Menschen zwischen den Wellen auftauchen, speziell gedrechselte Wellbäume zur Verfügung, die hintereinander horizontal über den »Graben« gelegt und von den Bühnenseiten her gedreht wurden, sodass ein sehr realistischer Eindruck von strömendem Fluss oder bewegtem Meer entstand. – Im Deckenfresko sieht man einen solchen Fluss, der einen Ertrunkenen wieder hergibt. Inder und Portugiesen schauen dem Vorgang teils andächtig, teils erstaunt oder aufgeregt zu, wie der dunkle »Indianer« in seiner lebhaften Bewegung. In der Gebärde des flehenden Gebetes von Xaver aber und in dem Ausdruck absoluten Gottvertrauens auf seinem Antlitz darf man hier wohl ein Sinnbild sehen, das die Realität des missionierenden Heiligen widerspiegelt. Schon Luzern hatte sich diese Szene am Fluss nicht entgehen lassen.

Ein nächstes Fresko ist weniger schwierig an die historische Wirklichkeit des Heiligen anzuschließen. Da wendet er sich mit einer Gebärde, die von teilnehmender Zuwendung spricht, zwei am Boden liegenden, dürftig gekleideten Männern zu. Die an einem Palasteingang Stehenden, ein sehr vornehm europäisch gekleideter Herr und ein weißer »Indianer«, auf der anderen Seite ein dunkler »Indianer« scheinen dem Geschehen voll zuzustimmen. Immer wieder hatte der Missionsapostel die Portugiesen ermahnt, die Ärmsten und die niederen Schichten, vor allem die getauften Christen unter ihnen, menschlich zu behandeln. Schon 1544 hatte er von der Malabarküste aus an seinen Mitbruder Francisco de Mansilhas geschrieben: »Mit unsäglichem Schmerz muss ich immer wieder sehen, wie die neubekehrten Christen nicht nur von den Heiden, sondern sogar von den Portugiesen in verbrecherischer Weise verfolgt und ausgebeutet werden.« Dass den Kapitänen der Handelsflotte das Geschäft oft wichtiger war als die christliche Botschaft, erfüllte ihn mit heiligem Zorn. Eindringlich hielt er selbst dem König von Portugal diese Missachtung christlicher Grundsätze vor Augen und bat ihn insistierend um Abstellung der Missstände, um Weisungen von höchster Hand an den Statthalter von Indien und an die Offiziere der Flotte. Auch dieses Bild lässt sich im ersten Akt des Luzerner Spiels finden und erklärt das Gezeigte; es handelt sich um in Sünde gefallene Diener, die ihre Pflichten nicht erfüllten oder um zwei geldgierige Künstler, die ohne jede Andacht ein Kreuz hergestellt haben und sich mit dem erhaltenen Lohn betrunken haben. Der Pater erbarmt sich dieser – offenbar bereuenden – Sünder.

Das letzte Bild der Deckenfresken trägt wiederum das Wappen der Reding. Es zeigt die Überführung des kostbaren, unverwesten Leichnams Xavers (von Sancian über Malakka) nach Goa, wo die Beisetzung 1553, einige Monate nach seinem Tode stattfand. In der historisch dokumentierten Realität wurde der so einsam und arm Verstorbene mit großem Pomp am Hafen empfangen. Der Vizekönig, der Adel, der Klerus, alle persönlichen Freunde des Heiligen und eine unabsehbare Volksmenge hatten sich am Hafen eingefunden; unter ihnen auch neunzig weiß gekleidete Zöglinge des Paulskollegs, der berühmt gewordenen Nachwuchsschule der Jesuiten für die einheimischen Knaben aus den indischen Missionsgebieten, aber auch aus Japan und aus China. Die Lade, in der der Leichnam ruhte, war mit Damast ausgelegt, und über sie waren kostbare Brokatstoffe gebreitet worden. – Der hier sichtbare »Hafen am Quai« gehörte ebenfalls zu den Standard-Dekorationen der Renaissance- und Barockbühnen. Sinnvoll symbolisch werden auf dem Bilde von Melchior Anton von Hospenthal in diese »Dekoration« nicht repräsentative Persönlichkeiten, nicht große Massen des Volkes hineingestellt, sondern Einzelpersonen, stellvertretend für alle Völker, deren Betreuung und Bekehrung Xavers Sorge gegolten hatte. Die schwarzen und die weißen »Indianer« finden sich neben den Portugiesen an Deck des eingelaufenen Schiffes. Als Realpersonen aber sind die Studierenden des Paulskollegs aufgenommen. Sie schreiten mit ihren langen Kerzen in würdiger geistlicher Prozession dem anlegenden Schiff mit dem Leichnam des Heiligen entgegen. Im Gegensatz zu ihnen sieht man einen schwarzen »Indianer« stürmisch in vollem Lauf herbeieilen – Symbol für Vergangenes und Zukünftiges, Dankbarkeit und Erwartung des Heils zugleich.

Die Glasfenster fügen den *dicta et facta* sowie der Kennzeichnung der Person des Heiligen noch weitere Charakteristika hinzu; doch sind sie zu modern, um noch aus Erzählgut ihre Darstellungsart ableiten zu können und zu wollen. Noch einmal – wie in der Predella – sieht man Xaver in seiner Strohhütte auf der Insel Sancian seinen Tod finden; das Kreuz auch hier auf dem Herzen, den Pilgerstab zur Seite gelegt, Pilgerhut und Evangelium zu seinen Füßen. Christus ist sein einziger Tröster und sein Reichtum. Und auf einem anderen Fensterbild prägt sich ein, wie der schon auf Erden als Heiliger erkannte, von seinem himmlischen Herrn empfangen wird, der ihm die Märtyrerpalme reicht. Seine Seele schwebt als Kindlein der Ewigkeit zu. Ein Fenster stellt dar, wie er sich den Neugeborenen segenspendend zuwendet. In den Ländern der großen Kindersterblichkeit war ihnen die besondere Fürsorge Xavers mit Tausenden von Taufen gewidmet, damit auch sie in die Herrlichkeit Christi aufgenommen würden. In einem andern Fenster sieht man ihn indische Jugendliche lehren. Wie oft hatte er immer wieder begeistert davon berichtet, dass die Kinder ihm allerorts als Erste zugelaufen seien und begierig seine Lehren aufgenommen, ja selbst ihre Eltern zum Christentum bekehrt hätten. Mit dem Glöcklein in der einen Hand, das alle zur Christenlehre zusammenrief, mit dem Kreuz in der anderen und mit dem Katechismus auf den Knien, entsprechen diese Attribute den Berichten über ihn. In einer Reihe von einheimischen Sprachen hatte er Katechismen verfasst oder verfassen lassen, bei den Tamilen sogar einen kleinen Katechismus in Versen und zum Singen, damit man ihn leicht auswendig lernen könne; denn hier war Lesen und Schreiben unbekannt. Andere Katechismen – so auch in japanischer Sprache – waren umfangreicher und sollten die Lehren für die Neugläubigen, angepasst an ihr anerkannt hohes spirituelles Niveau, anspruchsvoller, aber auch in der ihnen geläufigen Sprache vermitteln, damit sie das rechte Christentum erfassen und von der gewohnten Spiritualität zu unterscheiden lernten.

Selbst Chinesen segnet er in einem dieser Glasfenster. Wohl hatte es in Goa am St. Paulskolleg schon einen jungen Chinesen gegeben, der ihn auch auf dem Weg nach China sodann begleitete; doch blieb die Christianisierung Chinas durch ihn zu seiner Lebenszeit ein unerfüllter Wunsch. Er hatte klar erkannt, dass Japan sich leichter dem Christentum zuwenden würde, wenn Japans Lehrer aus der Vergangenheit, die Chinesen, das Christentum vorher angenommen hätten. Bis sich neben die chinesischen Tempelanlagen auch christliche Kirchen stellten, sollte es noch einige Zeit dauern. Auf dem Glasbild wird dies angedeutet.

In einem der Fenster erhält ein vermutlich portugiesischer Edler Absolution und Segen. Albin Schweri, der Meister dieser Bilder, kannte zweifellos auch die Tragödien der europäischen Kolonisatoren.

Von den Taten und Wundern, die die Chroniken in so großer Fülle festhielten, sind hier noch zwei vor Augen geführt: die Heilung eines Besessenen und die Heilung eines Blinden. Beide haben im Wirken Christi ihr Vorbild. Diese Gleichförmigkeit im Bericht über das Heilswirken mit den Taten des Gottmenschen auf Erden fällt bei vielen Heiligenviten auf, besonders stark aber bei der des hl. Franz Xaver.

Von einem Exorzismus in Malakka, den Xaver im Jahre 1545 bei dem erkrankten Sohn eines der reichsten Cavalleiros des Königlichen Hauses, Joanno Fernandes Ilher, vornahm, berichtet Schurhammer[29], dass der Arzt und auch von ihm geholte eingeborene Frauen, die in der Heilkunst sehr erfahren gewesen seien, keinen Rat mehr gewusst hätten. Seine Frau, eine Javanerin, habe daher eine Frau, die als gute »Zauberin« galt, zu Hilfe geholt; diese habe mit ihrer Beschwörungspraxis Symptome religiöser Besessenheit ausgelöst; er »schnitt Grimassen und spie Retabels und Heiligenstatuen an, wenn man sie ihm zeigte«, verlor zudem Gefühl und Sprache und lag drei Tage lang auf einem Bett wie ein Toter. Da habe eine eingeborene Frau, die zufällig vorbeigekommen sei, geraten, doch den »Padre« zu holen, der könne den Sohn gesund machen. Der Exorzismus fand in dem von der Kirche dafür vorgesehenen Ablauf statt, mit Ritualen, Paramenten und liturgischen Geräten, mit Gebet und sodann mit dem Anathema. Der Kranke beruhigte sich und fiel in einen tiefen Schlaf, aus dem er erst zu dem Zeitpunkt erwachte, zu dem am nächsten Morgen der Pater eine fürbittende Messe las. Antonio konnte danach wieder sprechen und gesundete alsbald endgültig. – Dass eine solche, in den Chroniken gerühmte Dämonenaustreibung an einem religiös Besessenen, der auf Altäre spuckt und Heiligenbilder schändet, in der Zeit der Gegenreformation in Europa als besonders aktuell empfunden werden musste, ist leicht einsichtig. Freilich war damals die katholische Kirche noch nicht in der Lage, Kritik zu üben an ihren eigenen Bilderstürmen in den Missionsgebieten. Sie führten in Japan, verbunden mit der Enttäuschung der Daimyos in Fragen der Handelsinteressen mit Portugal zu einer Gegenbewegung, die viel christliches Märtyrerblut unter den Japanern und auch Missionaren vergießen ließ. Die Briefe Franz Xavers berichten aber auch schon von seiner Hochachtung vor dem Ringen gelehrter Buddhisten um den wahren Glauben und von der Bewunderung ihrer überzeugt vorgetragenen Argumentationskunst. Die Lehren des Buddhismus wurden von den dort wirkenden Jesuiten nicht verachtet, sondern sehr ernst genommen. Daher müssen wohl die in den Missionsdramen der Jesuiten (sowohl in Japan als auch in der Neuen Welt) auftretenden Jugendlichen, die mit Vergnügen die Götzenbilder entthronen und zerstören, vor allem als pastorale Mittel verstanden werden, die auch Jugendlichen schon zugesteht, auf ihre Weise vom christlichen Glauben Zeugnis zu geben; und dies nicht

---

[29] Georg Schurhammer – Franz Xaver 2/1, S. 625.

zuletzt, da die Berichte der Jesuiten aus Japan unter den Märtyrern auch zahlreiche Kinder und Jugendliche erwähnen, die heldenhaft ihren Tod auf sich nahmen.

Von der Heilung eines blinden Kaufmannes, dem Xaver das Augenlicht wiedergeschenkt haben soll, erzählt eine Legende aus Bungo. Solche Wunderberichte haben eine mehrschichtige Bedeutung: sie erinnern an das überlieferte Wirken Christi; sie stellen im spirituellen Profil christliche Werte vor Augen: Ehrfurchtsbezeigung vor Gott im Kult, Nächstenliebe, Absage an Ausbeutung und Habgier im Berufserwerb, die Mächtigkeit der heiligen und der unheiligen unsichtbaren Gewalten und Mächte in Versuchungen, die Wirkungskraft des Gebetes und der Sakramente, sie geben Zeugnis vom Lebenswerk eines Heiligen, der Blinden das Licht seines Glaubens brachte. Sie nehmen aber auch ihren Platz in der Pastoral und in der zeitgebundenen Kirchenpolitik der Gegenreformation ein. – Darüber hinaus aber wird der hl. Franz Xaver im Rahmen der Volksfrömmigkeit nicht nur in Schwyz als Fürbitter und Helfer bei Augenleiden angerufen.

Porträt-Ähnlichkeit Franz Xavers auf den Bildern der Kapelle?

Wie sah der Edelmann aus Navarra, der Magister Artium der Pariser Universität, der Missionspilger auf dem Wege zu seinem Herrn, Franz Xaver, wirklich aus?[30] – Treffen die Bilder in seiner Kapelle bei Morschach sein Porträt?

Das Pilgergewand, das er hier bei seinem Wirken auf Erden trägt, stimmt nicht überein mit dem seinerzeitigen Gewand der Jesuiten, wie wir es auf Abbildungen jener Zeit aus Indien oder aus Japan kennen. Die anthrazitfarbene Soutane mit dem braunen Schulterüberwurf stimmt aber auch nicht überein mit dem ärmellosen Baumwollgewand, das dem Missionar – auf seinen Wunsch hin nach dem Modell der Kleidung der Ärmsten unter den Bonzen in Indien – angefertigt wurde, als man ihm ein kostbares Seidengewand europäischen Stils überreichen wollte. Das weiße Chorhemd und die grüne Stola als Kleidung bei liturgischen Akten – wie bei der Taufe – und als Symbol seiner Glorie auf den Fresken, ist identisch mit dem liturgischen Gewand der Kirche bei Eucharistie und Sakramentenerteilung. Pilgerhut und Pilgerstab sind in der abendländischen Kunst kennzeichnende Symbole geworden, ebenso wie die Palme als Signum

---

[30] S. Georg Schurhammer – Franz Xaver 1, S. 61, 691 f., 699.

des Märtyrers. Die Taufmuschel in Form der Naturmuschel ist in diesen Bildern charakteristisch durch ihre Zugehörigkeit zum Element des Wassers; auch in Kirchen findet man oftmals das Taufbecken in Form einer stilisierten Muschel. Rosenkranz und Kreuz, die auf kaum einem der Bilder in der Kapelle fehlen, haben über ihre religiös-theologische Bedeutung hinaus auch die der »Heiligen Zeichen«, die die Verehrungspraxis mit Herz und Hand realisierten.

Es gibt keine zeitgenössischen Abbildungen von Franz Xaver, dafür aber einige Beschreibungen von Augenzeugen seines Auftretens.[31] Als er auf dem Wege von Paris nach Venedig durch die Schweiz kam, war er dreißig Jahre alt, ein Mann »von schlankem Wuchs, eher groß als klein«; das Haupt von schwarzem Haar umgeben, gewinnend im Wesen, fröhlich und weltoffen, allzeit hilfsbereit und auch damals schon als charismatisch begabt erkannt. In allen Aussagen der Zeitgenossen wird er als ebenso temperamentvoll wie sanftmütig beschrieben, ein – offensichtlich in sich widersprüchlicher, cholerisch-sanguinischer Charakter. – Als er 1546 in Indien bei den Kopfjägern von Waranula weilte, wurde er sehr viel älter geschätzt als er war; er hatte bereits graue Haare, war »sehr mager«, aber »von guter Statur«. Man sah ihm die harten Bedingungen der Missionstätigkeit an. Die zweieinhalb Jahre in Japan hatten sein Haar noch stärker gebleicht, wie seine Freunde feststellten. Und so mag das letzte Glasfenster verstanden werden, in dem er vor einem Kreuze kniet und betet.

Der Nimbus um sein Haupt auf allen Bildern in der Kapelle hebt ihn von den anderen Personen ab. Im Zeichen des Kreuzes hatte er – entsprechend der Darstellung auf dem Bilde – sein Leben verstanden und seinen frühen Tod besiegelt, auch seine Begierde, das Evangelium nach China zu tragen. Aber die Kerzen auf dem Altar, vor dem der Künstler ihn in Versenkung zeigt, dürfen wohl als Symbol der Verehrung des göttlichen Willens gedeutet werden.

Summa: Die Macht des erzählten Gedächtnisgutes

Die jüngste Restaurierung der Kapelle ist zweifellos dem jetzigen Pfarrer Aloys von Euw zu danken, weit und breit bekannt und beliebt nicht nur als getreuer Hirte seiner Herde, als Verehrer des örtlichen Schutzpatrons, sondern auch als Mensch mit großem Humor, der geistliche Anekdoten sammelt, ein Glas Wein zu schätzen weiß und – als Verf. ihn vor einigen

---

[31] Ebd.

Jahren kennen lernte – auch als Besitzer eines Esels, den er zu allen Besuchen seiner Gehöfte im Kleinwagen mit sich führte. Wenn auch der Esel inzwischen gestorben ist; Morschach wird hoffentlich ein besonders beschütztes Fleckerl auf Erden und manchen Versuchen widerstehen, in dieser immer unheiliger werdenden Welt säkulare Vergnügungszentren dem Reich Gottes auf Erden vorzuziehen.

In der Orts-Kirche zu Morschach begegnet man ebenfalls dem Heiligen wieder; im 19. Jahrhundert wurde ihm hier ein Platz am linken Seitenaltar gewidmet; dort »stürmt er mit erhobenem Kreuz in die Mission«, wie von Euw es in einem seiner Artikel über die 1987 restaurierte Ortskirche anschaulich ausgedrückt hat.

Ist es aber nicht zugleich erfrischend und vergnüglich, festzustellen, dass neben der Pfarrkirche vor allem diese kleine Franz Xaver-Kapelle »am Wege« in ihrer Wieseneinsamkeit einen Gedächtnisstrom bezeugt, der mehr als hundert Jahre lang verehrend dem Kantonspatron zugewandt gewesen war. Starke Stützen für diese prägsame Verinnerlichung waren sicherlich die großen Feste der Luzerner im 17. Jahrhundert gewesen. Die Aufführung der Jesuiten anlässlich der Kirchweihe im Jahre 1677 schlug sich noch inmitten des 18. Jahrhunderts als erzähltes Gedächtnisgut in den Malereien nachweisbar nieder, mit denen die barocken Meister diese Kapelle ausstatteten.

Das anagoge Erschauen der himmlischen fürbittenden Kräfte und das unbedingte Vertrauen zu ihnen ging auf so alte Kult-Intentionen zurück, wie sie seinerzeit die Dekrete des Nikäischen Konzils im 8. Jahrhundert gegen die Bilderstürmer formulierten. Das letzte Dekret des Tridentinischen Konzils vom 3. Dezember des Jahres 1563 über die »Anrufung, die Verehrung und die Reliquien der Heiligen und über die heiligen Bilder« erneuerte diese Glaubenslehre und schrieb sie als Richtlinie gegen die unheiligen zeitgenössischen Kultmal-Zerstörungen vor.

Die Jesuiten hatten sich spirituell und praxisbezogen in den Dienst dieser Märtyrer- und Heiligenverehrung gestellt. Sie kannten die ergreifende Macht der Bilder und sorgten dafür, dass die Heiligen allüberall, in Kirchen und Kapellen, an Häusern, als Marterln an Wegen und auf Bergeshöhen allgegenwärtig gehalten wurden. Die Darstellungen der »Lebenden Bilder« im Brauchtum der Prozessionen bahnten den Schulaufführungen der Jesuiten ihre Basis und erlaubten die Weiterführung auf den Weg der spirituellen Grundierung des Sichtbaren. Von den bildenden Künstlern wurde dieser Realidealismus so aufgegriffen, dass auch den einfachen Leuten, den Nichtgebildeten, die Schau der Urbilder der Heiligen hinter dem Sichtbaren intuitiv zugänglich war. Es ging dabei nicht um pädagogische Mittel, sich der Heiligen als Vorbilder zu erinnern, wie Luther es durchaus bejahte, sie als Kirchenschmuck erlaubte und für Schulaufführungen empfahl, sondern darum, in den Gläubigen das heiligende Wirken der Schau und der Verehrung zu pflegen.

288

»Devotio Xaveriana« und ihre Musik in der Katholischen Hofkirche zu Dresden

Gerhard Poppe

Als der sächsische Kurfürst Friedrich August I. (August der Starke) am 2. Juni 1697 in Wien den Übertritt zur katholischen Kirche vollzog, um sich nach dem Tod von Jan III. Sobieski der Wahl zum polnischen König stellen zu können, waren die langfristigen Folgen eines solchen Schrittes in seinem Stammland noch nicht absehbar. Die 1539 erfolgte Einführung der Reformation im albertinischen Sachsen hatte das kirchliche Leben schnell und nachhaltig verändert, und katholischer Gottesdienst war seit dieser Zeit nur noch in den Kapellen ausländischer Gesandtschaften in Dresden möglich. Der Vorsitz im Corpus Evangelicorum der Reichsstände war das äußere Zeichen für den Führungsanspruch Sachsens im deutschen Protestantismus, und in der durch die Konversion gegebenen neuen Situation musste der Kurfürst schon um des innenpolitischen Friedens willen den Landständen die vollständige Beibehaltung des bisherigen konfessionellen Status versichern. So war an einen öffentlichen katholischen Gottesdienst in der sächsischen Residenzstadt vorerst nicht zu denken. Im Dresdner Schloss diente der bisherige Audienzsaal als provisorischer Gottesdienstraum, und 1699 wurde die Kapelle im zwölf Kilometer entfernten Schloss Moritzburg für den katholischen Gottesdienst umgebaut.[1] Zunächst aber gestaltete sich der Kampf um die Erringung und Bewahrung der polnischen Krone langwieriger als erwartet. Für die Königswahl waren erhebliche Geldsummen erforderlich, für deren Bewilligung August der Starke auf die Zustimmung der Stände angewiesen war. Doch in Polen regte sich nach Ausbruch des 1700 von Schweden angezettelten Nordischen Krieges der Widerstand. August der Starke musste mit seinem Hofstaat am 26. Mai 1702 Warschau räumen und wurde am 14. Februar 1704 als polnischer König abgesetzt. Um erneut auf den polnischen Thron zu kommen, brauchte er – neben der militärischen Unterstützung Russ-

---

[1] Für die größeren kirchengeschichtlichen Zusammenhänge vgl. die grundlegenden Studien von Paul Franz Saft: Der Neuaufbau der katholischen Kirche in Sachsen im 18. Jahrhundert. (Studien zur katholischen Bistums- und Klostergeschichte 2) Leipzig: St. Benno 1961; und Siegfried Seifert: Niedergang und Wiederaufstieg der katholischen Kirche in Sachsen 1517–1773. (Studien zu katholischen Bistums- und Klostergeschichte 6) Leipzig: St. Benno 1964.

lands – wiederum die Hilfe des Papstes, dessen bereits 1697 erhobene Forderung nach öffentlicher Ausübung des katholischen Gottesdienstes noch immer nicht erfüllt war. So wurde das alte, 1664 von Wolf Caspar von Klengel erbaute Opernhaus am Taschenberg zur ersten katholischen Kirche Sachsens seit Einführung der Reformation umgebaut und am 5. April 1708 durch Pater Moritz Vota SJ, den Beichtvater des Königs, geweiht. Diese Kirche erhielt den Status einer Hofkirche, und der König selbst verfasste – wahrscheinlich mit Hilfe von Pater Vota – deren Statuten. Die Geistlichen, die alle dem Jesuitenorden angehörten, führten gemäß den Vorschriften ihres Ordens seit 1710 ein Tagebuch, das *Diarium Missionis Societatis Jesu Dresdae*, in dem die wichtigsten Ereignisse festgehalten wurden und das heute eine unschätzbare historische Quelle ist.[2] Auch die Verehrung des hl. Franz Xaver in der Dresdner Hofkirche ist erstmals durch die Notizen des *Diarium Missionis* nachweisbar. Die Jesuitenpatres orientierten sich für die Feier der Gottesdienste im Laufe des Kirchenjahres zunächst an ihrem Ordenskalender, in dem die heilig gesprochenen Gründungsmitglieder der Gesellschaft Jesu natürlich ihren festen Platz hatten. Doch beschränkte sich die Franz Xaver-Verehrung auf das Fest des Heiligen am 3. Dezember – von gesonderten Andachten, Novenen oder der *Litaniae Xaverianae* ist bis einschließlich 1718 im *Diarium Missionis* nirgends die Rede.

Maria Josepha – eine Habsburgerin als sächsische Kurprinzessin

Der entscheidende Umschwung sowohl in der Gesamtsituation der sächsischen Katholiken als auch in der Verehrung des hl. Franz Xaver hing wiederum mit politischen Entwicklungen zusammen. Der Kurprinz Friedrich

---

[2] Von diesem *Diarium* existieren noch fünf Bände; die ersten drei von ihnen für die Jahre 1710–1738 und 1759–1778 werden heute im Dompfarramt Dresden aufbewahrt. Nach Aufhebung der Gesellschaft Jesu im Jahre 1773 verblieben die Patres als Weltpriester in Sachsen und behielten die Führung des Tagebuches mit Unterbrechungen bis 1844 bei. Die beiden Bände für die Jahre von 1779 bis 1844 befinden sich heute im Diözesanarchiv des Bistums Dresden-Meißen in Bautzen. Ein weiterer Band für die Jahre 1739 bis 1742 stand Paul Franz Saft vor 1945 noch zur Verfügung und muss heute als Kriegsverlust angesehen werden. Vgl. Siegfried Seifert: Das Diarium Missionis Societatis Jesu Dresdae ab anno 1710 als Quelle für Festordnung und Liturgie an der Dresdner katholischen Hofkirche. In: Zelenka-Studien II. Referate und Materialien der 2. Internationalen Fachkonferenz Jan Dismas Zelenka (Dresden und Prag 1995) (Deutsche Musik im Osten 12). Sankt Augustin: Academia 1997, S. 29–41. Wegen der fehlenden Paginierung wird das *Diarium Missionis* nachfolgend nur mit Angabe des jeweiligen Datums zitiert.

August war bereits während seiner Kavalierstour 1712 in Bologna ebenfalls zur katholischen Kirche konvertiert, doch wurde dies aus innenpolitischen Rücksichten erst 1717 öffentlich bekanntgegeben. Damit mussten die sächsischen Stände zur Kenntnis nehmen, dass sich in einem der Kernländer der Reformation ein katholisches Herrscherhaus etablieren würde. Gleichzeitig war mit dieser Konversion eine wichtige Voraussetzung für die von August dem Starken lange geplante Heiratsverbindung mit dem Haus Habsburg geschaffen. Die 1699 geborene Erzherzogin Maria Josepha war als älteste Tochter des 1711 verstorbenen Kaisers Joseph I. eine begehrte Braut, verbanden sich doch angesichts der lange währenden Kinderlosigkeit von dessen Bruder und Nachfolger Karl VI. mit ihr die Hoffnungen auf das österreichische Erbe. Erst als die Pragmatische Sanktion von 1713 die Unteilbarkeit der österreichischen Lande und den Vorrang der Töchter Karls VI. vor denen Josephs I. in der habsburgischen Thronfolge geregelt hatte, war seitens des Kaiserhauses an die Verheiratung von Maria Josepha und deren jüngerer Schwester Maria Amalia zu denken. Die Trauung des sächsischen Kurprinzen mit der älteren Erzherzogin fand am 20. August 1719 in Wien statt. Danach reiste das Paar nach Dresden, wo es am 3. September Einzug hielt. Zu den bis zum 30. September andauernden Hochzeitsfeierlichkeiten waren zahlreiche Künstler vor allem aus Italien eigens engagiert worden – es war eines der großen höfischen Feste im barocken Europa.

Für die kleine katholische Gemeinde in Dresden, die sich um den Hof und seine Kirche scharte, vor allem aber für das gottesdienstliche Leben und die Katholische Hofkirchenmusik war die Heirat des sächsischen Kurprinzen mit der österreichischen Erzherzogin ein Glücksfall. Maria Josepha zeichnete sich nicht nur durch große persönliche Frömmigkeit aus, sondern verstand sich von Anfang an selbstverständlich als Protektorin der in Sachsen lebenden Katholiken. Zum äußeren Zeichen ihres Rollenverständnisses wurde das Messgewand, das sie aus ihrem Brautkleid fertigen ließ und das heute in der Domschatzkammer in Bautzen aufbewahrt wird. Von Maria Josepha ging die Initiative zur Verehrung des hl. Franz Xaver als des besonderen Patrons für das katholische Haus Wettin aus. Das *Diarium Missionis* verzeichnet 1719 erstmals die Aufwertung seines Festes, *»quod hic celebratur sub ritu Duplici 2dae Classis cum Octava«*. Da 1719 der erste Adventssonntag auf den 3. Dezember fiel, war das Fest in diesem Jahr auf den 5. Dezember verlegt worden, und dessen Oktav endete dementsprechend erst am 12. Dezember. Aus den unsystematischen Notizen des *Diarium Missionis* gehen auch einige Details über den äußeren Rahmen, in dem das Fest begangen wurde, hervor. So nennt der Chronist den

Beichtvater der Kurprinzessin, Pater Steyerer, als Zelebranten des Hochamts und berichtet über die Feier mit 24 Kerzen als eine Besonderheit. Am 6. Dezember war die Kurprinzessin mit ihrem Hofstaat am Vormittag zur Messe anwesend, nach der die Litanei zum hl. Franz Xaver in deutscher Sprache gebetet wurde. Zur nachmittäglichen Andacht an demselben Tag wurde dagegen die Lauretanische Litanei gesungen.[3] Im folgenden Jahr hatte sich die Ordnung der Devotio Xaveriana bereits stabilisiert: Vom 2. bis 10. Dezember fanden jeden Nachmittag Andachten in der Hofkirche statt, und man darf voraussetzen, dass während dieser Andachten die Litanei zum hl. Franz Xaver gebetet wurde. Ausdrücklich wird diese im *Diarium Missionis* allerdings nur für den 10. Dezember erwähnt. Die Mittel für Kerzen und andere Sonderausgaben kamen aus der Privatschatulle der Kurprinzessin, wie aus den entsprechenden Rechnungsbüchern hervorgeht.[4]

Die besondere Verehrung des hl. Franz Xaver durch die Kurprinzessin und spätere Königin Maria Josepha bestätigt auch ihr Beichtvater und Biograph Anton Hermann:

> Jedoch neben allen vorhergehenden war ihre Andacht gegen den heiligen Franciscum Xaverium ungemein groß. Sie hatte solche schon von Jugend auf an Sich genommen, und immer vermehret, sonderlich da Sie in dem Jahre 1731 von diesem Heiligen eine ganz ausnehmende Gutthat empfangen zu haben geglaubet [...]
> Sie ließ Sich alle Nacht unweit von Ihrem Bette auf einem hölzernen sogenannten Gueridon ein Nachtlicht anzünden, welches aber, um die Feuersgefahr zu verhüten, auf eine messingene Platte gesetzt wurde. Dabey stund ein großes Buch, oder ein anderer Schirm, damit das Licht die Augen nicht belästigte; und diese Gewohnheit war schon vor langer Zeit ohne alles Unglück beobachtet worden. Indessen hatte Gott zu seiner Ehre einen unerwarteten Zufall verhänget. In der Nacht von dem 3ten zum 4ten Decbr. mithin an dem Feste des heil. Xaverius, da die Königinn, als noch Churprinzeßinn, mit jetziger Dauphine von Frankreich in den Wochen lag, entstund durch obgedachtes Nachtlicht ein Feuer, welches aber die Prinzeßinn nicht vermerket, weil sie ganz sanft geschlafen, bis den folgenden Morgen die Kammerdienerinn, welche damals Dienst hatte, sich bey Ih-

---

[3]   Die entsprechenden Informationen sind im Jahresbericht 1719 der Dresdner Jesuiten noch einmal zusammengefasst. Diözesanarchiv des Bistums Dresden-Meißen in Bautzen, *Historia Missionis Societatis Jesu Dresdae in Saxonia ab Anno Salutis 1708* 2 (1718–1729), S. 103.

[4]   Sächsisches Hauptstaatsarchiv Loc. 364 Zahl-Ambts-Raittung über Ihro Hoheit der Königl. Pohln. undt ChurSächsische Prinzessin gebohrene Erzherzogin von Österreich etc. alle Empfang, undt Außgaben, Von ersten April an biß letzten Decemb: inclusive 1720: geführet Von mir Cammer Zahlmeistern Joann Baptista Ponte. Band 2 (1720) und folgende Bände, alle ohne Paginierung. Das Rechnungsbuch Band 1 (1719) ist allerdings nicht mehr vorhanden.

rem Bette eingefunden. Da hatte man denn allerhand seltsames zu bewundern. Erstlich war die obere hölzerne Platte des Gueridons bis gegen die Mitte des Fußes völlig verzehret, doch also, daß die messingene Platte noch auf dem abgebrannten Stumpfe frey stehen bliebe. Der Fuß war häufig mit Asche bedecket, aber von dem Feuer unberühret; das dabey stehende Buch war ebenfalls von den Flammen ergriffen, welche sich vermuthlich von da in die an der Wand hangenden Tapeten ausgebreitet hatten, indem auch diese in Brand gerathen waren. Nächst bey dem Bette war ein auf Leinwand gemaltes Bildniß des heil. Xaverii an den Tapeten angeheftet, worauf gleich die Vorhänge, und andere verbrennliche Materien mehr folgten, so daß die Prinzeßinn in der größten Gefahr stund, selbst in dem Schlafe von den Flammen angegriffen, oder von dem Rauche ersticket zu werden. Wie groß war aber die Verwunderung, da man wahrgenommen, daß das Feuer nicht weiter, als bis zu dem Bildnisse des heiligen Xaverii, um sich gegriffen, und allda von sich selbst erloschen war, als ob es von menschlicher Hand wäre ausgelöschet worden, ohne daß an dem Bilde die geringste Verletzung, ja so gar nicht einmal ein Zeichen des Rauches zu sehen war […].

Von dieser Zeit an, wie schon gesagt, war unsere Königinn dem heil. Xaverio mit neuer Liebe und neuem Vertrauen zugethan. Sie hatte Ihn schon vorher zu einem allgemeinen Patron Ihrer königlichen Familie erwählet, auch allen Ihren Kindern den Namen dieses Heiligen beylegen lassen: nunmehr aber verdoppelte Sie Ihren Andachtseifer mit Anstellung allerhand Novenen, Verrichtung der gewöhnlichen zehn Freytage, und dergleichen mehr. Insonderheit besorgte Sie, daß das Fest dieses Heiligen und die darauf folgende Octave mit Absingung der täglichen Litaney, und anderen Andachten, auf das feyerlichste begangen wurde, wobey man ihr die Kirche niemals zierlich genug, sonderlich in Warschau, mit Tapeten behängen, und mit Leuchtern beleuchten konnte.

Ich würde so bald nicht zu Ende kommen, wenn ich hier Ihre freygebigen Schenkungen, ja auch Stiftungen, annoch beyfügen wollte, welche Sie an unterschiedliche Orte gemacht, wo der heilige Xaverius besonders verehret wird.[5]

Formen der Verehrung des hl. Franz Xaver in Dresden

Für die besondere Verehrung, die Maria Josepha dem hl. Franz Xaver entgegenbrachte, gibt es noch weitere Belege. Selbstverständlich besaß sie auch Reliquien des Heiligen, doch spielen sie in ihrer überreichen Reli-

[5] Anton Hermann: Leben und Tugenden der Allerdurchlauchtigsten Frauen, Frauen Maria Josepha, Königinn in Pohlen, Churfürstinn zu Sachsen, geb. Erzherzoginn von Österreich etc. in einem kurzen Begriffe verfasset. Leipzig: Breitkopf und Sohn 1766, S. 55–60. Anton Hermann war erst seit 1741 als Beichtvater der Königin tätig und kannte diese Geschichte nur aus deren Erzählungen. Deshalb verlegte er den Beginn der Andachten in der Oktav des Festes »mit Absingung der Litaney« irrtümlich in die Zeit nach 1731.

quiensammlung zahlenmäßig nur eine untergeordnete Rolle. Von den »unterschiedlichen Orten, wo der hl. Xaverius besonders verehret wird« und zu denen das Königshaus Kontakt hielt, dürfte der Wallfahrtsort Straße bei Oberburg in der Untersteiermark (im heutigen Slowenien) der bedeutendste gewesen sein.[6] Friedrich August hatte noch als Kurprinz 1729 durch die Lektüre des im gleichen Jahr erschienenen Mirakelbuches von diesem Wallfahrtsort Kenntnis erhalten, als er sich mit seiner Gattin in einer schwierigen Situation befand. Die beiden ersten Söhne des Paares, Friedrich August (1720–1722) und Joseph August (1721–1728), waren bereits im Kindesalter gestorben und der drittgeborene Sohn und spätere Kurfürst Friedrich Christian (1722–1763) war durch einen Klumpfuß stark gehbehindert. Das Kurprinzenpaar ließ sich eine Kopie des Gnadenbildes von Straße anfertigen und schrieb der Fürbitte des Heiligen die glückliche Geburt seines am 25. August 1730 geborenen Sohnes zu. Entsprechend einem Gelöbnis erhielt dieser dann auch den Namen des Heiligen als Rufnamen.[7] Der Kurprinz Friedrich Christian besuchte später auf der Rückreise von seiner Kavalierstour nach Italien am 15. Juni 1740 diesen Wallfahrtsort. Seine Schwester Maria Amalia (1724–1760) hatte 1738 den späteren König Karl von Sizilien geheiratet, und als ihr Sohn 1748 lebensgefährlich erkrankt war, übersandte sie nach dessen Genesung im darauf folgenden Jahr nicht nur ein wertvolles Weihegeschenk nach Straße, sondern ließ auch für die Schlosskapelle in Portici eine Kopie des Gnadenbildes malen.[8]

Aber auch in Dresden hinterließ der Franz Xaver-Kult des Herrscherhauses weitere Spuren. Als 1737 die neue Kapelle der kaiserlichen Gesandt-

---

[6] Zu diesem Wallfahrtsort zusammenfassend Gustav Gugitz: Österreichs Gnadenstätten in Kult und Brauch 4: Kärnten und Steiermark. Wien: Brüder Hollinek 1956, S. 262 ff.

[7] Wie auch Anton Hermann berichtet, erhielten alle Kinder von Friedrich August I. (als polnischer König August II.) und Maria Josepha den Namen Franz Xaver bzw. Franziska Xaveria als Zweit- oder Drittnamen. In letzterer Funktion war dieser Name im Haus Wettin bis ins 20. Jahrhundert verbreitet.

[8] Edmund Frieß und Gustav Gugitz: Die Franz Xaver-Wallfahrt zu Oberburg. Eine untersteirische Barockkultstätte und die räumliche Reichweite ihres Einflusses. In: Österreichische Zeitschrift für Volkskunde 61 (1958), S. 83–140, hier S. 108. Die Autoren entnahmen ihre Informationen dem zweiten, 1758 in Wien erschienenen Oberburger Mirakelbuch *Fortsetzung Xaverianischer Ehr- und Gnadenburg […] so auf dem Bühel-Strasse […] von dem Jahr 1741 bis zum Ende des 1757sten Jahres sich zugetragen.* Dieses Buch konnte ich selbst nicht einsehen; die Angabe über einen Besuch des Prinzen Franz Xaver 1740 in Straße beruht aber mit Sicherheit auf einer Verwechslung, da von diesem – als zu diesem Zeitpunkt Neunjährigen – keine derartige Reise bekannt ist. Dagegen passt ein solcher Besuch bruchlos in Zeitplan und Reiseroute des Kurprinzen Friedrich Christian, der am 22. Juni 1740 aus Italien kommend in Wien eintraf.

schaft in Dresden-Neustadt fertiggestellt war, wurde sie ebenfalls dem hl. Franz Xaver geweiht. Das Patrozinium ging 1855 an die neu erbaute katholische Pfarrkirche in Dresden-Neustadt über, die 1945 beim Bombenangriff auf Dresden zerstört und nach dem Krieg nicht mehr wiederaufgebaut wurde. Die bis heute existierende Pfarrei ist jedoch weiterhin nach dem hl. Franz Xaver benannt. Nach dem Bau der neuen Katholischen Hofkirche wurden die Altäre in den beiden Seitenschiffen den hll. Franz Xaver und Ignatius von Loyola geweiht. Die etwa zur Zeit der Einweihung entstandenen Altarbilder von Pietro Rotari (1707–1764) sind jedoch ebenfalls 1945 verbrannt. Im linken Seitenschiff der Kirche, in dem sich früher der Franz Xaver-Altar befand, steht bis heute im Gedenken an die Missionstätigkeit des Heiligen der Taufstein der Kirche.

Die privaten Formen der Verehrung des hl. Franz Xaver im Haus Wettin sind natürlich wesentlich schwieriger zu ermitteln als Kirchenpatrozinien und Altarbilder. Die ehemals im Besitz der sächsischen Herrscherfamilie befindlichen Viten und Briefausgaben sowie Gebet- und Mirakelbücher in deutscher, lateinischer, italienischer und französischer Sprache lassen darauf schließen, dass die weit verbreiteten und populären Andachtsformen wie die zehn Freitage zu Ehren des Heiligen auch von den Mitgliedern der sächsischen Herrscherfamilie praktiziert wurden.[9] Ebenso schwierig sind Ursprung und Vorbilder des Ritus sowie der Gebetstexte zu den öffentlichen Xaverianischen Andachten in der Dresdner Hofkirche bestimmbar. Am Wiener Kaiserhof wurde das Fest am 3. Dezember mit einer feierlichen Messe in der Universitätskirche begangen. In der Hofburg gab es eine eigene Franz Xaver-Kapelle, in der während der Oktav täglich das Sanctissimum vor dem Bilde des Heiligen ausgesetzt und eine entsprechende Andacht gehalten wurde. Zu deren Beginn erklang ein *Tantum ergo*, es folgte ein Motetto und die *Litaniae de Venerabile Sacramento*, und am Ende gab es nach dem *Genitori genitoque* den sakramentalen Se-

---

9 Aus dem 17. und der ersten Hälfte des 18. Jahrhunderts waren vorhanden: drei Viten, zwei Auswahlausgaben der Briefe, ein Panegyricum Poema, sechs verschiedene Ausgaben des Oberburger Mirakel- und Andachtsbuches, ein weiteres Mirakelbuch und drei weitere Gebetbücher. Unter ihnen befand sich auch ein Exemplar des Oberburger Mirakelbuches in der 1729 in Graz erschienenen Auflage, das Friedrich August II. als Kurprinz bald nach seinem Erscheinen gelesen haben muss. Diese Bücher zählen durchweg zu den Kriegsverlusten; sie sind jedoch über den alten Standortkatalog der Sächsischen Landesbibliothek – Staats- und Universitätsbibliothek Dresden nachweisbar. Weitere Briefausgaben sowie Gebet- und Mirakelbücher aus dem 18. Jahrhundert befanden sich in der Sekundogeniturbibliothek des Hauses Wettin und kamen nach 1945 in die heutige Sächsische Landesbibliothek – Staats- und Universitätsbibliothek Dresden.

gen.[10] Wahrscheinlich hat es ähnliche Andachten mit Figuralmusik an jedem Tag der Oktav in den 1690er Jahren auch am kurpfälzischen Hof in Düsseldorf gegeben,[11] doch fehlen Quellen über deren Aufbau, und die in diesem Rahmen erklungene Musik muss als verschollen gelten. Nirgends werden in den Quellen jedoch figuraliter musizierte *Litaniae Xaverianae* erwähnt, die damit offensichtlich eine Besonderheit der Dresdner Hofkirche sind.

Die »Litaniae Xaverianae« innerhalb der Dresdner Hofkirchenmusik

In den 1708 erlassenen Statuten für die Katholische Hofkirche war ein eigenes Musikensemble vorgesehen, dessen Besetzung jedoch auf sechs Sänger und vier Instrumentalisten (einschließlich des Organisten) beschränkt war.[12] Dieses Hofkirchenensemble, für das musikalische Knaben aus Böhmen verpflichtet worden waren, begann im Januar 1710 seinen Dienst an den Sonn- und Feiertagen in der Hofkirche. Die Hofkapelle selbst konnte den Kirchendienst zunächst nicht übernehmen, weil sie nach der Neuorganisation im Sommer 1709 ausschließlich aus Instrumentalisten bestand. Zu besonderen Gelegenheiten wie dem Fest der hl. Cäcilia traten die Musiker allerdings in der Kirche auf, und die ebenfalls am Hof angestellten französischen Schauspieler übernahmen dann die Vokalpartien. Diese Situation änderte sich grundlegend, als der Kurprinz während seiner Kavalierstour in Venedig die beiden Kapellmeister Antonio Lotti (1667–1740) und Johann David Heinichen (1683–1729) zusammen mit einer Reihe von Opernsängern engagierte und diese im Sommer 1717 in Dresden eintrafen. Diese Virtuosen waren im Vorfeld der Hochzeit des Kurprinzen zunächst für die geplanten Opernaufführungen verpflichtet worden; sie übernahmen jedoch zu besonderen Gelegenheiten auch den Kirchendienst. Lotti und seine Frau reisten im Herbst 1719 wieder zurück

---

[10] Friedrich Wilhelm Riedel: Kirchenmusik am Hofe Karls VI. (1711–1740). München/Salzburg 1977, S. 35 und 270.

[11] Andreas Schüller: Franz Xaverius in Volksglaube und Volksbrauch des Rheinlandes und Westfalens (17. und 18. Jahrhundert). In: Zeitschrift des Vereins für rheinische und westfälische Volkskunde 29 (1932), S. 12–37. Hier S. 19.

[12] Für die Gesamtsituation vgl. die grundlegende Darstellung von Wolfgang Horn: Die Dresdner Hofkirchenmusik 1720–1745. Studien zu ihren Voraussetzungen und ihrem Repertoire. Kassel et al.: Bärenreiter 1987. Das *Diarium Missionis* war Horn allerdings nicht zugänglich, da es als Kriegsverlust galt und erst Ende der 1980er Jahre wieder aufgefunden wurde. Zur diesbezüglichen Ergänzung siehe vor allem Wolfgang Reich: Das *Diarium Missionis Societatis Jesu Dresdae* als Quelle für die kirchenmusikalische Praxis. In: Zelenka-Studien 2, S. 43–57.

nach Italien, während Heinichen für den Karneval 1720 eine neue Oper einstudierte. Dabei kam es in einer Probe zum Eklat zwischen Heinichen und dem Kastraten Senesino, in dessen Folge der König zu Ostern 1720 alle italienischen Sänger entließ. Damit waren Opernaufführungen in Dresden zunächst unmöglich geworden. In den folgenden Jahren wurden jedoch in Venedig auf Kosten des Hofes Sänger und Sängerinnen ausgebildet, die 1724 und 1730 in der sächsischen Residenzstadt eintrafen. Doch blieben Opernaufführungen bis zum Tod Augusts des Starken im Jahre 1733 eine Ausnahme. Für die Hofmusiker rückte jetzt der Kirchendienst an die erste Stelle ihrer Aufgaben: Wenn Mitglieder des Herrscherhauses – vor allem das Kurprinzenpaar – bei den Gottesdiensten anwesend waren, musizierte die Hofkapelle, und solange keine anderen Sänger zu Verfügung standen, mussten die französischen und italienischen Schauspieler wiederum die Vokalpartien übernehmen. Das schon erwähnte, 1709 gegründete Hofkirchenensemble besorgte weiterhin die Musik an den übrigen Sonn- und Feiertagen. Der Kapellmeister Johann David Heinichen, der Compositeur der italienischen Musik Giovanni Alberto Ristori (1692–1753) und zunehmend auch der aus Böhmen stammende Kontrabassist Jan Dismas Zelenka (1679–1745), der von 1716 bis 1719 in Wien bei Johann Joseph Fux (1660–1741) studiert hatte, schufen ein neues Musikrepertoire für die katholischen Hofgottesdienste. Neben den erhaltenen Partituren (und seltener auch Aufführungsmaterialien) ist das *Diarium Missionis* wiederum die ergiebigste Quelle für Informationen zu den Kirchenmusikaufführungen von 1720 bis 1738 in der katholischen Hofkirche zu Dresden.[13] Der Kirchendienst der Hofmusiker wurde schrittweise ausgebaut und wuchs allmählich zu einem Umfang, in dem er noch über hundert Jahre später Bestand hatte: Seit 1721 war in der Oktav des Fronleichnamsfestes jeden Nachmittag eine Andacht mit Sakramentslitanei gebräuchlich; seit 1724 gab es jährlich am Abend des Karfreitags und am Nachmittag des Karsamstags die Aufführung eines italienischen Oratoriums. 1727 wurde die Andacht mit den *Litaniae Lauretanae* und dem *Sub tuum praesidium* an jedem Samstagnachmittag und vor größeren Feiertagen eingeführt; 1730 folgten die *Miserere*-Andachten an den Wochentagen der Fastenzeit. Nach dem Tod Augusts des Starken im Jahre 1733 wurde das Hofkirchenensemble, das bis dahin einen großen Teil dieser zusätzlichen Aufgaben übernommen hatte, auf sechs Knaben reduziert

---

[13] Die für die kirchenmusikalische Praxis unmittelbar relevanten Stellen aus dem *Diarium Missionis* hat Wolfgang Reich für die Jahre von 1710 bis 1738 exzerpiert; sie sind abgedruckt in: Zelenka-Studien 2, S. 315–379.

und der erweiterte Kirchendienst fiel fortan vollständig in den Aufgabenbereich der Hofkapelle.

Vor dem Hintergrund der hier nur kurz skizzierten Gesamtsituation etablierten sich in den 1720er Jahren auch die figuraliter musizierten *Litaniae Xaverianae* zu den Andachten in der Oktav des 3. Dezember. Der Chronist des *Diarium Missionis* berichtet davon erstmals am 4. Dezember 1721: »*Hora 11. orantur Litaniae de S. Xaverio finito Sacro [...]. Post meridiem hora quarta cantantur eadem Litaniae figuraliter cum Alma Redemptoris.*« Nicht erwähnt ist der Name des Komponisten, so dass sich keine der erhaltenen Partituren diesem Datum sicher zuordnen lässt. Im Laufe der folgenden Jahre stabilisierte sich die Praxis, vom 2. bis 10. Dezember jeden Nachmittag die *Litaniae Xaverianae* mit Figuralmusik zu singen. Wie zu anderen Gelegenheiten musizierte in Anwesenheit von Mitgliedern der königlichen Familie die Hofkapelle und an den anderen Tagen das Hofkirchenensemble. Die erhaltenen autographen Partituren der entsprechenden Kompositionen von Johann David Heinichen und Jan Dismas Zelenka sind datiert, so dass deren Zuordnung zu den Informationen aus dem *Diarium Missionis* mühelos möglich ist. Am 29. November 1723 beendete Zelenka seine Litaniae Xaverianae D-Dur ZWV 154, und für den 9. Dezember desselben Jahres heißt es im Diarium ausdrücklich »*Hora quarta Litanias novas produxit Dominus Zelenka cum Regiis Musicis desuper Benedictio.*« Im folgenden Jahr hatte Heinichen eine neue Litanei in c-moll komponiert, die wohl in der Notiz vom 3. Dezember 1724 gemeint ist: »*Post Vesperas quas Dominus Heiningen produxit cum Regiis Musicis fuerunt Litaniae de S. Xaverio.*« Am 5. Dezember 1725 wollte Heinichen keine Litanei aufführen, weil dies seiner Meinung nach in Abwesenheit der Kurprinzessin nicht zu seinen Aufgaben gehörte. 1726 steuerte er am Vorabend des Festes wiederum eine neue Litanei bei – »*Hora quarta Litaniae de S. Xaverio composuit novas Dominus Heiningen*« –, dies deckt sich mit dem Datum auf der autographen Partitur. Zelenkas neue *Litaniae Xaverianae* ZWV 155 und 156 aus den Jahren 1727 und 1729 sind dagegen mit hoher Wahrscheinlichkeit für das Hofkirchenensemble entstanden, das der Komponist im Gegensatz zu Heinichen öfter leitete; doch fanden sie keine ausdrückliche Erwähnung im Diarium.

Zu den in den 1720er Jahren entstandenen Kompositionen der *Litaniae Xaverianae* gehören mit großer Wahrscheinlichkeit auch noch die beiden Werke von Giovanni Alberto Ristori. Von diesen ist eine nach 1945 von der kriegsbedingten Auslagerung nicht in die Sächsische Landesbibliothek zurückgekehrt, aber über den 1765 entstandenen *Catalogo [thematico] della Musica di Chiesa [catholica in Dresda] composta Da diversi Au-*

tori secondo l'Alfabetto nachweisbar.[14] Die zweite, vor 1733 entstandenen *Litaniae Xaverianae* in d-moll ist nicht in diesem Katalog verzeichnet, sondern in einer autographen Widmungspartitur erhalten, die zum Bestand der Musiksammlung von Maria Josepha gehörte und später in die Königliche Privat-Musikaliensammlung einging.[15]

Schwieriger als die Zuordnung der aus den 1720er Jahren erhaltenen Kompositionen der *Litaniae Xaverianae* zu den Notizen des Diariums sind Aussagen über den Ablauf der Xaverianischen Andachten insgesamt. Die 1721 von dem Chronisten notierte Kopplung von *Litaniae Xaverianae* und *Alma redemptoris mater* kam später nicht mehr vor; andererseits scheint sich der Ablauf innerhalb weniger Jahre stabilisiert zu haben, denn die Andachten wurden im *Diarium Missionis* nur noch mit dem Vermerk *»de more«* oder *»more consueto«* bedacht. Angesichts der immer wieder zu beobachtenden, sehr weitgehenden Stabilität von Gottesdienstformen in der Dresdner Hofkirche im Laufe von zwei Jahrhunderten mag der Blick in Quellen aus dem 19. Jahrhundert für deren Rekonstruktion hilfreich sein. Das *Annuarium Ecclesiae aulice et parochialis Dresdensis Ss. Trinitatis* notiert am 2. Dezember 1822 den Ablauf der Xaverianischen Andacht mit überraschender Ausführlichkeit: »Um vier Uhr nachmittags trägt der Superior im Chormantel mit zwei Assistenten das Allerheiligste zum Altar, beräuchert es, gibt den Segen und beräuchert es wieder. Der Diakon stellt das Allerheiligste über dem Altar auf, danach folgt auf dem Chor die Litanei zum hl. Franz Xaver mit Figuralmusik. Nach deren Ende werden die Versikel mit Orationen aus dem roten Buch gebetet, das immer auf dem Hochaltar liegt. Darauf ›Pange lingua‹ auf dem Chor. Der Diakon stellt das Allerheiligste auf den Altar, es wird Weihrauch gegeben, er singt ›Tantum ergo‹ ›Genitori genitoque‹ – ›Sit et benedictio beräuchert und trägt das Allerheiligste auf der Stelle zurück zum Tabernakel«[16] Diese Beschreibung des Ablaufs passt vollständig zu den Hinweisen in den *Respon-*

---

[14] Staatsbibliothek zu Berlin Preußischer Kulturbesitz Mus. ms. theor. Kat. 186. Dieser Katalog wurde nach dem Siebenjährigen Krieg angelegt, um das vorhandene Material zu inventarisieren. Später gelangte er über den Musikaliensammler Georg Poelchau in die Berliner Staatsbibliothek. Die in eckige Klammern gesetzten Ergänzungen des Katalogtitels stammen von Georg Poelchau.

[15] Der *terminus ante quem* ergibt sich aus der Widmung an Maria Josepha als Kurprinzessin. Nach dem Tode Augusts des Starken am 1. Februar 1733 stand ihr der Titel einer sächsischen Kurfürstin und ab Oktober desselben Jahres der einer Königin von Polen zu.

[16] Original in lateinischer Sprache. Diözesanarchiv des Bistums Dresden-Meißen in Bautzen. *Annuarium Ecclesiae aulice et parochialis Dresdensis Ss. Trinitatis ab anno 1819 usque ad annum 1844 (ohne Paginierung).*

soria pro toto anno, in denen die vom Zelebranten zu singenden Versikel mit den Antworten des Chores auch »Post Litanias Xaverianas« notiert sind:

Panem de caelo praestitisti eis.	Omne delectamentum in se habentem.
Ora pro nobis, sancta Dei genitrix.	Ut digni efficiamur promissionibus Christi.
Salvos fac servos tuos.	Deus meus sperantem in te.
Amavit eum Dominum et ornavit eum.	Stolam gloriae induit eum.
Domine exaudi orationem meum.	Et clamor meus ad te veniat
Dominus vobiscum.	Et cum spiritu tuo.
(In fine orationem)	Amen.
Sequitur: Pange lingua Pag. 6[17]	

Selbst wenn der Text der verwendeten Oration auch über diese Quelle nicht ermittelbar ist, geben die Beschreibung von 1822 und die Versikel zusammen ein anschauliches Bild vom Gesamtablauf der Xaverianischen Andachten. Nicht berücksichtigt und kaum rekonstruierbar sind hier allerdings Elemente wie die Ausstellung von Reliquien oder das Bild des Heiligen. Der Ablauf der Oktav ist ebenfalls weitgehend konstant. Die Xaverianischen Andachten begannen in der Regel am Nachmittag des 2. Dezember als dem Vorabend des Festes selbst. Am 3. Dezember wurde vormittags ein Hochamt gefeiert, und am Nachmittag folgte die Andacht auf die 16 Uhr beginnende feierliche Vesper. Innerhalb der Oktav musste das Fest der Unbefleckten Empfängnis Mariä am 8. Dezember seinen Platz finden; dazu kam in der Regel der zweite Adventssonntag. Doch wurde in den Nachmittagsandachten vor diesen beiden Tagen nicht die Lauretanische Litanei, sondern ebenfalls die *Litaniae Xaverianae* aufgeführt.[18] Die Devotio Xaveriana schloss in der Regel mit einem Hochamt am Vormittag des 10. Dezember.

---

[17] Sächsische Landesbibliothek – Staats- und Universitätsbibliothek Dresden Mus. 1-E-745. Diese Responsoriensammlung existiert noch in vielen Exemplaren; diese sind in den Jahren um 1900 für den Gebrauch des Chores in der Hofkirche entstanden und lösten mit Sicherheit ältere, verschlissene Exemplare ab. Neben einigen schlichten Chören wie dem *Pange lingua* sind die Responsorien zur Messe, Vesper und den Andachten in der Regel vierstimmig in der Weise des sogenannten »Dresdner Amen« gesetzt. Letzteres stammt nicht, wie eine weitverbreitete Legende behauptet, aus der Kreuz- oder Frauenkirche, sondern war ursprünglich die – wahrscheinlich seit dem späten 18. Jahrhundert im Gebrauch befindliche – Singweise der vom Zeremoniensänger angestimmten Responsorien in der Katholischen Hofkirche. In den 1720er Jahren muss man allerdings von einer einstimmigen Singweise ausgehen.

[18] Diese Praxis ist am klarsten belegt durch die unten besprochenen Tagebücher von Carl Maria von Weber.

Kompositionen der Litaniae Xaverianae von Dresdner Hofkapellmeistern und Kirchen-Compositeurs

Bei einer näheren Untersuchung der erhaltenen *Litaniae Xaverianae*-Kompositionen stellt sich zunächst die Frage nach der Textvorlage und deren Herkunft. Eine lateinische Ausgabe aus dem 18. Jahrhundert ist weder in der Sächsischen Landesbibliothek – Staats- und Universitätsbibliothek Dresden noch im Diözesanarchiv des Bistums Dresden-Meißen nachzuweisen.[19] Deshalb ist es durchaus sinnvoll, eine spätere Ausgabe an den Anfang der Überlegungen zu nehmen, wie Janice Stockigt dies in ihrer Zelenka-Monographie tat.[20] Doch dürften bereits in den 1720er Jahren zwei geringfügig voneinander abweichende Textvarianten der Litanei im Gebrauch gewesen sein, denn der Unterschied zwischen *»salus aegrotantium«* (in beiden Litaneien Heinichens und in Zelenkas Litanei ZWV 156) und *»salus aegrotorum«* (in den beiden anderen Litaneien Zelenkas und bei Ristori) lässt sich kaum durch freizügigen Umgang mit der Vorlage erklären. Ansonsten folgte der Protestant Heinichen am genauesten dem vorgegebenen Text, während sich Zelenka und Ristori durchaus einige Freiheiten im Auslassen oder Umstellen einzelner Anrufungen gestatteten. In allen bisher genannten Vertonungen fehlen die letzten Anrufungen *»Christe audi nos. Christe exaudi nos. Kyrie eleison. Christe eleison. Kyrie eleison.«*, die vielleicht in den heute unbekannten Dresdner Vorlagen gar nicht enthalten waren.

Das Grundproblem von figuraliter musizierten Litaneien aus der Zeit des Barock ist jedoch nicht die Vollständigkeit der einzelnen Anrufungen. Außer im Fall der *Litaniae Lauretanae*, deren Text 1587 von Papst Sixtus V. approbiert worden war, und die in dieser einheitlichen Form auch den entsprechenden Kompositionen zugrunde lag, lebte die Praxis der Andachten und Litaneien geradezu von lokalen Besonderheiten der verwendeten Texte, so dass für die Dresdner Hofkirche der relativ enge An-

---

[19] Wahrscheinlich sind Exemplare in der Sakristei der Hofkirche oder im Geistlichen Haus in der Schlossstraße 32 vorhanden gewesen; beide Gebäude wurden jedoch beim Bombenangriff auf Dresden am 13. Februar 1945 zerstört.

[20] Janice B. Stockigt: Jan Dismas Zelenka. A Bohemian Musician at the Court of Dresden. Oxford: Oxford University Press 2000, S. 180–183. Dort ist der Text wiedergegeben nach dem Manuale Precum Sodalitatis Majoris, e Quatuor Inclytis Facultatibus Academicis: sub titulo B. MARIAE VIRGINIS Gloriose in Coelis Assumptae, In Caesareo & Academico Societatis JESU Collegio Viennae Congregatae. Wien 1756.

schluss an die Wiener Tradition signifikant ist.[21] Mit der mehrstimmigen Komposition von Litaneien im *stile concertato* war aber das Prinzip der wiederkehrenden Anrufungen mit der jeweils gleichbleibenden Antwort *»ora pro nobis«* bzw. *»miserere nobis«*, das den meditativen Charakter einer Litanei wesentlich ausmacht, in Frage gestellt. In diesen Kompositionen, die eine schnelle Verbreitung erfuhren, wurde der Aufbau des Textes notwendig überlagert bzw. »aufgehoben« von einer Gesamtdisposition auf der Basis des Generalbasssatzes, innerhalb derer die ständige Wiederholung des *»ora pro nobis«* oder *»miserere nobis«* aus musikalischen Gründen nicht mehr sinnvoll möglich war. Erschwerend kam für die Dresdner Komponisten der *Litaniae Xaverianae* hinzu, dass deren Text von sich aus kaum Ansätze zu einer musikalischen Gliederung durch formale Verschiedenheit der Anrufungen bietet, und eine Vertonungstradition mit klaren Vorgaben zur Textdistribution und Satzweise – wie vor allem bei den *Litaniae Lauretanae* – nicht existierte.[22] Darüber hinaus gab es bis 1727 in der Dresdner Hofkirche Litaneien nur für Fronleichnam und das Fest des hl. Franz Xaver, so dass eine Anlehnung an vorhandene Modelle kaum möglich war. Schließlich boten die einzelnen Anrufungen der *Litaniae Xaverianae* kaum Möglichkeiten zur direkten musikalischen Verbildlichung der Textworte. Ausnahmen waren *»Tuba resonans Sancti Spiritus«* und *»Cujus potestati obediunt mare et tempestates«*. Der Einsatz von Blechbläsern oder zumindest fanfarenartiger Melodik in den Streichern bei der ersten dieser beiden Anrufungen ist ebenso unmittelbar plausibel wie die musikalische Darstellung des stürmischen Meeres bei der zweiten, doch ergeben diese nur sehr kurze Episoden innerhalb einer Komposition

---

[21] Eine weitere *Letaney Von dem heiligen Francisco Xaverio* findet sich auch in deutscher Sprache in: Kurtze Tag-Zeiten Von den Heiligen Und Seeligen der Gesellschafft Jesu, Sambt deren Letaneyen / und anderen zu disen Heiligen uns Seeligen gerichteten Gebettlein. München: Gedruckt bey Maria Magdalena Riedlin Wittib 1727. Sie ist ebenfalls in deutscher Sprache auch abgedruckt im: Unterricht wie die zehn Freytaege zu Ehren des heiligen Franciscus Xaverius Indianer Apostels andächtig und nützlich zuzubringen. München: bey dem goldenen Almosen des heil. Johann Baptist o. J. In letzterem Buch findet auch der Hinweis auf die italienische Herkunft dieser Litanei, die in Deutschland offenbar vor allem von München aus Verbreitung fand.

[22] Zu letzterer Tradition vgl. neuerdings Renate Federhofer-Königs: Lauretana-Vertonungen der Barockzeit. In: Studien zur Musikgeschichte. Eine Festschrift für Ludwig Finscher, hg. v. Annegrit Laubenthal unter Mitarbeit von Karen Kusan-Windweh. Kassel et al.: Bärenreiter 1995, S. 189–196. Die hier versuchte Konstruktion einer Gattungsgeschichte der Litaneikomposition nach ausschließlich binnenmusikalischen Kriterien und ohne Berücksichtigung des jeweiligen Aufführungsrahmens dürfte allerdings zu kurz greifen.

von oft zwanzig bis dreißig Minuten Dauer. In einigen Kompositionen wurden »*Fugator Daemonum*« und »*Vita mortuorum*« ausgetauscht, um auf die erstere Anrufung unmittelbar »*Cujus potestati [...]*« folgen lassen zu können – die fliehenden Dämonen und die stürmischen Wellen des Meeres ließen sich in einem gemeinsamen musikalischen Bild zusammenfassen. Nur ausnahmsweise gaben weitere Anrufungen die Anregung zu einer bildhaften Komposition: Zelenka komponierte in seiner Litanei D-Dur ZWV 154 »*Fidelis Imitator, et Socie Jesu Christi Filii Dei*« als imitierenden Satz von Sopran, Alt und Tenor, und Ristori hob die Anrufungen »*Idolorum destructor*« und »*Orientis splendor*« in kurzen Abschnitten innerhalb eines jeweils längeren Satzes hervor.

Unter solchen Voraussetzungen kam es in den 1720er Jahren zu ganz verschiedenartigen Kompositionen der *Litaniae Xaverianae*, die den Personalstil der jeweiligen Komponisten in der Brechung durch das Problem eines bisher nicht vertonten und in musikalischer Hinsicht ausgesprochen spröden Textes hervortreten lassen. Jan Dismas Zelenka gliederte in seiner 1723 entstandenen Litanei ZWV 154 den Text in insgesamt 16 Abschnitte, um den Text möglichst kontrastreich in entsprechende Musik umsetzen zu können. Dabei spielen die bereits genannten, zu bildhafter Komposition herausfordernden Anrufungen natürlich eine wichtige Rolle. Daneben verwendete Zelenka in dieser Litanei als einziger die Choralintonation »*Sancte Francisce Xaveri, ora pro nobis*« im Tenor und anschließend im Bass und gruppierte dazu gleichzeitig die Anrufungen von »*dignissime et dilectissime Fili Sancti Patri Ignatii*« bis »*Idolorum destructor*« in den übrigen Stimmen. Im dritten Agnus Dei griff der Komponist die Kyrie-Fuge des Anfangs wieder auf und schuf damit eine Art formaler Abrundung. Bei diesen handelt es sich um die einzigen Dresdner *Litaniae Xaverianae* in solenner Besetzung mit den dazu gehörenden Trompeten und Pauken. Warum diese Besetzung später vermieden wurde, ist nicht ganz klar; dies kann jedoch mit der Notwendigkeit mehrfacher Verwendung von derselben Musik innerhalb der Oktav zusammenhängen.
In seinen beiden späteren *Litaniae Xaverianae* c-moll ZWV 155 und F-Dur ZWV 156 verließ Zelenka die Kleingliedrigkeit der Anlage und baute aus den verschiedenen Textabschnitten etwas längere musikalische Sätze. Aber auch in diesen beiden Werken griff er gegen Ende des Werkes auf die Musik des Anfangs zurück. So erscheint in der Litanei ZWV 155 die Musik des dritten Satzes (auf den Text »*Sancte Francisce Xaveri*« bis »*Vas redundans divinae charitatis*«) noch einmal auf den Text »*Animarum*

& Divini honoris Zelator ardentissime« bis *»Virgo animo, & corpore«*. Dabei fügt Zelenka das im Text gar nicht vorgesehene *»Sancte Francisci Xaveri«* nochmals unter Verwendung des bereits bekannten und ziemlich markanten Anfangsmotivs ein. In der Litanei ZWV 156 greift der Komponist auf den Text *»In quo uno omnium Sanctorum merita ex Divina benignitate veneramur«* die Musik der Anrufung *»Sancte Francisce Xaveri«* mit zwei solistischen Hörnern auf; außerdem entspricht das zweite Agnus Dei weitgehend dem beginnenden Kyrie. Am Ende steht auch in ZWV 156 wie in den beiden anderen *Litaniae Xaverianae* Zelenkas ein ziemlich verhaltenes *»miserere nobis«*.

Den Gegenpol zur Kleingliedrigkeit der Textdistribution und Expressivität in der Ausdeutung einzelner Teile, wie sie in Zelenkas Kompositionen zu finden sind, bilden die beiden *Litaniae Xaverianae* von Johann David Heinichen. Beiden Werken liegt dieselbe streng rationale Gliederung des spröden Gesamttextes in fünf Abschnitte zugrunde; dabei bilden Kyrie (bis einschließlich *»Sancta Trinitas unus Deus, miserere nobis«*) und Agnus Dei die Außensätze, und die übrigen beginnen mit *»Sancta Maria«*, *»Tuba resonans Sancti Spiritus«* und *»Aerarium divini amoris«*. Die fast symmetrische Anlage wird durch die Besetzung unterstrichen: Die Teile 2 und 4 sind durchweg solistisch besetzt, während in den Teilen 1, 3 und 5 das Tutti dominiert. Dabei verwendete Heinichen in den Solosätzen die Binnengliederung des musikalischen Satzes durch Ritornelle mit Bassetto in derselben Weise, die auch aus seinen anderen Werken bekannt ist. Auch in diesen Litaneien erklingen vor allem in den Solosätzen gelegentlich verschiedene Anrufungen gleichzeitig oder Anrufungen in einer Stimme werden mit dem *»ora pro nobis«* in anderen Stimmen gekoppelt. Dabei »verschachtelt« der Komponist vor allem Anrufungen von annähernd gleicher Silbenzahl miteinander, nimmt also vor allem formale Kriterien zum Ausgangspunkt der Komposition. Das Agnus Dei schließt in beiden Litaneien mit einer Fuge auf die Textworte *»miserere nobis«*.

Weitgehend unabhängig von den Werken Heinichens und Zelenkas ist die Anlage der einzigen erhaltenen *Litaniae Xaverianae* aus der Feder von Giovanni Alberto Ristori. Das fünfteilige Werk steht zwar hinsichtlich der Textdistribution denen von Heinichen näher als denen Zelenkas, doch realisiert der Komponist als einziger auf weiten Strecken des Werkes den ursprünglichen Charakter einer Litanei mit ausdrücklichem Wechsel zwischen der jeweiligen Anrufung und dem *»ora pro nobis«*, der oft mit dem Wechsel zwischen Soli und Tutti verbunden ist. Ähnlich wie Zelenka griff

Ristori in diesem Werk beim Agnus Dei auf die Musik des Anfangs zurück.[23]

Wie lang dauerten die Aufführungen dieser *Litaniae Xaverianae* im Rahmen der Nachmittagsandachten? Auf diese Frage hat nur Heinichen eine exakte Antwort gegeben, weil er – wie bei vielen anderen seiner Werke auch – am Ende der autographen Partituren die Aufführungsdauer notierte: Die Litanei c-moll (1724) dauerte 18 Minuten und die 1726 entstandene Litanei e-moll 16 Minuten. Ristoris Komposition dürfte kaum wesentlich länger als die beiden Litaneien Heinichens gewesen sein, während Zelenkas Werke durchweg wenigstens eine knappe halbe Stunde in Anspruch nahmen. Dies verwundert insofern, weil nach den Notizen des *Diarium Missionis* die Herrscherfamilie immer wieder mahnte, Hochamt, Vesper und die Andachten nicht zu lang werden zu lassen. Für die beiden Litaneien ZWV 155 und ZWV 156 brauchte sich Zelenka aber offensichtlich nicht an Zeitbegrenzungen zu halten, obwohl 1729 bei der ersten Aufführung des letzteren Werkes der Hof anwesend war. Die in der Partitur dieses Werkes vorhandenen Hinweise für mögliche Kürzungen sowie über die Mitwirkung der ursrpünglich nicht vorgesehenen Oboen stammen aus späterer Zeit.[24]

Wandlungen des Repertoires und Neukompositionen

Mit den bisher besprochenen Werken war offenbar zunächst ein ausreichendes Repertoire an Kompositionen der *Litaniae Xaverianae* vorhanden, und man kann davon ausgehen, dass pro Jahr zwei oder drei dieser Kompositionen abwechselnd im Laufe der Franz Xaver-Oktav erklangen.

---

[23] Zu weiteren Einzelheiten dieses Werkes vgl. Wolfgang Hochstein: Der verschollene Komponist: Giovanni Alberto Ristori und sein Anteil am Dresdner Hofkirchenrepertoire. In: Zelenka-Studien 2, S. 59–100.

[24] Nach den mit Bleistift eingetragenen Kürzungen fielen die beiden Sätze mit dem Text von »Auxiliator naufragantium« bis »Vita mortuorum« und von »In quo uno omnium Sanctorum merita ex Divina benignitate veneramur« bis einschließlich des zusätzlichen »Sancte Francisce Xaveri« vor dem Agnus Dei weg. Die bloße Unterscheidung zwischen solennen und einfachen *Litaniae Xaverianae*, wie sie Magda Marx-Weber vornahm, trifft den Kern der Dresdner Situation mit Sicherheit weniger als die Unterscheidung nach den ausführenden Ensembles. Die von ihr zum Vergleich herangezogene Litanei F-Dur von Johann Michael Breunich ist außerdem wesentlich später als die bisher behandelten Kompositionen entstanden und steht somit unter ganz anderen Voraussetzungen. Vgl. Magda Marx-Weber: Bemerkungen zu Zelenkas Litaneivertonungen. In: Zelenka-Studien 2, S. 145–152. Hier S. 148 f.

Zumindest sind bis in die 1740er Jahre keine neuen Werke nachweisbar. Mit dem Dienstantritt von Johann Adolf Hasse (1699–1783) als Hofkapellmeister im Jahre 1734 änderten sich jedoch die Maßstäbe für die Kirchenmusik am Dresdner Hof, auch wenn Hasse außer seinen Karwochenoratorien zunächst nur wenige Werke für die Hofkirche schrieb und lieber seine für das venezianische Ospedale degl'Incurabili komponierten Motetti und *Miserere* in das Hofkirchenrepertoire übernahm. Jan Dismas Zelenka starb 1745, und nach seinem Tod wurden Ristori und Johann Michael Breunich (1699–1755) zu Kirchen-Compositeurs ernannt. Während Ristori – seit 1733 Hoforganist – schon lange für die Kirchenmusik mitverantwortlich war und 1750 noch den Titel des Vizekapellmeisters erhielt, ist Breunich erst seit 1743 als Hof-Capellan der Königin in Dresden nachweisbar. Vorher war er Domkapellmeister in Mainz gewesen, hatte sich jedoch 1729 beurlauben lassen und lange Zeit in Rom, Böhmen und Österreich gelebt.[25] Zu ihnen kam später noch Johann Georg Schürer (um 1720–1786), ein aus Böhmen stammender ehemaliger Dresdner Kapellknabe, der nach der Mutation »Schulmeister« bei den Jesuiten gewesen war und 1748 seine Ernennung zum Kirchen-Compositeur erhielt.[26] Die wichtigste Veränderung in der Dresdner Kirchenmusik bestand – stark verkürzt gesagt – in dem Wandel vom Generalbasssatz zum oberstimmenzentrierten Satz, wie er in den Jahren vor und nach 1730 in der italienischen Oper zur Norm geworden war. Ein solcher musikalischer Satz kam den italienischen Sängern (Kastraten!) entgegen und setzte sich ausgehend von Venedig in der Kirchenmusik dort am schnellsten durch, wo die Leitung von Oper und Kirchenmusik in einer Hand lagen. Ristori und Breunich wussten sich bald den gewandelten Anforderung anzupassen, während sich der jüngere Schürer von vornherein an dem modernen und maßstabsetzenden Stil Hasses orientierte. Dagegen spielt die berühmt-berüchtigte Akustik der am 29. Juni 1751 eingeweihten neuen Hofkirche wohl erst in zweiter Linie eine Rolle, da sich wichtige Elemente des moderneren Stils in Dresden bereits vor diesem Zeitpunkt durchgesetzt hatten. Neukompositionen von *Litaniae Xaverianae* waren im übrigen fortan nicht Aufgabe des Kapellmeisters, der die Kirchenmusik wahrscheinlich nur an hohen Feiertagen zu leiten hatte, sondern wurden als Gebrauchsmusik von den Kirchen-Compositeurs bereitgestellt.

---

[25] Vgl. Gerhard Poppe: Johann Michael Breunich und der sächsisch-polnische Hof. In. Mitteilungen der Internationalen Joseph Martin Kraus-Gesellschaft 18–20 (2000), S. 192–207.

[26] Zu Schürer vgl. Gerhard Poppe: Musik und Liturgie zur Heiligen Nacht in der Dresdner Hofkirche. In: Spiegelungen eines Weges. Festschrift zum 70. Geburtstag von Konrad Wagner. Dresden: Christoph Hille 2001, S. 87–97.

Insgesamt vier Neukompositionen der *Litaniae Xaverianae* in der Mitte des 18. Jahrhunderts (von denen allerdings eine verloren ist) lassen die stilistische Neuorientierung deutlich erkennen. Das genaue Entstehungsdatum der beiden Litaneien in F-Dur und Es-Dur von Breunich ist nicht bekannt, doch ergeben dessen Ernennung zum Kirchen-Compositeur und das Todesjahr die *termini post quem* bzw. *ante quem*.[27] Schürer beendete seine beiden *Litaniae Xaverianae* nach Auskunft des *Catalogo della Musica di Chiesa composta da Giovanni Georgio Schürer Armaro IV*[28] am 30. Oktober 1749 bzw. 25. Juli 1750; doch kehrten die Partitur (und möglicherweise das Aufführungsmaterial) der zweiten nach 1945 von der Kriegsauslagerung nicht zurück und müssen als verschollen gelten.

Zunächst scheint wiederum eine leicht abweichende Textvorlage existiert zu haben, denn in den drei erhaltenen Werken erscheint statt des traditionellen »*vita mortuorum*« durchweg »*Suscitator mortuorum*«. Breunich ergänzte außerdem in seinen beiden *Litaniae Xaverianae* durchweg die Anrufung »*Sancta Maria*« durch »*Virgo sine labe concepta*«, doch handelt es sich hier wahrscheinlich um einen persönlich motivierten Einschub in den ursprünglichen Text. Darüber hinaus sind in allen drei erhaltenen Werken die abschließenden Anrufungen »*Christe audi nos, Christe exaudi nos. Kyrie eleison, Christe eleison, Kyrie eleison*« in die Komposition mit einbezogen, und damit waren die Möglichkeiten des Schlusses mit einem als eigenen Abschnitt komponierten »*miserere nobis*« am Ende des Agnus Dei (wie bei Heinichen und Zelenka) nicht mehr gegeben.
Eine weitere Besonderheit zeichnen Breunichs *Litaniae Xaverianae* F-Dur aus. Große Teile der Musik stammen aus seinen früher komponierten *Litaniae de Venerabili Sacramento*, von denen ein handschriftlicher

---

[27]   Die Partitur der beiden Litaneien Breunichs gelangte über die Sammlung Georg Poelchau in die spätere Staatsbibliothek zu Berlin Preußischer Kulturbesitz, wo sie heute unter der Signatur Mus. ms. autogr. J. M. Breunich N 1 aufbewahrt wird. Ob es sich wirklich um ein Autograph handelt, ist aufgrund des fehlenden Vergleichsmaterials nicht entscheidbar, doch gibt eine Rötelstifteintragung von Franz Anton Schubert auf dem Titelblatt »von Schuster erhalten / appartiene Franz Schubert« Auskunft über den Besitzgang des Manuskripts vor dessen Aufnahme in die Sammlung Poelchau. Aus derselben Sammlung kamen Reste von handschriftlichen Stimmensätzen beider Litaneien unter dem Titel »*Litanie di S: Francesco Xaverio*« in die Berliner Staatsbibliothek. Diese standen im Katalog der Sammlung Poelchau unter Buchstabe X (also »*Xaverio*« als Familienname des Komponisten!), und dieselbe Einordnung erfolgte auch im Bibliothekskatalog unter Mus. ms. 23385, bis ich im vorigen Jahr die Kompositionen identifizieren konnte. Catholica non leguntur!

[28]   Sächsische Landesbibliothek – Staats- und Universitätsbibliothek Dresden Bibl. Arch. III Hb 790, S. 64.

Stimmensatz heute in der Bibliothek des Stiftes Kremsmünster aufbewahrt wird. Deren Instrumentalbesetzung ist allerdings mit 2 Violinen, 2 obligaten Oboen, Violone und Orgel deutlich kleiner als die des Dresdner Werks.[29] Breunich übernahm den Anfang bis einschließlich »*Christe exaudi nos*« und das Agnus Dei mit einem leicht veränderten Schluss vollständig, doch basiert auch die Musik der Anrufungen ab »*Sancta Maria […]*« zum großen Teil auf dieser Vorlage. Die Art der Bearbeitung ist in mancher Hinsicht aufschlussreich und nimmt manche typischen Merkmale des sogenannten Dresdner Hofkirchenstils, wie er vor allem durch Johann Gottlieb Naumann (1741–1801), Joseph Schuster (1748–1812) und Franz Seydelmann (1748–1806) ausgeprägt wurde, vorweg. Während die hinzugefügte Viola kaum mehr als eine Füllstimme im Streichersatz ist, werden die paarweise verwendeten Flöten und Oboen colla parte bzw. in der Oktavierung zu den beiden Violinen eingesetzt. Dagegen wechseln die beiden Fagotte zwischen der Oktavierung der Violinen nach unten und dem Mitspielen des Basso continuo. Beiden Breunich-Litaneien ist außerdem gemeinsam, dass in ihnen der lange Text kaum zu einer Gliederung des musikalischen Ablaufs in einzelne Sätze führt. Lediglich mit dem Agnus Dei beginnt jeweils ein neuer Abschnitt. In der Litanei F-Dur ist diese fehlende Binnengliederung bereits aus der Vorlage übernommen; so ist es prinzipiell denkbar, dass auch die zweite Litanei Es-Dur auf eine ältere (und heute unbekannte) Vorlage zurückgeht.

Johann Georg Schürers einzige erhaltenen *Litaniae Xaverianae* in F-Dur ist hinsichtlich der ausgiebigen Verwendung von obligaten Holzbläsern und Hörnern in dem für Dresdner Kompositionen dieser Zeit typischen Stil mit den Werken Breunichs durchaus vergleichbar. Die Gliederung des Textes in sieben deutlich voneinander abgegrenzte Sätze bewirkt zunächst eine längere Aufführungsdauer. Trotz dieser Textdistribution, die von allen bisher besprochenen Werken abweicht, sind musikalisch motivierte Hervorhebungen einzelner Anrufungen nicht erkennbar. Eher als mit anderen Litaneikompositionen ist die Anlage des Werkes hinsichtlich des Verhältnisses der einzelnen Teile zueinander und einer eher großzügigen Textbehandlung den Kompositionen des Bußpsalms *Miserere* in der venezianischen Tradition vergleichbar. Obwohl Schürer nie in Italien war, kannte er selbstverständlich entsprechende Werke aus dem Gebrauch der

---

[29] Stiftsbibliothek Kremsmünster E 57/160.

Dresdner Hofkirche, insbesondere die beiden *Miserere* von Johann Adolf Hasse.[30]

Die letzte erhaltene Neukomposition von *Litaniae Xaverianae* stammt von Franz Seydelmann, der als Sohn eines Sängers der Hofkapelle von 1765 bis 1768 gemeinsam mit Joseph Schuster unter Leitung von Johann Gottlieb Naumann zur Ausbildung nach Italien geschickt wurde. Nach seiner Rückkehr erhielt er 1772 zusammen mit Schuster seine Ernennung zum Kirchen-Compositeur und schließlich 1787 zum Kapellmeister, wobei er in Ansehen und Rangfolge immer an dritter Stelle hinter Naumann und Schuster stand. Seine 1780 entstandenen *Litaniae Xaverianae* in G-Dur schließt wie die entsprechenden älteren Kompositionen Heinichens, Ristoris und Zelenkas mit dem Text *»Agnus Dei, qui tollis peccata mundi, miserere nobis«*, und auch die ältere Anrufung *»Vita mortuorum«* tritt wieder an die Stelle des *»Sucscitator mortuorum«* bei Breunich und Schürer. An der Textbehandlung des vierteiligen Werkes fällt auf, dass die Trompeten nur zu Beginn des mit der Anrufung *»Tuba resonans Sancti Spiritus«* beginnenden zweiten Satzes verwendet werden. Doch sind auch andere kurze Hervorhebungen einzelner Textstellen in der Musik eingebunden in einen relativ gleichförmigen Gesamtablauf, der dieses Werk wie auch Breunichs Litanei F-Dur auch im 19. Jahrhundert zur ideal-unspektakulären Gebrauchsmusik werden ließ.

Mit dem Tod von Naumann, Schuster und Seydelmann ging nach 1800 eine der produktivsten Epochen in der Geschichte der Dresdner Hofkirchenmusik zu Ende. Die Hofkapelle hatte sich von den Auswirkungen des für Sachsen verheerenden Siebenjährigen Krieges weitgehend erholt, und die Musikaufführungen in der Katholischen Hofkirche erfreuten sich auch bei den nichtkatholischen Einwohnern ebenso wie bei den Besuchern der sächsischen Residenzstadt einer hohen Wertschätzung. Das zur Verfügung stehende Repertoire erwies sich zunächst als ausreichend, so dass der Vertrag mit dem 1802 engagierten neuen Kapellmeister Ferdinando Paer (1771–1839) keinerlei Festlegungen über die Neukomposition von Kirchenmusik enthielt. Erst der 1810 angestellte Francesco Morlacchi (1784–1841) hatte wieder ohne besondere Vergütung jährlich eine Messe und

---

[30] Die Erschließung der (wahrscheinlich auch für moderne Wiederaufführungen interessanten) Musik von Johann Georg Schürer ist in besonders hohem Maße durch Kriegsverluste behindert; deshalb stehen Versuche einer Einschätzung immer unter entsprechendem Vorbehalt.

eine Vesper und alle zwei bis drei Jahre ein neues Oratorium zu liefern.[31] Daneben schrieben auch die neuen Kirchen-Compositeurs Vincenzo Rastrelli (1760–1839), dessen Sohn Giuseppe Rastrelli (1799–1842) und Franz Anton Schubert (1768–1824) weiter Musik für den Kirchendienst. Carl Maria von Weber (1786–1826), der 1817 mit Aufbau und Leitung des deutschen Departements der Hofoper beauftragt wurde, hatte zwar keine vertragliche Verpflichtung zur Komposition von Kirchenmusik, schrieb jedoch ebenfalls zwei Messen mit den dazugehörigen Offertorien. Zur Leitung des Kirchendienstes der Hofkapelle im wöchentlichen Wechsel war er ebenso verpflichtet wie die anderen Kapellmeister und Kirchen-Compositeurs, und seine Tagebücher geben einen wertvollen Einblick in die Bedingungen des kirchenmusikalischen Repertoirebetriebs. Nachfolgend seien deshalb diese Aufzeichnungen, soweit sie den Kirchendienst Webers in der Oktav des 3. Dezember betreffen, zitiert:

1819	4.12. (Sa)	um 4 Uhr Litaney.
	5.12. (So)	*Missa von Seidelm:* [...] um 4 Uhr *Vesp: und Lit:*
	6.12. (Mo)	um 4 Uhr Litaney. *Braining.*
	7.12. (Di)	4 Uhr Litaney Seidelman.
	8.12. (Mi)	um 11 Uhr *Missa von Naumann: E moll.* 4 Uhr *Vesp: Seidelm und Litania*
	9.12. (Do)	4 Uhr Litaney *Seidelm:*
	10.12. (Fr)	11 Uhr *Missa Schuster.*
1820	[keine Eintragungen]	
1821	2.12. (So)	*Missa Naumann.* [...] 4 Uhr Vesp: *Seidelm: Litan: Xaverio.*
	3.12. (Mo)	11 Uhr *Missa Schuster.* [...] 4 Uhr *Vesp. Schuster.* Litan: Seydelm.
	4.12. (Di)	4 Uhr *Litan: Breining.*
	5.12. (Mi)	4 Uhr *Litan: Breining.*
	6.12. (Do)	*Litania von Seydelm.*
	7.12 (Fr)	4 Uhr *Litan Seydelm*
	8.12. (Sa)	[keine Eintragungen]
1822	4.12. (Mi)	für Schubert den Kirchendienst übernommen. 4 Uhr *Lit: Xav.* Seydelm:
	5.12 (Do)	4 Uhr *Lit: Schubert.*
	6.12. (Fr)	4 Uhr *Lit: Seydelm:*
	7.12. (Sa)	4 Uhr *Litan: Braining.*
	8.12 (So)	*Missa von Schuster.* [...] 4 Uhr *Vesp. Sch: Lit. Seydelm.*
	9.12. (Mo)	4 Uhr *Lit: Braining.*
	10.12. (Di)	*Missa von Naum:*

---

[31] Sächsisches Hauptstaatsarchiv Loc. 15146 Acta, das Churfürstl. Orchestre und dessen Unterhaltung [...] betr. Vol. XIX (1811–1816), fol. 55–64.

1823	2.12. (Di)	4 Uhr *Lit. Xav: Seydel:*
	3.12. (Mi)	4 Uhr *Vespera von Schuster. Lit: Xav. Seydel:*
	4.12. (Do)	4 Uhr *Lita: Xav. Schubert.*
	5.12. (Fr)	4 Litan: *Xav: 1 Seydelm.*
	6.12. (Sa)	[keine Eintragungen]
	7.12. (So)	abermals für Schubert den Kirchen Dienst übernommen.
		Missa von Seydel. Vesp: Schuster Litan: Xav: Seydelm: 2.
	8.12. (Mo)	4 Uhr *Litan: X: von Schubert.* vorher *Vesp: Schuster.*
	9.12. (Di)	4 Uhr *Litan: X. Seyd. 2*
	10.12. (Mi)	um 11 Uhr *TeDeum von Hasse* PabstWahlFeyer.
		Missa von Morlachi No. VII.
1824	2.12. (Do)	4 Uhr *Lit: Xav:* Seydelm:
	3.12. (Fr)	*Xaveri.* […] 11 Uhr *Missa von Schuster.* 4 Uhr *Vesp.*
		Schust: Lit: Xav:
1825		[keine Eintragungen][32]

Nach diesen Aufzeichnungen dauerte eine Woche in der Leitung des Kirchendienstes von Samstag bis Freitag. Während sich in festfreien Zeiten der Kirchendienst auf Samstagnachmittag (*Litaniae Lauretanae* und *Sub tuum praesidium*), Sonntagvormittag (Hochamt) und -nachmittag (Vesper) beschränkte, hatte die Hofkapelle mit dem jeweils diensthabenden Leiter unter anderem in der Oktav des 3. Dezember täglich zu musizieren. Neben seinem eigenen Dienst musste Weber gelegentlich für den offenbar erkrankten Kirchen-Compositeur Franz Anton Schubert einspringen, so in der Franz Xaver-Oktav ab Mittwoch (1822) bzw. bereits ab Sonntag (1823). Darüber hinaus geben die Notizen einigen Aufschluss über das musizierte Repertoire: Es wurden offensichtlich nie mehr als zwei oder drei verschiedene *Litaniae Xaverianae* abwechselnd innerhalb einer Woche aufgeführt. Die vorliegenden Aufzeichnungen Webers geben außerdem den bisher einzigen Hinweis auf die Existenz mindestens einer heute nicht mehr erhaltenen *Litaniae Xaverianae* von Franz Anton Schubert.

---

[32] Carl Maria von Weber: Tagebücher, Staatsbibliothek zu Berlin Preußischer Kulturbesitz Mus. ms. autogr. C. M. v. Weber WFN 1. Die Zitierung erfolgt nach den Richtlinien der in Vorbereitung befindlichen Edition; Wörter in lateinischer Schrift werden dort grundsätzlich kursiv wiedergegeben. Für die Überprüfung der zitierten Stellen anhand des Originals und manche wertvollen Hinweise sei Frau Dagmar Beck von der Carl Maria von Weber-Gesamtausgabe, Arbeitsstelle Berlin, an dieser Stelle herzlich gedankt.

Neuordnungen im Kirchendienst der Hofkapelle und das Erlöschen einer Tradition

Während die Kirchenmusikpraxis in den österreichischen Ländern seit 1781 durch die Erlasse Kaiser Josephs II. einschneidenden Restriktionen unterworfen war, und ihr im übrigen Reich durch die Säkularisierung im Gefolge des Reichsdeputationshauptschlusses von 1803 die institutionelle und materielle Basis entzogen wurde, erlebte sich gleichzeitig in der Katholischen Hofkirche zu Dresden eine ihrer größten Blütezeiten. Doch im Laufe des 19. Jahrhunderts wurde der immense Umfang des Kirchendienstes mit etwa 250 Auftritten pro Jahr auch für die Dresdner Hofkapelle zur Belastung. Nachdem das Königreich Sachsen 1831 eine Verfassung erhalten hatte und damit die finanzielle Ausstattung der königlichen Hofhaltung neu geregelt worden war, erwies sich zunächst die Unterhaltung einer Hofoper mit italienischem und deutschem Departement als nicht mehr tragbar. Ab Ostern 1832 wurde die italienische Abteilung der Hofoper geschlossen und in den folgenden Jahren kehrten die meisten der italienischen Sänger Dresden den Rücken. Der letzte Kastrat verließ 1845 die sächsische Residenzstadt, und da eine Mitwirkung von Frauen bei der Kirchenmusik zunächst nicht vorstellbar war, mussten auch die Solopartien von Knaben übernommen werden. Die Zahl der Kapellknaben wurde von acht auf zwölf erhöht; trotzdem war das Ergebnis unbefriedigend, weil die Solopartien der bisher für die Hofkirche komponierten Werke für ausgesprochene Virtuosen geschrieben worden waren. Hinzu kam die immer umfangreichere Belastung des Orchesters durch die Aufgaben im Opernhaus und bei den Schauspielmusiken. Durch ein königliches Reskript vom 8. Oktober 1863 wurde die Mitwirkung des Orchesters bei den meisten Nachmittagsgottesdiensten aufgehoben, und seit 1864 durften Sängerinnen katholischer Konfession die Solopartien in der Kirchenmusik übernehmen.[33] Wie weit die Nachmittagsandachten mit den *Litaniae Xaverianae* von diesen Einschränkungen betroffen waren, lässt sich für die ersten beiden Jahrzehnte nach dem Inkrafttreten dieser Regelung zunächst nicht direkt ermitteln. Die von 1883 bis 1903 fast lückenlos erhaltenen Dienstkalender der Hofkapelle geben zwar über den Dienstumfang der Kapelle auch in der Oktav des 3. Dezember, aber nicht über die auf-

---

[33] Die beste zusammenfassende Darstellung der Dresdner Hofkirchenmusik ist immer noch Hans Brescius: Die Königl. Sächs. musikalische Kapelle von Reissiger bis Schuch. Festschrift zur Feier des 350jährigen Kapelljubiläums. Dresden: C. C. Meinhold und Söhne 1898, darin »Vierter Abschnitt. Das Vokalinstitut und der Kirchendienst«, S. 73–89.

geführten Werke Auskunft.[34] Die gültige Dienstordnung sah *Litaniae Xaverianae* mit Orchesterbegleitung im Jahre 1883 noch für den 2. und 7. Dezember sowie den 3. Dezember, 8. Dezember und den Sonntag innerhalb der Oktav im Anschluss an die ebenfalls mit Orchesterbeteiligung musizierte Vesper vor. An den übrigen Tagen der Oktav gab es nur noch Litaneien mit Vokalbesetzung und Orgelbegleitung. Ab 1891 fielen die Andachten in der Oktav gänzlich weg; nur am Fest des hl. Franz Xaver selbst gab es noch ein Hochamt mit Orchesterbegleitung. Lediglich in den Andachten am Fest Mariä Empfängnis und dessen Vorabend gab es noch Litaneien mit Orchesterbegleitung, wobei aus den vorhandenen Materialien nicht hervorgeht, ob an diesem Tag nicht inzwischen – nach dem 1854 verkündeten Dogma von der Unbefleckten Empfängnis der Gottesmutter – die Lauretanische Litanei eingeführt worden war. 1903 wurde auch noch die Beteiligung des Orchesters an der Litaneiaufführung am 7. Dezember gestrichen. Wie weit der hl. Franz Xaver in der persönlichen Frömmigkeit der Königsfamilie zu dieser Zeit noch eine Rolle spielte, lässt sich aus den erhaltenen Dokumenten nicht ermitteln. Als der letzte sächsische König im Verlaufe der Revolution am 13. November 1918 abdankte und später die Hofkapelle unter teilweiser Beibehaltung des Kirchendienstes in die Sächsische Staatskapelle umgewandelt wurde, hatte das Fest des hl. Franz Xaver jedoch seine Ausnahmestellung im Jahreskalender der Katholischen Hofkirche zu Dresden längst verloren.

---

[34] Der genaue Titel dieser Dienstkalender lautet: *Verzeichniss der in der Königl. katholischen Hofkirche zu Dresden von der königl. musikalischen Kapelle und den Kirchensängern auszuführenden Gottesdienste.* Die Zusammenstellung besorgte in dem gesamten Zeitraum der Hoforganist Paul Brendler.

Anhang 1:
Text der in Dresden verwendeten *Litaniae Xaverianae* (lateinisch und deutsch):

Die Wiedergabe des Textes erfolgt nach den jeweils ältesten mir erreichbaren Ausgaben. Der lateinische Text folgt dem *Officium / Rakoczianum / sive / varia pietatis / exercitia / cultui / Divino, / Magnae matris / Mariae, / Sanctorumque / Patronorum Honori dedita. / Tyrnaviae 1745*, der deutsche Text ist wiedergegeben nach Achatius Sterschiner: *Xaverianische Ehr- und / Gnaden=Burg / Das ist: / Xaverianische Andacht / Gnaden und Gutthaten. / So sich / Auf dem Bichl Straßhe bey Ober= / burg in Unter=Steyermarck bey dem / Gnaden=Bild des sterbenden / Heiligen / Francisci / Xaverii, / Auß der Gesellschafft Jesu / Erstens von 1716. bis 1728. hernach / widerumb von 1729. bis 1732. / zugetragen […] / 1732 / Grätz bey den Widmannstätterischen Erben.* Die drei in der deutschen Ausgabe fehlenden Anrufungen sind kursiv ergänzt.

Kyrie eleison. Christe eleison. Kyrie eleison
Christe audi nos. Christe exaudi nos.
Pater de coelis Deus, Miserere nobis.

Fili Redemptor mundi Deus, Miserere nobis.

Spiritus sancte Deus, Miserere nobis.
Sancta Trinitas unus Deus, Miserere nobis.

Sancta Maria, Ora pro nobis.
Sancta Dei genitrix, ora pro nobis.
Sancta Virgo Virginum, ora pro nobis.
Sancte Pater Ignati, …
Sancte Francisce Xaveri, dignissime & dilectissime Fili Sancti Patris Ignatii, …
Sancte Francisce Xaveri, Indiarum Apostole, …
Sancte Francisce Xaveri, Evangelizans pacem, …
Sancte Francisce Xaveri, Evangelizans bona, …

Vas electionis, portans Nomen Jesu coram gentibus, …
Vas redundans divinae charitatis, …

Firmamentum Orientis Ecclesiae, …
Prognator Fidei, …
Impugnator infedelitatis, …
Praedicator Evangelicae veritatis, …
Idolorum destructor, …

Kyrie eleison. Christe eleison. Kyrie eleison.
Christe höre uns. Christe erhöre uns.
GOtt Vatter vom Himmel: Erbarme dich unser.
GOtt Sohn Erlöser der Welt: Erbarme dich unser.
GOtt Heiliger Geist: Erbarme dich unser.
Heilige Dreyfaltigkeit, ein einiger GOtt: Erbarme dich unser.

Heilige Maria / Bitt für uns.
Heilige Gottes Gebährerin / Bitt für uns.
Heilige Jungfrau aller Jungfrauen / Bitt für uns.
Heiliger Vatter Ignati / …
Heiliger Francisce Xaveri / du würdigster und liebster Sohn des Heiligen Ignati / …
Heiliger Francisce Xaveri / Apostel der Indianer / …
Heiliger Francisce Xaveri / Verkündiger des Fridens / …
Heiliger Franciscus Xaver, Verkündiger der Güter, …

Du auserwähltes Gefäß / der du den Nahmen JEsu denen Völckern vortragest / …
Du überhäufft=volles Gefäß der Göttlichen Liebe / …

Du Grund=Vest der heiligen Kirchen / …
Du Verfechter des Glaubens / …
Du Bestreiter des Unglaubens / …
Du Prediger der Christlichen Wahrheit / …
Du Zerstöhrer der Götzen=Bilder / …

314

Electum a Patre aeterno Instrumentum propagandae divinae gloriae, …	*Du außerwählter Werk=Zeug zur Außbreitung der Göttlichen Glory / …*
Fidelis Imitator, & Socie Jesu Christi Filii Dei, …	*Du getreuer Nachfolger / und Mit=Gespann JEsu Christi des Sohn Gottes / …*
Tuba resonans Sancti Spiritus, …	*Du erschallende Posaun des Heiligen Geists / …*
Columna Templi Dei, …	*Du Saulen der Kirchen Gottes / …*
Lux paganorum, …	*Du Liecht der Heyden / …*
Magister credentium, …	*Du Lehrmeister der Glaubigen / …*
Speculum verae pietatis, …	*Du Spiegel der wahren Andacht / …*
Dux in via virtutum, & Christianae perfectionis	*Du Führer im Weeg der Tugenden / und der Vollkommenheit / …*
Exemplar Apostolici spiritus, & sanctitatis, …	*Du lebendige Bildnus des Apostolischen Geists und Heiligkeit / …*
Lumen caecorum, …	*Du Erleuchter der Blinden / …*
Pes claudorum, …	*Du Fuß der Lahmen / …*
Auxiliator naufragantium, …	*Du Helffer der Schiffbrüchigen / …*
Salus aegrotorum, …	*Du Heyl der Kranken / …*
Fugator daemonum, …	*Du Außtreiber der bösen Geister / …*
Vita mortuorum, …	*Du Leben der Todten / …*
Cujus potestati obediunt mare, & tempestates, …	*Dessen Gewalt gehorchen Meer und Ungewitter / …*
Cujus imperia venerantur universa elementa, …	*Dessen Befelch alle Elementen verehren / …*
Prodigiorum Thaumaturgae, …	*Du großer Wunderthäter / …*
Refugium miserorum, …	*Du Zuflucht der Armseeligen / …*
Gaudium afflictorum, …	*Du Freude der Betrübten / …*
Orientis splendor, …	*Du Glantz der Morgen=Länder / …*
Pignus resurrectionis ad vitam gratiae, & gloriae, …	*Du Pfand der Aufnemmung zum Leben der Gnad / und Glory / …*
Tabernaculum incorruptionis, …	*Du Heiligthums=Kasten der Unverweesenheit / …*
Aerarium divini amoris, …	*Du Schatz=Kammer der Liebe Gottes / …*
Gloria Societatis Jesu, …	*Du Glory der Gesellschafft Jesu / …*
Legate Apostolicae Romanae Sedis, …	*Du Abgesandter des Apostolisch-Römischen Stuhls / …*
Pauperrime Xaveri, …	*O armister Xaveri! …*
Castissime Xaveri, …	*O keuschister Xaveri! …*
Obedientissime Xaveri, …	*O gehorsamster Xaver! …*
Humillime Xaveri, …	*O demüthigster Xaveri! …*
Crucis Christi, ac laborum pro Christo cupidissime Xaveri, …	*O Xaveri! Du Begierer des Creutz und Arbeit Christi / …*
In salutem proximi vigilantissime Xaveri, …	*O wachtbarer Xaveri zu demn Heyl des Neben-Menschen / …*
Suavissime Xaveri, …	*O liebreichster Xaveri / …*
Gloriosissime Xaveri, …	*O ehrenreichster Xaveri / …*
Animarum & Divini honoris Zelator ardentissime, …	*Du entzünder Eyfferer der Ehr GOttes / zu der Seelen Seeligkeit / …*

Angele moribus, & vita, …
Patriarcha affectu, & studio curandi populum
Dei, …
Propheta dono, & spiritu, …
Apopstole dignitate, & merito, …

Doctor Gentium potens in multifario sermone,
& opere, …
Confessor virtute, & vitae professione, …

Virgo animo, & corpore, …
In quo uno omnium Sanctorum merita ex Divina benignitate veneramur, …

Agnus Dei, qui tollis peccata mundi, Parce nobis Domine.
Agnus Dei, qui tollis peccata mundi, Exaudi
nos Domine.
Agnus Dei, qui tollis peccata mundi, Miserere
nobis.

Christe audi nos, Christe exaudi nos.

Kyrie eleison. Christe eleison. Kyrie eleison.

Du Engel im Leben und Wandel / …
Du Patriarch an Begierd / und Sorgfältigkeit
vor das Volck GOttes / …
Du Prophet in der Gab / und in dem Geist / …
Du Apostel in der Würdigkeit / und Verdiensten /
…
Du Lehrer der Heyden gewaltig in vilfältiger
Sprach / und Würckung / …
Bekenner in Tugend und Berufung des Lebens,
…
Du Jungfrau an Leib und Seel / …
In deme wir anderer Heiligen Verdienst Durch
die Gütigkeit GOttes verehren / …

O du Lamm Gottes / das du hinnihmst die Sünd
der Welt / verschone unser / O HErr.
O du Lamm Gottes / das du hinnihmst die Sünd
der Welt / erhöre uns / O HErr.
O du Lamm Gottes / das du hinnihmst die Sünd
der Welt / erbarm dich unser / O HErr.

Christe höre uns. Christe erhöre uns.

Kyrie eleison. Christe eleison. Kyrie eleison.

Anhang 2:
Kompositionen der *Litaniae Xaverianae* aus der Dresdner Hofkirche – ein Quellen- und Werkverzeichnis

In dem hier vorgelegten Verzeichnis erscheinen die in Dresden vorhandenen oder nachweisbaren Kompositionen der *Litaniae Xaverianae* nach folgenden Merkmalen:

1. Originaltitel der autographen Partitur in diplomatischer Wiedergabe. Wenn keine Partitur mehr vorhanden ist, erscheint nur *Litaniae Xaverianae* als Titel. Dazu kommen – soweit vorhanden – Werkverzeichnisnummern.

2. Entstehungszeit der Komposition, soweit ermittelbar.

3. Besetzung: Bei den Singstimmen wird sie nur genannt, wenn sie von der Vierstimmigkeit (Sopran, Alt, Tenor, Bass) bei Soli oder Chor abweicht. Instrumente finden nur dann Erwähnung, wenn sie eigens in der Partitur gefordert sind; die Sammelbezeichnung »Streicher« meint den vierstimmigen Satz einschließlich Violone.

4. Quellen: Signaturen ohne weitere Angaben bedeuten Manuskripte aus der Sächsischen Landesbibliothek – Staats- und Universitätsbibliothek Dresden.

5. Provenienzgang und Nachweise: Hier erscheinen unter anderem die Titel von handschriftlichen Bibliothekskatalogen aus dem 18. Jahrhundert, in denen die betreffenden Werke verzeichnet sind und die über den früheren Standort der Manuskripte Auskunft geben. Die Kataloge werden nur bei ihrer ersten Nennung mit vollständigem Titel angeführt.[35]

6. Literatur: Aufgeführt sind nur Titel, in denen das betreffende Werk bereits behandelt wurde.

Johann Michael Breunich (1699–1755)

Litaniae Xaverianae von Pater Breinig

Entstehungszeit: zwischen 1746 und 1755
Besetzung: 2 Flöten, 2 Oboen, 2 Fagotte, Streicher, Basso continuo
Quellen: 1. autographe Partitur, Staatsbibliothek zu Berlin Preußischer Kulturbesitz Mus. Ms. autogr. J. M. Breunich 1 N (Nr. 1); 2. Partiturkopie von Christian Friedrich Funke (um 1780), Mus. 2993-D-1; 3. 31 Stimmen, Mus. 2993-E-1a, Soprano solo (1 ×), Alto solo (1 ×), Tenore solo (1 ×), Basso solo (1 ×), Soprano Ripieno (3 ×), Alto Ripieno (3 ×), Tenore Ripieno (3 ×), Basso Ripieno (1 ×)Violino 1 (7 ×), Violino 2 (5 ×), Violetta (1 ×), Violono (3 ×), Organo (1 ×); 4. Stimmen, Staatsbibliothek zu Berlin Preußischer Kulturbesitz Mus. ms. autogr. J. M. Breunich 2 N (Nr. 1), Tenor (1 ×), Basso (1 ×), Violino 1 (2 ×), Organo (1 ×)
Provenienzgang und Nachweise: Die autographe Partitur gelangte über Joseph Schuster und Franz Anton Schubert in die Sammlung Poelchau und innerhalb dieser in die

---

[35] Zum Umgang mit diesen Katalogen vgl. vor allem Ortrun Landmann: Katalog der Dresdener Hasse-Musikhandschriften. München 1999, S. 17–21.

Königliche Bibliothek Berlin. Ebenfalls aus der Sammlung Poelchau stammen die in Berlin aufbewahrten Stimmen. Die Dresdner Partitur und die Stimmen entstammen dem Gebrauch in der Katholischen Hofkirche; in sechs der Sopran- und Altstimmen finden sich mit Bleistift eingetragene Aufführungsdaten für die Jahre von 1834 bis 1854. Siehe auch Catalogo [thematico9 della Musica di Chiesa [catholica in Dresda] composta Da diversi Autori secondo l'Alfabetto <1765> Staatsbibliothek zu Berlin Preußischer Kulturbesitz Mus. ms. theor. Kat. 186, Schrank 1, 5. Fach, 1. Lage.

Literatur: Gerhard Poppe: Johann Michael Breunich und der sächsisch-polnische Hof. In: Mitteilungen der Joseph-Martin-Kraus-Gesellschaft 18–20 (2000), S. 192–207.

Litaniae Xaverianae von Pater Breinig

Entstehungszeit: zwischen 1746 und 1755
Besetzung: 2 Flöten, 2 Oboen, 2 Fagotte, Streicher, Basso continuo
Quellen: 1. autographe Partitur, Staatsbibliothek zu Berlin Preußischer Kulturbesitz Mus. Ms. autogr. J. M. Breunich 1 N; 2. Stimmen, ebenda, Mus. ms. autogr. J. M. Breunich 2 N, Alto, Tenore, Basso, Organo (je 1 ×).
Provenienzgang und Nachweis: s. o.; außerdem *Catalogo [...] [1765]*, Schrank 1, 5. Fach, 2. Lage.
Literatur: s. o.

Johann David Heinichen (1683–1729)

Litania / pro Festo S. Fr. Xaverij / à 4 Voc. con strom. / di Giov. Heinichen / Mes. 9br. 1724 Seibel 87

Entstehungszeit: November 1724
Besetzung: 2 Oboen, Streicher, Basso continuo
Quellen: autographe Partitur, Mus. 2398-D-32; 25 Stimmen, nach 1945 von der Kriegsauslagerung nicht zurückgekehrt
Provenienzgang und Nachweis: Katholische Hofkirche, siehe *Catalogo [...] [1765]*, Schrank 1, 32. Fach, 6. Lage.
Literatur: Gustav Adolph Seibel: Das Leben des Königl. Polnischen und Kurfürstl. Sächs. Hofkapellmeisters Johann David Heinichen nebst chronologischem Verzeichnis seiner Opern und thematischem Katalog seiner Werke. Leipzig 1913.

Litania (2da) / pro Festo S. Fr. Xaverij / à 4 Voci con strom. / di Giov. Heinichen / 1726 Seibel 85

Entstehungszeit: 1726
Besetzung: 2 Flöten, 2 Oboen, Streicher, Basso continuo

Quellen: autographe Partitur, Mus. 2398-D-29; 27 Stimmen nach 1945 von der Kriegsauslagerung nicht zurückgekehrt.
Provenienzgang und Nachweis: Katholische Hofkirche; siehe *Catalogo [...] [1765]*, Schrank 1, 32. Fach, 4. Lage.
Literatur: s. o.

Giovanni Alberto Ristori (1692–1753)

Litanie di S. Francesco / Xaverio / consacrate / a / Sua Altezza Reale la Serenissima Principessa / Reale di Pollonia, elettorale di Sassonia etc. etc. etc. / da / Gio: Alberto Ristori

Entstehungszeit: vor 1733, vielleicht schon 1721
Besetzung: Streicher, Basso continuo
Quelle: autographe Widmungspartitur, Mus. 2455-D-1
Provenienzgang und Nachweise: Musikaliensammlung der Königin Maria Josepha, später Königliche Privat-Musikaliensammlung; siehe *Catalicus über die Gantze Music von MR. HASSE 1754.*, Bibl.-Arch. III Hb 787 f., S. 12 (Bleistiftergänzung); *Catalogo della Musica e di Libretti di S. M. August III.*, Bibl.-Arch. Hb III 787h, S. 3; *Catalogo della Musica di S. A. S. Federico Augusto Elettore di Sassonia*, Bibl.-Arch. III Hb 787g, S. 89.
Literatur: Wilhelm Mengelberg: Giovanni Alberto Ristori. Ein Beitrag zur Geschichte italienischer Kunstherrschaft in Deutschland im 18. Jahrhundert. Leipzig 1916; Wolfgang Hochstein: Der verschollene Komponist: Giovanni Alberto Ristori und sein Anteil am Dresdner Hofkirchenrepertoire. In: Zelenka-Studien 2, S. 59–100.

Litaniae Xaverianae

Entstehungszeit: unbekannt
Besetzung: 2 Flöten, 2 Oboen, Streicher, Basso continuo
Quellen: nach 1945 von der Kriegsauslagerung nicht zurückgekehrt
Nachweis: *Catalogo [...] [1765]*, Schrank II, 27. Fach, 5. Lage.
Literatur: s. o.

Franz Anton Schubert (1768–1824)

Litaniae Xaverianae

Entstehungszeit: unbekannt
Besetzung: unbekannt
Quellen: Verbleib unbekannt

Nachweis: Carl Maria von Weber: Tagebücher, Staatsbibliothek zu Berlin Preußischer Kulturbesitz, Mus. ms. autogr. C. M. v. Weber WFN 1.

Johann Georg Schürer (um 1720–1786)

Litaniae Xaverianae / á / Soprano, Alto, Tenore, et Basso / Viol 2. / Oboè 2 oblig: / Flaut: 2 oblig. / Corni di Caccia 2 oblig: / Violetta / et / Organo. / Compositae / à / Joanne Georgio Schürer

Entstehungszeit: beendet laut *Catalogo* am 30. Oktober 1749
Besetzung: 2 Flöten, 2 Oboen, 2 Fagotte, 2 Hörner, Streicher, Basso continuo
Quellen: autographe Partitur, Mus. 3096-D-10; 32 teilautographe Stimmen mit Revisionsvermerk, aber ohne Benutzungsspuren Mus. 3096-D-10a, Soprano solo (1 ×), Alto solo (1 ×), Tenore solo (1 ×), Basso solo (1 ×), Soprano Ripieno (1 ×), Alto Ripieno (1 ×), Tenore Ripieno (1 ×), Basso Ripieno (2 ×), Violino 1 (3 ×), Violino 2 (3 ×), Violetta (2 ×), Violoncello e Basso continuo (2 ×), Violoncello Ripieno (2 ×), Tiorba (1 ×), Organo (1 ×), Violone (1 ×), Flauto 1 (1 ×), Flauto 2 (1 ×), Oboe 1 (1 ×), Oboe 2 (1 ×), Fagotto 1 (1 ×), Fagotto 2 (1 ×), Corno 1 (1 ×), Corno 2 (1 ×).
Provenienzgang und Nachweise: Die vorhandenen Materialien stammen aus der Musikaliensammlung der Kurfürstin Maria Antonia Walpurgis und gingen später in die Königliche Privat-Musikaliensammlung ein, siehe *Catalogo […]*, Bibl. Arch. III Hb 787h, S. 2; *Catalogo […]*, Bibl. Arch. III Hb 787g, S. 88. Das Werk war aber auch in der Katholischen Hofkirche vorhanden, vgl. *Catalogo della Musica di Chiesa composta da Giovanni Giorgio Schürer Armaro IV*, Bibl. Arch. III Hb 790, Nr. 1, 28. Fach, 7. Lage.

Litaniae Xaverianae

Entstehungszeit: beendet laut Catalogo am 25. Juli 1750
Besetzung: 2 Flöten, 2 Oboen, 2 Fagotte, 2 Hörner, Streicher, Basso continuo
Quellen: nach 1945 von der Kriegsauslagerung nicht zurückgekehrt
Nachweis: *Catalogo […] Giovanni Giorgio Schürer Armaro IV*, Bibl. Arch. III Hb 790, Nr. 1, 28. Fach, 8. Lage.

Franz Seydelmann (1748–1806)

Litaniae Xaverianae / a Quatro concert. / con V. V. Flauti Oboi Corni: Trombe / e / Timpani / Francesco Seydelmann

Entstehungszeit: beendet am 2. November 1780
Besetzung: 2 Flöten, 2 Oboen, 2 Fagotte, 2 Hörner, 2 Trompeten, Pauken, Streicher, Orgel

Quellen: autographe Direktionspartitur Mus. 3550-D-70
Provenienzgang und Nachweis: Katholische Hofkirche, siehe *Catalogus derer Kirchen-Musicalien des Herrn Capell-Meister Franz Seidelmann Armaro IX*, Bibl.-Arch. III H 790c; S. 25, Nr. 1.
Literatur: Laurie Hasselmann Ongley: Liturgical Music in Late Eighteenth-Century Dresden: Johann Gottlieb Naumann, Joseph Schuster, and Franz Seydelmann: Diss. Yale University 1992.

Litaniae Xaverianae

Entstehungszeit: unbekannt
Besetzung: 2 Flöten, 2 Oboen, 2 Fagotte, 2 Hörner, Streicher, Orgel
Quellen: 4 einzelne Stimmen Mus. 3550-E-540, Soprano solo, Violino 1, Violino 2, Violoncello. Die beiden Violinstimmen stammen von einem unbekannten Dresdner Kopisten und entstanden um 1780, die Violoncellostimme aus derselben Zeit dagegen von dem Schreiber × 2 nach der Klassifikation von Ortrun Landmann. Die Soprano solo-Stimme schrieb Karl August Krebs (1804–1880), der seit 1850 am Dresdner Hof als Kapellmeister angestellt und seit 1872 ausschließlich für die Musik an der Katholischen Hofkirche zuständig war.[36]
Provenienzgang und Nachweis: Katholische Hofkirche, siehe *Catalogus […] Franz Seidelmann Armaro IX* Bibl.-Arch. III H 790c; p. 25, Nr. 2.
Literatur: s. o.

Jan Dismas Zelenka (1679–1745)

Litaniae Xaveri- / anae D# / à 4: / C: A: T: B: / VV: 2. Viole 2. / Tromb: 2 e Tym: / col / Basso Contin. / à Dresda li 29 Novem: / 1723. / di Giov: Disma / Zelenka ZWV 154

Entstehungszeit: beendet am 29. November 1723
Besetzung: zur gewöhnlichen Vokalbesetzung 2 zusätzliche Bassi solo, 2 Oboen, 2 Trompeten, Pauken, Streicher (mit Violetta 2), Basso continuo
Quellen: autographe Partitur Mus. 2358-D-57; 39 Stimmen nach 1945 von der Kriegsauslagerung nicht zurückgekehrt
Provenienzgang und Nachweise: Katholische Hofkirche, siehe Zelenka: *Inventarium rerum Musicalium Variorum Authorum Ecclesiae Servientium* Bibl.-Arch. III Hb 787d, S. 59; *Catalogo […] [1765]*, Schrank 3, 18. Fach, 1. Lage.
Literatur: Zelenka-Dokumentation. Quellen und Materialien. In Verbindung mit Ortrun Landmann und Wolfgang Reich vorgelegt von Wolfgang Horn und Thomas Kohlhase. Wiesbaden 1989; Magda Marx-Weber: Bemerkungen zu Zelenkas Litaneiver-

---

[36] Für die Identifikation der Schreiber danke ich herzlich Frau Dr. Ortrun Landmann, Dresden. Vgl. auch Landmann – Katalog der Dresdner Hasse-Musikhandschriften, S. 30 f.

tonungen. In. Zelenka-Studien II, S. 145–152; Janice B. Stockigt: Jan Dismas Zelenka. A Bohemian Musician at the Court of Dresden. Oxford 2000.

Litaniae Xaverianae / c. v. / C. A: T: B: / 2 Viol: Oboe 2. / Viola / Basso continuo / di / Giov: Disma / Zelenka ZWV 155

Entstehungszeit: beendet am 28. November 1727
Besetzung: 2 Oboen, Streicher, Basso continuo
Quellen: autographe Partitur Mus. 2358-D-59; 24 Stimmen nach 1945 von der Kriegs-auslagerung nicht zurückgekehrt
Provenienzgang und Nachweise: Katholische Hofkirche, siehe Zelenka: *Inventarium […]*, S. 59; *Catalogo […] [1765]*, Schrank 3, 18. Fach, 3. Lage.
Literatur: s. o.

Litaniae de Sancto / Xaverio / a4 / C. A: T: B: / Violini 2 / Viola 1 / Corn di Caccia 2. / e / Basso Cont: / di / G: D: Z: ZWV 156

Entstehungszeit: beendet am 9. Dezember 1729
Besetzung: 2 Hörner, Streicher, Basso continuo
Quellen: autographe Partitur Mus. 2358-D-58; 29 Stimmen nach 1945 von der Kriegs-auslagerung nicht zurückgekehrt
Provenienzgang und Nachweise: Katholische Hofkirche, siehe Zelenka, *Inventarium […]*, S. 59; *Catalogo […] [17659*, Schrank 3, 18. Fach, 2. Lage.
Literatur: s. o.

Anhang 3:
Jan Dismas Zelenka, »Litanei zum hl. Franz Xaver« oder »Partitur-Auto-graph der Litanei zum hl. Franz Xaver«, F-Dur ZWV 156
Titelblatt und letzte Seite

(Sächsische Landesbibliothek – Staats- und Universitätsbibliothek Dresden Mus. 2358-D-58)

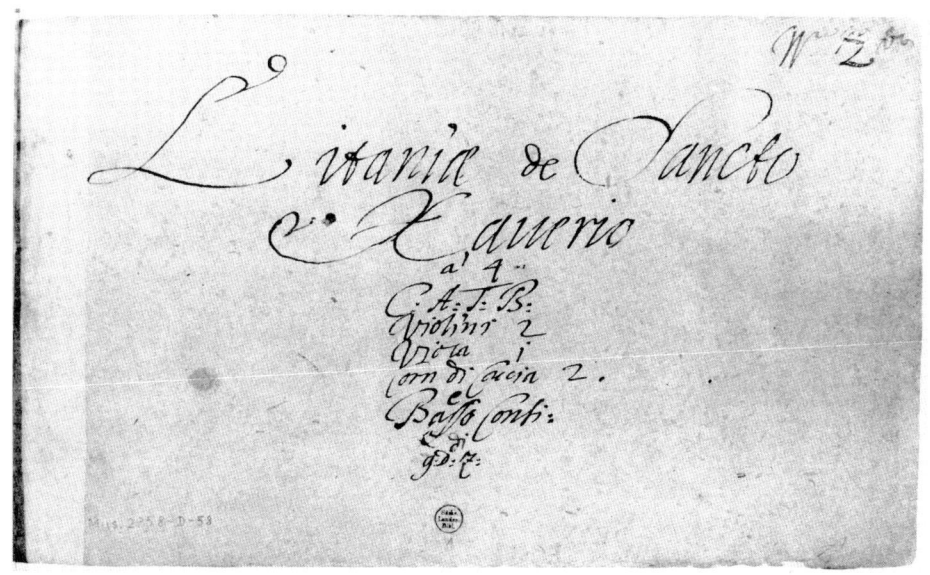

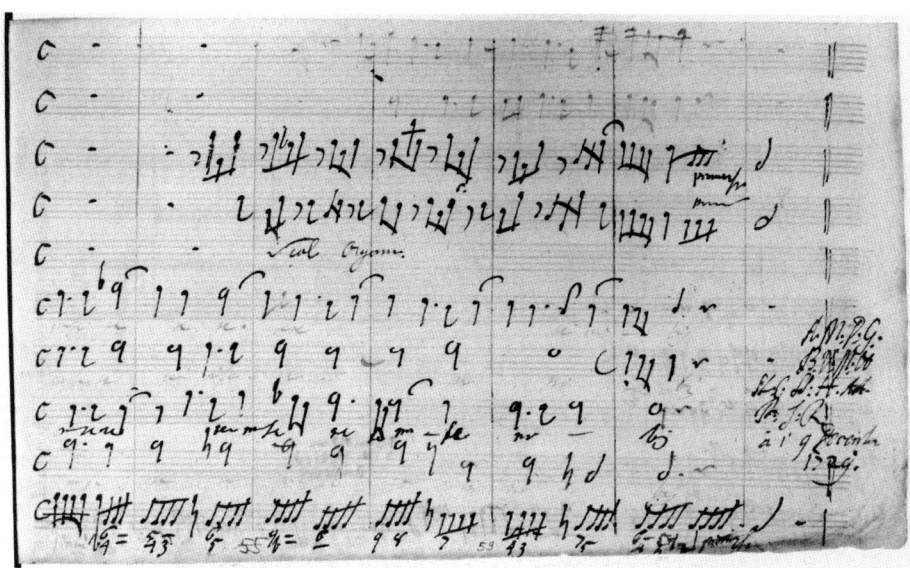

Mit Hindus auf Wallfahrt

Hubert Hänggi SJ

Zu meinen Indienaufenthalten gehört gewöhnlich eine Wallfahrt mit Hindufreunden. Von den Gangesquellen im Himalaya bis nach Rameschvaram an der Brücke zu Sri Lanka sind wir zu vielen Hinduheiligtümern gepilgert. Doch die 15tägige Wallfahrt rund um Janakpur bleibt mir als eines der stärksten Erlebnisse in Erinnerung. Das waren intensive 15 Tage und Nächte, die gleichsam das konzentriert zusammenfassen, was ich sonst über Jahre hinweg im gemeinsamen Leben mit Hindus wahrnehmen und erleben durfte. Daher möchte ich davon erzählen und einige Fragen und Bedenkenswertes zur Inkulturation des Christentums und zum Dialog unter den Religionen anfügen.

Ein beschwerlicher Weg

Janakpur, die Stadt des Janak, liegt am Fuß des Himalaya in Nepal. König Janak war der Vater der Sita, einer Erscheinungsform der Göttin, die Gattin des Gottes Rama. Sita ist – wie die ganze Schöpfung – aus dem Opfer geboren. Denn König Janak erhielt seine Tochter, als er das Opferfeld pflügte und Sita (= Furche) aus der Furche hervorging. Rama, eine Erscheinungsform des Gottes Vischnu, kam nach Janakpur, um die schöne Prinzessin Sita zu heiraten. Dazu musste er allerdings den Bogen des Weltzerstörers Schiva spannen, den sonst keiner der Freier auch nur hochheben konnte. Rama spannte ihn spielend leicht und zerbrach ihn. Dabei bohrte sich ein Stück des Bogens in die Erde, und es entstand in Janakpur ein Teich. Ein Teil verschwand am Himmel und ein anderer flog nach Dhanuscha, wo er bis heute als Fels sichtbar verehrt wird. Dhanuscha (Bogen) ist eine der heiligen Stätten des Pilgerweges rund um Janakpur.

Der 15tägige Rundgang (*parikrama*) gilt als strenges Bußwerk. Ich hatte keine Ahnung, welch unvergängliche Verdienste ich mir damit erwerben sollte. Seither werde ich nämlich Hindus nicht selten als jener vorgestellt, der die Janakpur-Parikrama mitmachte, was meist große Bewunderung auslöst.
Unser Tempelvorsteher wollte mich ursprünglich gar nicht ziehen lassen.

»Du würdest krank werden, und alles würde dir gestohlen,« erklärte er mit aller Bestimmtheit. Er ließ sich erst umstimmen, als ich mich Ramdulari Sarana anschließen konnte. Dieser berühmte Guru von Janakpur wurde übrigens als Einziger auf dem ganzen Pilgerweg in einer Sänfte getragen. Wenn sich rund zehntausend Pilger auf den Weg machen, warum sollte ich da nicht auch mitgehen können? Ich hatte Glück. Tatsächlich wurde nicht wenigen das Bündel mit den Habseligkeiten nachts unter dem Kopf weggezogen. Und Guru Ramdulari musste eines Morgens zu Beginn der Predigt verkünden: »Heute Nacht ist euch die Lautsprecheranlage gestohlen worden. Ich selbst brauche ja keine.« Er forderte dann die Zuhörer auf, mit Spenden eine neue Anlage zu beschaffen.

An den Orten, wo wir übernachteten, strömten jeweils aus der Gegend mindestens 30 000 Menschen zusammen. Was blieb da anderes übrig, als das Trinkwasser aus einem Bach oder einem Tempelteich zu schöpfen. Als rituell Unreiner war ich natürlich vom Wasserholen dispensiert. Denn Hindus könnten von mir angebotenes Wasser nicht trinken, ohne selbst rituell unrein zu werden. Als unsere Gruppe in einem Dorf bei einem Bohrbrunnen vorbeikam, machte ich einem Pilger den Vorschlag, er möge sein Gefäß zum Wasserhahn stellen; ich würde dann die Handpumpe bedienen. Er konnte nicht darauf eingehen, da er das Wasser auch so nicht trinken könnte. Daraufhin zitierte ich frei die Stelle in Matthäus (Mt 15), wo Jesus über die rituelle Reinheit spricht: »Nicht was in den Mund eingeht, macht den Menschen unrein, sondern was aus dem Mund und Herzen hervorgeht wie böse Gedanken, Lüge, Verleumdung usw.« Er war mit meinem Argument einverstanden und zeigte sogar Bewunderung, doch er und andere unserer Gruppe waren sich ebenso einig: Trinken können wir das Wasser von dir nicht. Gott sei Dank blieb ich gesund. Als ich gegen Ende der Wallfahrt dies freudig bemerkte, meinte eine tief gläubige Frau: »Wie kannst du krank werden. Hanuman (der Affengott und Diener Ramas) beschützt dich doch.« Ein älterer Pilger ist auf dem Pilgerweg gestorben. Er wurde selig gepriesen, da er sein ganzes Essen an andere verschenkt haben soll und heilig mäßig als Pilger starb.

Die Wallfahrt von Janakpur ist gewiss kein Sonntagsspaziergang. Sie hatte für mich zeitweise den Charakter einer Bußübung. Dies nicht so sehr, weil man über abgeerntete Stoppelfelder und steinige Wege barfuß ging – der ganze Pilgerweg gilt als heiliger Boden; vielmehr machte mir der Lärm zu schaffen. Da dröhnten die ganze Nacht Lautsprecher direkt über unseren Köpfen. Bis Mitternacht waren es jeweils religiöse Programme. Dann ertönte, wie bei jeder guten Kirmes, auch Schlager- und Filmmusik. Für die Teilnehmer aus den umliegenden Dörfern dauerte das Fest ja nur eine

Nacht. Mühsam war gewöhnlich auch das (obligatorische) Bad am Morgen. Obschon unsere Gruppe meistens vor dem Morgengrauen aufbrach, musste man sich durch die Menge einen Weg zum Tempelteich bahnen. Das Ufer war oft ein einziger Sumpf, so dass man tatsächlich schmutziger als zuvor aus dem Bad stieg. Doch es zählt weniger die hygienische als die rituelle Reinheit.

Die Wallfahrt war bestens organisiert. Auf Ochsenkarren wurden die Tempelzelte und die Lautsprecheranlagen usw. mitgeführt. Den Proviant trugen die Pilger mit sich. Die rund 2000 Hindumönche erhielten die Nahrungsmittel jeweils in den Dörfern als Almosen. In Gruppen von etwa zwanzig Frauen und Männern folgten die Pilger jeweils einer Tempelflagge.

Der religiöse Akt

Das Unterwegssein bekommt auf einem Pilgerweg einen neuen Sinn. Die Hindus sprechen und singen ununterbrochen die Namen Gottes. Für mich war das ein anregender Rhythmus, der meine eigene Meditation begleitete. Die Frauen und Männer der Gruppe, die mich nicht kannten, wollten mich anfangs dazu bringen, mitzusingen und mitzubeten. Ich habe ihnen dann am Abend erklärt, warum ich das nicht tun kann. »Für euch fassen die Namen Rama und Sita den ganzen Glauben zusammen,« sagte ich. »Für mich ist das nicht so. Wenn ich diese Namen mitsinge, ohne mit dem Herzen dabei zu sein, dann respektiere ich euren Glauben nicht. Ich möchte ihn aber respektieren. Daher kann ich nicht mitsingen.« Diese frommen Hindus haben das sehr wohl verstanden. Weniger verständlich war ihnen vielleicht, wie ein Mensch nicht an Rama und Sita glauben kann. Doch sie spürten, dass ich mit ihnen nicht wie ein gewöhnlicher Tourist auf dem Weg war, dass ich zu meinem Gott betete.

Ich halte das bis heute so: In äußeren Dingen lebe ich vollständig wie meine Hinduumgebung, und ich muss immer neu dazulernen. Selbstverständlich gehört dazu das streng vegetarische Essen: kein Fleisch, kein Fisch, kein Ei; ebenso das Beachten der rituellen Reinheit, eine recht komplizierte Geschichte (Reinigung des Körpers und der Gefäße). Die Reinigungsvorschriften sind äußerst wichtig und gehören untrennbar zur hinduistischen Religion.

Auch der ganze Bereich des Sozial-Religiösen lässt sich, wie ich meine, für einen Nicht-Hindu wie mich lösen. Ich tue all das, was ich ehrlicherweise tun kann. Wenn beispielsweise *prasad*, also geopferte Speise ausgeteilt wird, dann nehme ich sie entgegen und esse sie. Als Gast könnte ich ja eine angebotene Speise nicht zurückweisen. Von Mönchen wird jede Mahlzeit zunächst geopfert; ich könnte also gar nicht mit ihnen leben. Wenn hingegen *prasad* nicht ausgeteilt wird, gehe ich die Opferspeise beim Priester nicht holen – ebenso wenig werfe ich mich, wenn ich einen Tempel betrete, auf den Boden (wie dies die Mönche tun). Das *Ramayana* (das indische Epos der Geschichte des Gottes Rama) kann ich mitrezitieren. Es gehört zur Weltliteratur. Litaneien hingegen kann ich nicht mitbeten. Es ist im Grunde gar nicht so schwierig, sich zurechtzufinden: Ich kann all das nicht tun und nicht mitleben, was den religiösen Glauben an eine Hindugottheit voraussetzt. Wo dieser Glaube vorausgesetzt wird, kann ich nicht teilnehmen. Den eigentlich religiösen Akt kann ich nicht mit vollziehen. Wenn die Religion die letzten Werte umfasst, nach denen eine menschliche Gemeinschaft lebt, befindet sich gerade der religiöse Akt im Herzen einer Kultur. Wenn ich diesen Akt nicht mit vollziehen kann, was bedeutet dann die so genannte »Inkulturation« der Christen und des Evangeliums in Hindu-Indien?

Bei jedem Stundenhalt hielt der Tempelvorsteher oder ein anderer Geistlicher eine Predigt, die bis zu einer Stunde dauerte, meist von religiösen Liedern unterbrochen. Thema der Predigten war natürlich das Leben von Rama und Sita. Es ist klar, dass an den heiligen Stätten das entsprechende Ereignis gefeiert und erklärt wurde. In Girijasthan (dem Ort der Tochter des Berges = der Göttin Parvati) beispielsweise, wo sich Rama und Sita zum ersten Mal in einem Blumengarten sahen, wurde diese Begebenheit in der Predigt und mit großer Blumenpracht dargestellt. Die Prediger machten natürlich auch auf alle zu verehrenden Hügel, Steine, Bäche oder Bäume aufmerksam, an denen der Wallfahrtsweg vorbeiführt. Schon am Abend wurden wir zum Beispiel angewiesen, anderntags den etwas weiteren Weg zum Bach Kamala zu nehmen, wo König Janak die Delegation des Königs Dasarath von Ayodhya (des Vaters von Rama) empfangen hatte. Dort sollte jedermann ebenso ein rituelles Bad nehmen wie im hochheiligen »Milchfluss« (Dudhnadi), der dem Mund der Sita entsprang. Als Sita an der Mutterbrust trank, lief etwas Milch an ihrem Mundwinkel vorbei und bildete diesen Bach. Als ich etwas erstaunt um eine nähere Erklärung bat, erhielt ich die Antwort: »Das lässt sich nicht erklären, das ist eine innere Erfahrung.« Natürlich hatte ich eine falsche Frage gestellt. Sita als Form der Göttin, als Ausdruck der Zuwendung Gottes zur Welt, ist ohnehin diese ganze Schöpfung. Jeder Fluss entspringt ihrem Mund!
Die Pilger wurden so aufgefordert, den Weg möglichst verdienstvoll zu

gehen. Dazu gehörten aber auch die Gaben, ohne die noch so viele Verehrungen wenig oder nichts bringen. Es war manchmal fast peinlich, mit welcher Hartnäckigkeit die Prediger die Leute zu Almosen aufforderten. Selbstverständlich sind die Verdienste um so größer, je würdiger der Empfänger der Gaben ist; in aller Regel sollte dieser also ein möglichst angesehener Guru sein.

Nicht nur mit Mönchen, auch mit ungebildeten Bauern habe ich täglich religiöse Gespräche geführt, zum Beispiel über das Bleibende im Menschen (*atman* = Selbst), über die Einheit mit Gott, über die Liebe Gottes, über seine Erscheinungsformen in dieser Welt, über die Gotteserfahrung (für Hindus erstrangig!). Oft heißt es ja: Sobald wir in theologische Systeme eintreten, können wir kaum mehr Vergleiche anstellen. Doch wenn wir hinter diese theologischen Systeme zurückgehen – zur religiösen Gotteserfahrung, da erfahren wir alle den gleichen Gott. Ich mache da ein großes Fragezeichen. Denn die religiöse Erfahrung spielt sich ja nicht im luftleeren Raum ab, sie ist doch schon immer geprägt von den entsprechenden Glaubensformeln, und wenn wir diese Erfahrungen andern mitteilen wollen, müssen wir notwendigerweise wieder eine menschliche Sprache, unsere Glaubensformeln gebrauchen. Hinter einer christlichen Formel wie »Gott ist Liebe« steht, meine ich, auch eine andere Gotteserfahrung als wenn ich mit Hindus letztlich sage: »Gott ist Yogi«, jener Ewigbefreite, der im Rhythmus des Yoga die Welt aus sich entlässt, in ihr »erscheint« und wieder in sich zurücknimmt, »verschwindet«, – nach der schönen Definition des Yoga in der *Katha Upanischad* (6,11): »Yoga ist Erscheinen und Verschwinden«. Yoga steht zweifellos im Mittelpunkt hinduistischer Theologie. Hier kann ich aber nicht näher darauf eingehen.
Hindus fragten mich natürlich auch nach den christlichen Gebetsformeln und Liedern. Unter denen, die Lesen und Schreiben konnten, zirkulierte mein Neues Testament. In den religiösen Gesprächen machte ich die Erfahrung, dass wir uns da am nächsten kommen, wo wir uns der *Unterschiede* unseres Glaubens bewusst werden – wo wir aber einander in dieser Verschiedenheit achten und annehmen.
Ein mehrstündiges Programm mit einem reichen Angebot der zahlreichen im Pilgerlager anwesenden Gurus folgte jeweils am Abend, sobald die Tempelzelte und die Bühnen mit den Lautsprecheranlagen aufgestellt und eingerichtet waren. Da wurde vor allem während etwa drei Stunden die Rama-Lila gefeiert.

328

Die Lila Gottes

Die Lila (Spiel) Gottes, ist für mich zweifellos etwas vom Schönsten und Tiefsten, das der Hinduismus hervorgebracht hat. Die ganze Schöpfung ist Spiel Gottes. Der sichtbar herabgestiegene Rama spielt die göttliche Lila auf Erden und lässt auch die Menschen an seinem Spiel teilnehmen.

Auf die Frage nach dem Warum der Schöpfung antwortet bereits das Brahmasutra des *Badarayana* (2,1,32): »Brahman ist nicht Ursache der Welt aus einem Motiv heraus. Vielmehr ist das (Sichtbare) in der Welt reines Spiel (*lila-kaivalyam*).« In seinem Kommentar zu diesem Vers bemerkt der große Meister Shankara, dass nach unserer täglichen Erfahrung zwar niemand etwas unternimmt, ohne mit seinem Tun ein Ziel zu verfolgen. Doch dies kann nicht als das absolute Brahman gelten, sonst hätte es Wünsche und wäre nicht unendlich glückselig. Brahman aber ist nach der Schrift reine Freude, *sat-cid-ananda* (Wirklichkeit – Bewusstsein – Freude). Als Grund für die Schöpfung bietet sich das absichtslose Spiel an. Shankara meint: »Brahman gleicht Leuten, die in hoher Position stehen, gar keine unerfüllten Wünsche haben und sich so dem Spiel hingeben.« Die schöpferische Tätigkeit Brahmans läuft ab ohne äußeres Ziel wie das Ein- und Ausatmen, folgt nur der eigenen Natur, ist ein Überfließen der inneren Freude (*ananda*).

Nach Madhva (1199–1278) benützt der Herr beim Schaffen seine Energien »wie wenn ein Mann, der auch ohne Stock gehen könnte, zum Spiel (*lilaya*) einen Stock mitführt« (*Vedanta-Sutra* 2,1,32). Der Herr ist vergnügt und entfaltet seine Freude im Spiel des Schaffens, völlig frei und ohne jedes Motiv. Madhva gebraucht sogar das gewagte Bild eines Betrunkenen: »Wie wenn auf Erden ein betrunkener Mensch durch ein Übermaß an Glück, ohne ein Ziel zu haben, tanzt, singt, spielt usw., genau so ist auch das Spiel des Herrn.«

Im *Devi Bhagavatam* (6,31,30) lesen wir: »Wie ein Magier die hölzernen Puppen in seiner Hand nach seinem Willen tanzen lässt, so macht die bezaubernde Maya diese Welt, das Bewegliche und Unbewegliche, tanzen – vom Schöpfergott Brahma bis hinunter zu den Grashalmen und allen menschlichen Wesen.« Und das *Bhagavata Purana* (2,9,26–27) stellt fest: »Wie eine Spinne sich in ihrem Netz versteckt hält, so gibst du dich dem Spiel der Schöpfung, Zerstörung und Erhaltung des Universums hin, nachdem du durch deine dir eigene Yoga-Maya die Form des (Schöpfergottes) Brahma und der andern (nämlich des Weltzerstörers Schiva und des Erhalters Vischnu) angenommen hast.« Schließlich können wir noch eine der zahlreichen Stellen im *Gospel of Ramakrischna* (S. 30) angeben, wo vom Spiel der von Ramakrischna besonders verehrten Göttin die Rede ist: »Sie (Kali) ist die höchste Herrin des kosmischen Spiels, und alle Dinge, die beweglichen wie die unbeweglichen, tanzen nach ihrem Willen.«

Nicht nur schafft, erhält und zerstört der Herr die Schöpfung im Spiel des immer-währenden Kreislaufs, er erscheint selber in seiner Schöpfung, um das Spiel der Geschöpfe zu spielen.

Den klassischen Text für das Wesen und die Funktion eines »Herabsteigenden« (*avatara*) finden wir in der berühmten *Bhagavadgita* (4.6–7), wo Krischna, eine Erscheinungsform der höchsten Gottheit, von sich sagt: »Obschon ich ungeboren bin, unveränderliches Selbst (*atman*) und Herr aller Wesen, gebrauche ich die Urmaterie (*prakriti* = feminines Urprinzip), die mir zu eigen ist, und komme durch meine eigene Maya ins (zeitliche) Dasein. Jedes Mal, wenn die sozial-kosmische Ordnung (*dharma*) zerfällt und Unordnung (*adharma*) sich erhebt, manifestiere ich mich selbst, um die Guten zu retten, die Bösen zu bestrafen; um Dharma wiederherzustellen, werde ich in jedem Zeitalter geboren.«

Die doppelte Funktion des Avatara wird hier deutlich. Er steigt herab, um die Ordnung wiederherzustellen, aber auch seiner Verehrer (*bhakta*) willen, die er retten will.

Die Bestrafung der Bösen zur Wiederherstellung der Ordnung kann selbstverständlich nicht ohne Gewalt geschehen. Jeder Avatara – es werden gewöhnlich zehn Haupt-Avatara genannt – muss jeweils den Stifter von Unordnung, seinen Widersacher beseitigen. Der Avatara wird so zum Vorbild für die Menschen, die in der Welt leben und nicht ohne Anwendung von Gewalt auskommen können. Das gilt insbesondere für die Herrschenden, die im Interesse des Dharma ihren Stock gebrauchen und sich, wenn nötig, sogar in einem Krieg die Hände schmutzig machen müssen. Der richtige Gebrauch des Stocks (*dandaniti*) zeichnet den guten Herrscher aus. Der Herrscher sorgt wie der Avatara dafür, dass die Welt auf dem rechten Weg weitergeht.

Der Herabsteigende kommt auch seiner Verehrer (*bhakta*) willen, um sie zu retten, das heißt, um sie aus dem Kreislauf der Welten und der Wiedergeburten zu befreien.

In seinem Gesang (*gita*) lehrt Krischna, dass die Menschen nicht auf das Tun (*karman*) und damit auf das Leben in der Welt verzichten müssen, um zur Befreiung zu gelangen. Zwar weiß auch Krischna, dass in jedem Tun eine Begierde steckt, da der Mensch nichts unternehmen würde, wenn er mit seinem Tun nicht etwas erreichen möchte. Doch statt auf das Tun (*karman*) zu verzichten wie der Weltverzichter, der auf dem Weg der Erkenntnis und des Yoga zur Befreiung gelangt, kann er, wie Krischna darlegt, auf die im Tun enthaltene Begierde verzichten oder vielmehr diese Begierde statt auf die zu erreichende Frucht der Tat auf ihn, die Erscheinungsform des höchsten Herrn, lenken. Konkret belehrt Krischna in der Gita den Prinzen Arjuna, sich nicht aus der Welt zurückzuziehen, sondern im Dienste der Ordnung (*dharma*) den Bruderkrieg zu kämpfen. Dabei soll er jedoch wie ein Weltverzichter und Yogi Sieg und Niederlage gegenüber völlig indifferent bleiben und sein Tun im Kampf allein auf ihn, Krischna, richten.

Die Beziehung zwischen dem teilgebenden Herrn (*bhagavan*) und dem teilnehmenden Menschen (*bhakta*) wird als *bhakti* bezeichnet, was gewöhnlich mit Verehrung, Hingabe oder Liebe übersetzt wird. Bhakti ist die Religion für die Menschen, die in der Welt ihren Pflichten nachkommen müssen und dennoch wie Weltverzichter zur Befreiung aus dem Kreislauf der Wiedergeburten gelangen. Denn es genügt, mit *bhakti* eine Blume vor die Füße einer Erscheinungsform der höchsten Gottheit zu legen, um bei ihr zu sein.

Tulsidasa (1532–1623) hat die zweifache Funktion des Avatara in seiner Geschichte des Rama (7,72) ebenfalls prägnant formuliert: »Um seiner Verehrer willen nahm Rama, der teilgebende Herr (Bhagavan) die Gestalt eines irdischen Königs an und vollbrachte als gewöhnlicher Sterblicher heilige Taten, wie wenn ein Schauspieler auf der Bühne in verschiedenen Verkleidungen zahlreiche Rollen darstellt, selber aber immer derselbe bleibt. Das ist das Spiel (*lila*) Ramas, – den Dämonen ein Fallstrick, den Verehrern höchstes Glück.«

Das göttliche Spiel mitspielen, sich daran ergötzen, das ist der Wunsch der Rama- wie auch der Krischna-Verehrer. Die Lila gehört zu einer Wallfahrt wie zu den Feiern religiöser Feste. Buben stellen beispielsweise Rama, Sita, Laksmana usw. dar. Dazu werden sie von einem Spezialisten zeremoniell geschminkt und eingekleidet. Sobald sie nach diesen Vorbereitungen die königlichen Kronen tragen, haben für die Gläubigen wirklich Rama, Sita usw. in den Buben hier und jetzt diese Formen angenommen. Sie werden während der Lila auch entsprechend, beispielsweise mit dem Lichtopfer, verehrt. Die Taten Ramas wie das Spannen des Bogens von Schiva, die Heirat mit Sita, die Eroberung Sri Lankas, das Töten der Dämonen usw. werden gegenwärtig gesetzt.

Je nach der lokalen Tradition läuft die Lila wie jedes Spiel nach bestimmten Regeln ab. Es gibt jedoch keinen vorgeschriebenen Text. Die Lila ist kein Theaterstück oder eine Aufführung im Stil der Oberammergauer

Passionsspiele, obschon sie auch theatralische Szenen enthalten kann. Mit Liedern, Psalmen, Versen aus dem *Ramayana*, Wechselgesängen, Tänzen und spontanen Reden wird ein Ereignis aus dem Leben Ramas vorgetragen und gegenwärtig. Rama und Sita sitzen dabei meist auf dem Thron, schauen und hören zu. Mitunter singen auch sie einen Hymnus oder beantworten Fragen aus dem Publikum, die freilich nach gewissen Schemen gestellt werden. Das Spiel dauert mehrere Stunden, wobei natürlich nicht ständig »Hochstimmung« herrscht. Doch gewöhnlich gibt es einige Höhepunkte, wo alle mitgehen, schreien, klatschen und tanzen, so dass die Emotionen außer Kontrolle zu geraten drohen. Die Lila muss man miterleben, nicht nur einmal, sondern immer wieder. Worin sie eigentlich besteht, lässt sich in keinem Buch nachlesen. Denn das eigentlich Faszinierende kann man schwerlich beschreiben. Wenn fromme Hindus einen Tempel besuchen, gehen sie in erster Linie dorthin, um das Standbild der Gottheit zu sehen (*darschan*). Denn das ist für sie ein Augenblick der göttlichen Lila.

Dialog und Mission der Christen

Natürlich bleibe ich bei einer Lila nicht unberührt wie ein Stein, aber ich bleibe mitten in der Gruppe ein Außenseiter, da ich die Lila als religiösen Akt nicht wirklich mit vollziehen kann. Werden Christen in Hindu-Indien nicht immer »Außenseiter« bleiben?

Obschon die Religion im Herzen einer Kultur steht, ist sie nicht mit ihr identisch. Ein weites Feld der »Inkulturation« ist indischen Christen daher nicht nur möglich, sondern ist unter ihnen auch gängige Praxis. Gewiss könnte der Lebensstil von Christen manchmal weniger »westlich« sein, obschon sich nicht wenige Hindus, besonders der oberen Schichten, heute ganz offen »westlich« geben. Ich stelle auch fest, dass sich eine wachsende Zahl von Hindus bewusst wird, dass ihre Lebensweise nicht die einzig mögliche ist, und dies nicht nur im Sinne religiöser Toleranz, die seit jeher von Hindus beansprucht wird, sondern als genuine Anerkennung einer multikulturellen Gesellschaft.

Behaupten Christen nicht allzu schnell: Christus umfasst alle wirklich menschlichen Werte. Das Christentum zerstört keine wahrhaften Werte, im Gegenteil, es bringt diese zur Vollendung. Mit solchen Sätzen kann ich wenig anfangen. Ebenso fühle ich mich (auf Seiten der Hindus) nicht besonders wohl, wenn uns die christliche Theologie gerade noch so genannte »Samen der Wahrheit« zubilligt, als ob die Hindutheologie nicht ein Ganzes wäre und für die Gläubigen nicht die ganze Wahrheit enthielte.

Hindus können Christus nur als eine Hindugottheit, als einen der zahlreichen Avatara wie beispielsweise Rama oder Krischna sehen. Für Christen aber ist das Wort Gottes in Jesus wirklich ein begrenzter Mensch geworden. Jesus ist nicht nur »Name und Form«, die sich stets ändern können; er hat nicht nur ein »menschliches Kleid angezogen wie ein Schauspieler auf der Bühne«, das er wieder ablegen könnte. Auch Jesus ist ein »Herabsteigender«, übt aber nicht die Funktion eines Avatara aus, der die Ordnung mit Gewalt herstellt, sondern erleidet Gewalt. Wäre Jesus für Christen ein Avatara, wäre kaum einzusehen, warum Christen gerade nur an diesen einen glauben sollten.

Wir können keine Christus-Lila spielen. Zu sehr ist die Lila auch jene göttliche Maya, die zwar als die schöpferische Energie Gottes wirkt, aber auch die letzte Wirklichkeit wie mit einem Schleier verdeckt.

Die Lila ist zweifellos ein menschlicher Wert, den das Christentum so nicht kennt und verwirklicht. Und warum soll denn Christus alle menschlichen Werte besitzen? Gehört es nicht vielmehr zum Wesen des Menschen, begrenzt zu sein? Diesen begrenzten, einmaligen Menschen aber hat Gott auferweckt. Gibt uns das nicht die Möglichkeit, jeden Menschen in seiner einmaligen Verschiedenheit anzunehmen?

Ich interpretiere das als »christliche Liebe« nach der Formel »Gott ist Liebe«, oder wie die Theologen sagen: Der Vater ist nicht der Sohn, der Sohn ist nicht der Vater und dennoch sind Vater und Sohn eins – im gleichen Geist. Es verbinden mich die tiefsten Freundschaften mit einigen Hindumönchen – vielleicht, weil wir einen so verschiedenen religiösen Glauben haben, uns aber gegenseitig im Heiligen Geist, der in jedem Menschen wirkt, in der Verschiedenheit achten und radikal annehmen.

Suchen wir in unserem Zusammenleben nicht vorschnell das, was wir gemeinsam haben? Sollten wir in der Begegnung nicht viel stärker das betonen, was verschieden ist, was uns trennt? Am liebsten möchten wir ja, dass der andere Gleiches denkt, die gleichen Ansichten hat. Suchen wir da nicht zu sehr uns selbst?

Natürlich brauchen wir eine gemeinsame Basis: Wir alle sind Menschen, also wesentlich offen auf das große Geheimnis Gottes. Ich meine, diese unergründlich tiefe gemeinsame Basis sollte genügen, einander gerade in der je einmaligen *Verschiedenheit* zu akzeptieren. Solange wir den Eindruck erwecken, Gläubige müssten in ihrem religiösen Glauben Abstriche machen, damit sie sich auf einige ethische Grundsätze wie zum Beispiel auf die »Goldenen Regel« einigen und so zueinander finden könnten, dürfte für einen wirklichen Weltfrieden wenig gewonnen sein. Dazu braucht es mehr als ein Weltethos, das kaum jemand in Frage stellt, aber offensichtlich doch wenig Früchte zeigt. Es braucht jene Liebe, in der wir einander gerade in unserer jeweiligen Verschiedenheit nicht nur tolerieren, sondern hochschätzen.

Es ist die Mission der Christen, den Glauben an den Dreieinen Gott, der die Liebe ist, in der Welt zu verkünden. Was den interreligiösen Dialog angeht, bedeutet dies, dass Glaubensunterschiede betont und ernst genommen werden, Christen für gegenseitige Akzeptanz und Versöhnung eintreten und mit allen jenen zusammenarbeiten, die versuchen, das Leben der Armen menschlicher zu machen.

Um uns in der *Verschiedenheit* anzunehmen, können wir uns in der heutigen Welt kaum mehr davon dispensieren, den Andern in seiner Verschiedenheit überhaupt erst wahrzunehmen, ihn kennen zu lernen. Das geht gewiss nicht ohne Mühe. Der Weg ist beschwerlich wie eine Wallfahrt rund um Janakpur, aber er lohnt sich. Selbstverständlich können wir uns auch nicht allen Menschen und ihren verschiedenen Religionen zuwenden. Entscheidend scheint mir, dass wir überhaupt aus unserer eigenen, engen Welt hinausgehen, um Andere zu verstehen suchen. Es gibt dazu in unserer multikulturellen Umgebung bestimmt Gelegenheit in persönlichen Begegnungen. Wir können da übrigens nicht nur Andere kennen lernen, sondern uns so auch neu auf unsere eigenen Werte besinnen, neu sehen, warum wir Christen sind und bleiben wollen.

»Heiliger Franz Xaver – bitte für uns!«
Franz Xaver als Patron der Sterbenden

Armin Zürn

Farbig, vielgestaltig und unternehmungsfreudig strahlt die Gestalt des Jubiläumsheiligen Franz Xaver im Jahr 2002 auf. – Franz Xaver als Patron der Sterbenden scheint nun eher eine leichenblasse, ja fast fahle Facette vorzuführen.

Von etlichen Franz-Xaver-Tod-Bildern tritt uns eine blasse, vielleicht sogar verkitschte Sterbeszene gegenüber. Ist der in einer windigen Hütte sterbende Mann wirklich ein Begleiter, der hilft, einen Prozess gut voranzubringen und abschließen zu können? Oder zerplatzt der Traum von einem hilfreichen Sterbeheiligen als jesuitischer Werbegag im barocken Kirchenmarketing? Der vorliegende Artikel will, ausgehend von Überlegungen zur spirituellen Seite des Sterbeprozesses, Sterbeheilige kurz nennen, um Franz Xaver in dieser Versammlung herauszuheben. Sein Umgang mit dem Thema Tod und Sterben abschließend vorgestellt wird.

Dieser Beitrag nimmt sich nicht erschöpfende historische Detailliertheit vor, sondern möchte einfach frömmigkeitsgeschichtliche Erwägungen mit heutiger Lebenswirklichkeit verbinden.

Spiritualität am Sterbebett

Der Mensch ist ein Sozialwesen. Diese Tatsache werden die meisten bestätigen. Von der biblischen Deutung, dass keiner sich selber lebt (vgl. Röm 14,7) und die Getauften einen Organismus bilden (vgl. 1 Kor 12, 12–27), über das Wissen um die Notwenigkeit sozialer Kontakte für den Menschen und die Komplexität einer professionalisierten Welt bis hin zur alltäglichen Erfahrung, dass ich nicht alles selbst machen kann und es einfach gut tut, befreundete oder wohlwollende Menschen um sich zu haben, werden das die meisten bestätigen. »Keiner stirbt sich selber« (Röm 14,7) – diese Aussage ist von Paulus auf die Christusverbundenheit bezogen, aber ebenso auch eine Erfahrungstatsache. Für Sterbende ist es oft sehr wichtig, nicht allein zu sein.[1] Wer Sterbende begleitet, kennt si-

---

[1] Vgl. Petrus Ceelen: »Ich habe sonst niemanden mehr.« Vom Sterben in der Einsamkeit. In:

cher Beispiele, dass ein alter Mensch bittet: »Bleib doch bei mir!«, immer wieder danach verlangt, ja danach schreit; aber die Pflegekraft kann nicht bleiben, zwölf oder vierzehn andere Menschen brauchen sie auch, und wenn es Wochenende ist, vielleicht sogar vierzig. Das Alleingelassenwerden ist eine der Grundängste vor dem Sterben, die viele Menschen in sich tragen. Wird auf diese Furcht eingegangen, ist das schon ein guter Schritt, um dem Wunsch nach aktiver Sterbehilfe vorzubeugen.

In der Hospizarbeit wird deutlich, wie ein ganzes Netz von Menschen zuarbeitet, damit dem Sterbenden die letzte Lebensphase erleichtert und wirklich lebbar gemacht werden kann: Ärzte, Pflegepersonal, Seelsorger, Angehörige, Haushaltshilfen, Nachbarn, Freunde und auch Hospizhelferinnen und -helfer wirken zusammen. Sie alle sorgen dafür, dass den physischen, psychischen, sozialen und spirituellen Bedürfnissen der Schwerstkranken Rechnung getragen wird.[2] Klar hervorzuheben ist: Es gibt spirituelle Bedürfnisse des Menschen. Gerade in der letzten Lebensphase spielen sie eine wichtige Rolle, auch wenn sie natürlich auch erst nach der Befriedigung der anderen Bedürfnisse bearbeitet werden können.[3]

Arnold Angenendt spricht sogar von der »Forderung nach dem Sakralen an den Krisenpunkten des Lebens«[4] und entdeckt Elemente wie Licht, Seligkeit, Grab und Erinnerung, die vor der Aufklärung selbstverständlich zum allgemeinen Gedankengut gehörten, auch noch in der modernen Welt.[5]

Spiritualität der Sterbebegleitung. Wege und Erfahrungen, hg. von Lis Bickel/Daniela Tausch-Flammer. Freiburg im Breisgau: Herder 1997, S. 86–93.

[2] Elisabeth Kübler-Ross: Erfülltes Leben – würdiges Sterben, hg. v. Göran Grip. Gütersloh [2]1999, S. 57 spricht von vier Quadranten: spirituell/intuitiv, physisch, intellektuell und emotional. Beim Eingehen auf diese Bedürfnisse Schwerstkranker gehören Interdisziplinarität und Interprofessionalität zu den selbstverständlichen Prinzipien. Vgl. dazu Peter Fässler-Weibel u. a.: Der IFF-Universitätslehrgang Palliativ Care. In: Andreas Heller/Katharina Heimerl/Stein Husebö (Hg.): Wenn nichts mehr zu machen ist, ist noch viel zu tun – Wie alte Menschen würdig sterben können. Freiburg im Breisgau: Lambertus 1999, S. 203–214. Hier 204f.

[3] Vgl. Dale A. Matthews: Glaube macht gesund. Spiritualität und Medizin. Freiburg im Breisgau: Herder [2]2000, S. 195. Er fasst dort zusammen: »Heute sind moderne Methoden der Schmerztherapie ein wesentlicher Bestandteil der Betreuung Sterbenskranker. Wird diese Schmerztherapie in angemessenem Umfang gewährleistet, so könnte sie es dem Patienten ermöglichen, besser und wirksamer auf seine spirituellen Quellen zurückgreifen zu können.« Vgl. auch Katharina Heimerl u. a.: Individualität organisieren – OrganisiationsKultur des Sterbens. Ein interventionsorientiertes Forschungs- und Beratungsprojekt des IFF mit der DiD. In: Andreas Heller u. a. – Wenn nichts mehr zu machen ist, S. 39–73. Hier S. 62–65: Bedeutung von Religion beim Sterben.

[4] Arnold Angenendt: Heilige und Reliquien. Die Geschichte ihres Kultes vom frühen Christentum bis zur Gegenwart. München: C. H. Beck 1994, S. 304.

[5] Vgl. ebd., S. 304f.

Abb. 60 Franz Xaver, Silber-Reliquiar, 18. Jahrhundert

Abb. 61
Franz Xaver „Satis est, Domine, satis est",
kolorierter Kupferstich von Johannes
van den Sande, 17. Jahrhundert

Abb. 62
Franz Xaver mit Lilie,
kolorierter Kupferstich,
18. Jahrhundert

Abb. 63
Franz Xaver-Kelch,
Andreas Pichler,
1679–1708

Abb. 64 Franz Xaver tauft

Abb. 65 Franz Xaver predigt

Abb. 66
Franz Xaver, Medaillon,
letztes Drittel 17. Jahrhundert

Abb. 67
Franz Xaver-Tafelreliquiar,
um 1750

Abb. 68 Franz
Xaver, Vorderseite
einer spanischen
Banknote, 1926

Abb. 69
Silberschrein in
Goa mit Porträt
Franz Xavers,
Sonderbriefmarke
1952

Abb. 70 Die Armreliquie des hl. Franz Xaver wird durch Venedig getragen, 24. April 1923

Abb. 71 Die Armreliquie des hl. Franz Xaver wird durch die Straßen von Nagasaki getragen

Abb. 72
Franz Xaver,
Vorderseite der Medaille
in Goldmessing von
Max Faller, 2002

Abb. 73
Franz Xaver,
Rückseite der Medaille
in Goldmessing von
Max Faller, 2002

Abb. 74 Franz Xaver, Logo zum 450. Todestag 2002

Nun sollen die Überlegungen genau beim Bereich der Spiritualität am Sterbebett ansetzen. Nicht allein sein – das ist ein Wunsch, der sich auf die Zeit des Sterbens bezieht,[6] allerdings ebenso auf den Bereich nach dem Tod. Für zahlreiche Menschen ist es ein Trost, erwartet zu werden. Auch für das Jenseits gilt es, auf die Angst vor dem Alleinsein zu antworten.

Eine Anregung kann hier die Anrufung von Sterbepatronen sein. Den Heiligen ist der Patronat[7] keineswegs nur für Kirchen anvertraut, sondern auch für bestimmte Berufe oder alltägliche Lebensbereiche. Wenn der einzelne Mensch sich überfordert fühlt oder es wirklich ist, kann ihm ein Patron zur Seite stehen. Der Patron im römischen Recht sollte dem kleinen Mann oder der unscheinbaren Frau die Angst nehmen, im juristischen Strudel des öffentlichen Lebens unterzugehen. Aufgrund des Freimuts der Heiligen vor Gott[8] kam ihnen die Aufgabe zu, für die jetzt Lebenden bei Gott einzustehen. Arnold Angenendt unterstreicht: »Gerade der Beistand im Sterben und im Gericht war von gesteigerter Bedeutung: Neben Christus und den Engeln fungieren auch die Heiligen als Seelengeleiter und Fürbitter.«[9] Die Anrufung der Heiligen gehört zur Praxis der katholischen Kirche. Das Zweite Vatikanische Konzil bestätigt: »Durch ihre brüderliche Sorge also findet unsere Schwachheit reichste Hilfe.«[10] So ist bei der Begleitung Sterbender die Einbeziehung der himmlischen Fürsprecher auch im Rituale empfohlen.[11]

Für den Verfasser sind zwei Beobachtungen aus der Hospizseelsorge Bestätigung, dass es lohnend ist, Heilige am Sterbebett anzurufen. Die eine war die, wie ein Sterbender sehr schwach, aber bewusst die Krankensalbung und die Sterbegebete mitverfolgte, bei der Anrufung der Heiligen aufmerkte, dann deutlich ein Zeichen gab und den eigenen Namenspatron

---

[6] Vgl. Peter Fässler-Weibel: Das Sterben meiner Mutter. Eine persönliche und fachliche Reflexion. In: Andreas Heller u. a. – Wenn nichts mehr zu machen ist, S. 127–139. Hier S. 132.

[7] Zum Patronat s. Arnold Angenendt – Heilige und Reliquien, S. 190–206.

[8] Vgl. Horst Balz: παρρησία: In: Exegetisches Wörterbuch zum Neuen Testament 3, hg. v. H. B./ Gerhard Schneider. Stuttgart/Berlin/Köln: Kohlhammer ²1992, S. 105–112, bes. S. 106 f.

[9] Arnold Angenendt – Heilige und Reliquien, S. 191.

[10] Dogmatische Konstitution über die Kirche (LG). In: Lexikon für Theologie und Kirche 12 (²1966), S. 318 f.: »Lumen Gentium« Nr. 49: »Eorum proinde fraterna sollicitudine infirmitas nostra plurimum iuvatur.«

[11] Vgl. Die Feier der Krankensakramente. Die Krankensalbung und die Ordnung der Krankenpastoral in den katholischen Bistümern des deutschen Sprachgebietes, hg. im Auftrag der Bischofskonferenzen (Taschenausgabe). Freiburg im Breisgau u. a. ²1995, S. 127 f. – Vgl. auch die Gebete vor und nach dem Verscheiden, ebd. S. 131 und 133.

korrigierte.[12] So kann neben dem religiösen Akt der Heiligenverehrung auch die persönliche Wertschätzung durch Namensnennung in die Liturgie einbezogen werden. Die zweite Beobachtung war die äußerst positive Reaktion einer nicht so sehr an die kirchlichen Gepflogenheiten gewöhnten Altenpflegerin, die durch die Anrufung von Heiligen im Zimmer des Schwerstkranken erlebte, wie Diesseits und Jenseits dicht zusammenrücken und dies in der gottesdienstlichen Praxis zum Ausdruck gebracht wird.

Als historisches Beispiel, wie einem Menschen der Beistand der Heiligen Trost und Gelassenheit geben kann, kann der hl. Petrus Canisius[13] dienen. Er starb am 21. Dezember 1597 im Blick auf Maria, die ihn zu Christus geleitete.[14] Canisius verehrte die Heiligen sehr und erhoffte besonders für die Sterbestunde ihre Begleitung. In seinem Gebet »Für das Erlangen eines glücklichen Todes« heißt es:

> Mögen die Scharen deiner Heiligen mir beistehen, damit ich, aus der Finsternis dieser Welt gerufen, durch den sanften Anblick der heiligsten Jungfrau Maria, des heiligen Erzengels Michael, des heiligen Johannes des Täufers, der heiligen Apostel Petrus und Paulus und der heiligen Stephanus, Laurentius, Nikolaus und aller anderen heiligen Märtyrer und Bekenner Hilfe erfahre. Durch ihre Fürbitte unterstützt und vor allem durch deine Gnade bestärkt wünsche ich den Tod [...] zu besiegen [...][15]

---

[12] Der Sterbende, der im Jahr 2001 im St. Vinzenz-Hospiz in Augsburg starb, trug den Namen Karl und erbat die Anrufung von Karl dem Großen, nicht die des hl. Karl Borromäus.

[13] Zu Petrus Canisius vgl. Julius Oswald/Peter Rummel (Hg.): Petrus Canisius – Reformer der Kirche. Festschrift zum 400. Todestag. (Jahrbuch des Vereins für Augsburger Bistumsgeschichte 30). Augsburg: Sankt Ulrich Verlag 1996. – Rainer Berndt (Hg.): Petrus Canisius SJ (1521–1597). Humanist und Europäer (Erudiri Sapientia 1) Berlin: Akademie Verlag 2000.

[14] Vgl. die Schilderung bei Rita Haub: »Talar aus dem Grab des Petrus Canisius«. In: Rom in Bayern. Kunst und Spiritualität der ersten Jesuiten, hg. von Reinhold Baumstark. München: Hirmer 1997, Kat.Nr. 170. – Nach Pierre Flueler: Saint Pierre Canisius et Fribourg. Fribourg: Imprimérie St-Paul [1997], S. 146 starb der erste deutsche Jesuit während des Gebets der Allerheiligenlitanei.

[15] Petrus Canisius: »Für das Erlangen eines glücklichen Todes«. In: Das Testament des Petrus Canisius. Vermächtnis und Auftrag, eingeleitet und hg. von Julius Oswald, bearb. von Rita Haub. (Geistliche Texte SJ 19) Frankfurt am Main: GIS 1997, S. 93 f. – Ebd. S. 56:
> Succurrant mihi Sanctorum tuoroum agmina, ut ex huius mundi tenebris uocatus, blando et lucido iuuer aspectu sacratissimae Virginis Mariae, beati Michaëlis Archangeli, b. Ioannis baptistae, sanctorum Apostolorum Petri et Pauli, SS. Stephani, Laurentij, Nicolai ac reliquorum omnium sanctorum Martyrum atque Confessorum. Horum patrocnijs adiutus, tuâque inprimis gratia confortatus, mortem [...] cupio superare [...]

Die Einbeziehung von Heiligen beim Sterben eines Menschen kann also nicht nur als historische Reminiszenz, sondern als hilfreiche Erfahrungswirklichkeit angesehen werden.

Sterbepatrone

Die Haltung des christlichen Sterbens mit den Glaubenszeugen, die vorangegangen sind, taucht auch bei der mittelalterlichen Darstellung der *ars moriendi* auf. Holzschnitte aus dem 15. Jahrhundert zeigen den sterbenskranken Menschen in seinem Ringen nie allein; das Jenseits rückt nah heran. Auf den Trostbildern sind auch die Heiligen zu finden.[16] Sie trösten und ermutigen den Sterbenden durch ihr Beispiel und ihre Fürsprache bei Gott.

Zu den Sterbepatronen zählen verschiedene Fürbitter. Zunächst Maria, die Mutter Jesu, die bei jedem »Gegrüßet seist du, Maria« um Fürsprache in der Stunde des Todes angerufen wird – vorbeugend, wie auch im Sterben selbst. Sie ist die Frau, die Christus am nächsten steht, ihn stets bitten kann in allen Anliegen. Die Darstellung ihres eigenen Todes war ein beliebtes Thema der Verehrung und der Kunst, trat zugunsten der Darstellung ihrer Aufnahme in den Himmel mehr und mehr zurück, erlebt aber in der Barockzeit einen Neuaufschwung.[17]
Der Erzengel Michael wird ebenfalls für die Sterbestunde besonders angerufen, um den Sterbenskranken gut zu geleiten. Als Seelenwäger dürfte er wohl schon vor der entscheidenden Stunde um Hilfe angerufen worden sein.[18]
Der heilige Josef nimmt bei den Sterbeheiligen einen besonderen Rang ein, da er im Beisein von Jesus und Maria gestorben sein könnte und so sein Sterben als Beispiel eines guten Todes gilt. Die Bibel schweigt sich über dieses Ereignis aus. Allerdings ist es nicht von vornherein unmöglich. Die bildende Kunst hat sich seit dem 15. Jahrhundert des Josefstodes an-

---

[16] Vgl. Arthur E. Imhof: Die Kunst des Sterbens. Wie unsere Vorfahren sterben lernten. Impulse für heute. Stuttgart: Hirzel 1998, bes. die Darstellung der Holzschnitte S. 20–30.
[17] Vgl. Josef Myslivec: Tod Mariens. In: Lexikon der Christlichen Ikonographie 4 (1994), Sp. 333–338.
[18] Vgl. Jakob Torsy: Der große Namenstagskalender. Freiburg im Breisgau: Herder [16]1994, S. 277. – Vgl. auch Claudia Denk: »Michael besiegt Luzifer«. In: Rom in Bayern, Kat.Nr. 121.

genommen; im Barock wird diese Szene zu einem Haupttypus der Josefs-darstellungen.[19] Tröstlich wird im Bild erklärt, dass der sterbende Mensch nicht allein ist. Jesus als Sieger über den Tod und seine Mutter Maria stehen dem Sterbenden bei. Bruderschaften, die sich um einen guten Tod durch Gebet in geistlicher Hinsicht und durch praktische Hilfe für Sterbende bemühten, wählten gern Josef als Patron.[20]

Bei derartigen Sterbebruderschaften war auch Sebastian ein beliebter Heiliger.[21] Neben diesen weit verbreiteten Sterbepatronen gab es noch eine ganze Reihe andere, zum Beispiel Kaspar, Melchior und Balthasar, die heiligen drei Könige, die den Menschen auf der letzten Reise durch ihre Fürsprache geleiteten.[22] Ein häufigeres Todesbild ist das Sterben des Ordensvaters Benedikt. Auch er zählt zu den Sterbeheiligen.[23] Eine klassische Patronin für das Ende des Lebens ist die hl. Barbara,[24] dazu kommen noch die Märtyrerinnen Thekla[25] und Ursula[26], die hl. Birgitta[27] und die hl. Katharina von Siena,[28] die Nothelfer Achatius und Cyriakus,[29] die hl. Martha,[30] der hl. Stanislaus Kostka[31] und der hl. Kamillus von Lellis,[32] Ulrich,[33] der Bischof von Augsburg und erster nach einem kirchlichen Prozess kanonisierter Heiliger, und Vinzenz Ferrer.[34] Unbekannter sind

---

[19] Gabriela Kaster: Joseph von Nazareth. In: Lexikon der Christlichen Ikonographie 7 (1994), Sp. 210–221. Hier Sp. 219f. – Vgl. auch Walter Pötzl: Volksfrömmigkeit in barocker Fülle. In: Walter Brandmüller (Hg.): Handbuch der bayerischen Kirchengeschichte 2: Von der Glaubensspaltung bis zur Säkularisation. St. Ottilien: EOS 1993, S. 913.

[20] Walter Ansbacher: Das Bistum Augsburg in barockem Aufbruch. Kirchliche Erneuerung unter Fürstbischof Johann Christoph von Freyberg (1665–1690). (Jahrbuch des Vereins für Bistumsgeschichte e.V. Sonderreihe 6) Augsburg: Sankt Ulrich Verlag 2001, S. 239 streicht die Bedeutung des hl. Josef in den Gut-Tod-Bruderschaften heraus. – Vgl. auch Walter Pötzl – Volksfrömmigkeit, S. 913f. – Zum Bruderschaftwesen s. Arnold Angenendt – Heilige und Reliquien, S. 197f.

[21] Vgl. Jakob Torsy – Der große Namenstagskalender, S. 38f.

[22] Vgl. ebd., S. 25.

[23] Vgl. ebd., S. 195.

[24] Vgl. ebd., S. 342.

[25] Vgl. ebd., S. 271.

[26] Vgl. ebd., S. 301.

[27] Vgl. ebd., S. 209f.

[28] Vgl. ebd., S. 124.

[29] Vgl. ebd., S. 176 u. 226.

[30] Vgl. ebd., S. 216.

[31] Vgl. ebd., S. 322.

[32] Vgl. ebd., S. 199.

[33] Vgl. ebd., S. 189.

[34] Vgl. ebd., S. 106.

als Beistände im Anliegen um ein gutes Sterben Adelgund,[35] Arnold,[36] Christine,[37] Liafwin[38] und Servatius.[39]

Bei einer derartigen Fülle an möglichen Heiligen, die in der letzten Lebensphase angerufen werden können, spielt die persönliche Beziehung zu einer oder einem Heiligen eine wichtige Rolle. In der Gemeinschaft der Kirche, die über den Tod hinausreicht, kann es durchaus auch Vorlieben und Sympathien geben. Die Auswahl der persönlichen Patrone wird sich wohl auch danach richten.

Die Verehrung des hl. Franz Xaver

In diese Fülle von Sterbeheiligen tritt nun Franz Xaver. Er, der große Missionar, wird oft mit Ignatius von Loyola, der Gründergestalt des Ordens, dargestellt, weil die beiden für die Gesellschaft Jesu Galionsfiguren waren wie die Apostelfürsten für die ganze Kirche. Diesen Zusammenhang zeigt beispielsweise die Landsberger Heilig-Kreuz-Kirche.[40] An der Fassade der Universitätskirche in Wien ist Ignatius in der Folge der hl. Katharina, Patronin der Wissenschaft, und Franz Xaver als »Nachfolger« der hl. Sterbepatronin Barbara zu sehen.

Die beiden Jesuiten, 1622 heiliggesprochen, konnten in der Frömmigkeit wie in der Kunst eingesetzt werden, um die in der Reformationszeit in Frage gestellten Lehren und Frömmigkeitsübungen wieder zu zeigen, zu erklären und zu verbreiten. Es wurden alle Mittel der bildenden Kunst, des Theaters, der religiösen Vereinigung, der Lehre und der Liturgie eingesetzt, die katholische Erneuerung voranzutreiben. Durch diese Reformbewegung in der Kirche, und dabei auch durch eine geläuterte und gleichzeitig verstärkte Heiligenverehrung, sollte der katholische Christ zum entschiedenen Glauben aufgerufen werden. »Vom einzelnen Gläubigen wurde religiöse Aktivität verlangt, nämlich bestimmte Glaubenssätze anzuerkennen und moralisches Verhalten zu beweisen.«[41]

---

[35] Vgl. ebd., S. 51.

[36] Vgl. ebd., S. 205.

[37] Vgl. ebd., S. 211.

[38] Vgl. ebd., S. 321.

[39] Vgl. ebd., S. 138.

[40] Vgl. Dagmar Dietrich: Die erste Jesuitenkirche Bayerns. Heilig-Kreuz in Landsberg. In: Rom in Bayern, S. 147–160. Hier S. 158.

[41] Arnold Angenendt – Heilige und Reliquien, S. 256. S. dazu das gesamte Kapitel 19: Die katholische Erneuerung, S. 242–256.

Franz Xaver bot sich förmlich als Leitstern am barocken Heiligenhimmel an. Denn er war erfüllt vom Eifer zur Glaubensverbreitung. Der zweite Grund: In dem Maß, als die Darstellung des Todes drastischer[42] und das Thema der Sterblichkeit durch Dreißigjährigen Krieg und Pest drängender wird, ist ein mitten aus der Aktivität heraus sterbender Mann durchaus zeigenswert und anspornend. Franz Xaver erreichte »einen erheblich höheren Popularitätsgrad als Ignatius«;[43] zumindest lässt sich das für Süddeutschland und die Schweiz sagen.[44]

Der Missionar des Fernen Ostens sollte in Europa die Gläubigen zu neuem Eifer anregen. So wurde sein Leben auch auf die Bühne gebracht und prächtig inszeniert.[45] Eine besondere Verbreitung fand er durch die Darstellung seines Todes im 18. Jahrhundert, als 16000 Vervielfältigungen eines Stiches in Umlauf gebracht wurden.[46] Und wie bei der Bekanntheit des hl. Josef fromme Vereinigungen wichtig waren, so entstanden auch Franz-Xaver-Bruderschaften,[47] die die Beliebtheit des Missions- und Sterbeheiligen noch förderten.

Die Verehrung des Apostels Indiens und Japans erstreckt sich keineswegs nur auf die Zeit der katholischen Restauration, sondern reicht bis ins 20. Jahrhundert. 1927 wird Franz Xaver zum Patron der Weltmission erhoben.[48] Ein Zeugnis persönlicher Verehrung ist die Anrufung des heiligen Missionars in den Aufzeichnungen Papst Johannes' XXIII.[49] Das Jubilä-

---

[42] Vgl. Olivier Christin: Das Bild in Malerei und Skulptur. In: Die Geschichte des Christentums 8: Die Zeit der Konfessionen (1530–1620/30), hg. von Marc Venard. (dt. Ausg. bearb. u. hg. von Heribert Smolinsky) Freiburg im Breisgau: Herder 1992, S. 1199–1223.

[43] Walter Pötzl – Volksfrömmigkeit, S. 914. Er weist diese für den Landkreis Neuburg an der Donau nach. – Vgl. auch Walter Ansbacher – Augsburg in barockem Aufbruch, S. 240.

[44] S. Olivier Christin – Das Bild in Malerei und Skulptur. – Gebhard Spahr: Oberschwäbische Barockstraße 2: Wangen bis Ulm-Wiblingen. Weingarten: Isa Beerbaum 1978 erwähnt Ignatius nur einmal auf der Waldburg (S. 116), während er Darstellungen von Franz Xaver in Leupolz (S. 62), Kißlegg (S. 93), Immenried (S. 102), Wolfegg (S. 105 u. 106), Bad Wurzach (S. 126 u. 134), Gutenzell (S. 215) und Laupheim (S. 225) anführt. – Für die Schweiz vgl. Johann Beckmann: Die Verehrung des hl. Franz Xaver in der Innerschweiz. In: Innerschweizerisches Jahrbuch für Heimatkunde 3 (1938), S. 53–67.

[45] Vgl. Christof Wolf: Jesuitentheater in Deutschland. In: Rüdiger Funiok/Harald Schöndorf (Hg.): Ignatius von Loyola und die Pädagogik der Jesuiten. Ein Modell für Schule und Persönlichkeitsbildung. Donauwörth: Auer 2000, S. 180 f.

[46] Vgl. Theodor Kurrus: Franz Xaver. In: Lexikon der Christlichen Ikonographie 6 (1994), S. 325–327. Hier S. 327.

[47] Vgl. Walter Pötzl – Volksfömmigkeit, S. 914 f. und Johann Beckmann – Verehrung des hl. Franz Xaver, S. 59–63.

[48] Vgl. Theodor Kurrus – Franz Xaver, S. 325.

[49] Vgl. Johannes XXIII.: Geistliches Tagebuch und andere geistliche Schriften. Freiburg im Breisgau: Herder ²1964, S. 227.

umsjahr zum 450. Todestag Franz Xavers kann nicht nur in der theoretischen Auseinandersetzung mit diesem Jesuiten der Gründergeneration, sondern auch in der Verehrung des Heiligen neue Anstöße bieten.

Der Missionar Franz Xaver und der Tod

Franz Xaver schneidet ohne Scheu auch das Thema »Tod« an. Selbst gegenüber König João III. von Portugal schreibt er:

> Unser Herr wolle Eurer Majestät seinen hochheiligen Willen in innerster Seele erkennen lassen und die Gnade verleihen, dass Sie ihn so zu erfüllen vermögen, wie Sie sich einst in der Stunde des Todes freuen werden, gehandelt zu haben; jene Stunde fordert die Rechenschaft über das ganze verflossene Leben, und sie wird eher schlagen, als Majestät erwarten.[50]

Er betont die Verantwortlichkeit des Menschen für sein Handeln und erinnert nochmals an die Plötzlichkeit, mit der der Tod kommen kann. Xaver ist überzeugt, gute Taten können in der Todesstunde ein wirklicher Trost sein.[51] Er gibt jedoch auch selbst Trost durch seine nüchterne Haltung gegenüber dem Tod und seine Besuche am Sterbebett, wie der Xaver-Kenner James Brodrick schreibt: »Franz, der sich so gut darauf verstand, Menschen auf den Tod vorzubereiten, blieb bei ihm [dem Vizekönig Johann de Castro] bis an sein heiliges Ende.«[52] Der Mann voll apostolischem Eifer beschreibt selbst seine Tätigkeit so:

> [...] ich hörte ihre Beichten, besuchte ihre Kranken und stand ihnen beim Sterben zur Seite, auf dass sie diese Welt im Vertrauen auf Gott und mit Ergebung in seinen heiligen Willen verlassen könnten [...][53]

Dass der Gedanke an den Tod und vor allem das Leben danach zur Normalität gehören, zeigen die Abschlussworte vieler Briefe: »So schließe ich denn, Gott, unseren Herrn, bittend, dass Er uns alle wiedervereine im

---

[50] Brief 24 »An João III., König von Portugal«. In: Die Briefe des Francisco de Xavier 1542–1552, ausgewählt, übertragen und kommentiert von Elisabeth Gräfin Vitzthum. Leipzig: Hegner 1939, S. 123.

[51] Vgl. Brief 21 »An João«. In: ebd., S. 114.

[52] James Brodrick: Abenteurer Gottes. Leben und Fahrten des hl. Franz Xaver 1506–1552. Stuttgart: Klipper 1954, S. 270.

[53] Brief 18 »An die Väter der Gesellschaft in Europa«. In: Briefe, S. 89.

Licht seines ewigen Lebens. Amen.«[54] Franz Xaver rechnet mit dem ewigen Leben und einer Begegnung mit all den Menschen, die ihm am Herzen liegen. Dass er diesen Glauben immer wieder betont und in seine Briefe einbaut, scheint nicht nur die Verkündigung des Auferstehungsglaubens, sondern eine gute Übung für das Sterben zu sein.

Was tut Franz Xaver nun in Todesgefahr? Sterbende zu begleiten oder selbst der Gefahr ausgesetzt zu sein, sind doch zweierlei Dinge. Auf der Überfahrt von Malakka nach Indien Ende 1547, Anfang 1548 kam der Missionar in lebensgefährliche Seestürme. Er schildert:

> Alles Entbehrliche wurde über Bord geworfen, nur um das nackte Leben zu retten. Als der Sturm seinen Höhepunkt erreichte, befahl ich Gott meine Seele; und dann nahm ich meine Zuflucht zu allen Gliedern unserer gesegneten Gesellschaft Jesu und erwählte sie und alle, die ihr zugetan sind, zu meinen Beschützern. In diesem Gefolge befahl ich mich und all das Meine in die heiligen Gebete der Braut Christi, unserer heiligen Mutter, der Kirche, … Und nachdem ich meine ganze Hoffnung auf die unendlichen Verdienste des Leidens und Sterbens Jesu Christi, unseres Erlösers und Herrn, gegründet hatte, da fühlte ich in mir – geborgen unter dem vielfachen Schutz – noch mitten im Wüten des Sturmes den tiefsten Frieden, und ich glaube, der Trost jener Stunde war größer als der, den ich später nach der Befreiung aus den Gefahren empfand![55]

Das Vertrauen auf Gott, das Bewusstsein, gut gehandelt zu haben, und die Gewissheit, dass viele im Himmel und auf der Erde für ihn beten, gab dem spanischen Missionar auf dem fernen Meer in Todesgefahr eine innere Ruhe im Sturm, einen Frieden in der Seele, den andere Menschen sich am Ende ihres Lebens wünschen.

Franz Xaver als Sterbepatron

Ist es jetzt das wirkungsvolle Eintreten des heiligen Ordensmannes für den sterbenskranken Menschen, oder ist es der beispielhafte Umgang des großen Missionars mit Sterben und Tod, was es heute berechtigt und gut erscheinen lässt, Franz Xaver als Sterbepatron anzurufen?

---

[54] Brief 35 »An meine geliebten Väter und Brüder vom Orden der Gesellschaft Jesu in den Ländern Europas«. In: Briefe, S. 185; ähnlich in anderen Briefen, vgl. S. 88, 93, 109.
[55] Brief 20 »An die Väter der Gesellschaft Jesu in Europa«. In: Briefe, S. 107 f.

Der Umgang mit Sterbenden hilft erahnen, wie dicht das Jenseits an das Diesseits heranrückt. Auch Menschen, die vorausgegangen sind, scheinen nicht mehr so fern. Und ist es nicht gerade eine Konsequenz des Osterglaubens mit der Lebendigkeit überzeugter Christen nach deren Tod zu rechnen? Das Zweite Vatikanische Konzil unterstreicht in seiner Heiligenlehre ganz deutlich die Zusammengehörigkeit vom pilgernden Volk Gottes und himmlischer Kirche.[56] Diese Einheit in der Gemeinschaft der Heiligen stärkt den einzelnen Gläubigen. Er weiß sich in dieser Gemeinschaft geborgen und erfährt sich als gestärkt in der Sehnsucht nach dem Ewigen und in der Bereitschaft, das Heil, das Gott schenken möchte, zu empfangen.[57] So bietet die Heiligenverehrung, auch die des hl. Franz Xaver, eine gute Hilfe bei der Antwort auf die Angst vor dem Alleinsein des Menschen in seiner letzten diesseitigen Lebensphase und auf die Angst vor der Ziellosigkeit des menschlichen Lebens.

Die Verbundenheit und das gegenseitige Gebet war für Franz Xaver zu Lebzeiten von größter Bedeutung. Er schreibt am 10. Mai 1546 an seine Mitbrüder in Europa:

> Und nun, meine vielgeliebten Väter und Brüder in Jesus Christus, um der Liebe Christi, unseres Herrn, willen, um seiner heiligsten Mutter willen und aller Heiligen, die sich schon heute der Glorie des Paradieses erfreuen: vergessen Sie meiner nicht! Bewahren Sie mich in ganz besonderer Weise in Ihrem Erinnern, befehlen Sie mich Gott ohne Unterlaß, denn mein Leben ist ja allein auf seine Hilfe und Gnade gestellt. Unablässig bedarf ich Ihrer Gebete […][58]

Im Gegenzug schreibt er von seiner Art und Weise, die geistliche Verbindung zu halten:

> Und auf dass ich niemals Ihrer vergessen könne, hören Sie, o meine vielgeliebten Brüder: ich habe von Ihren Briefen die Unterschriften abgetrennt, Ihre Namen, die Sie mit eigenen Händen geschrieben haben und um des Trostes willen, den ich hierin finde, legte ich diese geliebten Namen zu den Gelübden meiner Profeß und trage sie nun für immer mit mir.[59]

---

[56] Vgl. LG 48–51.
[57] Vgl. Leo Scheffczyk: Heiligenverehrung: Weg und Ziel. In: Unter bayerischem Himmel im Jahreslauf. Zur Verehrung der Heiligen. Im Auftrag des Klerusverbandes e. V. hg. von Florian Tenner. Donauwörth: Wewel 2001, S. 11–27. Hier S. 27.
[58] Brief 18 »An die Väter der Gesellschaft in Europa«. In: Briefe, S. 93.
[59] Ebd.

Sollte seine Fürsprache und sein Interesse am Gang der Kirche, der Gesellschaft Jesu und der einzelnen Gläubigen mit dem Tod enden? Sicher nicht, vorausgesetzt es gibt das Leben danach. Das jedoch ist ja die zentrale christliche Hoffnung (vgl. 1 Kor 15, 12–20).

Der andere Grund, der ebenfalls berechtigt, Franz Xaver am Sterbebett anzurufen, ist sein eigener Umgang mit Sterben und Tod. Wird von Fachkräften und anderen Helferinnen und Helfern bei Schwerstkranken Echtheit verlangt, so ist diese bei dem heiligen Indienmissionar durchaus gegeben. Seine Hoffnung auf die Unsterblichkeit und sein Mut, den Tod und das Jenseits anzusprechen, decken sich mit seinem Mut bei den Fahrten, die er unternommen hat. Auch kann es für viele tröstlich sein zu wissen: Dieser Mann hätte noch große Pläne gehabt, hat noch darauf gewartet, sich für die Glaubensverbreitung in China einzusetzen, der Tod hat ihm einen Strich durch die Rechnung gemacht. Kann nicht gerade ein Mensch, der noch gerne hier gelebt und gewirkt hätte, ein mutmachender Begleiter auf dem Weg ins Jenseits sein?

Was allgemein von der Heiligenverehrung gesagt ist, kann mit Fug und Recht auf Franz Xaver angewandt werden: Er hat beispielhaft gezeigt, wie der Weg eines Glaubensboten im 16. Jahrhundert ausgesehen haben kann und wie je in seiner Zeit ein gläubiger Mensch die anstehenden Aufgaben und die Jenseitshoffnung verbinden kann. »Im exemplum sanctorum wird vorgelebt, vorgelitten und vorgestorben, wie Nachfolge Christi in unterschiedlichen und veränderten Epochen der Geschichte in situationsrichtiger Pluriformität zu verwirklichen ist. Das exemplum der Heiligen ist daher nie und nimmer losgelöst, sondern grundsätzlich und immer in der Nachfolge und Solidarität Christi zu sehen, zu leben und zu werten.«[60]

Franz Xaver, ein echtes und überzeugendes Mitglied der Gesellschaft Jesu, kann als Beispiel und Fürsprecher schwerstkranken Menschen heute helfen, sich auf die Gemeinschaft mit Gott und seinen Heiligen einzustellen und sich sogar darauf zu freuen.

»Heiliger Franz Xaver – bitte für uns!«

---

[60] Läpple, Alfred: Die Heiligen – exempla pietatis. In: Unter bayerischem Himmel im Jahreslauf, S. 174–183.

Franz Xaver – Zeittafel und Literatur

Rita Haub

Zeittafel

7. April 1506	Geburt auf Schloss Xavier
1. Oktober 1525	Beginn des Studiums in Paris
September 1529	Erste Begegnung mit Ignatius von Loyola
15. März 1530	Magister Artium
15. August 1534	Gelübdeablegung mit den ersten Gefährten des Ignatius auf dem Montmartre
24. Juni 1537	Priesterweihe in Venedig
Juni 1539	Sekretär der Gesellschaft Jesu
14. März 1540	Bestimmung für die Mission in Indien
15. März 1540	Abreise nach Lissabon
7. April 1541	Aufbruch nach Indien
6. Mai 1542	Ankunft in Goa
Oktober 1542	Reise zum Kap Komorin
Frühjahr 1545	Reise nach Malakka
Januar 1546	Reise zu den Molukken
Mai 1547	Reise über Amboina nach Malakka
13. Januar 1548	Ankunft in Cochin
2. April 1548	Letzte Gelübde in Goa
24. Juni 1549	Aufbruch nach Japan
15. August 1549	Ankunft in Kagoshima
10. Oktober 1549	Erster Provinzial der neuen Ordensprovinz Goa
Mitte November 1551	Rückreise nach Indien
Mitte Februar 1552	Ankunft in Goa
17. April 1552	Aufbruch nach China
3. Dezember 1552	Tod auf Sancian
15. März 1554	Ankunft des Leichnams in Goa
25. Oktober 1610	Seligsprechung durch Papst Paul V.
12. März 1622	Heiligsprechung durch Papst Gregor XV.
1748	Ernennung zum Patron Indiens und des ganzen Fernen Ostens durch Papst Benedikt XIV.
1927	Ernennung zum Patron aller katholischen Missionen auf dem Erdkreis durch Papst Pius XI.

Der Franz Xaver-Biograf Georg Schurhammer SJ

Georg Otto Schurhammer, geboren 1882 im Schwarzwald, trat 1903 in die Gesellschaft Jesu ein und bewarb sich schon bald für die Indien-Mission. 1908 durfte er seinem Wunsch folgend nach Bombay reisen, wo er als Professor am St. Mary's College Jungen unterschiedlichster Rassen und Religionen unterrichtete, was sein Verständnis gegenüber Menschen, deren Lebensweise und Kultur sich von seiner eigenen unterschieden, förderte. Daneben studierte er eine der vielen einheimischen Sprachen, das Maharati. Nach vier Jahren war er wegen der aufreibenden Arbeiten einem Nervenzusammenbruch nahe. Bevor er auf Anraten der Ärzte in seine Heimat zurückkehrte, machte er eine Wallfahrt nach Goa und versprach vor den Reliquien des hl. Franz Xaver, dessen Leben zu beschreiben, wenn er wieder gesund würde. Dieses Gelübde hat sein ganzes Lebenswerk geprägt, da er nicht nur eine Biographie im frommen Stil schreiben wollte, sondern ein durch Dokumente belegtes geschichtliches Werk.

Schon bald konnte Schurhammer seine theologischen Studien fortsetzen und wurde 1914 zum Priester geweiht. 1932 wurde er vom Ordensgeneral nach Rom berufen, um sich dort am neu gegründeten Historischen Institut des Ordens ganz der wissenschaftlichen Erforschung des Lebens von Franz Xaver in der Nähe des Ordensarchivs widmen zu können. Diese Forschungen brachten es mit sich, dass er auf vielen Reisen alle einschlägigen Archive besuchen musste. Noch in hohem Alter ist er den Spuren Franz Xavers in Indien, Japan, Malakka und Ceylon nachgegangen. Er hat in den Archiven und Bibliotheken der Welt alle zur Verfügung stehenden Dokumente, Briefe und anderes Quellenmaterial ausgewertet, um ein wissenschaftliches, monumentales Standardwerk über den Heiligen zu schaffen.

Schurhammer hat im Zeitraum von 1907 bis 1971 über 350 Publikationen herausgegeben, darunter neben wissenschaftlichen auch mehrere volkstümliche Schriften über den Heiligen. Der erste Band seines Lebenswerks *Franz Xaver* erschien 1955, der erste Teil des zweiten Bandes 1963. Bei seinem Tod am 2. Oktober 1971 war der zweite Teil des zweiten Bandes im Druck, der dritte Teil bis auf das Schlusskapitel im Manuskript fertig. 60 Jahre waren nötig, um Leben und Wirken Franz Xavers wissenschaftlich aufzuarbeiten.

Georg Schurhammer: Franz Xaver. Sein Leben und seine Zeit. 2 Bände (in 4 Teilbänden) Freiburg im Breisgau: Herder 1955–1973.
- 1. Band [1955]: Europa (1506–1541).
- 2. Band, 1. Teil [1963]: Indien und Indonesien (1541–1547).
- 2. Band, 2. Teil [1971]: Indien und Indonesien (1547–1549).
- 2. Band, 3. Teil [1973]: Japan und China (1549–1552).

Quellen

Monumenta Xaveriana: Monumenta Historica Societatis Iesu [MHSI] 16 (1900) und 43 (1912).
Documenta Indica, Band 1 und 2: MHSI 70 (1948) und 72 (1950).
Documenta Malucensis, Band 1: MHSI 109 (1974).
Monumenta Japonica, Band 2: MHSI 137 (1990).
Epistolae S. Francisici Xaverii aliaque eius scripta, hg. von Georg Schurhammer/Joseph Wicki. 2 Bände (Neue Ausgabe: Rom 1944/45) [= MHSI 67/68 (1944/45)].

Literatur

László Polgár: Bibliographie sur l'histoire de la compagnie de Jésus 1901–1980. Rom: Institutum Historicum S.I. 1981; dann jährliche Fortführung in der Zeitschrift Archivum Historicum S.I.

Wichtigste Auswahl:

Leben und Briefe des heiligen Franciscus Xaverius, Apostels von Indien und Japan, hg. von Eduard de Vos. 2 Bände Regensburg: Georg Joseph Manz 1877.
Die Briefe des Francisco de Xavier 1542–1552, ausgewählt, übertragen und kommentiert von Elisabeth Gräfin Vitzthum. Leipzig: Hegner 1939 (München: Kösel ³1950).
Alexandre Brou: Saint François Xavier. Paris: G. Beauchesne 1912.
Georg Schurhammer: Der heilige Franz Xaver, der Apostel von Indien und Japan. Freiburg im Breisgau: Herder 1925.

James Brodrick: Saint Francis Xavier. London: Burns Oates 1952 (deutsche Übersetzung von Oskar Simmel: Abenteurer Gottes, Stuttgart: Gustav Klipper 1954).

Georg Schurhammer: Franz Xaver. Sein Leben und seine Zeit. 2 Bände (in 4 Teilbänden) Freiburg im Breisgau: Herder 1955–1973.

Georg Schurhammer: Xaveriana. (Georg Schurhammer: Gesammelte Studien, hg. zum 80. Geburtstag des Verfassers 3) Rom: Institutum Historicum S.I./Lisboa: Centro de estudos históricos ultramarinos 1964.

Georg Schurhammer: Varia 1: Anhänge. (Georg Schurhammer: Gesammelte Studien, hg. zum 80. Geburtstag des Verfassers 4/1) Rom: Institutum Historicum S.I./Lisboa: Centro de Estudos Históricos Ultramarinos 1965.

Ernst Stürmer: Der Mann aus Feuer. Missionare, die Geschichte machten: Franz Xaver (Asien). Mödling: St. Gabriel-Nettetal: Steyler 1984.

Rita Haub: Franz Xaver – Aufbruch in die Welt. (Eine Topos plus Biografie 423) Limburg/Kevelaer: Lahn 2002.

Rita Haub/Julius Oswald (Hg.): Franz Xaver – Patron der Missionen. Festschrift zum 450. Todestag. (Jesuitica. Quellen und Studien zu Geschichte, Kunst und Literatur der Gesellschaft Jesu im deutschsprachigen Raum 4) Regensburg: Schnell & Steiner 2002.

Abbildungsverzeichnis

Bildredaktion: Rita Haub und Richard Müller SJ

1 Franz Xaver
Kupferstich von C. Devrist
Archivum Monacense SJ, München
© Archivum Monacense SJ, München

2 Wappen von Don Juan de Yasu und Donna Maria de Azpilcueta, von Engeln
gehalten
Schloss Xaver, Navarra
© Castillo de Xavier, Navarra

3 Schloss Xaver in Navarra
© Castillo de Xavier, Navarra

4 Ignatius von Loyola und Franz Xaver
Barockaltar in der Pfarrkirche des Schlosses Xaver, Chor, 17. Jahrhundert
© Castillo de Xavier, Navarra

5 Ignatius von Loyola und Franz Xaver beim Studium in Paris
Kupferstich aus: »Le Missioni della Compania di Gesù – S. Francisco Saverio«
Archivum Monacense SJ, München
© Archivum Monacense SJ, München

6 Gelübdefeier des Ignatius von Loyola und der ersten Gefährten auf dem
Montmartre in Paris, 15. August 1534
Gemälde von Konrad Baumeister, 1881
© Müller / SJ-Archiv/DiaDienst

7 Franz Xaver
deutsche Plastik, 17. Jahrhundert
26 Martyrs Museum, Nagasaki
© 26 Martyrs Museum, Nagasaki

8 Goa zur Zeit Franz Xavers
© missio Aachen / Fotoarchiv

9 Karte von Asien
Judas Hondius, um 1600
Kirishitan Bunko, Sophia University, Tokyo
© Kirishitan Bunko, Sophia University, Tokyo

10 Franz Xaver trägt einen Einheimischen in der Nachfolge Christi (Ausschnitt)
Wandgemälde von Jakob Potma, 1694
Mindelheim, Jesuitenkirche, Franz Xaver-Kapelle
© Müller / SJ-Archiv/DiaDienst

11 Franz Xaver sieht während der Predigt in Malakka 1547 den fernen Sieg am Parles-
fluss (Achinwunder)
Bildtafel des Silberschreins des hl. Franz Xaver in der Bom Jesus-Kirche zu Goa
Relief von indischen Goldschmieden, 1636/1637
© Moosbrugger / missio Aachen

12 Franz Xaver tauft drei Fürsten von Makassar 1546
Bildtafel des Silberschreins des hl. Franz Xaver in der Bom Jesus-Kirche zu Goa
Relief von indischen Goldschmieden, 1636/1637
© Moosbrugger / missio Aachen

13 Franz Xaver ist im Meersturm 1551 zugleich im Schiff und in der Schaluppe
(Schaluppenwunder)
Bildtafel des Silberschreins des hl. Franz Xaver in der Bom Jesus-Kirche zu Goa
Relief von indischen Goldschmieden, 1636/1637
© Moosbrugger / missio Aachen

14 Franz Xaver erweckt einen Knaben in Kombuture 1543 zum Leben
(Wunder von Kombuture)
Bildtafel des Silberschreins des hl. Franz Xaver in der Bom Jesus-Kirche zu Goa
Relief von indischen Goldschmieden, 1636/1637
© Moosbrugger / missio Aachen

15 Jesuit mit Inder vor dem Altar des hl. Thomas
Kabinettschrank mit Intarsien von Conrad Geisler, Altona um 1710/1720
Stiftung Schleswig-Holsteinische Landesmuseen, Schloss Gottorf
© Stiftung Schleswig-Holsteinische Landesmuseen, Schloss Gottorf

16 Franz Xaver tauft die Königin Neachile auf den Molukken
Gemälde von Andrea Pozzo (1642–1709), Vorlage für den Altar der Franz
Xaverius-Kirche zu Sansepolcro in der Toskana
museum kunst palast, Düsseldorf
© museum kunst palast, Düsseldorf

17 Franz Xaver spendet die Kommunion
Gemälde Mitte 18. Jahrhundert, Johann Jakob Zeiller zugeschrieben
Stadtmuseum, Ingolstadt
© Stadtmuseum, Ingolstadt

18 Maria und Jesus erscheinen Franz Xaver
Gemälde von Erasmus Quellinus, 1656
(ehemals in der Franz Xaver-Kirche »De Krijtberg« in Amsterdam)
Museum of Art, The Orville A. and Elma D. Wilkinson Fund, Indianapolis
© Museum of Art, Indianapolis

19 Mission der Jesuiten in Asien, Ausschnitt mit Franz Xaver
Deckenfresko von Christoph Thomas Scheffler, 1751
Studienkirche, Dillingen
© Norbert Seeger, Dillingen

20 Franz Xaver tauft Eingeborene
Gemälde von Bernhard Göz, 1754
Heilig-Kreuz-Kirche, Landsberg am Lech
© Müller / SJ-Archiv/DiaDienst

21 Nach stürmischer Meerfahrt 1546 bringt ein Krebs dem Heiligen das verlorene
Kruzifix zurück (Krebswunder)
vom Historienmaler R. E. Kepler, 1922
Archivum Monacense SJ, München
© Archivum Monacense SJ, München

22 Hl. Franz Xaver
Altarblatt von Ulrich Loth, 1622/1624
Jesuitenkirche St. Michael, München
© Roman von Götz / Verlag Schnell & Steiner

23 Franz Xaver tauft einen Inder
Lindenholz-Skulptur von Ignaz Günther, 1766/1770
Museum für Kunst und Gewerbe, Hamburg
© Museum für Kunst und Gewerbe, Hamburg

24 Franz Xaver tauft die Neubekehrten im Königreich Travancor
Gemälde von Martin Feuerstein, um 1900
Archivum Monacense SJ, München
© Archivum Monacense SJ, München

25 Bauarbeiten unter der Anleitung von Franz Xaver
Gemälde von Luca Giordano, 17./frühes 18. Jahrhundert
Musée Granet, Aix-en-Provence
© Musée Granet, Aix-en-Provence

26 Franz Xaver wirkt ein Wunder
    geschnitztes Altarrelief aus den Reduktionen
    Trinidad/Mojos (?)
    © Missionsprokur SJ, Zürich

27 Die Wunder des Franz Xaver
    Altarblatt von Peter Paul Rubens für die Jesuitenkirche in Antwerpen, um 1619
    Kunsthistorisches Museum, Wien
    © Kunsthistorisches Museum, Wien

28 Karte von Japan
    Abraham Ortelius, 1595
    Kirishitan Bunko, Sophia University, Tokyo
    © Kirishitan Bunko, Sophia University, Tokyo

29 Ankunft von Franz Xaver und Juan Fernandez in Shimonoseki
    Seidengemälde von Seiji Utsumi, 1930
    26 Martyrs Museum, Nagasaki
    © 26 Martyrs Museum, Nagasaki

30 Ankunft von Franz Xaver in Kagoshima
    Gemälde von Sawayama Takuji, 1981
    Christian Memorial Museum, Yamaguchi
    © Christian Memorial Museum, Yamaguchi

31 Franz Xaver predigt vor Bonzen in Yamaguchi
    Aquarell von Pablo Tanizawa, 19. Jahrhundert
    Schloss Xaver, Navarra
    © missio Aachen / Fotoarchiv

32 Franz Xaver predigt vor einem Daimyo in Japan
    © missio Aachen / Foto-Archiv

33 Franz Xaver
    Aquarell des frühen 17. Jahrhunderts, Japan
    City Museum, Kobe
    © City Museum, Kobe

34 Franz Xaver predigt vor einem Daimyo in Japan
    Gemälde von Manuel Henriques, 1640
    Diocese de Coimbra
    © Diocese de Coimbra

35 Franz Xaver schreibt einen Brief
    Seidenfahne, 19. Jahrhundert
    Schloss Xaver, Navarra
    © Castillo de Xavier, Navarra

36 Brief des Franz Xaver an den portugiesischen König, 20. Januar 1548 (Ausschnitt)
    Christian Memorial Museum, Yamaguchi
    © Christian Memorial Museum, Yamaguchi

37 Franz Xaver
    Relief und Flachstickerei von Johannes Jüdgens, 1643/1673
    Antependium für den Hochaltar der Jesuitenkirche St. Maria Himmelfahrt, Köln
    (Ausschnitt)
    Jesuitenkirche St. Maria Himmelfahrt, Köln
    © Bernd Wartwig, Stolberg

38 Ignatius von Loyola und Franz Xaver
    Altarblatt von Karl Reselfeld, 1767/1769
    Ignatius-Altar Institut BMV der Maria Ward-Schwestern, St. Pölten
    © Foto Fasching, Wilhelmsburg

39 Maria und Jesus erscheinen Franz Xaver
    Gemälde von Erasmus Quellinus, 1655/1657
    Hall in Tirol, Allerheiligenkirche, Franz Xaver-Kapelle
    © Godehard Brüntrup SJ, München

40 Franz Xaver
    Kupferstich nach der verlorenen Vera effigies in Rom von 1583
    Gaspar Massi, um 1730
    Biblioteca Nacional, Madrid
    © SJ-Archiv/DiaDienst

41 Franz Xaver
    Gemälde nach der verlorenen Vera effigies in Rom von 1583, 17. Jahrhundert
    Generalat der Jesuiten, Rom
    © SJ-Archiv/DiaDienst

42 Franz Xaver
    Kupferstich von Theodor Gallaeus nach der verlorenen Vera effigies in Rom
    von 1583
    in: Horatio Tursellino, Vita Francisci Xaverii, Rom 1596
    Archivum Monacense SJ, München
    © Archivum Monacense SJ, München

43 Franz Xaver
Kupferstich von Johann Andreas Pfeffel
Archivum Monacense SJ, München
© Archivum Monacense SJ, München

44 Franz Xaver
Gemälde von Manuel Henriques, 1622/1654
Diocese de Coimbra
© Diocese de Coimbra

45 Franz Xaver
Ikone von Reuil
Communité Saint François-Xavier, Neuilly
© Communité Saint François-Xavier, Neuilly

46 Thesenblatt zum Abschluss des ersten Kurses des philosophischen Studienganges
im Jesuitengymnasium Aachen, 10./11. Mai 1689, obere Hälfte mit Ignatius von
Loyola und Franz Xaver auf der rechten Seite
Museum Burg Frankenberg, Aachen
© Bernd Wartwig, Kolberg

47 Franz Xaver wird mit einem Triumphwagen von Elefant, Kamel, Dromedar und
Panther durch die Lüfte gezogen; rechts die Fassade der Kirche mit den Türmen,
wie man sie im 18. Jahrhundert zu vollenden dachte
Deckenfresko der Brüder Giuseppe und Giovanni Torricelli, 1749
Jesuitenkirche Franz Xaver, Luzern
© Theres Bütler, Luzern

48 Franz Xaver über »seiner« Morschacher Kapelle mit einer einheimischen
Familiengruppe in bäuerlicher Tracht
Glasfenster von Albin Schweri, 1920/1930
Franz Xaver-Kapelle in Morschach
© Aloys von Euw, Morschach

49 Franz Xaver erweckt ein Mädchen in Kagoshima 1549 wieder zum Leben
Gemälde von Nicolas Poussin, 1641
Musée de Louvre, Paris
© Musée de Louvre, Paris

50 Tod des Franz Xaver
Meißener Porzellangruppe von Johann Joachim Kaendler, 1738
Staatliche Kunstsammlung – Porzellansammlung, Dresden
© Staatliche Kunstsammlung – Porzellansammlung, Dresden

51 Tod des Franz Xaver
Gemälde, um 1740
Stadtmuseum, Ingolstadt
© Stadtmuseum, Ingolstadt

52 Tod des Franz Xaver
Altarblatt von Pietro Rotari (1707–1764) aus dem linken Seitenschiff der
Katholischen Hofkirche (heute Kathedrale) zu Dresden (1945 zerstört,
1967 rekonstruiert)
© Diözesanarchiv des Bistums Dresden-Meißen, Bautzen

53 Franz Xaver
Statue von Lorenzo Mattielli (1688–1748) auf der Balustrade der Katholischen
Hofkirche (heute Kathedrale) zu Dresden (1945 zerstört, 1967 rekonstruiert)
© Messbildstelle GmbH Dresden 1993

54 Franz Xaver
Skulptur 20. Jahrhundert, Frankreich (?)
© missio Aachen / Foto-Archiv

55 Altar des hl. Franz Xaver in der Kirche Bom Jesus in Goa
© missio Aachen / Foto-Archiv

56 Der Leichnam des Franz Xaver, Ausstellung im Dezember 1931
Sarkophag in Bom Jesus in Goa
© missio Aachen / Foto-Archiv

57 Kirche Bom Jesus in Goa
© missio Aachen / Foto-Archiv

58 Verehrung des Franz Xaver in Goa
© missio Aachen / Foto-Archiv

59 Adam Schall von Bell und Matteo Ricci mit China-Karte – in den Wolken
Franz Xaver und Ignatius von Loyola
Titelkupfer von: Athanasius Kircher, »La Chine«, Amsterdam 1670
Archivum Monacense SJ, München
© Archivum Monacense SJ, München

60 Franz Xaver Silber-Reliquiar
18. Jahrhundert
Norddeutsche Provinz der Jesuiten, Köln
© Bernd Wartwig, Stolberg

61 Franz Xaver »Satis est, Domine, satis est«
kolorierter Kupferstich von Johannes van den Sande, 17. Jahrhundert
Nijmegen, Archiv der Niederländischen Jesuitenprovinz
© Nijmegen, Archiv der Niederländischen Jesuitenprovinz

62 Franz Xaver mit Lilie
kolorierter Kupferstich, 18. Jahrhundert
Nijmegen, Archiv der Niederländischen Jesuitenprovinz
© Nijmegen, Archiv der Niederländischen Jesuitenprovinz

63 Franz Xaver-Kelch
Andreas Pichler, 1679–1708
Jesuitenkirche St. Michael, München
© Margret Paal, München

64 Franz Xaver tauft
Medaillon auf dem Fuß des Franz Xaver-Kelches von Andreas Pichler, 1679–1708
Jesuitenkirche St. Michael, München
© Margret Paal, München

65 Franz Xaver predigt
Medaillon auf dem Fuß des Franz Xaver-Kelches von Andreas Pichler, 1679–1708
Jesuitenkirche St. Michael, München
© Margret Paal, München

66 Franz Xaver, Medaillon
letztes Drittel 17. Jahrhundert
Jesuitenkirche, Aachen
© Bernd Wartwig, Stolberg

67 Franz Xaver-Tafelreliquiar
in weißer Seide plastisch herausgearbeiteter rechter Arm, um 1750
Jesuitenkirche St. Michael, München
© Margret Paal, München

68 Franz Xaver
Vorderseite einer spanischen Banknote, 1926
Museo Casa de la Moneda, Madrid
© Museo Casa de la Moneda, Madrid

69 Silberschrein in Goa mit Portät Franz Xavers
Sonderbriefmarke aus Portugiesisch-Indien zum 400. Todestag Franz Xavers 1952
Archivum Monacense SJ, München
© Archivum Monacense SJ, München

70 Die Armreliquie des hl. Franz Xaver wird durch Venedig getragen, 24. April 1923
aus: »Le Missioni della Compania di Gesù – S. Francisco Saverio«
Archivum Monacense SJ, München
© Archivum Monacense SJ, München

71 Die Armreliquie des hl. Franz Xaver wird durch die Straßen von Nagasaki
getragen
© missio Aachen / Foto-Archiv

72 Franz Xaver
Vorderseite der Medaille in Goldmessing von Max Faller, Relief geprägt und
patiniert, München 2002
© Dressler / SJ-Archiv/DiaDienst

73 Franz Xaver
Rückseite der Medaille in Goldmessing von Max Faller, Relief geprägt und
patiniert, München 2002
© Dressler / SJ-Archiv/DiaDienst

74 Franz Xaver
Logo zum 450. Todestag 2002
Grafik Design Sievernich & Rose, Asbach
© Sievernich & Rose / SJ-Archiv/DiaDienst

Register

Rita Haub

Personen

Abraham, Stammvater 219, 220
Achatius, einer der 14 Nothelfer 340
Acosta, Manuel, SJ 54, 63
Adelgund, hl. 341
Aeltsz, Herman, Buchdrucker 213
Aeneas, Fürst der Dardaner 152, 154,
  156–159, 166, 167, 169–171, 173–176,
  178–180
Aeolus, römischer Gott der Winde 157, 158
Aerts, Norbert, SJ 200, 201, 207
Albert, Herzog von Bayern, Bruder Kur-
  fürst Maximilians I. 225, 226
Alberts, Peter, Silberschmied 217
Alexander VII., Papst 232
Albuquerque, Affonso de, Statthalter in
  Ostindien 17
Albuquerque, João de, OFM, Bischof von
  Goa 127, 271, 276
Alckemade, Jan van, SJ 204
Alcyone 159
Alexander der Große, König von Macedo-
  nien 44
Almeida, Bernardo de, SJ 116, 120
Alvares (Alvarez), Jorge, Kaufmann und
  Kapitän 87, 111, 112
Amator, indischer Diener Franz Xavers 87
Amida, Hauptgott der Jôdo-Sekte 117
Ammon (Hammon), römischer Gott –
  gleichgesetzt mit Jupiter (Jupiter-Am-
  mon) 176
Amor, römischer Liebesgott 160, 164, 165,
  168, 169
Anchises, Vater des Aeneas 157
Andrade, Antonio 38, 70
Angenendt, Arnold 336, 337
Anjiro (Paul Anger, Paulus der Japaneser,

Pablo de Santa Fe) 81, 87, 89, 97, 109–112,
  115, 119
Antonio (Antonio de Santa Fé, Antonio à
  S. Fide, Antonio China), japanischer
  Begleiter Franz Xavers 63, 109, 127, 128,
  136
Antonius von Florenz, hl. 222
Aoyama, Paul, SVD 113, 115, 116, 118
Apoll, römischer Todes- und Lichtgott 248,
  249
Aquaviva, Claudius (Claudio), SJ, Ordens-
  general 24, 29, 56–58, 67, 68
Arjuna, indischer Prinz 331
Arnold, hl. 341
Arrupe, Pedro, SJ, Ordensgeneral 119
Ataide, Alvaro de, Oberkapitän der See
  127, 271
Ataide, Antonio de, Graf von Castanheira
  50
Atondo, Familie 15
August der Starke (August II., König von
  Polen bzw. Friedrich August I., Kurfürst
  von Sachsen) 289, 291, 294, 295, 297, 299
Augustinus, Kirchenlehrer 178, 179, 216, 246
Avancini, Nicolaus, SJ 160, 163, 165
Aznarez de Sada, Xavier y Azpilcueta, Ma-
  ria, Mutter Franz Xavers 15
Azpilcueta
– Familie 15
– Juan de, Bruder Franz Xavers 45

Bachin, Leonhard, SJ 200, 207
Baerdt, Claes, Silberschmied 216
Balthasar, einer der hl. drei Könige 340
Barbara, hl. 229, 340, 341
Barbé, Johann Baptist, Kupferstecher 223

Orte

Mitarbeiterverzeichnis

Paul Begheyn SJ
Direktor des »Ignatiushuis«, Zentrum für Spiritualität und Kultur, und des
»Nederlande Instituut voor Jezuïten Studies«, beide in Amsterdam. Re-
dakteur der Zeitschriften »Archivum Historicum S.I.« (Rom), »Numaga«
(Nijmegen) und »Streven« (Antwerpen). Er publiziert u. a. über die Kul-
tur und Geschichte der Jesuiten mit dem Schwerpunkt Niederlande und
über Petrus Canisius. In Vorbereitung: »Bibliotheca Jesuitica Neerlandica
Impressa 1540–1773«; »Letters and Documents of Saint Peter Canisius«.

Prof. Dr. Rafael Capurro
studierte Geisteswissenschaften und Philosophie in Chile und Argentinien. Promotion in Philosophie an der Universität Düsseldorf, Habilitati-
on für Praktische Philosophie an der Universität Stuttgart. Er ist Professor
für Informationswissenschaft und Informationsethik an der FH Stuttgart
und Mitglied der European Group on Ethics in Science and New Tech-
nologies. Homepage: www.capurro.de

Dr. Claudia von Collani
Diplomtheologin mit Spezialstudium Missionswissenschaften und Neben-
fächern Sinologie und Japanologie. Ihr Forschungsgebiet ist die alte
Chinamission (circa 1500–1800), wobei sie über kontextuelle Theologie
(Figurismus), Ritenstreit, Wissenschaftsgeschichte und Kulturaustausch
zwischen Ost und West arbeitet. Derzeit ist sie Assistentin am Lehrstuhl
für Missionswissenschaft an der Universität Würzburg.

Angela Fischer-Brunkow M.A.
studierte Japanisch und Germanistik an den Universitäten Tübingen und
München, sowie in Kyôto und Tôkyô. Magister Artium 2001 an der Lud-
wig-Maximilians-Universität München mit einer Arbeit über »Jesuitische
Berichte über die Esskultur im Japan des 16. Jahrhunderts«.

Emer. o. Prof. Dr. Margret Dietrich
Fachgebiet Theaterwissenschaft, wurde als erste Frau auf einen deutschsprachigen Lehrstuhl dieses Faches zum Professor berufen und als erste
Frau zum Wirklichen Mitglied der Philosophisch-Historischen Klasse an
der Österreichischen Akademie der Wissenschaften gewählt, wo sie

Direktor des Instituts für Publikumsforschung und später Obmann der Kommission für Theatergeschichte war. Eines der vielen Interessengebiete der Phänomenologin und Kulturanthropologin, deren wissenschaftliche Werke zu Standardwerken der Theaterwissenschaft zählen, ist das Jesuitentheater.

Dr. Hubert Hänggi SJ
trat 1954 in die Gesellschaft Jesu ein, studierte Philosophie in Pullach bei München, Theologie in Pune/Indien und Indologie in Paris. Er lebt regelmäßig mit Hindumönchen in Nordindien und lehrt Hinduismus an der Hochschule für Philosophie der Jesuiten in München und an der Theologischen Fakultät der Universität Innsbruck. Er leitet die Missionsprokur der Schweizer Jesuiten in Zürich.

Dr. Rita Haub M.A.
Historikerin und Leiterin des Archivs der Oberdeutschen Provinz SJ (Archivum Monacense SJ). Sie beschäftigt sich in Publikationen, Ausstellungen, Vorträgen u. a. Medien mit der Geschichte der alten Gesellschaft Jesu und ihren Persönlichkeiten (Petrus Canisius, Franz Xaver, Christoph Scheiner, Pädagogik der Jesuiten etc.). Sie ist Redakteurin der Zeitschrift Archivum Historicum S.I. (Rom) und der Jesuiten-Online-Redaktion (München). Homepage: www.rita-haub.de

Dr. Joseph Imorde
studierte Kunstgeschichte, Musikwissenschaft und Philosophie in Bochum, Rom und Berlin. 1997–2001 Assistent und Oberassistent am Institut für Geschichte und Theorie der Architektur der ETH Zürich. Nun Stipendiat der Forschungsgruppe »Das Bild im Christentum« an der Universität Münster mit einer Habilitationsarbeit zur barocken Empfindungsästhetik.

Dr. Elisabeth Klecker
promovierte mit einer Arbeit zur humanistischen Panegyrik auf antike Dichter. Seit 2001 ist sie Assistenzprofessorin am Institut für Klassische Philologie, Mittel- und Neulatein der Universität Wien. Ihre Forschungsschwerpunkte sind Vergilrezeption in der neulateinischen Epik sowie österreichische Literatur in lateinischer Sprache.

Julia Lederle M.A.
hat in Münster und Heidelberg Geschichte, Germanistik und Geschichte Südasiens studiert und ist derzeit Doktorandin am Europäischen Hoch-

schulinstitut in Florenz, Departement of History and Civilization. Thema der Dissertation: »Jesuit Economic Intermediacy in Eighteenth Century Southern India«.

Richard Müller SJ
Leiter des Kommunikationsreferates der Jesuiten in Zentraleuropa (München) und Geschäftsführer der DiaDienst Medien GmbH (München). Er ist verantwortlich für die Jesuiten-Online-Redaktion (www.jesuiten.org) und die Koordination der Jahresthemen des Jesuitenordens im deutschsprachigen Raum.

Dr. Julius Oswald SJ
Bibliotheksdirektor und Lehrbeauftragter an der Hochschule für Philosophie der Jesuiten in München. Sein Forschungsschwerpunkt ist die Geschichte der Jesuiten in Bayern. Er ist Erster Vorsitzender des »Jesuitica e. V. – Verein zur Erforschung der Geschichte des Jesuitenordens in Deutschland«.

Maria Cristina Osswald M.A.
Kunsthistorikerin, Magisterarbeit mit dem Titel »Der Gute Hirte in der Indo-Portugiesischen Elfenbeinskulptur im 17. Jahrhundert«, arbeitet derzeit an ihrer Dissertation am Europäischen Hochschulinstitut in Florenz, Departement of History, Catedra Vasco da Gama, mit dem Titel »From Modo Nostro to Modo Goano: Jesuit Art in Goa between 1542 and 1655«.

Bernd Paal SJ
langjähriger Studentenpfarrer, ist heute pastoraler Mitarbeiter an der Jesuitenkirche St. Michael in München. Er hat 1997 zur 400. Wiederkehr des Weihetages von St. Michael unter dem Titel »Gottesbild und Weltordnung« einen geistlichen Kirchenführer herausgegeben, der neben einem Abriss von Geschichte und Architektur auch eine geistige Hinterfragung bietet.

Dr. Gerhard Poppe
Musikwissenschaftler, Studium und Promotion in Halle (Saale), Anstellungen in Rostock und Dresden. Er lebt und arbeitet als Musikwissenschaftler in Dresden. Arbeitsschwerpunkte: Musik des 17.–19. Jahrhunderts, vor allem katholische Kirchenmusik, und Musikphilosophie.

Armin Zürn
Gemeindepfarrer in Augsburg, Geistlicher Leiter im Diözesanverband der Katholischen Jungen Gemeinde (KJG) und Seelsorger im St. Vinzenz-Hospiz Augsburg. Publikationen über »Actio und Contemplatio bei Gregor dem Großen« und zur »FotoWanderAusstellung zum 400. Todestag des Petrus Canisius 1997«.